思想的·睿智的·獨見的

經典名著文庫

學術評議

丘為君	吳惠林	宋鎮照	林玉体	邱燮友
洪漢鼎	孫效智	秦夢群	高明士	高宣揚
張光宇	陳秀蓉	陳思賢	陳清秀	陳愛娥
曾永義	黃光國	黃光雄	黃昆輝	黃政傑
楊維哲	葉海煙	葉國良	廖達琪	劉滄龍
黎建球	盧美貴	薛化元	謝宗林	簡成熙
顏厥安	（以姓氏筆畫排序）			

策劃 楊榮川

五南圖書出版公司 印行

經典名著文庫

學術評議者簡介（依姓氏筆畫排序）

I

導論

1. 在現象學和辯證法之間
—— 一種自我批判的嘗試
（1985年）

25 年前，我曾把從各個角度出發進行的研究綜合成一個統一的哲學體系，如今該是對這種理論構想的邏輯一貫性進行一番檢驗的時候了，尤其要檢查一下該體系的邏輯推論中是否存在斷裂和不連貫。它們是否會導致嚴重的根本錯誤，抑或它們只是那種必然會或多或少地過時的表達形式方面的問題呢？

在被稱作精神科學的領域中如此地把重點放在語文學─歷史科學學科上的做法當然已經過時。在社會科學、結構主義和語言學的時代，人們不再會滿足於這種與歷史學派的浪漫主義遺產相連繫的出發點。實際上在我的理論體系中起作用的正是自身的原初經驗的侷限性。我的體系的目的從一開始就指向詮釋學經驗的普遍性，假如這種詮釋學經驗真的是一種普遍的經驗，那麼它就應該是從任何一個出發點出發都能達到的。[1]

至於這種研究對於自然科學所提出的相反看法，其有效性無疑就更差了。我很清楚，在我的體系中沒有觸及自然科學領域的詮釋學問題，因為該領域超出了我的科學研究的範圍。我只是在歷史─語文學學科中才有某些資格參與這一問題的研究工作。凡在我不能研究第一手材料的領域中，我都覺得自己沒有權利提醒研究者知道

---

[1]　在本書內首先我的論文〈修辭學、詮釋學和意識形態批判〉對此有詳細的論述，參見本書第 232 頁以下。

他到底做了些什麼或與之發生了些什麼。詮釋學思考的本質就在於，它必須產生於詮釋學實踐。

早在 1934 年，當我讀到莫里茨・石里克對記錄陳述的獨斷論所作的富有成果的批判時就已經明白，在自然科學中也包含著詮釋學的疑難。[2] 但是，當石里克那本書的思想在 30 年代（當時德國與外界日漸隔絕）得到發展的時候，物理主義和**科學的統一**則是當時流行的對立思潮。盎格魯—撒克遜研究中的**語言學**轉向（linguistic turn）在那時尚未出現。至於維根斯坦的後期作品我也只是在澈底檢查了自己的思想歷程之後才可能進行研究，而且我也是在後來才認識到波普對實證主義的批判同我自己的研究方向有著類似的動機。[3] [Ⅱ4]

因此，我十分清楚自己思想出發點的時代侷限性。考慮詮釋學實踐業已改變的條件那已經是年輕人的任務了，而且這種工作已經在許多方面開始進行。若說我這個年近 80 的老人還能再學習，這似乎是太不自量力了。因此，我就讓《真理與方法》以及所有的後期論文都保持原封不動，而只是偶爾做一些小小的改動。

然而，我理論體系自身的內在邏輯一貫性就完全是另一回事了。因此，本書作為我著作集的第 2 卷就可以對它作些補充。本書的內容分為 3 個部分：《真理與方法》的**準備**：這部分文章因其特有的前理解性有時可能對讀者有用；**補充**：這部分文章是在隨後的年代中寫的。（這兩部分文章絕大部分都已在我的《短篇著作集》中發表過。）這本第 2 卷中最重要的部分是**繼續發展**部分；這種發

---

[2] M. 石里克：〈論認識的基礎〉，載《認識》，第 4 卷（1934 年）。也可參見《1926-1936 年論文集》，維也納，1938 年，尤其見第 290-295 頁和第 300-309 頁。

[3] 參見 J. C. 威斯海默（Weinsheimer）《高達美的詮釋學——讀〈真理與方法〉》一書序言，耶魯，1985 年版。該序言寫得非常具有啟發性。

展，一方面是我已經進行了的，另一方面是透過對自己思想進行批
判討論而進行的。特別是文學理論，它在一開始就表現為我思想的
一種擴展，在我著作集的第 8 和第 9 卷中詳細討論了它同詮釋學
實踐更緊密的連繫。關於詮釋學種類的根本性問題既是透過同哈
伯瑪斯的討論，也是透過與德里達的反覆較量而得到某種新的闡
明，這些討論收在本卷中顯得很合適。在最後的**附錄**部分編列了補
注、《真理與方法》的後期版本中附加的補充、前言和後記。我在
1973 年寫的自述則作為本書的結束。著作集第 1 卷和第 2 卷只作
[II 5]　了一個共同的索引，這是為強調兩者之間的連繫。我希望，透過本
卷的結構布局能夠彌補《真理與方法》的缺陷，並能為年輕一代的
繼續工作稍盡綿薄之力。[1]

　　在我編本卷的時候當然不能不考慮我的理論在批評過程中所
產生的反應。事物本身就具有效果歷史，這是一個詮釋學真理，在
本卷的編輯時也不能忽視這一真理。在這個意義上，我要指出重印
在本書附錄中的我為《真理與方法》第 2 版寫的前言和為第 3、第
4 版寫的後記。今天，當我回顧往事的時候，我發現自己所追求的
理論一致性似乎在以下這點上沒有完全達到：我未能足夠清楚地說
明，遊戲概念和現代的主觀主義思維出發點這兩種對立的基本構想
是如何達到一致的。我在書中先是討論藝術遊戲，然後考察了與語
言遊戲有關的談話的語言基礎。這樣就提出了更寬廣更有決定性的
問題，即我到底在多大程度上做到了把詮釋學度向作為一種自我意
識的對立面而顯露出來，這就是說，在理解時不是去揚棄他者的他
在性，而是保持這種他在性。這樣，我就必須在我業已擴展到語言
普遍性的本體論觀點中重新召回遊戲概念。這就使我把語言遊戲與
藝術遊戲（我在藝術遊戲中發現了詮釋學典型現象）更緊密地相連
繫。這樣就顯然容易使我按照遊戲模式去考慮我們世界經驗的普遍
語言性。在我的《真理與方法》第 2 版的前言以及我的〈現象學運

動〉⁴ 這篇論文的結尾中我都已經指出，我在 30 年代關於遊戲概念的想法和後期維根斯坦的思想具有一致性。

如果有人把學說話稱作一種學習過程，這只是一種空洞的說法。實際上這是一種遊戲，是一種模仿的遊戲和交流的遊戲。在正在成長的兒童的模仿追求裡，發音及發音時感到的娛樂是與意義的閃光相連繫的。誰也無法用理性的方式回答兒童是如何第一次開始理解意義這個問題的。在理解意義的活動中總是事先存在了先於語言的意義經驗，然後才能進行目光和表情的交流，這樣才使一切交流的通道暢通無阻。同樣，完滿的結束也是不可思議的。誰也不可能講清楚當今語言學所說的「語言能力」究竟是怎麼一回事。所謂的「語言能力」顯然並不能像語言的正確成分那樣客觀地被模仿。「能力」這個表達只不過想說明，在說話時形成的語言能力並不能 [II 6]被描繪成規則應用，從而不能被當作僅僅是合規則地處理語言。我們必須把它看作一種在自由的語言練習過程範圍內產生的成果，從而使我們最終就像出自自己的能力而「知道」何者正確似的。使語言的普遍性發生詮釋學的作用，我的這一嘗試的核心就是我要把學習說話和獲得世界定向看作人類教化歷史無盡地延續的過程。也許這是一種永無止境的過程——雖然它所建立的仍然是類似能力的東西。⁵我們可以比較一下外語學習。一般說來，除非我們不斷地並完全地進入到一種陌生語言的環境之中，否則我們在學外語時只能說是接近了所謂的語言能力。一般說來，語言能力只有在自己的母語中才能達到，亦即在人們生長和生活的地方所說的語言中才能達

4　《短篇著作集》，第 3 卷，第 150-189 頁，尤其是第 185 頁以下；現收入我的著作集，第 3 卷。

5　最近我在海倫阿伯召開的新教學院的大會上作了一個關於「語言及其界限」的學術報告，這篇文章收在《進化和語言》，海倫阿伯文集，1985 年，第 89-99 頁。

到。這就說明，我們是用母語的眼光學會看世界，反過來則可以
說，我們語言能力的第一次擴展是在觀看周圍世界的時候才開始得
到表現的。

　　於是問題就在於，這種作爲世界遊戲之一的語言遊戲是如何
與藝術遊戲相連繫的。這兩種遊戲之間的關係究竟如何？很清楚，
在這兩種情形中語言都適應於詮釋學度向。我認爲已令人信服地說
明，對於所說出的話的理解必須從對話情景出發，歸根結底也就是
說，要從問答辯證法出發加以思考，而人們正是在這種問答辯證法
中才達到一致意見並用語言表達出共同的世界。[6]我已經超出了科林
伍德所提出的問答邏輯，因爲我認爲世界定向並非僅僅表現在從說
話者之間發展出問題和回答，而且這種世界定向也是由所談的事情
產生出來的。是事物「提出問題」。因此在正文和它的解釋者之間
也有問題和回答在發生作用。正文是用文字寫成的，這一點對於問
題情景並沒有任何影響。這裡所涉及的是所談論的事物，涉及的是
它這樣或那樣的存在。例如：透過信件所傳遞的資訊就是藉助其他
手段來繼續的談話。因此，每一本期待著讀者的回答的書都開闢了
這樣一種談話。在這種談話中就有某些事物得到了表達。

　　那麼在藝術作品中，尤其在語言的藝術作品中情況又是如何
呢？在那裡怎麼談得上理解和相互理解的對話結構呢？在這種藝術
作品中既沒有作爲回答者的作者，也沒有可以如此這般地存在著並
可被人討論的事物。正文作品是自爲存在的。如果說這裡也有問答
辯證法，那它也只是發生在一個方向。也就是說，這種辯證法只是
從試圖理解藝術作品的人身上發生。他向藝術作品提問並且自問，
並試圖傾聽作品的回答。作爲這樣一個人，他就可能同時既是思考
者、提問者，又是回答者，就像在眞正的談話中兩個人之間發生的

[II 7]

6　參見我的著作集，第 1 卷，第 375 頁以下。

情況一樣。但這種正在理解的讀者同自己所進行的對話卻似乎並不
是和正文進行的對話，因為正文是固定的，因而是以完成的形態被
給出的。可是，真的有某種以完成的形態而被給出的正文嗎？

　　這裡並不出現問答辯證法。也許藝術作品的特徵就在於我們永
遠不可能完全理解藝術作品。這就是說，如果我們帶著問題去接觸
藝術作品，那麼我們永遠不可能以我們已經「知道了」的方式獲得
一個最終的答案。我們並不能從藝術作品身上得到一個切合實際的
資訊──而這就足夠了。對於一件藝術作品，我們不可能像對待某
個傳遞資訊的報導那樣把其中所具有的資訊統統收悉，以致它好像
完全被採集光了似的。我們在欣賞詩歌作品的時候，不管是用實在
的耳朵傾聽它還是在默讀中用內心的耳朵傾聽它，它都表現為一種
循環的運動，在這種運動中，回答又變成問題並誘發出新的回答。
這就促成了在藝術作品面前的徘徊逗留──而不管它是什麼形式的
藝術作品。逗留（Verweilen）顯然是藝術經驗的真正特色。一件
藝術作品是永遠不可能被窮盡的。它永遠不可能被人把意義掏空。
我們正是透過對藝術作品是否感到「空洞」，從而區分出它們是非
藝術品即贗品或嘩眾取寵的東西等等。沒有一件藝術作品會永遠用
同樣的方式感染我們。所以我們總是必須作出不同的回答。其他的
感受性、注意力和開放性使某個固有的、統一的和同樣的形式，亦
即藝術陳述的統一性表現為一種永遠不可窮盡的回答多樣性。但是
我認為，利用這種永無止境的多樣性來反對藝術作品不可動搖的同
一性乃是一種謬見。我認為以下說法似乎正是用來反對堯斯的接受
美學和德里達的解構主義的（這兩者在這點上是相近的）：堅守正
文的意義同一性既不是回復到業已被克服了的古典美學的柏拉圖主
義，也不是囿於形上學。

　　也許人們會問，我把理解的差異性與正文或藝術品的統
一性連繫起來的試圖，特別是我在藝術領域中堅持作品概念 [II 8]

（Werkbegriff）的做法難道不正是以一種形上學意義上的同一性概念爲前提的嗎？因爲如果詮釋學意識的反思也承認理解總是不同的理解，那麼我們就實際上正確地對待了作爲藝術品之特色的反抗性和不可窮盡性。藝術這個例子眞的能構成一般詮釋學能得以展開的領域嗎？

我的回答是：我的詮釋學理論的出發點對我來說正是在於，藝術作品乃是對我們理解的一種挑戰，因爲它總是不斷地擺脫掉窮盡一切的處境並把一種永遠不能克服的抵抗性同企圖把藝術作品置於概念的同一性的傾向對峙起來。我認爲，在康德的《判斷力批判》一書中人們就可以知道這一點。正因爲此，藝術例子就可以行使指導職能，我的《眞理與方法》的第 1 部分對於我的哲學詮釋學的整個構想就起著這種指導職能。如果我們把「藝術」的「陳述」的無限多樣性承認是「眞」的，那麼這種職能就變得格外明顯。

我從一開始就作爲「惡」的無限性的辯護人而著稱，這種惡的無限性使我同黑格爾處於似乎是極爲緊張的關係之中。[2] 不管怎樣，在《眞理與方法》那本書中處理反思哲學的界限並轉爲分析經驗概念的那章中，我都試圖清楚地說明這一點。我甚至利用黑格爾帶有敵意地使用的「反思哲學」這個概念來反對黑格爾自己，並在他的辯證方法中看出他和近代科學思想的不良妥協。如果說黑格爾的辯證方法把正在進行著的經驗的外在反思置於思想的自我反思之中，那它只不過是在思想之中的一種調解。

另一方面，我們幾乎無法迴避意識唯心主義的內在封閉性和反思運動的吸引力，這種反思運動把一切都吸入內在性之中。當海德格透過實際性詮釋學而超越了此在的先驗分析和出發點時，他不是正確的嗎？我又如何找出我自己的道路呢？

事實上我是從狄爾泰及其爲奠定精神科學基礎的探究出發的，並透過批判使自己與這種傾向相脫離。當然，透過這種方式，我很

艱難地才達到從開初就致力研究的詮釋學問題的普遍性。

　　人們在我論證的某些論點上會特別感到我的出發點和「歷史」精神科學是一致的。特別是我引進的時間距離的詮釋學含意是如此明顯地讓人認爲，這爲他者之他在性的根本性意義以及適合於作爲談話之語言的根本作用做了不好準備。也許，首先在一種一般的形 [II 9]式中談論距離的詮釋學功能更爲符合事實。它並非總是涉及一種歷史距離，它也並非總是那種能夠克服錯誤的共鳴和歪曲的應用的時間距離。距離即使在同時性中也表明是一種詮釋學因素，例如：在兩個透過談話試圖尋找共同基礎的談話者之間，以及在用外語講話或在陌生的文化中生活的人之間進行的照面（Begagnung）就是如此。在所有這些照面中人們總會把一些以爲是不言而喻的東西當作自己的前意思，因而就不能認識到自己天眞地把它想當然地等同起來並造成了誤解。對談話基本含意的認識對於人種學研究及其徵詢意見技術的疑問性也具有意義。[7] 同樣正確的是，凡時間距離發生作用的地方，它都保持了一種特殊的批判輔助性，因爲變化總是此後才發生，而區別也只是此後才能被觀察到。我們可以想像一下評價同時代的藝術的困難性，這一點我在我的著作中特別加以注意。

　　毫無疑問，這種思考擴展了距離經驗的含意。但它仍然一直處於一種精神科學理論的論證關係之中。我的詮釋學哲學的眞正推動力卻正好相反。我是在主觀唯心主義的危機中成長起來的，在我青年時代，這種主觀唯心主義隨著人們重新接受齊克果對黑格爾的批判而得到勃興。它給理解的意義指出了一種完全不同的方向。正是他者打破了我的自我中心主義，因爲它使我去理解某物。這種動機從一開始就引導著我。在我寫於 1943 年的文章中（這篇

---

[7]　對此可參閱 L. C. 瓦特松（Watson）和 M. B. 瓦特松—弗朗克（Watson-Franke）的新作《解釋生活史》，1985 年（魯特格大學出版社）。

文章我重新發表在本書中[8]）這種動機得到完全的顯現。當海德格在當時看到這篇短文時，他一方面點頭讚賞，但同時又問道：「那麼你又怎麼處理被拋狀態（Geworfenheit）呢？」顯然，海德格的反問中包含的意思是，在被拋狀態這個專門概念中存在著對完全的
[II 10]　自我占有和自我意識這種理想的反例。但我卻看到了這種他者的特殊現象並正確地試圖在**談話**中建立起我們世界定向的語言性。這樣我認為自己開闢了一個問題域，這個問題域從我的前驅者齊克果、戈加滕（Gogarten）、特奧多·赫克爾（Theodor Haecker）、弗里德里希·埃伯納（Friedrich Ebner）、弗朗茨·羅森茨威格（Franz Rosenzweig）、馬丁·布伯（Martin Buber）、維克多·馮·魏茨澤克（Viktor von Weizsäcker）等人開始就吸引了我。

當我在今天試圖重新思考我和海德格的關係以及我和他的思想的連繫時，這一切都歷歷在目。批評家曾經以完全不同的方式看待這種關係。一般說來，人們都確信是我使用了「效果歷史意識」這個概念。實際上我只是重新使用了意識概念，而海德格在《存在與時間》中早已清楚地指出了意識概念的本體論前在性（Voreingenommenheit），這對我來說只意味著適應一種對我來說很自然的語言用法。這當然會造成與早期海德格的探究密切相連的假象，這種探究從此在出發，而此在只與它的存在相關並透過這種存在理解而表明自身。後期海德格則力求克服《存在與時間》所具有的先驗哲學立場。但我自己引入效果歷史意識概念的動機卻正在於開闢通往後期海德格的通道。當海德格關於形上學概念語言的思想產生時，他陷入了一種語言困境，這種困境導致他依賴賀德林的語言並導向一種半詩化的文風。我在自己關於後期海德格的一些短

8　《當今德國哲學中的歷史問題》，參見我的著作集，第 2 卷，第 27 頁以下。

篇文章中[9]試圖講清楚，後期海德格的語言態度並不表明他已陷入了詩學；相反，在他的思想線索中已經存在著把我引向我自己的研究工作的因素。

我從學於海德格是從海德格由馬堡回到弗萊堡開始的，並以我自己在馬堡開始擔任教席而告終。那時海德格發表了在今天作為藝術作品論文而著稱的 3 篇法蘭克福講演。我是在 1936 年聽到這些講演的。在那些講演中出現了「大地」（Erde）這個概念，由於這個概念，海德格就又一次極度地違背了他長期以來從德語的語言精神中更新並在講課中賦予其生命的現代哲學的詞彙。這與我自己的探究和我自己關於藝術和哲學關係的經驗是這樣對立，以致在我心中立即喚起了一種反響。我的哲學詮釋學正是試圖遵循後期海德格的探究方向並以新的方式達到後期海德格所想完成的工作。為了 [Ⅱ 11] 這個目標我容忍自己堅持意識概念，儘管海德格的本體論批判正是反對這種意識概念的最終建立作用。不過我試圖把這個概念限制在它自身之內。海德格無疑在這裡發現一種倒退到已被他超越了的思想域的傾向——雖說他並未忽視，我的意圖與他自己的思想方向乃是一致的，至於我所走過的道路是否能說已在一定程度上趕上了海德格的思想歷險，這一點不能由我來斷定。但我們今天總可以說，這是一條可以由此出發指示出後期海德格的某些思想嘗試的道路，對於那些不能與海德格的思想行程同步的人，這條道路也能使他們了解一些東西。當然人們必須正確地閱讀《真理與方法》一書中關於效果歷史意識的章節。在這些章節中人們絕不會看到對自我意識的修改，例如：某種效果歷史的意識或某種以此為基礎的詮釋學方法。相反，人們必定會在其中發現我們都生活於其中的效果歷史對

9　《海德格之路——後期著作研究》，圖賓根，1983 年；現收入我的著作集，第 3 卷。

意識的限制。這種效果歷史是我們永遠不可能完全識破的。正如我當時曾講過的，效果歷史意識「與其說是意識倒不如說是存在」。[10]

因此，當年輕一代批判詮釋學的學者中的一些佼佼者，像海納·安茨（Heiner Anz）、曼福雷德·弗朗克（Manfred Frank）或湯瑪斯·西伯姆（Thomas Seebohm）等人[11]認爲我繼續使用傳統的哲學概念是同我的構思相矛盾的，對此我是不能苟同的。德里達曾用這種論證反對過海德格[12]。他認爲海德格並未能克服實際上由尼采造成的形上學。按照這種論證，法國最近的尼采崇拜者理所當然地摧毀了存在問題和意義問題。

現在我自己也不得不反對海德格，我認爲根本不存在形上學的語言。我在勒維特的紀念文集中已經說明了這一點。[13]實際上只存在其內容由語詞的運用而規定的形上學概念，就如所有的語詞一樣。我們的思想據以活動的概念就如我們日常語言用法中的語詞一樣很少受固定的前定性的僵硬規則的控制。儘管哲學的語言承荷著沉重的傳統負擔，例如：被轉換成拉丁語的亞里斯多德形上學的語言，但它仍然試圖使語言提供的所有內容具有靈活性。它甚至能夠在拉丁語中重新改造古老的意義指向，例如：庫薩的尼古拉的這種天才就曾使我長期驚嘆不已。這種改造並非必然透過黑格爾式的辯證方法抑或海德格的語言力或語言強制而發生。我在我的語境中所

[Ⅱ 12]

10　〔參見我的著作集，第 1 卷，第 367、460 頁；第 2 卷，第 247 頁。〕

11　海納·安茨：《詩歌用語的含意——詩學的詮釋學證明及批判之研究》，慕尼黑，1979 年；曼福雷德·弗朗克：《可說的和不可說的——最近法國詮釋學和正文學研究》，法蘭克福，1980 年，以及《什麼是新結構主義？》，法蘭克福，1984 年；湯瑪斯·西伯姆：《論詮釋學理性批評》，波昂，1972 年。

12　《哲學的邊緣》，巴黎，1972 年，第 77 頁。

13　「關於黑格爾和海德格這一題目的評注」，參見《勒維特紀念文集》，斯圖加特，1967 年，第 123-131 頁，以及《海德格之路——後期著作研究》，第 61-69 頁；也可參見我的著作集，第 3 卷。

使用的概念都透過它們的使用而重新得到定義。它們甚至已不再是海德格的本體論神學（Ontotheologie）向我們重新解釋過的古典亞里斯多德形上學的概念。它們更多地同柏拉圖的傳統有關係。我有時〔例如：在**代表**（Repräsentation）的例子中[14]〕透過某些細微的變動而使用的術語像 Mimesis（**模仿**），Methexis（**分享**），Partizipation（**參與**），Anamnesis（**回憶**），Emanation（**流射**）等，都帶有柏拉圖的概念痕跡。就這些概念由亞里斯多德所建立的形態來說，它們在亞里斯多德那裡至多只是在批判的轉義中起作用，並且並不屬於形上學的概念。我要再次提請大家注意我那篇關於善的理念的學術論文，[15] 我在那篇文章中試圖使人相信，亞里斯多德比起人們所認為的更是一個柏拉圖主義者，而亞里斯多德的本體論神學構想只是他從他的物理學出發進行並收集在《形上學》一書中的一種設想。

這樣我就接觸到自己同海德格的思想真正的分離點了，我的研究，尤其是關於柏拉圖的研究的很大部分都與這個分離點有關。[16]（我感到滿意的是，正是這些研究向年事已高的海德格說明了某些東西。讀者可以在我的著作集第 6 卷和第 7 卷的一部分中找到這些文章。）我認為，我們不能把柏拉圖讀成本體論神學的先驅者。甚至亞里斯多德的形上學還包含有海德格當年所闡明的因素之外的因素。對此我認為我能在一定的範圍內引證海德格自己的話。我首先想到的是海德格以前對「著名的類推」的偏好。他在馬堡時期經常這樣說。亞里斯多德的這種 analogia entis（事物的類推）理論對於

---

[14] 〔參見我的著作集，第 1 卷，第 74 頁以下、第 146 頁以下和第 210 頁以下。〕

[15] 〈柏拉圖和亞里斯多德關於善的理念〉（《海德堡科學院會議論文集》，哲學─歷史卷，論文集 2），海德堡，1978 年，第 16 頁〔現收入我的著作集，第 7 卷〕。

[16] 〔對此參見我的著作集，第 5、6 卷以及即將出版的第 7 卷。〕

他自己從早期開始就是作爲對抗終極證明理想的保證人而受到他的歡迎，就如它曾以費希特的方式指導過胡塞爾一樣。在海德格那裡爲了小心翼翼地與胡塞爾的先驗自我解釋保持距離而經常使用的術語乃是「同源性」（Gleichursprünglichkeit）——這個術語可能是[II 13]「類推」的同義詞，並且基本上是一種現象學—詮釋學用語。引導海德格從 Phronesis（實踐智慧）概念出發走上他自己道路的並非僅僅是亞里斯多德對善的理念的批判。正如海德格富有啓發的關於Physis 的文章所指出的，他感到給予自己以推動的正是亞里斯多德形上學的中心，正是亞里斯多德的物理學。[17] 這正可以說明，爲什麼我要賦予語言的對話結構以如此中心的作用。我是從偉大的對話家柏拉圖那裡，或者說正是從柏拉圖所撰寫的蘇格拉底的對話中學習到，科學意識的獨白結構永遠不可能使哲學思想達到它的目的。我對第 7 封信注釋的解釋似乎使我否定了一切對這封信的眞實性所具有的懷疑。從那封信我們才能完全理解，爲什麼哲學的語言自那以後總是經常地在與自己歷史的對話中不斷地構成——雖說以前它總是隨著歷史意識的出現而在一種新的、充滿緊張的歷史重建和思辨改造的兩重性中解說著、糾正著、改變著。形上學的語言總是並永遠是一種對話，即使這種對話已經經歷了數百年、數千年之久的歷史距離。正是出於這種理由，所以哲學正文並不是眞正的正文或作品，而是進行了諸多時代的一場談話的記錄。

也許我該在這裡對一些有關詮釋學問題的繼續發展和獨立的相反解釋作些評論，例如：漢斯·羅伯特·堯斯和曼福雷德·弗朗克是前者的代表，而雅科斯·德里達則是後者的代表。堯斯所提出的接受美學（Rezeptionsästhetik）用全新的角度指出了文學研究的

---

[17] 「論本質和 Physis（自然）概念」，參見亞里斯多德：《物理學》，B1，載《亞里斯多德全集》，第 1 系列，第 9 卷，第 239 頁以下。

一個整體度向，這是毫無疑問的。但接受美學是否正確地描繪了我
在哲學詮釋學中所看到的東西呢？如果人們在這裡認為我是在為古
典主義和柏拉圖主義的膚淺概念講話，那我就認為人們誤解了我在
古典型概念的例子中所闡明的理解的歷史性。實際情況正好相反。
在《真理與方法》一書中關於古典型的例證將表明，歷史的運動性
是如何深深地進入了人們稱之為古典型的東西（以及那些當然包含
某種規範成分而不具備風格特徵的東西）的無時間性之中，從而使
得理解總是不斷地變化和更新。古典型的例證不僅和古典的風格觀
念毫無關係，而且與那些我總是認作為柏拉圖本身意圖之變形的柏　[II 14]
拉圖主義的膚淺概念也毫不相關。[18] 當奧斯卡‧貝克爾在他的批判
中譴責我過分沉溺於歷史，並用畢達哥拉斯主義關於數、聲音和夢
的思想來反對我時，他的看法比起堯斯來還算較為正確一些。[19] 不
過，這種指責實際上也不正確。但這裡我們並不討論這個問題。堯
斯的接受美學如果想把作為一切接受模式基礎的藝術作品消融在聲
音的多角形平面中，那麼我認為這是一種篡改。

　　我同樣不明白的是，堯斯試圖使其發生作用的「審美經驗」
怎麼會使藝術經驗得到滿足。我的「審美無區分」這個頗為費
解的概念的要點就在於不該把審美經驗太孤立，以致使藝術僅
僅變成一種享受的對象。堯斯對視域融合的「否定」在我看來也
似乎犯了同樣的錯誤。我在我的分析中已經強調過，視域的顯露
（Horizontabhebung）在詮釋學研究過程中表現為一種整體因素。
詮釋學反思告訴我們，這種顯露任務從本質根據來說是不可能完成
的，這也並非表明我們經驗的弱點。接受研究不可能擺脫存在於一

---

[18] 在前面第 12 頁提到的關於善的理念的文章中我曾試圖使人相信亞里斯多德已
　　經進行了這種修正：亞里斯多德用後設─物理學重新解釋了柏拉圖的後設─
　　數學。

[19] 《哲學評論》，第 10 卷，1962 年，第 225-237 頁。

切解釋中的詮釋學關聯（Implikation）。

　　曼福雷德・弗朗克透過他的依據於德國唯心主義和浪漫主義
的內在知識的研究同樣在本質上推動了哲學詮釋學。但我認為他所
說的也並非都很清楚。他在很多出版物[20]中從他那方面批判了我對
施萊爾馬赫心理學解釋所作的批判性研究。他的批判以結構主義
和新結構主義的觀點作為根據並對於施萊爾馬赫正處於現代符號理
論開端的語法解釋給以極大的注意。他試圖褒揚施萊爾馬赫的語法
解釋而反對其心理學的解釋。但我認為並不能因此而貶低作為施萊
爾馬赫真正新貢獻的心理學解釋。同樣，我們也不能僅僅因為預感
（Divination）這個概念同「風格」有關就貶低它。好像風格並不　　[Ⅱ 15]
屬於講話的具體因素。此外，**預感**這個概念是施萊爾馬赫一直堅持
使用的，他於 1829 年所作的權威性的學術演講就證明了這一點。[21]

　　談論語法解釋的純語言意義，好像有一種不帶心理學解釋的
純語法解釋，這是不對的。詮釋學問題正由於語法解釋乃是被個體
化了的心理學解釋所滲透才得到顯露，而解釋者複雜的條件性就在
這種心理學解釋中起作用。我願意承認，我因此而願意更強烈地
關注施萊爾馬赫的辯證法和美學，弗朗克正確地指出了這一點。也

---

[20] 《個體的普遍性 —— 施萊爾馬赫的正文結構和正文解釋》，法蘭克福，1977
　　年，以及《施萊爾馬赫導論 —— 詮釋學與批判》，1977 年（第 7-66 頁）。

[21] 預感概念在那裡完全起著我所描述過的作用。顯然在預感的程序中牽涉到一
　　種類推的程序。但問題在於這種類推程序是為誰服務的。弗朗克在他那本值
　　得稱道的《施萊爾馬赫的詮釋學》的新版本第 52 頁中引證了下述這句話：「一
　　切告知（Mitteilung）都是對感覺的重新認識。」使得解釋不可完成的並不是
　　語法解釋而是心理學解釋，因為語法解釋反而使完滿的理解得以實現（呂克
　　編，205[3]）。個性化和詮釋學問題並不在語法解釋中，而是存在於心理學解
　　釋中。我認為關鍵就在於此。弗朗克在反對基默爾的意見時就正確地指出，
　　心理學解釋在施萊爾馬赫那裡從一開始就出現了，並且由於施萊爾馬赫而進
　　入了詮釋學。

許我對施萊爾馬赫的個體化理解這一很有價值的觀點還可以更好地
加以處理。但我在《眞理與方法》出版後不久就直接對此作了彌
補。²² 我當時的用意並不在於對施萊爾馬赫作全面的評價，而是把
他解釋成效果歷史的始作俑者，效果歷史這個概念已由施泰因哈爾
（Steinthal）投入使用，並以狄爾泰所賦予的科學理論高度取得了
無可爭議的統治地位。據我看來，這樣就縮小了詮釋學問題的範
圍，並且這種效果歷史絕非虛構。²³

　　在此期間，曼福雷德・弗朗克最近的研究又爲德國讀者介紹了
新結構主義的基本原理。²⁴ 這使我在某些方面有所明白。特別是弗
朗克的闡述使我認清楚，德里達對 *prēsence*（在場）的形上學的指
責主要是依據於海德格對胡塞爾的批判以及海德格以「現成在手狀
[II 16]　態」（Vorhandenheit）這個術語對希臘本體論所作的批判。但德里
達既沒有正確地評價胡塞爾也沒有正確地評價海德格。其實胡塞爾
並沒有停留於他的《邏輯研究》第 1 卷所談論的理想的——即某一
種的——意義（ideal-einen-Bedeutung）上，而是透過對時間的分
析證明了那裡所假定的同一性。

　　時間意識的現象學一般只是表現了客觀效用的臨時基礎。這無
疑是胡塞爾的意圖並且非常具有說服力。據我看來，即使人們把胡
塞爾的先驗的終極證明觀念以及他對先驗自我及其臨時自我結構的
承認指責爲「邏輯研究」的最終保證，這也並不能動搖同一性。

---

22 參見我的論文〈施萊爾馬赫詮釋學中的語言問題〉，載《短篇著作集》，第 3
　卷，第 129 頁以下；也可參見我的著作集，第 4 卷。
23 W. 安茨在《神學和教會雜誌》1985 年第 1-21 頁的一篇出色的論文〈施萊爾馬
　赫和齊克果〉中解釋了施萊爾馬赫的「辯證法」中對於哲學詮釋學具有創造
　性的因素。
24 參見 M. 弗朗克的《可說的和不可說的——最近法國詮釋學和正文學研究》
　（法蘭克福，1980 年）以及《什麼是新結構主義？》（法蘭克福，1984 年）。

　　這些指責並未觸及自我的同一性以及建立在兩個對話者之間的意義同一性。雖說透過他者進行的理解絕不可能達到對被理解物的完全揭示這一點無疑是正確的。但詮釋學分析卻必須清除一種關於理解和相互理解的錯誤模式。因此在相互取得一致意見的時候絕不是使區別消失於同一性之中。當我們說我們對某事取得一致意見時，這絕不是說，某人與他者在信念上完全一致了。我們德語對此有個很好的表述，即「Man kommt überein」（「達成協議」）。借用希臘語言的天才，這可表述為一種更高形式的 syntheke（綜合）[4]。如果我們把講話即 discours 的要素孤立起來並使它成為批判的對象，我認為這是一種觀看角度的轉向。實際上並不存在這樣的要素，而且我們也可以理解，為什麼當我們注視著「符號」（「Zeichen」）的時候必須談**延異**（différance 或 différence）。沒有一種符號能夠在絕對的意義上和含意（Bedeutung）同一。德里達在胡塞爾的《邏輯研究》和《現象學觀念》（第 1 卷）的意向性概念中發現了柏拉圖主義的影子，他對這種柏拉圖主義的批判當然是有道理的。但胡塞爾本人早已澄清了這一點。我認為，從消極的綜合概念和同義的意向性學說出發實際上有一條很清晰的路線可通向詮釋學經驗，而這種詮釋學經驗凡在它擺脫了先驗思維方式的方法壓力的地方都可以和我的格言相一致，即「我們有所理解的時候，我們總是以不同的方式在理解」。[25]自《真理與方法》完成之後，文學概念在詮釋學的問題圈中所取得的地位就一直是我主要的研究課題。大家可以對比一下我的著作集第 2 卷中的「正文和解釋」、「解析和解構」以及第 8 和第 9 卷中的文章。正如我曾說過[II 17] 的，我在《真理與方法》中並沒有精確地區分語言遊戲和藝術遊戲之間必要的區別，而實際上語言和藝術之間的連繫正是在文學中最

---

25 〔參見我的著作集，第 1 卷，第 302 頁。〕

能使人把握到，而文學正是透過語言藝術——以及書寫藝術——而
得到規定的。

　　詩學自古以來就和修辭學緊密相連，而隨著閱讀文化的擴
展——它在希臘化時代業已開始並在宗教改革時代得到完成——所
書寫下來的東西，或者用一般的概念說，*litterae*（文學）就被包括
在正文之中了。這就意味著，閱讀成了詮釋學和解釋的中心。詮釋
學和解釋都是爲閱讀服務的，而閱讀同時又是理解。凡與文學詮釋
學有關的地方，它都首先涉及到閱讀的本質。我們自然可以深信活
生生的話語所具有的優先地位，存在於談話中的語言的本源性。然
而閱讀卻指示了一個更爲寬廣的範圍。這樣，更寬泛的文學概念就
得到了證明，而這個概念正是我在《眞理與方法》第 1 部分末尾預
先爲後來的觀點指出的。

　　看來有必要在這裡討論一下閱讀和再現（Reproduzieren）之
間的區別。雖說我不能像埃米里・貝蒂在他的解釋理論中所作的那
樣把理解和再現完全區別開來，但我必須堅持以下觀點，即正是閱
讀，而不是再現，才是藝術作品本身眞正的體驗方式，而這種體
驗方式則把藝術作品規定爲藝術作品。在藝術作品中涉及的乃是一
種「眞正」詞義上的「閱讀」，正如詩的正文乃是一種「眞正」
詞義上的正文。實際上閱讀正是一切與藝術照面的進行方式（die
Vollzugsform aller Begegnung mit Kunst）。它不僅存在於正文中，
而且也存在於繪畫和建築物中。[26]

　　再現則是另一回事，它是以聲音和音調等感性材料達到一種
新的實現——因此它涉及的似乎是一種新的創作。的確，再現將把
眞正的作品表現出來，正如戲劇在舞臺上的表演以及音樂在演奏中
的表現，我認爲，這種生動的再現具有解釋的名稱乃是正確的。因

---

[26]　參見我的論文〈關於繪畫和建築的閱讀〉，載 G. 伯姆主編：《M. 英達爾紀念
　　文集》，符茲堡，1986 年。

此無論在再現的情況中或是在閱讀的情況中都必須堅持解釋的共同性。再現也是理解，雖說理解並非僅僅是再現。再現所涉及的並不是一種完全自由的創造，而是正如「Aufführung」這個詞很好地表
[Ⅱ 18] 達的那樣是一種演出，透過這種演出對某件固定作品的理解就達到一種新的實現。而在閱讀時的情況則不一樣，在閱讀時，文字固定物的實際意義（Sinnwirklichkeit）是在意義進程本身中得到實現，而沒有任何東西發生。因此，在閱讀時理解的實現就不像再現時那樣，[27] 它不是以一種新的感性現象來實現的。

閱讀是一種特有的、在自身中得到實現的意義進程（Sinnvollzug），從而與劇院和音樂廳裡的演出大相徑庭，這一點在朗讀（Vorlesen）上就可以得到說明。在默讀中這點也相當清楚，儘管默讀有時也發出聲來，例如：在古典時代就顯然如此。雖說它只是以一種程序化的方式直觀地得到實現，它仍然是一種完全的意義進程。它保留著用各種想像去進行補充的可能。我已運用羅曼·英加登的研究對此作了說明。朗讀者的情況也是如此：好的朗讀者必須時刻牢記他並不是真正的說話者，他只是服務於一種閱讀過程。雖說他的朗讀在他人看來是再現和表演，亦即包含一種在感官世界中新的實現，但它卻封閉在閱讀過程的內部。

透過這種區分我們肯定可以澄清我在其他論文中一直反覆思考的問題，即作者的意圖對於詮釋學事件究竟起著何種作用。在日常的言語用法中，由於它涉及的並不是穿透僵硬的文字，所以這點比

---

27 這是一個特別的問題，正如在音樂中關於閱讀和再現的關係問題。也許我們會同意在閱讀音符時並不能真正體驗到音樂，這就構成音樂和文學的區別。這也顯然適用於戲劇，因為戲劇原來也不是為閱讀而寫的。甚至史詩從某種外在意義看以前也是為演唱者而寫的。儘管如此，這裡還是存在本質區別。音樂是需要有人演奏的，而聽眾也彷彿要一起演奏。在這個問題上我從格奧加德斯（Georgiades）那裡學到很多，這裡請讀者參閱最新由他的遺著中整理出版的著作《命名和演奏》（哥廷根，1985 年）。

較清楚。我們必須理解他人；我們必須理解他人所意指的究竟是什麼。我們可以說並沒有同自己相分離，並沒有以一種文字的或固定下來的話語向不相識的人作傳達或轉告，而這個不相識的人則可能由於有意無意的誤解而歪曲了他要理解的內容。此外，我們甚至沒有和我們正與之說話並傾聽我們說話的人相分離。

　　這位他者在多大程度上理解我所想說的內容，是透過他在多大程度上同意我所說的而得到表現。透過談話被理解的對象就從意義指向的不確定提升到一種新的確定性，這種確定性能使自己發現被人理解了或被人誤解了。這就是談話中所真正發生的：被意指的內容清楚地表達出來，因為它變成一種共同的東西。因此個別的表述總是處於一種商談事件（ein kommunikative Geschehen）之中並且根本也不能被理解為個別的表述。因此所謂的 mens auctoris（作者 [II 19] 的精神），正如「作者」這個詞一樣，只是在不涉及生動的談話，而只涉及固定下來的表述的地方才起一種詮釋學的作用。於是那裡的問題又出現了：是否只有當我們追溯到原作者的時候才能夠理解呢？如果我們追溯到了原作者的意思，這種理解就足夠了嗎？如果因為我們對原作者一無所知從而不可能追溯時又將怎麼辦呢？

　　我認為傳統的詮釋學並沒有完全克服心理主義的後果。在所有的閱讀和對文字東西的理解時都涉及到一種過程，透過這種過程，被固定在正文中的內容就提升為新的陳述並且必定會得到新的具體實現。真正的談話的本質就在於，含意總是會超越所說出的話語。所以我認為，把說話者的含意（Meinung）假設為理解的尺度就是一種未曾揭露的本體論誤解。看來好像我們可以把說話者的含意以一種複製的方式製造出來，然後把它作為尺度對話語進行衡量。實際上正如我們所看到的，閱讀根本不是能和原文進行比較的再現。這種說法就如已由現象學研究克服了的知識論理論一樣，即我們在意識中有著一幅我們意指對象的圖像，即所謂的表象。一

切閱讀都會超出僵死的詞跡而達到所說的意義本身，所以閱讀既不是返回到人們理解爲靈魂過程或表達事件的原本的創造過程，也不會把所指內容理解得完全不同於從僵死的詞跡出發的理解。這就說明：當某人理解他者所說的內容時，這並不僅僅是一種意指（Gemeintes），而是一種參與（Geteiltes）、一種共同的活動（Gemeinsames）。誰透過閱讀把一個正文表達出來（即使在閱讀時並非都發出聲音），他就把該正文所具有的意義指向置於他自己開闢的意義宇宙之中。這就最終證明了我所遵循的浪漫主義觀點，即所有的理解都已經是解釋。施萊爾馬赫 [28] 曾經這樣明確表述過：「解釋和理解的區別就如發聲的說話同內心的說話之間的區別一樣。」[29]

這也適用於閱讀。我們稱閱讀爲理解的閱讀，因此閱讀本身已經是對所意指的東西的解釋，這樣閱讀就是一切意義進程的共同基本結構。

儘管閱讀絕不是再現，但我們所閱讀的一切正文都只有在理解中才能得到實現。而被閱讀的正文也將經驗到一種存在增長，正是這種存在增長才給予作品以完全的當代性（Gegenwärtigkeit）。雖說閱讀並不是在舞臺或講臺上的再現，但我認爲情況正是如此。

[Ⅱ20]

我在〈正文和解釋〉那篇文章中已經詳細地分析了詮釋學必須處理的各種不同形式的正文。然而歷史學這種特殊形式的正文卻需要一種特別的討論。即使我們從這一前提出發，即歷史研究歸根結底也是解釋，因而也是意義的進程，我們也必須提出以下問題，即歷史學家和他要研究的正文亦即歷史本身之間的關係與語文學家和他的正文之間的關係是否兩樣。歷史學家對我在《眞理與方法》一書中（第 330 頁以下）所指出的觀點所表現的反感使我理解到，我

---

[28] 《施萊爾馬赫全集》，第 3 卷，第 384 頁。

[29] 《眞理與方法》，參見我的著作集，第 1 卷，第 188 頁。

並未能擺脫掉把歷史理解的特殊方式過於和語文學家的理解方式等同的這種危險。我現在發現，這並不像我在《眞理與方法》中所考慮的那樣只是一個標準問題。歷史學並非僅僅是擴大意義上的語文學（《眞理與方法》第 345 頁）。毋寧說這是另一種意義上的正文，因此理解正文在兩種情況裡都起作用。

可以作爲歷史對象呈現的整個傳承物並不是像單個正文對於語文學家那種意義上的正文。對於歷史學家說來這種傳承物的整體是否就如語文學家所面對的正文那樣被給出的呢？對於語文學家來說，正文，尤其是詩的正文就像一種先於一切新解釋的固定尺度那樣是被給予的。而歷史學家則相反，他首先需要重構他的基本正文即歷史本身。當然，我們不能在兩者之間作出截然的區分。歷史學家對於他所遇到的文字正文或其他正文首先也得像語文學家一樣進行理解。語文學家也同樣必須常對他的正文進行重建和評論從而使人們可以理解這些正文，他也要讓歷史知識像其他學科中一切可能的其他知識一樣包括在他對正文的理解中。但在歷史學和語文學中，理解的眼光，亦即對意義的注視仍然是不相同的。一件正文的意義同它所想講的相同。而一件事件的意義則相反，人們只有根據正文和其他證據，甚至透過重新評價這些正文和證據本身的觀點才能釋讀出來。

爲了說明問題我想在這裡引入一種語文學的意義，這種意義可能是對希臘語詞的詞義翻譯：語文學就是對自己陳述的意義感到樂趣。至於這種意義是以語言形式還是其他形式陳述那是無關緊要的。因此，藝術當然也就是這樣的一種意義承載者，科學和哲學 [II 21] 也同樣如此。但是語文學的這種最廣的含意，即理解意義，卻與同樣試圖理解意義的歷史學不同。作爲科學，語文學和歷史學都使用它們的科學方法。但是，一旦涉及的是正文（不管是哪種形式的正文），這些正文卻不能僅以方法研究的途徑得到理解。每一件

正文在科學給它提供幫助之前都要先找到它的讀者。對自己陳述的意義感到愉悅，以及對被掩蓋的意義進行研究這兩者之間的區別已經畫出了兩種理解方式活動的意義範圍。一方面是讀者對意義的猜測——而讀者這個概念顯然可以毫無困難地擴展到一切形式的藝術。另一方面則是讀者因其自己的出身和來源而具有的不確定知識，以及自己當下的歷史深度。因此，對自己陳述意義的所有正文的解釋就總是和先行的理解有關，並在這種先行理解的擴展中得到完成。

歷史的正文也同樣如此，它部分是由本身的生活史，部分則由透過歷史知識的教育而成為每個人所知的東西所預先規定的。在歷史研究開始其方法的工作之前，我們都已被置於這樣一種把本身傳統的內容都包括在內的歷史圖像之中。與我們所有的歷史性一樣，那種把傳統和來源與批判的歷史研究相連結的生命紐帶也永遠不會完全解開。即使有人試圖像蘭克那樣作為臆想的世界史旁觀者來消除掉他自己的個體性，他也仍然是他自己時代的寵兒和他的家鄉的驕子。不管是語文學家或是歷史學家都無法認出他們自身理解的條件性，這些條件性乃是先於他們而存在並且是先於他們方法上的自我控制而存在的。這對於歷史學家和語文學家都是如此，但語文學家的情形卻不同於歷史學家的情形。對於語文學家，在正文中陳述的意義的同時性是透過他的解釋而設立的（如果這種解釋是成功的話）。但在另一方面，我們在歷史學家那裡發現的則是建立和消除意義關聯，以及經常的糾正，摧毀傳說，發現錯誤，經常打破意義結構——這樣做都是為了尋求在這後面隱藏著的意義，這種意義也許根本不可能達到意義證據的同時性。

使我繼續發展我的研究的另一個方向，是與社會科學和實踐哲學的問題有關。因此約爾根·哈伯瑪斯於 60 年代對我的研究所表示的批判興趣就具有了批判的意義。他的批判和我的反批判使我更 [II 22]

加意識到我事實上已經進入了的一個領域，因為我已超越了正文和解釋的領域而開始研究一切理解的語言性。這就給了我一個機會，使我不斷地深入到修辭學部分中去。這個部分在詮釋學的歷史中已有所表現，但詮釋學還要為社會存在形式而占有這部分。本書中的部分文章對這一點也作了證明。

最後我還必須面對同一個問題方向，即更清楚地勾勒出哲學詮釋學的科學理論特性，以便理解和解釋以及詮釋學科學的程序都能在這種特性中證明自己的合法性。於是我提出了自己從一開始就苦苦求索的問題：什麼是實踐哲學？理論和反思如何才能指向實踐的領域？因為在實踐的領域中絕不能容忍距離而是要求義務。這個問題在一開始是由於齊克果的存在激情（Existenzpathos）而吸引著我。在這個問題上我是以亞里斯多德的實踐哲學的典範為根據的。我力圖避免那種關於理論及其應用的錯誤模式，這種模式從近代科學概念出發對實踐概念作了片面規定。康德正是在這點上開始了對近代的自我批判。我一直都相信在康德的《道德形上學的奠基》中可以發現一種雖說是部分的亦即只是侷限在絕對命令之中，但整個說來卻是不可動搖的真理，如果啟蒙運動的動機是想維護盧梭的批判（這種批判對康德說來按他自己的承認乃是確定的），它就不該留在一種社會功利主義之中。

在這個問題背後存在著「一般」具體化（Kontretion des Allgemeinen）這個古老的形上學問題。我在我的早期對柏拉圖和亞里斯多德的研究中就已注意到這點。我思想形成時期的第 1 篇文章（寫於 1930 年）現在正好以「實踐知識」為題第一次發表在我的著作集第 5 卷中。我在那篇文章中連繫《尼各馬可倫理學》第 6 卷解釋了 Phronesis（實踐智慧）的本質，我這樣做是由於受了海德格的影響。在《真理與方法》中這個問題重又取得了中心地位。如今亞里斯多德的實踐哲學傳統已被人從多方面重新接受。我認為這

個問題具有一種眞正的現實性，這是毫無疑義的。在我看來這和今
天多方與所謂的新亞里斯多德主義相連繫的政治口號並無關係。什
麼是實踐哲學這個問題對於近代思想的科學概念總是一種不容忽視
的眞正挑戰。我們可以從亞里斯多德那裡得知希臘的科學這個概
念，即 Episteme，所指的是理性知識（Vernunfterkenntnis）。這就
[Ⅱ23] 是說，它的典範是在數學中而根本不包括經驗。因此，近代科學與
希臘的科學概念即 Episteme 很少相符，它倒是更接近於 Techne（技
術）這一概念。不管怎樣，實踐知識和政治知識從根本上說與所有
那些可學到的知識形式及其應用的結構是不一樣的。實踐知識實際
上就是從自身出發爲一切建立在科學基礎上的能力指示其位置的知
識。這就是蘇格拉底追問善的問題的含意，柏拉圖和亞里斯多德都
堅持了這種含意。如果有誰相信，科學因其無可爭辯的權能而可以
代替實踐理性和政治合理性，他就忽視了人類生活形式的引導力
量，因爲唯有人類的生活形式才能夠有意義並理智地利用科學和一
切人類的能力，並能對這種利用負責。

　　但實踐哲學本身卻並不是這樣一種合理性。它是哲學，這就是
說，它是一種反思，並且是對人類生活形式所必須是什麼的反思。
在同樣的意義上可以說哲學詮釋學也並非理解的藝術，而是理解藝
術的理論。但這種種喚起意識的形式都來自於實踐，離開了實踐就
將是純粹的虛無。這就是從詮釋學的問題出發所重新證明的知識和
科學的特殊意義。這也正是我自《眞理與方法》完成以後一直致力
的目標。

補正：關於詮釋學和解構主義的討論在此期間仍在熱烈進行。參見 J. 哈伯瑪斯對
　　　德里達所作的出色批判（《現代哲學討論》，法蘭克福，1985 年，第 191
　　　頁以下），以及關於《正文和解釋》的討論（由德爾梅厄（Dallmayr）用
　　　英語寫作，在依阿華作準備），還有我對 F. 德爾梅厄《城邦和實踐》（劍
　　　橋，1984 年）所作的評論。這些文章都對「解毀和解構」（參見我的著作
　　　集，第 2 卷，第 361 頁以下）作了補充。

Ⅱ

準備

2. 當今德國哲學中的歷史問題

（1943年）

　　如果要對近幾十年德國哲學的特徵作出描繪，我們會發現它最重要的特徵就是它的歷史態度。盎格魯—撒克遜的觀察家有時甚至就把它叫作一種沉重的歷史態度，他們對德國哲學為何如此著重討論哲學的歷史問題感到奇怪。實際上哲學對其自身歷史感興趣絕非是不言而喻的事情，它包含著一種特有的疑問。假如說哲學和一切認知一樣都是研討真理，那麼我們應當怎樣認識通向真理的直接道路（Wege）和間接道路（Umwege）呢？無論如何，弗里德里希·尼采在他著名的《不合時宜的考察》第2部中對歷史學所作的批判至今仍在我們耳邊迴響。難道歷史意義真的只是19世紀在他那裡所看到的我們那個世界的巨大擴展？難道這種歷史意義不正是一種標誌，它表明自從現代人開始學會用眾多的眼睛同時觀看世界以來，現代人已根本不再擁有自己的世界？凡在真理藉以顯現的各種觀點開始被人認識的地方，難道這種真理的意義不是早已消解了？

　　事實上，我們必須認識到，人的此在及其認識的歷史性怎樣已經對我們成為一個問題。在德國，人們把這個問題稱作歷史性問題。它並非以前那種探詢歷史的本質和意義的老問題。人類的事務不斷變化，民族和文化興盛和衰敗，這一切一直是哲學反思的對象。作為西方世界觀第一個塑造者的希臘人，並未把這種興衰沉浮認作人類存在的本質，恰好相反，他們從在一切變化之中所持存的東西出發，因為它是真正的秩序。據以思考人的存在的典型是自然、是宇宙的秩序，這種秩序自身保持著並在永恆的輪迴中周而復

始。希臘人認爲人的秩序也該如此常駐不變，而把它的變化認作毀滅。歷史就是毀滅史。[1] 自從基督教產生以來，人的存在的不可重複 [II 28] 性才被認作是它固有的本質特徵。人類事務的整體，即「這個宇宙」，相對於彼岸上帝的唯一本質只是一種非本質，而拯救行爲則賦予了人類歷史以一種新的意義。拯救行爲是不斷地作出贊同上帝抑或反對上帝的抉擇。人處於被一次性的拯救行爲所規定了的拯救史之中。人的每一個瞬間都具有絕對的重要性，但人的整個命運卻一直隱藏在上帝的神意和對於事物結局的期待中。因此，人的此在既是有限的，但又和無限相連繫。歷史具有一種特有的、積極的意義。1 千多年來在基督教的西方，人們就從這種前提出發思考歷史的形上學。啓蒙時代的進步觀念則以世俗化的形態成爲這種連繫中的一環。確實，即使是歷史哲學最後的偉大嘗試，即黑格爾對歷史中的理性的指明，也仍然是這種意義上的形上學。隨著這種形上學背景的全面崩潰，歷史問題對人的此在意識才成爲決定性的。它變成了歷史性的問題。

1841 年，老謝林應召柏林大學哲學教席，以便抵消黑格爾在政治和科學方面的危險影響。然而，與謝林的想法和意願相反，他對黑格爾的批判卻表明哲學在一般西方文化中的領導地位已告終結。獲得承認的並不是謝林自己的哲學，而是對自然科學方法論的偏重。甚至歷史問題也按照這種方法論模式加以構造。

當哲學從該世紀中葉的模仿黑格爾主義和學院派唯物主義的深潭中脫身出來時，它仍帶有康德及其追問科學之根據的知識論問題的標誌。康德在《純粹理性批判》中回答了純粹自然科學如何可能的問題。如今人們卻在問歷史科學如何可能。人們試圖（用威廉·

---

[1]　〔參見我爲 G. 羅厄（Rohr）《柏拉圖的歷史地位》寫的書評，載我的著作集，第 5 卷，第 327-331 頁。〕

狄爾泰的話來說）用「歷史理性批判」（Kritik der historischen Vernunft）來取代「純粹理性批判」。歷史問題變成了歷史科學問題。歷史科學是如何獲得其知識論的權力的？然而，這樣提問就意味著按自然科學的模式來衡量歷史科學。新康德主義歷史邏輯學的經典著作有一個引人注目的標題「自然科學概念構造的界限」（Die Grenzen der Naturwissenschaftlichen Begriffsbildung）。亨利希·里克特（Heinrich Rickert）試圖在這裡指明，歷史的對象如何得到標誌，爲何在歷史中找不到像自然科學那種普遍的規律性，而只能認識到個別之物、個體之物。是什麼東西使一件單純的事件（Faktum）成爲一種歷史事實（Tatsache）？回答是：它的意義，亦即它和人類文化價值體系的關係。在這種探究中，自然科學知識的模型在一切領域取得了支配的地位。歷史問題完全變成僅僅是知識論問題，變成歷史科學如何可能的問題。

[II 29]

其實，人類所關注的歷史問題並非科學認識問題，而是自己的生活意識問題。這也不只是說，我們人類具有一種歷史，亦即我們的命運在經歷興盛、繁榮和衰落之中。不如說具有決定意義的是，我們正是在這種命運的沉浮中尋找著我們存在的意義。時代的強力把我們拖入時代，又在我們心中喚起某種支配時代的本己的強力意識，而我們本是根據這種強力來塑造自身的命運。我們在有限性本身中追問意義。這就是歷史性問題，就是推動著哲學的歷史性問題。這個問題的範圍在德國這個浪漫主義的古典國家已得到測定，因爲在那裡浪漫主義的遺產在由 19 世紀帶來的現代科學的繁榮中仍得以保持了下來。

正是威廉·狄爾泰這位在威廉二世時代的德國於柏林當了幾十年哲學教授的受人尊敬、著名的德國精神的歷史作家，在知識論占統治地位的時代，仍然清醒地認識到這個歷史性問題並對它作了深刻思考。他的同代人，甚至許多他的學生和朋友也只把他看作一個

天才的歷史學家，看作德國偉大歷史著述傳統的一位可尊敬的繼承者，稱他在哲學史和精神史領域中作出新的、光彩耀人的成就。他的著作涉及多種領域，但只有一些論文和學術論文得到發表。然而在第一次世界大戰以後他多卷本的著作集出版了，其中充實了許多重要的遺作。自此以後，狄爾泰顯然也被人認作一位哲學家，認作思考歷史性問題的思想家。奧特伽・伽塞特（Ortega Y. Gasset）[5]甚至走得更遠，他把狄爾泰稱作 19 世紀下半葉最偉大的思想家。

　　然而我們當然必須學會從與狄爾泰本人方法論觀點相反的角度去閱讀狄爾泰的著作。因為從表面看來，狄爾泰的著作與新康 [Ⅱ30]德主義知識論的提問具有相似的出發點，他透過指出精神科學本身的原則從而試圖為它制訂一種獨立的哲學基礎。他在某種描述的和解析的心理學裡看到一切精神科學的基礎。他在 1892 年寫的一篇〈關於一門描述和解析的心理學的觀念〉（Ideen zu einer beschreibenden und zergliedernden Psychologie）的經典論文中 [6]，克服了心理學領域中的自然科學方法論，並賦予精神科學自身以方法論的自我意識。因此，他似乎同樣受到知識論提問的控制，這種提問問的是科學的可能性，而不追問什麼是歷史。然而，實際上他並未僅限於反思我們的歷史知識，這種反思正是歷史科學的前提，狄爾泰反覆思考的是我們人的存在，這種存在受它關於其歷史的知識的規定。他把人的此在的根本特性描述為「生命」（Leben）。他認為生命也是一切歷史認識最終都要返回到的「核心的」原始事實（die "kernhafte" Urtatsache）。人類生活中的所有客體都應返回到生命的思維構造工作（die gedankenbildende Arbeit），而不是返回到一種知識論的主體。藝術、國家、社會、宗教以及在這個領域中存在的一切絕對的價值、善行和準則都最終來源於生命的思維構造工作。如果它們要求絕對有效性，那這只能由「時代視界的限制」來解釋，這就是說，缺乏歷史視界。例如：經過歷史啟蒙的人

知道，與偷竊行為相比，殺人並非必然是更重的罪行。他知道，古老的日爾曼法對偷竊的懲罰更甚於殺人，因為偷竊是卑鄙的、非人性的。只有不知道這一切的人才會相信這裡存在絕對的等級秩序。於是歷史的啟蒙就導致了對無條件者之有條件性的認識，導致對歷史相對性的認識，但狄爾泰未因此成為歷史相對主義的代表，因為他所思考的並不是相對性，而是生命這個「核心」事實，它是所有相對性的根據。

　　生命的思維構造工作是如何進行的？狄爾泰把他的哲學建立在理解的內在經驗上，理解為我們揭示了概念無法通達的現實。所有的歷史知識都是這樣的理解。但理解並不僅僅是歷史科學的行事方法，而是人的存在的根本規定。關鍵在於，我們具有內在的體驗。在「回憶」（Erinnerung）中形成這種體驗，被擴展為對意義 [Ⅱ31] 的理解。當狄爾泰認識到這種對意義的理解和自然科學的認識過程具有完全不同的結構時，他就和浪漫主義思想相連繫。這裡不是從一物類推到另一物、又類推到另外一物，以便從中抽象出普遍性，相反，在這裡個別體驗就已經是一種意義的整體，是一種關聯。而且，個別體驗雖說是整個生命過程的一部分，但它的意義卻以一種獨特的方式和這個整體相連繫。這當然不是說某人終極的體驗才實現並規定了生命整體的意義。不如說，生活命運的意義本身就是一個不是由終點，而是由某種構造意義的中心出發構造而成的整體。整體關聯的意義不是由最近的體驗構成，而是由具有決定意義的體驗構成。即使是一個瞬間都可能對整個生命具有決定意義。

　　由於狄爾泰依賴浪漫主義理論，因此他寧可從音樂的理解來闡明這種關係。雖說一首樂曲就是諸多單個音調的排列，但樂曲的結構卻並非因最後一個音才得以構成。毋寧說這裡早已具有充滿意義的動機，整首樂曲就是從這個中心出發得到構成並組成一個整體單位。對歷史的理解也是這樣一種從中心出發的理解。歷史的完整

意義很可能只有在普遍的歷史中才得以實現。因此，恩斯特‧特勒爾奇（Ernst Troeltsch）曾把狄爾泰的願望說成「從相對性到整體性」。但這裡重要的在於：整體性並不是一直延續到當前的已完成了的歷史整體，而是從一個中心出發，從一種中心化著的意義出發得到構造的。

事實上，這樣構造的意義關聯（Bedentungszusammenhang）同時就是一種效果關聯（Wirkungszusammenhang），這就是說，它並不是在理解中才得以構造，它同時也是作為力量的連繫而起作用。歷史始終同時既是意義連繫又是力量連繫。比如狄爾泰指出：一個時代就代表一種統一的意義連繫。他把這種連繫叫作時代的「結構」。因此，只有這樣說才有意義，即人們必須從該時代的結構出發理解該時代的所有現象。僅僅認識陌生時代或陌生環境的純粹影響或作用，這還不足以滿足理解。只有當人體驗到對他有所準備、有所感受的影響時，他才會滿足。他的這種感受性就是結構。反之，如果人們想完全打斷對這種歷史效果線索的追問，那就是一種錯誤的片面性。對影響的經驗最終還須取決於，產生這種影響的東西是切近並發生作用的東西。歷史並非僅是意義連繫，而且是力 [Ⅱ32]
量的現實連繫。讓我們仍然用人的生活命運的例子來說明這一點。人的生活命運當然是按照它向之趨近的規律而展現的。但這種命運的環境也隨之造成：Daimon und Kairos，即前定性和機會是一起出現的。歷史永遠既是意義又是現實，既是意義又是力量。

狄爾泰並非偶然地比較美學的理解。因為他關於歷史存在及其力量和意義作用的整個理論都有一個前提：即理解的距離是既存的，而歷史理性的自主權則是可能的。因此，就像美學理解是在理解著的距離中實現的那樣，歷史的理解也建立在這種距離之上。狄爾泰甚至恰恰把這理解成生命本身的運動，即思慮（Besinnung）正是從生命中產生出來。從消極方面說，這表示：生命必須擺脫用

概念進行的認識，以便構成自己的客觀化物。然而真的存在這種理解的自由嗎？相信透過歷史的啓蒙就能變得自由的這種信念在歷史自我意識的結構點上有其決定性的根據：即自我意識是在一種無限的、不可逆轉的過程中被把握的。康德和唯心論就是從這點出發的：每一種已達到的知識本身又可能重又成爲一種新知識的對象。當我知道之時，我同樣可以知道我知道。這種反思運動是無限的。這種結構對於歷史自我意識就意味著，尋找其自我意識的精神正是由此而不斷改變著其自身的存在。一旦精神把握自身它就已經與以前的自己變得不同。讓我們舉例說明這一點：如果某人意識到自己的憤怒，那種已達到的自我意識已經是一種改變，雖說並非就是自己憤怒的消失。黑格爾在他的《精神現象學》中描寫了自我意識趨向自身的這種運動。然而，當黑格爾在哲學自我意識裡看到了這種運動的絕對終點時，狄爾泰卻把這種形上學的要求斥之爲獨斷的。這樣歷史理性的無限制性就對他開啓了。歷史的理解意味著自我意識的不斷增強，意味著生命視域的不斷擴展。這裡既沒有停頓也沒有回復。作爲精神的歷史學家，狄爾泰的廣博性就依據於這種在理解中進行的生命無限擴展，狄爾泰是歷史啓蒙的思想家。歷史意識就是形上學的終結。

這裡存在一個要點，當今的哲學研究根據這一點被指向了一條新的道路。

[II 33]　　　這種理解的自由真的存在嗎？事件（Geschehen）的無限連繫真的能在這種理解的自由中表現爲歷史的本質？當我們追問歷史自我意識的界限時我們追問的不正是歷史的本質？尼采就是最先踏上這種提問之路的人。在他《不合時宜的考察》第 2 部中他詢問歷史（Historie）對於生活的用處和害處，他在書中勾畫了一幅他的時代所經受的歷史病態的驚人圖景。他指出，所有促進生命的衝動如何被這種歷史病深深毀壞，所有連結的尺度和價值如何因此而喪

失，以致人們學會用任意的陌生的標準並不斷用其他的價值觀進行
衡量。但尼采的批評同時也是建設性的。因爲他公布了生活的尺
度，這種尺度可以衡量一種文化可以不受損害地承擔多少歷史。歷
史的自我意識可以有各種樣式，它可以是保持性的，或構造典型的
或導致毀滅的。在推動歷史的這種種方式的眞正平衡狀態中必須保
持可塑的力量，唯此力量才能使文化保持活力。文化需要一種被神
話裝扮過的視界，它也需要與歷史啓蒙相對立的限制。但是否有一
種回復？抑或任何回復都是不必要的？相信歷史理性的理解具有無
限性的信念也許是一種幻想？是對我們歷史存在和歷史意識錯誤的
自我解釋？這正是具有決定意義的問題。

　　存在著許多問題，能使我們對歷史理性無限制性的信念產生懷
疑。我想到對歷史精神的自然常數的追問，對它的生物學前提的追
問。我想到對歷史的開端的追問。歷史眞的始於人類開始流傳下關
於自己的自我意識之時？創造歷史的決定難道不比這種自我意識更
早？是否存在一種比所有歷史時代的前提——犁的發明具有更重要
意義的行動？史前民族用以反映自身命運的神話是什麼？然而，自
從哲學研究超出狄爾泰作出了一些重要進步以來，狄爾泰關於歷史
理解的問題在今天仍向我們呈現出新的面目。馬丁·海德格在《存
在與時間》中以基本的提問連繫涉及到人的此在的歷史性。他把歷
史問題從本體論的前提中解放出來，而狄爾泰則仍處於這種前提
之下來看問題。海德格指出，存在並非必定和總是意指對象性，實
際上關鍵的東西乃在於「制訂出存在的事物（Ontische）和歷史的　[Ⅱ34]
事物（Historische）之間屬的差別」。人的此在的存在是一種歷史
性的存在。但這表明，它不像自然科學對象的此在那樣是現成在手
的，只是比自然科學的對象更爲脆弱和可變易。相反，在更原始的
意義上，歷史性，亦即時間性才意味著存在，而不是自然科學力圖
認識的現成在手的東西。歷史理性之所以存在，只是因爲人的此在

是時間性的、歷史性的。世界歷史之所以存在，只是因爲人的這種時間性的此在「具有世界」。編年史之所以存在，只是因爲人的歷史性此在本身就是時間。

　　從這種觀點出發，狄爾泰的學說就獲得了一種新的面目。首先我們可以問，這種理解的自由究竟代表什麼？難道它不是一種純粹的假象？狄爾泰相信理解可以擺脫藉助概念的認識，但他據此所指的難道不就是一種變得不可相信的形上學的概念？我們所有的理解難道不總是受到概念的指導？歷史的理解自誇它不帶前見。但這種無前見性不正總是一種有限的無前見性？這種要求不正總有一種論戰性的意義，亦即要擺脫這種或那種前見？實際上，要求不帶前見（正如人的生活經驗所教導我們的）實際上不正總是掩蓋了前見的頑固性，這種前見規定著我們而又不被我們察覺？我們可以從歷史學家的工作方法中充分認識這一點。他們要求持批判態度，也就是說，用類似法官審愼的公正態度來傾聽某個歷史問題的材料和證據，以便深入到事物的本質。然而，這種所謂的批判難道不總以起主導作用的前見隱蔽的有效性爲根據？在對材料和證據進行批判時最終總有一種信念標準，這種標準只與人們認爲可能的東西、準備相信的東西有關。最後，還可以再說幾句。歷史就像現實生活一樣，只有當它深入到（hineinsprechen）我們先已具有的關於事物、人和時代的判斷中時，它才與我們攀談（ansprechen）。所有關於意義的理解都有一個前提，即我們要帶有這樣一種前見的連繫。海德格把這種情況稱作詮釋學循環（hermeneutischen Zirkel）：我們只能理解我們已知的東西，只能聽出我們已讀進去的東西。若按自然科學的認識標準來衡量，這似乎是無法容忍的。但實際上唯其如此歷史的理解才可能。關鍵不在於避開這種循環，而是從正確的方式進入這種循環。

　　由此就產生出第二點：對意義的揭示並不像狄爾泰所認爲的那

樣出自於理解的距離，而是來自於我們自己處在歷史的效果連繫之
中。歷史的理解本身總是對效果和繼續效果的經驗，它的束縛性正
好意味著它的歷史效用力（Wirkungskraft），因此具有歷史意義的　[Ⅱ35]
東西要比在行動過程中的理解更爲本源地可通達。歷史性的此在始
終具有一種處境、一種觀點和一個視界，這就像一幅繪畫中的透視
法，亦即按「較近」、「較遠」編排的事物的次序，包含一種人們
必須占據的視點。然而人們總是透過自己的編排才進入與事物的存
在關係並附屬於事物的秩序，這樣才使事件的一次性、瞬間的充實
性得到呈現。與此相反，前透視法的繪畫卻把所有的事物都展現在
一種展開的永恆性以及對一種彼岸意義的一覽無餘之中。因此歷史
的眞理卻不是某種觀念的透視，而是一種不可重複的決定的連結物。

　　於是又產生出第三個觀點，我總覺得急迫地需要說出這一點：
理解具有無限制的自由不僅是一種被哲學思考所揭示的幻覺，而且
當我們試圖理解時我們就能經驗到這種理解自由的限制。正由於理
解的自由必然受到限制，所以只有在自我放棄，亦即遇到不可理解
之物時，理解才眞正得以實現。我這裡所指的並非某種未作研究便
下的好心決定，而是我們大家都知道的我們道德生活經驗中的一個
因素：在我和你關係中的理解。這種經驗告訴我們：在我和你之
間，除非當其中之一提出要求以對方的存在和意見來理解對方，否
則絕不會產生眞正的相互理解。要先於對方所說的話語之前「進行
理解」（Verstehend），這實際就是拒絕對方的要求。這就是一種
不讓對方對自己說什麼的方式。然而，如果有誰能夠讓對方說些什
麼，能夠讓對方的要求發生作用，而不去事先理解對方並因此而限
制對方，那他才能獲得眞正的自我認識。這樣他才會有所領悟。所
以我們處於狹隘生活經歷中的自我並不像狄爾泰所認爲的那樣會在
自主的理解中得到某種眞正的擴展，而是在和不理解的東西相遇時
才得到這種擴展。也許只有當我們感受到一個完全陌生的歷史世界

的氣息時我們才會認識到自己固有的歷史存在。歷史存在者的基本特性顯然就是要顯明（bedeutend zu sein），但這是一種積極的說法；而趨向歷史的存在則是讓某物對自己有所顯明（sich etwas bedeuten zu lassen）。在我和你之間因此只產生出真正的連結，而在我們和歷史之間則只產生出歷史命運的連結。

[Ⅱ 36]　　　從這個觀點出發就有一個問題成為歷史詮釋學的中心，這個問題至今一直疑竇重重，這就是神話問題。它是所有歷史方法論問題中最為晦暗不明的問題。如果我們想要科學性的說明，我們究竟該怎樣解釋神話呢？我們在作說明時必然感受的不言而喻，富有成果的前見究竟是什麼？神話的意義和童話的意義是隱藏得最深層的意義。它們的意義用何衡量？難道我們不曾覺得不存在足以解釋神話和童話之意義的方法？難道歸根到底和實際上情況不是這樣嗎？即我們根本無法解釋神話，因為神話是在解釋我們？實際上，只要神話在訴說，它們就是真正的卓越者，是真正的全知者，它們在黑暗中閃爍照明並對我們進行教導。神話和童話似乎從一開始就充滿知識，因此它們具有真正的歷史深度。在歷史奧祕中透露的精神並不是我們的歷史理性精神。因此，我們這些歷史人在被兒童稱作自己的東西的神話和童話面前顯得茫然無助。因此，我們經過啟蒙的理性仍處於神話力量的控制之下。人類的精神史並不是解脫世界的神話的過程，不是用邏各斯、用理性去消解神話的過程。這種模式是建築在歷史啟蒙的偏見上，建築在一種天真的前提上，即進行理性思考者的理性是使這種模式獲勝並得到統治的足夠根據。實際上，理性本身不可能做到這一點。理性本身只是一種歷史的可能性——和機會。它既不能理解自己，又不能理解神話的現實性，理性其實反倒受神話的包圍並永遠處於神話的支配之中。

認為歷史啟蒙具有全能力量的想法只是一種假象。歷史的真正本質存在於和這種啟蒙相抵抗之處，存在於能證明自己具有持續當

前性的事物身上。神話並不是歷史現實的面具，彷彿理性能從事物中得出這種歷史現實，從而使自身成為歷史的理性。相反，它倒是揭示了歷史的本質力量。我們自身歷史意識的視界並非是受過啓蒙的意識的不帶神話的、無盡的沙漠。這種啓蒙狀態其實受到歷史的束縛和限制，是我們命運實現過程中的一個階段。如果這種啓蒙狀態把自己認爲是歷史意識的無命運支配的自由，它就誤解了自己。但這只是說明：歷史就是我們從來曾是和現在所是。它是我們命運的連結紐帶。

3. 精神科學中的眞理

（1953年）

　　由於精神科學具有較大的公開性，因此我們很難對於其研究方式找到正當的理解。我們很難明確表述精神科學中屬眞理的東西及其得出的結論。但在精神科學的某些領域中，因其對象明瞭易懂，這一點彷彿倒更容易做到。如果一個國民經濟學家必須在今天談論他的工作對於公眾福利的意義，那麼他肯定能得到普遍的理解。如果一個藝術科學家爲我們展示一些美的東西，即使它們只是一些遠古時代的發掘物，他也可能得到普遍的理解，因爲即使那些很古老的東西也會喚起一種令人驚異的普遍興趣。但哲學家的情況卻正相反，他們並不能提供顯而易見或大家都信的結果，而只能表述一些需要思考和反思的東西，這些東西正是在精神科學的工作中向思考者展現了自身。

一

　　現代的科學概念是由 17 世紀自然科學的發展所鑄造的。我們對自然日益增長的統治應當歸功於這種發展，因此人們又期待關於人和社會的科學也能達到對人文—歷史世界類似的統治。實際上自從科學使我們對自然的統治日益加甚，人們對精神科學期待得還更多，我們對文化感到的不適非但沒有減輕，反而加重了。自然科學的方法並沒有包容所有知識價值，它甚至從未包含過最重要的知識價值，那就是對自然手段和人的統治所爲之服務的最終目標。人們

期待從精神科學及其中的哲學裡得出的知識乃是另外種類、另外等級的知識。於是我們將不再談論自然科學方法的運用爲所有科學提供的共同性，而是談論精神科學使其表現得如此有意義、如此值得思考的一次性。

    1. 在精神科學中究竟什麼才眞正是科學的？我們眞的可以毫無問題地把自然科學的研究概念運用到精神科學中去？因爲自然科學所考慮的東西，例如：去發現新的、從未認識過的東西，開闢一條安全的，經由所有可反覆檢驗的道路達到這種新的眞理等等，這一切在精神科學中似乎只處於次要的地位。精神科學知識的豐碩成果似乎更接近於藝術家的直覺本能而不是自然科學研究的方法精神。確實，在每一個研究領域中人們可能說一切天才創造都是重複同樣的東西。但在自然科學研究的方法工作中卻總是不斷產生出新的見識，就此而言，科學本身就藏身在方法的運用中。 [II 38]

    精神科學的研究當然也要運用方法。在通俗科學的美文學中，透過某種可驗證性也顯示出方法的運用——但這種驗證性卻是用於材料而不是用於從這些材料中得出的結果。在精神科學領域中，科學並不因其方法論而能保證其眞理性。在業餘愛好者非科學的作品中甚至有可能倒比有意識地運用研究方法的作品中存在更多的眞理。實際上可以指出，過去一個世紀中精神科學的發展雖說總把自然科學作爲自己的榜樣，但它最強烈、最根本的動力卻並非來自這種經驗科學的出色激情，而是來自浪漫主義和德國唯心主義的精神。正是在浪漫主義和唯心主義中活躍著關於啓蒙的界限以及科學方法的界限的知識。

    2. 雖說精神科學因此而對我們有如此的意義，然而，人類渴求眞理之心眞的就因此而得到了滿足？精神科學透過研究和理解進入歷史的寬廣領域，雖說它由此擴展了人類關於整個過去的精神視界，但當代的眞理追求不僅不會因此而得到滿足，而且它本身也已

似乎變得可疑。精神科學在其自身中所構造的歷史意義帶來了一種
適應可變標準的習慣，而這種習慣由於使用自己的標準而導致了不
確定性。尼采在他《不合時宜的考察》第 2 部中就已明白，歷史學
對生活不光有用，同時也有害。歷史主義在所有事物中都發現歷史
侷限性，從而摧毀了歷史研究的實用意義。歷史主義的精緻的理解
藝術削弱了企圖達到絕對價值的力量，而生活的道德現實就存在於
這種絕對價值之中。歷史主義的知識論頂峰就是相對主義，它導致
的後果則是虛無主義。

[Ⅱ 39]　　　關於所有認識都受當代活躍的歷史和社會力量所限制的這一見
解並不只是從理論上削弱我們的認識信念，而且也表明我們的認識
相對於時代的意志力毫無實際的自衛能力。精神科學被勒令效力於
這種傾向，而且被從它的知識在社會、政治、宗教抑或無論其他什
麼方面所意味的權力價值（Machtwert）來評價。於是，它就強化
了權力對精神施加的壓力。精神科學比起自然科學毫無疑問更容易
受恐怖統治的傷害，因為它不像自然科學那樣具有令人稱羨的確定
尺度，可以從有目的的偽裝和隱藏中區分出真實的、正確的東西。
於是，精神科學用以與一切研究的道德習俗相連結起來的最後的道
德共同性也陷入了危機。

　　　如果誰從完全懷疑的角度考慮精神科學中真理所具有的這種可
疑性，那他首先更願在一個自然科學家以及由自然科學的觀念世界
規定的門外漢圈子中引用一個無可懷疑的證據：偉大的物理學家赫
爾曼・赫爾姆霍茨（Hermann Helmholtz）在大約 100 年前就講過
自然科學和精神科學的區別。他認為精神科學這門特殊科學具有合
理性和先見之明的優勢，他的這種觀點今天仍然值得我們重視。雖
說他按照自然科學的方法來衡量精神科學的工作方式，並從這個角
度進行描述，因此我們很可以理解他用以得出精神科學結論的那種
充滿預感的直接推論（Kurzschluss）顯然無法滿足他的邏輯要求。

但他發現，這正是精神科學達到眞理的實際方法，並且還需要其他種類的人的條件來得出這種直接結論。凡屬於記憶、想像、機敏、繆斯的敏感和世界經驗的東西當然與自然科學工作者所需要的工具完全不同，但它也是一種工具，只是它們不能被造出來，而是透過進入到人類歷史巨大的傳承物中才得到增長。這裡起作用的並不只是啓蒙時代的老格言：鼓起勇氣，運用你的理性。這裡起作用的恰好也是相反的東西：權威性（Autorität）。

我們必須正確地思考上述話的含意，權威性並不是一種要求盲目聽從和禁止思考的權力優勢。權威性眞正的本質毋寧在於：它不是一種非理性的優勢，甚至我們可以說，它可以是一種理性本身的要求，它乃是另外一種優勢，以克服自己判斷的觀點作為前提。聽 [II 40]
從權威性就意味著領會到，他者──以及從傳承物和歷史中發出的其他聲音──可能比自己看得更好。每一個在精神科學中尋找通路的年輕初學者都會從自己的經驗中認識到這一點。我自己就記得作為一個初學者如何和一個飽學之士爭論一個科學問題，我自認爲對此問題上所知甚好。後來他突然教了我一件我不知道的事情，於是我很憤怒地問他：您怎麼知道這個的？他的回答是：等您到了我這般年紀，您也會明白的。

這是一個正確的回答。然而，作爲一個自然科學的教師或學生，有誰願意承認這樣一種回答？我們多半不會說，爲什麼初學者的這種或那種語文學或歷史學的猜測「不可能」。這是一個機敏問題，是透過不斷地和事情打交道學會的，但不是教會的，不能被說明的。因此，在這樣一種教育的情境中幾乎毫無例外，博學的老師總是對的，初學者總是錯的。當然，和這種特別的眞理條件相連繫，相對於自然科學研究者我們也沒有絕對確定的尺度，以區分眞正的成就和空洞的要求，是的，我們甚至經常懷疑自己所說的是否眞的包含著我們所認爲的眞理。

二

　　傾聽傳承物並使自己置身於其中，這顯然是精神科學中行之有效的尋求眞理之途。甚至我們作爲歷史學家對傳承物進行的一切批判，最終都是爲了使我們得以親近我們處身其中的眞正的傳承物。條件性並不是對歷史認識的妨礙，而是眞理本身的一個要素。如果我們不想隨意地陷入這種條件的限制，我們就必須同時考慮這種條件。將那種存在與認識者的角度相分離的眞理的幻象加以摧毀，在這裡正可以成爲「科學的」任務。我們有限性的標誌正在於能一直想到這種有限性並使自己免於幻想。而對歷史方法之客觀性的天眞信念就是一種這樣的幻想。但是，取代這種信念的卻並不是衰弱的相對主義。我們本身的存在以及我們能從過去的歷史中聽出的東西既不是任意的也不是隨意的。

　　我們歷史地認識的東西其實歸根結底就是我們自己，精神科學的認識都帶有某種自我認識。儘管在自我認識中比在任何地方都更容易產生失望，但在自我認識中也比任何地方更能達到對人[II 41] 的存在的深刻洞見。因此，正如我們所知，在精神科學中，從歷史傳承物中聽出的並非只是我們自己，而且恰恰也有其他東西：從中我們經驗到一種推動（Anstoß），從而使我們能超越自我。因此，並非簡單地滿足我們期待的研究，這種研究不具推動性的（Unansfössige）——就能獲得我們的支持；相反，它是要我們認識到——與我們自身相反——何處存在新的推動。

　　對上述兩點疑慮的反思卻對我們的任務產生了直接的實際後果。誰要想促進精神科學的發展，誰就只能在極少情況裡作出實際的說明。在精神科學中得到幫助的只是人，而且在這個領域中充滿了不確定性，因爲衡量精神科學成就的尺度極難控制。由於我們眞

正支援的並非不具推動性的研究，這使我們面臨一個幾乎無法解決的任務，要去認識我們無法看到的新的富有成果的東西。因爲我們的方法擋住了自己的目光，任何一種自由的管理方式都無法滿足這項任務。

三

從我們的思考中又引出這樣一個問題，爲什麼在大眾時代精神科學的狀況是如此困難？在一個嚴密組織的社會中每一個利益集團都按其經濟和社會權力的尺度發生作用。他們對科學研究工作的評價標準，也完全看它的結果有利還是損害他們本身的權力。因此，每一種研究都擔心它的自由受到干涉，甚至自然科學家也知道，如果他們的研究成果不利於統治者的利益，那麼貫徹執行就會遇到困難，經濟和社會的利益對科學施加著壓力。

然而，在精神科學領域中，這種壓力可以說是從內部進攻的，它本身就處於把適應權力利益的東西視爲眞實的東西這一危險之中。因爲它的研究具有一種不確定性因素，因此，其他人的贊同對於精神科學就非常重要。如果專家具有「權威性」，他們就成爲這樣的人。然而由於他們的特殊參與的工作對所有人都是不確定的，因此，希望和公眾的判斷相一致，希望使自己的研究在公眾中得到共鳴，這一切早已是精神科學工作者未曾察覺地攜帶的意圖。比如，在政治歷史的寫作中，祖國的利益就特別明顯。同樣的歷史事件即使在最嚴肅的另一民族的研究者筆下也會顯出極大的不同，這 [II 42]已廣爲人知。這並不是出於效果的考慮，而是由於內心的附屬性，正是這種附屬性規定了他們的立場。但由於事情很容易逆轉，因此他們就會尋求有利於公開效果的立場。

但我們必須認識到，這並不是鑑於人的弱點而偶爾產生的一種

附帶的敗壞現象，這正是我們時代的標誌，正是從這種普遍的弱點中產生出一種行使權力和統治的制度。誰掌握新聞單位技術工具，他就不僅能決定公眾意見——而且由於操縱了公眾意見他可以控制公眾的意見去達到自己的目的。正因為我們在形成判斷時太具依賴性，而不是根據透過啟蒙建立起來的自我估價，這種權力手段就具有惡魔般強大的力量。誰不承認自己的依賴性並相信自己具有並不存在的自由，那他就是作繭自縛。其實令人可怕的就在於，受威嚇的人自己在威嚇自己。理性本身可以賄賂，這正是人類近百年來造成的具有災難性的體驗。

　　精神科學對此有特殊體會，但它也由此具有一種防止濫用權力和賄賂理性的可能性。因為它的自我認識使它無法期待從更多的科學得到它至今尚未做到的事。完成了的啟蒙的理想本身就是一種矛盾，因此精神科學就有了自己特定的任務：在科學研究中總是永遠承認自己的有限性和歷史條件性，並且不斷地反對啟蒙運動的自我神化幻想。它不能推卸在社會上發揮作用的責任。面對現代世界透過操縱輿論從而控制公眾意見的局面，精神科學越過家庭和學校對從中生長出來的人產生直接的影響。它就稱精神科學中的真理為自由之永不熄滅的痕跡。

　　這使我們最後回想起柏拉圖早已說過的一個觀點：他把存在於Logoi，即說話中的科學稱作滋養靈魂，正如吃喝是身體的營養。「人們在買東西的時候同樣要懷疑他是否被欺騙買了壞東西。的確，買知識甚至比買飲食有更大的危險，因為你從批發商或零售商

[II 43] 　　那裡買來飲食，把它放在特別的器皿裡帶回家，在把它當作食品吃下肚之前，你可以把它放在家裡，找一個懂得什麼是可以吃的，什麼是不能吃的，應當吃多少，以及應當在什麼時候吃的人來看看，這樣，買飲食的危險就不那麼大了。可是你買知識的貨物卻不能把它放在別的器皿裡，你付錢買它的時候，必須把它立刻接納到靈魂

裡並受其影響，要不是大受其害，就是大得其益。」[1]

　　柏拉圖筆下的蘇格拉底用這些話警告一個年輕人，不要不假思索地相信當時某個令人稱羨的智者上的課。他發現在詭辯術和真正的哲學之間存在一種與在 Logoi，即講話之中的知識相連繫的二義性。但他同樣也認識到作出正確決定的特殊意義。

　　這種認識可以運用到探究精神科學中的真理的問題上，由此，它就在整個科學中成為一門特殊學科。只要它轉向人的教育和教化，那麼即使它自稱的認識或真正的認識都會對一切人類事務產生直接影響。在精神科學中並不存在區分正確和錯誤的手段，它所使用的只是 Logoi，講話。而正是藉助於這種手段才能達到人能達到的最高真理。構成精神科學之思考實際上只是它的本質特徵：它就是 Logoi，講話，且「只是」講話。

---

[1] 《普羅泰戈拉篇》，314，a、b。

[II 44]

4. 什麼是眞理？

（1957年）

　　直接從歷史境遇的意義來理解，則彼拉多（Pilatus）的問題
「什麼是眞理」（《新約聖經‧約翰福音》，第 18 章，第 38 行）
是一個中立性的問題。[7] 在當時的巴勒斯坦的國家法情況下，擔任
約旦行政長官的蓬丁烏斯‧彼拉多講這句話的意思是要說明，由一
個像耶穌那樣的人所宣稱爲眞理的東西和國家絲毫沒有關係。面對
這種情況國家機關所採取的自由主義的寬容的態度具有某種很值得
注意的東西。如果我們想在古代國家或近代國家直到自由主義時代
的國家之間尋找相似性的東西那將是徒勞的。正是這種搖擺於猶太
「國王」和羅馬執政官之間的國家暴力的特殊國家法狀況，使這樣
一種寬容態度根本上成爲可能。也許寬容的政治觀點總是相似的；
那麼由寬容理想所提出的政治任務就在於建立相似的國家政權平衡
狀態。

　　如果人們相信，由於現代國家原則上承認了科學的自由，因此
這種問題在現代國家中不復存在，那是一種幻想。因爲把科學自由
作爲依據，這一直是一種危險的抽象。科學家只要一走出寧靜的研
究所和受禁止入內招牌保護的實驗室，並把他的知識公布於眾，科
學自由就不再能使他擺脫政治責任的束縛。儘管眞理的觀念無條件
和明確地支配著科學家的生活，但是他說話時的坦率性是有侷限的
和曖昧的。他必須知道並對他的話所起的效果負責。這種連繫極端
不利的一面在於，由於他要考慮效果，他就陷入了一種境地，即他
力求去說事實上是公眾輿論或國家的權力利益指使他說的話，而且

勸說自己把它作爲眞理而接受。在發表意見的侷限和思想的不自由
之間存在著一種內在的連繫。我們不想隱瞞，在彼拉多所提出的意 [II 45]
義上的「什麼是眞理」這個問題，直到今天仍然決定著我們的生活。

　　然而還有另外一種聲調，我們很熟悉用這種聲調傾聽彼拉多的
問題，當尼采說，新約中唯一有價值的話就是彼拉多的問題時，他
就是用這種聲調聆聽這個問題的。按照這種聲調，彼拉多的話對於
「狂熱的宗教徒」表示了一種懷疑。尼采引用這一點並非偶然。因
爲尼采對他那個時代的基督教所作的批判也是一個心理學家對宗教
狂熱者的批判。

　　尼采把這種懷疑極端化爲對科學的懷疑，實際上科學與宗教
狂熱者確有共同之處。因爲科學總是要求證明並且提出證明，所以
它也和宗教狂熱者一樣地不寬容。如果一個人總想證明他所說的必
然是眞理，那他正是最不寬容的。尼采認爲科學是不寬容的，因爲
它壓根就是一種虛弱的標誌，是生命的晚期產品，是一種亞歷山大
城遺物，是辯證法的發明者蘇格拉底帶到這個世界上來的頹廢的遺
產，其實在這個世界中並沒有「不正當的證明」，而只有正當的自
我確信無須證明地指示和訴說出來。

　　這種從心理學角度對眞理的斷言產生的懷疑當然並不針對科學
本身。沒有人會在這點上跟隨尼采。但事實上仍有對科學的懷疑，
它是在「什麼是眞理」這句話背後作爲第三層次的東西出現的。科
學眞的像它聲稱的那樣是眞理最後的審定者和唯一承擔者嗎？

　　我們要感謝科學把我們從眾多成見中解放出來並使我們從眾多
幻覺中醒悟過來。科學的眞理要求就在於對未經驗證的成見提出疑
問，並用這種方式使我們對事物的認識達到比迄今爲止所知的更多
更好。與此同時，對我們而言，科學的方法在一切存在事物上擴展
得越遠，從科學前提出發而來的對眞理的追問能否在其完整的距離
內獲得允許就變得越發可疑。我們焦慮不安地自問：科學的方法究

竟可以推廣到多遠？因為存在著太多我們必須知道答案的問題，而科學卻不讓我們知曉這些問題。科學使這些問題喪失信譽，也就是把這些問題說成是無意義的問題，從而禁止這些問題。因為對於科學來說，唯有滿足其傳導真理和證明真理的方法的才具有意義。這種對科學的真理要求表現出的不快感首先表現在宗教、哲學和世界觀中。對科學持懷疑態度的人就是引證這些學科來畫出科學專門化的界限，指出方法的研究相對於重要的生活問題所具有的侷限性。

[II 46] 　　如果我們對彼拉多的問題的 3 個層次先都作了這樣的說明，那就清楚，唯在第三層次即真理和科學的內在連繫上，才成為問題，而這個層次對於我們最為重要。因此，我們首先要評價這一事實，即真理和科學根本上具有極為優先的連繫。

　　眾所周知，正是科學構成西方文明的特點，而後又構成它的具有控制性的一致性。但如果我們要想了解這種連繫，我們就必須回溯到這種西方科學的起源，亦即回溯到它的希臘根源。希臘科學與人們在此之前所知並一直當作知識的一切東西相比具有一些新的因素。當希臘人形成這種科學之時，他們就使西方與東方相區別並使西方走上了自己的發展道路。它是一種對不知的、少見的、令人驚奇的事物而進行認識（Kenntnis）、再認識（Erkenntnis）、研究（Erforschung）的獨特的追求，是一種對人們自己解釋並認作真的事物（實際上應當懷疑的事物）的同樣獨特的懷疑，正是這種獨特的追求和懷疑創造了科學。也許荷馬史詩中的一個場面可以當作富有教益的例子：人們問特萊馬赫是誰，回答說：「我的母親叫潘涅羅帕，但沒有人確切地知道誰是我的父親，有人說，他是奧德賽。」這種直至最極端的懷疑揭示了希臘人的特殊才能，這種才能把他們渴求認識和要求真理的直接性發展成了科學。

　　當海德格在當代追溯希臘關於真理這個詞的意義時，這就表達了一種令人信服的認識。說 Aletheia（**真理**）的真實意義是去蔽

（Unverborgenheit），這並非海德格的首創。但海德格使我們認識到這對於存在之思具有何種意義，亦即我們必須從事物的遮蔽性（Verborgenheit）和掩飾性（Verhohlenheit）上以掠奪的方式贏得真理。遮蔽性和掩飾性——這兩者共屬一體。事物總是從自身出發保持在遮蔽性之中；據說赫拉克利特曾說過「自然喜歡把自己隱藏起來」。而掩飾性也正是人的言行所固有的。因為人的話語並非總是傳達真理，它也熟悉假象、幻覺和偽裝。因此，在真的存在和真的話語之間就有一種原始的連繫。在者的去蔽就在陳述的揭露（Unverhohlenheit，直言不諱、毫不掩飾）中得到表達。

最精妙地進行這種連繫的講話方式就是理論（Lehre）。在此我們必須說明，理論教導對於我們來說並不是講話唯一的、首要的經驗，而它卻很可能是由希臘哲學家首先想出的講話經驗，且這種講話經驗竭其所能造就了科學。一當希臘人很快認識到，在話語中主要保持和隱藏的就是讓事物本身處於其可理解狀態中時，於是，講話，**邏各斯**（Logos）就經常被正當地翻譯成了理性。在特定的 [Ⅱ47] 講話方式中得到展現和轉達的正是事物本身的理性，人們把這種講話方式叫作陳述或判斷，希臘語是 apophansis。後來的邏輯學為此詞構造了判斷這個概念。對於判斷的規定是，它和所有其他講話方式不同之處在於它只想成為真的，它的衡量尺度只在於它按在者的存在樣式去敞開在者。有無數種講話的形式，諸如命令、請求、咒罵以及尚須加以說明的完全謎一般的疑問現象，用這些講話形式也能說明一些真實的東西。但它們的最終規定性並不僅僅是按在者本身來指明在者。

在講話中完全指明真理的究竟是何種經驗？真理就是去蔽（Unverborgenheit）。讓去蔽呈現出來，也就是顯現（Offenbarmachen），這就是講話的意義。人們呈現，並以這種方式呈現，向他人轉達有如呈現在他人面前的東西。亞里斯多德如是

說：如果一個判斷把事物中的連繫如其所是地呈現出來，它就是一個眞判斷，如果在其話語中呈現的連繫並非是事物本身中的連繫，它就是一個錯誤的判斷。因此，話語的眞理性就以話語與事物是否符合來確定，亦即視話語的呈現是否符合所呈現的事物而定。於是就產生了從邏輯學角度看十分可信的眞理定義，眞理就是 adaequatio intellectus ad rem（知性對事物的符合）。這樣就設定了一個毋庸置疑的自明的前提；話語，也就是在話語中講出的 intellectus（知性）都有這樣衡量自身的可能性，即只把存在的東西在某人所說的話語里加以表述，而且它還能如事物所是的樣子指明事物。由於注意到還存在話語的其他眞理可能性，我們在哲學中把它稱之爲命題眞理（Satzwahrheit）。眞理的所處就是判斷。

　　這可能是一種片面的主張，亞里斯多德對此並未提出清晰的證據，但它卻是從希臘的邏各斯理論中發展出來並且成爲近代科學概念發展的基礎。由希臘人創造的科學最初和我們的科學概念是完全不同的。眞正的科學並不是自然科學，更不是歷史學，而只有數學才算眞正的科學。因爲數學的對象是一種純理性的存在，又因爲它可以在封閉的演繹連繫中得到表現，因此它就是所有科學的典

[Ⅱ48] 範。現代科學的看法則正相反，數學並非因其對象的存在方式而是作爲最完美的認識方法而成爲典範。近代科學的形態經歷了與希臘和基督教西方科學形態的根本決裂。如今占統治地位的是方法概念。近代意義的方法儘管能在不同的學科中具有多樣性，但它卻是一種統一的方法。由方法概念規定的認識理想就在於我們這樣有意識地大步走上一條認識的道路，以致有可能永遠繼續走這條道路。方法（methodos）就叫作「跟蹤之路」（Weg des Nachgehens）。總是可以像人們走過的路一樣讓人跟隨著走，這就是方法，它標誌出科學的進程。但由此就必然會對隨著眞理要求能出現的東西進行限制。如果說可驗證性（Nachprüfbarkeit）——不管何種方式的驗

證──才構成眞理（veritas）的特性，那麼衡量知識的尺度就不再是它的眞理，而只是它的確實性。於是由笛卡兒表述的古典的確實性規則就成爲現代科學的基本倫理，它只讓滿足確實性理想的東西作爲滿足眞理的條件。

現代科學的這種本質對於我們整個生活具有決定性的作用。因爲證實的理想，即把知識限制於可驗證性，都只有在仿造（Nachmachen）中才得到實現。這就是現代科學，整個計畫和技術世界就從它的進步規則中生長出來。技術化給我們帶來的文明和困境的問題並不在於知識和實際運用之間缺乏正確的仲裁，其實正是科學的認識方式本身才使它不可能有這種仲裁，它本身就是一種技術。

對於科學概念隨著近代的開始而經歷的轉變所作的眞正反思就在於要看到，在這種轉變中同樣包含著希臘關於存在思想的根本原理。現代物理學以古代形上學作爲前提。海德格認識到西方思想具有從這種悠遠歷史中繼承而來的烙印，這構成他對當代歷史性的自我意識的本質意義。因爲這種認識確定了西方文明史的不可避免性，從而拒斥了一切重建古老理想的浪漫主義嘗試，不管它們是中世紀的理想，抑或希臘化──人文主義的道路。即使由黑格爾創造的歷史哲學和哲學史的模式也不能令人滿意。因爲按黑格爾的觀 [II 49]
點，希臘哲學只是對那種在精神的自我意識中得到其近代實現的東西的一種思辨預演而已：思辨唯心主義及其對思辨科學的要求本身最終成了一種無力的復辟。科學是我們文明的核心──無論人們如何斥罵它。

然而，並非直到今天哲學才開始發現其中的問題。毋寧說這裡存在著我們整個文明意識未曾解決的困難，這種困難是現代科學從對「學派」的批判及其陰影中得來的。從哲學角度看應該這樣來提問題：我們能否並在何種意義用何種方式追溯到構築在科學中

的深層知識？無需強調，我們每個人的實際生活經驗總在不斷地進行這種追溯。我們總是能希望其他人發現我們當作眞理但又無法證明的東西。確實，我們甚至不需要總是把證明的方法當作使其他人獲得見解的正確方法。按照邏輯形式，陳述有賴於可客觀化（Objektivierbarkeit），但我們卻逐漸地超越了這種可客觀化的界限。我們經常生活在對這種並非可客觀化的東西的傳達形式中，這種傳達形式爲我們提供了語言，甚至是詩人的語言。

　　雖然科學要求透過客觀認識克服主觀經驗的偶然性，透過概念的單義性克服語言多義標誌。但問題在於，在科學本身內部眞的存在這樣一種作爲判斷的本質和陳述眞理性本質的可客觀化界限嗎？

　　該問題的答案絕非不言而喻。在當今哲學中存在著一種巨大的，其意義確實不容忽視的思潮，上述問題的答案就包含在這種思潮中。這種思潮相信，一切哲學的整個祕密和唯一任務就在於精確地構造陳述，從而使它能夠清晰地陳述意指的事物。哲學必須構造一種符號體系，這種體系不依賴自然語言比喻的多義性，也不依賴現代文化民族使用的多種語言以及由此造成的不斷的誤解和分歧，而是要達到數學的清晰和精確。數理邏輯在這裡成了解決科學迄今爲止留給哲學的所有問題的途徑。這股思潮發自於唯名論的故鄉並擴展到整個世界，它表現爲 18 世紀觀念的復活。作爲一種哲學它當然困擾於固有的邏輯困難，它自己也開始認識到這一[II 50]點。它證明，由封閉在這種約定中的體系本身根本不可能導出約定的符號體系，因爲每提出一種人工語言就已經以另一種人們說的語言爲前提，這就是後設語言所遇到的邏輯難題。但其實還有另外的解決方法。我們所操並生活於其中的語言具有一種突出的地位，它同時就爲所有相隨而來的邏輯分析提供了內容的預先所與性（Vorgegebenheit），而且它並不是陳述的單純集合。因爲要說出眞理的陳述除了要滿足邏輯分析外還必須滿足其他完全不同的條

件。它的去蔽要求並非僅在於讓存在的東西提示出來，僅僅把存在的東西透過陳述提示出來是不夠的。因爲問題恰好在於，是否所有存在的事物都能在話語中被提示出來，人們是否透過提示他能提示的東西而不阻礙承認那些仍然是存在的和被經驗的東西。

我認爲精神科學爲該問題提供了意味深長的證據，即使在精神科學中也有一些能從屬於現代科學方法概念的因素。我們每個人都必須在可能的範圍內把所有認識的可證實性作爲一種理想。但我們必須承認，這種理想很難達到，而那些力求最精確地達到該理想的研究者卻常常未能講出眞正重要的東西。因此我們就會發現，在精神科學中存在著某些不可能以同樣方式在自然科學中想到的東西，亦即有時一位研究者從一本業餘愛好者的書中能學到比從其他專門學者的書中能學到的東西更多。當然這只限於例外的情況。但是存在這種情況就表明，在眞理認識和可陳述性之間有一種並非按陳述的可證實性來衡量的關係。我們從精神科學中深切地認識到這一點，因此我們很有理由對某種確定的科學工作類型抱有不信任，這些科學工作將其藉以進行的方法前前後後並且首先是在下面——也就是在註腳中——完全清楚地指明了。這種工作眞的詢問著某些新東西？眞的認識到什麼？抑或只是很好地仿製人們藉以認識的方法，由於這種方法只以外在形式出現，從而人們就以這樣的方式表達科學工作？我們必須承認在精神科學中的情況正好相反，最巨大和最有成果的成就遠遠先於可證實性的理想。這一點從哲學上講是很有意義的。因爲這並不是指那些沒有獨創性的研究者出於一種幻覺而裝得像一個博學者，而富有成果的研究者則必須以一種革命的 [II 51] 方式把迄今爲止在科學中適用的一切都撇在一邊。相反，這裡表明一種實際的關係，按照這種關係，凡使科學可能的，則它同樣也能阻礙科學認識的成就。這裡涉及的是眞理和非眞理的原則關係。

這種關係表明在以下這點，僅僅把存在的東西如其所是地呈

現出來雖說是真實的，但這樣做也同時指出哪些東西可以繼續作有意義的追問，並能在進一步的認識中得到揭示。僅僅取得認識的進步，而不同時提出可能的真理，這是不可能的。因此，這裡涉及的絕不是一種量的關係，似乎我們只能保持知識的有限範圍。相反，情況並不僅是當我們認識真理的時候，我們總是同時遮蔽和遺忘真理，而是當我們追問真理的時候，我們必然已經陷在自己詮釋學境遇的藩籬之中。但這就表明，我們根本不能認識某些真實的東西，因為我們在並不自覺的情況下已經陷入了前見。甚至在科學工作的實踐中也有諸如「模式」（Mode）之類的東西。

我們知道，模式具有何等巨大的力量和強制力。然而在科學中「模式」這個詞聽起來卻特別糟糕。因為我們的要求自然在於，超越僅僅要求模式的東西。但問題卻在於，科學中同樣存在模式是否真的無關宏旨。我們藉以認識真理的方法是否必然會使我們每一個進步遠離從之出發的前提，並把前提置於不言而喻的黑暗之中，從而使我們極難超越這種前提，難以檢驗新的前提並獲得真正新的認識。不僅存在生活的官僚化，而且還有科學的官僚化。我們問道：這到底是科學的本質，還僅是科學的一種文化病，就像我們在其他領域如當我們驚異於行政機構大樓和保險機關的龐大建築時發現的類似病態？也許它真的是真理的本質，就如希臘人當初對真理的思考那樣，因此它也是我們認識能力的本質，就如希臘科學首先創造的那樣，正如我們上面所見，現代科學只是把希臘科學的前提——
[Ⅱ 52] 這些前提主要表現在**邏各斯**，陳述和判斷諸概念中——推向極端而已。在當代德國由胡塞爾和海德格規定的現象學研究試圖對此作出說明，它追問超越邏輯的陳述的真理條件是什麼。我認為原則上可以說：不可能存在絕對是真的陳述。

眾所周知，這種論點就是黑格爾透過辯證法達到理性自我建構的出發點。「句子的形式不足以講出思辨的真理。」因為真理是整

體。於是，黑格爾對陳述和句子所作的這種批判本身就與整體陳述性理想相連繫，亦即與辯證過程的整體相連繫，這種過程唯有在絕對知識中才被人認識。這種理想又一次把希臘人的觀點極端化了。爲陳述的邏輯自身設置的界限並不是由黑格爾規定的，而是鑑於針對黑格爾的歷史經驗的科學才眞正得到規定。致力於歷史世界經驗研究的狄爾泰的工作也在海德格的新的工作中起過重要的作用。

如果想把握陳述的眞理，那麼沒有一種陳述僅從其揭示的內容出發就可得到把握。任何陳述都受動機推動，每一個陳述都有其未曾說出的前提，唯有同時考慮到這種前提的人才能眞正衡量某個陳述的眞理性。因此我斷定：所有陳述之動機的最終邏輯形式就是**問題**。在邏輯學中據優先地位的並不是判斷，而是問題，就如柏拉圖的對話以及希臘邏輯學的辯證法起源歷史地證明的那樣。但問題優先於陳述只是表明，陳述本質上就是回答。沒有一種陳述不表現爲某種方式的回答，而對陳述的理解也必然是從對該陳述回答的問題的理解獲得其唯一的尺度。這是不言而喻的，每個人都能從其生活經驗認識到這一點。如果有人提出一個使人無法理解的斷言，那麼，人們就要試圖解釋這個斷言來自何處。他到底提出了什麼問題，從而他的陳述可以作爲該問題的回答？如果一個陳述是一個應是眞的陳述，則我們就必須試著自己找出可以讓陳述作爲其答案的問題來。當然，要找出可以讓陳述作爲其眞答案的**那個**問題並不容易。這之所以不容易，主要是因爲問題本身並非我們能夠任意設想的每一個問題，因爲每一個問題本身又是一種回答。這就是我們在這裡所陷入的辯證法，每個問題都受動機推動。它的意義也絕不 [II 53] 會在本身中完全表現出來。[1] 我在上面指出了威脅我們科學文化的亞歷山大主義問題，只要問題的起源在這種科學文化中變得複雜困

---

[1] 〔參見我的著作集，第 1 卷，第 304、368 頁、第 374 頁以下。〕

難，那麼這裡就會有它的根。對於研究者來說，在科學中具有決定意義的就是發現問題。但發現問題則意味著能夠打破一直統治我們整個思考和認識的封閉的、不可穿透的、遺留下來的前見。具有這種打破能力，並以這種方式發現新問題，使新回答成為可能，這些就是研究者的任務。所有陳述的意義域都源自於問題境遇（Fragesituation）。

我在這裡使用了「境遇」（Situation）概念，這是表明，科學的問題和科學的陳述只是某種可由境遇這個概念來規定的，極為普遍關係的特例。甚至在美國的實用主義中就早已有了境遇和真理的連繫。實用主義把能夠對付某種境遇作為真理的標誌。認識的成果就在於排除某種疑難境遇——我並不認為這裡所舉實用主義處理事情的方法就已足夠。這只是表明實用主義把一切所謂的哲學問題和形上學問題簡單地撇在一邊，因為它所關心的只是能夠應付境遇。為了達到進步，它把整個傳統的獨斷論重負扔掉。——我認為這是一種錯誤的結論。我所說的問題占有優先地位絕非實用主義的含意，而真實的回答同樣也並非與處理結果這個尺度相連繫。不過，實用主義也有其正確之處，即我們必須超越問題與陳述意義之間的形式連繫。如果我們摒棄科學上問題和答案的理論關係，轉而思考人被稱呼、被詢問和自問的具體境遇，我們就能非常具體地發現問題具有的人際現象。這樣就清楚地表明陳述的本質能在自身中經驗到一種擴展。僅僅說陳述就是回答並且指示出一個問題還是不夠的，應該說問題與回答一樣在其共同的陳述性質中本身就有一種詮釋學功能。它們兩者都是**談話**（Anrede）。這並不只是說，在我們陳述的內容中總有一些來自於社會環境的東西起作用。雖然這樣說也是正確的。但問題卻並不在此，而是在於真理只有作為一種談話才可能存在於陳述之中。構成陳述之真理的境遇域就包含陳述向之訴說什麼的人。

[II 54]

現代存在主義哲學完全有意識地引出了這個結論。我想到雅斯培的交往哲學，它的要點在於，科學的絕對必要性將在人類此在的根本問題，如有限性、歷史性、過失、死亡──簡而言之，所謂的「邊際境遇」──所到之處找到終點。交往在此並非由無可反駁的證據傳送知識，而是存在與存在的交往（Commercium）。我們說話時本身就在聽人家說話並且像我回答你的問題一樣，因為對於他的你來說，他本身就是一個你。當然，我覺得，針對匿名的、普通的、無可反駁的科學真理概念提出一個生存真理的對立概念是不夠的。毋寧說在雅斯培指出的真理與可能的存在的這種連繫之後還隱藏著一個普遍的哲學問題。

海德格關於真理本質的追問在這裡才真正超越了主觀性的疑難範圍。他的思考經歷了從「用具」（Zeug）轉到「作品」（Werk）再到「事物」（Ding）之道路，他的這一思路把科學問題以及歷史科學問題都遠遠拋在後頭。現在正是不可忘記這一點的時候，即存在的歷史性在此在知道並且作為科學而表現出歷史性之處占據著統治地位。當人們把歷史科學的詮釋學從主觀性的疑難中解脫出來（海德格正是遵循這一思路）時，在從施萊爾馬赫直到狄爾泰的浪漫主義和歷史主義學派中發展出來的歷史科學詮釋學就變成了一種全新的任務。唯一在這方面已做過最早研究的是漢斯·利普斯（Hans Lipps），雖說他的詮釋學邏輯[2]並不能提供一種真正的詮釋學，但他卻相對於語言的邏輯平面化成功地表現了語言的束縛性。

正如上面所說，每個陳述都有其境遇域和談話功能，這只是繼續研究的基礎，以便把所有陳述的有限性和歷史性都歸溯到我們存在的基本有限性。陳述並非只是一個以前存在的事情的再現

---

[2]　〔參見 H. 利普斯：《詮釋學邏輯研究》，載著作集，第 2 卷，法蘭克福，1976年（第 1 版 1938 年）。〕

（Vergegenwärtigen），這首先說明，陳述屬於歷史存在的整體，並不能和它同在的一切事物具有同時性。如果我們想理解流傳給我們的句子，我們就必須進行歷史思考，從這種思考中得出這些句子在何處和怎樣被說出，它原來的動機背景是什麼，它原來的意義是什麼。因此，要想像句子的本來面目，我們就必須同時想像起它的歷史視界。但這顯然還不足以描繪我們眞正所做的工作，因爲我們和傳承物的交往並非只限於用歷史的重構來傳達它的意義從而達到對它的理解。也許語文學家會這樣做，然而即使語文學家也會承認他實際所做的不止這些。假如古代並沒有成爲一種經典，不是所有陳述、思考和創作的典範，那就不會有古典語文學。但這也適用於所有其他語文學，在這些語文學中，其他的、陌生的或往昔的語言都向我們展現了它們的魅力。眞正的語文學並非只是歷史學，而且這是因爲歷史學本身其實也是一種 ratio philosophandi（哲學理性），是一種認識眞理的方法。誰進行歷史的研究，他就總會一起被下面這一點所規定，即他本身必定經驗著歷史。因此，歷史總是要不斷地重寫，因爲當代總是對我們有所規定。這裡的關鍵並非只是重構、與過去達到同時。理解的固有謎團和問題就在於，這樣同時構造的東西本身總是已經和我們同時作爲一種意願眞實的存在。純粹重構過去的意義好像和直接作爲眞實說給我們聽的東西混合了起來。我認爲這是我們對歷史意識的自我把握必須作的最重要修正之一，它證明共時性（Gleichzeitigkeit）是一種最高的辯證法問題。歷史認識絕不單是再現當時的情況（Vergegenwärtigung）。同樣，理解也不僅是重構一種意義結構成物（Nachkonstruktion eines Sinngebildes），有意識地解釋一種無意識的產物。相反，互相理解則是對某物的理解。與此相應，理解過去就意味著傾聽過去中曾作爲有效的而說給我們聽的東西。對於詮釋學來說，問題優先於陳述，就意味著自己詢問要去理解的問題。把當前的視界和歷史視界

[II 55]

相融合就是歷史精神科學的工作，但它所推進的只是我們因為自己存在而一直已經在做的工作。

當我使用「共時性」這個概念時，我是要把齊克果提出的這個概念的應用方式能夠為我們所用。正是齊克果用「共時性」（Gleichzeitigkeit）來標誌基督教布道的真理性，他認為基督存在的本質任務就是用共時性去揚棄過去的距離，他出於神學根據以矛盾的形式表現的觀點其實完全適用於我們與傳承物和過去的關係。我認為是語言引導著過去視界和當前視界的不斷綜合。我們能互相 [II 56]理解，是透過我們相互談話，透過我們常常偏離了談話題目，但最終又透過講話把話中所說的事物帶到我們面前。情況之所以如此，是因為語言自有其自身的歷史性。我們每一個人都有自己的語言。根本不存在一種對所有人都共同的語言的問題，只有一種驚異，雖說我們大眾都有不同的語言，但我們卻能越過個體、民族和時間的界限達到理解，解決這種驚異的答案當然不在於，由於我們在談論這些事物，它們就作為一種共同事物呈現在我們面前。事物究竟怎樣，只有在我們談論它時才呈現出來。我們所謂真理的意思，諸如敞開性、事物的去蔽等等都有其本身的時間性和歷史性。我們在追求真理的努力中驚異地所提供的只是以下事實：不透過談話、回答和由此獲得的一致意見，我們就不能說出真理。語言和談話的本質中最令人驚異之處在於：當我和他人談論某事的時候，即使我本人也並不侷限於我所意指的事物之上，談話雙方都不可能用他的意見包括所有真理，然而整個真理卻能把談話雙方包括在個人的意見中。和我們的歷史性存在相適合的詮釋學的任務在於，揭示語言與談話的意義關係，正是這種意義關聯超越我們在產生著作用。

5. 論理解的循環

（1959年）

　　我們必須從個別理解整體並從整體理解個別這一詮釋學規則，來自於古代的修辭學並經由近代詮釋學而從一種說話藝術轉變爲理解的藝術。不管在修辭學中還是在詮釋學中，它都是一種循環的關係。對整體得以被意指的意義的預期是透過以下這點而達到清楚的理解，即從整體出發規定著自己的部分也從它這方面規定著該整體。

　　我們可以從外語學習中認識到這點。我們知道，在我們試圖在句子的語言意義中理解句子的個別成分之前，首先我們必須「構造」（konstruieren）這個句子。但這種造句過程本身又受到一種意義期待的支配，這種意義期待則來自於以前發生的事情的連繫。這種意義期待當然是可以修正的，只要正文要求這樣做。這就意味著，這種意義期待會得到改變，而正文則會在另一種意義期待之下結合進一個意義統一體。所以，理解的運動就這樣不斷地從整體到部分又從部分到整體。理解的任務就在於從同心圓中擴展被理解的意義統一體。所有個別和整體的一致就是當時理解正確性的標準，缺乏這種一致則意味著理解的失敗。

　　施萊爾馬赫對這種部分和整體的詮釋學循環既按其客觀方面又按其主觀方面作了區別。正如個別詞是處於句子的連繫之中一樣，個別正文也處於一個作家著作的連繫之中，而作家的作品又處於有關的文字類以及文學整體之中，但從另一方面看，該正文作爲某個創造瞬間的表現又屬於它的作者的靈魂生活的整體。唯有在這種客觀類型和主觀類型的整體中理解才能實現。── 依據這種理論，狄

爾泰而後又談到「結構」和「集中心」，整體的理解就產生於這一集中。他由此又把一直作為一切解釋之基本原理的原則擴展到歷史世界之中，這條原則就是：我們必須從正文自身出發理解正文。 [Ⅱ 58]

　　然而，對理解的循環運動作如此理解是否適當還是個問題。施萊爾馬赫作為主觀解釋而闡發的觀點也許完全可以撇開不管。當我們試圖理解某個正文的時候，我們並非把自身置入作者的靈魂狀態中，假如真要說自身置入的話，那麼我們是把自己置身於他的意見之中。但這無非就是說，我們試圖承認他人所說的具有事實的正確性。如果我們想理解的話，我們甚至會努力去增強他的論據。因此，在談話中，尤其是在理解書面文字時會發生這樣的情況，即我們在一種有意義物領域中運動，這種有意義的東西本身就是可以理解的，並且作為這種可理解的東西，它本身不會促使人回到他人的主觀性中去。詮釋學的任務即是闡明這種理解的奇蹟，理解並不是一種充滿神祕感的靈魂的分享，而是一種對共同意義的參與。

　　即使是施萊爾馬赫所描述的這種理解循環的客觀方面也沒有觸及事物的核心。一切相互理解和一切理解的目的均在於達到在某事上的一致。因此，詮釋學歷來的任務就是，把沒出現的或被干擾的一致性建立起來。詮釋學的歷史可以證明這一點。比如我們可以想一下奧古斯丁，他想把舊約和基督教的福音調解起來，或者想一下早期的新教，他們也面臨著同樣的問題，最後還可以想一下啟蒙時代，那時認為，對一件正文的「完全理解」只有透過歷史解釋的途徑才能達到，因此，啟蒙時代裡顯然已接近於放棄一致。──當浪漫主義和施萊爾馬赫建立了一種普遍範圍的歷史意識，並把他們所由產生並置身於其中的傳統之束縛形成不再當作對一切詮釋學努力都有效的堅固基礎時，就產生了一些全新的東西。施萊爾馬赫的直接先驅者之一，即語文學家阿斯特（F. Ast），對詮釋學的任務有一種十分堅定的內容性的理解，因為他要求，詮釋學應該在古代和

基督教之間，在新發現的真正古典文化和基督教傳統之間建立一致性。這和啓蒙時代相比已經有點新意，因爲如今已不再涉及對傳統的權威爲一方和以自然理性爲另一方的兩方之間作調解，而是涉及到兩種傳統因素的調解，這兩種因素都是透過啓蒙而被意識到，從而提出了它們之間和解的任務。

[II 59] 我認爲，古典文化與基督教義具有統一性的理論對於詮釋學現象具有一種眞理要素，但施萊爾馬赫和他的後繼者則不正確地把它拋棄了。阿斯特透過他的思辨能力防止了在歷史中只找尋過去而不找尋當代眞理的做法，從施萊爾馬赫繼承下來的詮釋學相對於這些背景就顯得比較淺薄地流行於方法的詮釋學了。

如果從海德格提出的問題角度對待這一點。那就可以發現更多的東西。從海德格的存在分析出發，理解的循環結構就重新獲得其內容的含意。海德格寫道，「循環不可以被貶低爲一種惡性循環，即使被認爲是一種可以容忍的惡性循環也不行。在這種循環中蘊藏著最原始認識的一種積極的可能性。當然，這種可能性只有在以下情況才能得到眞實理解，這就是：解釋（Auslegung）理解到它的首要的、不斷的和最終的任務是不讓向來就有的前有、前見與前把握以偶發奇想和流俗之見的方式出現。它的任務而是從事情本身出發來清理前有、前見和前把握，從而確保課題的科學性」。[1]

海德格在此所講的首先並不是一種對理解實踐的要求，而是描述理解性解釋（das verstehende Auslegen）的進行方式本身。海德格詮釋學反思的成就並不在於指出這裡存在一種循環，而在於指出這種循環具有本體論的積極意義。每一個了解自己所做事的解釋者都明白這種描述。[2]所有正確的解釋都必須避免隨心所欲的偶發奇想

---

[1] 《存在與時間》，第 154 頁。

[2] 例如：可參見 E. 施泰格在《解釋藝術》第 11 頁以下相應的描述。

和未曾注意的思維習慣的束縛，從而把目光指向「事物本身」（在語文學家那裡唯有與事物有關的才算有意義的正文）。

對於解釋者來說，讓事物這樣來作規定並不是一種一次性的「勇敢」決定，而是真正「首要的、經常的和最終的任務」。因為解釋者必須經過從自身方面經常不斷經歷的整個迷誤過程才能注視事物本身。誰想理解正文，誰就一直在進行籌劃。一當正文中顯示出第一種意義，他就事先籌劃整體的意義。正因為人們已經用某種意義期待來閱讀正文，所以這種意義才能重複出現。正是透過這種 [Ⅱ 60] 預先籌劃，才產生了對擱在那裡的東西的理解，而這種預先籌劃則透過不斷繼續深入到意義之中而進行修正。

以下的描述當然只是一種粗略的概述：對預先籌劃的每一種修正都可能是對意義一種新籌劃的預先籌劃；相互矛盾的籌劃可以互相加工，直到清楚地確定意義的統一體；解釋是帶著前把握進行的，這種前把握將被合適的概念取代；正是這種不斷更新的重新籌劃構成理解和解釋的意義運動的，這就是海德格所描述的過程。誰想進行理解，誰就可能面臨那種並不是由事物本身而來的前意見（Vor-Meinungen）的干擾。因此，理解的經常性任務就是構造正確的，與事物相稱的籌劃，這就叫先行冒險（Vorwegnahmen），而且這種先行應該不斷「由事物本身」得到證明。除了構造出自我保證的前意見外，沒有任何其他的「客觀性」。這有其很好的意思：解釋者並非從自身業已具有的前意見出發走向「正文」，而是明確地檢查本身具有的前意見是否合法，亦即檢驗它的來源和作用。

我們必須把這種基本要求當作我們實際一直在運用的做法的極端化。我們必須徹底拋棄以下觀點，即在聽某人講話或去參加一個講座時絕不能對內容帶有任何前意見並且必須忘記自己所有的前意見，相反，應該一直把對他人或正文的意見的敞開包括在內，把它們置於與自己所有意見的一種關係之中，或把自己的意見置於它

們的意見之中。換句話說，儘管意見是一種流動的多種可能性，但在這種意見的多樣性中，亦即讀者能有意義地發現並因而能夠期待的意見的多樣性中卻並非可以任意的意見，如果誰沒有聽到對方實際說的意思，那他最終也不能把它置於自己多種意義期待之中。因此這裡還有一個尺度。詮釋學任務越過自身進入一種實際的提問，而且總是受這種實際提問的共同規定。據此，詮釋學工作就具有了堅實的根據。誰想理解，誰就不能一開始聽任自己隨心所欲的前意見，以便盡可能始終一貫地和頑強地不聽錯正文的意見——直到不可能不聽到這些意見並且摧毀任意的理解。誰想理解正文，誰就得準備讓正文講話。因此，受過詮釋學訓練的意識必定一開始就感受
[Ⅱ61] 到正文的他在性。但這種感受卻既不是以事物的「中性」也不是自我的消解為前提的，而是包含著對自己前意見和前見的明顯占有。這就是說，要意識到自己的先入之見，從而讓正文在其他在性中顯示出來，因而讓它的實際真理可能針對自己的前意見而得到表現。

當海德格在所謂對「擱在那裡」（dasteht）的東西的「閱讀」中發現理解的前結構時，他對此是作了完全正確的現象學描述。他還提出了一個可從中引申出任務的例子。他在《存在與時間》具體說明了關於存在問題的一般陳述，並使之成為詮釋學問題（《存在與時間》，第312頁以下）。為了按照前有、前見和前把握來說明存在問題的詮釋學境遇，他曾經在形上學歷史的根本轉捩點上批判地檢驗了他的這個指向形上學的問題。他所做的正是歷史詮釋學意識無論如何要求做的工作。受方法論意識引導的理解必不會力圖簡單地得出預期推斷，而是要意識到這種預期推斷，以便能控制這種推斷並從事物出發獲得正確的理解。這就是海德格的意思，因為他要求在對前有、前見和前把握加工時從事物本身出發「確保」科學的論題。

因此，詮釋學循環在海德格的分析中獲得一種全新的含意。迄

今爲止的理論總把理解的循環結構侷限於個體與整體的形式關係的範圍內，亦即侷限於它的主觀反思：先對整體作預測然後在個體中作解釋（Explikation）。按照這種理論，循環運動就僅僅圍繞正文進行並在對正文完成了的理解中被揚棄。這種理解理論在一種預感行爲中達到頂點，這種預感行爲完全從作者的角度著想，並由此而消除掉正文所具有的一切陌生和疏離性。海德格則正相反，他認爲對正文的理解一直受到前理解的前把握活動支配。海德格所描寫的不過就是把歷史意識具體化的任務。這項任務要求人們意識到自己的前意見和前見，並努力把歷史意識滲透到理解的過程中，從而使把握歷史他者以及由此運用的歷史方法不只是看出人們放置進去的東西。

　　整體和部分循環的內容意義是所有理解的基礎，但我認爲它必須由某種進一步的規定所補充；我想把它稱爲「完全性的前把握」 [II 62]（Vorgriff der Vollkommenheit）。這就設定了一個引導一切理解的前提。這前提就是，只有眞正表現出完全意義統一體的東西才是可理解的。因此當我們在閱讀一個正文時，我們就要構成這種完滿性前提。只有當此前提眞的不可能實現，也就是說，該正文變得不可理解時，我們才對它產生疑問，才對傳承物產生懷疑並試圖作出補救。至於我們在這種正文批判的考慮中遵循何種規則仍可撇開不管，因爲這裡的關鍵在於，運用這些規則的合法性是無法和正文的內容理解分割開的。

　　完全性的前把握引導著我們的所有理解，但它本身又表明是一種當時內容的規定者。它不僅預先假定了一種內在的意義統一性來指導讀者，而且讀者的理解同樣會經常受到先驗意義期待的引導，這種意義期待產生於與所意指東西的眞理的關係。這就像收信人理解該信所包含的消息一樣，他首先用寫信人的眼光看待信中描寫的事情，也就是說把他寫的事當眞——而並非試圖把寫信人的意見理

解爲眞的。我們理解傳承下來的正文，情況也是如此，我們是以來
自於我們自己的事實關係的意義期待作爲根據進行理解的。正如我
們相信某個記者的消息是因爲他在當場或是消息靈通，同樣，當我
們面對傳承下來的正文時我們也基本上開啓了這種可能性，即這種
正文可能比我們自己的前意見知道得更清楚。只有當我們把所說出
的話當眞的試圖失敗時，我們才會力圖把正文當作某個他者──心
理上或歷史上──的意見來「理解」。[3]完滿性前見所包含的不僅僅
指正文應該完全說出它的意見，而且還指它所講的東西具有完全
的眞理性。理解主要是指：對事物的理解，然後才是指：突出和理
解他人的意見本身。所有詮釋學條件中首要的一條就是事物理解
（Sachverständnis），即和同一的事物打交道。從這種事物理解中
規定何者可作爲統一的意義並據此來運用完全性的前把握。於是，
隸屬性的意義，亦即在歷史──詮釋學過程中的傳統因素，才透過作
爲基礎和承載者前見的共同性得到實現。詮釋學必須從以下觀點出
[II 63] 發：誰想理解，誰就和傳承物講出的事物相連結，並且和傳統有一
種連繫或獲得一種連繫，傳承物就是從這種傳統中說話的。另一方
面詮釋學意識也知道，它不可能以毋庸置疑的統一性和這種事物相
連結，好像這種統一性乃是某種傳統的不中斷的繼續生存。實際上
在熟悉和陌生之間有一種對立性，詮釋學任務就建立在這種對立之
上，只不過不能把這種任務按施萊爾馬赫從心理學上理解成隱藏個
性祕密的跨度（Spannweite），其實它是眞正詮釋學的任務，也就
是說要注視說出的東西：傳承物據以和我們說話的語言，它說給我

---

[3] 我於 1958 年在威尼斯會議上作的關於美學判斷的演講中試圖指出，甚至美
  學判斷──就如歷史判斷一樣──也具有次要性質並且證明了「完全性的前
  把握」。〔該文現收於 D. 亨利希、H. R. 堯斯編：《藝術理論》，法蘭克福，
  1982 年，第 59-69 頁。〕

們聽的故事。傳承物對我們所具有的陌生和熟悉之間的位置，乃是
具有歷史意味的已遠逝的對象性與對傳統的隸屬性之間的中間地
帶。詮釋學的眞正位置就處於這個中間地帶。

詮釋學在這種中間位置找到它的立足點，從這種中間位置出發
就會把迄今爲止的詮釋學一直撇在一邊的東西置於中心位置：時間
距離及其對於理解的意義。時間並非主要是一種因其分開、遙遠而
必須被溝通的鴻溝，實際上它是事件的承載基礎，當下的理解就根
植於該基礎之中。因此，時間距離並不是某種必須被克服的東西。
認爲我們可以置身於時代精神之中，以該時代的概念和觀念而不是
以自己的概念和觀念來思考，並以此達到歷史客觀性，這只不過是
歷史主義天眞的前提。

實際上應該把時間距離當作理解的積極的和建設性的可能性
來認識。時間距離被習俗和傳統的持續性塡滿，正是在習俗和傳統
的光照中所有傳承物向我們顯示。在這裡談論事件具有眞正的創造
性也許並非不必要。大家都知道凡我們未從時間距離獲得確切的
尺度，我們的判斷就非常軟弱無力。所以關於當代藝術的判斷對於
科學意識也具有類似受懷疑的不確定性。實際上無法控制的前見就
是我們據以從事創造的根據，它能賦予創造一種與其眞實內容和眞
實意義並不一致的過度共鳴。只有當所有這些實際關聯都已逐漸消
退，這些作品本身的結構才會顯露出來，我們才能對作品中所說的
進行那種可以要求普遍性有效性的理解。把正文或藝術創作品中存
在的眞實的意義析取出來，本身乃一個無盡的過程。引導這種析取
的時間距離是在經常的運動和擴展中得到理解的，這就是它對於理 [II 64]
解具有的創造性方面。時間距離可以讓具有特定性質的前見消退，
並使對眞正的理解有幫助的前見浮現出來。

　　時間距離[4]通常可以解決詮釋學眞正批判性的任務，即把眞的前見與僞的前見區分開來。受過詮釋學訓練的意識會因此包含一種歷史意識。這樣它就必然會意識到那些引導理解的前見，從而把作爲他者意見的傳承物顯露出來並讓它起作用。讓前見本身如此顯露當然要求暫時中止它的作用，因爲只要某種前見在規定著我們，我們就知道和考慮它不是一個判斷。只要一種前見在不斷地、不被察覺地起作用，它就不可能被帶到我的面前，只有當它如所說的那樣被刺激，它才能被帶到我面前。只有讓它與傳承物接觸，它才會提供刺激。因爲引誘人去理解的東西本身必須已在他在性中起作用。使理解得以開始的首要一步是有某些東西向我們訴說，這就是所有詮釋學條件中最首要的一條。現在我們可以發現由此要求的乃是澈底擱置自己的前見。從邏輯上看，對判斷的擱置，尤其是對前見的擱置，都具有一種**問題**結構。

　　問題的本質就在於可能性的敞開（Offenlegen）和保留（offenhalten）。如果某項前見出現疑問——鑑於某個他者和某件正文對我們所說的東西——那絕不意味著可以把它簡單地搬到一邊並讓他者或他在性直接取代它的位置起作用。覺得可以從自身出發採納這種預見，這毋寧是歷史客觀主義的天眞想法。事實上只有在前見產生作用的時候，才能使自己的前見正確地產生作用。只有讓自己的前見充分發揮作用，它才能和其他前見一樣產生作用，從而讓其他前見也能充分發揮作用。

　　所謂的歷史主義的天眞就在於，它逃避這種反思，並且因信賴其工作程序的方法而忘卻了自己的歷史性。我們必須擺脫一種有害於理解的歷史思考而轉向一種更好理解的歷史思考。眞正的歷史思考必須同時想到它自己的歷史性。只有這樣，它才不會去追逐某個

4　〔關於這種對於原來正文的改變，可參見我的著作集，第 1 卷，第 304 頁。〕

歷史對象（歷史對象是我們不斷研究的對象）的幽靈，而是學會在
對象中認出自身的他在性並因而認識自己和他者。眞正的歷史對象 [II 65]
根本就不是對象，而是自己和他者的統一體，是一種關係，在這種
關係中同時存在著歷史的實在和歷史理解的實在。一種名副其實的
詮釋學將會在理解本身中展示這種特有的歷史實在。我把這所要求
的稱之爲「效果歷史」（Wirkungsgeschichte）。理解是一種效果
歷史事件。它要證明，和一切理解相適應的就是語言性，詮釋學事
件就在語言性中發展。

6. 事情的本質和事物的語言
（1960年）

　　如果說本文是以兩個就各方面看來均意指相同事情的講話方式作為分析的對象，那麼其主要的意圖在於闡明，儘管當今哲學思維的出發點和方法論理想各不相同，但仍有一種事實上的趨向統治著當今的哲學思維。透過說明在這似乎相同的哲學思維中存在問題的對峙，因而在這些以其區別所認識的哲學思維裡，相同的推動力的作用就得以同時表現出來。我們可能很少首先在這裡想到語言用法。因為語言用法似乎證明兩種用法完全可以互換。例如：我們常說「事情的本性就是如此」，我們也可以說「事物為自己說話」，或者說「事物引導明白無誤的語言」。上述這兩種說法涉及的都是某種保證用語，它無須提出任何理由說明我們為何要把某事當真，相反，它要拒絕進一步證明的要求。甚至在上述例句中出現的「事情」（Sache）和「事物」（Ding）這兩個概念似乎指的也是同樣的意思。這兩個概念表達的都是某種不太確定的所指物。與此相應，當我們說事情的「本質」或事物的「語言」時，甚至這兩個說法的含意也有些相同，即它們以論戰的方式否認和事物打交道時可以採取隨心所欲的態度，尤其否認純粹的意見、任意的猜測或對事情的斷言、任意的否定或固執己見。

　　然而，一旦我們更為留神，並探究到語言用法的隱蔽區別，則可以完全互換的表面現象就會煙消雲散。事情這個概念主要由其對立概念人而得到規定。事情和人這種對立的意義原本在於人對於事情具有顯見的優先地位。人似乎是因其自身的存在而受尊崇的東

西，相反，事情則是被使用的、完全受我們支配的東西。說到「事情的本質」這個說法，它的要點就在於，即使這種供我們使用、被我們支配的東西實際上也有自身的存在，根據這種存在，它就可以 [II 67] 從它的本質出發抗拒不符合事實的支配欲，從積極的角度講，它規定了某種確定的、與事實相符的態度。於是，人對於事情的優勢地位也就轉化到它的反面。與人和人之間適應的靈活性相反，事情的本質則是我們必須考慮的不變的穩定性。因此，事情這個概念能保持其自身的重要性，它要求我們具有自我遺忘的精神，甚至強迫我們不去考慮別人。

由此就產生了事實性（Sachlichkeit）的口號，我們也把這個口號當作哲學信念，就如康德在其《純粹理性批判》作爲箴言的那句培根的名言所說：De nobis ipsis silemus, de re autem quae agitur...（我們對於我們自身不欲有所言，但關於事物應當從事物本身討論……）。

在古典哲學思想家中，這種事實性的最偉大代言人是黑格爾，他談論事情的作爲，並且認爲眞正的哲學思辨就是讓事情自己活動，而不讓我們隨心所欲的想法，亦即我們的反思活動對事情發生作用。在本世紀初曾經表達了一種新的哲學研究觀點的著名的現象學口號「回到事情本身去」，其含意也與上述的意思類同。現象學分析要揭露的就是不符合事實的、有偏見的、任意的構造和理論及其未經檢驗的前提，實際上它正是透過對現象進行不帶先入之見的分析證實上述謬誤。

但是事情（Sache）這個概念表述的不僅僅是羅馬法的 res（物）概念，在德語的「Sache」這個詞及其含意中注入的主要是拉丁語 causa（問題或訟爭）所指的東西。「Sache」在德語的語言用法中主要意指 causa，即需要商談的有爭議的事情。它本來就是兩個爭執的派別置於中間的事情，因爲需要對這件事作決定而現在尚未

作出決定。這件事應該被保證不受任一派別的專橫操縱，在這種情況下，事實性的含意恰好與派別性相反，即與那種為派別的目的而濫用權力的行為相反。「事情的本質」這個法學概念當然不是指派別之間爭執的事情，而是為立法者制訂法律以及解釋法律時的個人好惡設定的界限。求助於事情的本質表明一種與人的好惡無關的秩[Ⅱ68] 序，並想使活生生的司法精神勝過法律的文字。甚至在法學中，事情的本質也是自身起作用的東西，是人們必須尊重的東西。

如果我們再看一下「事物的語言」的含意，我們似乎被置於完全相似的方向之中。事物的語言也是我們聽得不夠從而應該更好地聽從的東西。同樣，這個用語也有某種論戰的強調。它表明，我們通常根本不打算就其本身的存在聽從事物，相反卻把事物置於人的算計以及透過科學的理性化對自然的統治之下。在一個日益技術化的世界中談論對事物的尊崇越發不能被人理解。這種觀念正在消失，只有詩人仍然忠實於這種觀念。至於我們畢竟向能談論事物的語言，這就使我們記起事物實際上是什麼東西，它不是供使用被消費的材料，不是供人使用然後扔到一邊的工具，而是在自身中有其存在，「推擠到無中」（海德格語）的東西。它本身的自在存在由於人類專橫的支配欲而遭到忽視，正如一種成為需要被傾聽的語言。[1]因此，事物的語言這個表述並不是唯有魔術家梅林或用童話精神才能證明的神話——神話的詩意的真理，這個表述將喚醒我們心中沉睡已久的關於這樣的事物之存在的回憶，而這種事物總是能如其所是地存在。

在某種意義上可以說這兩個短語其實講的是相同的——而且是

---

[1] 在我 1960 年發表於雷克拉姆集刊上對海德格藝術作品的解釋中，我強調這個思想是海德格後期作品重要的出發點（現載《海德格之路——後期著作研究》，圖賓根，1983 年，第 81-93 頁，也可參見我的著作集，第 3 卷）。

眞實的 —— 東西。習慣用語恰恰不只是變得面目全非的語言訓練的
僵死物。它們同時是一種共同精神的遺產，只要我們正確地理解它
們並深入其隱藏的豐富含意，它們就能使我們重新認識這種共同精
神。因此，對此處這兩個習慣用語的分析告訴我們，它們在某種意
義上講的是相同的東西，即某種與人類任意專橫相對立而我們必須
記住的東西。然而事情還不僅於此。雖說「事情的本質」和「事物
的語言」這兩個概念以幾乎可以互換的方式被使用，並且由共同的
對立命題得到規定，但在這種共性背後仍然隱藏著一種並非偶然的 [Ⅱ69]
區別。闡明這兩個短語隱蔽的弦外之音中存在的對峙似乎是一件哲
學任務，我想指出，當今哲學所從事的正是解決這種對峙，它標出
了我們共同所處的問題困境。

　　對於哲學意識來說，在「事情的本質」這個概念中匯聚了一種
可以從許多方面感覺到的對哲學唯心主義的反抗，尤其是反對這種
唯心主義在 19 世紀下半葉復活的新康德主義形式。新康德主義儘
管引用康德的思想，以使他成爲當時的進步信念和科學驕傲的代言
人，但它從根本上說來絕不可能從自在之物開始。由於康德的後繼
者明確地拋棄了形上學的唯心主義，因此他們在思想上不可能再回
到康德關於自在之物和現象的二元論。只有重新解釋康德的思想，
康德的那些語詞才能適應自身已變得自明的信念，與此相應，唯心
主義就意味著完全透過認識來規定對象。於是，自在之物就被理解
成只是繼續規定這個無限的任務的方向目標而已，甚至胡塞爾，儘
管他與新康德主義相反，較少從科學事實出發而更多地從日常經驗
出發，但他也試圖爲自在之物理論提供現象學的證明，他的出發點
在於，感覺事物的各種側顯（Abschattungen）構成某種經驗的持
續性。自在之物理論的意思似乎只能指：事物的一個方面可以連續
不斷地在其他方面感覺到，正是這種連續的可感知使得我們經驗的
統一連繫成爲可能。甚至胡塞爾也是從我們認識的進步觀念出發理

解自在之物的觀念，因爲我們認識的進步觀念在科學研究中有其最後的證明。

　　在道德哲學領域當然不存在類似情況。因爲自盧梭和康德以來就再也不可能設想人類的道德完善性。然而，對新康德主義的現象學批判即使在這裡也找到了出發點，而且是針對康德道德哲學的形式主義。康德關於義務現象的出發點以及他對絕對命令無條件性的證明，似乎要把道德律所提供的任何內容都從道德哲學中驅逐出去。馬克斯·舍勒（Max Scheler）對康德倫理學的形式主義所作的批判就批判的消極面來看非常軟弱，但它構思出一種質料的價值倫理學從而證明了本身的豐富成果。舍勒對新康德主義生產概念所[II 70] 作的現象學批判也表現爲一種重要的推動，它特別導致了尼古拉·哈特曼（Nicolai Hartmann）放棄新康德主義，並形成了他「知識形上學」（Metaphysik der Erkenntnis）的構想。[2]哈特曼認爲，知識絕不引起認識對象的改變——更不用說代表認識對象的製造——所有存在事物不管是否被認識都無所謂，這正是對任何形式的先驗唯心主義的反駁，也是對胡塞爾構造研究的反駁。從積極的角度看，尼古拉·哈特曼相信，承認在者的自在存在及其獨立於一切人的主觀性正可以開闢出一條到達新的本體論的道路。這樣他就接近於新「實在論」，這種新實在論同時也在英國——在那裡是全面地——高奏凱歌。

　　我認爲，如此地拋棄先驗哲學的反思是對其意義的巨大誤解，這是自黑格爾逝世以來哲學認識衰落的後果。如果這種摒棄在當今的哲學思維中仍然一再重複發生，那它當然有根據。如果我們

---

[2]　對此最早的文獻是 N. 哈特曼於 1914 年發表在《精神科學》雜誌上的對舍勒的評論（見哈特曼：《短論集》，第 3 卷，第 365 頁）。參見我的文章〈知識形上學〉，載《邏各斯》，1924 年（現收入我的著作集，第 4 卷）。

讓神創秩序的優越存在現實性——人的專橫意志遇到這種神創秩序的存在現實性就會撞得粉身碎骨（格哈德·克呂格爾〔Gerhard Krüger〕），以及自然界對於人和人的歷史表現的冷漠（卡爾·勒維特〔Karl Löwith〕）發生作用，那麼這種有爭議的摒棄就可以理解爲向事情本質的一種求助。然而，我認爲如此求助於事情的本質可以在這樣一個共同前提上找到其界限，這種前提未經置疑地曾統治著所有試圖重新構造事物自在存在的行爲。該前提認爲，人的主觀性就是意志，當我們把自在存在作爲界限來對抗人的存在的意志規定時，這種意志仍有不可置疑的作用。「按照事情」就表明，這些現代主觀主義的批判者們根本沒有脫離他們所批判的對象，而只是從另一方面說出對立的命題。新康德主義把科學文化的進步作爲主線，批判家們則以自在存在形上學的片面性來對抗新康德主義的片面性，實際上這種形上學與其對手都同樣認爲意志的規定性具有先在的統治地位。

面對這種情況人們必然會問事情的本質：這個口號是否並非可疑的戰鬥口號，所有這些試圖相反的古典形上學是否表明了一種眞正的優越性，並且提出了仍然存在的任務。我認爲古典形上學的優 [II 71] 越性就在於，它一開始就超越了把主觀性和意志作爲一方，客觀性和自在存在作爲另一方的二元論，因爲它思考二者之間前在的相輔相成（Entsprechung）。當然這是一種神學的相輔相成，古典形上學關於認識符合實情的眞理概念即以此爲根據。因爲靈魂和事情兩者的結合就在於它們兩者的被創造性（Kreatürlichkeit）。正如被創造的靈魂是爲了與在者相聚，被創造的事情就是爲著要眞，即要被認識。這就是創世主的無限精神，有限的精神覺得無法解決的謎就在這種精神中得到解決。創造的本質和現實性狀就在於，靈魂和事情具有這種協調一致。

然而哲學卻無疑不再能夠利用這種神學的根據，也不想再重

複它的世俗形態，有如思辨唯心主義以它的有限性和無限性的辯證媒介所表現的。然而哲學又不能掉頭不顧這種一致性的眞理。在這個意義上就繼續存在著形上學的任務，當然這種任務不再作爲形上學，亦即不能透過追溯到無限的理智來得到解決。這樣問題就來了。存在能公正評判這種一致性的有限的可能嗎？這種一致性是否有一種根據，它無須尋求神性精神的無限性，但卻能公正評判靈魂和存在無限的一致性？我認爲有這樣的根據。這種根據是一條道路，哲學思維根據這條道路會變得日益明確，這條道路製造了這種一致性。這就是語言的道路。

我覺得，近幾十年語言現象占據哲學研究的中心絕非偶然。也許我們甚至可以說，今天以盎格魯—撒克遜的唯名論爲一方和大陸形上學傳統爲另一方，在不同民族之間存在的巨大哲學鴻溝正是在此標誌下開始得到溝通。無論如何，在英國和美國從對邏輯人工語言疑難的深刻反思中發展起來的語言分析，以觸目的方式接近了 E. 胡塞爾現象學派的研究思路。正如在海德格對現象學的發展中，由於承認了人的此在的有限性和歷史性從而根本改變了形上學
[II 72] 的任務一樣，邏輯實證主義反形上學的熱情也隨著承認說出的語言具有獨立的意義而被消解（維根斯坦）。從訊息直到神話和傳說都是一種「指示」（馬丁・海德格），語言則是它們共同的論題。我認爲我們必須提出以下問題，如果我們想眞正地思考語言，那麼語言最終是否必然要被稱爲「事物的語言」，事物的語言是否使靈魂和存在的原始一致性這樣得以證明，以致有限的意識也能對它有所了解。

語言是意識藉以和在者連繫的媒介，這本身絕不是新的論斷。黑格爾就已經把語言叫作意識的媒介，[3] 主觀精神與客觀存在就是透

3　〔《精神現象學》，霍夫邁斯特編，第 459 頁。〕

過這種媒介進行媒介。今天，恩斯特‧卡西爾（Ernst Cassirer）把科學事實這個新康德主義狹窄的出發點擴展成一種符號形式的哲學，它不僅把自然科學和精神科學都包括在一起，而且還賦予人類的所有文化活動一種先驗的基礎。

卡西爾的出發點是：語言、藝術和宗教都是表象形式，亦即以某種感性的形式表現某種精神。透過對所有這些精神體現形式所作的先驗反思，則先驗唯心主義必然會被提升到一種新的、真正的普遍性。符號形式是精神在感性顯現的流動時間性中的成形（Gestaltwerdungen），它也是連結的媒介，因為它既是客觀的顯現又是精神的痕跡。—— 人們當然會問，卡西爾所設想的這樣一種對精神的基本力量所作的分析是否真的解釋了語言現象的唯一性。因為語言並不和藝術、法律、宗教並列，而是所有這些顯現藉以進行的媒介。語言概念由此在符號形式，亦即表達精神的形式內部並非只獲得一種特殊的標誌。相反，只要語言還被當作符號形式，它就尚未在其真正的領域內被認識。甚至對於源自赫爾德和洪堡的唯心主義語言哲學毋寧說也可以提出與符號形式哲學相關的批判性問題，當語言哲學針對其「形式」的時候，它是否未曾把語言和它所說的以及由它所媒介的東西相脫離。儘管語言是透過它的現實性表現我們尋求的一致性，但語言真正的現實性不正在於它根本不是形式的力量和能力，而是透過其可能的語言表達而對一切存在者作先 [Ⅱ 73]行的把握？與其說語言是人的語言倒不如說它是事物的語言，難道不是這樣嗎？

詞和物的內在的隸屬性是在思想的開端就經由語言而被提升為問題，這個問題從這個角度出發重又獲得人們的興趣。希臘人提出的名稱的正確性問題只是一種詞語巫術的最後回聲，亦即把詞當作事物本身，當作它所代表的存在。確實，希臘哲學思維是隨著這種名稱魔術的消失才開始的，它的第一步就是語言批判。然而這種哲

學也保留了許多關於原始的世界經驗自我遺忘性的天眞想法，它認爲顯現在邏各斯中的事物的本質是在者本身的自我表現。柏拉圖在《斐多篇》中把逃入邏各斯（die Flucht in die Logos）稱作「第二好的行駛」（zweitbeste Fahrt），因爲在這裡，在者只是在邏各斯的映像中而不是在它直接的現實性中被考察，他的說法中具有對這種表現形式一絲譏諷的味道。事物的眞實存在最終恰恰是在它的語言顯現中才能通達，亦即在它被意指物的觀念性中才能通達，這種被意指物顯然不能爲經驗的無思想的眼力所掌握，因此，被意指物本身，因而事物顯現的語言性本身卻未被經驗到。由於形上學把事物的眞實存在理解成「精神」（Geist）可以通達的本質，這種存在經驗的語言性就被掩蔽起來了。

希臘形上學的基督教遺產，士林哲學的中世紀也完全從類（species）的角度把詞認作它的完美體現，而沒有把握它的道成肉身之謎。形上學的思考最初考慮的就是世界經驗的語言性，這種語言性最後變成某種次要的、偶然的東西，它將對事物的思維的瞥見透過語言慣例來加以圖示化並離開了原始的存在經驗。實際上正是世界經驗的語言性隱藏自身在事物先於其語言顯現的先行性的假象背後。尤其是那種任何事物都具有普通客體化可解的假象，這種假象受到語言普遍性的支援，而語言則因這種假象而變得晦暗不明。至少在印歐語系中，語言能夠把一般的命名功能擴展到任一句子成分，並能把一切成分都構成進一步陳述的可能的主語，於是就增強[II 74] 了普遍物化的假象，這種假象把語言降低成只是理解的工具。現代語言分析試圖透過制訂人工符號系統揭露語言的文字誘惑，但它並未對這種客體化的基本前提提出疑問。它只是透過自我限制告訴我們，引進人工符號系統絕不可能眞正脫離語言的軌跡，只要所有這樣的系統都要以自然語言爲前提。正如古典語言哲學揭示了詢問語言的起源是一個站不住腳的問題，對人工語言觀念的深刻反思也將

導致這種觀念的自我揚棄，並將證明自然語言的合法性。然而這樣
做的含意通常未被人考慮到。我們當然知道，語言只有在被人說，
亦即在人們知道互相理解的地方才具有現實性。然而和語言相適應
的這樣一種存在是什麼？是一種理解工具的存在？我認為亞里斯多
德就已指出過語言真正的存在性質，因為他把**協調**（Syntheke）這
個概念和其樸素的「習俗」（Konvention）意義相分離。[4]

　　由於亞里斯多德從協調概念中排除掉所有關於創造（Stiftung）
和產生（Entstehung）的含意，從而他指明了那種靈魂和世界的一
致性的方向，這種一致性既在語言本身的現象中閃現，又獨立於無
限精神強有力的向外湧現，而這種向外湧現乃是形上學賦予這種一
致性的神學基礎。在語言中實現的關於事物的理解，既不表明事物
具有優先地位，也不表明運用語言理解手段的人類精神具有優先地
位。相反，正是在語言的世界經驗中得到具體體現的這種一致性總
是絕對前行的。

　　這可以從本身就構成語言的結構因素的現象中得到極好的闡
明，亦即節奏。理查‧赫尼希斯瓦爾德（Richard Hönigswald）在
他的思維心理學分析中早已強調過，[5]節奏的本質就存在於存在和靈
魂之間特有的中間領域。透過節奏的節奏化而得到的序列並非必定
代表現象本身的節奏。相反，節奏化只有在某種均勻有節奏的過程
中才能被聽到，從而才以節奏的方式組合起來——或者更恰當地
說，當我們想感受某種均勻有節奏的過程時，那就不是只能，而是
必須跟從這種節奏。然而這裡說的必須又是什麼意思呢？它是針對
事物的本質的嗎？當然不是。那麼「現象的本己節奏」又是指什
[II 75]　麼？難道現象不正因為被有節奏地或節奏化地聽到才如其所是的

4　〔《解釋篇》，4，16b31 以下。〕

5　〔R. 赫尼希斯瓦爾德：《節奏問題》，萊比錫，1926 年。〕

嗎？一致性一方面是比聽覺過程要更原始，另一方面又比節奏化的把握更原始，它就存在於兩者之間。

詩人對這一點特別了解，尤其是那些試圖解釋自己受其支配的詩化精神進行方式的詩人，例如：賀德林。當他們把語言的前定性和世界的前定性（亦即事物的秩序的前定性）都和詩歌的原始體驗相分離，並把詩的想像描寫成世界和靈魂在變成詩歌語言過程中的相互融合（Sicheinschwingen），這正是他們所描寫的節奏體驗。用語言表達的詩歌創作以有限的方式確保了靈魂和世界的對話（das einander Zugesprochensein）。正是在這裡證實了語言的存在具有其中心地位。最近的哲學思想認為很自然的即從主體性出發則完全陷入了謬誤。語言絕不能被認為是主體性前行的世界籌劃，它既不是個別意識的籌劃，也不是民族精神的籌劃。這一切都是神話，就像天才概念一樣，天才概念之所以在美學理論中起著支配性的作用，因為該概念把創造物的產生理解成一種無意識的創造，並從類推解釋有意識的製造。藝術品不能從某項方案按計畫的實施——哪怕它是夢遊般無意識的方案——角度來理解，就如世界歷史過程可以為我的有限的意識當作某項計畫的實施。無論在歷史中或是藝術中其實都是幸運和成功誘惑人們進行從後果而來的預卜（oracula ex eventu），實際上它們卻掩蓋了講述出它們的事件、詞或行為。

我認為，自我解釋在所有這些領域中保持著一種其實並無正當理由的優先地位，這是現代主觀主義的後果。實際上我們無須承認詩人在解釋他的詩作時有什麼特權地位，就如政治家對他本身參與其中的事件作為歷史解釋時也不該有特權地位。在所有這些情況中唯一可以運用的真正的自我理解概念不能從完成了的自我意識

模式出發來考慮，[6] 而要從宗教經驗的角度來考慮。宗教經驗總是包含以下意思：人類自我理解的歧途只有透過神的恩典才能找到其真正的目標，亦即達到這樣一種觀點，即任何道路都可以達到自我的拯救。所有人的自我理解都受其不充分所規定。這也完全適用於作品和行動。藝術和歷史因此按照其自身的存在而避免了從意識主觀 [II 76] 性出發的解釋。它們屬於那種詮釋學普遍性，這種普遍性由超越一切個體意識的語言的進行方式和現實性得到描繪。[7] 在語言中，在我們世界經驗的語言性中存在著適合於我們這些有限眾生的有限和無限的媒介。在語言中被解釋的總是有限的經驗，這種經驗絕不會碰到無限的意指只能猜測而又不能說出的界限。語言本身的進行進程永遠不受限制，絕不是不斷地接近被意指的意義，而是在它的每一步進程中不斷表現這種意義。是作品的成功，而不是它的意指才構成它的意義。把意義表述出來的是遇到的詞，而不是隱藏進意指的主觀性中的詞。正是傳統開啟並劃定了我們的歷史視野——而不是「自在」（an sich）發生的歷史的晦暗的事件。

於是，我們在講到事情的本質和事物的語言時作為其間特徵的對意指的摒棄就獲得一種積極的意義和具體實現。由此也使這兩句短語之間存在的對峙真正被揭示。看來好像同樣的東西其實並不相同。這是有所不同的東西，不管是從意指的主觀性和意志的專橫性體驗到限制，還是從語言顯示的世界中在者前行的運行角度來考慮。我認為，和我們的有限性相適合的那種一致性經驗不能依靠反抗其他意謂並要求注意的事情的本質，它只能依靠像事物自身表

6　〔參見我的論文〈自我理解的疑難性〉，本書第 121 頁以下。〕

7　除《真理與方法》（我的著作集，第 1 卷）外，另參見本書第 219 頁以下的論文〈詮釋學問題的普遍性〉（以及有關的後期論文，參見本書第 232 頁以下）。

達出來那樣被聽從的事物的語言，形上學曾把這種一致性說成被造物互相之間的原始符合，尤其是被創造的靈魂與被創造的事物的符合。

7. 作爲哲學的概念史 [Ⅱ 77]
（1970年）

　　「作爲哲學的概念史」這個題目會造成一種假象，似乎這樣就把哲學思考中一種次級的探究角度和一門輔助學科不恰當地提高爲一種普遍的要求，因爲該題目似乎包含這樣的斷定，概念史就是哲學，甚或斷定哲學應該是概念史。毫無疑問，這兩個論點都是那種其正確性並沒有現成根據，因此我們必須對其加以論證的論題。

　　不管怎樣，本文題目蘊含著哲學究爲何物的陳述，亦即哲學的概念史構成哲學的本質──這和「實證」科學的陳述裡概念的功能不一樣。如果說在實證科學中概念的有效性是按能獲得被經驗控制的認識來衡量的話，那麼哲學顯然就不具備這種意義上的對象。這就開啓了哲學的可疑性。我們能否說明哲學的對象而又不陷入追問我們所用概念的恰當性問題之中呢？既然我們在哲學中根本不知道用什麼東西來衡量，那麼這裡的「恰當」究指何物呢？

　　唯有西方哲學傳統可能包含對這個問題的歷史答案。我們也只能對這種傳統發問。因爲在其他文化中，尤其在遙遠的東方文化裡發展起來的對奧祕和智慧的謎一般的陳述方式，和西方稱作哲學的東西最終畢竟沒有可驗證的關係，尤其是我們以其名義發問的科學本身就是一種西方的發現。如果說哲學沒有自己的對象，沒有可據以測量，並用自己的概念和語言諸工具進行測量的對象，那這豈不是說哲學的對象就是概念本身？概念就是真實的存在，我們通常就是這樣使用「概念」這個詞的。例如：如果有人想特別讚揚某人交 [Ⅱ 78]
朋友的能力，就可以說這就是朋友的概念。如果把概念稱作哲學的

對象，也就是把思想的自我展開當作哲學的對象，那麼它如何對存在的事物作解釋和認識呢？從亞里斯多德直到黑格爾的傳統回答：對，就是這樣。亞里斯多德在他的《形上學》一書 γ 章中對哲學，尤其是稱爲第一哲學的形上學——「哲學」其實就是「認識」——作了如此規定，他說：所有其他科學都有其確定的領域，它們在該領域中自有特定的對象。但哲學作爲我們在此尋找的科學卻沒有這種界定的對象。哲學把存在作爲對象，並且與這個探求存在的問題本身相連繫的乃是對彼此相互區別的存在方式的觀看（Blick）：不變的永恆和上帝，自身不斷運動者，自然，自我束縛的 Ethas（倫理），人。因此我們就這樣面對著形上學傳統的主要論題，形上學傳統發展到康德哲學就取得了自然形上學和道德形上學的形式，在這種傳統中，關於上帝的知識與道德哲學具有特別的連繫。

然而，這種形上學的對象領域在科學時代又能意味什麼？這不僅是說，正是康德透過他對純粹理性的批判，亦即透過批判人能夠從純概念獲得認識的能力，從而摧毀了迄今爲止劃分爲理性宇宙學、理性心理學和理性神學 3 部門的形上學傳統形態。我們在今天首先也發現，科學要求作爲人類唯一合法的認識方式——這種要求當然很少是由於科學本身，更多是受到驚異於科學後果的公眾的支持——這種要求如何導致在人們通常稱之爲哲學的內部把科學理論和邏輯以及語言分析擺到了突出地位。伴隨這種日益增長趨勢產生以下現象，人們通常叫作哲學的另外東西被作爲世界觀或意識形態而從哲學中排除出去，並最終受到一種外來的批判，這種批判不允許哲學再作爲認識產生作用。這就產生了下列問題：哲學還能是什麼，哲學在科學的要求之外究竟還能眞正主張些什麼呢？

門外漢會這樣回答：相對於世界觀和意識形態那種輕率的沾沾自喜的結構，科學的哲學將要求自己運用明確的概念。這其實是門外漢早就要求的，他們期待哲學家能很好地定義他的所有概念。究

竟這種作定義的要求是否合理，是否符合哲學的要求和任務，究竟
何種東西才在科學的領域中有其無可動搖的合法性，這一切都需要
追問。因為就在概念的明確性這個前提中還有另外一個前提，即概 [Ⅱ79]
念就是我們製作用來說明對象並把它置於認識之中的工具。我們可
以看到，我們一般所認識的最恰當的定義和最精確地構造的概念只
有在整個對象世界由思維本身而產生的地方才能找到，也就是在數
學中能找到。在數學裡沒有經驗的作用，因為當理性在解答數或幾
何圖形等難解之謎以及承擔解釋時，理性是自我證明的。

　　語言和哲學思維是否像從現成的工具箱裡取工具那樣取出或扔
掉哲學的概念，並用這種方式找到認識並駁斥不符合認識目的的知
識？我們可以說：在某種意義上是這樣，只要概念分析一直包括語
言批判，並透過對概念進行仔細的邏輯分析揭露虛假的問題和虛假
的成見。但這種尤其在本世紀初懷著巨大熱情從哲學邏輯中產生的
明晰的概念語言的理想本身卻受到這種努力自身內在發展的束縛。
用純人工語言表達哲學思想的觀點在其邏輯自我分析過程中被證明
是不可能的，因為只要我們想引進人工語言，我們就必定需要用我
們所說的語言。然而眾所周知，我們所說的語言經常會導致我們認
識的謬誤。培根就已揭露了語言的偶像（idola fori），即語言使用
的成見，會阻礙不帶偏見的研究和認識。

　　但事實是否僅止於此？如果說語言總混有成見，這是否意味著
在語言中只會產生非真理？語言並非只是這樣。語言乃是對世界的
包羅萬象的預先設置（Vorausgelegtheit），因而是不可取代的。在
用哲學方式進行批判的思維之先，世界對我們總已被揭示在語言之
中。世界就在我們學習語言的過程中，學會母語的過程中對我們表
現出來。這與其說是謬誤不如說是闡明。這當然也包含以下意思，
在這種語言揭示中開始的概念構造過程從來沒有最初的開端。它和
鐵匠用某種合適的材料打造一件新工具不一樣。因為概念的構造總

是在我們所說的語言中，在那種透過語言對世界的闡釋中進行繼續思考，這就絕不可能從零開始。因此，世界的揭示得以展現的語言無疑就是經驗的產物和成果。但這裡的「經驗」並不具有直接所與物的獨斷論含意，本世紀的哲學運動業已充分揭露了這種所與物的本體論—形上學的偏見性，不管是在現象學—詮釋學傳統還是在唯名論傳統哪一個陣營裡。經驗並不是最初的**感覺**（sensation），可以叫作經驗的並不是感覺及其材料的出發點。我們已經看到，即使我們感覺的所與物也是在解釋連繫中得到展現，把某物認作真的感知則在感覺材料的直接性之前就已揭示了感覺的證據。因此我們可以說：從詮釋學角度來看，概念構成一直受到人們所說語言的束縛。如果情況真的如此，那麼哲學唯一正當的道路就是認識到詞和概念的關係是規定我們思維的關係。

[II 80]

我說詞和概念的關係，而不說複數的詞和複數的概念的關係。我用它來指對詞和概念均適宜的內涵統一：適合於這種關係的不是複數的詞，也不是迄今語言理論研究認為不言而喻的複數的語言。所有被人說的語言都只有作為對某人所說的話，作為促成人之間交往的話語的統一體才能牢固地建立起來。單個詞的統一性先於許多詞或語言的所有多樣性而存在。這種統一性包含著一種值得用詞把握的東西的內涵無限性。倘若「單個詞」（das Wort）就是福音的整體，並且在每個我（pro me）的現實性意義上代表福音的整體，那麼 Verbum（動詞）這個神學概念在這點上就很有啟發性。

概念的情況也是如此。所謂的概念體系即是我們每人必須自己定義、界定和規定的觀念的眾多——這些都與對哲學的概念性和作為概念的哲學的澈底追問無關。因為哲學涉及的是概念「的」統一性。比如柏拉圖，他曾談到他的理念論，以及他從哲學上研討這種「屢被談論的」理念論，他曾講到一以及問一如何又是「多」等等。又如黑格爾，他在其《邏輯學》中想對上帝的觀點進行反思，上帝

的觀點在創世之初就作為存在的可能性整體處於它的精神之中，
最後以作為這種可能性的完成了的自我展開的「**那個**概念」（dem
Begriff）而結束。哲學對象的統一性的給定乃在於：正如詞的統一
性是可說性（Sagwürdigen）的統一性一樣，哲學思想的統一性就
是可思想性（Denkwürdigen）的統一性。因此，任何一個單獨的概
念定義都不具有自明的哲學合法性——它總是思維的統一體，單個 [II 81]
概念的功能只有在這種統一體中才得其合法的意義規定。如果我們
現在提出什麼是概念史的任務的問題，那我們就可以確定，它並不
是哲學史研究的補充工作，而是屬於哲學進程並作為「哲學」本身
應該進行的工作。

我們可以從它的一個對立立場及其界限來說明，亦即從所謂
的問題史角度來說明。從我們的思考就能說明，為什麼這種傳統
的，在新康德主義以及過去 50 到 100 年間成為占統治地位的哲學
史的研究方式實際上是不能令人滿意的。問題史的研究取得過巨大
成就是不容置疑的。——它構造了一個本身很有道理的前提。如果
說哲學家的學說體系未能按照邏輯學或數學的典範把自身安置成一
種呈現前進姿態的知識，如果說哲學立場的來回轉移——除了康德
不談——不能把自身轉換成一種科學的穩定進步路線，那麼這些學
說試圖回答的問題就一直是一些同樣的問題並且一直要求人們對它
們重新認識。這就是問題史有意識要袪除所有哲學思考歷史相對化
危險的方法。雖說它不想嚴格地聲稱或不能聲稱，在對同一些問題
進行的分析和處理中總是有一種哲學史中表現的直線式進步。尼古
拉·哈特曼——我們在這個問題上的進步都應歸功於他——曾謹慎
地指出：問題史的根本意義就是深化（並不斷精緻化）問題意識。
哲學的進步就在於此。從我這裡提出的思考出發，則這種問題史的
方法就顯出一種獨斷論因素。它包含著不能令人信服的前提，可以
用一個例子來說明這一點。

　　自由問題顯然是個最能滿足作爲同一個問題這種條件的問題
之一。要想成爲一個哲學問題的條件事實上就在於：它是無法解決
的。這就是說，它必須是如此範圍廣泛和性質根本的問題，以致總
是被我們不斷重新提出，因爲沒有一種可能「解答」可以完全解
答這個問題。亞里斯多德就曾這樣描述過辯證法問題的本質，辯證
法問題就是人們可以和對手不斷進行爭論，又不能下定論的大問
題。但問題在於：真的存在「這個」自由問題嗎？對自由的追問在
[II 82] 所有時代都是同樣的嗎？柏拉圖的《理想國》中有一個寓意深刻的
神話，說靈魂在出生之前選擇自身命運，如果它抱怨自己選擇的後
果，它就會得到以下答覆，「aitia helomenou」（即你自己要對你
的選擇負責）。[1] 柏拉圖的這個神話難道與斯多噶派道德哲學裡占主
導地位的自由概念是一樣的嗎？斯多噶派道德哲學堅決地主張：保
持獨立和自由的唯一途徑就是心靈不要依賴自己以外的任何其他的
東西，這種自由概念與柏拉圖的神話是同樣的問題嗎？當基督教神
學編造並試圖解決人的自由和神的天意之間的對立這個難解的神學
之謎時，涉及的也是同樣的問題嗎？當我們在自然科學時代提出這
樣一個問題：既然自然事件完全是確定的，既然所有自然科學都必
然有一個前提，即在自然界中沒有神跡出現，那又如何理解自由的
可能性呢？這個問題也是和上述問題一樣的問題嗎？由此所表述的
意志決定論和非決定論問題難道也是同樣的問題嗎？

　　我們只要對這個所謂同一的問題作進一步的分析就會發現，
在這個所謂的同一問題性中隱藏著怎樣一種獨斷。一個這樣的問題
就是一個從未受到真正發問的問題。每個受到真正發問的問題都受
動機支配。當我們真正理解一個問題並且也許想回答它時，我們
都知道我們爲什麼要對某事發問，我們也必然知道我們爲什麼受到

---

[1] 〔《理想國》，X，617e4。〕

詢問。因此我認為關於自由問題的例子足以表明，該問題每次的提問（Jeweilige Fragestellung）並未因其涉及的是同一個自由問題這個前提而被人理解。其實關鍵在於要把真正的問題，即它怎樣提出——而不是把那種抽象表述的問題可能性——視作我們必須理解的東西。每一個問題都受動機支配，每個問題是從其動機的方式獲得其意義。我們可以從所謂的教育性問題上完全認識這一點，當某人被問及某事，那個發問者其實並非因為真想知道該問題的結果而問他。我們完全清楚提問人知道他所提的問題。如果我問的是我早已知道的問題，那這到底算一種怎樣的問題呢？對於這種教育性問題，我們必須根據詮釋學理由判定它根本不具備教育性。這類問題只有透過檢查性的繼續對話最終引到「開放的」問題，以此克服它違背本質的缺點，從而才可以算是正確的問題。只有這種問題才能測出某人究竟懂得什麼。——只有我知道某個問題為什麼被問，才可能真正回答這個問題，但這表明，即使在哲學無窮無盡地追問的 [II 83]
那些大問題中，這些問題的意義也是受問題的動機規定的。因此，如果我們談論自由問題時遮蔽了賦予該問題以意義的提問角度，亦即在實際上構成問題的緊迫性，它如何被問的角度，那就是一種獨斷論的說明。我們只要承認哲學從整體說來只是一種發問，我們就必須詢問它的問題是如何提出的，這就是說：哲學到底是在何種概念性中運動的。因為正是概念性鑄造了提問的立場。因此關鍵就在於問題是如何提出的，記住這點我們就能學會作出提問。如果我問：在一種受因果律的自然科學統治的世界觀中自由的含意是什麼，那麼這個問題的立場以及因果律這個概念的含意都已進入了這個問題的意義之中。於是我們就要問：什麼是因果性，它是否構成自由問題裡要問東西的整個範圍？正是由於缺乏這種認識，因此在20 年代和 30 年代產生了現代物理學駁斥因果性的奇特的廢話。

這種論斷也可以具有積極的作用。如果說問題的意義是在提問

的過程中和使這種提問成為可能的概念性中真正形成的，那麼概念與語言的關係就不僅是語言批判（Sprachkritik）的關係，而且還是一個語言發明（Sprachfindung）的問題。我認為這就是哲學最極度驚險的戲劇，即哲學就是不斷地努力尋找語言，說得更感人一點：哲學就是不斷感到有語言困境。這並非海德格的創新。

　　語言發明在哲學中所產生的作用顯然是很突出的。這從專門術語在哲學中所產生的作用就可以看出：概念的語言形式是專門術語，這就是說是一種十分清晰、清楚劃定意義界限的詞。然而每個人都知道，類似用數學符號的演算那種精確性作專門術語式的講話是不可能的。雖說講話時也允許使用專門術語，但這只是表明，這種專門術語不斷進入到講話的理解過程中，並在這種理解過程中行使其語言功能。在科學，尤其在數學中總要求創造固定的術語，以便行使精確固定的認識功能，與此可能性相反，我們發現哲學的語言用語與語言中發生的可證明方式並無二致。這裡要求的顯然是一種特定的可證明方式（Ausweisbarkeit），如果我們要想證明我[II 84] 們提問方法的合理性，那我們的首要任務就在於提出詞和概念、日常口語與用概念詞表達的思想之間的連繫，只有這樣才能說明哲學概念詞的概念性起源的隱蔽性。我們在本世紀曾經歷過一個經典的例子，這就是發現在「主體」（Subjekt）概念中隱藏的概念史背景及其本體論的內涵。「主體」的希臘詞是 hypokeimenon，意思是作為根據或基礎的東西（Zugrundeliegende），這個詞被亞里斯多德用來指那種相對於存在物不同現象形式的變化而本身不變的，並作為這種變化性質之根據的東西。然而，當今天人們使用主體這個詞的時候是否還能聽出這個作為其他一切事物根據的 hypokeimenon、subiectum 的意思呢？比如像我們這些置身於笛卡兒主義的傳統中，用主體概念去思考自我反思、自我認識的人能聽出原先希臘文的含意嗎？誰還能聽出「主體」原來的含意就是「作

爲根據或基礎的東西」？但我也要問，誰又沒有聽出這種含意？誰
不是這樣假定，凡被自我反思規定的東西都像這樣一種存在物存在
於那裡，而在其性質變化中仍然保持著作爲根據和承載者的東西？
正因爲未曾發現這個概念的原始歷史含意，才會使人們把主體想成
由其自我意識規定的，本身是唯一的東西，從而才使人們發現自己
遇到一個惱人的問題，怎樣才能從主體「顯著的孤立狀態」中擺脫
出來。於是就產生了外部世界的實在性問題。正是本世紀的批判
才使人們開始把我們的思想和意識如何才能達到外部世界這個問
題當作錯誤的問題，因爲意識根本無非就是對某事的意識。把自
我意識置於世界意識之上是一個本體論偏見，它最終是建築在具
有 hypokeimenon 意思的主體概念所產生的無法控制的繼續影響之
上，亦即建築在與此含意相適應的拉丁文的實體概念的無法控制的
繼續影響之上。自我意識規定了與其他一切存在物不同的具有自我
意識的實體。然而具有廣延的外在的自然與自我意識的實體又如何
連繫呢？這兩種根本不同的實體如何互相作用——這就是近代哲學
初期著名的問題，這個問題成了所謂自然科學與精神科學具有不同
方法的二元論根據。

但這個問題首先只是作個例子而已，從它要引出一個普遍的問
題：用概念史作解釋是否總具有意義並總是必要？

對這個問題我只想作一個限制性的回答：只要概念仍然一起 [II 85]
活在語言的生命中，則概念史的解釋就總是有意義的——但這也同
時表明，一種完全覺知的理想是無意義的。[8]因爲語言具有自我遺
忘性，只有打斷說話進程並使該進程中某些東西突然停頓的「反
自然的」批判的努力，才能對一個詞及其概念意義產生覺知並作出
主題的解釋。我曾對我的小女兒作過以下觀察：當她學寫字時，有
一天在做功課時問道：「草莓是怎麼寫的？」當她得到答案後若有
所思地指出：「眞奇怪，當我聽到這個詞的時候，我根本不理解這

個詞，只有當我把它忘了之後，我才又進入這個詞。」進入詞，這
其實就是我們講話的方式。假如我現在眞能打住我想轉達的欲求，
並把我剛說出的詞帶入反思並置於反思之中，那麼講話的過程就被
完全阻斷了。自我遺忘就這樣地屬於語言的本質。正是出於這種理
由，概念解釋——概念史就是概念解釋——永遠只能是不完全的。
它只有在以下情況中才是有用的和重要的：或者揭露由陌生語言或
僵化的語言引起的遮蔽，或者解開語言困境，從而我們進入緊張的
反思。因爲語言困境必然會把反思者完全帶入意識。只有面對可支
配的語言表達可能性而感到一種不滿足的人才會進行哲學思考，如
果我們眞的解開敢於說出唯有依靠自身才證明合適的概念陳述的人
的困境，我們才能進行共同思考。

　　我們必須把握哲學概念語言的希臘起源，但也還要加上德國神
祕學的語言及其對概念語言的滲透——直到黑格爾和海德格獨創的
概念構造。這些就是語言困境的特例，也是對思考和共同思考的特
別要求。

　　巴門尼德（Parmenides）在他的哲學詩中提出了存在學說，它
是西方思想的偉大開端。這個理論爲後人提出了一個無法解決的問
題，甚至連柏拉圖都承認自己不能正確把握這一問題，即在巴門尼
德那裡存在究竟意味著什麼。對此問題現代的研究仍然分歧重重。
赫爾曼・柯亨（Hermann Cohen）認爲，該理論其實是把同一律作
爲最高的思維要求。歷史的研究則反對這種體系化的時代錯誤。因
此人們正確地反駁說，這裡所指的存在其實就是世界，就是存在者
[II 86] 的整體，愛奧尼亞人用 ta panta（一切）這個名稱追問的就是這個
整體。[2] 巴門尼德的存在究竟是一種最高哲學概念的前聲，抑或是所
有存在物的集合名稱，這個問題並不能以二者擇一作出決定。相

[2]〔參見 H. 波埃德（Boedes）：《作爲早期希臘哲學詢問目標的根據和現狀》，
海牙，1962 年，第 23 頁以下。〕

反，我們必須感受到語言困境，這種困境在巨大的思緒躍動中發明了 to on 這個表達，亦即存在者，抽象的單數的存在者——以前人們只說 onta，即許多存在物。如果我們要想跟隨這裡發生的思想，我們就必須衡量這種說法所具有的新的冒險行動。

另外還要表明，用這種中性的單數名詞還不能完全認識這個所意指概念。因為用這種存在者什麼不能指呢！比如，它就會像填塞得很好的球一樣具有充足的理由。只要思想試圖思考尚無語言表述的事物，並因此不能確實堅持自己的思維意向，那麼我們就能看到上面描述過的語言困境的例子。

同樣也可以指明柏拉圖如何達到以下認識，即對於思維的每種規定，對於每一個句子、每一個判斷、每一個陳述，都必然要既思考同一性又思考差異性。如果我們要把某物作為它所是之物來思考，那麼我們就必然會把它思考成與其他物不同的事物。同一性和差異性總是不可分解地連繫在一起。在後來的哲學中我們把這種概念稱為反思概念（Reflexionsbegriffe），因為它標誌了一種互相轉化的辯證關係。當柏拉圖闡明這個偉大發現時，他把這個所謂的反思概念呈現在引人注意的連繫中，他把同一性和差異性這兩個在思維中總一起出現的概念與靜和動並置在一起。人們會問，它們互相有什麼關係。其中的一組概念是描述世界的：這裡是靜，那裡是動，另一組概念即同一性和差異性則只是出現在思想中的。兩組概念都可以具有辯證的意義，因為離開了動也無法思考靜。但它們卻是完全不同類的概念。柏拉圖認為這種不同是屬於同一層次的。在其《蒂邁歐篇》中他就直接說過，創世者讓人的精神完全認識到同一性和差異性，這樣人類就可以認識天體軌道的規律性以及與黃道相連繫的偏離現象，從而在共造這種運動的時候學會思維。

[Ⅱ87]　　　　另一個簡單的例子是亞里斯多德的hylē，即質料概念。[3]當我們說質料的時候，當然我們已經透過世界遠離了亞里斯多德原本想用他的概念表達的理解。因爲 hylē 原本是人們用來製造某物的建築材料，亞里斯多德把它當作一種本體論原則。它表明了希臘人的技術精神，因爲他們把這樣一個詞置於哲學的中心地位。至於形式則是作爲一種技術努力和成就的結果而出現，這種成就是對尚未具備形式東西的塑型。如果認爲這樣一個質料的概念只是一種自爲自在的材料，然後由聰明的工匠取在手中並加上「形式」，認爲這就是亞里斯多德關於 hylē 的思想，那麼這就貶低了亞里斯多德。其實，亞里斯多德想用這種來自於工匠世界的質料概念描述一種本體論關係，描述一種存在的結構因素，這種因素在所有關於存在物的思想和認識中不僅對圍繞我們的自然而起作用，而且還在數學（noētē hylē 思考原料）領域中產生作用。他想指出，當我們把某物認作或規定爲某物，我們總把它當作一種尚未規定的東西，唯有透過一種附加的規定才能把它和其他事物相區別。因此他說，hylē 具有種類功能。與此相應的是亞里斯多德經典性的定義理論，按照這種理論，定義中包含最近的種和屬差。於是，hylē 在亞里斯多德的思想中就取得一種本體論的功能。

　　　　如果說哲學概念性的特徵就在於，思想總是處於要爲它眞正想說的東西找尋某種眞正合適的表述語的困境之中，那麼所有哲學都有以下危險，即思想會沉陷於其自身之後，陷於其概念語言手段的不合適之中。這在上面舉出的例子中很容易就可以看出。甚至巴門尼德的直接追隨者芝諾就曾提出以下問題：存在究竟在何處？什麼是存在所據的場所？如果存在在某物之中，則這個包容存在的某

---

[3]　〔參見我的論文〈真的存在質料嗎？——對哲學和科學概念構造的研究〉，載我的著作集，第 6 卷，第 206-217 頁。〕

物本身又須在某物之中。顯然芝諾這個思想尖銳的提問者並不能掌握存在學說的哲學意義，他把「存在」完全只理解爲「一切物」。然而，讓後繼者背上思想成就衰敗的負擔是不正確的。哲學思想的語言困境就是思想者本人的困境。只要遭到語言拒絕，思想者就不能確切地掌握他思想的意義方向。並非只有芝諾，巴門尼德本人也像上面提到的那樣談論存在，他把存在比作一個具有牢固支撑的 [II 88] 球。—— 也許亞里斯多德本人—— 並非只是「亞里斯多德派」—— 也未能對質料概念具有的本體論功能做過恰當的思考和概念的闡釋，從而使亞里斯多德派不能保持住原本的思想意圖。因此，當代的解釋者唯有透過概念史意識，才能追索思想的真實意圖，因爲概念史意識似乎置身於那種尋找自身語言的思想的現實（actus）中。

最後讓我從最近的哲學中舉一個例子，它也許可以表明，一個經由傳統凝固的概念是如何進入到語言的生命中並能從事新的概念工作。「實體」（Substanz）概念似乎完全是從士林學派的亞里斯多德主義傳下來並從那裡得到規定的。當我們講到正在研究其本質或反應的化學實體時，我們也是在亞里斯多德的意義上使用這個詞的。實體在這裡就是我們對之進行探究的存在東西（Vorliegende）。但這還不是這個詞的所有意思。我們也在另外的、強調其價值的意思上使用這個詞，並從這個詞中引申出「非本質的」（substanzlos）和「實質的」（substantiell）這兩個評價性的詞，比如當我們發現某項計畫實質性不夠，我們就是指這項計畫太含糊，太沒有確定性。如果我們說某人有實質，那就是說除了他與我們打交道時顯示的樣子之外，他還胸有成竹。我們可以說士林學派—— 亞里斯多德主義的實體概念在此已轉變到一種全新的層面之中。在這個術語這種新的應用範圍裡，關於實體和功能，保存的本質及其變化的規定的舊的（對於現代科學已完全不適用的）概念因素就獲得一種新的生命，並且變成很難被取代的詞—— 這只是說

明，這些詞重新獲得了生命。對「實體」這個詞的歷史所作的概念史反思從消極方面認識到由伽利略的力學導致的放棄實體的認識——從積極方面則認識到黑格爾對實體概念創造性的重建，這種重建呈現在他的客觀精神學說裡。一般說來，人造的概念不會成為語言用詞。語言通常都反對人工的塑造或從外來語中借用詞，因而不會把它們接納在一般的語用法中。但語言卻用新的意義接納了實體這個詞，黑格爾還為它提供了哲學上的合理性，因為他對我們說，我們所是的東西並非只是透過個別思考著的我的自我意識，而是透過在社會和國家中展開的精神的現實性來思考的。

[II 89] 　　以上討論的例子表明，在語言用法和概念構造之間具有多麼緊密的關係。概念史跟隨思想的運動，思想的運動總要越過習慣的語言用法並把詞彙的意義方向從其原來的應用範圍中解放出來，對它進行擴展或限制，作比較或區別，就如亞里斯多德在《形上學》δ章的概念表中系統地所作的那樣。此外概念的構造也可以重新對語言生命起反作用，就如黑格爾正確地把實體概念擴大運用於精神的東西那樣。但一般說來情況正好相反，生動的語言用法的範圍通常都會抵禦哲學家專業術語的僵硬用法。不管怎樣，概念塑造與語言用法之間的關係是最具光彩的關係。在實際的語言用法中，人們從來不會固守自己規定的專業術語用法。我以前曾經有機會指出，[4]亞里斯多德在他本身的語言用法中也並不遵照由他自己在尼各馬可倫理學中對 phronēsis（實踐智慧）和 sophia（理論智慧）作的區別，甚至康德對 transzendent（超驗）和 transzendental（先驗）所作的著名區分也從未在語言生命中獲得承認。在我青年時代，亦即新康德主義盛行時代，如果有人對「貝多芬的先驗音樂」這種用法進行

---

[4] 「亞里斯多德的告誡（Protreptikos）……」，載《赫爾墨斯》，第 63 卷，1927 年，第 138-164 頁〔現收入我的著作集，第 5 卷，第 164-186 頁〕。

嘲諷式的批評：「寫這句話的人根本不知道先驗和超驗的區別」，這只能說是吹毛求疵者的傲慢。顯然，只有想理解康德哲學的人才需要謹遵這種區別。然而語言用法卻具有自主性，因而無須這種人為的規定。語言用法的這種自主性當然並不排除我們能夠區分好的德語和壞的德語，甚至也不排除我們能講到錯誤的語言用法。但語言用法的自主性在這些情況下恰好表明，在我們看來，類似學校在德文課上經常對違反通常語言用法所作的批評指責其實包含著某些糟糕因素，而比其他教育更為重要的語言教育並不是由知道得更好的人作的改正，它只有透過榜樣才能達到。5

　　哲學的概念用詞與語言的生命保持著連繫，而且日常生動的語言用法在使用精心塑造的專業術語時也共同起作用，這一點不該看作哲學概念構造的缺陷。正是在這種承擔著概念構造的語言生命的繼續作用中，產生了概念史的任務。它所涉及的並非只是對單個概 [II 90] 念作歷史的解釋，而是要復活在哲學語言用法的斷裂處所表現的思想的張力，因為概念的努力就在哲學語言用法的斷裂處「扭曲」。詞和概念的關係在這種「扭曲」（Verwerfungen）處裂開，而日常用詞則經過人工處理變成新的概念陳述，這種「扭曲」就是概念史能成為哲學的合法性。因為在此過程中出現的就是未曾意識到的哲學，這種哲學存在於日常語言和科學語言的語詞構造和概念構造過程中。這個過程超越了所有有意識的概念塑造，讓它起作用就是證明哲學概念的方法，從而「合適性」概念就獲得一種新的、哲學的意義——這不是像經驗科學中那樣按照經驗的預先給予來衡量，而是按表現為我們語言的世界定向的經驗整體來衡量。概念史的證明

5　〔參見我 1979 年在德國語言和詩歌學院授予我西格蒙德—佛洛伊德獎時作的答謝詞《好的德語》（《年鑑》，1980 年，第 76-82 頁），重印於《讚美理論》，法蘭克福，1983 年，第 164-173 頁。〕

所能成就的就是把哲學的表述從學院派的僵化中解救出來，並使它重獲日常講話的活力。但這就是說，要重新回到從概念詞走向語言詞的道路上去，並離開從語言的詞走向概念詞的道路。哲學在這裡就像音樂。我們在西門子的實驗室能聽到的音樂都由技術設備濾去了泛音，這根本不是音樂。音樂具有自己的構造，在此構造中泛音與它能在新的發音效果和聲音的陳述能力中製造出的所有聲音一起發音。哲學思維的情況也是如此。我們使用的詞的泛音使我們保持了思維任務的無限性這個哲學任務，唯有如此才能──在所有的限制中──完成哲學的任務。因此，哲學思維和共同思維將必須打破所謂化學提煉的概念的僵化。

打破這種僵化概念的藝術的永恆典範就是柏拉圖的對話以及柏拉圖筆下的蘇格拉底指導的談話。那些不言而喻而形成的規範概念就在這種對話中斷裂，儘管在這些規範概念背後有一種不再負責的實在性根據本身力量的優勢活動，同時由於我們自我理解的新的實現，對我們道德─政治自我解釋中的正規概念所真正意指東西的新發覺，從而我們被引導走上哲學思考的道路。因此，對我們來說關鍵不在於概念史研究，而是在於把從概念史的研究中學到的學科
[Ⅱ91] 運用到我們的概念中去，從而能把一種真正的連繫性帶到我們的思想之中。但由此就引出以下結論：哲學語言的理想並不在於從語言的生命中分解出一種專業術語的、清晰的規範概念，而是把概念思維和語言及存在於語言中的真理整體重新連結。唯有在真正的講話或談話中，哲學才有其真正的、它自己的試金石，除此之外，別無他途。

8. 古典詮釋學和哲學詮釋學 [II 92]
（1968年）

「詮釋學」（Hermeneutik）這一名稱，正如在我們科學語言開始時可以發現的那些源自希臘的語詞的情況一樣，是具有相當不同的反思層次。詮釋學首先代表一種具有技藝高超的實踐。它表示了一種可以補充說「技藝」（Techne）的構詞法（Wortbildung）。這種藝術就其根本而言就是宣告、口譯、闡明和解釋的藝術，當然也包括作為其基礎的理解的藝術，凡在某物的意義並非開放和明顯時，就需要這種藝術。在最早使用該詞的時候[1]就存在某種含糊性。赫爾默斯（Hermes）是諸神的信使，他把諸神的旨意傳達給凡人──在荷馬的描述裡，他通常是從字面上轉達諸神告訴他的消息。然而，特別在世俗的使用中，hermēneus（詮釋）的任務卻恰好在於把一種用陌生的或不可理解的方式表達的東西翻譯成可理解的語言。翻譯這個職業因而總有某種「自由」。翻譯總以完全理解陌生的語言，而且還以對被表達東西本來含意（Sinn-Meinung）的理解為前提。誰想成為一個翻譯者，誰就必須把他人意指的東西重新用語言表達出來。「詮釋學」的工作就總是這樣從一個世界到另一個世界的轉換，從神的世界轉換到人的世界，從一個陌生的語言世界轉換到另一個自己的語言世界。（人間的翻譯家總是只能用自己的語言作翻譯。）因為翻譯真正的任務就在於「有

---

[1] 〔這個詞的詞源真的與信使神「赫爾默斯」有關，如詞的使用和古代詞源學所認為的那樣，這在最新的研究（貝弗尼斯特〔S. Benveniste〕）裡是受到懷疑的。〕

收效的傳達」（ausrichten）某種事情，所以 hermēneus（詮釋）的
意義就在翻譯和實際命令、單純的通知和要求服從之間搖擺。雖
[II 93] 然 hermēneia 通常被認作完全中性意義的「思想的表述」（Aussage
von Gedanken），然而引人注目的是，柏拉圖 [2] 並沒有把這個詞理
解成思想的表達，而只是理解成具有命令性質的國王的知識、傳
令官的知識。因此，詮釋學必然被理解成與占卜術相近的藝術：[3]
一門轉達神的旨意的藝術接近於從符號中猜出神意或未來的藝
術。——然而，詮釋學中引人注意的卻一直是另外一種純認知意義
的成分；因為亞里斯多德在《解釋篇》（*Peri hermēneias*）中談到
logos apophantikos（陳述語句）的時候僅僅指出陳述的邏輯含意。
與此相應，在後希臘化時期，hermēneia 和 hermēneus 的純認知含
意得到了發展，並且可以表示「博學的闡釋」和「闡釋者」或「翻
譯者」。當然，作為藝術的「詮釋學」還會從古老的宗教來源 [4] 中
增添一點東西：它是一門我們必須把它的要求當作命令一般加以服
從的藝術，一門會讓我們充滿驚奇的藝術，因為它能理解和解釋那
種對我們封閉的東西——陌生的話語或他人未曾說出的信念。它也
是一種 ars（技能），用德語說就是一種技藝學（Kunstlehre），就
如演講術或書寫術或計算術——它與其說是一門「科學」，不如說
是一種實用的技巧。

這種意義在這個古老的詞後來迴響的詞義中也存在，例如：在
後來的神學和法學詮釋學中所表現的：它是一種「技術」，或至少
是一種可以作為工具使用的「技術」，並且總是包含一種規範的職

2　柏拉圖：《政治家篇》，260d。

3　《依庇諾米篇》，975c。

4　福第歐斯（Photios）：《古典文獻精選》，7；柏拉圖：《伊安篇》，534e；《法
　　律篇》，907d。

能：解釋者並非只理解它的技術，而且也把規範──神的或人的規則──表達出來。

當我們今天講到「詮釋學」，我們是處於近代的科學傳統之中。與此相應，「詮釋學」這個用語也正是在這個時候開始的，也就是說，它是隨著現代方法論概念和科學概念的產生而使用的。於是它就一直包含一種方法論意識。人們不僅掌握解釋的技術，而且能夠從理論上證明這種解釋技術。「詮釋學」第一次作為書名出現是在1654年，作者是丹恩豪爾（J. Dannhauer）。[5] 自那以後，人們區分了一種神學—語文學的詮釋學和一種法學的詮釋學。

從神學上講，「詮釋學」表示一種正確解釋聖經的技術，這門本身相當古老的技術早在教父時代就被用到方法論的思考上，這首先表現在奧古斯丁的《論基督教學說》（*De doctrina christiana*）一書裡。基督教教義學的任務是由猶太民族如何從救世史角度解釋舊約的特定歷史和新約中耶穌的泛世說教這兩者之間的緊張關係 [II 94] 所規定的。因此詮釋學就必須用方法論的反思幫助並找出解決的辦法。奧古斯丁在《論基督教學說》一書中藉助新柏拉圖主義的觀點講述了靈魂如何超越語詞和道德的意義而上升到精神意義的過程。由於他用一種統一的觀點把古代的詮釋學遺產連繫起來，從而他解決了教義學的問題。

古代詮釋學的核心是寓意解釋（allegorischen Interpretation）問題。寓意解釋本身相當古老。Hyponoia，即背後的意思，乃是表示寓意含意的原本的詞。這種寓意解釋早在**詭辯派**（Sophistik）時代就已流行，當時塔特（A. Tate）就這樣斷定，而且**後來**的紙本書也證明了這一點。作為其根據的歷史連繫是很清楚的：由於被認作屬於貴族社會的荷馬史詩的價值觀已喪失了其約束力，從而人們

5　J. 丹恩豪爾：《聖經詮釋學或聖經文獻解釋方法》（1654年）。

要求一種新的解釋藝術來對待傳承物。這與城邦的民主化進程是一起發生的，當時城邦的新貴們採用了舊貴族倫理。它的表現就是詭辯派的教育觀念：奧德賽取代了阿咯琉斯的地位，而且常常表現出詭辯派的特徵。尤其在希臘化時期斯多噶派對荷馬的解釋中寓意解釋被用成了一種普遍的方法。奧里根（Origines）和奧古斯丁概述的教父時代的詮釋學就是以此爲出發點的。這種詮釋學在中世紀被卡西安（Cassian）加以系統化，並發展成爲四重文字意義的方法。[9]

由於宗教改革派激烈地反對教會理論的傳統及其用多種文字意義方法處理聖經經文，[6]他們就轉回到聖經的文字研究，從而詮釋學獲得了一種新的促進。尤其是寓意的方法受到他們的抨擊，寓意的理解僅限於比喻的意義——例如：在耶穌的講話中——能自我證明的情況下才被採用。於是詮釋學內部就出現了一種新的方法學意識，這種意識試圖成爲客觀的、受對象制約的、擺脫一切主觀意願的方法。然而，其中心動機仍是一個通常的想法：無論是近代的神學詮釋學還是近代的人文主義詮釋學，都是要正確解釋那些包含需要重新爭得眞正權威性東西的正文。因此，促進詮釋學努力的動機並不像後來施萊爾馬赫所說的那樣，是因爲某些傳承物難以理解，可能造成誤解，相反，而是因爲現存的傳統由於發現其被掩蓋了的根源而被破壞並變形，因而需要重新理解傳承物。傳承物被遮蔽或歪曲的原始意義（Ur-Sinn）應當再被探索和重新說明。詮釋學總是試圖透過對原始根源的追溯來對那些由於曲解、變形或誤用而被破壞了的東西獲得一種新的理解——例如：教會的理論傳統對聖經

[Ⅱ95]

6　參見 K. 霍爾（Holl）對路德詮釋學的研究《路德對解釋技術的發展所作的貢獻》（1920 年），以及 G. 埃伯林後來的研究《福音教義解釋——對路德詮釋學的研究》（1942 年）；〈路德詮釋學的開端〉，載《神學與教會雜誌》，第 48 卷（1951 年）；〈詮釋學神學？〉，載《詞和信仰》，第 2 卷，圖賓根，1969 年，第 99-120 頁。

的歪曲，士林哲學粗陋的拉丁文對古典作家的歪曲，地方性的法律實施對羅馬法的歪曲等等。新的努力並非只爲更正確地理解，而是讓典範重新在其本意上發揮作用，就如福音的布道、預言的解釋或對強制規定的神律的解釋等等。

然而自近代開始，在詮釋學這種事實方面的起因之外還有一種形式方面的動機在起作用，因爲專門使用數學語言的新科學方法意識正朝著符號語言的普遍解釋理論方向發展。爲了達到它的普遍性，詮釋學被作爲**邏輯學**的一部分來進行詳細討論。[7]沃爾夫（Chr. Wolff）的《邏輯學》中劃出專門一章來寫詮釋學，[8]這對 18 世紀確實產生了決定性作用。這裡有一種邏輯學—哲學的興趣在起作用，它試圖以一種普通語義學來奠定詮釋學的基礎。這種普通語義學的概要首先是邁耶（Georg Friedrich Maier）爲我們提供的，他的卓越的前驅則是克拉頓尼烏斯（Chladenius）。[9]——但是一般來說，在 17 世紀，在神學和語文學裡成長起來的詮釋學學科仍是片段零散的，它更多爲說教目的而不是爲哲學目的服務的。雖說爲了實用的目的，它發展了一些方法學的基本規則，這些規則絕大部分均取自於古代語法學和修辭學（奎因梯利安〔Quintillian〕[10]），但總體說來仍然只是一些片段解釋的集合，這些片段解釋是用來闡發對聖經（或者在人文主義領域中對古典作家）的理解。「指南」（Clavis）、「鑰匙」（Schlüssel）是當時經常使用的書名，如在

---

[7]　參見 L. 蓋爾德塞策（Geldsetzer）爲格奧爾格·弗里德里希·邁耶的《普遍解釋技術試探》重印本（1965 年）寫的導言，尤其是第 X 頁以下。

[8]　Chr. 沃爾夫：《理性哲學或邏輯哲學》（1732 年），第 3 部分，第 3 篇，第 6、7 章。

[9]　J. A. 克拉頓尼烏斯：《正確解釋合理性的講話和著作導論》（1742 年，重印版 1970 年）。

[10]　奎因梯利安：《演說方法》。

弗蘭西斯（M. Flacius）那裡。[11]

[Ⅱ96]　　　古典新教派詮釋學的概念詞彙全都來自古代修辭學。梅蘭希頓（Melanchton）把修辭學的基本概念轉用於對書籍的正確研究（bonisauctoribus legendis），這在後期古典修辭學及其文字研究中有其典範作用（哈里卡那斯的狄奧尼斯 [10]），從而他這種做法是劃時代的。所以那種想從整體理解一切個別的要求可以追溯到 caput（整體）和 membra（部分）的關係，古代修辭學就以此爲典範。這種詮釋學原則在弗蘭西斯那裡達到了最緊張的運用，因爲他爲著反對《新約全書》的個別解釋而使用的教義統一規則極大地限制了路德教派的聖經自解原則。

　　因依賴古典修辭學而預先置於這些「詮釋學」中的一般詮釋學原則當然不能證明它對這些文獻具有哲學興趣。同樣，在新教詮釋學的早期歷史中業已反映出一種較深的哲學疑難，這種疑難到本世紀才完全暴露出來。路德教派的原則「聖經自身解釋自身」（sacra scriptura sui ipsius interpres）雖說公開拒斥了羅馬教會的獨斷論傳統，然而因爲這句話絕非贊同天眞的靈感論，更因爲遵循大學問家路德聖經翻譯原則的威騰堡神學爲了證明自己的工作的正確而附加上大量語文學和注釋學的技能，所以每一種解釋的疑難必然也同時要訴諸於**自身解釋自身**這一原則。這個原則的自相矛盾是非常明顯的，以致天主教教義傳統的捍衛者、特倫托宗教會議和反宗教改革的文獻也不可能不發現它的理論弱點。不可否認，新約的聖經注釋也不可能沒有獨斷論的指導原則，這種原則一部分系統地包括在《信仰文獻》中，部分則被選擇爲最重要的論題（loci

---

[11]　M. 弗蘭西斯：《聖經指南》（1567 年），參閱〈論聖經文字的合理認識〉（《聖經指南》的一部分），德文拉丁文對照本，1968 年重印版。

praecipui）。理查・西蒙（Richard Simon）對弗蘭西斯的批判 [12] 在
我們今天看來仍是關於「前理解」的詮釋學疑難最傑出的文件，它
將表明，在這個疑難中隱藏著本世紀的哲學才剛剛揭露出來的本體
論的含意。隨著對語詞靈感理論的拒斥，早期啓蒙運動的神學詮釋
學最終也試圖獲得普遍的理解規則。尤其歷史聖經批判就是在那時
找到它的最早的合法性。斯賓諾莎的《神學政治論》就是這種批判
的主要結果。他的批判，例如：對奇蹟概念的批判，就是由理性的
這種要求而獲得合理性的，即只承認合理性的東西，亦即只承認可
能的東西。它不僅是批判，它同時也包括一種積極的轉變，因爲理　[Ⅱ 97]
性所攻擊的聖經裡的那些東西也要求一種自然的解釋。這就導致了
向歷史性東西的轉變，亦即從所謂的（以及不可理解的）奇蹟歷史
轉向（可理解的）奇蹟信仰。[13]

　　虔信派的詮釋學（pietistische Hermeneutik）抵制了它的消極
啓蒙的影響，自 A. H. 弗蘭克（Francke）以來這種詮釋學就把**使人
虔信的**運用與正文的解釋緊密連繫。這裡湧現了古典修辭學及其情
緒作用理論的傳統，該傳統特別影響了布道理論（sermo），它在
新教儀式中取得一種新的、巨大的作用。J. J. 蘭巴赫（Rambach）[14]
富有影響的詮釋學明確地把應用的精巧（subtilitas applicandi）與
理解和解釋的精巧（subtilitas intelligendi und explicandi）相提並
論，這顯然和布道的意義相適應。完全源自於人文主義競賽觀念的
subtilitas（精巧性）一詞也許極好地表明，解釋的「方法」——就

12　R. 西蒙：《新約聖經正文批評史》（1969 年）；《論聖經作者的靈感》（1687
　　年）。

13　〔參見我在〈詮釋學和歷史主義〉一文中對斯特勞斯關於斯賓諾莎解釋所作的
　　批判論述，本書第 414 頁以下。〕

14　J. J. 蘭巴赫：《聖經詮釋學原則》（1723 年）。

如一切規則的應用 —— 要用一種本身不能由規則保證的判斷力。[15]
這對將理論應用於詮釋學實踐產生了持久的限制。此外，詮釋學作
為神學的輔助學科在 18 世紀後期仍在不斷地尋求和教義興趣的協
調（例如：埃內斯蒂〔Ernesti〕、塞姆勒〔Semler〕）。

　　只有到了施萊爾馬赫（受 F. 施萊格爾的啓發）才使詮釋學作
為一種普遍的理解和解釋的理論而擺脫了一切獨斷論的和偶然的因
素，這些因素在施萊爾馬赫那裡只在專門用於聖經研究時才偶爾發
生作用。施萊爾馬赫用他的詮釋學理論捍衛了神學的科學性，特別
是反對靈感神學，因爲靈感神學從根本上使透過正文注釋、歷史神
學和語文學等來理解聖經的方法驗證性發生了疑問。然而施萊爾馬
赫普遍詮釋學概念的背後動機並不僅是這種神學科學政治的興趣，
而是一種哲學動機。浪漫主義時代最深刻的推動力之一就在於相信
談話是一種特別的、非獨斷的、無法由獨斷論取代的眞理源泉。如
[Ⅱ98] 果說康德和費希特把「我思」的衝動作爲一切哲學的最高原則，那
麼施萊格爾（F. Schlegel）和施萊爾馬赫這一代以強烈的友誼關懷
著稱的浪漫主義者則把這種原則轉換成一種個性形上學。個性的不
可講說性也爲轉向歷史世界打下了基礎，這種歷史世界隨著革命時
代與傳統的決裂而進入人們的意識。能夠建立友誼、談話、寫信、
一般交往 —— 所有這些浪漫主義具有生活感的特徵都迎合著對理解
和誤解的興趣，於是，這種人類的原始經驗就在施萊爾馬赫的詮釋
學中構成方法論的出發點。從他開始，對正文的理解、對陌生的、
疏離的、歪曲的、僵化在文字中的精神線索的理解，換言之，對文
學尤其是對聖經作生動的解釋就成爲特別的運用。

　　自然，施萊爾馬赫的詮釋學也並沒有完全擺脫舊的詮釋學文獻
的學究氣 —— 他的哲學著作在某種程度上仍受到其他唯心主義大思

---

[15]　康德：《判斷力批判》（1799 年第 3 版），VII。

想家的影響。他既沒有費希特強大的演繹力，也沒有謝林精巧的思辨，更沒有黑格爾概念術的頑固性——即使在他作哲學思考時，他仍是一個談話者。他的著作更像一個演說家的備忘錄。尤其是他對詮釋學的貢獻受到很大的限制，從詮釋學角度看最令人感興趣的東西，亦即他對思想和講話的看法卻根本不在《詮釋學》一書中，而是收在他的辯證法講演中。如果我們期待一種可供使用的批判的辯證法，那我們將一無所獲。[16] 在施萊爾馬赫那裡，原來給予詮釋學努力以其意義的正文的基本規範意義卻退到了次要的位置。理解就是依據精神的同質性（Kongenialität）來再現地複製原來的思想創造過程。這就是施萊爾馬赫根據一切生命都是個體化的這種形上學觀點所教導的內容。這樣語言的作用就突出了，並且以某種形式基本克服了那種只限於書面文字的學術性的侷限性。施萊爾馬赫把理解建立在談話和人與人之間的相互理解的基礎上，這意味著詮釋學基礎的深化，從而有可能建立一種以詮釋學為基礎的科學體系。詮釋學成為所有歷史精神科學的基礎，而不僅僅是神學的基礎。「權威」正文的獨斷論前提——由於這種前提，所有的詮釋學工作，無 [Ⅱ99]論是神學家還是人文主義語文學家（不談法學家）的詮釋學工作曾有其原本的調解作用——如今已消失了。因而歷史主義就有了自由發展的天地。

在施萊爾馬赫的追隨者那裡，尤其是心理學解釋受到浪漫主義學派天才無意識創造理論的支持，這兩者一起構成精神科學最主要的理論基礎。這在施泰因塔爾（Steinthal）身上表現得最富有啓發，[17] 並且在狄爾泰那裡導致一種試圖在「描述和分析心理學」基礎上重新系統地建立精神科學概念的想法。施萊爾馬赫當然沒有想

---

16 〔G. 瓦蒂莫（Vattimo）：《施萊爾馬赫的解釋哲學》，米蘭，1968 年。〕
17 H. 施泰因塔爾：《心理學和語言科學導論》，1881 年。

到要爲歷史科學作哲學論證。相反，他本身就屬於由康德和費希特
建立的先驗唯心主義的思想陣營。尤其是費希特的《全部知識學基
礎》幾乎與《純粹理性批判》具有同樣劃時代的意義。正如費希
特那本書的書名所示，這裡涉及的是從一種統一的「最高原理」
或原則，即理性的衝動（費希特不講「事實」〔Tatsache〕，而說
「本原行動」〔Tathandlung〕）中導引出所有知識，這種從康德的
「批判的」唯心主義向「絕對的」唯心主義的轉向成爲所有後來
哲學家的基礎：席勒、施萊爾馬赫、謝林、弗里德里希‧施萊格
爾和威廉‧馮‧洪堡──直到伯克、蘭克、德羅伊森和狄爾泰。
「歷史學派」儘管拒絕以費希特和黑格爾的方式先驗地構造世界
史，但也同樣具有唯心主義哲學的理論基礎，這在埃里希‧羅特哈
克（Erich Rothacker）[18] 身上尤其能得到證明。著名語文學家奧古斯
丁‧伯克（August Boeckh）關於「語言科學百科全書」的講座很
有影響。他在講座中把語文學的任務規定爲「對已認識東西的認
識」（Erkennen des Erkannten）。由此就爲語文學的次級特性找到
一個極好的公式。在人文主義中重新發現並被人一直**模仿**的古典文
獻的規範意義逐漸變得失去歷史作用了。伯克從這種「理解」的基
本任務出發，把不同的解釋方式區分爲語法解釋、文學分類解釋、
歷史─現實解釋和心理─個性解釋。在這裡狄爾泰就和他的理解心
理學相連繫。

　　顯然主要由於 J. St. 彌爾（Mill）「歸納邏輯」的影響才使
「知識論」指向在這時得到了改變，當狄爾泰爲反對在赫巴特
（Herbart）和費希特基礎上擴展的實驗心理學而爲「理解」心理學
[Ⅱ 100] 觀念辯護時，他仍然具有「經驗」的一般立場，這種經驗當然是以
根據「意識的句子」和體驗概念建立的形式出現的。對於狄爾泰來

---

18 〔《精神科學導論》，圖賓根，1920 年。〕

說，歷史學家 J. G. 德羅伊森（Droysen）據以建立其富有思想的歷史學的歷史哲學和歷史神學背景，以及狄爾泰的朋友、思辨的路德教派瓦騰堡的約爾克（Yorck von Wartenburg）對同時代人天眞的歷史主義作的嚴厲批判，都意味著不斷的警告。上述兩人都爲狄爾泰後來開拓新的發展道路作出了貢獻。在狄爾泰那裡構成詮釋學心理學基礎的體驗概念（Erlebnisbegriff）透過對表達（Ausdruck）和含意（Bedeutung）的區分得到補充，這部分是由於胡塞爾心理學批判的影響（見其《邏輯研究》的導論）及其柏拉圖式的意義理論，部分是由於和黑格爾的客觀精神理論重新連繫，這主要是出於狄爾泰對青年黑格爾的研究。[19] —— 這在20世紀產生了很多結果。狄爾泰的工作由 G. 米施（Misch）、B. 克羅圖伊森（Groethuysen）、E. 斯潘格（Spranger）、Th. 利特（Litt）、J. 瓦赫（Wach）、H. 弗雷耶（Freyer）、E. 羅特哈克、O. 博爾諾（Bollnow）等人繼續下去。從施萊爾馬赫直到狄爾泰及其後的整個詮釋學的唯心主義傳統卻被法學史家 E. 貝蒂（Betti）加以吸收。[20]

當然，狄爾泰自己無法眞正解決這個令他苦惱的任務，即把「歷史的意識」與科學的眞理要求從理論上加以調解。E. 特勒爾奇（Troeltsch）按狄爾泰的意思從理論上解決相對主義問題的名言「從相對性到整體性」，就如他本人的工作一樣仍然陷於它想克服的歷史主義之中。值得注意的是，特勒爾奇在他的 3 卷本的歷史主義著作中也總是一再偏到（傑出的）歷史解釋之中，相反，狄爾泰則試圖在一切相對性的背後回到一種穩固性，因此他構造了一種與

---

[19] W. 狄爾泰：《狄爾泰全集》，第 4 卷、第 8 卷，現在也可參看第 18 卷、第 19 卷。

[20] E. 貝蒂：《一般解釋學基礎》（1954 年）；《作為精神科學方法論的一般解釋學》（1967 年）。

生命的多方面性相符合的富有極大影響的世界觀類型理論。但這只是在很有限的意義上克服了歷史主義。因為規定各種類型理論的基礎是「世界觀」概念，這就是說，是一種不再能進行深入研究的「意識觀點」（Bewusstseinsstellung）概念，這種意識觀點我們只能描述或與其他世界觀相比較，但必須作為某種「生命的表現現象」起作用。「透過概念的認識願望」，也就是哲學的真理要求，為了「歷史意識」而必須被拋棄，這就是狄爾泰未經反思的獨斷論[II 101]前提，它和費希特被人極大地誤用了的話「人選擇何種哲學有賴於他是何種人」[21] 大相徑庭，這句話清楚表明了對唯心主義的信奉。

　　獨斷論因素在狄爾泰的後繼者那裡表現得非常明顯：當時風行一時的教育學─人類學的、心理學的、社會學的、藝術理論的、歷史的類型學說實際地表明，它們的成果其實依賴於作為它們根據的隱祕的獨斷論。馬克斯・韋伯（Max Weber）、斯潘格、利特、品德爾（Pinder）、克萊希默（Kretschmer）、楊恩希（Jaensch）、萊爾希（Lersch）等人的所有這些類型學都表明，它們都本具有有限的真理價值，然而如果它們想把握所有現象的全體性，亦即想成為完備的類型學，則它們就會同樣喪失這些真理價值。把某種類型學「擴建」成包容一切的理論從根本上說來就意味著它的自我消解，即喪失了它的獨斷的真理內核。就連雅斯培的《世界觀的心理學》也未能像他後來在其《哲學》裡所要求的（和達到的）那樣完全避免了馬克斯・韋伯和狄爾泰後繼者的一切類型學的問題。類型學的思維方式其實只是從一種極端的唯名論的觀點來看才是合理的。甚至馬克斯・韋伯慘澹經營的徹底唯名論也認識到自己的侷限性，它也要用完全非理性的任意設定的讓步來作補充，他說每個人

―――――――――――

[21]　J. G. 費希特：《著作集》，I. H. 費希特編（1845/48 年），第 1 卷，第 434 頁。

都必須選擇自己想追隨的「他的上帝」。[22]

隨著施萊爾馬赫的一般基礎而開創的這一時期的神學詮釋學也以同樣方式陷入了它的獨斷論的困境中。施萊爾馬赫詮釋學講演錄的出版商呂克（Lücke）就極為強調其中的神學因素。19世紀的神學教義學全都回復到具有信仰規則的老的新教詮釋學的疑難處。與此相對的是自由主義神學對所有教義學進行批判的歷史要求，從而導致了對神學特殊任務日益增長的冷漠態度。於是，在自由主義神學時代基本上不再有專門的神學詮釋學疑難。

在極端歷史主義的進程以及在辯證神學〔巴爾特（Karl Barth）、圖爾納森（Thurneysen）〕的推動下，本應納入反神話化運動中 R. 布爾特曼（Bultmann）的詮釋學思考在歷史詮釋學和教義詮釋學之間建立了真正的調解，這可以說是一件劃時代的事件。當然，在歷史—個性化的分析和基督福音的布講之間仍具有理論上不能解決的兩難困境，但布爾特曼的「神話」概念很快證明是在現代啟蒙運動基礎上建立的有最充分前提的構造體系。他否定神 [II 102] 話語言中具有的真理要求 —— 這被認為是一種最片面的詮釋學論斷。G. 博恩卡姆（Bornkamm）以其淵博的學識指出，[23] 關於反神話化的爭論仍具有極為普遍的詮釋學興趣，因為在這場爭論中，教義學和詮釋學之間舊有的對峙仍以經過時代修正的方式存在。布爾特曼的神學自我思考擺脫了唯心主義，並且接近了海德格的思想。卡爾·巴爾特和辯證神學提出的要求也在這裡發生作用，因為它使人認識到「關於上帝的講話」（Reden über Gott）的人類的和神學的疑難。布爾特曼試圖找尋一種「積極的」，亦即可以從方法上證明

22　D. 亨利希（Henrich）：《馬克斯·韋伯科學理論的統一性》（1952年）。

23　G. 博恩卡姆：〈最近討論的魯道夫·布爾特曼的神學〉，載《神學評論》，1963年，第29期，1/2分刊，第33-141頁。

的，無須丟棄歷史神學成就的解決方案。他覺得海德格《存在與時間》的存在主義哲學在這方面提供了一種中立的人類學的立場，從這個立場出發，信仰的自我理解就能得到本體論的證明。[24] 人類此在趨向本真狀態的未來性以及相反的情況，即在世界中的沉淪，都可以透過信仰和罪責概念得到神學的闡明。雖說這並非海德格意義上對存在問題的闡明，而只是一種人類學的轉義解釋。但布爾特曼根據能在（Seinkönnen）的「本真性」證明上帝問題對於人的存在具有普遍的重要意義，這是真正的詮釋學收穫。他的重點在前理解（Vorverständnisse）概念——假如我們完全不談這種詮釋學意識在注釋學方面取得的豐富成就的話。

但是，海德格的哲學新見解並非只在神學上產生了積極的影響，而且有可能首先摧毀那種在狄爾泰學派裡占統治地位的相對主義的和類型學的頑固基礎。G. 米施的貢獻在於他把狄爾泰與胡塞爾和海德格加以對比，從而重新激發了狄爾泰對哲學的推動力，[25] 儘管他對狄爾泰生命哲學發端的構築表明狄爾泰最後是與海德格對立的——其實，狄爾泰在「先驗意識」之後重返回到「生命」立場，對於海德格建立其哲學乃是一個重要的支撐。由 G. 米施和其他人把狄爾泰許多零散的論文都收集在《狄爾泰全集》第 5 至 8 卷中，以及米施寫的非常內行的導言使狄爾泰被其歷史學成就掩蓋了的哲學研究在 20 年代第一次為世人所知。由於狄爾泰（以及齊克果）的觀念進入了存在哲學的基礎，詮釋學問題就獲得了其哲學上的徹底性。海德格在當時構造了「事實性詮釋學」（Hermeneutik

[II 103]

---

[24] 關於存在主義哲學的這樣一種「中立的」要求的疑難，可參見 K. 勒維特的〈現象學向哲學發展的基本特徵及其與新教神學的關係〉，載《神學評論》，1930 年，第 2 期，第 26 頁以下、第 333 頁以下。

[25] G. 米施：《現象學和生命哲學》（1929 年）。

der Faktizität）概念，並且據此針對胡塞爾的現象學的本質本體論提出了一項矛盾的任務，即仍然去解釋「存在」的「不可前思性」（das Unvordenkliche）（謝林），甚至把存在本身解釋爲「理解」（Verstehen）和「闡釋」（Auslegung），即解釋成根據其自身可能性的自我籌劃。於是詮釋學的發展達到一個關鍵點，即詮釋學現象的工具主義的方法意義必須返回本體論上去。「理解」不再是人的思想對那些可以用方法歸類並歸入到科學過程中去的東西的行爲，而是構成人的此在的基本運動性。海德格把理解當作存在的基本活動，從而賦予理解以刻畫性（Charakterisierung）和著重性（Akzentuierung），理解的這種刻畫性和著重性於是就匯入了在理論上首先是由尼采闡明的解釋概念裡。這種闡明依據於對自我意識表述的懷疑，正如尼采所明確說的，這將比笛卡兒的懷疑來得更妙。[26] 在尼采那裡這種懷疑的結果完全改變了一般眞理的意義，以致解釋過程就變成權力意志的一種形式，並由此而獲得本體論意義。

我認爲，在 20 世紀，無論在青年海德格還是雅斯培那裡，歷史性這個概念也具有這種類似的本體論意義。歷史性不再是對理性及其掌握眞理要求的限制，相反卻表現爲眞理認識的積極條件。這樣歷史相對主義的論證就失去了它的現實基礎。絕對眞理的標準已被證明只是抽象的一形上學的偶像，並失去了一切方法論的含意。歷史性不再招引歷史相對主義的幽靈，而胡塞爾的〈作爲嚴格科學的哲學〉那篇綱要性的論文卻正是對這種幽靈的強烈警告。

重新復活的齊克果的思想影響首先和最有效地向這種新方向適應，這種影響透過烏那馬諾（Unamano）和其他人激發了對唯心主 [II 104] 義的新的批判，並發展出作爲另一個我的你的觀點。例如：在特奧多・海克爾（Theodor Haecker）、弗里德里希・戈加滕（Friedrich

---

26 《尼采全集》，第 7 卷，第 3 分冊，第 40[25] 頁；也可參見第 40[10]、[20] 頁。

Gogarlen）、愛德華・格里斯巴赫（Eduard Griesebach）、弗迪南德・埃伯納（Fordinand Ebner）、馬丁・布伯、卡爾・雅斯培、維克多・馮・魏茨澤克（Viktor von Weizsäcker）以及在卡爾・勒維特（Karl Löwith）的《人際作用中的個人》（Das Individuum in der Rolle des Mitmenschen）一書（慕尼黑，1928 年）中都可以看到這一點。

　　E. 貝蒂試圖透過機智的辯證法在主觀和客觀的共同作用中證明浪漫主義詮釋學遺產的合理性，然而，自從《存在與時間》指出主體概念具有本體論上的前把握性，以及後期海德格在「轉向」（Kehre）思想中衝破了先驗哲學反思的範圍之後，甚至這種機智的辯證法也必然不能令人滿意。構成揭蔽（Entbergung）和遮蔽（Verbergung）活動範圍的真理「事件」（Ereignis）給予一切揭蔽——包括對理解科學的揭蔽——以一種新的本體論價值。於是才可能對傳統詮釋學產生一系列新的疑問。

　　唯心主義詮釋學的心理學基礎本身就有問題：難道正文的意義真的只限於「所意指的」意義（mens auctoris 作者的意思）嗎？理解難道只不過是原始創作的再現嗎？顯然，這種觀點對於法學詮釋學是不適合的，因為法學詮釋學曾經產生了明顯的法權創造性的作用。但人們通常把這種作用歸為法學詮釋學正規的任務，並把它看作與「科學」無關的實際應用。科學客觀性的概念要求堅持由 mens auctoris 構成的法則。但這種法則真能滿足人們的要求嗎？比如在對**藝術作品**的解釋中（這些藝術作品在導演、樂隊指揮和翻譯家那裡本身還具有一種實際產品的形式）情況又是如何呢？難道我們能否認再現的藝術家「解釋著」原來的作品——而並非從中創造出一種新作品？我們可以從音樂或戲劇作品中詳細區分適當的和「不允許的」或「違背風格的」再現解釋。我們有何理由把這種再現的解釋意義和科學的意義相區別呢？這種再現真的像夢幻一般無

知無覺？再現的意義內容並不限於由作者有意識地賦予的意義所產
生的東西。眾所周知，藝術家的自我解釋都會引起疑問。他們的作
品的意義仍然爲實際的解解提出一種明確的接近任務。再現根本不
是隨心所欲的任意發揮，正如科學承擔的解釋一樣。

　　歷史事件的意義和含意的情況又如何呢？同代人的意識的顯著　[II 105]
特徵是：他們雖然「體驗著」該歷史，卻不知道它是怎樣發生的。
與此相反，狄爾泰卻自始至終一直堅持他的體驗（Erlebnisse）概
念具有系統的結果。這正如標準的傳記和自傳對於狄爾泰歷史作
用關係理論所說的。[27] 甚至 R. G. 科林伍德 [28] 運用克羅齊（Benedetto
Croce）的黑格爾主義辯證方法對實證主義的方法論意識所作的機
智的批判，由於他的**重演**（re-enactment）理論也仍然圍於主觀主
義的問題堆中，因爲它把認眞領會已執行的計畫作爲歷史理解的模
式。在這方面黑格爾更澈底。黑格爾要求在歷史中認識理性，他的
這一要求的根據是「精神」概念，精神概念的本質就在於，它「陷
於時間之中」，並且唯有從它的歷史中才能獲得其內容的規定性。
然而，即使對於黑格爾也存在有「世界歷史的個體」，他稱之爲
「世界精神代理人」（Geschäftsträger des Weltgeistes），他們的個
人決定和愛好與那種「處於時間中」的東西完全一致。但這種例外
情況對於黑格爾來說卻並不規定歷史理解的意義，而是從把握由哲
學家所作出的歷史必然性角度被規定爲例外。施萊爾馬赫曾經走出
了的指望歷史學家與他的對象同氣質（Kongenialität）的出路顯然
並不能實際繼續下去。這種方法使世界歷史彷彿變成美學的戲劇。
這樣做一方面意味著對歷史學家提出了過分的要求，同時又低估了
他把自己的視野和過去的視野相交會的任務。

27　參見《狄爾泰全集》，第 8 卷。
28　科林伍德：《思想——一篇自傳》（1955 年）。

　　宗教文獻的布道意義的情況又是如何呢？這裡也表明同氣質
概念是荒謬的。因為它召回了靈感理論的幽靈。然而，即使對聖經
的歷史注釋在此也受到限制，特別是與聖經作者的「自我理解」這
個主導概念發生牴觸。難道聖經的福音意義不是必然會不同於新
約作者神學觀點的單純相加嗎？因此虔信派的詮釋學（A. H. 弗蘭
克、蘭巴赫）的觀點仍然值得我們注意，他們在其解釋理論裡除了
理解和解釋外還附加上應用（Applikation），從而突出了「文獻」
與當代的連繫。這裡就隱藏著詮釋學的中心動機，即要真正嚴肅地
[Ⅱ106] 對待人的歷史性。所以唯心主義詮釋學確實也考慮到這一點，尤其
是 E. 貝蒂的「意義相應規則」（Kanon der Sinnentsprechung）。
可是只有斷然承認前理解概念和效果歷史原則或者發揮效果歷史
意識，才能提供一個充分的方法論基礎。《新約》神學的規則概
念（Kanonbegriff）作為一種特例在此找到了它的合法性。如果我
們堅持要把 mens auctoris（作者的意思或作者意指的意義）作為規
範，那麼即使《舊約》的神學意義也很難得到證明，正如 G. V. 拉
德（Rad）的積極成果首先所指明的，拉德的研究超越了這種觀點
的限制。與這種情況相適應，最新的詮釋學討論同樣也延伸到了天
主教神學〔斯塔克爾（E. Stachel）、比塞爾（E. Biser）、柯雷特
（Coreth）〕。[29]

　　在文學理論中也出現了類似理論，部分地是以「接受美
學」這一名稱出現的（堯斯、伊澤爾〔Iser〕、格里克〔K. J.
Gerigk〕）。但也正是在這個領域，對限制於方法論的語文學
的反對也日益強烈（赫施〔D. Hirsch〕、湯瑪斯・西伯姆〔Th.

---

[29] G. 斯塔克爾：《新詮釋學》（1967 年）；E. 比塞爾：《神學的語言理論和詮釋
　　學》（1970 年）；E. 柯雷特：《詮釋學基本問題》（1969 年）。

Seebohm〕），[30] 這些人憂心研究的客觀性會因此而受到損害。

　　法學詮釋學令人尊敬的傳統藉助於這個問題獲得了新的生命。在現代法律教義學中，這種詮釋學本來只起著一種可憐的作用，只不過是自身完滿實現的教義學身上無法避免的汙點而已。但無論如何我們絕不能忽視：它是一種正規的學科，並執行著補充法律的教義學功能。作爲這樣一門學科它行使一種不可或缺的任務，因爲它在所定法律的普遍性和個別案例的具體性之間無法取消的裂縫中架起了溝通的橋梁。甚至亞里斯多德在尼各馬可倫理學中討論自然法問題和 epieikeia（公正）概念時就在法學理論內部畫出了詮釋學的地盤。對法學詮釋學歷史的回顧也表明，[31] 理解地進行解釋的問題和應用問題不可分割地連繫在一起。自從法學接受了羅馬法之後，這個雙重任務對它就顯得尤爲重要。那時不僅要理解羅馬法學 [II 107] 家，而且也要同時把羅馬法的教義學應用於近代的文化世界。[32] 於是在法學內就造成了詮釋學任務和教義學任務相當密切的連繫，正如神學所承擔的那樣。只要羅馬法仍然保持它的法律效用，那麼羅馬法的解釋理論就無法解除羅馬法的歷史疏離性。梯鮑特（A. F. J. Thibaut）在 1806 年對羅馬法的解釋表明，[33] 解釋理論不能只依賴立法者觀點，而必須把「法律的根據」提高爲眞正的詮釋學規則，這是不言而喻的。

30　R. 堯斯：《文學史對文學的挑戰》（1970 年）、《美學經驗和文學詮釋學》（法蘭克福，1977 年）；W. 伊澤爾：《正文的集合結構》（1970 年）、《內含的讀者》（慕尼黑，1972 年）；E. D. 赫施：《解釋的有效性》（1976 年）；Th. 西伯姆：《詮釋學理性批判》（1972 年）。

31　參見 C. Fr. 瓦爾赫（Walch）、C. H. 埃克阿德：《法學詮釋學》，前言（1779 年）。

32　此外參見 P. 科夏克（Koschaker）：《歐洲和羅馬法》（1958 年）。

33　A. F. J. 梯鮑特：《羅馬法的邏輯解釋理論》（1799 年，1806 年第 2 版，1967 年重印版）。

　　隨著現代法律編纂學的創立，解釋羅馬法這一古典的首要任務在實踐的意義上就失去了其教義學的興趣，並成爲法學史提問的組成部分。所以它可能作爲法學史毫無保留地歸入歷史科學的方法論思想之中。反之，法學詮釋學作爲一門法學教義學的輔助學科則成了法學的新風格。不過，「法律具體化」[34] 這一基本任務仍然存在，並且法學史和規範科學的關係十分複雜，並非簡單地能用法學史取代詮釋學。在法律正文頒布之前或之時對歷史環境和立法者的實際考慮作歷史的解釋也許從詮釋學看來是富有啓發的—— 然而 ratio legis（法律理性）卻並未消解在這種解釋之中，它對所有司法權仍是一種不可避免的詮釋學主管。這樣詮釋學問題也同樣在所有法律學中生了根，正如對於神學及其經常性的「應用」任務所發生的情況一樣。

　　我們必然會問：神學和法律學難道未爲普通詮釋學作出了本質的貢獻嗎？顯然，神學、法律科學和歷史—語文科學自身固有的方法論疑難是不足以展開這一問題的。關鍵在於要指明歷史認識自身觀點的侷限，並給予教義學解釋以一種有限的合法性。[35] 這當然與科學的無前提性概念發生矛盾。[36] 由於這種理由，我在《眞理與方法》中所進行的探究，是從一種經驗領域出發，這種經驗領域在某種意義上必須被認爲是獨斷的，因爲它的價值要求需要絕對承認並且不容置疑，這就是藝術的經驗。理解在這個領域就意味著承認和

[II 108]

---

[34]　K. 英吉希（Engisch）：〈當代法律和法學中的具體化觀念〉，載《海德堡科學院論文集》（1953 年）。

[35]　參見 E. 羅特哈克：《精神科學中的獨斷思考形式和歷史主義問題》（美因茲，1954 年）。

[36]　參見 E. 斯潘格：〈論科學的無前提性〉，載《柏林科學院論文集》（1929 年），該書證明這個口號產生於 1870 年以後的文化抗爭，這當然並未對其不受限制的普遍性造成絲毫的懷疑。

同意：「領會打動我們的東西」（E. 斯泰格〔E. Staiger〕）。作
爲科學工作而保持其所有嚴肅性的藝術科學或文藝科學的客觀性無
論如何都處於藝術經驗或詩歌經驗之後。因此在眞正的藝術經驗中
應用（applicatio）與理解（intellectio）和解釋（explicatio）根本
不可能分開的。這對於藝術科學不可能不產生後果。這裡存在的問
題首先由澤德爾邁爾（H. Sedlmayr）在其關於第一藝術科學和第
二藝術科學的區分中進行了討論。[37] 藝術科學和文藝科學研究所發
展出的多種方法最終總要靠以下這點驗證其成效：它究竟在多大程
度上幫助藝術品的經驗達到較高的清晰性和合適性。它本身就需要
詮釋學組合。於是，在法學詮釋學中具有世襲領地的應用結構就獲
得了典範價值。由此產生的法學史理解和法學教義學理解的重新靠
攏顯然不能拋棄它們的區別，就如貝蒂和維亞克爾（F. Wieacker）
所強調的。然而，作爲所有理解之本質因素的「應用」意義並不是
對某種原本自爲東西的事後和外在的「應用」。爲預先規定的目標
而運用某種手段或在我們的行爲中運用規則通常並不是指我們把一
種自我獨立的事實，例如：一種「純理論」被認識的事物歸置於某
種實際的目標。相反，手段和規則一般說來是從目標和行爲得到規
定或概括的。黑格爾在其《精神現象學》中就已分析過規律和偶然
的辯證關係，具體的規定性正是在這種辯證關係中得到相互投射
的。[38]

　　哲學分析揭露出理解具有應用結構，但它絕不意味著限制「無
前提的」準備狀態，以便理解正文本身所講的，它也絕不允許我們
把正文「自己的」意思與正文相脫離，從而使事先想好的觀點產生　[II 109]
作用。反思僅僅揭示理解置身於其中的條件，當我們力圖理解正文

---

[37] H. 澤德爾邁爾：《藝術和真理》（1959 年）。
[38] 〔《精神現象學》，霍夫邁斯特編，第 189 頁以下。〕

的陳述時，這些條件作為我們的「前理解」總是早已在運用之中。但這絕不是說，只要精神科學尚未提升到**科學**並組合進**科學的統一**之中，我們就必須讓「精神科學」作為「不精密的」科學繼續帶著它的一切令人遺憾的缺陷苟且偷生。相反，哲學詮釋學將得出這樣的結果，即只有讓理解者自己的前提產生作用，理解才是可能的。解釋者創造性的貢獻不可取消地附屬於理解的意義本身。這並非證明主觀偏見的私人性和任意性是合理的。因為這裡涉及的事物——我們想要理解的正文——才是使之發生作用的唯一的尺度。然而，那些無法拋棄的、必要的時間距離、文化距離、階級距離、種族距離——抑或個人距離——卻總是超主觀的因素，它賦予一切理解以緊迫感和生命。我們也可以這樣描述這種實情：解釋者和正文都有其各自的「視域」，所謂的理解就是這兩個視域的融合。於是，無論在新教科學（首先在恩斯特·富克斯〔Ernst Fuchs〕和格哈德·埃貝林〔Gerhard Ebeling〕），還是在諸如**文學批評**以及海德格哲學思想的繼續發展中，詮釋學的問題都基本上擺脫了主觀心理學基礎，並進入到客觀的，經過效果歷史媒介的意義方向之中。

　　媒介這種距離的基本事實就是語言，解釋者（或翻譯者！）用語言把所理解的東西重新表述出來。神學家和詩學家都同樣談論語言事件。因此詮釋學在某種意義上也以其獨特的方式靠近了從新實證主義形上學批判中產生出來的分析哲學。自從分析哲學不再堅持透過人工符號語言分析講話方式和弄清一切陳述的意義以便一勞永逸地消除「語言的邪魔」之後，它最終也無法超越語言在語言遊戲中的作用，正如維根斯坦的《哲學研究》所表明的。阿佩爾（K. O. Apel）曾正確地強調指出，「語言遊戲」概念當然只能不連續地描[II 110]　述傳承物的連續性。39 只要詮釋學透過對理解條件（前理解、問題

39　K. O. 阿佩爾：〈維根斯坦和理解問題〉，載《神學和教會雜誌》，第 63 卷

前行性、一切陳述的動機史）的反思去克服存在於所與概念中的實證主義幼稚性，那它同時也是對實證主義方法思想的批判。至於它在多大程度上遵循先驗理論的模式（阿佩爾）或遵循歷史辯證法的模式（哈伯瑪斯），那是有待商議的。[40]

詮釋學無論如何總有其本身獨立的研究範圍。儘管它有形式普遍性，但它卻不能合法地歸置於邏輯學之中。在某種意義上詮釋學是和邏輯學分享這種普遍性，在某種意義上它甚至比邏輯學具有更大的普遍性。雖然任何陳述的連繫均可從其邏輯結構進行觀察：語法規則、句法規則以及邏輯一貫性規則總可運用於講話和思考的連繫之上。但真正生動的講話關聯卻很少能滿足陳述邏輯（Aussagelogik）的嚴格要求。講話和談話並不是邏輯判斷意義上的「陳述」，因為邏輯判斷意義上的陳述的單義性和含意對每個人來說都是可檢驗的和可設想的，反之，講話和談話都具有偶然因素。講話和談話都出現在交往過程之中，科學陳述或科學證明方式的獨白性只是這種過程中的一個特例。語言的進行方式是對話，甚至可說是靈魂和自己的對話，就如柏拉圖對思想所描述的。在這種意義上可以說詮釋學就是最具有普遍性的理解理論和相互理解理論。它並非僅就每個陳述的邏輯值上理解每一陳述，而是把它理解為對問題的回答，但這就是說：誰想進行理解，誰就必須理解問題，而正因為理解是從其動機史出發獲得意義的，它就必然會超越靠邏輯把握的陳述內容。黑格爾的精神辯證法就已基本上包含了這種觀點，B. 克羅齊、科林伍德和其他一些人又使這種觀點得到重

（1966 年），第 49-87 頁。〔現載《哲學的轉變》，法蘭克福，1973 年，第 1 卷，第 335-377 頁。〕

[40] 參見《詮釋學和辯證法》中的論文以及我的《真理與方法》後記（1972 年第 3 版；我的著作集，第 2 卷，第 449 頁以下）。

生。〈問答邏輯〉（The logic of question and answer）是科林伍德
《自傳》中最有閱讀價值的一章。然而即使純現象學分析也無法迴
避這一事實：即既不存在孤立的知覺，也不存在孤立的判斷。這是
由 H. 利普的《詮釋學邏輯》（Hermeneutische Logik）根據胡塞爾
匿名意向性理論從現象學角度所證明的，並在海德格生存論世界概
念的影響下得到詳細說明的。在英國，奧斯丁（J. L. Austin）在同
一個方向上繼續推進了後期維根斯坦的思想轉折。

[Ⅱ 111]　　　隨著從科學語言返回到日常生活的語言，從經驗科學返回到
「生活世界」（胡塞爾）的經驗，就會引出以下結論：詮釋學不該
被歸併於「邏輯學」之中，而必須歸溯到古老的修辭學傳統之中，
我在前面已經指出，[41] 詮釋學和修辭學傳統早已緊密連繫在一起。
由此它重又連接起在 18 世紀已中斷的思想線索。當時維柯（G. B.
Vico）作為那不勒斯的修辭學教授首先針對「現代」科學的獨白要
求捍衛了古老的修辭學傳統，他把現代科學稱為 critica（考證）。
他特別突出了修辭學對於教育和造就共通感（sensus communis）
所具有的意義，實際上詮釋學和修辭學一樣都具有 eikos，亦即**說
服**論證的作用。修辭學傳統儘管在德國——除了赫爾德——於 18
世紀已澈底中斷，但它卻以不為人知的方式確實保存在美學和詮釋
學領域中，正如多克霍恩（K. L. Dockhorn）首先指出了的。[42] 和現
代數理邏輯及其繼續發展的獨白要求相反，在今天的修辭學和法理
學中出現了對上述要求的抵抗，這是由佩雷爾曼（Ch. Perelman）
及其學派表現出的。[43]

41　參見本書第 95 頁以下。

42　K. L. 多克霍恩：〈關於高達美《真理與方法》一書的評論〉，載《哥廷根學
　　報》，第 218 卷（1966 年）。

43　參見 M. 納湯松（Natanson）和 H. W. 約翰斯通（Johnstone）編輯出版的《哲學、
　　修辭學和論辯》（1965 年）。

　　與此相關還有一個範圍極廣的詮釋學問題域，它和語言在詮釋學中占據的中心地位相連繫。語言並不只是各種媒介中的一種——在「符號形式」（symbolische Formen）（卡西爾）的世界內——它和理性潛在的共同性具有特別的關聯。在語言中實現交往活動的正是理性，R. 赫尼希斯瓦爾德就曾經強調：語言並非只是「事實」（Faktum），而是「原則」（Prinzip）。詮釋學向度的普遍性即以此爲基礎。奧古斯丁和多瑪斯的意義理論就已談到這種普遍性，因爲他們發現事物的意義超過了符號（語詞）的意義，因而證明了超越 sensus litteralis（文字意義）的合理性。當然，今天的詮釋學不能簡單地跟隨這種超越，這就是說，它將不使新的喻意法登上寶座。因爲這就需要預先設置一種上帝用以與我們講話的創世語言。但我們卻無法避免下述考慮：「意義」不僅進入到話語和文字中，而且也進入到所有人的創作之中，而從中閱讀出意義就是詮釋學的任務。黑格爾的「客觀精神」理論就表達了這種意思，而且他 [II 112] 的精神哲學中的客觀精神部分一直是生動獨立於他的辯證法體系的（參見尼古拉・哈特曼的客觀精神理論以及克羅齊和金蒂爾的唯心主義）。並非只有藝術的語言才提出合理的理解要求，而是各種形式的人類文化創作都提出這種要求。這個問題還可以進一步擴展。還有什麼東西不屬於我們語言作出的世界定向（Weltorientierung）呢？人類對世界的所有認識都是靠語言媒介的。第一次的世界定向是在學習講話中完成的。但事情還不僅如此，我們的「在世存在」的語言性最終表達了整個經驗範圍。亞里斯多德所描述的並由 F. 培根作爲近代經驗科學基礎加以構築的歸納邏輯，[44] 作爲科學經驗的邏輯理論也許是不能令人滿意的，需要修正的 [45]——於是趨向於世

---

[44]　亞里斯多德：《後分析篇》，第 2 章，第 19 節。
[45]　K. R. 波普：《研究邏輯》（1966 年第 2 版）。

界的語言表達就作爲它的補充而出現。泰米斯修斯（Themistius）
在他的亞里斯多德評注中就已經用學習講話來解釋亞里斯多德的
有關章節（《後分析篇》，B19），而現代語言學（喬姆斯基〔N.
Chomsky〕）和心理學（皮亞傑〔J. Piaget〕）則在這個領域作出
了新的進步。但這還有更爲深遠的意義：所有經驗都是在不斷交往
地繼續構造我們世界認識的過程中實現的。比起 A. 伯克爲語文學
家的工作所描繪的公式，經驗是在更深刻更普遍意義上對已認識東
西的不斷認識（Erkenntnis von Erkanntem）。因爲我們生活於其中
的傳承物並不是只由正文和文物所構成，只傳達語言所寫下的或歷
史文獻所證明的意義，而把我們生活的眞正決定因素、創作條件
等都排除「在外」的所謂的文化傳承物。正相反，經常提供，即
traditur（傳承），給我們的乃是一個作爲開放的整體的在交往活動
中不斷經驗著的世界本身。而這無非只是經驗，凡在哪裡世界被經
驗了，陌生性被拋棄了，凡在哪裡出現了明白易懂、理解領會和通
曉掌握，那裡就有經驗，並且最後，詮釋學作爲哲學理論最首要的
任務就在於指出，唯有把一切科學認識都組合進個別人對個別事物
的知識才能叫作「經驗」，有如波蘭尼（M. Polanyi）所指明的那
樣。[46]

所以，詮釋學領域就涉及到已經歷了數千年的哲學概念的工
作。詮釋學作爲思維著的經驗的傳承物必須被理解成唯一巨大的談
[II 113] 話，所有的當前都加入到這種談話之中，而又不能以優異的方式掌
握並批判地控制這種談話。這就是問題史的弱點，即它只能把哲學
史當作證實自身問題的觀點來閱讀，而不能把它當作揭露我們本身
觀點侷限性的批判的參與者。這當然需要進行詮釋學的反思。詮釋
學反思告訴我們，哲學的語言總具有某些不合適性，在哲學語言的

46　M. 波蘭尼：《人的知識》，芝加哥，1958 年。

意向中總能追尋到比陳述中所發現的以及用語詞所表達的更多的東西。固定在哲學語言中並流傳下來的概念詞並不是標誌某種明確意義的固定標號和記號，有如數學家和邏輯學家的符號系統和應用這些系統的情況那樣。哲學概念詞乃產生於發生在語言中的人解釋世界的交往活動，並且受它的繼續推動，發生變化並豐富自身，不斷進入到新的關聯之中並遮蔽舊的關聯，時而曠廢到半無思想狀態，時而又在新提問著的思考中重新活躍起來。

因此，所有哲學的概念工作都以詮釋學角度作爲基礎，這種角度目前人們是以一個不甚精確的詞「概念史」來標誌的。但它並不是一種次要的研究，它也不表明我們可以不講事物而只講我們所用的理解手段，相反，它是在構成我們概念使用中的批判因素。那些要求明確定義的外行們的狂怒，甚至那種片面的語義學的知識論所要求的清晰性的幻想，都同樣未能認清語言究竟是什麼，未能認清概念的語言是不能被發明、任意改變、任意使用和任意拋棄的，它是從我們得以進行思維活動的因素中產生出來的。在人造的專業術語形式中出現的只是這種活生生的思維和講話之流的僵硬外殼。甚至人造的專業術語也是受我們在講話中進行的交往事件所引導和推動，而理解和贊同正是在這種交往事件中才得以建立。[47] 我認爲這就是英國的後期分析哲學和詮釋學之間的聚合點。但它們之間的符合仍是有限的。正如狄爾泰在 19 世紀描繪美國經驗論缺乏歷史教養一樣，作過歷史反思的詮釋學的批判要求就在於，不要用邏輯結構去控制講話的方式──這只是「分析」哲學的理想，而要用其中 [II 114] 整個表現的歷史經驗來同化（Aneignung）用語言傳達的內容。

詮釋學問題在社會科學的邏輯領域也得到了一種新的刺激。我

---

[47] 參見〈概念史和哲學的語言〉，載《北萊茵－威斯特伐倫州研究工作聯合會會刊》，第 170 卷（1971 年）（現載我的著作集，第 4 卷）。

們顯然必須承認詮釋學角度是一切世界經驗的基礎，而且正如湯瑪斯・庫恩指出的那樣，它在自然科學的研究中也起作用。[48] 但它在社會科學中的作用卻更大。因為只要社會具有一種以語言進行理解的此在，[49] 則社會科學自身的對象領域本身（並不僅僅它的理論構造）就會受到詮釋學向度的控制。對精神科學中幼稚的客觀主義所作的詮釋學批判在某種意義上可以在受到馬克思主義啓發的意識形態批判中（哈伯瑪斯——並參見漢斯・阿爾伯特〔Hans Albert〕針鋒相對的論戰）[50] 找到它的相應物。同樣，用談話進行治療也是一種卓越的詮釋學現象，對此首先由拉康（J. Lacan）和利科爾（P. Ricoeur）[51] 重新討論了它的理論基礎。當然，我很懷疑精神病和社會病之間會具有多大的相似性。[52] 社會科學家與社會的關係絕不同於精神分析家與其病人的關係。意識形態批判是指使自己擺脫一切意識形態的前占有，但它並不比作為一門社會技術的「實證主義」社會科學更少獨斷性。而對這種媒介試圖我覺得德里達針對詮釋學提出的解構（Dekonstruktion）對立理論是可以理解的。[53] 但詮釋學

[48] Th. 庫恩：《科學革命的結構》，芝加哥，1963 年。

[49] 查理斯・泰勒（Charles Taylor）：〈解釋和人的科學〉，載《形上學評論》，第 25 卷（1971 年），第 3-51 頁。現載 C. 泰勒的《人學中的闡釋和解釋》，法蘭克福，1975 年，第 154-219 頁。

[50] 哈伯瑪斯：〈論社會科學的邏輯〉，載《哲學評論》，附刊 5（1967 年）：《詮釋學與意識形態批判》（1971 年）；漢斯・阿爾伯特：《構造與批判》（1972 年）；以及哈伯瑪斯後期討論詮釋學的著作，參見《交往行為理論》，兩卷本，法蘭克福，1981 年，第 1 卷，第 143 頁和第 192 頁以下。

[51] P. 利科爾：《論解釋——一篇關於佛洛德的論文》（1965 年，德譯本，1969 年）；《解釋的衝突》，1969 年；〈詮釋學與意識形態批判〉，載《消除神話和意識形態》，卡斯特里，1973 年；《隱喻》，巴黎，1975 年；J. 拉康：《作品集》，1966 年。

[52] 參見 J. 哈伯瑪斯編：《詮釋學與意識形態批判》（1971 年）。

[53] 《文字和區分》，巴黎，1967 年。

經驗卻能針對這種解構的「意義」理論爲自己的權利作辯護。必須在文學（écriture）中尋找「意義」，這和形上學毫不相干（除了尼采）。

　　如果我們跟隨詮釋學的觀點，那麼所有理解的努力原則上都旨在達到可能的意見一致（Konsensus）、可能的相互一致，而且如 [II 115] 果要產生理解，本身就必須以起連結作用的意見一致爲根據。這絕不是獨斷的假設，而只是簡單的現象學描述。凡不存在連結的地方就不可能有談話。因此意識形態批判作爲最終決定者就必須由本身引導進行合理的討論，從而能以不強迫的方式達到意見一致。這一點在精神分析的過程中即可得到證明。精神分析談話療法的結果並不只是建築在對病人作任意的反思研究。在醫生的幫助下透過談話療法使病人最後得解除他的神經阻滯，這還不是精神分析的全部目的。它的最終目的毋寧在於使病人重新獲得他和他人交往的自然能力，這就是說使他回到基本的意見一致中去，這樣才能使人和其他人作有意義的交談。

　　這裡出現了不容忽視的區別。意識形態批判要求成爲解放性的反思，與此相應，治療性的對話則要求意識到無意識的面具並由此清除這種面具。兩者都以自己的知識作爲前提並聲稱自己具有科學的基礎。與此相反，詮釋學反思卻從不包含這類內容性的、前行性的要求。它並不聲稱自己知道實際的社會條件只會造成歪曲的交往。它似乎早已了解人們會知道從未受曲解的正確的交往中必然產生什麼。詮釋學也不是指像治療醫生那樣工作，治療醫生把病人引導到對自身生命歷史和眞正本質較高的認識，從而使病人的反思過程達到良好的結果。無論在意識形態批判中還是在精神分析中，解釋都意味著受到一種先行知識的引導，要從這種先行知識出發使事先想好的固定想法和成見得到消除。在這種意義上可以說這兩者都是「啓蒙」（Aufklärung）。與此相反，詮釋學經驗則對所有先

行知識的要求均持懷疑態度。布爾特曼提出的前理解概念所指的並不是以下這種知識：我們的成見應該在理解的進程中產生作用……諸如「啓蒙」、「解放」、「非強制性的對話」等概念在詮釋學經驗的具體化過程中表明自己只不過是可憐的抽象。詮釋學經驗認識到，成見能夠扎根很深，而純自我認識極少能消解成見的威力。現代啓蒙之父之一的笛卡兒對此了解得很清楚，因爲他很少透過爭[Ⅱ116] 辯，而是透過沉思，透過不斷重複後的反思來試圖證明他的新方法概念的合理性。我們不該把這斥爲純粹修辭的粉飾。沒有修辭的粉飾就沒有交往，就沒有哲學和科學的貢獻。因爲它們都必須透過修辭手段才能生效。整部思想史都證明修辭學和詮釋學的古老親近關係。但詮釋學卻經常包含一種超出純修辭學的因素：它總包含著一種與他人用詞表達的意見進行照面（Begegnung）。這也適用於要理解的正文以及所有其他此類文化的作品。爲了被理解，詮釋學必須發揮自己的說服力。因此詮釋學就是哲學，因爲它並未限於成爲一門「只是」理解他人意見的技藝理論。詮釋學反思包含這一因素，即在理解某物或某人的時候都要進行自我批判。誰要理解，誰就不具有優勢地位，相反卻要承認自己猜測的眞理應該受到檢查。所有的理解都包含這一點，因此，一切理解都有助於繼續深造效果歷史意識。

取得相互一致意見的基本模式是對話、談話。如果談話者之一絕對地相信自己具有比別人優越的地位，從而聲稱自己事先具有別人被圍於其中的成見的知識，則這種談話顯然是不可能的。他這樣做就是陷入了自己的成見之中。如果對話的一方不讓談話自由進行，則透過對話達到一致在原則上是不可能的。我們可以舉個例子來說明，比如某人在社會交往中扮演心理學家或精神分析者的角色，對於他人的陳述根本不去認眞對待，而是要求用精神分析的方式去看透這些陳述。在這種情況下，社會生活賴以建立的夥伴關係

就會受到破壞。這個問題主要由保爾·利科爾進行過系統的討論，是在他談到「解釋的衝突」時討論的。在討論中，利科爾把馬克思、尼采和佛洛伊德作為一方，把對「符號」的理解的現象學意向性作為另一方，並試圖找出兩者間的辯證媒介。這兩者中一方是探究起源，類似考古學，另一方則針對所指的意義，恰似目的論。在利科爾看來這只是一種準備性的區分，只是為一種普遍詮釋學作準備。普遍詮釋學必須透過符號來闡明對符號的理解和自我理解這兩者的根本功能。—— 我認為這樣一種普遍詮釋學理論是不牢固的。 [II 117] 這裡列出的對符號的理解的方式儘管具有不同的，並不一樣的符號意義，但卻並未構成不同的「意義」。一種理解方式會開闢出另一種理解方式，因為它總是意味著他者。一種方式在理解符號想說什麼，另一種方式則在理解符號想隱藏或偽裝什麼。這就是「理解」具有的完全不同的意義。

　　詮釋學的普遍性最終有賴於它的理論的和先驗的特性在多大程度上侷限於它在科學中的效用，或者它是否證明了 sensus communis（共通感）原則，以及證明了那種將一切科學應用組合進實踐意識中的方式。詮釋學—— 從如此普遍的角度理解—— 接近於「實踐哲學」（praktische Philosophie），里特（J. Ritter）和他的學派促進了實踐哲學在德國先驗哲學傳統中的復活。哲學詮釋學本身已意識到這種結果。[54] 一種理解實踐的理論當然是理論而不是實踐，然而實踐的理論也因此而並非一種「技術」或所謂社會實踐科學化工作：它是一種哲學思考，思考對一切自然和社會的科學—技術統治所設置的界限。這就是真理，面對近代的科學概念而捍衛這

---

[54]　參見 J. 里特：《形上學和政治》（1969 年）；M. 里德爾：《為實踐哲學恢復名譽》（1972 年）。

些眞理，這就是哲學詮釋學最重要的任務之一。[55]

---

[55] 高達美：〈理論、技術、實踐〉，載《新人類學》，第 1 卷導論（1972 年）〔現載我的著作集，第 4 卷〕。

Ⅲ

補充

9. 自我理解的疑難性——
關於去神話化問題的詮釋學討論
（1961年）

魯道夫・布爾特曼關於《新約》去神話化的計畫性論文的發表在當時曾引起了極大的轟動，如果誰耳聞目睹了這一事實，並考慮到這篇論文的影響一直持續到今天，那他就不會自欺欺人地說這裡所涉及的僅僅是一個神學問題，是專門的教義學問題。對於熟悉布爾特曼神學工作的專家來說，這篇文章絕非是什麼聳人聽聞的東西。布爾特曼只是闡述了長期以來在神學家的注釋工作中所發生的事實。但這一點卻正是哲學思考能對神學討論作出貢獻之處。去神話化的問題無疑也具有一種普遍的詮釋學因素。神學問題所涉及的並不是去神話化的詮釋學現象本身，而是去神話化的教義後果。也就是說，被去神話化的東西的界限是否由布爾特曼從新教神學的教義立場出發正確地劃分出來了。——下面的探討想從一個依我看來尚未足夠發生作用的角度來闡明這個問題的詮釋學因素。它所提的問題是，對《新約》的理解究竟是從信仰的自我理解的主導概念出發就能充分地理解，還是有一種勝過個體的自我理解，亦即他的自我存在的完全不同的因素在起作用。據此，這裡就該提出理解和遊戲的關係。為此尚需要說幾點詮釋學觀點揭示其位置的考慮。

這裡必須說明的第一點是：理解作為詮釋學任務始終已經包含著一種反思的向度。理解並非是某種認識的單純複製，也就是說，它不是認識的單純的重複實現，而是意識到認識實現本身的重複性。正如奧古斯丁・伯克所表述的，這是對已被認識的事物的認識

（ein Erkennen des Erkannten）。這個表面看來似乎是矛盾的表述 [II 122]
概括了浪漫主義詮釋學的觀點，在浪漫主義詮釋學看來，詮釋學現
象的反思結構是非常清楚的。理解的實現就是要求在某一認識過程
中使無意識的東西被意識到。因此，浪漫主義詮釋學是建築在康德
美學的一個基本概念即天才概念之上，天才「無意識地」——像自
然本身一樣——亦即並非有意識地運用規則，並非透過單純地模仿
典範而創造傑作。

　　由此就已表明了詮釋學問題所處的特殊位置。顯然，只要問題
所涉及的是純粹的接受和照原樣複製某種精神傳統，那麼這裡就不
存在詮釋學問題，例如：對古代經典作品的人文主義的重新發現就
是這種情況，它主要是以模仿和直接追隨，即和古典作家進行直接
的競爭為目的，而不是對這一精神傳統單純的理解。詮釋問題顯然
只存在於這樣的情況中，即那裡沒有一個強大的傳統把人們自己對
傳統的看法歸併於自身之中，而是人們突然意識到自己與面臨的傳
承物處於陌生的關係中，或者是他根本不屬於這種傳承，或者是把
他與傳承物相連結的傳統再也不能毫無疑問地占有他。

　　後一種情況即是這裡所要談的詮釋學問題的因素。無論是對基
督教傳承物的理解，還是對古代的經典作品的理解在我們看來都包
含著歷史的意識。儘管把我們和偉大的希臘——基督教傳統相連結
的東西，仍然還很有生命力，但是對不再毫無疑問地屬於這一傳統
的這種他在性的意識，對我們所有人具有決定作用。這一點在開始
對傳統進行歷史批判的時候，尤其在由斯賓諾莎和他的神學政治論
所開創的對聖經的批判中可以看得很清楚。在對聖經的批判中清楚
地表明，當理解者不再能直接理解傳承物中所說的內容時，他就不
得不繞道而行，而歷史理解的道路就是一條無法迴避的迂迴之路。
旨在從歷史境況出發解釋傳承物意義的發生學論斷，只有當由於理
性本身的反對而不可能直接達到對所表述的真理的洞見時才會出現。

[Ⅱ 123] 顯然，這種歷史解釋的迂迴道路並非在現代啓蒙的標誌中才出現。例如：面對《舊約》基督教神學很快就面臨著一個任務，透過注釋盡量剔去《舊約》中與基督教教義和道德理論不相吻合的內容，另外，除了奧古斯丁在《論基督教的學說》中所表現的寓意的和類型學的解釋外，歷史反思也服務於這一目的。但在這種情況中，基督教教會的教義傳統仍然是不可動搖的基礎。歷史的思考只是理解《聖經》的罕見和偶爾使用的輔助性手段。——隨著近代自然科學和自然科學批判的出現，這種情況才得到根本的改變。《聖經》中根據現代科學能夠從純粹理性出發加以認識的東西只是一個很窄的領域，而那些只有透過返回到歷史條件才能理解的領域卻大大增長。雖然斯賓諾莎認爲，理性在聖經中看到的道德眞理是不證自明的，但這種自明性在某種意義上等同於歐幾里得幾何學的自明性，這種幾何學直接包含著對理性來說是顯而易見的眞理，因此人們根本不會提出關於這種洞見之歷史起源的問題。於是，在《聖經》傳承物中以這種方式不言而喻地存在的道德眞理在斯賓諾莎看來僅僅是聖經傳承物整體中的一小部分。聖經從總體上來說對理性是陌生。如果人們想理解聖經，那就必須參與歷史反思，就如在奇蹟批判中那樣。

現在就是這種貫穿於終結了的浪漫主義中的對傳承物的完全陌生性的堅信——作爲對當前的絕對他在性的反面——被提高爲詮釋學過程的基本方法前提。正是透過以下一點詮釋學才成了一種普遍的方法論，即它設定所要理解的內容的陌生性爲前提，並因而把透過學會理解而克服這種陌生性變成一種任務。很能說明問題的是，施萊爾馬赫根本不認爲對歐幾里得幾何學的原理本身歷史地進行理解，亦即透過回溯到歐幾里得生活中那些使歐幾里得思想得以完成創造性的時刻而理解歐幾里得的原理是一種荒謬的想法。於是心理學——歷史的理解就作爲眞正方法論科學的方法而取代了直接的

對事實的洞察。這樣聖經學即在神學釋義視角下的神學就被提升爲一種眞正的歷史——批判的科學。詮釋學成了歷史方法中的普遍方法：在《聖經》注釋領域中進行這種歷史——批判思考顯然導致了教義學和詮釋學之間的嚴重對立，這種對立直至今日仍然貫穿於對新約所進行的神學研究中。

可是，歷史學派，尤其是它的最敏銳的方法論者德羅伊森所賦予歷史學家任務的決定性形式之中的歷史學派卻根本不接受歷史　[II 124]
對象的完全客觀主義的疏離。德羅伊森對這種「太監式的客觀性」（eunuchenhafte Objektivität）報以辛辣的嘲弄，並反過來把對統治著歷史的強大的道德力量的依附性稱作一切歷史理解的前提條件。他有一句名言，即歷史學家的任務就是探索地進行理解，這句名言甚至本身就具有某種神學的因素。天意的計畫對人是隱而不露的，但在人類對世界歷史之連繫的不倦的探索中歷史精神預感到那對我們隱蔽著的整體的含意。理解在此並不僅僅是偶然地由於歷史學家與他的歷史對象相接近和氣質相似而獲得支持的普遍方法。並不是本身偶然的同情的問題，而是在對對象以及視角的選擇中（在這種視角中對象表現爲一個歷史問題）才有某種理解的本己的歷史性在起作用。

顯然，對於歷史研究的方法自我意識來說很難確認事情的這一面。因爲即使是歷史精神科學也受到近代科學思想的影響。雖說對啓蒙時代理性主義進行的浪漫主義批判打破了自然法的統治，但歷史研究之路仍然認爲自己是通往人對自身進行完全的歷史解釋的途徑，這種解釋的結果必然導致希臘—基督教傳統的最後的教義殘餘之消融。與這種理想相適應的歷史客觀主義從一種科學的思想中吸取力量，這種科學思想的眞正背景就是近代的哲學主觀主義。雖說德羅伊森努力抵抗這種哲學主觀主義，但直到海德格在《存在與時間》中所進行的對哲學主觀主義的澈底批判才第一次從哲學上論證

了德羅伊森的歷史神學觀點，並且證明了狄爾泰的眞正對手是瓦登
堡的約爾克伯爵，後者是立場堅定的路德派，與他相比，狄爾泰受
近代科學概念的影響卻強得多。由於海德格不再把此在的歷史性視
爲對此在之認識可能性的限制和對科學客觀性理想的威脅，而是從
積極的意義上把這種歷史性納入本體論的課題，從而被歷史學派尊
奉爲方法的理解概念就變爲一種包羅萬象的哲學概念。按照《存在
與時間》中的觀點，理解就是此在本身歷史性的實現方式。此在的
[Ⅱ125] 未來性，即此在的時間性所具有的基本的籌劃特性，被另一個規定
即被拋狀態的規定（Bestimmung der Geworfenheit）所限制。這種
規定不僅表明了獨立的自我占有的界限，同時也開闢並決定了我們
之所是的那種積極的可能性。自我理解的概念在某種意義上雖說是
先驗唯心主義的遺產並且其本身在當代已經由胡塞爾得到擴展，但
它只是在海德格那裡才第一次獲得了它眞正的歷史性，並由此才有
能力承擔起表述信仰之自我理解這一神學要求，因爲並不是自我意
識的獨立的自身媒介，而是一個人身上所發生的，特別是從神學角
度看在呼喚啓示時所發生的對於自我的經驗才能夠去掉信仰之自我
理解中的錯誤的諾斯替派自我確信要求。

　　格哈德·克呂格爾在一篇論卡爾·巴爾特的《羅馬信簡》的
論文中早已試圖沿著這個方向使辯證神學傾向澈底化。[1]海德格在馬
堡逗留時期也從一場難忘的衝突中得益匪淺，這場衝突是由於魯道
夫·布爾特曼從海德格對近代的客觀主義的主觀主義的批判中得出
了神學上的收益而引起的。

　　然而海德格並沒有停留在先驗論模式上，在《存在與時間》

1　〔參見我的論文〈在時間之間〉，載《大學》（*Universitas*），第 27 卷（1972
　　年），第 1221-1227 頁，重印於《哲學年鑑》，圖賓根，1977 年，第 222-230
　　頁。〕

中這種先驗論模式還規定了自我理解概念。早在《存在與時間》中根本的問題也不是以何種方式才能理解「存在」，而是以何種方式理解就是「存在」。對存在的理解是人類此在的生存論標誌。在這裡存在已經不被理解為意識客體化活動的結果，如在胡塞爾的現象學中就是這種情況，而是當問題是針對正在理解自我的此在本身時，追問存在的問題就進入了一種完全不同的領域。先驗的模式最終必然失敗，先驗自我的無限的對立面被納入了本體論的問題中。在這個意義上可以說，《存在與時間》已經開始揚棄那種海德格後來稱之為形上學本質的存在遺忘（Seinsvergessenheit）。他所謂的「轉折」（die Kehre）僅在於承認我們不可能在先驗的反思中克服先驗的存在遺忘。就此而言，一切後來的「存在事件」（Seinsgeschehen）、作為存在「澄明」（Lichtung des Seins）的「在此」（Da）等概念早已作為結論而隱藏於《存在與時間》的最初萌芽之中。

　　語言的祕密在海德格的晚期思想中所起的作用足以說明，對自我理解之歷史性的深入不僅把意識概念，而且也把自我性概念從它 [Ⅱ 126] 的中心地位中驅逐出去。因為還有什麼比起我們處於其中的語言這個神祕的領域更加無意識、更加無我的呢？語言領域使存在的東西得以表達，從而使存在「本身到時」（sich zeitigt）。然而凡是適合於語言之祕密的東西，同樣也適合於理解概念。但即使理解也不應被理解為理解著的意識的一種簡單的活動，而應理解為存在事件本身的一種方式。完全從形式上來說，語言和理解在海德格的思想中所據有的優先性是指「關係」相對於它的關係成分即理解著的我和被理解的東西所具有的先行性。但是我仍然認為有可能在詮釋學意識本身中證明海德格關於「存在」的陳述以及從「轉向」經驗中發展出的問題方向，我在《真理與方法》中曾經做過這種嘗試。理解和理解對象之間的關係優先於理解和理解對象，正如說話者和被

述說的對象之間的關係是指一種運動的實現過程，這個過程不可能在關係的任一方成員中具有堅固的基礎。理解並不是具有唯心主義自稱所具有的那種不言自喻之確實性的自我理解，但它也不僅僅是對唯心主義的革命批判，這種批判把自我理解概念理解爲自身所發生的並由此使自身變成真正自我的東西。反之我則相信，在理解中有一種吾喪我的因素，這種因素對於神學詮釋學來說也是值得重視的，並且應該根據**遊戲**結構的主線加以研究。

這裡我們就不得不直接回溯到古代並回溯到在希臘思想的開端所存在的神話和邏各斯之間的獨特關係。按照流行的解釋模式，消除世界祛魅化的過程必然從神話達到邏各斯，這一模式在我看來是一種近代的偏見。如果人們以這種模式爲基礎，那就不可能理解諸如阿提卡的哲學如何可能與希臘的啓蒙傾向相對並在宗教傳統和哲學思想之間建立起一種世俗的和解。我們要感謝格哈德·克呂格爾對希臘哲學尤其是柏拉圖哲學思維之宗教前提的無與倫比的闡明。[2] 古代希臘的神話和邏各斯的歷史比起啓蒙的模式有著完全不同的複雜的結構。面對這個事實人們甚至可以理解古代科學研究對神話的宗教起源價值所抱有的極大不信任，以及它對固定的禮儀傳統形式所給予的偏愛。因爲神話的可變性，即它總是可以透過詩人而獲得新的解釋這種開放性，最終迫使人們認識到，下列問題提錯了：這樣一種古代的神話究竟在何種意義下被「相信」，而如果神話一旦進入詩的遊戲中是否就不再被相信。事實上神話和思維著的意識具有極爲內在的連繫，因而以概念語言對神話所作的哲學解釋對其揭示和掩蓋，令人敬畏的畏懼和精神的自由之間的不斷

[Ⅱ 127]

2　〔G. 克呂格爾：《洞見和激情：柏拉圖思想的本質》，法蘭克福，1939 年，1983 年第 5 版以及我的論文〈哲學和宗教〉（至今尚未發表），現載我的著作集，第 7 卷。〕

搖擺並沒有增添什麼本質上新的東西，而這種來回擺動則伴隨著
整個希臘神話的歷史。如果我們想正確地理解布爾特曼去神話化
（Entmythologisierung）的計畫中所蘊含的神話概念，那麼回憶一
下這種背景是很有用的。布爾特曼在計畫中稱之爲神話世界觀並用
科學世界觀與之作對比的（後者作爲世界觀能夠使我們大家都覺得
它是眞實的）東西幾乎不具有人們在圍繞布爾特曼計畫進行的爭論
中所賦予它的最終有效性的含意。從根本上說，基督教神學家與聖
經傳統的關係並非與希臘人和他的神話的關係有什麼根本性的不
同。布爾特曼對去神話化概念所作的偶然的並在某種意義上可說是
附帶的表述，實際上只是對他整個釋義神學的概括，根本不具有啓
蒙的含意。自由歷史聖經學的學生在聖經傳承物中尋找的毋寧是與
一切歷史啓蒙相背離的東西，是作爲啓示和福音詮釋的眞正承擔者
並表現爲眞正的信仰召喚的東西。

　　鑄成布爾特曼概念的正是這種積極的教義學興趣，而不是一種
進步的啓蒙興趣。因此他的神話概念完全是一個描述性的概念。它
所涉及的是某些歷史—偶然性的東西，並且不管存在於新的去神話
化概念中的神學問題可能是多麼地根本，反正這裡涉及的是一種實
際的詮釋問題，它根本不觸及一切詮釋的詮釋學原則。毋寧說他的
詮釋學意義恰恰在於，人們不能教條地固守某種確定的神話概念，
以使人們由此出發可以一勞永逸地斷定，在聖經文獻中對於現代
人來說哪些可以透過科學的啓蒙而被揭示爲純粹的神話，哪些則不
能。不是從近代科學出發，而是必須積極地從接受福音宣道出發，　[II 128]
從信仰的內在要求出發來確定哪些是純粹的神話。這種「去神話
化」的另一個例子就是希臘詩人面對他的民族神話傳統所具有並行
使的極大自由。即使是這些也並非「啓蒙」，而是詩人發揮他的精
神力量和行使批判權力。人們只要想一下品達（Pindar）或埃斯庫
羅斯（Aischylos），於是就產生了從遊戲自由著眼去思考信仰與理

解之間的關係的必要性。

把僵死的信仰嚴肅性及遊戲的任意性相連繫一開始也許會令人吃驚。確實，如果我們以通常的方式把遊戲和遊戲活動理解爲一種主觀行爲，而不把一種自成一體的動念整體（就其本身而言仍是遊戲者的主觀性）包括在自身之中，那麼信仰和遊戲的這種對立的位置的意義就會完全消失。所以，正如我希望在我的著作中已經說明的那樣，[3] 這種遊戲概念似乎正是合法的、本源的概念，因而我們應該從遊戲立場上對信仰和理解之間的關係給以一種眞正的注意。

在一個既定的遊戲空間內部的來回運動不是從人的遊戲和主觀性的遊戲行爲中引申而來，恰好相反，對於人的主觀性來說，遊戲的本質經驗恰好在於，那些完全服從自己規律性的東西在這裡取得了主導地位。與某個特定方向的運動相適應的是相反方向的運動。決定遊戲者意識的是遊戲來回運動具有一種特殊的自由和輕鬆。它就像是自發地進行的——一種失重的平衡狀態，「在這種狀態中純粹的太少（das reine Zuwenig）不可思議地在轉變著——轉身躍入那種空洞的太多（jenes leere Zuviel）」（里爾克〔Rilke〕）。從競爭狀態中個人所獲得的成績的提高，卻具有某些諸如他在其中扮演一個角色之遊戲的輕鬆性所吸引這樣的東西。究竟什麼東西被帶入遊戲或處於遊戲之中，這並不取決於我們自身，而是由我們稱之爲遊戲的關係所掌握。對於作爲遊戲的主體而參與遊戲的個人來說，可能一開始這好像是一種適應，人們使自己去適應遊戲或服從它，亦即人們放棄自己意志力的獨立性。比如兩個一起拉鋸的人之所以能讓鋸自由地遊戲是透過他們表面看起來是在互相適應，從而使一個人的運動力用完之時即讓另一個人的運動力投入進來。這看起來就好像是兩個人之間有一種默契，一個人有意使自己的行爲與

[Ⅱ 129]

3　〔參見我的著作集，第 1 卷，第 107 頁以下、第 491 頁以下。〕

另一個人一致。但這還不是遊戲。構成遊戲的並不是彼此相對的兩者的主觀行為，而是運動本身的形態，這種運動形態就像在無意識的目的論中所說的，屬於個人的行為。神經病學家維克多・馮・魏茨澤克的功勞就是透過實驗研究了這種現象並在他的著作《格式塔圈》（Der Gestaltkreis）中對此作出了理論的分析。我認為他的另一個功績是指出了獴和蛇之間互相對峙的緊張關係不能被描述為一方對另一方之侵略意圖的反應，而是一種具有絕對同時性的相互行為。這裡真正起決定作用的不是兩者中的任何一方，而是包括了各個人的運動行為在內的整個運動之統一形式。從理論概括的角度來說就是個人的自我，他們的行為以及他們對自身的理解都同時融化到一個更高的規定中，這個規定才是真正的決定者。

　　這就是我想用以觀察信仰和理解之關係的視角。信仰的自我理解顯然是這樣規定的，即從神學角度看，信仰並不是人的可能性，而是上帝向信仰者所顯現的恩賜。然而，只要人的自我理解是由現代科學和科學方法論所統治，那就很難在人的內部自我理解中真正確認這種神學觀點和宗教經驗。在現代科學和方法論基礎上建築起來的知識概念不能容忍對它普遍性的要求的任何限制。根據這種要求，一切自我理解均表現為一種自我占有，這種自我占有最不能容忍的是，使和它與自身相分離的東西與它背道而馳。在這裡遊戲概念就可以變得很重要。因為加入到遊戲之中，這種如痴如醉的自我遺忘並不是被體驗的自我占有的失落，而是被積極地體驗為一種超越自身的自由的輕鬆。這從自我理解的主觀方面來看是根本不可能統一把握的。正如荷蘭歷史學家赫伊津哈（Huizinga）曾闡述過的，遊戲者的意識處於相信和不相信之不可區分的平衡之中，「野蠻人根本不知道存在和遊戲之間的概念區別」。

　　然而不單單是野蠻人不知道這種概念區別，自我理解的要求　[Ⅱ 130]
在任何地方總是被提出——只要人作為人，這個要求又何處不被提

出？——它總是被包括在詳細規定了的界限內。詮釋學意識並不與其自身的透視性競爭，這種意識的透視性按黑格爾的說法就是絕對知識並構成存在的最高方式。我們不僅僅在信仰領域談到自我理解。一切理解歸根結底都是自我理解，但並非是一種事先具有的或最終達到自我占有的方式的自我理解。因為這種自我理解總是僅僅在對某件事的理解中實現並且不具有自由地自我實現的性質。我們這個自我並不占有自身，不如說它是自己顯現的。神學家確實也說信仰就是其中有一個新人產生這樣的事件。神學家還說，應該相信和理解的是語詞，透過語詞我們就克服了我們生活於其中的關於自我深不可測的不可知性。正如哈曼（J. G. Hamann）清楚地指出的，自我理解概念原本具有一種神學的色彩。[4]他提到這樣一個事實，即我們並不理解自己，除非是在上帝面前。

但上帝就是語詞，在神學的思想中人類的語詞早就開始被用來為說明上帝的語調和三位一體之神祕性服務的，尤其是奧古斯丁以無數不同的方式從人與人之間語詞和對話角度描述了三位一體的超越人的神祕。語詞和對話無疑在自身中具有遊戲的因素，人們如何敢於說出一句話或是「隱藏在胸中」，如何從他人口中引出一句話並從他口中得到回答，如何自己作出回答，每句話又是如何在它被說出和被理解的某種關係中「進行遊戲」，所有這一切都指出了理解和遊戲具有共同的結構。兒童藉以認識世界的也正是語言遊戲。

[Ⅱ131] 確實，我們所學到的一切都是在語言遊戲中進行的。當然我們並不是說，當我們講話的時候只是在玩而並不是嚴肅認真的。毋寧說，

4　參見發表在《海德堡研究》叢書中雷納特・克諾爾（Renate Knoll）的海德堡大學博士論文〈J. G. 哈曼和 Fr. H. 雅可比〉，載《海德堡研究》，1963 年第7 期。〔關於「自我理解」這個表述，參見《海德格之路——後期著作研究》，第 35 頁以下和注釋 10，現載我的著作集，第 3 卷。〕

我們所找到的語詞似乎是抓住了我們自己的意思並把它們納入到超出我們的想法暫時性的連繫中。那個傾聽著大人的語言並模仿這種語言的兒童是何時才理解他所使用的言語呢？遊戲是從何時開始具有了嚴肅性，而這種嚴肅性又從何時開始不再是遊戲了呢？語詞的所有意義之確定似乎是在遊戲中從語詞的情境價值中生長出來的。正如文字代表了語言出聲狀態的確定，並能發出聲音以反作用於語言的發聲形式一樣，生動的談話和語言的生命具有其遊戲的地方，那裡亦是一種往返運動。無人可以確定一個詞的意義，而說話能力也並非僅僅意味著正確學會了詞的固定意義並會使用它們。語言的生命只是存在於我們從學習說話時就開始的遊戲的不斷的繼續遊戲之中。新的用詞之參加到遊戲之中和舊詞語的消亡同樣不被人注意，同樣是無意識地發生的。而人的相互共存正是在這種持續的遊戲中實現的。在相互說話中發生的相互理解本身又是一種遊戲。當兩人互相對話時，他們說的是相同的語言。他們並不知道他們是透過講這種語言而繼續作這種語言遊戲。但他們每人說的也都是自己的語言。相互理解的實現是透過話和話相對，但卻不是停滯不動。而是在互相對話中我們總是進入對方的想像世界，就好像我們參與到他的世界之中而對方也參與到我們的世界之中。我們就這樣相互遊戲直到作為給予和拿取的遊戲——即真正的談話——開始。沒有人可以否認在這種真正的談話中存在著一些偶然性、意外的好處，以及最終也有某些輕鬆、昇華的東西，這些都屬於遊戲的本質。確實，談話的昇華並不使人感到是自我占有的喪失，而是我們本身的豐富，儘管我們自身對此並未覺察。

　　我覺得在和正文打交道以及理解保存在宗教文獻中的福音啟示的含意時的情況也與此類似。傳承物的生命，尤其是福音預告的生命就存在於這種理解的遊戲之中。只要一篇正文保持沉默，則對它的理解就尚未開始。然而正文是能夠開始講話的（這裡不談為此必

須具備哪些前提條件）。但是正文並非是以無生命的僵死狀態說著
它的話，始終說著相同的話，相反它總是給向它提問的人以新的回
答並向回答它的人提出新的疑問。對正文的理解是一種談話方式的
自我理解。對這一點可以由此得到證實，如果在和某件正文的具體
交往中，只有當正文中訴說的東西能夠以自己的解釋語言表達出來
時，才可能產生理解。解釋屬於理解的本質統一性。對某人所講的
[Ⅱ132] 東西必須被他所接受，從而以自己的語言用自己的話說出並找到回
答。這也完全適用了福音啓示的正文，假如人們覺得這個正文不是
自己說出來的，它也就不會眞正被理解。而使對正文的理解和解釋
得以眞正實現的就是布道。正是布道，而不是神學家們解釋性的評
論和詮釋工作才直接服務於福音啓示，因爲布道不僅把對聖經所說
的話的理解傳達給教徒，而且布道者自己也對此深信不疑。理解之
眞正的實現並不在於布道本身，而是在於布道作爲一種向每個人發
出的召喚讓人獲知的方式。

　　如果說在布道中產生的是一種自我理解，那麼即使不說它是對
自身的消極性理解但也一定是一種很矛盾的理解，在這種理解中人
們聽到皈依宗教的召喚。這種自我理解顯然並未成爲《新約》的神
學解釋的標準。此外，《新約》正文本身已經是對福音的解釋，因
而它並不想在自身中被理解，而想被理解爲福音的傳播者。那麼這
是不是給了正文以說話的自由，從而等於使它們似乎成爲無我的證
據呢？不管我們該怎樣感謝新神學研究爲認識《新約》的作者本身
神學含意所作的貢獻，新教的福音啓示則是透過所有這些媒介方式
傳播的，這可以和傳統的流傳或神話傳說透過鴻篇巨製不斷變化創
新的方式相比較。詮釋過程的眞正實現在我看來既在於擴展解釋者
的自我理解又在於擴展被解釋物的自我理解。因此，「去神話化」
不僅發生在神學家的行爲中，它也發生在《聖經》本身之中。但是
無論在神學家的聲音中還是在聖經本身中，「去神話化」並不是正

確理解的確切保證。眞正的理解事件遠遠超越了可以透過方法的努力和批判的自我控制而達到對他者之言語的理解。確實，它遠遠超越了我們可以意識到的東西。適應於一切談話的是，透過談話就有一些東西變成了其他的東西。此外，對召喚皈依並允諾我們對我們自身以更好理解的上帝的話，我們不能像面對一個人們必須讓它放置在那兒的語詞那樣去理解。在那裡進行理解的根本不是我們自己。始終有一個過去（Vergangenheit）在讓我們說：我理解了。

10. 歷史的連續性和存在的瞬間
（1965年）

　　進行一場既不知其開端又不知其終結的談話，這無異於一場
冒險，儘管如此，我們卻常常要進行這樣的冒險。要以哲學在最近
10年間學會的觀點談論歷史問題，情況也是如此。

　　本文的論題已經表明，這裡討論的是與本世紀哲學相連繫的
提問立場。如果我們記得，本世紀頭20年對歷史——自由主義科
學，尤其是19世紀歷史神學的批判帶有何等的突然性，引起何其
深廣的共鳴，則我們就能理解「歷史的連續性和存在的瞬間」這個
論題是對歷史問題立場本身合法性的疑問，從而是對整個世紀的
疑問。

　　如果我們想簡略地指出以前對歷史所作的哲學反思達到哪些
根本的內容，它的根本問題何在，則我就想回顧一下德國西南學派
的歷史哲學，亦即海德堡的新康德主義（如果可以把歷史科學的知
識論稱作一種歷史哲學的話），並且還想回憶一下威廉·狄爾泰的
歷史哲學（如果可以把形上學在歷史中的消解稱作一種歷史哲學的
話）。知識論思想是海德堡的新康德主義從康德出發擴展到歷史科
學中的思想，它的提問立場是：歷史研究的對象如何和自然科學研
究對象的既定性方式（Gegebenheitsweise）相區別？如何才使一件
事實成為歷史事實？

　　為了回答這種歷史方法論的提問，產生了關於既存物
（Gegebenen）的價值關係的理論：發生的事件唯有透過和某種價
值體系的關聯才能成為歷史事實。如此證明歷史認識的合法化是從

文化統一概念及其在價值哲學中系統的自我觀點爲基礎的。對此可以提出一個批判的問題，我們究竟有多大把握可以把眞正的歷史歸入到歷史性之中，而不是只把在作用不變領域中提升出來的東西歸入歷史性中。

另一方面，如果我們用精神科學的心理學檢驗一下新康德主義的這種知識論歷史哲學堅定的反對者威廉·狄爾泰本身命題的結果，我們就會發現，雖說他也確實詢問歷史過程的本質結構，並試圖用合適的概念說明散布在時間中的歷史連繫的連續性，但他這樣做的出發點卻仍是心理學，是存在於本人生活經歷中的內部自我確信。這種自我確信甚至還用來證明歷史事件的連續性。這種事件連續性的自我確信在自傳中具有其最出色的表現及其以文學的方式固定的實現。正是在自傳中，人們試圖從豐富的生活經歷──這些經歷的編排以及本身所賴以生活的狀況──出發，把它們當作一種意義關聯進行回顧，從而獲得某種生命歷史整體的統一性。然而不可否認，自傳只能從特定的角度反映我們稱爲歷史的東西。在自傳中被理解的東西總處於觀察者本身解釋的熟悉的光線之中。在回顧時包括進理解統一性中的是體驗過的過去和自我體驗的歷史。即使我們把自我認識這整個難題撇在一邊，我們仍然不清楚，從這種心理學的體驗連續性中如何產生出包括在完全不同、巨大尺度中的歷史連繫。

對於 19 世紀歷史哲學思想，尤其是對本世紀兩種引人注目觀點所進行的批判至少是以「存在的瞬間」（der Augenblick der Existenz）這樣的提示語來說明的。這裡涉及的原始事實（Urfaktum）顯然不是這一問題：即歷史的連繫是如何被我們進行著回憶和想像的意識合法地認識和陳述的？我們在這裡提出的並作爲歷史問題加以認識的眞正的問題是以**歷史性**（Geschichtlichkeit）這個概念來表達的。

[Ⅱ 135]　　　歷史性這個詞早就在一種樸素的意義上被使用過，它主要由威廉・狄爾泰的哲學朋友，瓦登堡的約爾克伯爵使它成為一個概念，並經過狄爾泰的媒介，最終在本世紀的哲學中經過海德格和雅斯培達到了顛峰。其中的新義在於，這個歷史性概念包含了一種本體論的陳述。約爾克就已說過「存在者狀態上的和歷史的東西的類差別」。歷史性概念並不表述某種關於事件過程連繫，說它是真實的，而是表述處於歷史中的人的存在方式，人的自身存在基本上只能透過歷史性概念方可理解。

　　瞬間概念也屬於這種連繫。它指的根本不是表明歷史、決定歷史的時間點，而是人類此在的歷史性得到經驗的瞬間。

　　歷史性概念首先由於魯道夫・布爾特曼才進入到神學之中。在他無數博學的、前後一貫的注釋工作中，對人類此在歷史性的洞察和決定性的瞬間恰好是主導概念。等待末日的問題在神祕的解釋中代表告別辭，但在約翰福音中卻透過注釋被簡化成末世的瞬間，它可以指任何一個瞬間，作為決定信仰的瞬間它表示對基督教福音的接受或拒絕。因此，隨著這個概念而展開討論的是一個真正現實的題目，它的改變了的重點在於，當我們追溯「瞬間」這個概念達到歷史性這個極端的頂峰時，歷史的連續性對我們就重新成為一個問題。

　　歷史的連續性使我們又回到流逝的時間之謎。時間從不停頓，這是亞里斯多德和奧古斯丁進行時間分析時的老問題。尤其是奧古斯丁的時間分析為我們闡明了希臘和古典思想遺留下的本體論困境，當它們想說明什麼是時間時就陷入了這個困境。在任何瞬間都不可能被認作現存的東西究竟是什麼？因為就在我把它認作現在的當口，這個現在已不再是現在。在無限的過去中展現的現在，從無盡的將來中湧現的現在使以下問題迷惑難解：什麼是現在，這種流逝過去的，即將來的並又流逝去的時間之流究竟是什麼？

　　時間的本體論疑難就在於，用古代發展的存在哲學無法說出或　[Ⅱ136]
把握它眞正的存在。我覺得，在歷史的連續性概念中反映的也是這
個問題。當然不能說歷史的連續性是直接從不斷重複展現的現在的
日常經驗中感受到疑難的。也許連續性經驗的基礎完全不同於不停
流逝的時間經驗。在對歷史存在的追問中被問及的歷史的連續性最
終發現：儘管有形形色色的過去性，但卻根本不存在不同時就是變
易的時間流逝。於是歷史意識的眞理彷彿得到了完美的體現：在時
間的流逝中總包括著變易，在變易中又總包括著時間流逝，歷史連
繫的連續性總是不斷地從無盡的變化之流中構築起來。

　　這種基本觀點產生了以下結果，凡在這種歷史之流中被體驗
爲流逝或變易的，均有賴於人們表述或區分這種所謂流逝著的事件
之鍊的規定。這是一種極端唯名論的基本態度，它實際上把一切事
件的內部劃分，按意義的區分，都相對化成滅亡或出生、變易或流
逝。歷史的劃分就是我們決定意義的意識作的劃分。因爲它最終是
任意的，因此就不具備眞正的歷史現實性。我們必須批判地放棄這
種建築在希臘本體論前提上關於歷史的觀點，並且注意這一基本現
象，這種現象揭露了這種觀察方式中隱含的錯誤的唯名論命題。

　　在事件中也存在某些類似非連續性的因素。我們可以用時代經
驗（Epochenerfahrung）的方式認識這種非連續性。[1] 運用現象學方
法可以證明確實存在這種因素，它們並非產生於我們事後的編排、
分類以及以控制爲目的的認識興趣，而是確確實實的歷史現實。存
在著如劃分時代這樣一種原始的經驗。歷史學家劃分的歷史時代植
根於眞實的時代經驗，並且最終必須在這種經驗中得到證明。雖說
時代本來只不過是一種天文學概念，表示作爲人們計算根據的星宿　[Ⅱ137]

---

[1]　〔參見我的後期論文〈論空洞的時間和充滿的時間〉，載《短篇著作集》，第
　　3 卷，第 221-236 頁，現載我的著作集，第 3 卷。〕

排列。與此相應，歷史意義上的時代則是一種階段，人們根據這種階段計算新的時代。但這是否說明這只是約定和任意的呢？標誌時代階段的歷史排列並非人們據以計算的時間的外在尺度，相反它規定時間內容本身，亦即規定我們所稱的歷史。我一直特別注意——也許因為它古色古香的表達方式——康德談到法國革命時所說的話：「這樣的事件不會遺忘。」一件事件不會遺忘——當然這句話說的只是：沒有人能遺忘這件事——顯然是指事件的意義。正因為沒有人能遺忘，所以語言就把該事件當作一種行為的本質並且可以說：該事件不會遺忘。語言在這裡指示出某些東西。正是這某些東西存在人的意識中，而意識通常會忘卻很多東西。區分的經驗和非連續性的經驗，不斷改變之中的駐足的經驗就是以此為據。

如果今天有人說：我們進入了原子能時代（automic age），它的意思就是——我們當然有理由非常認真地對待這句話——由此產生了一些新的因素，它們不可能很快就又被另一些新因素淘汰，相反我們必將按這種新因素以一種性質不同、清晰的方式把以前的時代稱作舊時代。比如戰爭對於我們就成為與發現原子能這個劃時代事件之前性質根本不同的事物。正因為產生了某些因素，據此以前的時代才成為舊時代。如果發生了這類事，則時間本身也會變舊，但這並不是說，過去似乎已經沉沒，不再具有現實意義，不再與當前有關，從而成為一種均勻的，可看透的過去的時間範圍，而是說時間本身的未來也正處於劃時代事件的劃時代意義之中。我認為，有豐富的現象證明的經驗可以說明如此表現的就是真實的事件本身。

當然我們永遠不可能確切地知道，我們是否有權把某件事件說成其有真正劃時代的含意。然而，儘管對未來的任何陳述有這種不確定性，但只要可以因該事件及其直接作用而使人確信：它是劃時代的，這就足夠了。除了這種巨大的歷史命運經驗，我們還可以提出其他類似的經驗，我想提出 3 種這類劃時代經驗的形式。

其一是變老的經驗（die Alterserfahrung）。我認爲它作爲一種 [Ⅱ 138]
非連續性經驗是每一個人都會直接遇到的。雖然我們每人都有出生
年月，並且按照計算天數和鐘點的時間計算方式來生活並算出我們
的年齡，然而，諸如孩子長大成人的成熟卻沒有過程，我們無法用
流逝的時間這種衡量手段去追蹤這個過程。因爲孩子突然之間已不
再是孩子，在以前構成其熟悉本質的一切突然都不可再現地消失
了，不再存在。或舉另一個例子，即我們逐漸變老的例子：當我們
重新見到某個人時會有這樣的感覺：啊，他已經變老了。這種經驗
也不是指這個人在持續流逝的時間中達到某個確定的點，而是指對
於他本人以及那個碰到他的人來說，他已經變樣了。以前的那個青
年，充滿活力的青年時代已經消失，也許從中會產生出某些非常美
好、非常豐富多彩的東西，而這些東西在匆匆忙忙的年代中並沒有
得到表現。

或者再舉另外的例子，即我們熟知的對以往時代的計算的例
子。從一個朝代到另一個朝代的過渡，比如某個統治者逝世，由其
後繼者接任統治，無論是在本王朝之內的更替或是以革命形式導致
的更替，都意味著時代的劃分。我們之所以用這樣的事件劃分時
代，並不是因爲它特別方便，就像星宿一樣使每個人都可以看到，
而是因爲它事實上使某個民族人民的生活共同注意到，從現在起一
切都改變了，以前存在的一切都不再存在。因此，時代經驗就感到
事件本身具有一種內在的非連續性，這種非連續性並非事後歷史傳
記的劃分從而需要證明其合法性。我甚至想說，我們正因爲此才經
驗到歷史的現實性。因爲人們在這裡經驗的並不是可以完全想像和
再現出來的過去（Gewesen），而是透過發生而存在並且永遠不可
能不發生的事物。

我想到的第 3 個例子是時間轉折的「絕對時代」，亦即透過基
督的誕生而進入到古代歷史意識中的時代經驗。我之所以講這種經

驗是因爲它並非出於宗教眞理的理由，而是出於概念的理由必定被稱作絕對的時代經驗。因爲隨著這種新連繫的經驗和基督教的福音宣告，我們已在新的意義上發現了作爲歷史的歷史。歷史是人的命運經驗，是幸運和不幸的輪番交替，是環境對於一種幸運的和有效[Ⅱ 139]果的行爲或充滿痛苦的失敗的順從或抵抗——這一切當然都是人的原始經驗。唯有針對這種原始經驗我們才能確定何種意義因素能解釋這種經驗，基督教的絕對時代經驗能帶來何種新的意義因素。

於是我們就可以把這種新的因素和希臘的歷史經驗作比較。如果我們以希臘人的方式觀察歷史經驗，並且突出能爲我們顯露基督教歷史思想的因素，那麼歷史在希臘人看來不過就是偏離秩序。

希臘人認爲最根本的就是 perihodos，即「階段」，階段是天體周轉中保持不變的東西。最根本的就是人類群體生活中不變的眞理、道德秩序、國家秩序、民間風俗等等。每一個思考者都不得不在人類存在的恆定性中看待人類此在的存在。不管哲學家以最完美的形式提出並爲人類行爲提供的典範是古代倫理學的德行概念範疇，或是組織好的國家、城邦、秩序的理想——不管怎樣，歷史總是對這種持存秩序的偏離。它是人所具有的在組織好的整體中無法揚棄的非秩序因素。2

從新的歷史意識角度講則正好相反——我暫且不談究竟在何種程度上存在猶太歷史意識，這種意識先於新的歷史意識並在某種程度上只是透過基督教歷史經驗的修正才成爲普遍的意識——雖然根據基督教信念，歷史中的秩序是無法認識的，但卻確實存在這樣一種秩序，它是天意，是神旨。在歷史事件的來去和沉浮中我們有限的認識能力無法認識整體的意義，因爲我們無法看到整體的意圖和目的。隨著基督教布道的神聖信仰卻也產生以下觀點：無秩序的現

2 〔參見我爲羅厄寫的書評，載我的著作集，第 5 卷，第 327-331 頁。〕

象用更高的觀點看卻具有一種秩序，因此，歷史也許只是一種讓人猜測的歷史，但在上帝的旨意中卻無論如何是無可爭辯的現實的神聖秩序。

卡爾・勒維特的《世界歷史和神跡》（Weltgeschichte und Heilsgeschehen）一書非常生動地說明，這種基督教的歷史觀如何產生了一種歷史哲學，它聲稱自己了解神旨，甚至最終還要求像自 [Ⅱ 140] 然科學認識自然現象那樣認識歷史事件及其秩序，因為從這種知識出發就能規劃和製造歷史，而不管這種歷史是否是一種表現基督教歷史哲學的世俗最終目標的政治烏托邦和歷史烏托邦的形式。

這種烏托邦歷史期待的形式最終表現為基督教歷史哲學世俗化的結果，它並非只是無望地和基督教神的謎底不可認識的基本經驗處於衝突之中，我認為它本身就有關於人類此在有限性的內在矛盾，因為人類此在作規劃的前見是產生不出從被理解的歷史中引出定會出現的未來這一要求的。

這種歷史哲學真的找到通向歷史現實之路了嗎？我覺得時代經驗本身在這裡正好證明了它的反面，即歷史的現實性並不是以認知地再現事件或認知地統治事件的方式，而是在命運的經驗中賦予我們的。我們具有的，諸如某些事情變化了，舊事物都變得陳舊，並出現了新事物等經驗都是某種轉變（Übergang）的經驗，它並不確保連續性，相反，倒證實非連續性，並表現為和歷史現實性的相遇。

我總是深深沉醉在詩人賀德林的一篇短文中，它開頭一句話是「沉淪的祖國」。它是對《恩培多克勒之死》（der Tod des Empedokles）這一劇本的理論研究，賀德林在所有變化反應的措辭和動機中始終把英雄之死作為他帶給時代的獻祭品，從而理解為未來的奠基。在這篇只有在施瓦本才寫得出的複雜的論文中，賀德林說明，實際上每一個瞬間都是轉變的瞬間，也就是從兩種相互對

立的現實中轉身脫身，其一是轉身而去、自我消解的現實，其二是
迎面而來，正在生成的現實。賀德林用「理想的」消解和「現實
的」新的生成來勾勒我用新和舊的不同所表示的時代經驗。引導他
這樣做的觀點是把整體當作活生生的統一體。有機體在材料的不斷
變化中保持統一性，在每一次消解中重又產生新的東西，生命就是
[Ⅱ 141] 這樣構成的。在人類歷史的變化過程中生命的形式就在於，自我的
消解的因素正是藉助於對新事物的經驗才經驗到它自身的統一性。
賀德林在這裡想對我們說的就是，舊事物，亦即對待舊事物的表現
方式，其實屬於生成中的新事物本身的現實性。賀德林認為，視死
如歸，透過悲劇的調解使生命重生，這些悲劇式的肯定都是悲劇的
偉大形式，但這一切並不直接屬於我試圖在此發展的觀點因而應該
撇在一邊。我們也完全不要管那些悲劇式的詞藻，以及那些突出理
想的舊事物相對於現實的新事物的生成的得意的表述。只要我們根
據自身的歷史經驗本身來看待這種經驗就夠了。在賀德林的論文中
還包括以下觀點，了解和認識並不是把某種封閉的東西如其所是地
再現出來，只有從新因素出發，根據今天的情況所作的再現才能獲
得它的可能性和實現。但這就是說：所有這樣的再現和了解本身就
是一種事件，就是歷史。並非只有把搖擺著的詩人精神附加到消失
著、消解著的歷史世界之上才能構築歷史意義的觀念性，其實世界
本身就不會忘記，它是從無盡的創造可能中創造新的生活形式，從
而獲得其本身的觀念性。悲劇式的肯定，對過去的理想的看法。這
些同時就是對存在的、持存的真理的認識。

這樣我就接觸到整體觀點，這種觀點從我自己的研究中已變得
尤為重要。是什麼把悲劇的英雄提升為命運的角色，由於他的死亡
就使生命得到更新？什麼是觀眾接受悲劇災難時的感情淨化，或說
新的無畏？真理在這種經驗中究竟構造了什麼？

我們在這裡稱之為真理的就是回憶的實在（erinnerte

Wirklichkeit）。我們並非把發生的一切都回憶成眞的、有意義的
東西。不僅悲劇詩人，甚至我們情感不懈的理想化力量也經常進行
理想化的構想，把存在過和消失的東西提升爲持存的、眞實的東
西。如果我們獲悉一個熟人的死訊，則就會出現我這裡描述的最深
刻的經驗：這個人的存在方式怎樣突然改變了，他怎樣變得持存不
動、更爲純化，並不是說他在道德上更好或更可愛，但他被封閉在
持存的輪廓中使人周知——這只是因爲我們不能再從他身上期待些　[Ⅱ 142]
什麼，不能再從他身上經驗到什麼，不能再對他施以愛。我認爲用
這個極端例子描寫的經驗就是一種認識。在這種認識中出現的就是
眞理。這裡所說的絕不是通常所謂的美化，而是這種超越變滅無常
的東西的自我提升（Sich-Erheben），它超越了歷史時間之流沖毀
一切僵死界限一切僵死外廓的流逝活動。這裡突然出現了某些東西
並保持下來，這似乎有助於表達一種眞理。

　　從這方面出發不僅可以構成非連續性的眞正經驗，而且還可
以構成歷史的連續性的經驗。我上面描寫的都可以在齊克果的「瞬
間」（Augenblick）概念中重新找到，在眼睛的那種充實了的一瞥
之中不再是指均勻流逝著的改變中的一個標記，而是不得不選擇
的、唯一的瞬間，因爲它只是一種現在，永不再來。從這種觀點出
發則歷史的連續性不再被看作流逝的時間事件再現的連續性，而是
對非連續性經驗提出提問，提問非連續性如何包括連續性，在何種
意義上包括連續性。

　　我在自己的探索中曾這樣說過：如果我們在傳承物中遇到某些
可以理解的東西，那麼這種行爲本身就是發生（Geschehen）。如
果我們從傳承物中取出一個詞，讓它自己說話，這也是一種事件的
發生。這當然不是把歷史理解爲一種過程，而是理解在歷史中向我
們訴說，向我們走來而與我們相遇的東西。

　　我也許爲上述現象選了含意太多的表述，我認爲我們所有的歷

史理解都受到一種效果歷史意識的規定。

　　我用這個表述想說明的首先是，我們本身並不能和事件（發生）本身相分離，也不能與它相對立，從而把過去變成我們的客體。如果我們眞的這樣想，就難以認識到眞正的歷史經驗。我們總是已經處在歷史之中。用赫爾德的話來講，我們不僅本身就是這種環環相扣的長鍊中的一環，而且我們每時每刻都可能從這種源自過去、迎面走來並傳承給我們的東西中理解自己。我把這叫作「效果歷史意識」（Wirkungsgeschichtliches Bewußtsein），因爲我想用這個概念一方面說明，我們的意識受到效果歷史的規定，受到現實

[Ⅱ 143] 事件的規定，這種事件不可能像與過去遙相對峙那樣與我們的意識相分離。另一方面我還想說明，它還能在我們心中不斷重新製造出這種產生的意識——就像所有我們經驗到的過去必然使我們能以某種方式獲悉它的眞理。

　　我首先要根據所有理解都有語言性來作證明。我所指的是極樸實的事情，它根本沒有奧祕。這裡說的只是：我們的歷史意識充滿了關於它在知識，關於陌生歷史世界陌生性的知識，這種歷史意識用思維著的歷史認識巨大努力力圖把它本身的概念與陌生時代和陌生世界的概念區分開來，然而這兩種概念最終卻總是相互調解。舉個例子：從最古老的文化傳承給我們的最陌生的法律形式將作爲在法律可能的共同範圍內得到理解的法律形態被我們把握。如果我們能夠解釋人們如何把引人注意的巴比倫證物（以及可以處理的東西）理解爲法律證物，從而使人們可以理解它，那麼這並非只是我們歷史意識的證明。不僅這種歷史距離要透過語言來溝通，而且這種溝通是在所有特定歷史意識之前發生作用的。這就恰好構成語言現象中心地位，語言不僅統治著歷史解釋的過程，而且是傳遞過去消失的事物的形式。我們已經習慣於用某種歷史的傲慢看待以下事實：古代或中世紀的作家如何以極爲天眞的類型學的或道德的

方式，在過去的證據中要求直接證明他們自認為真實的東西。我們說他們這樣做缺乏歷史感。然而，這樣一種以直接道德的或諸如此類方式實現的理解以及歸置過去傳承物的方式仍是一種語言發生（geschehen），它和現代科學中的歷史解釋過程一樣。只是因為未曾改變地流傳下來的詞突然具有完全改變了的意義，我們才能最清楚地看到這一點。任何和傳承物所作的天真的打交道都是一種在瞬間上的應用，這種應用我們可以最大限度地發現它的不科學性和錯誤之處，但這種應用仍然屬於創造性的誤解，文化的流傳連繫就從這種誤解中產生出來。在所有的歷史認識中總活躍著這類與我們的關聯。

我把語言作為媒介的方式，超越所有距離和非連續性的歷史 [Ⅱ 144] 連續性就存在於這種媒介方式之中，我認為這已由以上說明的現象得到很好的證明。然而其中還存在著根本的真理：語言總是只存在於談話之中。語言是自我實現的，只有在相互的說話中語言才能實現它的任務，在這種談話中詞被給予對方，而我們共同指引的語言就在這種談話中使相互尋找的語言盡情發揮作用。如果使語言脫離在講話和回答中被理解的直接境遇，則這種語言概念必定會在一個根本向度上使語言縮短。語言進行的直接性包括對這一問題的回答，即儘管我們每人每刻都會遇到區分和抉擇，但歷史的連續性卻仍然繼續進行這種區分和抉擇，並使之成為可能。因為以下這一切也是談話：過去的正文，過去的證物，人類構造能力的構成如何達到我們的方式。這裡不存在研究者面對豐富研究對象的那種抽身旁觀（unbeteiligtem Gegenüber，或譯不參與的面對）。相反，這種經驗處於一種交往事件之中，這種交往事件具有談話的基本結構。在這種交往中並不是每個人都各講各的，而是一方傾聽另一方的說話，並且因為他傾聽對方的說話，也作出了與對方沒有問沒有說時不一樣的回答。一方因其被不一樣地被提問而作出不一樣的回答，

以及他因爲對某個答案有疑問而提問，我覺得正是這種結構同樣適用於與歷史傳承物的交往。並非只有藝術品才對我們說話──一切我們獲悉的人類的音信都對我們說話。

　　從我提出的這條思路出發就能得出以下結論：本文題目中歷史的連續性和存在的瞬間讓人感到的對立其實是錯誤的誇大。我已經指出，非連續性存在於發生（Geschehen）的過程中，正是在對瞬間的這種刻畫中才可能保持和經驗歷史的連續性。連續性並不是處於完美歷史主義極端中的平靜的確定性；可以在發生事件的任何地方把發生（Geschehen）表述成一種新的開端，因爲變化和消逝就是每個瞬間真正的現實，並且作爲一種轉變而確保了發生（Geschehen）的連續性。這絕不是一種毫無疑問的確定性，相反是對所有人的經驗意識提出的任務。它在傳承物和傳統中得到實現，但在傳承物和傳統中根本沒有自身實現的平靜的確定性。傳承物和傳統並不具備有機生命的純潔性。如果它們被當作無生命的僵死物看待，則也可以用革命的熱情進行爭鬥。傳統和傳承物並非在頑固地堅守拿過來的東西中保持其真正的意義，它們而是表現爲在與我們談話中經驗的、不間斷的參與者，從而保持其真正的意義。它們回答我們的問題並提出新的問題，這樣就證明了它們自己的現實性和繼續發生作用的活力。

　　凡是再現的意識理解爲把過去的事物拿過來、保持住，並與創新意志相對置的東西都根本不是活生生的傳統。傳統真正的真理埋藏得更深，存在於我們迎向未來，證實新事物的時候才變得現實的領域中。海德格在數十年前曾告訴我們，過去並非首要存在於回憶中，而是存在於遺忘中，我稱它是別人向我表明的最偉大的觀點。確實，這就是過去附屬於人的此在本身的方式。正因爲過去具有這種遺忘的此在，它才能保持一些東西並被人回憶。所有流逝而去的東西都沉入一種遺忘，正是這種遺忘才能抓住並保持住藏身在遺

[Ⅱ 145]

忘之中、陷入遺忘之中的東西。這裡就存在著引出歷史連續性的任務。對於處在歷史中的人來說，保持住經常失落東西的回憶並不是旁觀的認識者客體化行為，而是傳承物的生命過程本身。對於這種生命過程來說，關鍵不在於把過去的視野任意無限地擴展，而在於提出問題找到答案，這種答案將從我們所是出發使我們作為我們未來的可能性持續存在下去。

11. 人和語言

（1966年）

　　亞里斯多德爲人的本質下了一個經典性的定義，根據這個定義，人就是具有**邏各斯**的生物。在西方文化傳統中，這個定義以這樣一種形式成爲一種規範的定義，即人是 animal rationale，具有理性的動物，也就是說人是由於能夠思維而和其他動物相區別。這樣，人們就以理性或思想這樣的含意解釋了**邏各斯**這個希臘詞。實際上，邏各斯這個詞的主要意思是語言。亞里斯多德曾用以下方法來區別人和動物：[1] 動物之間是透過互相指示哪些東西在激起它們的欲望從而可以去尋求這種東西，哪些東西在傷害它們從而可以避開這種東西而達到相互理解的。這就是動物的本性所能做到的。唯有人則除了本性之外還有邏各斯。這樣，人才能互相表達出哪些東西有用，哪些東西有害，什麼是正確的，什麼是錯誤的。這是一個相當奧妙的論斷。那些有用或有害的東西乃是這樣一些東西，這些東西本身並沒有追求價值，而是爲了別的根本還未存在的東西，它們只是服務於獲得這些東西。因此，人最顯著的特徵就在於他超越了實際現存的東西，就在於他具有對未來的感覺。同時，亞里斯多德又補充說，正是因爲人有這種感覺，才會產生公正和不公正的意義──而所有這一切都是因爲人唯一作爲具有**邏各斯**的個體。人能夠思想，能夠說話。人能夠說話，也就是說他能夠透過他的話語表達出當下並未出現的東西，從而使其他人能夠預先了解。人能夠把

---

[1] 〔《政治學》，A2，1253a9 以下。〕

自己意指的所有東西表達出來從而使他人知道，甚至比這更重要的
是，正由於人能夠用這種方式相互之間傳遞訊息，因此，只有人之
間才存在共同的意見，這就是一般概念，尤其是那些使人類能夠沒
有謀殺和互相殘殺的——以社會生活的形式，以政治憲法的組織形
式或以勞動分工的經濟生活形式等——共同生活成爲可能的一般概
念。所有這一切皆由於一個簡單的論斷，即人是一種具有語言的
生物。

有人可能會認爲，這種顯而易見令人信服的觀點在我們思考 [Ⅱ 147]
人的本性問題的時候就一直保證著語言現象的優先地位。如果我們
把動物之間相互理解的方法也稱爲語言，那麼我們說動物的語言和
人藉以接受和相互傳遞客觀世界資訊的語言完全不同，這不是最
爲不言而喻的嗎？而且，人類語言的符號不像動物的表達標誌那樣
固定，而是保持著可變性，這種可變性不光表現在人類有許多種語
言，更在於在同一種語言內人能用相同的表述表達不同的事物，或
者能夠用不同的表述表達同一種事物。

然而，西方哲學思想實際上並沒有把語言的本質作爲哲學思考
的中心。雖然有一個明顯的暗示，即在《舊約・創世記》中，上帝
透過讓人類的始祖按照自己的意願命名世界上所有的存在物，以此
授予他對世界的統治權。巴比倫塔 [11] 的故事同樣也表明了語言對
人類生活的根本意義。然而，恰恰是西方基督教的宗教傳統以某種
方式阻礙了有關語言的思想，以致關於語言起源的問題只有到了啓
蒙時代才被重新提出。當人們不再用《聖經》的《創世記》而是在
人的本性中尋求對語言起源問題的回答時，這就意味著一個重大的
進展。因爲隨之就必不可免會跨出新的一步：語言的天然性質使我
們不可能提出人類還沒有語言時的原始狀況的問題，以及語言的起
源問題。赫爾德和威廉・馮・洪堡把語言的原始人類性認爲是人類
的原始語言性，並指出這種現象對於人類世界觀點具有根本性的意

義。威廉‧馮‧洪堡的研究領域是人類語言結構的多樣性，他一度
當過文化部長，後來退出公眾生活潛心學術研究。他是一個來自於
特洛爾區的智者，透過自己晚年的研究工作而成爲現代語言學的創
始人。

　　但是，威廉‧馮‧洪堡創立的語言哲學和語言學還絕不意味
著亞里斯多德基本觀點的眞正重建。透過把各民族的語言作爲自己
的研究對象，洪堡開闢了一條認識道路，從而使他能透過一種新的
有希望的方法既說明不同時代不同民族的區別性，也說明作爲這
種區別性之基礎的人類共同本性。但這樣做法僅僅使人具有一種能
力而且僅僅闡明了這種能力的結構規律性——亦即我們所謂語法、
句法和詞彙等——這種做法同時也限制了人和語言問題的視域。人
們想透過語言這面鏡子學會認識各民族的世界觀，甚至想以此認識
他們文化發展的細節。——我想到對印度日爾曼人家庭文化狀況的
認識，對此我們要感謝維克多‧漢（Viktor Hehn）關於人工培植
的植物和家畜的極好的研究。語言學就像其他史前史一樣是人類精
神的史前史。但語言現象透過這種方法僅僅具有某種極好的表達領
域的含意，人們可以透過這個領域研究人的本性和人性在歷史中的
發展。但憑藉這種方法卻並不能進入哲學思想的核心。因爲笛卡兒
主義把意識定義成自我意識的思想仍然是所有近代思想的背景。自
我意識是一切確定性不可動搖的基礎，一切事實中最爲確實無疑的
事實，我作爲這種自我意識才知道我自己，自我意識在近代思想中
成爲衡量所有能滿足科學認識要求的東西的標準。語言科學研究最
終也依據於這同一基礎。那種在語言塑造的能量中具有其證明形式
的，乃是主體的自發性，所以表現在語言中的世界觀也可以根據這
個原則作爲富有成果的解釋——語言爲人類思想提出的謎根本不可
能在此出現。因爲對自身深不可測的無意識性正是語言的一種本
性。就這點來說，**語言**（die Sprache）**這個**概念只是後來才使用並

[II 148]

非偶然。**邏各斯**這個詞不僅僅指思想和語言，它還指概念和規律，語言這個概念的出現以語言意識為前提。但這僅僅是一種反思活動的結果，在這種反思活動中，思維者從講話的無意識過程反思出來，並和自身保持一種距離。但語言固有之謎卻在於，我們絕不能完全做到這一點。毋寧說，一切關於語言的思維早已再次落進語言的窠臼。我們只能在語言中進行思維，我們的思維只能寓於語言之中正是語言給思想提出的深奧之謎。

語言並不是意識藉以和世界打交道的一種工具（Mitee）。它並不是與符號和用具（Werkzeug）——這兩者當然都屬於人的本質標誌——並列的第 3 種器械（Instrument）。語言根本不是器械用具。因為用具的本性就在於我們能掌握對它的使用，這就是說， [Ⅱ 149] 當我們要用它時可以把它拿起來，一旦這件工具完成它的使命又可以把它放在一邊。但這和我們使用語言的詞彙時大不一樣，雖說我們也是把已到了嘴邊的詞講出來，一旦用過這些詞後又把它們放回到我們掌握的詞彙庫中。因此，這種類比是錯誤的，因為我們永遠不可能發現自己是一種與世界相對的意識，並在一種彷彿是沒有語言的狀況中採用理解的工具。毋寧說，在所有我們關於自我的知識和關於外界的知識中，我們總是早已被我們自己的語言包圍。我們透過學著講話而長大成人、認識世界、認識人類並最終認識我們自己。學著說話並不是指學著使用一種早已存在的工具去標明我們已熟悉和認識的世界，而是指像世界與我們照面的那樣去贏得對世界自身的熟悉和了解。

這是一種何等深奧又隱蔽的過程。認為孩子說出一個詞、第一個詞的看法是何等的荒唐。誰要是試圖讓孩子在一種和人類語音完全隔絕的環境中成長，然後從這些孩子們第一次喃喃學語的發音中去發現現存人類語言的一種表達方式，並把這種表達方式冠以「原始」語言的創造，以此來發現人類的原始語言，那又將是一種何等

的荒唐。這類想法的荒唐性在於它希望透過某種人工方法排除掉我們被生活於其中的語言世界所包圍的實際事實。實際上,我們總是早已處於語言之家中正如我們早已居於世界之家中。我又在亞里斯多德那裡發現他關於如何學習說話有最機智的描述。[2]當然,亞里斯多德的描述根本不是指學習說話,而是指思維,也就是指獲得一般概念。在現象的變動中,在不斷交替變更的印象之流中,諸如固定不變的東西到底是如何產生的?顯然,這首先是由於人有保持的能力,也就是說記憶力,記憶力使我們能夠把某種東西認作是同一的東西,這是抽象思維第一個偉大成果。從變動不居的現象中觀察到一種共同的現象,於是,從我們稱之爲經驗的日積月累的重新認識中,就漸漸地出現了經驗的統一性。但從這種統一性中產生了以一般認識的方式對所經驗之物的明顯支配。於是亞里斯多德問道:這種一般知識究竟怎麼可能產生呢?顯然不是透過以下這種方法:即我們經驗著一件又一件的現象,而後,突然間,當某種現象再一次出現,並被我們確認爲與以前經驗到的現象一樣,於是我們就獲得了一般知識。然而這種個別現象並不是因某種神祕的力量能表達出一般從而與所有其他個別現象相區別。毋寧說,它與所有其他個別現象一模一樣。然而,關於一般的知識確實在某個階段產生了。這是從何開始的呢?亞里斯多德對此作了一個絕好的比喻:一支正在疾速逃遁的部隊是如何停住的呢?這支部隊是以哪一刻開始停住的?顯然不是由於第一個士兵停住了,或是第二個或是第三個士兵停住了。我們也不能說當相當數目正在逃遁的士兵站住時這支隊伍就停住了,顯然也不能說部隊是在最後一個士兵收住腳步時停住的。因爲部隊並不是在最後一個士兵停住時才開始停止前進。從開始停到完全停住經過了很長一段時間。這支部隊是怎樣開始停步,

[Ⅱ 150]

---

2 〔《後分析篇》,B19,99b35 以下。〕

這種停步的行動怎樣擴展，最後直到整個部隊完全停步，也就是再一次地遵守統一的命令，這一切都未曾被人清楚地描述，或者有計畫地掌握，或者精確地了解過。然而，這個過程卻無可懷疑地發生著。關於一般知識的情況也正是如此。同樣，一般概念如何進入語言的過程也正是如此。

我們所有的思想和認識總是由於對世界的語言解釋而具有成見，進入這種語言的解釋就意味著在這個世界中**成長**（aufwachsen）。在這個意義上可以說語言就是人的有限性的真實標誌，語言總是超越我們，個體的意識並不是衡量他的存在的標準。實際上，根本不存在語言真的屬於其中並訴說它的個體意識。那麼語言是如何存在呢？顯然不可能離開個體意識而存在，但語言也不存在於許多個體意識的單純集合之中。

沒有一個人會在講話時真正意識到自己的講話，只有在例外的情況下人們才會對他正在說的語言產生意識。例如：當一個人帶著某種目的要說什麼，並且話已來到了嘴邊，他突然打住了，因為他發現自己將要說的事情顯得有點奇怪或滑稽，以致他會自問「真的可以這樣講嗎？」在這種時刻我們會對自己講的語言產生即刻的意識，因為這時語言不做它自己的工作。那麼什麼是語言自己的工作呢？我認為可以在這裡區分出 3 點。

1. 首先是講話具有本質上的自我遺忘性（Selbstvergessenheit）。生動的談話根本意識不到語言學劃分的語言結構、語法和句法等等。現代教育不得不用母語而不用像拉丁文那種死語言教語法和句法，這是特殊的違反常情的情況。每個人都被要求清楚地認識他作為母語掌握的語言的語法，這其實是一種巨大的抽象結果。語言的實際進展過程會使語法在任何時刻都完全消失在用語法所說 [Ⅱ 151] 的話之後。在學習外語的時候，我們每個人也都有過關於這種現象的極好體驗。這就是課本中和課堂上使用的例句，這些例句的任務

是使學外語的人抽象認識某種語言現象。以前，當人們還認識到這種抽象任務就是學習語言的語法和句法時，當時所用的句子都是一些高雅而無意義的句子，這種句子講的是凱撒或卡爾叔叔如何如何。更新的教育則傾向於使用大量充斥外國有趣資訊的例句。這種方法有一種未曾料到的副作用，由於這種句子中所說的內容吸引了學習者的注意力，因而遮蔽了作爲一種語法例句的功能。因此，語言越是生動地進行，我們就越少意識到語言。這樣，從語言的自我遺忘性中引出的結論就是，語言的眞正存在就在它所說的之中，它所說的東西構成我們生活於其中的共同世界，從外語的（活語言的和死語言的）文學作品中傳給我們的整個傳統的長鍊也屬於這個世界。語言的眞實存在就是當我們聽到它，聽到它所說的話語時，就能融身於其中的東西。

2. 我認爲語言存在的第二個基本特徵是它的無我性（Ichlosigkeit）。只要一個人所說的是其他人不理解的語言，他就不算在講話。因爲講話的含意就是對某人講話。講話中所用的詞所以是合適的詞，並非僅因爲這些詞向我自己表現所意指的事情，而是因爲它們使我正與之講話的另一個人也了解這件事情。

在這個意義上可以說，講話並不屬於「我」的範圍而屬於「我們」的範圍。因此，弗迪南德・埃伯納以前曾經正確地給他一篇著名的文章〈詞和精神的現實〉（Das Wort und die geitstigen Realitäten）加上副標題「聖靈論殘篇」（Pneumatologische Fragmente）。因爲語言的精神現實性就是把我和你統一起來的Pneuma（靈魂）即精神的現實性。正如人們早就注意到的講話的現實性在於談話。但在每一次談話中總有一種精神起作用，這種精神或是好的或是壞的，或是執拗地中斷交流的精神，或是在我和你之間進行媒介和交流的精神。

　　正如我在其他地方指出，[3] 每一種談話的進行方式都可以用遊戲
概念作出描述。當然我們必須擺脫一種思維習慣，這種思維習慣從
遊戲者的意識出發思考遊戲的本質。這種主要因席勒而流行的遊戲　[II 152]
者定義僅從遊戲的主觀現象出發把握遊戲的真實結構。但遊戲實際
上是一個運動過程，它包括進行遊戲的人（die Spielenden）或進行
遊戲的東西（das Spielende）。因此，當我們講到「波浪的遊戲」
或「遊戲著的蒼蠅」或「參加者的自由遊戲」時，絕不僅僅是一種
譬喻。其實，對於正在進行遊戲的意識來說，遊戲吸引人的地方恰
恰在於遊戲意識全神貫注地加入到展開自身動力的活動關聯之中。
當遊戲者本人全神貫注地參與到遊戲中，這個遊戲才算在進行，也
就是說，遊戲者再也不把自己當作不認真的，僅僅在作遊戲的人。
那些不能把全副身心投入到遊戲中的人，我們就稱之為不能進行
遊戲的人。因此我認為：遊戲的基本原則，就是要滿足遊戲的精
神──輕鬆的精神、自由的精神和成功的喜悅的精神──並滿足遊
戲者。遊戲的這種基本規則都和以語言起作用的談話的規則具有相
似的結構。如果人們相互開始談話並將談話進行下去，在這種談話
中個人袖手旁觀或放開的意願再也不具決定性作用，而是談話主題
的規律引出陳述和相反的陳述，並在最後使它們相互融合。因此，
如果一次談話成功了，那麼正如我們所說的，談話者就在那裡被談
話所滿足了。這種彼此相對的談話遊戲還可以進而在靈魂與自身的
內在談話中進行，對此柏拉圖很妙地稱之為思想。

　　3. 由此引出第三個因素，我想把它稱為語言的普遍性。語言並
不是一個封閉的可言說領域，彷彿與這個領域相對另有一個不可言
說的領域。其實不然。語言是包容一切的。沒有任何東西可以完全
避開被言說，只要我們的意指活動指及某物，某物就無法避免被言

3　《真理與方法》，參見我的著作集，第 1 卷，第 3 部分，第 491 頁以下。

說。正是由於理性的普遍性，我們的講話能力才具有不倦的發展。因此，每一場談話都具有內在的無限性，都是無窮盡的。如果某個談話者結束對話，那或者是因為他認為所講的對他已經足夠，或者認為已經無話可講，但每次這樣的中斷都與重新談話具有內在的連繫。

我們每人都有過被要求以一種令人不快的方式作出陳述的經驗。作為一個極端的例子，我們可以想到一場審訊或者在法庭前的陳述。在這種情況裡，我們所必須回答的問題就像是針對意欲表達自己並進入談話的講話精神所設置的障礙（「在此我說」或「回答我的問題！」）。所有講出的話的真實含意絕不只在自身，而是或多或少地與未講的話有關。每一個陳述都受動機支配，這就是說，我們可以對所說的每一句話有意發問「為什麼你說這些？」只有在 [Ⅱ 153] 所說出的話中同時也理解到未說出的話，這個陳述才被理解。我們尤其在提問中認識到這個情況。對於不理解其動機的問題，我們就不可能找到答案。因為只有問題的動機史才敞開了可以從中提出或給出答案的領域。因此，不論在提問還是回答中實際上都有一場無窮的談話，說話和回答就存在於這種談話的空間中。一切說出的東西都處在這個空間中。

我們可以用我們每人都有的一個經驗來解釋這一點，我指的是翻譯者和外國翻譯作品的讀者。翻譯者面對的是語言的正文，亦即口頭或文字表述的內容，翻譯者必須把它們翻譯成自己的語言。他受到正文本身內容的束縛。因此，他只有先使自己成為這些內容的講述者，才能把正文的內容從陌生的語言材料轉換成他自己的語言材料，但這就意味著他必須獲得與原來外語中所說內容相應的陳述的無盡的領域。任何人都知道這是何等地困難，任何人都知道譯文會使本來在外語中所說的東西顯得平淡無味。這是在一種平面上的反映，從而使譯文的詞義和句子形式都能遵從原文，但這樣，

譯文就沒有空間了。[12] 這裡缺少第 3 個層面，從而原本的內容，
即原文中所說的東西不能在其意義領域內建立起來。這是任何翻譯
都無法避免的侷限性。沒有一種譯文能代替原文。但如果有人認
爲，原文中的陳述經過翻譯者以平面形式的投射後，應該更容易
理解，因爲原文中絕大多數可能的背景或詞外之意將不再保存下
來──如果有人認爲，這種簡化的意義必能使理解更加容易，那就
錯了。任何一種譯文都不可能像原文那樣容易理解。因爲所說話中
涉及的許多意義──意義總是一種方向意義（Richtungssinn）──
僅僅在原文中才得以表述，而在所有的跟讀（Nachsagen）和跟說
（Nachsprechen）中都會滑落。因此，翻譯者的任務絕不能僅僅照
搬所說的話，而是把自身置入所說的話的方向即意義中，這樣才能
把要說的東西轉換進自己陳述的方向中。

　　這個問題在口譯時表現得最爲清楚。口譯就是透過口譯者的媒
介使兩個操不同語言的人之間的對話成爲可能。如果一個口譯者僅
僅把一方所說的字和句轉化成另一種語言的字和句，他就會使談話
變得陌生而不可理解。他必須做的並不是用詞義完全相同的詞譯出
另一方所講的話，而毋寧是透過略去許多話而把一方想說的或已說
的翻譯出來。他翻譯的有限性同樣必須獲得空間，在這個領域裡唯 [Ⅱ154]
有談話，亦即與所有相互理解相符的內在無限性，才是可能的。

　　因此，如果我們僅僅在唯有語言充填的領域，在人的共在領
域，在總是新生出一致性的相互理解的領域──這是一個對於人類
生活如同我們呼吸的空氣一樣不可須臾離開的領域──中看語言，
那麼語言就是人的存在的眞正媒介。正如亞里斯多德所說，人實際
上就是具有語言的生物。一切與人有關的事情，我們都應該讓它們
說給我們聽。

12. 論未來的規劃

（1965年）

　　如果我們說，首先並不是自然科學本身的進步，而是自然科學之技術——經濟應用的合理化才導致了我們現在所處的工業革命新階段，這大概不是一種誇張。據我看，並不是未曾預料到的對自然統治的增長，而是對社會生活的科學控制方法的發展才鑄造了我們時代的面目。正因為此才使自 19 世紀開始的現代科學的勝利進軍成了一種統治一切的社會因素。於是作為我們文明之基礎的科學思想掌握了社會實踐的所有領域。科學的市場研究、科學地指揮戰爭、科學的外交政策、科學地培養後代、科學地領導人等等，這一切使專家統治在經濟和社會中占據了中心地位。

　　於是就首次提出了世界秩序問題。這裡所指的並非對現存的秩序的認識，而是對尚未存在的秩序的規劃和創造。然而我們要問，總要對某種尚未存在的東西進行規劃和創造，這一問題究竟提得是否正確。很清楚，在各民族之間並不存在人們所希望的世界秩序。這從以下事實中可以說明，即當今人們對於正確秩序的看法大相徑庭，因而是放棄共存的口號占據了統治地位。然而這個產生於核武器均勢的口號卻包含著一種威脅這一問題之意義的表述。如果關於正確秩序的不同看法從一開始就是不可調和的，那麼談論一種應該創造的世界秩序到底還有什麼意義？如果人們並不知道一切中間的步驟，或者說一切可能的步驟將會導向怎樣的結果，那麼人們又如何能用世界秩序的尺度來衡量規劃呢？世界範圍內的任何規劃難道不是取決於一種確定的共同目的觀的存在嗎？當然也有一些振奮人

心的領域，例如：世界衛生保健領域、世界交通以及世界食物供應領域等等。然而是否能夠在這條道路上繼續前進並且逐步擴大合理、統一控制管理的領域，從而最終達到一種完全有控制的並合理地組織起來的世界？與此相反，人們認為，世界秩序的概念和起主導作用的秩序觀必然會有內容上的不同。如果人們給這些概念加入它可能的反命題則這一點從方法上看是很清楚的。從本性上看，我們關於正確、善等等的觀念還不如不正確和壞的觀念那樣明確，那樣確定。消極的和私人的東西顯然占有優先地位，它作為應該被否定和應該被排除的東西卻從自身出發硬要強加於我們的變革意志，並由此來突出自己。於是，本該消除的非秩序概念卻往往更容易確定並產生出更為不同的甚至對立的秩序意義。但是把仍然由非秩序統治著而應該產生秩序的部分領域擴展到整個世界秩序，這樣做是否合理？讓我們以經濟的非秩序作為例子。在經濟領域中似乎最容易獲得一種合理的秩序觀。凡阻礙經濟合理化的狀態都可以被稱為非秩序。然而在普遍福利概念中顯然存在著對世界經濟秩序的不同觀點，這些不同觀點不可能融化為某個個別大世界工廠的合理性觀點。於是問題就紛至沓來，例如：是否應該為了普遍增長福利而容忍企業主獲取過高利潤，抑或是否應該從福利政策理由出發選擇一種國有化的從而是官僚化的經濟，儘管這種經濟效益比較低。然而，這難道還是純經濟問題嗎？當然不是。正因為這裡有其他的政治因素在起作用，因此經濟因素就基本上沒有被觸及。正在增長著的世界經濟合作的合理性似乎成為一種真正的尺度，而世界秩序的意義就是由這種尺度而得到定義。

然而這裡卻包含著一種可疑的前提，這就是經濟視角可以和政治視角相分離。我們是否可以像談論經濟的非秩序狀況和合理的世界經濟秩序狀況那樣規定政治上的非秩序狀況，消除這種非秩序性就能合理地把握住政治秩序概念？也許我們可以說：就如普遍的福

[Ⅱ 157]

利是世界經濟的尺度一樣，對於世界政治來說則在避免全球性的自我毀滅這一點上存在著一種同樣無歧義的尺度。可是這是一種真正的平行關係嗎？真的可以由此產生出使人們可能達到理性一致的政治秩序觀嗎？假如我們說，維護和平是一切政治的目的，那麼如果涉及的是常規戰爭，這種說法就只能在很有限的範圍內是明白無誤的。因為從字義上理解就是說：所謂現狀（status quo）就是該保持的世界秩序——這個結論目前在核均勢壓力下確實繼續有效並日益縮小著世界政治可能變化的活動餘地。可是這難道是政治尺度，是值得追求的理想嗎？政治當然是以狀態的可變性為前提的。在這個世界上存在著「正確的」並能為「正確的」世界政治秩序服務的政治變革，對此絕不會有人有異議。然而由此又提出了以下問題：這種正確性以什麼作為標準？以一種政治秩序觀作標準？即使涉及的是極為合理的世界政治秩序觀，比如關於歐洲統一的觀點，但這種尺度也會變得極為不確定。如果由於歐洲的統一而破壞了現存的世界經濟和世界政治的相互連繫並打破了聯邦的統一，那還能說這樣是「正確的」，亦即是一種世界秩序的進步嗎？由此而可能產生的究竟是更多的秩序還是更多的非秩序呢？

我們可以把這個問題提得更為澈底些，即是否可能設想出某種政治秩序觀，它並不必然會引起反對的觀點？能否設想出一些政治秩序觀，它們不給任何現存的政治權力以機會，而只有當它們對其他政治權力不利時才給某種權力以機會？我們能說這種權力利益對立的存在是非秩序嗎？難道它不是政治秩序的本質？

把不發達國家的存在看作非秩序，也許更能說明問題。眾所周知，我們把排除這種非秩序的努力稱為發展政策。由此立刻就產生了合理的實際問題，例如：人口政策和食物供應政策等一類的問題。顯而易見，一切人口增長的過度壓力都被視為非秩序，從另一方面來說對食物的浪費、土地的荒蕪、食物源的破壞等都可視作非

秩序。然而所有這些特定的秩序觀都滲透在世界政治之中，在世界政治中則有無數的視角起著決定作用，因此要想普遍明確地制定出一種政治秩序觀似乎是毫無希望的。

　　同樣也不存在一個合理的理由，可以使我們以為合理的規劃和秩序獲得成功之領域的擴展必然會使我們接近合理的世界政治秩序。我們可以同樣有理由得出相反的結論，並不得不承認正在增長 [II 158] 著的危險性，即把合理的連繫用於不合理的目的，就如俗語所說「寧要大炮不要奶油」。我們還必須更澈底地問，難道不正是我們的經濟和社會生活的科學化──只要想一下輿論研究以及製造輿論的戰略──儘管沒有增加但卻使人們意識到最終目標，亦即關於應有的世界秩序的內容之不可靠性？這種科學化第一次把我們整個世界的塑造變成可以科學地通報和控制計畫的對象，從而它在實際上掩蓋了秩序尺度的不確定性。是否這種任務壓根就提錯了？不管在無數部分領域中採取了多少科學合理的行動，但我們究竟能否把整個世界的秩序認作為這種合理規劃和實施的對象？

　　這個問題儘管和我們時代的科學信仰極為不相符，但我們必須把這個問題置於一個更為一般問題的背景之上來看，這個更為一般的問題是自 17 世紀以來透過近代科學的產生而提出的，並且至今仍未得到解決。一切對於我們世界之秩序可能性的反思都必須從以下這一深刻對峙出發，即以科學的權威為一方與打著宗教、傳統習俗和習慣烙印的人民的生活方式為另一方之間的對峙。我們也許從古老的亞洲文化或所謂不發達國家的生活方式和歐洲文明的接觸中所產生的對峙形式中了解到這種對峙。但這只體現了這個一般問題的特殊情形。據我看，最緊急的問題並不在於我們如何能夠把西方文明和遠東國家的陌生傳統相調和，並使之達到一種富有成效的平衡，而在於應該如何在我們自身的文化基礎上評價這種經由科學才可能實現的文明過程的意義，並把它和我們社會的宗教和道德傳統

相調和。因為這才是我們如今正在研究的世界秩序問題，這個問題透過歐洲科學的文明成果到處以同樣的澈底性被提出來。

回顧一下上一世紀的歷史就很清楚，從 17 世紀開始得到貫徹的新的科學思想一開始只能很猶豫地、逐步地擴展它所內含的普遍可能性。因此，我們也許可以說，除了唯一的核子物理學以外作為當今工業革命之標誌的種種發展全部都建築在 19 世紀科學發現的基礎之上，這就是說：從科學上看這一切發展在當時就已經可能。

[Ⅱ 159] 然而只要基督教的和道德的傳統規範立場竭力反對，即使自由的 19 世紀在利用科學發現中也是很猶豫的。我想起了達爾文主義所必須克服的反抗。如今這一類的障礙似乎已經消除，由此，我們科學發現的技術應用可能性得到了釋放。專家們提供了在他的科學中所存在的可能性，而一旦遇到要決定可能性的可行性時，公眾意識總是轉向科學。但是，即使在這裡也有例外。我們可以想一下在遺傳發生學中出現的培育人種的可能性，面對這種可能性人們對其後果懷著不可克服的極大驚恐。

確實存在著足夠的警告呼聲，這種呼聲一個世紀以來一直以悲觀主義文化批判的形式使我們時有所聞。雖說這些呼聲主要在受到被抽去立足之地之威脅的階層中，例如：貴族、大資產者以及知識界中得到共鳴，但它只有很少的內在可信性，因為它們從總體上來看還是站在現代科學文明的基礎上。我想到了馬克斯・韋伯逼迫浪漫主義祕傳者斯忒芬・喬治（Stefan George）的方式，這種方式很值得思考。這並不是說這種呼聲就其自身並沒有文獻價值。它所證明的並非它所聲稱的。當它宣告文化的沒落時，它在實際上證明了正在沒落的生活傳統的價值與不斷證明自身的科學信仰之間存在著某種不成比例。這個問題應該提得更澈底一點。在我看來，如果現代科學思想始終只侷限於自己的圈子之內，亦即只看到用科學方法掌握事物的可能性——似乎在可能達到的手段和可能性領域與生活

規範和目的之間的不成比例根本不存在一樣，那麼這是很具有災難性的。而且以下情況似乎也成了科學思想的內在的傾向，這就是在獲得手段和「掌握」手段中的不斷進步傾向似乎使目的問題成了多餘，從而陷入了深深的無知之中。

所以，關於我們今天和未來世界之秩序形式的問題總是作爲一種純懷疑性的問題被提出，我們究竟能做什麼？我們如何才能把事情做好？我們能夠據以進行規劃的基礎究竟怎樣？我們必須改變什 [Ⅱ 160] 麼注意什麼，從而使我們對世界的管理變得更好更順利？關於一個管理完善的世界的觀念，似乎是最進步的國家按其生活情調和政治信仰全力以赴爲之奮鬥的理想。值得注意的是，這種理想表現爲一種完美**管理**的理想而不是表現爲在內容上確定的關於未來的理想，例如：作爲柏拉圖的烏托邦國家賴以爲基礎的正義國家，或作爲透過某種政治制度、某個民族或種族對其他制度民族和種族的統治而形成的世界國家。毋寧說在管理的理想中有一種不具備特定內容的秩序觀，這裡所宣稱一切管理的目的並不是何種秩序應該占統治地位，而在於一切事物都該有它的秩序。因而從本質上來說管理觀念中包含有中性的理想。這裡所追求的是運轉良好這一自我價值。也許以下希望並不是一種空想，即希望我們當前浩大的世界能夠對付這樣一種中性的管理理想的基礎並能夠在此基礎上相互平衡。這就接近於由此出發把世界管理的觀念看作未來的秩序形式，在這種秩序形式中政治的實際化就可能得以眞正實現。那麼這種世界管理的形式理想眞是世界秩序觀念的完成嗎？

這一切都已經存在過。熟悉柏拉圖對話集的人都知道，在智者的啓蒙時代專門知識的觀念曾獲得過一種相類似的、普遍的意義。它在希臘人那裡被稱爲技術（Techne），是關於能夠自身完美的可製造物的知識。要製造的對象的種類和外觀構成了整個過程得以進行的視角。選擇正確的手段，正確的材料，各個具體工作階段的合

乎技術的進程，這一切都趨向一種理想的完美，它證實了從亞里斯多德那裡引證的話：「技術依戀幸運，幸運依戀技術。」[1]誰掌握了它的藝術，誰就無需再求幸運。

儘管如此，一切技術的本質在於它不是爲了自身而存在，也不是爲了某個爲其自身而存在的要製造的對象而存在。至於說到要製造的對象的種類和外觀，則毋寧說這取決於需要，對象就是爲了需要而製造的。然而那製造出需要對象的人的知識和能力本身卻並不了解這一需要。他既不懂得他所製造的東西該如何正確使用，更不知道該如何把它用於正確的目的。因此必須有一種新的專門知識來考慮對事物的正當使用，亦即考慮把這手段應用於正當目的。由於我們需要的世界顯然是一個這樣的手段和目的相結合的整體等級結構，因此就好像是從自身產生出一種至高技術的觀念，一種專門知識的觀念，這種知識懂得如何正確使用一切專門知識：是一種至高無上的專門知識：即政治技術。這樣一種觀念有意義嗎？政治家眞是一切專家之專家，政治藝術就是最高的專門知識？誠然，稱之爲國家的就是希臘的城邦（Polis）而不是世界，但由於希臘關於Polis的思想指的只是Polis的內部秩序而並非我們今天所稱的國家關係的國際大政治，所以還只是一個尺度問題。完善地管理的世界就等於理想的Polis。

[Ⅱ 161]

然而，問題在於：被柏拉圖稱爲政治藝術的一切專門知識之專門知識是否不僅僅是與按柏拉圖的看法必須對其祖國之腐敗負責的人的無知行徑的批判的對立面。技術的理想，可教可學的專門知識的理想究竟是否滿足了向人的政治存在所提出的要求？這裡不是討論柏拉圖哲學中技術思想的範圍和界限的地方，更不是談另一個問題，即柏拉圖自己的哲學究竟在多大程度上追隨某種政治理

---

[1] 〔《尼各馬可倫理學》，4，1140a19。〕

想，當然這種政治理想不可能是我們的政治理想。但為了澄清現實問題，回憶一下柏拉圖還是有益的。他教我們對下列想法產生懷疑，即人類科學的增長能夠把握並駕馭整個人類的社會存在和國家存在。我們可以在這裡回想一下笛卡兒主義關於思維的東西和廣延的東西之間的對立，這一對立儘管有各種變化，但它正確地估計了把「科學」應用於「自我意識」的根本問題。直到「臨時道德」（provisorischen Moral）的笛卡兒視為遙遠目標的新科學被應用於社會，這個問題才真正得到認真對待。康德把人作為「兩個世界的公民」的說法對此作出了恰當的表達。人在其存在整體中可以變為客體，從而使人會製造人，而且是在人的一切社會生活關係中，也就是說可能會有一個專家，這個專家不是「他」自身，但是他不僅「管理」著「他」，而且「管理」著一切其他人，而且這個專家又因他自己的管理而同時被管理，這一切導致公開的糾紛，從而使柏拉圖的專門知識表現為諷刺書，雖說這種諷刺書被飾以各種鮮亮的 [Ⅱ162] 色彩，飾以先驗的神性和善的知識。

即使我們完全撇開一個有計畫合理性的世界組織之計畫者以及理智的管理者在這個世界中的地位問題不談，與「科學」對人的具體生活情境以及其中產生作用的理性進行統治的看法相連繫的糾葛也是無法解決的。我認為這裡希臘的思想也非常具有現實性。正是亞里斯多德關於技術和 Phronesis（實踐知識）的區分完全反映了這種複雜性。在具體生活情境中認識可行性的實踐知識所具有的完善性並不像技術中專門知識所具有的那種完美性。技術是可教的又是可學的，技術方面的成就顯然不依賴於掌握這門技術的人從道德或政治角度來看是一個什麼樣的人，但是對於闡明並指導人的實際生活情境的知識和理性來說，情況就正好相反。當然，這裡在某種程度上也存在把某種普遍知識應用於某種具體情況這樣的現象。我們所理解關於人的知識、政治經驗和處事智慧中也包含著——當然從

某種程度來說是不確切的類比推理——一般知識及其運用的因素。
假如不是這樣的話，就根本不可能有教和學的可能。而且亞里斯多
德在他的倫理學和政治學草案中所闡述的哲學知識也是不可能的。
同樣，這裡也不涉及規律與事例的邏輯關係，也不涉及與現代科學
思想相適應的對過程的預測和先知。即使人們以一種社會物理學的
空想作基礎，也擺脫不了柏拉圖由此指出的糾葛，即柏拉圖把政治
家，亦即所有從事政治活動的人尊奉為最高級的專家。這樣一種社
會物理學家（如果允許我這麼稱呼的話）的知識可能會造就一種社
會的技術員，這種技術員會製造出一切可能想出來的東西，但他仍
然是一個不懂得在自己能生產的東西中到底該生產什麼的人。亞里
斯多德詳盡地思考了這種糾葛，並因此而把處理具體情況的實踐知
識叫作「另一類的知識」。[2] 亞里斯多德這裡所主張的並不是愚蠢的
非理性主義，而是在一種實踐政治意義上懂得發現可行性的理性的
閃光。因此，一切實際的生活抉擇都在於對導致既定目標的各種可
能性的權衡。不難理解，自馬克斯·韋伯以來的社會科學都把其科
學合理性建築在手段選擇的合理性之上，而且如今都想使越來越多
的過去處於「政治」抉擇之下的領域具體化。但是，既然馬克斯·
韋伯已經把他不帶價值傾向的社會學的慷慨激昂和一種同樣慷慨激
昂的對每人都必須選擇的上帝的皈依相結合——那麼使我們能夠把
既定的目標作為出發點的這樣一種抽象還能不能進行呢？如果回答
是肯定的，即麼一切就只取決於專門知識，我們也就接近了美好的
時刻。因為在專家之間達成相互理解的前景比起政治家之間達成相
互理解遠為廣闊。甚至有人試圖把所謂專家小組在進行國際協商時
不能達成一致的原因歸咎於政府的政治指示。這點究竟是否合適。
雖說存在著個別領域，在那裡該怎麼辦成為一個純粹的目標合理性

[Ⅱ 163]

2　〔《尼各馬可倫理學》，9，1141b33 和 1142a30。〕

問題，這些領域中似乎比較容易在專家之間達成一致。然而還沒有一個自我控制的尺度以便僅僅在法庭的專家鑑定中能使專家的陳述侷限於他學術上真正能夠負責的範圍內。很有可能在法庭辯論場合中這種意義上的理想的專家卻幾乎用不上，因為法庭面臨的進行判決的必要性總是迫使人們去應用其不可辯駁性不一定可靠的斷定。不僅間接證據是不確定的。占統治地位的社會偏見和政治偏見的總體所起的作用越強，那麼純專家以及受科學保證的目的合理性的概念就越是形同虛設。社會科學如果不同時蘊含了確定目標的優先性它就不可能掌握手段一目標的連繫，這一點適用於現代社會科學的整個領域，如果我們對這種蘊含的內在條件尋根究底，那麼在科學所尋求的無時間性的真理和使用科學的人的現時的觀念之間的矛盾最終就會顯露出來。

可行的事情並非就是可能的事情或在可能的事情中最具優越性的事。不如說，這一個與另一個相比所具有的優越性和優勢都是按人們自己設置的或為某人設置的尺度衡量的。正是在社會中有效的 [II 164] 東西即打上了道德和政治信念印記的規範思想，指導著一切教育和自我教育，也就是指導著旨在追求科學客觀性的教育。

這當然不是說，除了適應現存的社會秩序及其標準的道德和政治理想外再不存在其他的道德和政治理想。毋寧說這等於是再一次遭受到一次顛倒的抽象。有效的尺度並不僅僅是由他者（甚至是由父輩）設定的，就像把法律應用於某一情況那樣我們必須應用的尺度，相反，而是個人的每個具體抉擇也對在整體中有效的東西起著參與決定作用。

這和所謂的語言正確性情況相像。在語言中也存在一種無可爭辯的普遍有效性，這種普遍有效性甚至於承受某種法典化。例如：學校中的語言課就內在必然地由學校教師所統治，教師把這種金科玉律強加於學生。然而語言是有生命的，它的生命並不在於僵硬地

應用規劃，而在於不斷擴展語言的用法，也就是說歸根結底是透過每個人的行動。

在本世紀的哲學中這些眞理中的一部分是由備受誹謗的存在主義哲學所代表的。尤其是境遇概念（der Begriff der Situation）在背離新康德主義學派的科學方法論中產生了巨大的作用。實際上，正如雅斯培所分析的，在這個概念中有一種邏輯的動機，其複雜性超過了一般和特殊以及規律和事例的簡單關係。置身於某種境遇之中應是包含著某種對象化的知識所不可達到的因素。人們並非徒然地在這樣的連繫中使用比喻性的用法，例如：爲了超出一般的通曉而認識到眞正的可行性和可能性人們就必須身臨其境。境遇並不具備純粹的相對性質，以致關於客觀所與的知識就足以使人了解一切。即使是科學所準備的一切關於客觀所與的足夠知識也不能預先推知出從境遇場所中產生的前景。

這種思考的結果似乎是：從古時候傳下來的製作和製造觀念是一種錯誤的認識模式。在每人都可學會的科學知識（如技術）與某個人自己最內行的知識之間的對峙本身是一種古老的對峙，但是在現代科學產生之前沒有發展爲眞正的二律背反，這絕非偶然。在亞[Ⅱ165] 里斯多德那裡政治藝術和政治感覺（技術以及實踐知識）之間的關係似乎根本不存在疑問。凡存在可學習的知識的領域，我們都必須學習。但這始終僅僅是知識和能力的部分領域，它絕不可能涵蓋道德和政治行動的領域。人類知識的一切形式都要與之相適應的總體知識也給一切技術以尺度。從原則意義上來說技術是塡補自然爲人的工作留下的漏洞，因而始終只是對我們知識的一種補充。與此相反，在今天，現代科學的方法理想用以分離並劃定其對象的巨大抽象，則在不斷超越自身的科學知識與一切現實抉擇之不可逆反的最終有效性之間，以及在專家與政治家之間造成了質的區別。無論如何看來是缺少構成政治家知識的理性模式。

　　馬克斯‧韋伯堂吉訶德式地在不帶價值傾向的科學與世界觀的抉擇之間所作的鮮明區分使這種缺乏明朗化了。作為現代科學的構造思想之基礎的製造理想在這裡導致了一種疑問。如果我們用古老的**控制**（Steuern）模式來代替製作模式，也許這種漏洞就會被補上。因為控制並不是製作——毋寧說是對所與的自我適應。在這裡顯然有兩個構成控制之本質的因素內在統一地互相連結，一是保持一種在精確限定的活動領域內搖擺的平衡，二是操縱，亦即規定在保持這種搖擺的平衡情況下有可能的繼續運動的方向。這說明我們的一切計畫和行動都是在一種我們的生活條件所表現出的不穩定的平衡狀態內實現的。這種平衡觀不僅僅是一種最古老的政治秩序觀念，這種古老的觀念限制並規定了行動的自由程度。平衡其實是生活本身的基本規定，一切未定的、尚未確定的生命可能性都與之相連繫。技術和科學文明時代的人像其他任何一個生物一樣不可能擺脫這種規定，我們甚至可以在這種基本規定中發現他自身自由的本質條件，只有在保持著平衡力的地方人類意志和作用因素才能產生決定作用。這一點我們自古以來就可以從政治中認識到。獲得行動自由是以創造一種平衡狀態為前提的，在現代自然科學中我們也看到相類似的情況。人們越來越熱衷於追蹤調節，同時又遠離以下天真信仰即以為用我們粗陋手段就可以呈現出生命體的自我調節體 [II 166] 系。我們所有的研究，只要它是傳遞知識的，確實都使我們恰好能以始終是符合實際的方式以人工手段干涉自然過程。這樣，相對於計畫和製作，控制的認識模式日益獲得更重要的地位。當然，即使是這種模式也不應該隱瞞，一切控制都須具備什麼前提——何種關於目標和方向的知識。柏拉圖正是根據舵手的能力描繪了一切能力的界限。舵手把他的乘客安全地送到一個地方——但來到這個地方對於乘客是否好，關於這一點掌舵者全然不知。阿伽門農的輪船舵手可能是在他主人遭謀殺以後才遭到懷疑的。

　　也許沒有比醫生的境遇這例子更能說明上述問題的了。在這個例子中科學與醫生救護的具體做法之間的衝突體現在一種職業活動的統一中。一切類似的糾葛都表明，凡是有科學培訓基礎的職業都必須在生活實踐和科學之間進行調解，比如法官、牧師、教師等都是如此，這一點是不言自明的，但醫學的情況卻具有一種特殊的模式特點。在這裡是具有極其豐富的超群的可能性的現代科學直接與醫生的救護和治療這種自古以來每個醫護人員都碰到的基本境遇發生了矛盾。這種衝突以極端的方式超出了自古以來醫學科學所帶有的疑問性。醫學在何種程度上可被理解為「科學」亦即理解為一種實際的科學，一種技術，即製造能力，這個問題本身是一個老之又老的醫學問題，因為一切其他有關生產的專門知識都在自己的活動中找到其知識的證明，而醫學的活動卻具有一種不可消除的模稜兩可性。醫生所採取的措施在多大程度上有助於病人恢復健康，抑或這種健康的恢復完全是自然發生的，這在單個病例中無法確定，因而整個治療技藝——這和其他技術很不相同——自古以來就需要特別的辯解。[3]

　　看來人們稱之為健康之物的結構就在於，它所涉及的並不是一種界線分明的事物，而是一個自古以來用平衡概念才能加以描述[II 167] 的狀態。而平衡概念就在於，它在一定的範圍內來回擺動，這種擺動能自我調節平衡，只有在越出所允許的擺動範圍時才會完全失去平衡，從而必須透過一種新的努力才能很費力地重新達到平衡——假如這還可能的話。因此，成功的重建無非是指重新形成擺動的平

---

[3]　〔關於這個問題參見我的〈治療術辯解〉，載《短篇著作集》，第 1 卷，第211-219 頁，現載我的著作集，第 4 卷，以及〈理論、技術、實踐〉，載《新人類學》，前言，由我和 P. 福格勒主編，斯圖加特，1972 年，第 1 卷，第IX-XXXVI 頁，現載我的著作集，第 4 卷。〕

衡。這就給「干涉」（Eingriff）以一個特定的尺度，干涉是指從
外部干涉一個自我平衡自我調節的體系。因此，任何要在這種平衡
中排除障礙的干涉都有不自覺地改變其他平衡條件的危險。而科學
的可能性越大，這種危險就越增長。說得更一般一些就是：這裡在
透過自然科學的因果分析才能獲得的知識和做這種可分離的連繫，
與康德所指出的只有從目的論觀點才能理解的個體組織之間存在著
根本的對峙。就此而言，現代醫學就陷入了來自現代科學生物學領
域的一般問題之中。在這個領域中所取得的進步，尤其是透過所謂
的資訊理論和控制論所取得的進步，使得在康德看來似乎是完全
不能達到的草莖牛頓[13]的理想失去了不少空想思想的明確性。同
樣，關於形態學的方法也根本不能確定。情況反而是我們從來就未
能認識到，爲什麼形態學的方法不能最好地與因果分析取得一致。
所謂的行爲研究也在它觀察顯然不能被看作機械的因果連繫行爲的
時候提出了它自己的方法前提，但並不因此而使它對行爲的這種解
釋包含某種矛盾。即使有一天能夠成功地做到在曲頸瓶裡生產出生
命有機體，那麼對如此生產出來的有機體的行爲進行研究也不會無
意義，科學思想允許兩種方法並存並把它們置於同一個目的之下，
即科學地認識經驗領域並適當地支配這種領域。支配能力絕不僅僅
限於製造能力。它還包括對人們尚未掌握的過程的預見能力，比如
對於生物在特定情況下之行爲的預見。

　　因此，我們的問題絕不是方法二元論的問題，而是特殊的醫學
問題，我認爲這個問題恰好是科學管理現代世界秩序這個題目的典
型情況。現代醫學在征服原本很危險的人類疾病狀況中所取得的巨　[Ⅱ 168]
大進步又導致了複雜問題的產生，而那些獻身於希波克拉底誓言的
醫生們最終必須對此作出解釋。這顯然不是說，救護和治療的實際
必要性證明了科學之技術運用的模式太特殊。而是說，正是我們的
知識水準，也就是說知識的侷限性最終使得醫生不得不相信手感和

直覺，而在這些都不起作用時，就得指靠純粹的碰運氣了。因此，我認為，設想一種也能幫助醫學達到一種我們今天尚不能設想的科學完美性的完美的生物學這絕不是一種矛盾。但我認為恰好這就促使我們今天所看到的尚處於萌芽狀態的紛亂變得更為明顯。例如：我想到透過今天的醫學技術所實現的延長臨死者的試驗。在這樣的實踐中，作為病人而構成正在進行救護的醫生的真正的對立面的這個人的統一體似乎等於再沒有地位了。上面講到生物遺傳學的育種可能性時也指出過類似的情況。看來生命的侷限性和有限性使得具有最高可能性的自然科學與人類自我理解之間不可避免地產生衝突。

　　現在這裡在做——亦即根據某種設計進行製造——和控制——亦即重新形成平衡並在不斷更新的條件下把持方向——之彼岸，可能有一種行為方式變得重要起來，這種行為方式顧及到一切支配意志的界限，而亞里斯多德很正確地未把它算作技術，這就是：向自己討教（des Mit-sich-zu-Rate-Gehen）。這是個人（或者團體）面臨要求作出抉擇的情境時所使用的。這裡涉及的不再是專家的知識，不是作為知者而和其他人相對立的專家的知識，而是人們所需要的但並不向人提供科學的知識，人們面對各種不同的可能性，於是他們反覆權衡，何者是正確的。世界上並不存在一種有權要求一般有效性的知識，因此就需要一種包含著另外一種共同性而不是一般有效性的商議。這種商議也讓其他人發表意見，把自己與他人相對比。因此，它不能以科學的風格自始至終得到實現。因為這裡涉及的不僅是找到達到某種固定目標的正確手段，而首先涉及的乃是對何者該存在、何者不該存在——何者正當、何者不正當的觀念。[Ⅱ169] 這就是在有關可行性的自我諮詢中以不可表達的方式形成的真正共同的東西。這種諮詢的結果不僅是完成一項工作或達到某種人們所追求的狀況，而是產生了一種聯帶（Solidarität），把所有人聯合為一體。

　　讓我們把這種思考運用到現代世界的境遇以及我們所面臨的任務中去。過去人們不談如何科學地解決我們所面臨的行星的政治秩序任務問題，現在人們明確表示，在這方面科學也大有發展前途，雖說還根本沒有達到使西方文明能夠不受阻礙地擴展，並最終排擠或扼殺一切其他的人類秩序形式。但恰好這一點就是問題所在。生產一種統一的機器文明人，這種人學會使用一種相應統一的文明語言——英語擔當這個角色最爲恰當——這樣顯然會使科學地管理世界的理想變得更加容易實現。但根本的問題在於，這樣一種理想本身是否能夠被嚮往。我們也許從語言發展進程中就可以看出，我們這個星球上的文明平衡過程應該如何實現。使用技術器械所要求並使之成爲可能的符號系統發展出一種獨特的辯證法，符號系統不再僅僅是達到技術目標的工具，它排除了凡是用它的手段不能表示出來的傳達的目的，例如：國際交往語言的良好運行就依據於其中可傳遞東西必須在一定界限之內。服務於追求**科學的統一**的某種普遍科學語言的邏輯—知識論的完美化，將具有同樣的面目。這種完美性可能會成功地減少阻礙人與人之間相互理解的不精確性和多義性。因此，人們根本不需要去追求某種未來的世界語言。而是只要把各種活生生的民族語言同時納入一種可變換系統，從而由一種理想的翻譯機器來保證理解的明確性也許就足夠了。這一切也許是可能做到而且也許爲時已不遠，然而這裡也不可避免這種普遍的手段變成普遍的目標。我們由此而獲得的可能並不是說出一切人們所能想到的並在人們之間互相傳遞的工具，相反，我們獲得的將可能是保證只有被納入程序編排並被傳遞的東西才能被我們所思考的工具。在這一發展中，我們最終已處於這種狀況。由於現代大眾媒介的普及而具有一種新的進行方式的令人憂慮的語言操縱現象已經清 ［II 170］楚地證明了，這裡所存在的目的和手段的辯證關係。目前這種情況還只出現在對陣線的描畫中。在世界的一部分地區被稱爲民主和自

由的東西，在世界的另一部分地區則被稱爲操縱輿論和愚弄公衆的語言操縱，但這只不過是這個體系之不完善的一種表現。包裹一切的語言操縱本身上升爲目的，從而隱入不爲人注意之中。

我們必須看到這種極端的觀點，以便認清，在一切源初的人類世界經驗中存在著事先已規定了我們的不可揚棄的條件，這意味著什麼。說我們生於其中、長於其中的語言，並非僅僅是爲掌握文明機器服務的符號系統，這並不意味著對我們母語的浪漫主義偶像化。不如說在任何語言中都存在著公式化的傾向。透過語言來解釋世界在學習語言中總是同時具有語言操縱的性質，事情是透過詞語得到說明的。2 到 3 歲是天才的學習語言的年齡，它由於環境交往的逼迫而終結。但我仍然覺得，和任何人爲地構造起來的符號系列不一樣，語言生命的實現和進一步發展與歷史的人類存在於其中的活生生的傳統是不可分離的。這就爲一切語言生命保證了一種內在的無限性，這種內在無限性主要表現在人可以透過學習陌生的語言而進入陌生的世界解釋之中並根據陌生的東西經驗自身的豐富與匱乏。這一點也正是人的不可揚棄之有限性的表現。每一個個人都必須學習說話並且在這種過程中將有他自己的歷史，即使在最完善的機器時代也不會擺脫歷史。我們將進入的後歷史時代將在這一點上發現它的侷限。

我們在這裡所證明的，當然看起來並不完全符合於現代世界的尺度。在意識到科學應用的界限時，如果也能同時意識到是何物在科學之前並獨立於科學而把人民分開和結合，法律和道德形式，我們自己的傳統，史詩傳說和歷史的內容，如何決定了共同生活的特點，這也許是正確的。但這樣的意識難道不總是侷限於狹小的知識份子團體之內，而與此同時我們時代的技術夢幻則越來越對人類的意識起著催眠的作用嗎？

[Ⅱ171]　　　　然而——決定著人的信念並以千百種直接或間接的教育方式，

對人的信念發生作用的東西儘管也可以由科學專家們計畫、安排和規定——但最終得到貫徹並繼續起作用的是受自己的傳統束縛的人的意識。人類將在我們這個連繫越來越緊密的世界中越來越認識到，把各國人民相區分的不僅僅是經濟一技術發展的差別，也不僅僅因為消滅了經濟一技術發展差別就能使人們相連結，而恰恰是各民族之間不可消除的區別，自然的、歷史地形成的區別才把我們作為人而相互連結。

最終我們可以提出以下問題，面對我們時代的強大的科學文明傾向，這樣一種回想究竟可能有何意義。對技術所作的可受人擁護的批評與一切其他文化批判一樣具有內在的不公正性，這在上面已經講到了。我們也並不期望對當代技術夢幻之界限的認識能夠或應該影響文明進步的規律。因此就要提出如下問題，這種認識究竟能起什麼作用，這是一個不可能作出概括性回答的一般性問題。

於是，凡是在人們離統治自然力還相距很遠因而不得不經常和肉體痛苦、貧窮和疾病抗爭的地方，統治自然的可能性也就會具有另外的意義並獲得更高的評價。在這種落後國家中的精英將全力以赴以科學為根據進行計畫——他們將對來自於這些國家的宗教和社會傳統的阻力特別敏感。假如不管在什麼情況下計畫的實際性都要求自我控制的高度道德水準，那麼在這種情況下，這種實際性也與政治信仰和有意識的意識形態批判相連繫。相反，在高度發達國家中人們雖然還從未用一種沒有理想的飲食終日來和允諾要提高人類福利的計畫者的幻想相對立。在那裡人們必須和存在於占有關係或獲利可能性中的進步的障礙抗爭。但是在現代工業社會的生活中人們擺脫外部痛苦和過量工作而獲得的自由越多，人們好像越是能夠控制速度，人們就越發不期待光靠未來的科學計畫來醫治社會弊端。這裡不僅涉及各國經濟發展中的差別，而且還有古老的文化傳統之間的差別，這種差別在一個相互連繫日益緊密的世界中進入 [Ⅱ 172]

一切人意識之中，只有當計畫和進步使得任何目的似乎都可以達到時，認識人與人之間以及各民族之間存在之差別就會成為一種迫切的要求。這種認識幾乎不再是科學的成就，而毋寧說是科學批判的成就。**這首先是寬容教育。**[4]已被證明了的國家共同生活秩序觀，例如：民主的理想（東方意義或西方意義上的民主）在這樣的認識中覺察到自己的前提。經濟進步在世界的任何地區都是可嚮往的，但它的含意卻並非一樣。

最後請允許我再回過來說一下哲學在上述境遇中的作用。哲學在趨向完美的科學文化中究竟還有沒有作用？這裡必須指出在哲學觀點和對哲學本身的觀點中某些流傳很廣的傾向。向哲學家提出一種給具體科學的專門化以概括性知識的所謂超科學要求——這是從古典哲學時代流傳下來的任務，因為當時古典哲學本身還是一種總體科學——這乃是科學上的外行想法。期望從哲學中得到邏輯和方法論的一般知識，在我看來也同樣是淺薄的：似乎具體科學並不是從其他對它們有用的科學而是從哲學獲得方法和符號系統。哲學的科學方法論對此絕對不是必不可少的。誠然，這是哲學的合法任務。但作為普遍意識的哲學在今天究竟有什麼作用這個問題，從哲學上是得不到解答的。不如說哲學是以對這個問題的解答為前提。要對存在的事物有所認識，當然也屬於對什麼是科學有所認識。但同時也必須時時想著，並非存在的一切都是或能夠是科學的對象。

對於意識究竟能起什麼作用的問題，從根本上說來，在當今哲學討論中有兩種回答。一種回答的出發點是，意識應該深化人們對今天實際存在東西的理解並使之澈底化。這個任務包括摧毀對古代美好時光的一切浪漫主義幻想，並承認安全感在一個從基督教角度理解的世界中已不復存在。由此可以得出，應該承認上帝在我

---

[4] 〔參見我的論文〈寬容觀念〉，載我的著作集，第 4 卷。〕

們面前隱蔽起來了，而我們則生活在神的陰暗之中（馬丁・布伯）　　[Ⅱ173]
或者也應該承認我們的形上學傳統越是在科學的統治中得到完善，
那麼關於「存在」的問題就越是沉落於存在遺忘之中（馬丁・海
德格）。這樣哲學思想就被理解為一種世界的末世論（Weltlicher
Eschatologie），亦即，論證了對一種世道翻轉的期待，這種期待
雖然不能說出它期待的是什麼，但由於它事先知道當代的最終結
果，所以它必然隨著世道的轉變而實現。人們可以對奢望能絕然認
識一切存在之物的這種極端表示讚賞，認為它沒有遭受到不公正的
文化批判，而這種文化批判的不公正則在於，它們欣賞自己所否認
的東西，並因而阻礙了對真實存在東西的認識。如果這種極端主義
在一切事物中看到的都是虛無，那麼它能正確地看到真實存在的東
西嗎？

　　關於意識能起什麼作用這個問題還有另一種可能的回答，據我
看來，這種回答與我們的要求，即要認識，要使我們能認識的一切
成為實際這種要求是完全一致的。當代所懷有的那種技術夢幻難道
不可能真的是一種夢幻嗎？因為我們這個世界所完成的變化和變革
之日益加快的互相更迭，用我們生活之持久的現實性來衡量確實具
有某些幻想和不真實的因素。對存在之物的認識則恰好可以使人們
意識到，就是在那些一切都顯得變化如何劇烈的地方事物的變化卻
如此之少。絕對不可能得出為維持現存秩序（和非秩序）作辯護的
結論。這裡關鍵毋寧在於要糾正我們的意識，使其重新能夠為學會
在變化了的以及我們能夠和應該改變的事物背後保存沒有改變的和
現實的因素。在我看來，保守派和革命派都需要以同樣方式糾正他
們的意識。不可改變的持久的現實性——生和死、青年和老年、家
鄉和異鄉、約束和自由——要求得到每個人的承認。它劃分出人類
可以在其中進行規劃的領域，並畫出了它能夠成功的界限。世界各
地區和世界各國家，權力和思想的革命，在這個星球上（以及這個

星球以外的）對我們生活進行謀劃和設置等等，不管科學有多大能耐，都不能越過一個尺度，一個也許無人認識但卻確實是爲每個人設置的尺度。

13. 語義學和詮釋學 　　　　　　[II 174]
（1968年）

　　在當今哲學研究方向中，語義學和詮釋學具有特別的現實意義，我認爲這絕非偶然。語義學和詮釋學都從我們思維的語言表達形式出發。它們不再忽略所有精神體驗的基本所與形式。因爲兩者均與語言打交道，它們都明顯具有眞正普遍的觀察角度。因爲，在語言的所與性中又有什麼不是符號，什麼不是理解過程中的一個環節呢？

　　語義學彷彿是以外部對語言的所與領域作觀察性的描述，因此，它甚至能發展一種與這些符號相關的分類方式。這要歸功於美國研究者查爾斯·莫里斯[14]。另一方面，詮釋學則注意這種符號世界運用過程中的內在因素，或者說是注意講話的內在過程，這種過程從外部看則顯示爲我們對這個符號世界的內在使用（die In-Gebrauchnahme einer Zeichenwelt）。兩者都按各自的方法以我們與世界的整體關係（此關係是透過語言表現出來的）爲研究主題。而且兩者都追溯到現存語言多元論的背後，從而作出自己的說明。

　　我覺得語義學分析的功績就在於認識到語言的整體結構並由此指出符號，象徵的單義性以及語言表述的邏輯形式化等錯誤理想的侷限性。語義學結構分析的重大價值尤其在於它解除孤立的語詞符號所具有的同一性假象，而且它以不同的方式做到這一點：或者指出語詞的同義詞，或者表現爲意義更深遠的形式，即證明單個語詞的表達是完全不可轉義、不可轉換的。我稱第二種做法意義更爲深遠，因爲它追溯到隱藏在同義詞背後的因素。同樣的思想可以使用

[Ⅱ175] 多種表達，同一樣事物可以使用多種詞彙，按照對事物只是作指稱和命名的觀點，這一切也許使區別、分類和區分成爲可能，然而，單個語詞符號越不孤立，表達式的意義就具有越強的個體性。同義性的概念漸漸消解。最後出現了一種語義學理想，認爲在某種確定的語境中僅有一種表達式才能作爲正確的、合適的詞，別無它者。詩歌的語詞運用也許是最具個體化的一種，在詩的語詞運用中似乎有種個性化的遞增，從史詩的語詞運用到戲劇、抒情詩直到詩的詩歌結構逐級遞增。它表現爲抒情詩在實際上是絕對無法翻譯的。

也許舉一句詩的例子可以說明語義學因素能起何種作用。伊默曼（K. Immermann）有一句詩文：「Die Zähre rinnt」（意爲「淚如泉湧」）。每一個第一次聽到用 Zähre 代替 Träne 的語詞用法的人也許會非常驚訝，[15] 因爲它用一個非常古老的詞代替了人們慣用的詞。但我們卻可以在與一首眞正詩歌相關之處——就像這裡舉的例子——考慮詩這種類型的語境，從而最後接受詩人這種選擇。我們將會發現，由於使用了與日常用語流淚相對的 Zhäre 這個詞導致了一種不一樣的，稍許改變的意義。我們也許會懷疑，這是否眞是一種意義區別？難道這只不過是具有美學上的意義，或者說難道這種區別不就只具有情感角度或音調悅耳的價值嗎？當然，也許用 Zähre 這詞聽起來和 Träne 兩樣。然而不正是因爲它的意義，Träne 才可以用 Zähre 來替換嗎？

我們必須認眞地思考這種反對**意見**。因爲事實上要想爲某個表述的意義（Sinn）或所指（Bedeutung）或意思（Meaning）找到更好的定義是很難的，倒是找個可替換的詞來得容易些。如果用某個表述取代另一個表述，同時又不改變其整體意義，那麼該表述就和被它取代的表述具有相同的意義。然而，這種替換理論究竟能在多大程度上適用於講話這個語言現象眞正的統一體的意義，這還是大可懷疑的。毫無疑問這裡涉及的是講話的統一體而並非可替換的

單個表述。語義學分析恰好能夠克服把詞孤立開來的意義理論。按
這種較寬泛的觀點，我們就必須把定義語詞意義的替換理論限制在
它的效用範圍之內。語言構成物的結構並不能簡單地從單個表述的 [II 176]
一致以及可替換性得到描述。等效的運用當然存在，但這種等效關
係卻並非不可改變的配列關係（Zuordnungen），而是有如時代精
神隨著年代更替發生語義變換那樣不斷進行的產生和死滅。我們也
許注意到英語的表述在我們今天社會生活中的興盛。因此，語義學
分析可以輕而易舉地看出時代的區別和歷史的進程，並尤其能認出
某個結構整體在新的整體結構中的產生過程。它的描述精確性證明
了，當某個語詞領域轉入新的關聯中會產生不連貫——這種不連貫
通常證明，在這裡可以看到真正新的因素。

這點尤其適用於隱喻邏輯（die Logik der Metapher）。長期以
來，隱喻一直具有轉換的假象，也就是說，隱喻能回溯到自身被創
造出來從而能轉換到新的應用領域中的原始意義域，假如這種關聯
被承認的話。一旦語詞在其隱喻的運用中紮下根並失去它的接受和
轉換性質，它才開始在新的關聯中發展出有如「自己本真的」含
意。因此，如果我們在語言中使用的某種表述，例如：「開花」這
個詞中認出其在植物世界中本來的功能，並認為用這個詞描述一種
生物甚或社會和文化等更高生活統一體的做法是不適當的、轉義的
使用，那顯然是純粹學校所教的語法慣例。制訂一種詞彙表及其運
用規則只是概略地實現下述做法，即用這種方式經常把表述植入新
的運用領域從而建立語言的結構。

因此語義學有確定的限制。我們當然可以從對語言的基本語義
結構作全面分析的觀點出發，把所有現存的語言都當作語言的表現
形態。但這樣做就會把講話中經常出現的個性化傾向與一切講話均
具有的約定傾向相對立。因為我們絕不可能太偏離語言約定，這正
是語言的生命。誰講一種他人無法理解的私人語言，他就根本不能

算是在講話。但從另一方面講：如果誰只講選詞、句法和文風上已完全依照約定性（習慣）的語言，那他就會喪失談話（Anrede）和感召（Evokation）的力量，這種力量只有透過語言詞彙和語言手段的個性化才可能得到。

這種過程的絕好例子是一向存在於專業術語和生活用語之間的張力。專業術語非常死板，這種現象不僅爲研究者熟知，就連努力接受教育的門外漢也非常熟悉。專業術語具有一種特別的範圍，無法置於語言眞正的生命之中。然而，對於這種清晰定義的並在生動的交往中進入語言生命中的專業術語具有本質意義的卻是，只有運用多義的、含糊的談話的交往力量才能達到那種以前是受單義性限制的解釋能力。科學可以保護自己的概念免遭這種含糊性，但方法的「純潔性」卻只有在特定領域才能達到。存在於語言世界關聯中的世界定向連繫是它的前提。例如：可以想一下物理學的力概念以及「力量」這個日常用語所帶有的，能使門外漢了解科學知識的含意。我曾指出，厄廷格爾（F. Chr. Oetinger）和赫爾德如何用這種方式把牛頓的發現融入到一般意識之中。力這個概念是從日常生活的力量經驗出發得到理解的。儘管如此，這個概念詞仍然在德語中生根並且愈益個性化，一直達到無法翻譯的程度。誰要想把歌德的詩「天荒有力」（Im Anfang war die Kraft）用另一種語言表達出來，就必然要和歌德一樣考慮「但我隨即得到警告，難道我不與力同在？」

[Ⅱ 177]

如果看到日常語言中常見的個性化傾向，那實際上就會在詩歌中看到這種個性化傾向的完美表現。然而，如果這是正確的，那麼替換理論是否足以滿足語言表述的意義概念就大可疑問。抒情詩以極端的例子表明了不可翻譯性，以致要想把一種語言轉換成另一種語言就不可能不損害它整個的詩的訴說力，這就使用一種表述替換另一種表述的替換觀念宣告失敗。但這和高度個性化的詩歌語言

具有普遍意義這種特殊現象並沒有關係。如果我說得不錯，那麼替換性和語言過程中的個性化因素乃是相矛盾的。當我們在談話時，由於修辭的豐富，或因為講話人未能馬上找到更好的表達從而進行自我修正，於是就用另外的表述來代替某一個表述，或者在原有表述之外再提出另外類似的表述，即使如此，話語的意義也是在表述的互相更替的過程中建立起來，而並非從這種流逝的一次性中湧現出來。只有當我們用意義相同的詞取代所用的詞，這才叫作湧現出 [Ⅱ 178]
來。這樣我們就能觸及到語義學自我揚棄並發生轉變的關節點。語義學是一種符號理論，尤其是一種語言符號的理論。但符號又是工具。它就像人類活動的其他工具一樣按照人的愛好來使用或被扔在一邊。「人控制他的工具」，這就是說「人按目的運用工具」。我們當然也可以說，當人用某種語言向他人傳達時，他就必須控制這門語言。但真正的談話又不僅止於選擇工具以達到確定的交往目標。人所控制的語言就是人生活於其中的語言，這就是說，人想傳達的不過是在語言形式中「認識」的東西。所謂人「選擇」他的詞，只是為交往造出的現象或效果，談話就藏身於這種現象和效果之中。「自由的」談話就在自我遺忘的狀態中達到在語言媒介中所喚起的事物。這點甚至適用於理解以文字固定下來的講話，亦即正文。因為在人們理解正文的時候，正文也重又融化進話語的意義運動之中。

於是，除了把正文的語言著述作為整體進行分析並析出其語義結構的研究領域之外，又浮現出另一種提問和研究方向，這就是詮釋學方向。詮釋學的根據就在於，語言總是回溯到自身，回溯到它所表現的表述性之背後。語言並不融化在它所講出、表達出的東西之中。這裡出現的詮釋學度向顯然指對人們思考和傳達的東西具有的客體性所作的限制。語言表述並不是不夠清晰、需要改的東西，如果語言就是它所能是的東西，那它就必定總是要回到它所喚起和

傳達的東西背後去。因為在講話中總是蘊含著講話所包含的意義，這種意義唯有作為幕後的意義才能行使它的意義功能，因此，當意義出現在表述中時，它就失去了自己的意義功能。為了說明這一點，我想區分講話以這種方式返回其身之後的兩種形式：在講話中未曾說出的但透過講話呈現出來的，以及透過講話掩蓋了的。

首先讓我們看看那些儘管具有不可說性卻仍然講出的東西。這裡出現的就是所有講話都具有的廣闊的偶緣性（Okkasionalität）範圍，正是這種偶緣性一起構成了講話的意義。偶緣性亦即依賴於使用某個表述的時機（Gelegenheit）。詮釋學分析可以表明，這種 [Ⅱ 179] 對時機的依賴性本身並不是偶然的，不像所謂的「這裡」、「這個」等偶然的表述，在其語義本性中不具備固定的、可賦予的內容，偶緣性類似某種可以設置內容的空白形式，我們可以把變化的內容置入這種空白形式。不過，詮釋學分析還將表明，這種時機性正好構成講話的本質。因為每個陳述並非簡單地在其語言和邏輯的構造中具有清晰的意義，其實任何陳述都受動機驅使。唯有陳述背後的問題才賦予它們意義。詮釋學的問題功能反過來重又揭開陳述作為回答的陳述意義，我不想在這裡談論處境仍然很糟糕的問題詮釋學。有許多種問題，而且每個人都知道，為了完全揭示問題的問題意義，問題無需具備句法的特徵。我指的是問題語調，透過這種語調，作為陳述句句法構造的話語就能具備問題性質。最好的例子就是那些具有問題性質的句子也可以反過來獲得陳述句的性質。我們把這種句子稱之為修辭學問題。所謂修辭學問題僅從形式上看是一個問題，而按其內容本身卻是一種斷定。如果我們想分析這種疑問句的性質如何會變成肯定的、斷言性的，那就可以看出，修辭學的疑問句之所以變成肯定性的，是因為它假定了一個答案。透過提問，這種句子好像已預先提出了一種共同的答案。

在已說的東西中指出未說的最正式的形式是回溯到問題。人們

必然會問，這種蘊含形式究竟是包羅一切的，抑或還有其他類似的蘊含形式。例如：它是否適用於諸多從嚴格意義上講根本不能算陳述的陳述，因爲這些陳述沒有把某種意指事實關係的訊息、傳達作爲其眞正的、唯一的意圖，而是具有完全不同的功能意義？我指的是像詛咒或祝福、宗教傳統的布道，以及命令或抱怨等這類講話現象。這些都是講話的方式，它們因爲不具備重複性所以才能表述自己的意義，如果要想把這種話語寫下來，亦即把它們變成一種傳達性的陳述，就會完全改變這種陳述的意義，例如：「我說我在詛咒你」，就會完全改變該陳述的詛咒性質，儘管沒有破壞原話。現在的問題在於：這裡的詞語是對作爲動機的問題的答案嗎？這裡的詞是否要透過問題並且唯有透過問題才能被理解？顯然，如果不從行爲關聯去接受其意義定向，則這類從詛咒到祝福的所有陳述的意義都不可能被感受到。這種陳述形式也具有偶緣性是毋庸置疑的，因 [Ⅱ 180] 爲被說東西的時機性在理解中達到了滿足。

當我們面對一件具有卓越「文學」意義的「正文」的時候，又會出現一種新的疑難。因爲這種正文的「意義」並非偶然地受動機驅使，相反，它需要「總是」在訴說，「總是」在回答，也就是說，它不可避免地同時激起正文作爲對其回答的問題。這種正文正好就是傳統詮釋學，例如：神學詮釋學、法學詮釋學以及文學批評等等的優先對象，因爲正是針對這種「正文」才提出以下任務，即從文字中喚醒被凝固在文字中的意義。

然而又有另一種詮釋學反思的形式更深地進入我們語言行爲的詮釋學條件之中，這種反思並不單指未說的，而是指被講話所掩蓋的。透過講話本身的過程可以產生掩蓋作用，這在撒謊這個特例中爲人周知。這種複雜的、從東方的客套話直到人與人之間明顯的失信等包括謊言在內的人際關係的纏結，並不具備語義學性質。謊言連篇的人吹牛不打草稿，而且毫不臉紅，這就是說，他甚至還能掩

蓋那種就是他的談話的掩蓋行為。然而，謊言的這種性質只有在語言的藝術品中才具有語言現實性，因為唯有在這裡，我們才僅僅依靠語言來揭示現實，並把這當作一項任務。被稱為謊言的掩飾方式在全部詩歌陳述的語言整體性中具有其真正的語義結構。現代語言學家談論正文的謊言標誌，藉助這種標誌，正文中的陳述才被認出是為了掩飾而設置的。謊言並非就是某些錯誤的斷言。它涉及的是本身知曉的掩飾的談話。因此，識破謊言或者說認清謊言的撒謊性（如撒謊者的真實意圖一樣），這就是語言在詩的上下文中所起的表達任務。

　　反之，掩飾則具有完全另外的錯誤含意。正確斷言的語言行為與錯誤斷言的語言行為並無區別。錯誤並不是語義學現象，也不是詮釋學現象，雖說與這兩者都有關係。錯誤的陳述是錯誤觀點的「正確」表達，然而作為一種表述現象或語言現象它與正確觀點的表達相比並無特別之處。也許謊言是一種特別的語言現象，然而一般說來只是一種無害的掩飾行為。我說無害的，這不僅是由於謊言 [Ⅱ 181] 總是短命的，而且因為它處於語言的世界交往中，它的這種交往的證明在於：謊言以談話的交往真理價值為前提，並在識破或揭露謊言時重新製造出來。被揭露在撒謊的人會承認這一點，只有當謊言不再把自己當作這種掩飾，它才獲得一種新的、規定所有世界關係的性質。我們稱這種現象為欺騙（Verlogenheit），在這種欺騙狀態中，真實的或真理的意義就喪失殆盡。這種欺騙自己不會承認，它透過講話而確保自己不被揭露。它把講話的模糊性擴展到自己身上，以此堅持欺騙。講話的力量在這裡處於其包容一切的展示之中，雖說總是以暴露社會判決的形式。於是，欺騙就成了自我疏離的典型，自我疏離能遇到語言意識並要求透過詮釋學反思的努力消解這種疏離。從詮釋學角度看，談話的參與者認識到欺騙，這就意味著把對方排除在交往之外，因為他的話語站不住腳。

　　因爲詮釋學是在相互理解和自我理解不能出現的時候才插手干預。我在下面將要討論的並且詮釋學反思首先要研究的兩種由談話來掩蓋的強有力的形式，恰好適合這種規定整個世界態度的由談話作的掩飾。其一是悄悄地利用成見。我們在講話時受到前概念和前理解的指引，這些前概念和前理解總是被掩飾，爲了意識到這種成見，需要在講話意向指向中具有眞正的斷裂，這正是我們談話的基本特性。一般說來這會導致一種新的經驗。前見會因爲這種新經驗而站不住腳。然而，作爲基礎的成見非常強大，它要求具有不言而喻的確定性，並把自己表現爲無偏見的，從而加強自己的作用，透過這一系列做法成見就得到確保。我們把這種強化成見的語言形成認作一切教義學都具有的頑固的重複性。但我們也可以從科學中認出這種成見，比如爲了獲得不帶有偏見的知識和科學的客觀性，人們就選出某種科學（例如：物理學）的方法，並把它不加修正地轉用到其他領域，例如：轉用到社會知識上。更有甚者，把科學作爲　[Ⅱ 182]社會決策過程中最高的權力，這種情況在我們今天日益增多。唯有詮釋學反思可以表明，這樣就將忽視了與知識連結在一起的旨趣。我們把這種詮釋學反思叫作意識形態批判（Ideologiekritik），這種批判將會引起對意識形態的懷疑，亦即把假想的客觀性解釋爲社會權力關係眞正穩定的表達。意識形態批判藉助於歷史反思和社會反思將使人們認識在社會上占統治地位的成見並消解這種成見，也就是說它將揚棄存在於這種成見不受控制的影響中的掩飾。這是一種特別困難的任務，因爲對不言自明東西的懷疑會喚起所有實際證據的抵抗。但詮釋學理論正是在這兒產生作用：它可能在受到巨大的習慣和成見閉鎖的地方促成一種普遍的接受狀態。意識形態批判只是詮釋學反思的特殊形式，它力求批判地消解某種特定的成見。

　　然而，詮釋學反思卻具有普遍的作用範圍。與科學相反，它並不在涉及意識形態懷疑這種特定社會問題方面力爭獲得承認，而是

在科學方法論的自我解釋方面力爭獲得承認。科學的基礎是以其客觀的方法成為對象的東西的個別性。作為現代方法的科學受到放棄開端所規定，亦即排除掉一切違背本身進程的方法論的東西。正因為此它證明自己的職權範圍是不受限制的，並且從來不會被自我證明所難住。於是它就喚起了認識的整體性現象，社會的成見或利益就在這種現象的掩護下為自己辯護。只要想一下專家在當今社會的作用，想一想科學和政治、戰爭和司法更多由專家決定而不是政治委員會決定的方式，而社會的意志本來是該在政治委員會中得到體現的。

　　詮釋學批判只有當它引起自我反思、自己的批判努力，亦即反思本身的所處的束縛性和依賴性，然後才能獲得真正的創造性。我覺得只有這樣做詮釋學反思才接近了真正的認識理想，因為它甚至對反思的幻象也進行思考。要是哪種批判的意識到處指出成見性和依賴性，但卻認為自己是絕對正確的、不帶偏見、無須依賴的，這種反思必定會落入謬誤。因為它本身也是受到批判對象的驅使。相對於它所消解的對象，它具有無法消解的依賴性。要求完全不帶 [Ⅱ183] 成見，這只是天真的想法，不管這種天真表現為絕對啟蒙運動的幻想，抑或擺脫一切形上學傳統前見的經驗論的幻想，或者透過意識形態批判克服科學的幻想。我覺得，經過詮釋學闡明的意識無論如何都會因其把自身帶入反思而使一種更為優越的真理發生作用。它的真理就是翻譯的真理。它的優越性在於能把陌生的東西變成熟悉的東西，它並非只是批判地消除或非批判地複製陌生的東西，而是用自己的概念把陌生的東西置於自己的視野中，並使它重新起作用。翻譯會讓他者的真理觀點相對於自身而得到保存，從而使陌生的因素和自身的因素在一種新的形態中相互交流。從某種意義上說，現存語言表述的東西將被保存在這種詮釋學反思實踐的形式中，亦即從其自己的語言世界結構中解放出來。但它將把自身——

而並非我們自己的意見 —— 帶到一種新的語言世界解釋之中。在思想無盡地擴展運動的過程中，在讓他者相對於自身發揮作用的過程中，理性力量得到了展示。理性知道人的認識是有限的並將永遠是有限的，哪怕它能認識到自己的界限。因此，詮釋學反思就是對思維著的意識的自我批判，它把其所有的抽象觀念和科學知識都重新置於人類世界經驗的整體中，哲學不管明顯還是不明顯總是對傳統思維企圖的批判，它完全是這樣一種詮釋學進程，它把導致語義學分析的結構整體性融化在翻譯和把握的不斷進程中，而我們就是在該進程中生活和交往。

14. 語言和理解
（1970年）

　　理解問題在最近幾年具有了日益增長的現實意義──當然這是
與世界政治和社會政治形勢的尖銳化和貫穿於我們當代之緊張空氣
的加劇相連繫的。我們到處可以見到，人們企圖在地區、民族、聯
盟及世代之間建立相互理解的努力遭到失敗，其原因好像缺少共同
語言，而所用的主導概念卻像火上加油，反而使人們共同力求消除
的對立和緊張固定化並尖銳化。我們只要想一下「民主」或「自由」
的概念就可以明白這一點。

　　因此，就無須再用什麼證據來證明以下論題，即一切理解都是
語言問題，一切理解都在語言性的媒介中獲得成功或失敗。一切理
解現象，一切構成所謂詮釋學對象的理解和誤解現象都表現爲語言
現象。我打算在下面所討論的論點則更爲激進一步。我的論點是，
不僅人與人之間的相互理解過程表現爲語言現象，而且當理解過程
的對象是語言以外的領域，或者傾聽的是無聲的書寫文字的時候，
理解過程本身也表現爲一種語言現象，一種被柏拉圖描述爲思維之
本質的靈魂與自身的內心對話的語言現象。

　　一切理解都是語言的理解，這是一個挑戰性的斷定。爲了舉
出充分的反例，我們只需看看我們周圍和我們自己的經驗，在這些
反例中恰好是默然的、無言的理解才表現爲最高、最內在的理解方
式。誰努力去傾聽語言，誰就會立刻碰到這類現象，例如：「默
契」或「無聲的猜測」等等。這樣就顯然會提出一個問題，從某種
意義上說這難道不是語言性的模式？我希望自己能夠更清楚地說

明，為何這樣講是有意義的。

對於其他現象，即語言本身導致我們產生的現象情況又是如何　[Ⅱ 185]
呢？（我指的是「無言的驚訝」或「無聲的讚賞」之類現象）關於
這裡所遇到的現象我們可以這麼說；這使我們啞然無言。它使我們
啞然無言顯然在於它太過於明顯，在我們日益開闊的眼光前它顯得
太過於巨大，以致用語言已不足以對這種現象進行把握。說使人啞
然無言的現象也是語言性的形式之一，這種斷言是否過分大膽？這
難道不就是那些硬要把一切本來很正常的事物本末倒置的哲學家的
荒謬的獨斷論嗎？但是，如果說某人啞然無言，這不啻是說，該人
想說的話太**多**以致他竟不知道從何說起。語言的**失靈**（Versagen）
證明語言為**一切事物**找尋表達的**能力**（Vermögen）——而這恰好
說明某人啞然無言也是一種說話方式——這種說話方式人們不是用
來結束他的講話，而是開始講話。

我想首先用我所列舉的第一個語言的反例，即我們所說的「默
契」（stilles Einvestandnis）來證明這一點。這種語言表達方式具
有何種詮釋學價值？我們今天多方探討的理解問題，尤其是在不能
提供精確驗證方法的科學中的理解問題在於，正是一種理解的純粹
內在的自明性使人豁然開朗，例如：當我在某種情境下突然理解了
某種句子的連繫，理解了某人的陳述時，就是這種情況。這也就是
說，我突然完全清楚地明白對方說的對在哪裡或錯在哪裡。這種理
解經驗顯然總是以理解困難即達成一致的障礙為前提。因此，一切
理解願望的努力總是開始於，某人所遇到的東西使他感到陌生，具
有挑戰性，使其迷惑。

對於我們的理解遇到障礙這種情況，希臘人有一個很好的詞，
他們稱這種現象為 atopon。這個詞的原意是：失去方位，即某些不
能列入我們理解預料的公式之中從而使我們愣住了的東西。哲學起
源於驚奇這一著名的柏拉圖觀點，指的就是這種愣住（Stutzen），

也就是說，我們不再能對我們的世界方位繼續作前公式化的預料，從而喚起了我們的思考。亞里斯多德曾經對此作過很出色的描述。他說，我們的預料取決於我們對某種連繫具有多少洞見。他舉例說：如果有人對於 $\sqrt{2}$ 是不合理的，因此不可能合理地表述一個正方形的邊長爲對角線之關係這一點表示奇怪，那麼人們就會由此看出，他不是一個數學家，身爲數學家，只會對某人認爲這種關係是合理的這一點表示奇怪。不管這如何涉及到知識和對事物的深入程度，但發愣總是相對的。所有這樣的愣住、驚奇以及在理解中的不能繼續顯然始終都是爲著理解的繼續進行，爲了更深入的認識！

[Ⅱ 186]

因此我認爲：如果我們要想眞正把握理解在我們整個人的存在以及社會的人的存在中的地位，那麼我們就必須有意識地首先從理解受阻的這一特殊角度出發認識理解現象。達成一致的前提是存在著對達成一致的阻礙。而旨在消除理解之障礙的理解一欲望的任務正是針對理解和一致中相對少見的障礙提出的。換句話說，「默契」的例子並不是對理解之語言性的異議，而是保證了理解之語言性的廣度和普遍性。在我看來這是一個基本眞理，在我們透過幾個世紀以來把近代科學的方法概念絕對化爲我們的自我理解的方法概念以後，我們應該重新尊重這一眞理。

近代科學是產生於 17 世紀的科學，它是以方法論思想和從方法上保證認識進步的思想爲基礎。它把通向世界的某種形式特權化，從而以一種唯一的方式改變了我們這個星球，但這種形式既不是我們所具有的唯一通道，也不是包羅萬象的通道。這種通向世界的通道透過方法上的割裂和有意識的提問——如實驗——爲我們的新行動選定了用這種割裂的方法而進行主題研究的個別領域。這就是數學自然科學，尤其是 17 世紀伽利略機械力學的偉大成就。眾所周知，發現自由落體定律以及斜面定律的精神成就不是透過純粹的觀測獲得的。當時根本不存在眞空。自由落體只是一種抽象。每

一個人可能都還記得，他在學校裡做實驗，看到在相對真空中小鉛片和羽毛如何以相同的速度落下時自己感到多麼驚奇。對於伽利略來說，如果他想不考慮媒介的抵抗力，那麼他就要把自然界並不存在的條件分離出來。只有這樣的抽象才使人們有可能在數學上精確地描述在自然現象中構成結果的諸因素，從而使人類有控制的干預成為可能。

　　伽利略建立的機械力學實際上是我們技術文明之母。這裡出現了某種特定的方法論的認識方式，它在我們非方法論的，包括我們 ［Ⅱ 187］
生活經驗所有領域的對世界的認識和科學的認識成就之間引起了對峙。康德偉大的哲學功績在於，他從概念上為這種近代的對峙問題找到了一種令人信服的解答。因為 17 世紀和 18 世紀的哲學都苦惱於以下這個不可解決的任務，即要把形上學傳統巨大的全知性與新的科學統一起來──這是一種在從概念出發的理性科學和經驗科學之間不可能達到真正平衡的企圖。但康德卻找到了解決方法。他利用英國的形上學批判，批判性地把理性和理性的概念認識限制於經驗範圍之內的所與東西，雖說他的這一做法意味著形上學這一獨斷論的理性科學的崩潰，但這個被他的同代人稱為「粉碎一切者」的哥尼斯堡溫和的康德教授卻同時又是建立在嚴格的實踐理性自律原則之上的道德哲學的偉大創始人。他把自由作為理性的唯一要素，也就是說，他指出，如果不承認自由，那麼人的實踐理性以及人類的道德此在和社會此在都是不能設想的，從而他與源於近代自然科學的一切決定論傾向相反，為自由概念之下的思想開闢了新的合法性。實際上康德的道德哲學的動力，尤其是由費希特所介紹的康德道德哲學的動力是偉大的「歷史世界觀」開路先鋒的支柱：尤其是威廉・馮・洪堡、蘭克和德羅伊森。但是即使是黑格爾和所有其他積極或消極地受他影響的人也都自始至終充滿著自由概念，從而相對於一切純粹歷史科學的方法主義而保持著在哲學上的偉大和整體

的特徵。

然而，即使是這種新科學和新科學所帶有的方法理想之間的連繫也使理解現象變得陌生。就如對於自然探索者來說，自然界開始是無法認識的陌生的東西，自然科學家必須透過計算和有目的的強制，透過輔以實驗節選才能把它表述出來，同樣使用理解的科學也是逐漸地從這種形式的方法概念出發進行理解，並因此而把理解主要並首先看作是對誤解的排除，看作是對存在於我和你之間的陌生性的消除。但是難道你就像透過定義而作為實驗性自然研究的對象 [II 188] 那樣陌生嗎？我們應該承認：取得一致先於誤解，因此，理解總是一再回歸到重新產生的一致。我認為，這就給了理解的普遍性以完全的合法性。

但為什麼說理解現象是一種語言的現象？為什麼「默契」，即作為世界定向之共同性而一再被重建的「默契」就意味著語言性呢？這樣提問就已隱含著答案。因為正是語言不斷建造並擔負著這種世界定向的共同性。相互對話（Miteinandersprechen）主要不是互相爭論（sich-miteinander-Auseinandersetzen）。在我看來，現代社會內部的對峙有一個明顯的特點，這就是它很喜歡這樣運用我們的語言。相互對話（Miteinanderreden）也不是各談各的（Aneinandervorbeireden）。毋寧說在相互對話中構造了話題的共同視角。人類交往真正的現實性就在於，談話並不是以自己的意見反對他人的意見，或把自己的意見作為對他人意見的添補。談話改變著談話雙方。一種成功的談話就在於，人們不再會重新回到引起談話的不一致狀態，而是達到了共同性（Gemeinsamkeit），這種共同性是如此的共同，以致它不再是我的意見或你的意見，而是對世界的共同解釋。正是這種共同性才使道德的統一性和社會統一性成為可能。一切正當的或作為正當而產生作用的東西，按其本質都要求共同性，這種共同性就建築在人的自我理解之中。實際上共同

的意見不斷地在相互對話中形成，然後又回歸到相互一致和自我理解的沉默之中。我認為根據這個理由則我的斷定就得到了證明，即一切超出語詞的理解形式都回歸到在講話和相互對話中得到擴展的理解。

如果我從這種觀點出發，那麼這無非就是說在一切理解中都存在著一種潛在的語言相關性，因此我們總可能——這是我們理性的驕傲——在出現意見不一致的地方透過相互對話而達成一致。我們並非總能夠成功，但是我們的社會生活的前提就在於相互對話可以在最廣闊的範圍內達到在頑固堅持己見的情況下所封鎖了的東西。如果有人認為我在這裡所據以出發並力圖使其成為可信的理解的普遍性內含著一種對我們社會世界的和諧的或保守的基本態度，那真是一個嚴重的誤會。「理解」我們世界的安排和秩序，我們在這個世界上相互理解，不僅要以對現存秩序的承認和維護為前提，而且當然也同樣要以對僵化或疏離了的東西的批判和鬥爭為前提。

這反過來又表現在我們如何進行對話並形成一致的方式。我 [Ⅱ189] 們可以從代代相繼中觀察到這一點。尤其是像上一世紀發生的情況那樣，當世界歷史穿上了七里靴，[16] 我們就能目睹新語言是如何產生的。新語言在這裡當然不是指某種完全新的語言，但顯然也不僅僅是指對同一事物表述方式的改變，而是指隨著新視角，新目的的出現也產生了新的講話。新的語言帶來了對相互理解的干擾，但同時在交往過程中也帶來了對這種干擾的克服。至少這是一切交往的理想目標。在特定的條件下這種目標可能被證明為是達不到的。屬於這種特定條件的首先是人際一致性的病態分裂，這種病態的分裂被稱之為精神官能症症狀，於是就產生這樣的問題，即在社會生活中，交往過程在總體上是否同樣也能為擴散和維護一種「錯誤」的意識服務。這至少是意識形態批判的論點，即在各社會利益陣營中的對立使得交往過程實際上成為不可能，就如患精神病的情況一

樣。但正如在患精神病的情況中治療就在於使病人重新與社會的理解共同體相連繫，意識形態批判本身的意義也是在於糾正錯誤的意識，從而重新建立起正確的一致。在某種一致深受干擾的特殊情況下也許需要一些特殊的重建形式，這種形式基於對干擾的清楚認識。但它們由此卻正證明了相互理解本身的重要作用。

此外不言而喻的是，語言總是在保守性和革命爆發的對抗中過著其充滿緊張的生活。當我們進入學校時，我們都曾體驗過語言的最初壓力。學校中所不允許的正是在我們健全的語言想像看來是正確的東西！在圖畫課上也一樣，正是這種課常常使學校的孩子們失去了對圖畫的興趣並荒廢了畫畫。實際上學校是社會順應潮流派（Konformismus）總體中的一個機構。當然只是其他機構中的一個。我當然不想被人誤解爲，似乎我是對學校提出控告。我的意思是說：這**是**社會，是社會總是在起著規範性和跟隨潮流的作用。這也絕不是說，一切社會教育都不過是一種壓抑過程，而語言教育則純粹是這種壓抑的工具。因爲儘管有各種順應潮流派存在，但語言[Ⅱ190] 仍然是活的。從我們的生活和我們經驗的變化中產生出新的語言搭配和表達方式。使語言成爲某種共同東西，從而又一再產生新動力促使這種共同性發生變化的對抗也總是繼續存在。

於是，我們將提出以下問題，這種自然的社會順應潮流派和產生於批判觀點的掙脫社會的力量之間的關係在一種高度工業化的技術文明中是否發生質的變化。在語言用法和語言生活中不被察覺的變化，流行話和時髦語的出現和消亡總是一而再地不斷進行，特別是突變時代在它的衰落過程中恰恰可以透過對語言變化的觀察而反映出來，例如：修昔底斯（Thukydides）對被圍困的雅典城內發生鼠疫的後果所作的著名描繪就是這種情況。但在我們當今的情況下所涉及的卻是完全新的另一種形式的東西，是從未存在過的東西。我指的是有明確目的的語言操縱（Sprachregelung）。它似乎是由技

術文明發明的事實。然而，我們稱之爲語言操縱的不再是學校教師或公眾輿論機構無意的語言操縱，而是被有意識地加以利用的政治工具。它藉助於某種集中控制的交往系統透過技術方法來規定語言操縱，從而使事實具有強烈的影響。有一個現實的例子使我們發現我們如今仍然處於一種自身變化著的語言運動之中，這就是德國的另一半被稱之爲德意志民主共和國。眾所周知這種表達方式被官方語言操縱禁止了數十年之久，沒有人會看不出，爲此而提出的「中德」（Mitteldeutschland）這個叫法帶有鮮明的政治色彩。這裡應該撇開一切內容的問題而只注意過程本身。今天製造輿論的技術形式使集中控制的語言操縱能起到一種特殊的扭轉社會自然潮流的影響。我們當今的問題是，我們應該如何把集中控制的製造輿論政策和以下要求相一致，即高揚理性，從自由的認識和批判的判斷出發來共同決定社會生活。

　　人們可能會認爲解決這個問題的辦法是，科學的標誌正在於使我們有可能獨立於公眾輿論和政治，並培養人們從自由的思想出發形成判斷。在其最特有的領域內可以說這確實是科學的標誌。但這是否意味著，科學也是依靠自己的力量而達到影響公眾呢？儘管科 [II 191] 學按照自己的意圖是想擺脫一切操縱──但公眾對科學可怕的評價卻和這個願望完全相對。公眾評價不斷地限制著它在研究者那裡驚奇地發現的批判的自由，公眾評價甚至在事實上涉及政治權力之爭的地方也首先要引證科學的權威。

　　究竟是否存在著一種人們應該傾聽的科學自己的語言？這種說法顯然有雙重意義：一方面它發展出自己的語言手段以便在研究過程中寫成文字並進行交流；另一方面（這是另一種意義），科學使用一種能使公眾意識理解並能克服科學之傳奇式的不可理解性的語言。但在科學研究內部發展起來的交往系統究竟是否具有自己的語言特性呢？如果我們從這種意義上談論科學語言，那麼我們所指的

顯然是那種不是從日常語言中產生的交往系統。最好的例子就是數學及其在自然科學中的作用。數學本身究竟爲何物，這是它的私有祕密。即使物理學家也不知曉。數學所認識的，它的對象、它的問題都是某種獨特的東西。數學在自身中發展，它作爲理性而自我觀照，逗留在自身進行研究，這顯然是人類理性的偉大奇蹟之一。但作爲一種描述世界的語言，數學只是我們整個語言行爲符號系統中的一種，而不是一種自己獨特的語言。眾所周知，每當物理學家想在他的方程式之外使他人或是只想使自己理解，他自己在那裡算了些什麼的時候，他總會陷入最難堪的困境。物理學家常常處於這種綜合任務的緊張之中，恰恰是大物理學家在那種情況下常常以一種機智的方式變得很有詩才。原子顆粒如何進行它的一切活動，它們如何捕捉電子和進行其他的老實的和狡猾的程序等等，這一切都完全是童話的語言，而物理學家就用這種語言力圖使自己理解並在一定範圍內也使我們大家都理解他在方程式中所精確反映的內容。

但這裡的問題是：物理學家用以獲得並表述他知識的數學並不是一種特有的語言，而是屬於物理學家用以說出他想說的話的各種語言手段之中的。換句話說：科學性的講話始終是用在自身中存在、發展並變化的語言來傳遞某種專業語言或專業表述 —— 我們稱之爲學術性的術語。這種綜合和傳遞的任務在物理學家那裡達到[Ⅱ192] 特別的高峰，因爲他在所有自然研究者中是最多地用數學說話的。正因爲他是廣泛使用數學符號的極端例子，所以他尤其富有學識意義。在富有詩意的隱喻技巧裡可以看出對於物理學來說數學只是語言的一部分，但絕不是獨立的部分。只有當語言，尤其是現成的語言，作爲各種文化的世界視角而有其現實性時，語言才是獨立的。於是問題就在於，科學的語言與思維和科學以外的語言與思維之間是什麼關係。在我們日常說話可伸縮的自由中所發生的情況難道僅僅是對科學語言的靠攏？誰否認這一點，人們可能向他提出異議，

雖說現在看起來似乎現成的語言還是不可缺少的，但我們大家還必
須學得更好一些，以至於最終我們可以不用語詞而理解物理學的方
程，甚至能用方程式算出我們自身和我們的行為，這樣我們除科學
語言之外就不再需要其他語言了。實際上當代邏輯演算就以這種單
義的人工語言作為目的。但對這一點是有爭議的。維柯和赫爾德則
相反把詩看作人類的原始語言，而認為現代語言的理智主義化是語
言的悲慘命運而不是語言觀念的完善。問題在於：認為現在存在著
向科學語言靠攏的日益增長的趨勢，每一種語言都把向這一目標的
靠攏作為自身的完善，這種看法究竟是否正確？

　　為了能夠闡明這個問題，我想對兩個現象進行對照。其中之一
是 **Aussage**（**陳述**），另一種現象是 **das Wort**（**話**）。我想先說明
一下這兩個概念。當我說「das Wort」時，我所指的並不是像辭典
上寫的其複數是 Wörter 的單字。我所指的也不是其複數是 Worte
（言語）可以與其他字一起構成句子的言詞。我指的是只有單數的
「Wort」。這是話，是對某個人說的，是某人讓別人對自己說的
話，是在一定的明確的生活連繫中所出現（fällt）的，其統一性也
只有從這種生活連繫的共同性中才能感受的話。我們最好回憶一下
在這個單數的「Wort」背後最終還存在著《新約》的語言用法。因
為不管 Wort 在《新約》中指的是什麼—— 當浮士德想翻譯《約翰
福音》時，曾對它冥思苦想—— 這個發散力量的活性的詞對於歌德
來說並不是一個單個的魔詞，而是（這裡並非暗示道成肉身事件）
透過人類理性的連結指向人「對存在的渴望」。

　　如果我在這種意義上把「Wort」與「Aussage」相對照，那麼
「Aussage」的意義也就一目了然。我們說的是在陳述邏輯即陳述 [Ⅱ 193]
演算連繫中的陳述，在現代數學的邏輯形式化中的陳述。這種對於
我們說來不言而喻的表達方式歸根結底溯源於我們西方文化最有影
響的抉擇之一，這就是在陳述基礎上的邏輯構造。亞里斯多德作為

這種邏輯某個部分的創立者，作為邏輯思想推論過程最傑出的分析者，透過陳述句及其推論關係的形式化創立了這種邏輯學。我們都知道以下著名的三段論例子：「凡人皆死。德羅斯是人，所以德羅斯會死。」這裡所進行的是怎樣一種抽象過程呢？顯然這裡只對於所被陳述的內容。其他一切語言形式和說話形式都沒有成為分析的對象，而只有陳述句才是分析的對象。希臘詞叫作 apophansis（展示），logos apophantikos（展示的話），亦即話、命題，其唯一的意義就是引起 apophanesthai（自我展示），即引起被說出內容的自我展現。這是一個命題，它從一切它沒有明確說出來的內容中抽象出來，從這個意義上說，這是一個理論性的句子。唯有那種透過它的已被說出而顯露出來的東西，才在這裡成為分析的對象和邏輯推論的基礎。

於是我發問：真的存在這樣的純陳述句？何時存在？哪裡存在？陳述句無論如何不是唯一存在的說話方式。亞里斯多德在講他的陳述理論時談到這一點，很清楚我們還應該想到以下方式，即祈禱和請求，咒罵和命令。我們甚至必須把一種最不可思議的中間現象考慮在內，即疑問句，它特有的本質顯然是，比起其他句子它和陳述句最為接近，但卻顯然不允許有一種在陳述邏輯意義上的邏輯存在。也許有一種疑問邏輯。屬於這種邏輯的內容也許是，對某問題的回答必然會喚起新的問題。也許還存在著請求邏輯，比如第一個請求永遠不是最後的請求。但這是否該稱為「邏輯」，抑或邏輯就只與純粹陳述連繫有關？而且陳述的界限如何定？我們是否可以把一個陳述和它的動機連繫相分離？

現代科學的方法論中當然不常談這些。因為科學方法的本質就在於，它的陳述就等於一種從方法上保證了真理的寶庫。科學寶庫如同其他寶庫一樣具有可供任意使用的貯藏。實際上近代科學的本質就在於它不斷地豐富著可供任意使用的知識貯藏。一切關於

科學的社會責任和人道責任的問題，即自廣島以來我們的良心迫使
我們去考慮的問題，都由於以下事實而尖銳化了，即近代科學的方
法論後果就在於，科學不再能像控制事實連繫本身那樣控制科學知　[II 194]
識的應用目的。正是近代科學的方法抽象使科學得以創造成就，因
爲它使我們稱之爲技術的實際應用成爲可能。因此，作爲科學之應
用的技術本身不再能被人所控制。如果我爭辯說，科學可能會限制
自身，那麼我絕不是一個宿命論者和人類社會滅亡的預言家。相反
我認爲，不是科學本身，歸根結底而是我們一切人的能力和政治能
力，才能唯一做到保證合乎理性地運用我們的能力，或至少使我們
避免最嚴重的災難。由此可以看出，陳述眞理的抽象以及建築在陳
述句之上的邏輯在近代科學中是完全合理的——只不過我們必須爲
此付出很高的代價，這是近代科學按其本質不可能爲我們免除的，
這就是：面對科學爲我們建立的製造能力的普遍性，任何透過理論
理性以及藉助科學手段對製造能力作的限制都不能與之相適應。毫
無疑問，這裡有一種「純粹」的陳述句，但這是說，陳述句中表述
的知識能夠爲一切可能的目的服務。

　　我當然要自問，難道不正是這個例子，即把孤立的陳述句作
爲改變世界的技術力量之基礎的例子，事實上表明了陳述從來不可
能在完全的孤立中發生。難道在這裡一切陳述都是有動機的這一點
不是事實？作爲抽象之基礎以及作爲集中於創造能力之基礎的（它
在 17 世紀最終導致了近代科學這種偉大的方法思想）是與中世紀
宗教觀的分離以及自我節制和自救的決心。這就是求知欲的動機基
礎，這種求知欲同時又是創造能力，並由此嘲弄了一切界限和控
制。與此相反，在具有高度文明的東方亞洲，知識的標誌就在於，
對知識的技術應用受到社會理性約束力的控制，從而自己能力的可
能性就得不到實現。使這種做法成爲可能，但我們卻缺乏的力量究
竟是什麼，這是對宗教研究者、文化歷史學家，歸根結底是對我們

一直未曾找到的眞正精通中國語言和文化的哲學家提出的問題。

無論如何我認爲,近代科學和技術文化的極端例子表明,只
[Ⅱ 195] 要我們看到科學的整體,那麼把陳述孤立起來,把陳述和一切動機
連繫相分離的做法是大有疑問的。因此,我們所理解爲陳述的都是
一種有動機驅使的陳述,這一點仍然是正確的。有些情況下存在著
尤其可以有多種說法的現象,例如:審訊和作證等。正是出於法律
審訊的機智和法律訴訟的必要,向作證者,至少是在某些案例中,
向作證者提的問題往往是他自己並不知道對方爲何要問他的問題。
在一定的情況下,證人所作的陳述的價值全在於,他們沒有可能有
意地爲被告開脫或加重罪責,因爲證人看不透他回答的問題與案例
之間的連繫,因此,每個曾作過證人或被審訊過的人都知道,要一
個人回答他自己不知道對方爲何要問的問題,這是多麼殘忍。和這
種作證陳述的「純粹」陳述虛構相適應的是同樣具有虛構性的純事
實確證,正是這種虛構的「僅限於事實」,才給了辯護人以機會。
法庭上的陳述這一極端例子告訴我們,人們都是有動機驅使地在說
話,因此我們不是作陳述,而是進行回答。但回答問題意味著,實
現問題的意義以及問題的動機背景。眾所周知,最困難不過的就是
要回答所謂的「愚蠢的問題」,也就是回答那些提得很邪門,絲毫
不顯示出其明確的意義指向的問題。

從中可以看出,陳述從來不在自身中完全包括它的含意內容。
在邏輯學中,人們早就把這一點作爲偶緣性問題加以認識。存在於
一切語言中的所謂「偶緣性的」表述的特徵是,它不像其他表達方
式那樣把其含意完全包含在自身中。例如:如果我說「這裡」,
「這裡」是指什麼,這並不因爲這個詞被說出或被寫出來了,所
以就對每個人來說都可理解,而是我們必須知道,這個「這裡」曾
經在哪裡或現在在哪裡。「這裡」這個詞本身意義的實現要求用說
出這個詞的時機,即 occasio,來充實。這種表達方式因此就使邏

輯現象學分析具有特別的興趣，因為我們可以在這些意義中表明，它們把情境和時機都包括在它自己的意義內容中。這個所謂的「偶緣性的」表述的特殊問題看來在許多方面都需要擴展。漢斯‧利普斯在他《詮釋學邏輯研究》（*Untersuchungen zur hermeneutischen Logik*）一書中做了這項工作，[1] 同樣它在現代英國分析哲學中，例如：在所謂的「奧斯丁派」，即奧斯丁的後繼者那裡也是一個重要的提問，奧斯丁曾經給出書名《我們如何用詞來做事？》（*How to* [Ⅱ 196] *do Things with Words?*）[2] 這就是從自身轉化成行動的說話形式的例子，這些形式和純粹的陳述概念形成鮮明對照。

讓我們把這個界線模糊的孤立的陳述概念和「Wort」相對置，但這個「Wort」不是在說話中存在的最小的單位。我們所說的「Wort」或別人對我們說的「Wort」並不是語言分析的那種語法要素，即在學習說話的具體現象中可以表明它和一個句子的語調相比是何等次要的那種語法要素。可以真正作為意義之最小單位的「Wort」並不是作為分析一段話的最終成分的「Wort」。但這個「Wort」也不是名稱，說話並不是命名，因為正如《舊約‧創世記》所指出的，在名稱和命名時就存在給出名稱的錯誤含意。我們總是處在命名的任意性和自由性中，恰恰這一點不是我們的基本語言關係：並不存在第一個 Wort。所謂第一個詞的說法本身就是充滿矛盾的。每一個詞的含意都是以某個詞的系統為基礎。比如我也不能夠說：「我引進了一個詞。」雖說總是有人這樣說，但他們過高估計自己了。並不是他們引進這個詞。他們至多不過是對某種表述提出了建議，或給他們所定義的專業表述打上印記。但這是否會成為一個詞卻並不由他們決定。詞是自己引進的。只有當它進入了交往

1　〔圖實根，1938 年，現載《利普斯選集》，第 2 卷，法蘭克福，1976 年。〕
2　〔J. L. 奧斯丁：《我們如何用詞來做事？》，劍橋，1955 年。〕

的使用，才會變成一個詞。它並不是透過某個提出這種建議的人的引進行爲，而顯然是因爲這個詞「自己引進了」才成爲「Wort」。甚至「習慣用語」的說法也始終還影響著與我們的語言世界經驗之實質無關的事物。看起來就好像人們在褲兜裡裝著這些語詞，而當要使用它們時就把它們拿出來，似乎習慣用語是由使用它的人任意使用的。實際上語言恰恰不取決於使用它的人。習慣用語實際上也意味著，語言拒絕被濫用。正是語言本身規定了什麼叫語言的使用，這裡並不存在語言的神祕化，而是指一種不能被歸結爲個人主觀意見的語言要求。是我們在說話，不是我們中的任何一個人，而是我們大家，這就是「語言」的存在方式。

[II 197] 　　語詞也不是透過符號或其他表述現象的詞義的「理想統一」而得到完全顯現。雖說現象學，尤其是胡塞爾在他的《邏輯研究》中闡明了一切符號和語詞的含意之間的區別，這是本世紀初邏輯學和現象學最爲重要的成就之一。胡塞爾正確地指出，一個詞的含意與在使用詞時加進的現實心理觀念圖像毫無關係。由於一個詞具有一種含意——並且始終是這同一種含意——從而使這詞理想化，這種理想化使詞和一切其他意思的含意相區別，比如和符號含意相區別。我們認識到一個詞的含意並不簡單地具有心理本性，這種認識顯然極爲重要，但從另一方面看只談論詞義的理想統一是不夠的。語言的基礎顯然在於，儘管詞有確定的含意但詞卻不具備單義性，詞具有一種擺動的含意範圍，而正是這種擺動性才構成了說話現象特有的冒險性。正是在說話過程中，在繼續說話的過程中，在某種語言語境的構造中，話語中帶有含意的因素透過相互挪動整理而固定下來。

　　我們尤其從理解外文的正文中可以看出這一點。我們都清楚地知道，詞義的擺動如何在某個句子結構的意義統一體的貫通和再現中漸漸地固定下來。當然這樣說是一種很不完全的描述。我們只

要想一想翻譯的過程，就可以發現這種描述是多麼不完整。因為翻譯的整個苦惱就在於，一個句子所具有的含意統一體並不是簡單地透過把它的各個句子成分安置到另一種語言的相應的句子成分上去就能準確地表達出來，假如這樣就會出現我們一般在翻譯過來的書中所看到的可怕形象——沒有思想內容的字母。這裡所缺乏的並且是唯一構成語言的要素乃是，一個詞給出另外的詞，每一個詞都是人從另一個詞中引申而來同時又從自身出發使談話得以繼續。如果一句翻譯的句子不是被翻譯藝術大師澈底地改動從而使人看不出在它後面還有另外一句生動的句子，那麼這個句子就像一張與風景相對照的地圖一樣。一個句子的含意並不僅僅存在於系統和上下文之中，這種所謂在上下文之中（In-einem-Kontext-Stehen）同時也意味著，即使這種上下文使該詞的含意十分明確，但這個含意仍然不能完全和該詞所具有的多重含意相分離。詞在它出現於其中的談話中所具有的詞義當然不僅僅是這次談話中的含意，而是還有其他意 [Ⅱ198] 思存在，而所有這些共在含意的存在就構成了存在於生動談話中的引申力。因此可以說，每一場談話都顯示出繼續談話的可能性。人們始終可以沿著談話開始時的方向逐漸展開談話。這就是我們下述論點的真理之所在，即講話是在「談話」的要素中發生的。

如果我們不是從可孤立的陳述出發，而是從同時即是談話生活的我們對世界之態度的整體出發理解語言現象，那麼我們就能更好地理解為何語言現象這樣充滿謎一般的性質，如此吸引人又遠拒於人。說話是被我們解釋為一般理性本質的最深的自我遺忘的活動。每個人都有過如以下體驗：即自己在說話中突然頓住，以及當一個人有意識地注意自己要說的話時卻突然說不出話來。我和我的小女兒的一段小小的經歷可以說明這點：我的女兒要寫「草莓」，她就問這個詞該怎麼寫。當有人告訴她以後，她說：「真奇怪，當我聽到這個詞的時候，我根本不理解這個詞，只有當我把它忘了之後，

我才又進入這個詞。」因此，處於詞之中，也就是說不再把詞作爲
對象運用，顯然是一切語言行爲的基本模式。語言有一種隱匿和隱
匿自身的力量。因此，在語言中所發生的東西，都能免受自己反思
的控制而同時隱入無意識之中。如果我們認識了語言的這種顯露一
隱藏性質，那麼我們就必然會超出陳述邏輯的範圍而進入更廣的視
野。在語言的生命統一體中，科學語言僅僅是一種被整合的因素，
特別是還存在著其他話語的形式，那就是我們在哲學宗教和詩歌式
的講話中看到的話語。在這些現象中詞是另一種自我遺忘的走向世
界的通道，我們處於詞之家中，詞對於談論的東西就像一種城堡，
這一點在詩歌的用語中尤其看得清楚。

15. 語言能在多大程度上規定思維？ [Ⅱ 199]
（1970年）

　　這裡我們首先必須弄清的是：爲什麼這個題目對於我們來說是一個問題？在這個問題後面存在著何種對我們思維的懷疑或批判？這是一種原則性的懷疑，它懷疑我們是否能夠從我們語言教育、語言修養和以語言作媒介的思維方式的禁區中走出來並能夠使自己面對著一種和我們的前意見、前規範、前期待不相符合的現實。在當今的條件下，即由於廣泛流行的人類此在意識對人類的未來感到的不安，這種懷疑成爲一種漸漸進入我們所有人意識之中的懷疑，即如果我們仍然像現在這樣走下去，如果我們仍然繼續實行工業化和人類勞動的利潤化並把我們這個星球漸漸地組織成一個巨大的工廠，那麼我們就不僅在生物意義上而且在人類自身理想的意義上都危及了人的生存條件，甚至走向自我毀滅。於是就促使我們今天以特別的警覺詢問一下，在我們的世界行爲中是否有某些錯誤的東西，或者我們是否在我們經由語言媒介的世界經驗中就已經受偏見的影響，甚而更糟的是，我們是否在任憑某種強制性的擺布，這種強制性一直可以追溯到我們最初的世界經驗的語言結構，並把我們的眼光引向死胡同。事實情況逐漸表明，如果我們仍然按老辦法進行——雖說還不是屈指可數但卻可以肯定地預告——地球上將不再可能有生命。對這一點可以作出極爲肯定的預告，就像我們根據天文學的計算不得不預告地球將與另一個巨大星體相撞一樣。因此，[Ⅱ 200] 這是一個具有眞正現實性的題目，即是否眞正是語言使我們處於這種多禍害的危境之中。

　　沒有人會否認我們的語言對我們的思維具有影響，我們是用語詞進行思維。思維就是指自身思考某些東西，而自身思考某些東西又是指自身講出某些東西。因此我認爲，柏拉圖把思維稱爲靈魂和自身的對話，稱爲一種不斷進行自我超越（Sich-Überholen），反過來又對自身和自己的意見和觀點發生懷疑、提出異議的對話，他這樣認識思維的本質是十分正確的。如果說有什麼東西能標誌我們人類的思維，那就是這種永無止境、永不最終導向某物的和我們自身的對話。這就把我們和那種無限精神的理想相區別，對於這種無限精神的理想來說，一切存在和眞實的東西都展現在一種單一的已開啓的生命瞥見中。正是在我們的語言經驗中，在我們進入和成長於這種和自身的內心對話中——這同時又是先期的和其他人的對話並把他人牽入和我們對話的過程——世界才在一切經驗領域向我們唯一展現和整理出來。但這也就是說，通向整理和定向的只有一條路，這條道路是從提供給我們的具體經驗的給予性出發導向某些定向點，這些定向點我們認之爲概念或共相，對於共相來說，當時的具體的東西都是一種個別情況。

　　這一點亞里斯多德在他對一切經驗上升爲概念和一般之途徑所作的出色描繪中表達得很清楚。[1] 在那裡他描述了如何以各種感覺中形成經驗的統一體，如何又從經驗的多樣性中最終漸漸地形成某種如對一般的領悟，這種一般是在變化著的經驗生活諸方面的長河中保持不變的東西。亞里斯多德給這種過程找到了一個很好的比喻。他問道：到底怎樣才達到對一般的認識呢？是透過經驗的積累，透過我們不斷地重複相同的經驗並重新認作這種相同經驗？是的，這是自然而然的，但正是在這裡存在著一個問題：什麼叫作把它們認作「相同的經驗」，而何時才形成一般性的統一體呢？這就好像

---

[1] 〔《後分析篇》，B19，100a3 以下。〕

一支正在逃跑中的軍隊一樣：在逃跑的軍隊中最終有一個人開始向 [Ⅱ 201]
後張望，看敵人究竟離多遠，當他看到敵人根本還沒逼近，於是就
停了一會兒，接著第二個士兵停了下來。無論是第一個士兵，或是
第二個或第三個士兵，這些都不是整個部隊──但最終整個部隊卻
停了下來。這和學習說話也一樣。根本不存在第一個詞；我們卻是
在語言和世界中邊學習邊生長。是否可以由此推論說，一切都取決
於我們如何透過學習語言和學習我們以對話方式所學會的一切東西
而進入我們未來的世界定向的前設定（Vorschematisierungen）之
中呢？這就是如今人們所說的「社會化」過程：進入到社會行為中
去。這也必然是一種進入協議，進入透過協議而組成的社會生活，
這也就具有了成為意識形態的嫌疑。正如學習說話從根本上說就是
經常練習掌握習慣用語和論證方式一樣，我們總的信念和意見的形
成也是一條在事先形成的意義表達結構中運動的道路。那麼什麼是
真理呢？如何才能把這種預先形成的用語和表述材料融會貫通，從
而達到那種我們極少才具有的感覺，即我們真正講出了我們所指的
意思這樣的完美地步呢？

　　正如在說話中發生的情形一樣，在我們整個生活定向中，我們
所熟悉的也是傳統地預先形成的世界。問題在於，在我們的自我理
解中，我們是否可以像我剛才講的說話中較少出現的情形那樣，有
時候覺得自己達到了確實說出了自己想說的話這樣的完美地步。也
就是說：我們能否做到自己所理解的就是真實存在的？完全的理解
和精確的講述這兩種現象就是我們世界定向的極限情況，是我們和
自身無止盡的內心對話的極限。但我卻認為：正因為這種對話是無
止盡的，正因為這種以預先形成的講話公式向我們提供的事物定向
不斷地進入到我們相互理解和自身理解活動的自發過程之中，才給
我們開啟了我們真正理解的、真正能夠在精神上據為己有的東西的
無限性。靈魂與自身的內心對話永無止境，這就是我用來反駁說語

言有意識形態嫌疑這種觀點的論點。

　　這就是我有理由要捍衛的理解和說話的普遍性要求。我們可以用語言表達一切，我們也能力求做到對一切事物互相理解。誠然，我們總是受到我們自己的能力和可能之有限性的侷限，而只有一種眞正無止盡的對話才能完全實現這一要求，這也是事實。這是不言而喻的。但問題是不是有一系列針對我們以語言爲媒介的世界經驗的普遍性的激烈的反對意見呢？一種論點就是認爲一切語言性的世界觀都具有相對性，這是由美國人從洪堡的遺產中吸取並以新的經驗研究思考使之活躍起來的。根據這種理論，不同的語言是不同的

[II 202]

世界觀和對世界的看法，而且我們不可能擺脫我們被包圍在其圖式之中的個別世界觀：在尼采《權力意志》一書的格言中早已指出，上帝眞正的創造活動就在於，上帝創造了語法，也就是說，上帝把我們安置在我們掌握世界這一圖式之中，從而使我們不可能去追溯這種圖式的背後。思維對我們說話能力和說話習慣具有的這種依賴性難道不是強制性的嗎？如果我們在一個開始形成一種洲際全球平衡文化的世界中環顧四周，從而不再僅僅用以前西方哲學的不言而喻性說話，那麼會出現何種命運的意義呢？我們難道不會對以下觀點進行反思，即我們所有的哲學概念語言和從這些哲學概念語言移植到科學中並加以改造的概念語言不過是這種究其根源起源於希臘的世界觀的一種？這就是形上學的語言，我們從語法中認識了它的範疇，例如：主詞和述詞、名詞和動詞、主詞和功能詞。我們曾以如今仍然很活躍的警世的意識察覺到，在例如功能詞這樣的概念中也迴響著我們整個歐洲文化的前圖式。因此，在這些問題背後總是有一個可怕的問題，即我們在我們一切思維中，甚至在批判地消除一切形上學的概念如實體和偶性，主體和它的特性等等（甚至包括我們整個的述詞邏輯在內）時是否就不再澈底思考這一結論，即早在一切文字傳承物之前數世紀印歐語系的民族就形成了作爲語言結

構和世界態度的東西？這正是當我們也許正處於我們語言文化的終
點的今天提出的問題，這個終點是隨著技術文明及其數學符號化而
慢慢出現的。

　　但這並非是對語言所發的多餘的懷疑，我們確實應該向自己發
問，從這裡出發一切事物究竟在何種程度上被預先規定。最終是否
確實在一切世界歷史之前世界歷史命運劇中就有了一種註定，這種
註定透過我們的說話迫使我們去思維，如果它繼續這樣發展下去，
就會導致人類的技術自我毀滅？

　　也許人們可以對此進行反駁說，這種對自身的懷疑是否會人
為地剝奪我們自己的理性。在這個問題上難道我們不是站在同一個
基地上並且知道，我們所說的正是某些現實的東西，而當我講到一
種由來已久的人類的自我危害並看到西方歷史的一種命運連繫的
時候（這首先是最近由海德格教給我們認識的），這並不是某種哲
學家的幻想國中的黑色的畫？這一切將來總有一天會成為人類不言 [Ⅱ 203]
自明的知識。我們今天日益清楚地看到並首先是透過海德格而認識
到，希臘的形上學就是技術的開端。從西方哲學中成長起來的概念
形成透過漫長的歷史道路導致了把征服欲作為對現實的基本經驗。
然而我們難道真的該認為，我們開始認識到的事物是無法超越的界
限嗎？

　　我們在這裡要討論的第二個責難，主要是由哈伯瑪斯為反對我
們的理論而闡發的。他的問題是，當我宣稱，我們是藉助於語言才
把世界經驗表述為共同的經驗時，是否把語言以外的經驗方式低估
了。雖說語言的多樣性無可非議，但正如我們中每一個稍微會用其
他語言進行思維的人都知道的，這種相對性並不是說，它把我們驅
趕進一道永遠不可能擺脫的桎梏中。然而，難道不存在非語言形式
的其他現實經驗嗎？這種經驗就是統治和勞動的經驗。這就是哈伯

瑪斯用來反對詮釋學要求之普遍性的兩個論據。[2]他顯然把語言的理解解釋爲一種內在意義運動的封閉圈子（我不明白他爲什麼要這樣認爲）並把它稱爲民族的文化傳統。然而，民族的文化傳統首先是統治形式和統治藝術的傳統，是自由理想、秩序目標等等傳統。誰否認我們人類特有的能力不僅存在於說話之中？我們應該承認，任何語言性的世界經驗都是世界的經驗而不是語言的經驗。我們在語言的解釋中所表達的難道不是和現實的相遇嗎？與統治和不自由的相遇，導致了我們政治觀念的發展，我們在掌握勞動過程中作爲我們人類自我發現的道路加以經驗的就是勞動的世界、能力的世界。認爲我們人的自我理解、我們的評價、我們與自身的談話並非首先是在我們人類在統治和勞動中生存的具體經驗中才有它具體的實現和批判的作用，這是一種錯誤的抽象。我們在一個語言世界中活動並透過預先形成的語言經驗進入我們的世界，這一情況根本不會使我們失去批判的可能性。恰好相反：只要我們使自己置身於同其他具有新的批判思考和新的經驗的思維不同的人的談話之中，就可以爲自己開闢超越我們的習俗和一切前定經驗的可能性。在我們的世界中基本上涉及的仍然是一開始就涉及的相同的東西，這就是在語言上被納入習俗傳統和社會規範之中，而在這一切習俗傳統和社會規範的後面則存在著經濟利益和統治利益。而正是在我們人類的經驗世界中，我們依靠我們的判斷力，亦即依靠我們對於一切習俗採取批判態度的能力。事實上我們要把它歸功於我們理性所具有的語言效力，我們並不是由於語言而使理性受到了阻礙。確實，我們的

[Ⅱ204]

2　〔J. 哈伯瑪斯：〈詮釋學的普遍要求〉，載《詮釋學和辯證法：高達美紀念文集》，兩卷本，R. 布勃納、K. 克拉默和 R. 維爾出版，圖賓根，1970 年，第 1 卷，第 73-104 頁；並參見我的論文〈詮釋學問題的普遍性〉，本書第 219 頁以下。〕

世界經驗並非僅僅在學習說話和語言練習中發生，這十分正確。正如哈伯瑪斯藉助於皮亞傑的研究所指出的，還存在著前語言的世界經驗。存在著手勢、神色和表情等把我們相連繫的語言，以及笑和哭（普萊斯納〔H. Plessner〕曾讓我們注意笑和哭的詮釋學），還存在著經由科學而建造起來的世界，在這個世界中精確的數學符號的特殊語言最終使理論構成有了固定的基礎並使人具有製造和操縱的能力，這種能力對我們來說正是一種 homo faber，即人類技術發明能力的自我表現。但所有這些人類自我表現的形式本身卻必定要不斷被納入那種靈魂和自己的內心對話之中。

我承認，這種現象證明，在語言和習俗的相對性之後，存在著一種共同的東西，它根本不是語言，而是一種旨在可能被語言化的共同的東西，也許用「理性」這樣一個詞來稱謂它也還算可以。當然存在著某種把語言稱之爲語言的東西，這就是，作爲語言的語言以一種特有的方式和所有其他的交往行爲相區別。我們稱這種區別爲書寫和書面文字。像某人和另一人或某人和自己進行的有說服力的談話，這樣以如此直觀和生動的方式相互不可分離的東西卻能夠接受這種僵死的書寫文字形式（這種書面文字形式能破譯、能閱讀、能用新的意義闡釋），從而使我們整個世界或多或少地——也許這種情況不會再延續多久——變成一個文字的世界，一個透過書寫和書面文字進行管理的世界，這到底意味著什麼？文字的普遍性是以什麼東西爲基礎？在文字中又會發生什麼？撇開一切文字的區別性我也許可以說：一切文字都要求被理解，要求一種猶如對內心 [Ⅱ 205] 耳朵增強提升的東西。這一點在涉及到詩歌之類時是不言而喻的，即使在哲學領域中我也經常對學生說：你們必須豎起你們的耳朵，你們必須知道，當你們把一個詞放在口中時，你們並不是在使用一種隨心所欲的工具，不合人意就可能被扔到角落裡去的工具，實際上你們已固定在某種思維方向上，這種思維方向自古以來又遠遠超

越你們而去。我們所作的始終是一種回溯（Rückverwandlung）。從廣義上我想把它稱爲「翻譯」（Übersetzung）。閱讀已經是翻譯，而翻譯則是再一次翻譯。我們可以思考一下這種情況，什麼叫我們在翻譯，這就是說，我們把某種死的東西轉釋爲一種新的閱讀理解過程，或者說從某種用陌生的語言表述出來的作爲正文存在的東西轉譯成另一種我們自己的語言。

翻譯過程從根本上包括了人類理解世界和社會交往的全部祕密。翻譯是內心的預見，即在整體上預先把握意義和對被預見的東西的明確的確證的不可分割的統一。一切說話本身都具有這種先認識和確證的性質。亨利希·馮·克萊斯特（Heinrich von Kleist）寫過一篇名爲〈論思想在談話中的逐漸完成〉（*Über die allmähliche Verfertigung der Gedanken beim Reden*）的好文章。我認爲，每個考學生的教授，都首先必須在一份保證書上簽名，證明他看過這篇文章。這篇文章描述了亨利希·馮·克萊斯特在柏林報考碩士時的經歷。那時的考試是公開的，當然來聽者只是未來的考生（這在今天也是如此）。亨利希·馮·克萊斯特描寫了考試是如何進行的，考試中教授如何像子彈射出一樣提出一個問題，而考生也必須像子彈射出那樣講出答案。然而如今我們都知道：任何一個人都知道答案的問題只有傻瓜才能回答。問題應該自我設立，這就是說，問題應該包括一種回答可能的開放性。所作出的回答合乎理性是人們能夠評價的唯一可能的考試成績。電腦和鸚鵡可以用快得多的速度找出一個「正確」答案。克萊斯特還爲這種經驗找到一個很漂亮的詞：思想的孕育必須置於運動之中。在講話中的情況即是：一個詞給出了另一個詞，並由此發展了我們的思想。一個詞是眞正的詞，是當它在說話中從還被預先公式化了的語言寶庫和語言用法中被提供出來。人們說著這種詞，而這種詞又把人們遠遠引向他們自身也許看不出的後果和目標。這就是語言的世界指向之普遍性的背景，

[II 206]

換言之，亦即我們的世界知識對於我們來說並不是我們要學會吃力地逐段逐段背出來的無限的正文。「背誦」（Aufsagen）這個詞應該使我們意識到它根本不是講話。背誦與講話相反。背誦早已知道接下去的是什麼，從而不會遇到突然靈機一動這種可能的好處。我們都知道在最壞的演員那兒所具有的經驗，這種演員只是背誦，使我們覺得當他說出第一個詞時就總是在想著下一個詞。這其實根本不是說話。只有當我們冒險提出某些東西並跟從它的含意的時候，我們的說話才是說話。總而言之我想說，在關於我們理解的語言性問題上的真正誤解實際上是對語言的誤解，似乎語言只不過是詞、句子、概念、觀點和意見等等的組合。語言實際上只是一種詞，這種詞的效能為我們開闢了繼續說話和彼此談話的無限性以及和自己說話和讓自己說話的自由。語言並不是強加在我們身上的人們製造出來的習俗，前圖式化的負擔，而是使語言整體不斷重新流動起來的生成力和創造力。

[II 207]

16. 無談話能力
（1972年）

　　我們馬上就會理解這裡提出的是怎樣一個問題，以及這個問題是從何種事實出發的。是談話的藝術消失了？難道我們沒有看到當代社會生活中日益增長著一種人類行為的獨白化？這是與科學技術思維方式相連繫的當代文明的一般現象，還是現代世界中特殊的使青年人緘口的自我疏離和孤獨的經驗？甚至是決心拋棄一切理解願望，是對統治著公眾生活被其他人訴之為無談話能力的假理解的憤怒的反抗？以上這些就是每一個聽到本文討論的題目時馬上會想到的問題。

　　談話的能力是人的自然能力。亞里斯多德說人是擁有語言的生物，而語言只可能存在於談話中。儘管語言可以規範化，可以在詞典、語法和文學中有一種相對的固定化——但語言固有的生動性，它的老化和更新、它的粗糙化和精美化，直至達到高度的文學藝術風格形式，這一切都依賴於互相進行談話的人之間生動的交流。語言僅僅存在於談話之中。

　　但談話在人們之間所產生的作用卻極為不同。有一次我在柏林的一家旅館觀察過一個芬蘭軍官軍事代表團，他們圍著一個巨大的圓桌坐著沉默不語地沉思著，而在每個人與他的鄰座之間都隔著遙遠的心靈苦原，就像隔著一段不可跨越的距離。但是有哪一個北方國家的旅行者又會對南方國家如西班牙或義大利市場和廣場上經常出現的大叫大嚷的談話熱潮不感到驚奇呢！然而，我們也許既不應
[II 208]
該把前一種情況看作缺乏談話願望，也不應把後一種現象視為具有

特殊的談話天才。因為談話也許還有些不同於在它聲音強弱中變化著的群體生活的中交往方式，而對無談話能力的抱怨指的也不是這點。談話應該在一種更高要求的意義上來加以理解。

我們用一種相反的現象來說明一下吧，這種現象也許對我們談話能力的退化並不是無責任的：我指的是電話中的談話。我們已經非常習慣於在電話中進行長時間的談話。在兩個站在一起的人之間是幾乎感覺不到在打電話時由於談話只限於聲音而出現的交往的貧困化。但談話的問題絕不會出現在以下情況中，即兩個生活有緊密連繫的人繼續編織談話的線索。無談話能力的問題毋寧是說，人們是否能做到足夠坦率並感到對方也很坦率，以便使談話的線索能夠繼續下去。而在這裡電話談話的經驗就像照相有底片一樣是文件檔案式的。在電話中幾乎完全不可能窺察到對方是否有參加談話的坦率的誠意，電話中人們從不可能感受到這樣一種經驗，它常常使人們相互接近，一步一步更深入到談話之中，最終兩人都深深地陷入到談話之中，從而產生出一種使談話雙方之間不可分離的共同性。我把電話中的談話稱作照相底片式的談話。因為透過以電纜為媒介人工的接近，人們幾乎感覺不到使人們能夠互相靠攏的探問和諦聽這種氣氛。在每一次電話通話中不管對話者如何確信他是怎樣高興，但總有一些野蠻的干擾或被干擾存在。

我們的這一比較第一次使我們感覺到，要進行能夠把談話引向人類共同性深處的真正談話的條件相距多麼遙遠，以及在現代文明中有哪些與談話相對立的反對力量得到了發展。也許剛剛處在技術完善開端的現代資訊技術——如果可以相信技術預言家的話——不久就將把書籍和報紙甚至把從人的相互接觸中可能產生的真正的教誨都完全變成多餘的東西，這種資訊技術使我們回憶起它的對立面，這就是曾經改變了世界的談話巨人：孔子和釋迦牟尼、耶穌和蘇格拉底。雖說我們也閱讀他們的談話，但它們只是其他人的紀

錄，這些人不能保持和再現談話原有的超凡魅力。這種超凡的魅力
[Ⅱ209] 只存在於生動自發的問和答，講話和聽別人講話之中。雖然這些紀
錄具有一種特殊的文件式的力量。在某種意義上它們是文學，也就
是說，它們以書寫的藝術爲前提，這種藝術懂得如何用文學的手段
描繪和塑造生動的現實。但這種紀錄與想像力的文學遊戲不同，它
具有一種獨特的透明度，它表明它是以眞人眞事爲背景的。神學家
弗朗茨・奧佛伯克（Franz Overbeck）正確地考察過這一點，並在
運用到《新約》時用了「原文學」（Urliteratur）的概念，這種原
文學與眞正的文學相比要早得多，就像原始時代相對於有歷史記載
的時代一樣。

在此再看一下另外一種類似現象是有好處的。無談話能力並非
我們所知道的唯一的交往衰退現象。我們早已觀察到信件和通訊的
減少。17 和 18 世紀愛寫洋洋萬言長信的人早已屬於過去的年代。
顯然，對於通信這種通訊方式來說，用巡迴郵車——這完全是按字
母意思指郵車馬匹的巡迴——相互作答的郵車時代，比起以幾乎可
以完全同時進行問與答的電話技術時代要有利得多。了解美國的人
都知道，在美國現在人們比古代寫信要少得多。確實，現代人們用
信件彼此通訊（這即使在古代也是盡可能減少），盡可能侷限於那
些既不能使用語言的創造力，又不能使用心靈的感受力，也不能使
用創造性的想像力，或許用電傳打字機可以做得比羽毛筆更好這樣
的事情。信變成了一種落後的通訊工具。

即使是在哲學思維的領域，談話現象，尤其是兩人之間被稱爲
對話的那樣最佳的談話形式也起著一種作用，而且在我們把其認識
爲一般文化現象的相反領域也起著作用。首先使談話現象相對於哲
學思維後果嚴重的獨白性具有一種批判作用的是浪漫主義時代及其
在 20 世紀的復興。像弗里德里希・施萊爾馬赫這樣的談話大師、
友誼的天才，或者弗里德里希・施萊格爾，他的敏感使他更加熱衷

於談話而不是固執己見，他們兩人同時都是某種辯證法的哲學辯護
士，這種辯證法認爲柏拉圖式的對話模式和談話模式具有自己的眞 [Ⅱ210]
理優勢。很容易看出這種優勢存在於何處。如果有兩個人相遇並
彼此進行交流，那麼總是好像有兩個世界，兩種世界視角和兩種相
對立的世界觀。這並不是如大思想家的思想以其概念的嚴格性和他
們所制定的理論試圖使其得以傳播的那種對一個世界的一種看法。
即使柏拉圖也並非僅僅出於對談話大師，即蘇格拉底的崇敬才以對
話形式寫下他的哲學。他在對話中就已經看到一種眞理的原則，即
話只有透過被他人接受並得到他人贊同才能得到驗證。思維的結果
如果得不到另一個與他的思想同步的其他人的贊同，這種思維的結
果就沒有說服力。確實，人的每一種觀點都帶有某些偶然因素。人
們經驗世界的方式，看、聽甚或品嘗等等都保持著它特有的不可揚
棄的祕密。「誰用手指指著一種氣味？」（里爾克）正如我們對世
界的感性認識永遠是個人的感覺一樣，我們的欲望和利益也各不相
同，而大家所共有的並且能夠把握大家所共有的東西的理性面對我
們每個個性內在的盲目性卻顯得軟弱無力，因此，和其他人的談
話，他的反對或贊同，他的理解或誤解都意味著我們個性的某種擴
展，並且是對理性激勵我們去達到的可能的共同性的檢驗。我們可
以想出一系列的對話哲學都是從這一經驗出發的，即從整個世界反
映在其中的不可混淆的個人的觀點以及在一切個人的觀點中表現得
不一樣的整體世界出發。正是萊布尼茲偉大的形上學概念使歌德也
嘆爲觀止，萊布尼茲說，單個的個人是宇宙的多面鏡，而在多面鏡
中反映出來的整體就是那同一個宇宙本身，這樣就可以構造出一個
談話的宇宙。

使浪漫主義透過揭示個性的不解之祕密轉而反對抽象的一般概
念的東西，在本世紀初對 19 世紀學院哲學的批判以及對自由主義
的進步信念的批判中得到了復興。恰恰是德國浪漫主義的學生，丹

麥作家齊克果在 19 世紀 40 年代以高超的寫作藝術對黑格爾唯心主義的學院統治宣戰，這並非偶然，齊克果在 20 世紀由於他的作品被譯成德文因而在整個歐洲獲得影響。正是在海德堡（以及德國的其他許多地方），齊克果的思想把「你」的經驗以及連結我與你的話的經驗與新康德主義的唯心主義相對立。在海德堡尤其是因雅斯培而受到促進的齊克果復興在《創造》（*Die Kreatur*）雜誌上得到了有效的表達。像弗朗茨·羅森茨威格和馬丁·布伯，弗里德里希·戈加滕和弗迪南德·埃伯納這樣一些人（爲了提及源自不同陣營的猶太教、基督教和天主教的思想家）以及一個有威望的精神病醫生維克多·馮·魏茨澤克都統一於一個信念，即談話是通向眞理之路。

[Ⅱ 211]

什麼是談話？我們想到的當然是在兩個人之間進行的一種過程，這種過程儘管具有擴張性和潛在的無限性卻具有本身的統一性和封閉性。對我們而言所謂談話就是，在我們心中留下某些痕跡的東西。這並不是說我們在談話中經驗到某些新的東西從而才使談話成爲一場談話，而是說我們在其他人那兒遇到了在我們自己的世界經驗中未曾接觸過的東西。促使哲學家對獨白性思維進行批判的東西，個人在自身身上就可以經驗到。談話具有一種轉變力。凡一場成功的談話總給我們留下某些東西，而且在我們心中留下了改變我們的某些東西。因此，談話與友誼比肩而立。[1] 只有在談話中（以及就像達成某種默契而相視而笑中）才能互相成爲朋友並造就一種共同性，在這種共同性中，每人對於對方都是同一個人，因爲雙方都找到了對方並且在對方身上找到了自己。

然而爲了不要老是只講談話的這種極端和深奧的意義，我們

1　〔參閱我爲《U. 赫爾希（Hölscher）紀念文集》（符茲堡，1985 年）所寫的論文〈友誼和自我認識〉，載我的著作集，第 7 卷。〕

想把我們的注意力轉向存在於我們生活中的各種談話形式，以及處
於本文所要討論的特殊威脅下的談話形式。這首先是教育式的談
話，這並不是說它本身就具有特別重要的意義。而是說，在教育式
的談話中可能特別清楚地表明，在無能力談話的經驗背後存在的究
竟是什麼東西。雖然教師和學生之間的談話肯定是談話經驗的原始
形式，而一切我們上面已經談到的富有魅力的談話大師都是大師和
教師，他們都透過談話教育他們的學生和追隨者。但是在教師的情
況中顯然存在著一種特殊的困難，即要在自身中保持能使大部分人
折服的談話能力。一切教書的人都認為他必須講話並能夠講話，而
他越是能夠前後一貫、有連繫地講話，他就越以為他在傳播他的學 [Ⅱ212]
說。這就是我們大家都知道的講臺危險。我想起了我在學生時代在
胡塞爾那裡上討論課的情景。眾所周知，這種討論課應該盡可能
地引導學生進行研究式的談話或至少是教育式的談話。20 年代初
作為佛萊堡的現象學大師懷著深深的傳教使命感並在哲學教學工作
中確實很出色的胡塞爾，卻不是一位談話的大師。在討論課上他先
提出一個問題，在得到簡短的回答後接著他就這個回答進行兩小時
不間斷的獨白式講學。討論課結束，他和他的助手海德格走出課堂
時，他對海德格說：「今天可進行了一場熱烈的討論。」── 這種
經驗在今天導致了像講座危機這樣的情況。這裡的無講話能力顯然
主要是在教師這一邊。就教師原本是科學傳授者而言，那麼就是在
於現代科學和理論構成的獨白式結構。我們在大學生活中曾一再試
圖透過討論而使講座氣氛變得活躍一點，當然在這裡我們也不得不
得出相反的經驗，這就是要把聽眾傾聽的行為轉向提問和反問的主
動行為是極其困難、鮮有成功的。最後在教師的情況中只要它超出
小範圍談話的親密氣氛，那麼就存在著一種無法消除的談話因難。
柏拉圖早已意識到這一點：一場談話從來不可能與許多人同時進
行，或僅在許多人在場的情況下也不可能進行談話。我們的所謂講

臺討論（Podiumsdiskussion），在半圓桌上的談話只是一種半死的
談話（halb tote Gespräche）。但確實存在其他的、眞正的，亦即
個體化的談話情境，在這種情境中談話才保持它眞正的功能。我想
把 3 種談話形式區別開來：協商談話（Verhandlungsgespräch）、
治療談話（Heilgespräch）和知己的談話（vertrauliche Gespräch）。

　　光從字面上就可以看出協商談話強調的是交換性，在意見交
換中談話雙方相互接近。顯然這裡涉及到的是社會實踐的形式。在
兩個業務夥伴之間的談判或政治談判都不具有所謂個人交換意見的
性質。在談判中如果談話是有成果的，那麼雖然談話也達到一種平
衡，這是談話的本來規定，但是在相互交流其條件中達到平衡的人
卻並不是作爲個人說話和出場的，而是作爲由他們代表的黨派利益
的代言人。儘管如此，如果能更仔細地研究一下富有成果的商人或
[Ⅱ213] 政治家究竟具有何種眞正的談話天才，他們如何懂得克服對方身上
存在的妨礙平衡的障礙，這也是頗有吸引力的。這裡顯然有一個關
鍵的前提，即要善於把對方當作對方。在這種情況下就是要了解與
自己利益相對的對方的眞正利益，而被正確預感到的對方利益也許
就已經包含了達成一致的可能性。就此而言，協商談話中本身就表
現出談話的重要規定，這就是爲了能夠談話，就必須能夠傾聽。和
對方接觸即使在僅僅涉及到金錢或權力利益的地方也能使自己超越
自己的界限。

　　對我們的題目具有特殊啓發力的是治療性談話，尤其是在精
神分析門診中經常使用的治療談話。因爲在這裡，無談話能力恰好
是出發點，由此出發重新學習談話就是治療過程本身。把病人最終
驅趕入完全無助的病態干擾就在於，和周圍世界的自然交往被神經
錯亂的觀念打斷了。病人越是深深地沉溺於這種錯亂觀念之中，以
致使他不再能去眞正傾聽他人的談話，他就越是沉溺於自己病態的
觀念之中。但正是由於他不能忍受和人類自然的談話共同體的分離

才使他最終認識到自己病了，從而使他去求醫。這裡描寫的是對我
們的論題極有意義的出發情形。極端的例子總是比一般的例子更有
教益。精神分析性的治療談話之特殊性恰好在於，構成這種特殊病
情的無談話能力，唯有透過談話才能獲得治療。但從這種過程中學
到的東西卻不能夠簡單地轉用到其他領域。首先精神分析家並不僅
僅是談話夥伴，他還是知情者，他要突破病人的反抗努力去開啓受
禁忌的無意識領域。雖說人們說得很有道理，談話本身是共同的啓
發工作，它並非僅僅是醫生知識的運用。但另外一個與此相連繫的
條件卻是專業性的，它限制了把精神分析式的治療談話轉用到社會
實踐的談話生活：這裡的首要前提是病人認識到自己有病，也就是
說，無談話能力在這裡是自己承認的。

　　但我們所思考的本來的論題卻相反，是一種自己不承認的無談
話能力。它的典型形式恰好相反，即人們不是看到自己的無能力，
而是看到他人的無能力。人們說「和你沒什麼好談的」。而對方的 [Ⅱ214]
感覺和體驗則是未被理解。這就使人一開始就啞然無言，甚或被氣
得咬緊嘴脣。因此「無談話能力」歸根到底總是某個自己不能談
話，或者不能成功地與他人展開談話的人們所提出的診斷，但是他
人無能力始終也同時是自己的無能力。

　　我想從主觀和客觀兩個方面來分析這種無能力。亦即一方面
談談主觀的無能力，即無能力傾聽，另一方面談談客觀的無能力，
這種客觀無能力的基礎就是不存在共同語言。無能力傾聽是一種眾
所周知的現象，因此我們根本無需想像其他特別具有這種無能力
現象的人。我們從自身就足可體驗到這種情況，因為我們常常漏聽
或錯聽。這難道不是人類的基本經驗之一，即我們不能及時地感覺
到他人身上發生的事情，我們的耳朵不夠靈，因而不能聽出對方的
沉默和觀點？抑或人們聽錯了？這種情況的發生似乎是不能令人信
服的。我曾有一次——由於萊比錫地方當局的（本身無關緊要的）

侵犯——被關於警察局監牢中。在那裡走廊上整天有人被喊去受審訊。我幾乎在每一次聽到呼喊時都以爲聽到了自己的名字——我心裡這種期待竟如此迫切！漏聽和錯聽——這兩者都源於相同的在自身中可能出現的原因。漏聽或錯聽的人總是經常傾聽自己的人，他的耳朵好像總是充滿了他經常對自己說的話，因爲他總是在追逐自己的欲望和興趣，以致不能傾聽對方的話，這就是我所強調的我們不同層次的本質特性。但儘管如此，我們總是能重新具有談話的能力，亦即傾聽對方的話的能力，我認爲這就是意味著人向人道的眞正昇華。

當然，也可能存在著客觀的原因，我們越是習慣於當代科學文明的獨白狀態，越是習慣於聽任匿名的通訊技術的擺布，人們之間的共同語言也就越會日趨崩潰。我們可以想一下宴會上的談話以及在某些値得同情的美國富人的豪華住宅中由於現代化技術設備和他無謂的浪費才達到的談話的受抑的極端形式。在這種住宅中，餐廳布置得使每個就餐者從他的菜盤上一抬起頭就可以舒適地看到專門爲他設置的電視螢幕。我們還可以勾畫出更爲先進的技術進步，譬如說人們可以戴上一副眼鏡，這種眼鏡不能透視，而是只能看到電視，就像人們有時看到有人在奧登森林中漫遊，同時聽著漫遊者身邊帶著收音機中播放的熟悉的音樂一樣。這些例子只是想說明，確實存在著使人們有可能荒廢說話能力的客觀的社會條件，而說話就是和某人的說話或回答某人問題，也就是我們稱之爲的談話。

[II 215]

然而極端例子也可以說明一般情況。我們可以看到，人們之間的相互理解既創造著一種共同的語言，反之又是以共同語言爲前提。人們之間的疏遠表現在，他們不再說（如人們所說的）同一種語言，而人們之間的接近就在於：他們找到了一種共同的語言。確實，凡是缺乏共同語言的地方，相互理解就極爲困難。而只要人們尋找共同語言並最終找到了共同語言，那麼相互理解就一定能成

功。我們可以在操不同母語的人之間結結巴巴談話的極端例子中認識這一點，他們只知道對方語言的隻言片語，但卻感覺到迫切需要相互說點什麼。在這種情況下，人們如何在實際交往中，甚至在個人或理論性的談話中最終達到理解，甚至最終達成一致，這也許可以成為一種象徵，它表明，即使是在似乎缺乏語言的地方也可能達到相互理解，只要有耐心、敏感、有同情心和寬容，以及對作為我們生命之一部分的理性的無條件的信任。我們經常體驗到，即使是在不同氣質、不同政治觀點的人們之間，也能進行談話。「無談話能力」在我看來與其說是對方實際具有的缺點，還不如說是人們對不想跟從他們思想的人提出的一種譴責。

IV

發展

[Ⅱ219]

17. 詮釋學問題的普遍性
（1966年）

　　爲什麼語言問題在當今的哲學討論中占據了類似思想這一概念或者說「思考自身的思想」這一概念於一個半世紀以前所處的中心地位？我想用這個問題間接地對我們必須稱之爲近代的中心問題的**這個**問題——一個由於近代科學的存在而向我們提出的問題——作一個回答。我指的問題是，當我們經歷了自己的生活歷史和生活命運之後，我們作爲人所具有的天然的世界觀和世界經驗如何和那種表現科學見解的不容置疑的、匿名的權威發生關係。自從 17 世紀以來，哲學的眞正任務一直在於把人的認識能力和創造能力的新運用和我們人類生活經驗的總體相調解。這個任務曾以不同方式表達出來，並包括今天我們這代人所從事的試圖，因爲我們這代人把我們在世存在的基本進行方式，亦即語言這個論題，作爲包羅萬象的世界構造形式置於哲學的中心地位。因此，我們總是想到凝固在非語言符號中的科學陳述，我們總是具有以下任務，把透過科學而可支配的並受我們隨意操縱的對象世界，亦即我們稱之爲技術世界和那種既不是任意的也不再是可由我們操縱的，而僅僅要求我們尊重的我們存在的基本秩序重新連結起來。

　　我想對一些簡單明瞭的現象進行解釋，詮釋學觀點的普遍性即與此相關。我連繫到海德格在他早期發展的說話方式以及原本產生於新教神學並經由威廉·狄爾泰引入我們世紀的觀點的繼續發揮而把這種觀點稱爲「詮釋學的」。

　　什麼是詮釋學？我想從與我們的此在休戚相關領域中遇到的兩

種疏離經驗開始講述這個問題。我指的是審美意識的疏離經驗和歷史意識的疏離經驗。我想說明的問題在這兩種情況中都可以用很少 [Ⅱ220] 幾句話說明：審美意識承認一種我們既不能否認也不能縮小其價值的可能性，即：我們或者批判地或者贊同地使自己和一種藝術構成物（Gebilde）的性質發生關係，這句話的意思是說，我們本身具有的判斷力將最終決定判斷對象的陳述力及其效果。我們所拒絕的藝術品不會對我們說什麼東西──或者說，我們之所以拒絕它，正是因為它無法對我們說什麼東西。這就在藝術一詞最廣的意義上刻畫了我們和藝術的關係，正如黑格爾指出的那樣，藝術顯然包括了整個古希臘─非基督教的宗教世界，它是藝術─宗教，是以人類形象的回答體驗神性的方式。當這整個經驗世界疏離成審美判斷的對象時，它顯然就失去它原來毫無疑義的權威。此外，我們還必須承認，對我們而言──藝術傳承物的世界，藝術用如此多的人類世界為我們贏得的偉大共時性（Gleichzeitigkeit）遠不只是我們能任意地接受或拒斥的一種對象。當我們被一件藝術品吸引時，它就再也不讓我們隨意地撇開它或僅僅按我們自己的主張接受它或拒斥它，這種情況難道不是真的嗎？那些千百年流傳下來的人類藝術天才的創造物確實並非為這種美學的接受或拒斥而創作，這難道不也是真的嗎？任何一個和過去的宗教文化連繫的藝術家都只能帶著以下意圖創作他的藝術品，即：他所創造的作品將在它所說和所表達的東西上被人接受，被納入人類彼此生活的世界。藝術的意識，審美的意識，它們都是第二性的意識。相對於從藝術品本身引出的直接的真實性要求，它們只是第二性的。當我們根據一件藝術品的美學特性對它進行判斷時，它就疏離了一些實際上與我們更為親近的東西。當我們離開抓住我們的直接的真實性要求、不再追求這種要求時，總是會發生這種向審美判斷的疏離。因此，我思考的出發點之一就是，在藝術經驗領域起作用的審美主權，一旦面對我們在藝術

陳述的形式中遇到的眞正的經驗現實，它就表現爲一種疏離。[1]

[Ⅱ221]　　大約 30 年以前，這裡提出的問題曾以一種被歪曲的形式出現過，那時，納粹黨的藝術政策爲了實現和達到它自己的政治目的，曾試圖用藝術與民族緊密連繫的話對純美學文化的形式主義進行批判。儘管這種說法在執行這種口號的人那裡遭到濫用，但我們不能否認，藝術與民族緊密連繫的觀點包含一種眞知灼見。每一件眞正的藝術創作總是隸屬於它的社會群體，而這種群體總是和受藝術批判影響和威脅的文化社會相區別。

　　疏離經驗的第二種模式是我們所謂的歷史意識，這是一種逐漸建立的，在接納過去生活的見證物時保持一種自我批評距離的高貴的藝術。蘭克消除個體性的著名公式曾經披上一件作爲歷史思想風俗習慣的通俗形式：歷史意識的任務是，從時代精神出發理解該時代的所有證據，把這些證據從我們自己當今生活的令人喜歡的現實性中解救出來，把過去作爲一種人類現象來認識而無須作道德上的美化。[2]在他著名的論文〈歷史對生命的作用和損害〉（*Über Nutzen und Nachteil der Historie für das Leben*）中，尼采系統闡述了這種歷史距離和始終與當代連繫在一起的直接的塑造意志（Formungswillen）之間的矛盾。與此同時，他揭露了這種所謂「亞歷山大式」的衰弱的生存形式意志（Formwillen）的許多後果，這種生存形式意志表現爲現代歷史科學。我們可以回憶他對現代精神的評價軟弱的指責，由於現代精神如此習慣於在各種不同的、變化

---

[1]　〔對此參見我 1958 年寫的〈審美意識的疑難〉，以及我的著作集第 8 卷中的其他文章。〕

[2]　〔參見 O. 福斯勒（Vossler）的〈蘭克的歷史問題〉，該文是 L. 蘭克所著《法蘭西史——主要是 16 世紀和 17 世紀的歷史》（萊比錫，1943 年）一書的導言。另見 O. 福斯勒：《精神與歷史——論文集》，慕尼黑，1964 年，第 184-214 頁。〕

的情況下考慮事物，它已變得眼花繚亂，以致不能對呈現給它的東西形成自己的觀點，不能對與它劈面相遇的事物決定自己的立場。尼采把這種歷史客觀主義的價值盲目性歸溯到陌生的歷史世界和當代的生活力量之間的衝突。

顯然，尼采是一個狂熱的見證者。但我們在過去 100 年間以這種歷史意識所作出的歷史經驗十分有力地告訴我們，歷史意識與它的歷史客觀性的要求具有本身特有的困難。即使是對那些看起來已經極爲成功地達到了蘭克個體主義自我消融的要求的歷史學研究鉅著，我們仍然能夠準確無誤地把它們歸屬於寫作這些著作時所處時代的政治傾向，這對於我們科學經驗已是毋庸置疑的事實。當我們閱讀蒙姆森（Th. Mommsen）的羅馬史的時候，我們知道唯有誰才可能寫作這本書，也就是說，這位歷史學家在他所處時代的何種政治境況中把過去年代的各種見解組織成一種富有意味的陳述。從普魯士編年史學家中選幾個著名的名字，例如：特賴奇克（Treitschke）和西貝爾（Sybel），透過他們的著作我們同樣可以認出這一點。這就首先清楚地表明，歷史方法的自我理解所表述的，並非歷史經驗的整個現實。盡可能地控制我們自己當代的偏見從而不誤解過去的證據，這無疑是一個正確的目標。但這顯然不是在此要完成的理解過去及其傳承物的整個任務。眞正的情況可能是——追隨這種思想，實際上乃是在對歷史科學的自我觀點作批判考察時提出的首要任務之一——唯有歷史研究中**不重要的**事才會讓我們接近這種完全消除個體性的理想，而那些重大創造性的研究成果總是保存了一些具有在過去中直接反映當代和在當代中直接反映過去的巨大魔力。我由之出發的這第二種疏離經驗，即歷史科學，僅僅表達了我們的實際經驗——即我們與歷史傳承物的實際照面——的一個部分，它所了解的僅僅是這種歷史傳承物的一種疏離形式。

[Ⅱ222]

　　如果我把詮釋學意識作爲某種必須要發展的，包容一切的可能性而和上述疏離例子相比較，那麼，我們首先就必須克服科學理論的簡單化，正是由於這種簡單化，我們按傳統方式稱之爲「詮釋學科學」的東西才被歸屬到近代科學觀念之中。例如：如果我們考慮施萊爾馬赫的詮釋學，就會發現，他關於這門詮釋學學科的觀點特別受到這種近代科學思想的限制，施萊爾馬赫曾經把歷史浪漫主義的觀點引入他的詮釋學，與此同時，他在頭腦中仍然清楚地保留著基督教神學的考慮，並試圖使他的詮釋學作爲一種普遍的理解技術理論而對解釋《聖經》這項特殊工作有所幫助。施萊爾馬赫把詮釋學定義爲避免誤解的藝術。這種描述當然沒有完全曲解詮釋學的努力。陌生的東西很容易引起誤解，這種誤解由於時代的距離、語言用法的改變或語詞意義和想像方式的轉變使我們易於發生。因此，我們必須透過受控制的方法思考來消除誤解。只不過這樣就產生一個問題，當我說理解就是避免誤解，這種說法是否對理解現象作出了恰當的定義？事實上，每一種誤解不都是以某種如基本認同（tragendes Einverständnis）這樣的東西爲前提嗎？

[II 223]

　　在此我試圖使大家注意一種生活經驗。例如：我們說，理解和誤解是在我和你之間發生的。然而，「我和你」這個表述證明了一種令人驚奇的疏離。根本不存在這種東西。既不存在「這個」我，也不存在「那個」你，只有一種對我而言的你說（Du-Sagen eines Ich）和相對於你的我說（Ich-Sagen gegenüber einem Du），但這些都是發生在理解之前的境況。我們都知道，每一個你說都以某種深層的共同一致爲前提。這裡負載有某種持久的東西。而且，當我們試圖對持有不同意見的問題達到一致時，這種深層因素總是開始起作用，儘管我們極少意識到這種負載的因素。如今，詮釋學科學卻要我們相信，我們必須理解的正文乃是某種陌生的東西，它力圖把我們誘引至誤解，而我們的任務就是，透過一種受控制的歷史

訓練過程，透過歷史批判、透過與心理學導引能力相連繫的可控制的方法把誤解可能藉以潛入的一切因素排除掉。依我看來，這種說法從某個方面說是正確的，但它僅僅是對一種包羅萬象的生活現象非常片面的描述，這種生活現象構成了把我們都包括在一起的「我們一存在」。依我之見，我們的任務就是，超越作為審美意識、歷史意識和被侷限為避免誤解之技術的詮釋學意識之基礎的成見，並且克服存在於這些意識中的疏離。

那麼，在這 3 種經驗中被我們所遺漏的是什麼呢？為什麼這些經驗的個別性對我們如經敏感呢？面對大量早已使我們深受感染並且我們稱之為藝術中的「古典」的東西，**審美**意識是什麼呢？[3] 什麼將對我們產生深刻印象，什麼將被我們發現為有意義的，不是早就以這種方式決定了嗎？所有我們帶著一種直覺的，哪怕是錯誤的 [II 224] 但對我們的意識首先卻是有用的確定性說，「這是古典的，它將永世流傳」，這些東西早已預先決定了我們進行審美判斷的可能性。的確不存在一種純粹的形式標準，它可以要求從高超的藝術技巧去判斷和認可造型水準或塑造程度。相反，我們處在一種由不斷向我們傳來的聲音而給予的我們感性和精神存在的審美共振之中──它是所有清晰的審美判斷的前提。

歷史意識的情況也是如此。在此，我們顯然同樣必須承認，有無數和我們自己的當代及其歷史意識深度沒有關係的歷史研究任務。但我無疑認為，我們的文化和我們的當代由之生存的巨大的過去視域，無疑影響著我們對未來的一切嚮往、希望和畏懼。歷史是

---

3 〔如果把我在《真理與方法》（見我的著作集，第 1 卷，第 290 頁以下）中關於「古典型的例證」所說的當作承認一種柏拉圖化了的古典風格理想（H. R. 堯斯：《審美經驗和文學詮釋學》，法蘭克福，1979 年），而不是對一種歷史範疇的解釋，那就是一種誤解。〕

與我們的未來相連繫，並且本身只是根據我們的未來而存在。這些我們都從海德格那裡學到過，因為他清楚地展示了，未來對於我們可能的回憶和記憶從而對於我們的整個歷史所具有的首要地位。

　　這一點也表現在海德格關於詮釋學循環創造性的論述中，我曾對這種觀點作過如下表述：構成我們存在的與其說是我們的判斷，不如說是我們的前見。4[17] 這是一種帶有挑戰性的表述，因為，我用這種表述使一種積極的前見概念恢復了它的合法地位，這種概念是被法國和英國的啟蒙學者從我們的語言用法中驅逐出去了。我們可以指出，前見概念本來並不僅僅具有我們加給它的那種含意。前見並非必然是不正確的或錯誤的，從而會歪曲真理。事實上，從我們存在的歷史性就可以推出，從文字意義上講，前見構成了我們整個經驗能力的先行指向。前見是我們開啟世界的先入之見，正是它們構成我們經驗事物的條件，構成我們遭遇到的事物對我們訴說的條件。這當然不是說，我們被一道偏見的牆所包圍，只讓那些持有其護照的東西透過狹窄的入口，並堅持：「這裡不會說出新東西。」相反，我們歡迎的正是那些向我們好奇心有預告新東西的客人。然而，我們從何知道我們所接納的客人是能向我們講出某種**新東西**的人呢？5 難道我們聽**新東西**的期待以及準備不是同樣必然受到早已占據了我們的老東西的規定嗎？這就足以證明，為何和權威概念具有密切內在連繫的前見概念需要從詮釋學角度恢復名譽。然而，如同每一種觀點一樣，這種觀點同樣也不完全確切。詮釋學經驗的本質並不是什麼等在外面渴望進來的東西，相反，我們是被某種東西

[II 225]

4　〔《真理與方法》，見我的著作集，第 1 卷，第 278 頁以下，以及「論理解的循環」，本書第 57 頁以下。〕
5　〔關於「新東西」的概念，參見《老東西和新東西》，1981 年，薩爾斯堡文藝節上的開幕詞（載我的著作集，第 4 卷）。〕

所支配，而且正是藉助於這種支配我們的東西才會向新的、不同的、眞實的東西開放。柏拉圖把這一點說得很清楚，他巧妙地把軀體的食物和精神的食糧作了比較：即使我們能拒絕前者（例如：根據醫生的建議），但我們總是早已接受了後者。[6]

　　當然現在的問題是，面對近代科學的存在，我們怎樣保證自己存在所具有的詮釋學條件性的合法性，因爲近代科學遵循不帶先入之見和無成見的原則。我們顯然不能透過爲科學制定規則並建議它嚴格遵守這種規則來使我們存在的詮釋學條件取得合法性——且不說這種說法總是有點滑稽。科學不會幫我們這種忙。科學將以一種超越對它的控制的內在必然性繼續自己的道路，它將創造出越來越多令人驚奇的知識和控制力量。它不可能有其他途徑。因爲某種研究可能有培養出超人的危險而去阻止遺傳學家的研究，這顯然是愚蠢的。因此，這個問題並不是說，我們的人類意識把自己置於和科學進程相對立的地位，竟然宣稱要發展一種反科學。儘管如此，我們卻不能避免下述問題，即我們在審美意識和歷史意識這類顯然無害的對象中所意識到的東西是否也表現了一種在現代自然科學和我們對待世界的技術態度中存在的問題？如果我們根據現代科學的基礎建立一個將我們周圍的一切都加以改變的充滿新技術目的的世界，我們就不會假定爲此而獲得了決定性知識的研究者會對這種技術的可利用性只輕率加以一瞥。眞正的研究者是被一種眞誠追求知識的熱望所推動而絕不受其他欲望推動。儘管如此，我們仍然必須 [Ⅱ226] 提出以下問題，面對建築在我們現代科學之上的整個文明是否不斷有什麼東西被忽略了——如果使這些認識和創造成爲可能的先決條件仍然處在半明半暗之中，結果是否會使運用這些知識的人本身都

6　〔《普羅塔戈拉》，314a。〕

遭到毀滅。[7]

　　這個問題確實具有普遍性。詮釋學問題，正如我已加以闡明的那樣，絕不侷限於我開始自己研究的領域。眞正的關鍵是確立一種理論基礎，從而能夠承擔當代文化的基本事實，承擔科學及其工業的、技術的利用。統計學爲我們提供了一個有用的例子，表明詮釋學因素如何囊括了科學的全部過程。作爲一個極端的例子，它表明，科學總是處於方法論抽象的限制條件之中，而現代科學的成果有賴於以下事實，即其他提問的可能性都被抽象所掩蔽。在統計學中這種事實表現得很明顯，因爲，統計學所要回答問題的前把握性使它特別適合於宣傳的目的。要想取得宣傳效果，就必須事先影響它的宣傳對象的判斷，並試圖限制他們的判斷能力。因此，統計學所確立的東西看起來似乎是一種事實的語言，但是，這些事實所回答的是什麼問題，如果提出另外的問題又將由哪些事實開始講話，這些卻是詮釋學的提問。只有詮釋學的研究才能判定這些事實所含意義，並判定由這些事實引出的結論的合法性。

　　然而我卻搶先並且是無意地使用了以下這種說法，即何種答案回答何種問題依事實而定。事實上，這就是詮釋學的原始現象：沒有一種陳述不能被理解爲對某個問題的回答，並且也只能這樣來理解各種陳述。這一點絲毫也沒有損害給人深刻印象的近代科學方法論。誰想學習科學，誰就必須學會掌握它的方法論。然而我們同樣知道，方法論本身並不能在任何意義上保證其應用的創造性。正相反（生活中的任何經驗都可以證明），存在著運用方法論而毫無成果的事實，那就是，把方法用到並非眞正值得認識的事物身上，用到那些還沒有成爲以眞問題爲基礎的研究對象的事物身上。

[Ⅱ227]　　近代科學的方法論自我意識當然反對這種論點。例如：一個歷

7　〔在此期間許多在討論的科學的責任性問題，依我看來是一個道德問題。〕

史學家會提出異議：談論這樣一種歷史傳統當然很好，在這種歷史傳統中唯有過去的聲音才獲得其意義，並且那些規定當代的前見也是透過這種歷史傳統而產生。但在嚴肅的歷史研究問題中情況就完全不一樣。比如，我們怎麼可能當真地認為，對 15 世紀城市納稅制度或者對愛斯基摩人的婚姻習俗的解釋是從對當代意識及其預期中才獲得其意義的？但是，這些乃是歷史知識的問題，認識這些問題完全不依賴作為任務的任何當代關係。

　　為了回答這種反駁，即這種觀點的極端性也許類似於我們在某些大工業研究機構中看到的情形，特別是在美國和俄國發生的情形，我指的是所謂的隨機試驗（Seriengrossversuch）。在這類試驗中，人們投入所需的各種材料而根本不考慮浪費和代價，懷著僥倖心理，指望千百項措施中的某一項終有一天會導致一項引人注意的發現，也就是說，將成為對某個人們可以繼續進一步研究的問題的解答。無疑，現代人文科學研究在某種程度上也以這種方式進行。比如，我們可以想一下，大量的出版物尤其是越來越完善的索引。現代歷史研究能否透過這種程序增加我們的機會，從而真正注意到重要的事實並使我們的知識相應地豐富起來，這個問題還有待解決。但是，即使這樣做了，人們還是可以問：從 1000 個歷史學家中摘出無數的研究成果，也即確立事實連繫的觀點，以便使第 1001 個歷史學家能發現某些重要的東西，這真是一種理想嗎？當然，我這樣說是給真正的學術研究畫了一幅漫畫。但在每一幅漫畫中都有真理的因素，而我所勾勒的這幅漫畫就包含著對以下問題的間接回答，即，究竟是什麼造成了有創造性的研究者？是因為他學會了方法嗎？然而，那些從未創造過任何新東西的人同樣學會了方法。唯有想像（Phantasie）才是學者的決定性任務。想像在此當然不是指構想各種事情的模糊能力，相反，它具有一種詮釋學的功能，並使人能敏感地發現什麼是有問題的，使人能提出真正的、有

創造性的問題——一般說來，只有掌握其科學的所有方法的人才能具有想像力。

身爲柏拉圖研究者，我特別喜歡蘇格拉底和詭辯派藝術家進行爭論的難忘場面，他用他的問題使他們陷入絕望，直到最後，他們再也不能忍受蘇格拉底的問題，因而要求讓自己擔任顯然更有成效的提問者角色。然而，結果怎樣呢？他們根本不知道該問點什麼，他們根本想不出值得深入研究並堅持給出後果的問題。

[II 228]

我從這個例子中得出以下推論。我一開始只從某些方面對詮釋學意識進行描述，但它的眞正僅僅總是在於，我們可以看出何者是該問的問題。如果我們所面對的不僅僅是各個民族的藝術傳統，不僅僅是歷史傳統，不僅僅是處於其詮釋學前提條件中的現代科學原則，而是我們的全部經驗生活，我認爲，我們這才算是成功地把科學的經驗加入到了我們自身的、普遍的和人類的生活經驗。因爲，現在我們已經達到了可以稱爲（就像約翰納斯·洛曼〔Johannes Lohmann〕所稱 [8]）「語言的世界構成」（sprachliche Weltkonstitution）的基本層次。這種基本層次就是預先規定我們一切認識可能性的效果歷史意識。我撇開不談下述事實，即學者——甚至自然科學家——也許都不能完全獨立於社會習俗及環境中的一切可能因素——我的意思是說，在他的科學經驗**內部**，並不是「鐵定般的推論規則」（赫爾姆霍茨語），而是不可預見的命運爲他提供了有成果的思想，例如：牛頓的蘋果落地及其他偶然的觀察燃起了科學靈感的火花。

效果歷史意識在語言性中得到實現。我們可以從有思想的語言研究者那裡得知，語言在其生命和進程中，絕不能被想成僅僅是

8　〈哲學和語學科學〉，載《促進哲學和具體科學關係的文集》，第 15 卷（1965年）。

自身變化的，相反，有一種目的論在其中起作用。這句話的意思是說，爲了說出某些事物，不斷構成的語詞以及出現在語言中的表達手段都不是偶然地組合的，因爲它們絕不會再次抽身出來；相反，卻以這種方式建立起一種對世界的明確表述——這是一種似乎是受操縱的進程，我們總是可以在學習說話的孩子身上觀察到這種進程。對此，請允許我引用亞里斯多德的一段話，我對此要作比較詳細的解釋，因爲，它從某個方面巧妙地描繪了語言的構成。這就是亞里斯多德所說的 epagoge，亦即普遍性的形成。普遍性是如何形成的？在哲學中我們說，達到一般概念，然而，甚至語詞在這個意義上也顯然是一般的。那麼，語詞如何成其爲「語詞」，也就是說，語詞是如何具有普遍意義的呢？一個具有感覺的存在在其第一次統覺中，發現自己處於一個刺激因素的洶湧的海洋之中，如同我們所說，最後有一天他終於開始認識到某些東西。顯然，我們藉此並不是說他本來是盲目的，相反，當我們說「認識」（erkennen）時候，我們指的是「重新認出」（wiederekennen），亦即從流逝過去的形象之流中辨認出（herauserkennen）某些同一的東西。用這種方式辨認出的東西顯然會保持住。但這究竟是如何發生的呢？一個孩子何時首次認出自己的母親？是他第一次看到自己母親的時候嗎？不！那麼，究竟什麼時候呢？這是怎樣發生的呢？我們究竟能否說，這是一次性的事件，即一種首次的認識把孩子從茫然無知的黑暗中解放出來？我認爲我們顯然不能這樣說。亞里斯多德絕妙地描述了這一點。他說，這和一支正在逃跑的軍隊情況一樣，他們由於恐慌而逃跑，直到最後終於有個人停下來，回頭觀看敵人是否仍然危險地緊追在身後。這支軍隊並不是在某個士兵停步時停住的。然後，另一個士兵又停步了。同樣這支軍隊也不是由於有兩個士兵停步而停住。那麼，這支軍隊究竟何時停住的呢？它突然又重整旗鼓起來。突然重又聽從了指揮。亞里斯多德的描述包含著

[II 229]

一個巧妙的雙關語，因爲，在希臘語中命令亦指 arche，亦即原則（principium）。原則在什麼時候成其爲原則？透過何種能力？這個問題其實就是普遍性何時出現（Zustandekommen）的問題。[9]

　　如果我沒有誤解約翰納斯·洛曼的陳述，那麼，正是這種目的論在語言的生命中不斷產生作用。當洛曼把語言傾向說成是使特定的形式得以擴充的歷史的眞實動因時，他當然知道，這種目的論是在這些——用一個美妙的德文詞來說——Zustandekommen，即來到存在（Zum-Stehen-Kommen）的形式中實現的。我認爲，這裡所展示的，正是我們關於世界的整個人類經驗的眞正實現方式。學說話當然是一個特別有創造性的階段，經過一段時間，我們就把一個 3 歲孩子的天才改變成一個善於遣詞造句的能人。然而在使用那些最終產生的對世界的語言解釋時，我們開始階段的某些創造性的東西還是存在著的。例如：在我們試圖進行翻譯的時候，在生活或文學或其他領域中，我們都碰到過這種情況，也就是說，我們都熟悉當自己找不到合適詞的時候那種奇怪的、不舒服的、轉彎抹角[II 230] 的感覺。一旦我們找到了合適的表述（它們不一定總是一個詞），一旦我們確信找到了這種表述，這時它就「停頓」（steht），就有某些東西來到「存在」，我們又在陌生的語言事件洪流中找到立足之地，而語言事件的無窮變化則會使我們失去方向。我在此描述的是整個人類經驗世界的模式，我把這種經驗稱爲詮釋學的。因爲，我們如此描述的過程不斷重複地貫穿於我們熟悉的經驗中。在這個過程中，總是有一個已解釋了的，並早已在它的基本關係上組織好了的世界，它作爲某種新的東西進入經驗，它打亂了曾引導我們的期待的東西，並在這種激變中進行重新組織。誤解和陌生性並不是首要因素，因此，不能把避免誤解看作詮釋學的特殊任務，實際情

9　〔參見亞里斯多德：《後分析篇》，B19，100a3 以下。〕

況正好相反，只有透過熟悉和一致同意，才使我們走出異己世界成為可能，才使從異己世界中找出一些東西成為可能，從而才可能擴大、豐富我們自己關於世界的經驗。

詮釋學度向所具有的普遍性要求就該如此理解，理解和語言緊密相連。但是，這個斷言並不會導致任何形式的語言相對主義（Sprachrelativismus）。雖說人生活在語言之中的說法確實是正確的。但語言並不是一種信號系統，並不是當我們進入辦公室或轉換站時藉助於電報鍵盤發出的信號。這種信號並不是說話，因為，它並不具備語言塑造和世界經驗之行為的無限性。雖然我們完全生活於語言之中，這卻絕不是相對主義，因為，這絕對不是監禁在一種語言之中——甚至不可能監禁在我們的母語之中。當我們學習一門外語時都能體驗到這一點，尤其是當我們在會一點外語的情況下旅行時，掌握一門外語，意味著當我們在外國用外語講話時用不著不斷地求助於我們自己的世界和本國語言的詞彙。我們對這門外語了解得越多，就越少察覺到對本國語言的側視，只有當我們對外語了解得不夠好的情況下才會有這種感覺。不管怎麼說，這已經是講話，儘管可能是一種結結巴巴的講話，因為結結巴巴是對講話意圖的一種阻撓，因而也就打開了可能表述的無限領域。在**這種**意義上可以說，我們生活於其中的任何語言都是無限的，然而，如果以此推論說，因為有各種各樣的語言，所以理性是有缺陷的，這就大錯特錯了。事實正好相反。正是透過我們的有限性，我們存在的特殊性（這點正是在語言種類的繁多中可以看得很明顯），才在我們所屬（指向我們所是）的真理方向上開闢了無限的對話。

如果這種說法是正確的，那麼，我們一開始講的由科學創立的現代工業——勞動世界的關係就首先在語言層次上反映出來。我們生活在所有生活形式的水準正被日益拉平的時代——這對於維持地球上的生命是一種合理的必然的要求。例如：人類的食物問題，

[Ⅱ231]

只有透過克服存在於地球各地的大量浪費才能解決。毋庸諱言，甚至在個體生命內部，機器工業世界也作爲一種技術完美的領域而不斷擴展。當我們聽現代情人的談話時，我們有時會自問，他們究竟是在用語詞交流還是用廣告標誌以及來自現代工業世界符號語言的技術術語進行交流。工業化時代拉平了的生活方式不可避免也影響了語言，正如事實上語言詞彙枯竭的現象越演越熱，因此使語言非常近似於一種技術符號系統。如我所做，用「儘管」來連接第三格的人不久將變成一種博物館裡的陳列品。這一類拉平傾向是不可抗拒的。儘管如此，只要我們想在互相之間說點什麼，我們自己的語言世界就仍然在同時增長。這是人與人之間的實際關係。每一個人首先是一種語言的圈子，這種語言的圈子和其他的語言圈子發生接觸，從而出現越來越多的語言圈子。由此產生的總是語言，是以詞彙和語法出現的語言，而且永遠伴隨著內在的談話的無限性，這種談話是在每一個講話者和他的談話對象之間進行。這就是詮釋學的基本度向。眞正的說話，即要說出一點東西而不是給出預定的信號，而是尋找一些藉此能與他者連繫的語詞，這就是普遍的人類任務——但這對於試圖把文字寫下來的傳承物講出來的人則是一項特別的任務，例如：對於要把寫下的教義轉達給別人聽的神學家就是如此。

18. 修辭學、詮釋學和意識形態批判 —— 對《眞理與方法》再作後設批判性的解釋 （1967年） [II 232]

　　哲學詮釋學的任務在於充分揭示整個詮釋學的廣泛領域，並指出它對我們整個世界理解的根本意義，這種理解以各種形式發生，從人際交往直到社會操縱，從個人在社會中的經驗（如：他對於社會所產生的經驗），從源於宗教和法律、藝術和哲學而建立起來的傳統直到革命意識的解放性反思力，但這並不排除它仍是單個研究者從中取得自己出發點的有限的經驗和經驗領域。我本人的試圖與狄爾泰對德國浪漫主義遺產所作的哲學上的繼續發展相連繫，因爲他把精神科學的理論作爲研究的論題，他同時把它置於一個新的、大大擴展了的基點上：藝術經驗以其獨具的成效卓著的共時性（Gleichzeitigkeit）要求對付精神科學的歷史疏離化。以此去追問所有科學的根基，並且反過來，以預先把握一切科學的眞理爲瞄準點，這應該表現在人類所有世界經驗根本的語言性上，而人類世界經驗的實現方式則是一種經常自我更新的共時性。因此，出發點現象在對人類世界關係的普遍的語言性的分析中特別突出，這就不可避免了。這很吻合詮釋學問題的科學史起源，而詮釋學問題的緣起則是由於文字的傳承物，亦即透過文字的固定化、持續性而對時間距離感到陌生了的傳承物。這樣就使我們能把翻譯的多層性（vielschichtige）問題提升爲人類世界交往的語言性模型，並依照翻譯的結構發展出如何使陌生變成熟悉的普遍問題。

[II 233]　　　　然而，「趨向正文的存在」（Sein zum Texte）[1]卻並非僅限於詮釋學領域——除非「正文」超越了狹義的用法，超越了「上帝用他的手寫成的」正文，即自然之書（liber naturae），這種正文還包括從物理學直到社會學和人類學的所有科學。然而，僅用翻譯的模式絕不能把握語言在人的行爲舉止中所意味的多樣性。雖說，在閱讀這本最偉大的「書」時會表現出構成理解和理解性——也許還有理解力——的緊張和鬆弛，然而對於詮釋學問題的普遍性卻不可能產生懷疑。這絕不是一個次要的論題，詮釋學絕非只是浪漫主義精神科學的輔助學科。

　　　　然而，人類語言性的普遍現象也伸展到其他的領域。因此，詮釋學論題還延伸到規定著人類世界經驗語言性的其他關聯之中。這些關聯中的一部分已在《眞理與方法》中作過說明。在那裡，效果歷史意識是作爲人類語言觀念在其歷史中某些階段的有意識說明；然而，正如約翰納斯·洛曼在他《哲學和語言科學》（*Philosophie und Sprachwissenschaft*）[2]一書以及在格諾蒙討論我的試圖這段時期所指出，[3]這個論題還要延伸到其他完全不同的領域。洛曼把我概要描述過的「語言概念在西方思想裡的發展」在語言史範圍內的前後跨度都延長了。作爲向後的延伸，他把「『概念』的起源追溯成在一種被思考的形式中給予實際『概括』的對象的理智手段的起源」（714），在古印歐語的「詞幹變位」類型中認識概念的語法形式，這種語法形式在 Copule（繫詞）中得到最明顯的表達——他用這種方法引出理論作爲西方最根本的創造的可能性。作爲向前的延伸，他重又根據語言形式的發展把西方的思想史說成從詞幹變化到詞語

1　O. 馬爾夸特（Marquard）在 1966 年海德堡哲學大會就是這樣說的。
2　〈經驗和思維〉，載《促進哲學和具體科學關係的文集》，第 15 卷（1965 年）。
3　同上書，第 37 卷，1965 年，第 709-718 頁。

變化的轉變過程，而西方的思想史正是使現代意義上的科學能夠支配世界。

　　眞正普遍的語言性在另一種意義上是詮釋學的本質前提，幾乎就像語言解釋藝術的積極性與消極性的相對，此外，這種眞正普遍的語言性還證明了修辭學。我在自己書中注意到，修辭學和詮釋學 [Ⅱ234] 之間的連繫可以從多方面進行擴展，克勞斯·多克霍恩在哥廷根學術報告中豐富的補充和證明已經表明了這一點。[4] 但語言性最終乃是深深植根於人類存在的社會性之中，因此，詮釋學提問的權利和界限也必定成爲社會科學理論家從事的工作。哈伯瑪斯 [5] 最近就把哲學詮釋學和社會科學的邏輯相連繫，並從社會科學的認識興趣出發評價哲學詮釋學。

　　似乎有必要把貫穿於修辭學、詮釋學和社會學的普遍性的相互依賴作爲論題，並且闡明這種普遍性的各種合法性。比起這些學科都具有的某種因與實踐的關聯而被規定的科學要求兩義性（這在修辭學和詮釋學身上表現得最爲明顯），這乃是更爲重要的要求。

　　因爲修辭學並非只是講話形式的理論和說服的手段，而是從一種自然的能力發展成實際的技能，無須對它的手段作任何理論反思，這是眾所周知的。同樣，理解的藝術——不管其手段和方法是什麼——當然也並不直接依賴於它據以遵從其規則的意識。在理解的藝術中，每個人都具有的自然能力也轉變成一種能力，人們可以透過這種能力通達到一切他者，而理論則至多只能說個爲什麼。在這兩種情形中，在理論與它被抽象出來並被我們稱作的實踐之間存在一種事後的關係。修辭學屬於最早的希臘哲學，理解的藝術則是

---

[4]　《年度文集》，第 3、4 合期（1966 年），第 169-206 頁。

[5]　《哲學評論》，附刊 5（1967 年），第 149-180 頁〔另見《社會科學的邏輯》，法蘭克福，1970 年，1982 年增補版〕。

牢固的傳統連繫後來被消解的結果，以及想把消逝的傳統保持住並在明瞭的意識中揚棄它的努力的結果。

亞里斯多德寫了第一部修辭學的歷史。對此我們只剩下殘簡斷編。不管怎樣，修辭學理論總是由亞里斯多德構造的，他是爲著完成最初由柏拉圖設想的計畫。柏拉圖在其同時代的雄辯者所提出的表面要求背後發現了一個唯有哲學家和辯證論者才能解決的眞正任務，亦即：在掌握能引起有效影響的講話時，要把適當的論據提給那些對此特別能接受的靈魂。這是一種在理論上很有啓發性的提法，但它卻蘊含著兩個柏拉圖式的前提：第一個前提，唯有認識眞理，亦即理念的人，才懂得如何確定地找出修辭學論證中的「或然性」僞論據；第二個前提，他對於應該施加影響的對象的靈魂必須非常熟悉。亞里斯多德的修辭學主要就是對後一個論點的草擬。在他的修辭學中，他提出了話語與靈魂相適應的理論，這種相適應是柏拉圖在《斐德羅篇》中所要求的，它表現爲講話藝術的人類學基礎。

修辭學理論是早就準備好的一場爭論的結果，這場爭論由於一種新的講話藝術和教育觀念的出現而得到解決，它們令人入迷、使人吃驚，我們稱之爲詭辯論。當時作爲一種教人學會把一切都頭足倒置的可怕的全新能力，講話藝術從西西里湧入等級森嚴，但卻很容易受引誘的青年人所生活著的雅典。於是，人們就把這種巨大的獨裁者（如：高爾吉亞〔Gorgias〕對講話藝術的稱呼[6]）作爲一種新的教育科目。從普羅泰戈拉直到伊索克拉特，這些大師們都要求不僅教人講話，而且要求教人形成能預見政治結果的正確公民意識。然而，唯有柏拉圖才創造了修辭學的基礎，從這種基礎出發，這種新的、震撼一切的講話藝術 —— 阿里斯托芬（Aristophanes）足夠

[II 235]

6　《高爾吉亞篇》，456a 以下。

清楚地向我們說明了這一切——才找到它的界限和合法地位。它也同樣證明了柏拉圖學院的哲學辯證法和亞里斯多德關於邏輯學和修辭學的證明。

理解的歷史也同樣古老而受人尊崇。如果想在存在著真正的理解藝術的地方認識詮釋學，那麼，如果不從《伊里亞德》中的涅斯托耳開始，至少須從《奧德賽》開始。我們可以引證說，這種新的詭辯術的教育運動其實推動了對著名詩詞的解釋，並且富有藝術地把它們作為教育的例子，我們可以像古德特（Hermann Gundert）一樣把這種例子與蘇格拉底的詮釋學相對置。[7] 然而，這還遠不是一種理解的理論，對於詮釋學問題的產生最有特色的是，趨近遙遠、克服陌生，並在過去和現在之間架起溝通的橋梁。詮釋學出現在近代，該時代已經認識到自己和以往時代的距離。在宗教改革派理解聖經的神學要求及其聖經自解原則中已經具有類似的因素，然而，只有當啓蒙運動和浪漫主義中生長出歷史意識並對所有傳承物建立起原先中斷的關係之時，這種因素才得到真正的擴展。和這種詮釋 [II 236] 學理論的歷史相連繫，它總是旨在解釋「用文字記載的生命表現」這項任務，雖說施萊爾馬赫對詮釋學作理論加工時是和表現在口頭談話過程中的理解相關聯。與此相反，修辭學卻針對講話效果的直接性，雖說它也涉及充滿藝術的寫作方法，並發展出文風和文體的理論，但它的真正實施過程卻並不在於閱讀，而在於講話。朗讀的話被置於中心地位當然已表明了一種傾向，講話藝術乃以書面文字的藝術手段為根據並和它原本的境遇相脫離。這裡出現了與詩學相互的作用，詩學的語言對象完完全全就是藝術，它從口語向書面語的轉換以及從書面語向口語的轉換不會造成任何損失。

但這種講話藝術本身和它作用的直接性相連繫。克勞斯·多

---

[7] 赫爾曼·古德特：〈詮釋學〉，載《奧托·雷根伯根紀念文集》，1952 年。

克霍恩用他的淵博的學識已經指出，從西塞羅、奎因梯利安直到
18 世紀英格蘭的政治修辭學把激起效果作爲最重要的說服手段是
在何種情況下產生的。然而，對於作爲詮釋學努力對象的書面表述
而言，激起效果這項對於講話者而言最根本的任務卻作用甚微，與
這種區別相關的是：講話者吸引著他的聽眾。講話者論證的明顯性
使聽眾心服口服。批判的思考不能也不該讓聽眾折服於話語的信服
力。與此相反，對書寫下來的東西進行閱讀和解釋則需要遠離並脫
離它的作者、它的規定性、它的意圖和未曾說出的傾向，因此，把
握正文的意義就具有一種自我創造的特性，它更類似於講話者的藝
術而不是聽眾的行爲。因此，我們必須理解，解釋藝術的理論工具
很大程度上都取自於修辭學，對此，我曾多次指出，而多克霍恩則
在更廣的基礎上作了闡明。

　　對於理解所作的理論思考除了贊同修辭學的觀點還能贊同哪種
觀點呢？修辭學自古以來就是眞理要求的唯一辯護者，它相對於科
學的證明和確定性要求捍衛了似眞性（Wahrscheinliche）、明顯性
（Verisimile）以及對共同理性的闡明。無須證明的信服和闡明顯
然既是理解和解釋的目的和尺度，也是講話藝術和說服藝術的目標
[Ⅱ237] 和尺度——明晰的信服和一般掌握觀點的整個寬廣領域不會因科學
的進步而日益縮小（儘管它仍是如此寬廣），相反它會擴展到每一
種新的研究認識之中，以便使用這種認識、適應這種認識。修辭學
的普遍存在是不受限制的。正是透過修辭學，科學才成爲生活的一
種社會因素。僅從物理學出發，我們對於如此明顯地改變了此在的
現代物理學能知道點什麼？所有旨在越出專家圈子的表述（也許該
說，只要它並不侷限於內行專家的小圈子）都要歸功於它具有的修
辭學因素才會產生作用。正如亨利·高黑爾（Henri Gouhier）所指

出的，[8]甚至連笛卡兒這樣一個熱情地爲方法和確定性作辯護的偉大
人物，在他的所有著作中也是一個大量使用修辭學手段的著作家。
修辭學在社會生活中的基本作用是毋庸置疑的。一切能夠成爲實
用的科學都有賴於修辭學。——另一方面，詮釋學的作用也同樣普
遍。原本是由於對流傳下來的正文不理解或有誤解才要求詮釋學，
但這種不理解或有誤解只是在所有人類的世界定向中作爲不尋常的
（atopon）、無法歸入熟悉的經驗期待秩序中去的特例而已。正如
隨著認識的進步，奇蹟（mirabilia）會因其被理解而失去陌生性，
對傳承物的每一次成功的占有也會使它消融於一種新的、本己的熟
悉性之中，在這種熟悉性中，傳承物屬於我們，我們也屬於傳承
物。雙方都匯入一個包容了歷史和當代、自己和他者的共同世界，
這個世界可以在人們的互相講話中感受其自己的語言表達。甚至從
理解方面也可以表明人類語言的普遍性，那是一種自身無限的因
素，它承載一切，不僅承載由語言流傳下來的文化，而且承載所有
的一切，因爲一切事物都被帶進理解性之中，我們就在這種理解性
中進行活動。柏拉圖可能曾經正確地以此爲出發點，即誰在話語的
鏡子中觀察事物，誰就能發現這些事物完全的、未被簡化的眞理。
當柏拉圖教導我們說，一切認識首先是對該認識是什麼的重新認
識，這種說法同樣具有一種深刻的、正確的含意。「最初的」認識
如同第一個詞一樣也不可能。甚至其後果似乎還不能看出的最新的　[II 238]
認識也只不過是以前的認識，因爲它是從以前的認識中產生出來，
並且進入到主體之間相互理解的媒介之中。

　　人類語言性中的修辭學因素和詮釋學因素就是如此完全
地滲透在一起。如果相互理解（Verständigung）和一致意見

8　亨利・高黑爾：〈反抗眞實〉（卡斯翠編：《修辭學與巴洛克》，羅馬，1955
　　年）。

（Einverständnis）的形成過程中沒有承載人類關係，那就絕不會有講話者和講話藝術——如果「一場談話」的一致意見沒有受到干擾，從而相互理解不是必須去尋求的話，那就根本不會有詮釋學任務。因此，把語言性侷限於修辭學有助於消除以下假象，彷彿詮釋學僅僅侷限於審美—人文科學的傳統，彷彿詮釋學哲學必須研究與「現實」存在的世界相對的，在「文化傳承物」中得到展現的「意義」世界。

詮釋學命題同樣必須爲社會科學的邏輯所注意，這也符合詮釋學命題的普遍性。因此，哈伯瑪斯研究了《眞理與方法》中對「效果歷史意識」和「翻譯」模式的分析，並賦予它們一種克服社會科學邏輯中實證主義的僵化及其未經過歷史反思的語言學基礎的積極功能。[9]和詮釋學的這種關係因此同樣屬於應該爲社會科學的方法論服務這樣一個理所當然的前提。由於受到最大應用範圍的前決定（Vorentscheidung），它當然和詮釋學疑難的傳統出發點，亦即美學——浪漫主義精神科學構成的出發點相分離。方法的疏離構成現代科學的本質，甚至完全在「人文科學」意義上使用的「眞理與方法」，也具有該書名所蘊含的反命題，雖說方法的疏離從未被排除過，[10]但精神科學當然還是分析的出發點，因爲精神科學與之相關的經驗與方法和科學根本不相干，而是在科學之外的經驗，例如：藝術經驗和被它的歷史傳承物打上印記的文化經驗。詮釋學經驗在所有這些經驗中以同樣的方式起作用，而且它本身並不是方法論疏離的對象，而是它的前提條件，因爲它賦予科學以問題，並因此而使方法的運用成爲可能。現代社會科學則相反，倘若詮釋學反[Ⅱ239] 思對於它是不可避免的（正如《眞理與方法》對於精神科學所證明

9　〔哈伯瑪斯：〈論社會科學的邏輯〉，載《哲學評論》，附刊 5，1967 年。〕
10　〔參見第 2 版前言，本書第 437 頁以下。〕

的），它卻提出一個要求，就如哈伯瑪斯所說，要透過「受到控制的」疏離把理解「從一種前科學的操作提升為一種經過反思的操作過程」，也可以說是要透過「機智的方法訓練」（172/174）。

自古以來，科學的道路就是要透過可學習的、可控制的實施方法達到憑個人的聰明偶爾地，甚而以不可靠的，無法控制的方法所能完成的工作。詮釋學條件的喚起意識在進行理解的精神科學中起作用，如果對這種條件的認識把並不想「理解」，而是試圖根據沉積在語言性中的理解性科學地把握社會實在結構的社會科學引導到有助於其工作的方法運用，這當然是一種科學的勝利。詮釋學反思顯然不能受它的規定而侷限於這種科學範圍內的功能，尤其不能不做以下工作，即對於社會科學所從事的理解的方法疏離化重新運用詮釋學反思 —— 哪怕會因此而再次和實證主義的貶低詮釋學的做法針鋒相對。

然而我們卻首先發現，詮釋學疑難如何在社會科學理論內部起作用並從中顯現出來。

首先是「語言學命題」（124頁以下）。如果語言性被描述為詮釋學意識的實施方式，那麼就會在作為人類社會性的基本結構的語言性中認識社會科學有效的先天性，而從這種先天性出發，那種把社會看作一種可觀察、可操縱的功能整體的行為主義—實證主義理論就會被證明是荒謬的。這種觀點能使人有所啟發，只要人類社會生存在制度之中，它就以這樣的形式被人理解、流傳、改革，簡而言之，被構成社會的個體的內在自我理解所決定。哈伯瑪斯針對維根斯坦的語言遊戲理論和溫赫（P. Winch）[11]對這種理論的運用認為，所有社會科學陳述的語言先天性的詮釋學權利就在於，它從效果歷史的思想出發，對趨向社會科學對象領域的交往過程提出了

11　溫赫：《社會科學的觀念》，倫敦／紐約，1958年（德文版，1966年）。

異議。

[II 240]　　此外，當哈伯瑪斯根據與所有人的理解和行為相適應的前理解
（Vorverstandnisse）和根本的前見制約性（Vorurteilsbedingtheit）
進行分析時，他對於詮釋學反思提出的要求仍然是完全不一樣的。
試圖反思自己的前見並控制自己前理解的效果歷史意識雖說終止了
天真的客觀主義（這種客觀主義導致了實證主義科學理論和社會科
學的現象學和語言分析基礎的錯誤），但究竟是何者引導著這種反
思？這個問題曾經是普遍歷史的問題，亦即想像歷史有一個目標，
這種目標產生於社會行為的目標想像。如果詮釋學反思滿足於一般
的考慮，即我們永遠不可能超越本身立場的限制，那麼它是沒有後
果的。雖說就內容而言，歷史哲學的要求受到這種考慮的責難，但
歷史意識卻仍會不斷地從它自己的未來指向性中不斷設想出前理
解的普遍歷史。什麼東西能有助於其暫時性和根本的可超越性的
認識？

　　然而，在詮釋學反思產生作用的地方到底發生了什麼？效果
歷史反思與它意識到的傳統究竟處於何種關係？我認為，我的觀點
就在於，它就是承認我們效果歷史侷限性和有限性的必然結果，詮
釋學教導我們，要把繼續生活著的、「自然生長的」傳統與對此反
思的占有之間的對立當作獨斷的來揭露。在這種對立命題的背後隱
藏著一種獨斷的客觀主義，這種客觀主義甚至歪曲了反思概念。在
理解科學中的理解者同樣不能從他詮釋學境遇的效果歷史關聯中反
思出來，因此他的理解活動本身也並不組合進這種事件之中。歷史
學家，甚至所謂批判科學的歷史學家也很少消除掉繼續存在的傳統
（例如：民族國家的傳統），因此，他作為一個民族的歷史學家反
倒陷入這種構成和繼續構成著的傳統，而最重要的是：他越是有意
識地反思到自己的詮釋學侷限，他就越具有這種侷限。德羅伊森曾
清楚地識破了歷史學家那種「閹人般的客觀性」在其方法論的天真

無知，但他對 19 世紀市民文化的民族國家意識起的作用最大——
至少比起蘭克的史詩意識作用更大，這種史詩寧願對極權國家中的
政治漠不關心。理解本身就是事件（Geschehen）。只有天真的、
未經反思的歷史主義才會在歷史—詮釋學科學中看到一種揚棄了傳
統力量的全新東西。我試圖從語言性角度爲繼續存在於社會傳承物　　[Ⅱ241]
中經常的調解提出清晰的證明，這種語言性能夠承載所有理解。

　　哈伯瑪斯反對這種證明，即科學的媒介透過反思而得到深刻的
改變。這正是源自 18 世紀精神的德國唯心主義賦予我們的永恆的
遺產。雖說黑格爾的反思經驗不能再在絕對意識中得到實現，「語
言唯心主義」的情況也是如此（179），這種唯心主義不斷地表現爲
純粹的「文化傳承物」，對它的詮釋學占有和構成，面對不僅從語
言，而且也從勞動和統治中編織起來的社會生活連繫的現實整體，
它就是一種可憐的衰弱不堪。詮釋學反思必須轉向意識形態批判。

　　哈伯瑪斯因此和社會學認識興趣的中心動機相連繫。正如修辭
學（作爲理論）透過話語的力量駁斥意識的妖魔化（Verzauberung），
其方式是把事實和真實與它所謂造就的可能性相區別；正如詮釋學
把受干擾的主體間的一致重新置於交往的相互反思之中，尤其把一
種疏離成錯誤客觀主義的認識置回到它的詮釋學基礎，同樣，在社
會科學的反思中，則有一種解放的興趣在產生作用，它透過使人認
識而消除外部的和內在的社會強制力。如果說修辭學和詮釋學只是
試圖透過語言解釋證明合法性，那麼，意識形態批判雖說本身也是
用語言解釋的反思行爲，但它卻可以揭露「語言的蒙蔽」（178）。

　　在精神分析治療領域也有這種爲社會生活所要求的反思的解放
力量。被識破的壓抑會使錯誤的強制失去力量，對一切行動的動機
構造過程進行反思所達到的最終狀況與行動者本人指向的意義一起
發生——在精神分析的情形中這點受到治療任務的限制，因而只表
現爲一種邊際概念——同樣，社會現實也只有在這樣一種虛構的終

極狀態中才可能從詮釋學角度恰當地領會。實際上，社會生活產生於理解的動機和現實強制力量的交織，社會研究在不斷進步的構造過程中掌握和領會著這種交織，但爲了行動不得不釋放這種交織。

[Ⅱ242]　　毋庸爭論，這種社會理論概念自有其道理。從所有的行爲動機與理解意義共同發生這種邊際概念出發解釋詮釋學的貢獻，這樣做是否正確把握了詮釋學的貢獻，這點似乎大可疑問。詮釋學問題是否只因在意義並未有意貫徹時也能被體驗到，所以它才如此普遍，並對所有歷史和當代的人際經驗都極爲重要？如果把理解意義的領域（「文化傳承物」）與其他的，即只是可作爲現實因素認識的社會現實參數分割開，這就會縮減詮釋學領域的普通性。彷彿作爲錯誤語言意識的意識形態不僅可以作爲理解的意義而存在，而且還能在它「眞正的」意義，例如：統治利益的意義上被**理解**似的。這點也適用於精神分析家所意識到的無意識動機。

　　《眞理與方法》在藝術經驗和精神科學中獲得發展詮釋學向度的出發點，這點在這裡看來似乎對它眞正適用範圍的可信性造成了困難。當然，在《眞理與方法》第三部分中被稱爲普遍的貫徹太粗略、太片面。但事實上從詮釋學的提問角度看，把勞動和統治等現實因素畫在它們的範圍之外，這當然也是荒謬的。在詮釋學努力中被反思的前見有何不同？它們還可能從別的什麼地方而來？來源於文化傳承物？當然也是。但文化傳承物又緣何構成？語言唯心主義彷彿眞是一種荒唐的怪誕——如果它不想獨自具有一種方法的功能。哈伯瑪斯曾經說過：「詮釋學彷彿從內部撞上傳統關係的牆（Traditionszusammenhang）。」（177）如果這種說法的意思是反對一種並不包括在我們去理解的、可理解或不可理解的世界中的，而是凝固在對變化（而不是對行爲）的固定觀察中「從外部而來的」（von außen）東西，那這種說法還有點道理。但我認爲，把文化傳承物絕對化的做法是錯誤的。它意味著：於想理解一切能被

理解的東西。在這個意義上才能理解這一命題「能被理解的存在就
是語言」。[12]

我們並未因此而侷限於一種意義世界，這種意義世界在對已
認識東西的認識時（A. 伯克）彷彿是一種認識的次要對象，是對
業已認知東西的占有，並把「文化傳承物」的領域納入最終規定社
會生活的眞正的經濟和政治現實之中──其實在語言之鏡中反映出
的就是一切存在的東西。在語言之鏡中，也唯有在此中，我們才遇 [II 243]
到它處無法遇到的東西，因爲這就是我們（但並非只是我們意指的
和由我們認知的東西）。最後，語言根本不是鏡子，我們在語言中
所看到的並不是我們和一切存在的反映（Widerspiegelung），而是
對與我們共在的和勞動及統治眞正連繫的、構成我們世界的東西的
解釋和發揮。語言並不是最終發現的一切社會─歷史過程和行爲的
匿名主體，只爲我們的觀察目光提供它行動和客體化的整體，語言
只是遊戲，是我們都參與其中的遊戲。在遊戲中無人能優於他者。
每一個人都「在遊戲中」（dran）並且不斷處於遊戲的進程中。當
我們進行理解，尤其當我們識破成見或揭露僞裝現實的藉口時，所
進行的就是這樣一種遊戲。的確，在遊戲時我們最多只是在「理
解」。當我們識破了在我們看來是奇怪的、不可理解的東西時，最
後，當我們把它們都置於我們用語言歸置的世界中，那時一切都將
被領悟，這就像在一盤象棋難局中，只有最終的解救對策才使棋子
處於荒謬位置的必要性被人理解。

但這是否說明，只有當我們識破藉口、揭露錯誤的非分要求
之後才能理解？哈伯瑪斯似乎把這點作爲前提。至少他認爲，只有
當反思做到這一點時，才能證明反思的力量，如果我們一直停留在
語言精心編造的謊言之中並且繼續編織這種謊言，這就證明它的

---

[12] 〔參見我的著作集，第 1 卷，第 478 頁。〕

軟弱無力。他的前提就是，在詮釋學科學之中進行的反思「動搖了
生活實踐的獨斷論」。與此相反，他把以下這點當作無法證明的、
背棄啓蒙運動遺產的命題，即澄清理解的成見結構也能匯入對權威
的認可，亦即對一種獨斷權力的認可！—— 這種命題甚至可以用以
下方式表述：保守主義（並不是伯克那一代保守主義，而是經歷了
德國歷史上 3 次巨大崩潰卻又未能用革命方式動搖現存社會秩序這
代人的保守主義）能夠看出輕易隱藏著的眞理。當我從解放性啓蒙
運動抽象的反命題中分解出權威和理性，並肯定它們本質上矛盾的
關係時，我所講的只是能看出的要求，並不是某種「基本信念」
（174）。[13]

[II 244]　　　我認爲，啓蒙運動的反命題忽視了一個眞理，這點具有災難性
的後果——而且，因爲人們賦予反思以一種錯誤的權力，所以就**唯
心主義地忽視**了它眞正的依賴性。應該承認，權威是以無數統治秩
序的形式行使獨斷權力的，從關於軍隊和管理機關命令的教育秩序
直到政治權力的權力等級或傳教者的權力等級秩序。然而，這幅證
明權威的順從圖景絕不能說明，爲什麼這一切都是秩序而並非具體
權力行使的無序。我覺得，有必要爲現實的權威關係找到確定的承
認。問題僅僅在於這種承認建立在何種基礎之上。顯然，這種承認
通常只是面對權力表達出軟弱者的實際退卻，但這並不是承認，也
不建築在權威之上。只需要研究一下諸如權威喪失或權威崩潰（及
其反面）的過程，就會發現權威是什麼，它據何而來。權威並不源
於獨斷的權力，而是源於對獨斷的承認。對獨斷的承認不過就是認
爲，權威比認識更爲重要，因而使人相信它是正確的。承認僅僅以
此「爲基礎」。它也因爲被「自由地」承認而行使統治。傾聽它的

13　〔參見我目前發表的論文〈論權威和批判自由的連繫〉，瑞士精神病學檔案
　　館，載《神經外科學和精神病學》，第 133 卷（1983 年），第 11-16 頁。〕

並不是盲目的順從。

　　然而，所謂並不存在權威的喪失和解放性的批判，這種觀點在我看來卻是不被允許的。我們是否可以說：透過解放性的反思批判導致權威的喪失，抑或：權威喪失表現在批判和解放之中，這一切也許只能聽其自然，而根本不是眞正的二者選一。然而，引起爭論的只在於，反思是否總能消解實質性的關係抑或也能把它們置於意識之中。由我（根據亞里斯多德的倫理學）提出的學習和教育過程卻被哈伯瑪斯奇怪地當作片面的說法。說傳統本身是而且永遠是成見起作用的唯一根據 —— 就如哈伯瑪斯歸諸我頭上的 —— 這和我的論題完全不符，我說的是權威以認識爲根據。成年人能夠 —— 但他並不必須！—— 出於理智接受他順從地保持的觀點。傳統不是證明，至少不是反思要求的證明。然而這正是問題所在：反思在何處要求證明？到處？我把它與人類此在的有限性和反思本質上的個別性相對置。這裡涉及的問題是，人究竟是把反思的功能置於喚起意識這一邊，用其他的可能性和實際起作用的相對抗，然後，爲了其他可能性而譴責現存的東西，但又同樣能夠有意識地接受與傳統事實上相對抗的觀點，或者說喚起意識只消解起作用的傳統。當哈伯　　　[Ⅱ 245]
瑪斯說（176）[305]「權威可以擺脫它身上純粹的統治因素（ —— 我把這解釋成：不是權威的東西 —— ），並能在非強力的理智如合理的決定的推動下消解掉」時，我就根本無法知道，我們究竟爭論的是什麼。至多只是爭，「合理的決定」是否能從某種社會科學中（根據某種進步！）分離出來還是不能分離出來。但這點留待以後再談。

　　哈伯瑪斯使用的反思和喚起意識的概念在詮釋學反思看來乃是受過獨斷的感染，我曾希望，我所作的詮釋學反思在這個問題上會有效果。我們透過胡塞爾（在他匿名意向性的理論中）和海德格（在對隱藏在唯心主義的主體和客體概念中的本體論縮減的證明

中）學會識破承載在反思概念中的錯誤的對象化。很可能有一種內在的意向性回轉，它絕不會把共同意指的東西提升爲討論的對象。布倫坦諾（Brentano）（在接受亞里斯多德的觀點時）已經發現這一點。我不知道，假如不從這一點出發，我們究竟怎麼能理解語言謎一般的存在形式。我們必須（用 L. 洛曼的話來講）把在語言擴展中發生的「有效的」反思和明確的、主題的反思相區別，後面這種反思是在西方思想史中形成的，它透過把一切都變成對象，從而作爲一種科學創造了地球上明日文明的前提條件。

　　哈伯瑪斯據以捍衛經驗科學免成一種任意語言遊戲的究竟是何種獨特的感情。誰使經驗科學的必然性——按照盡可能地用技術支配世界的觀點——發生疑問？至多是研究者本人會因爲自己和科學的關係用純主觀的理由否認他工作的技術動機。現代科學的實際應用深刻地改變了我們的世界和我們的語言，這一點無人會否認。但恰好是「也改變了我們的語言」。這絕不意味著以哈伯瑪斯強加於我的那種形式，亦即用語言表達的意識規定著生活實踐的物質存在，我只是說，根本不存在不以一種語言表達的意識表現出來的具有其眞正強制力的社會現實。現實並不發生「在語言的背後」（179）[309]，而是發生在能夠完全理解世界（或根本不能理解世界）的東西背後，它也發生在語言之中。

[Ⅱ 246]　　當然，這樣就使「近乎自然性」（Naturwüchsigkeit）（例如：在 173/4）[302/3] 概念變得大可懷疑，馬克思早就把它當作與現代階級社會的勞動世界相反的概念，而哈伯瑪斯也很喜歡運用這個概念（「傳承物近乎自然的本質」，以及「近乎自然關係的因果性」）。這是一種浪漫主義——這種浪漫主義在傳統和以歷史意識爲根據的反思之間造成一種人爲的鴻溝。但「語言的唯心主義」卻有一種優點，它不會陷入這種浪漫主義。

　　哈伯瑪斯根據他本人也要求的歷史條件對先驗哲學的內在論

發出疑問，這使他的批判達到了頂點。這確實是個核心問題。凡是認眞看待人類此在有限性的人，凡根本不想構造「意識本身」或 intellectus | archetypus（原型理智）或某種能產生作用的先驗自我（ein transzendentales Ego）的人都無法避免以下問題：他本人作爲先驗自我的思想如何可能被感知。然而，正是在這裡我卻發現，我所發展的詮釋學領域根本沒有任何實際的困難。

帕倫伯格（W. Pannenberg）與我的研究所作的極其有用的爭辯 [14] 使我認識到，黑格爾於歷史中證明理性的要求，與人們總是像「最後的歷史學家」（166）那樣運用的、不斷自身超越的普遍歷史概念之間，存在著如何深刻的區別。對於黑格爾的世界歷史哲學的要求當然可以爭論。但黑格爾畢竟知道：「那埋葬你的人的腳已經站在了門口」，而且我們可以發現，透過所有世界歷史的揭露，所有自由的目的思想都會彰顯出來，我們絕不能像超越意識那樣地超越這種彰顯。同樣，每個歷史學家都必然會提出的要求是，用今天的眼光（並且用今天之未來的眼光）把握一切事件的意義，這其實是一種完全不一樣的並且非常謙虛的要求。沒有人能夠否認，歷史均以未來爲前提。因此，一種普遍歷史的概念就不可避免地是當代歷史意識「在實際意圖」中的向度之一。然而，把黑格爾侷限在一切當代的解釋需要上，這對於他是否公正？「用實際的意圖」——今天沒有人會超出這種要求，甚至連烙記著自身有限性的 [II 247] 意識以及對概念的專斷表示的不信任都能想到這一點。我們眞的想根據實際的意圖把黑格爾還原嗎？

根據我的理解，我和帕倫伯格的討論在這一點上並沒有任何結果。因爲即使帕倫伯格也不想復活黑格爾的要求——當然只有一

---

14 W. 帕倫伯格：〈詮釋學和普遍歷史〉，載《神學和教會雜誌》，第 60 卷，1963 年，第 90-121 頁。

點區別，對於基督教的神學家而言，一切普遍歷史概念的「實際意圖」都在道成肉身（Inkarnation）的絕對歷史性中有其堅固的根據。

　　然而，問題仍然存在。如果面對修辭學的普遍性和意識形態批判的實際性仍然能夠提出詮釋學疑難，那它就必須證明它自身的普遍性，而這正好與現代科學採納詮釋學反思並使其為科學服務的要求針鋒相對（採用「對智慧進行方法上的訓練」）。它只有在不陷於先驗反思那難以理解的內在性，而是從本身出發能夠說出，面對現代科學——而並非在科學之中——這種反思到底能夠作出些什麼時，才能證明這種普遍性。

　　正因為詮釋學反思能夠喚醒一切意識，所以，它首先必須在科學自身內部表明這一點。對既存前理解的反思將使我們發現某些原本在我背後發生的東西。但只是某些——而不是所有這類東西。因為，效果歷史意識是一種無法揚棄的方式，與其說它是意識，倒不如說它是存在。但這並不說明，它無須經常地喚醒意識就能避免意識形態的僵化。只有透過這種反思，我才能面對自己不再感到不自由，而是能對我前理解的正確與否作出自由的判斷——儘管這種自由只在於，我學會對充滿前見所看的事物獲得一種新的理解。但這裡又蘊含著以下觀點，那引導著我前理解的前見也總是一起發生作用——直到這種前見被拋棄掉，而這卻總是可以被稱為一種改造（Umbildung）。這就是經驗不知疲倦的力量，它總是在一切已為人所知的事物中構成新的前理解。

　　我的詮釋學研究出發領域是藝術科學以及語文學—歷史科學領域，從這些領域出發可以很容易表明，詮釋學反思是如何起作用的。只要想一下，在藝術科學中，風格史研究的自主性如何因藝術概念的詮釋學反思——抑或對某個時期和某個風格概念的詮釋學反思——而動搖，聖像學（Ikonographie）如何從它原先的邊緣地位突顯出來，關於體驗和表達概念的詮釋學反思又具有何種文

學後果——雖說只不過是有意識地繼續推進那早已湧現出來的研究
傾向（反作用也是一種作用）。因為堅固的成見被動搖預示著科學 [Ⅱ248]
的進步，這是完全不言而喻的。它使新的問題成為可能，而歷史
研究透過概念史意識所能獲得的成果，我們經常能夠體驗到。我
相信自己已經在這個領域指出，歷史的疏離如何以「視域融合」
（Horizontverschmelzung）的形式得到調解。我要感謝哈伯瑪斯深
刻的研究，他使我在社會科學之中發現詮釋學的貢獻，特別是他把
實證主義科學理論的前理解、先驗現象學的前理解和一般語言學的
前理解和詮釋學向度加以對照，從而使我認識到詮釋學在社會科學
內部所作的貢獻。

　　然而詮釋學反思的功能卻並不僅限於科學。一切現代科學均
有一種固有的深深的疏離，這種疏離是科學對於自然意識的過高要
求，它在現代科學的開始階段就透過方法概念而達到反思的意識。
詮釋學反思並不能對此有任何改變。但它可以透過顯露在科學中起
引導作用的前理解，從而開啟新的問題域，並以此間接地為方法的
研究服務。它還可以使人認識到，科學的方法論為科學的進步作出
了怎樣的成就，科學提出了何種簡化和抽象的要求從而把自然意識
不知所措地拋在身後——但這種自然意識作為透過科學達到的發明
和資訊的消受者卻經常追隨著科學。對此我們可以用維根斯坦的話
來這樣表達：科學的「語言遊戲」總是和表現為母語的後設語言相
關聯。透過科學所獲得的知識經過現代通訊工具並在恰當的（有時
是不恰當地過於）延遲之後經由學校和教育而進入社會的意識。於
是它就表現為「社會語言的」現實性。

　　這對於自然科學本身當然無關緊要。真正的自然科學家本來
就明白，他的科學知識領域在人類現實的整體中如何特殊。他並沒
有分享公眾強加給他的神化。這些公眾——以及進入公眾社會的科
學家——非常需要對科學的前提和界限進行詮釋學反思。所謂的人

文科學（Humaniora）卻總是很容易和一般意識調解，只要它能夠
接近這種一般意識，因為它的對象就直接屬於文化傳承物和傳統的
[II 249] 教育事業。然而，現代社會科學卻和它的對象，亦即社會現實，處
於一種特有的緊張關係，這種關係特別需要詮釋學反思。社會科學
的進步要歸功於方法的疏離，但這種疏離在此卻和整個人類—社會
世界相關。它發現自己因此而受到科學的支配，這種支配表現為計
畫、操縱、組織、發展等形式，簡而言之，表現為從外部決定每一
個個人和團體生活的無數種作用。照料著社會機器運轉的社會工程
師似乎和他所從屬的社會相分離了。

　　經過詮釋學反思的社會學卻不能遵循這種做法。哈伯瑪斯對社
會科學邏輯所作的清醒的分析斷然提出另一種類的認識興趣，它使
社會學家與社會的技術專家相區別。他把它稱為僅僅旨在反思的解
放性認識興趣，並以精神分析的例子作為依據。

　　確實，詮釋學在精神分析領域必然產生的作用是根本性的，而
且正如上面指出的那樣，在該領域中，無意識動機對於詮釋學理論
同樣表現為沒有限制，而且心理療法在該領域中被描述成「把中斷
的教育過程補充進完整的（可以被講述的）歷史中去」（189），
而詮釋學和封閉在談話中的語言圈子也在這裡找到它們的位置，我
認為，這首先是學自拉康。[15]

　　但顯然這還不是問題的全部。由佛洛伊德制訂的解釋範圍要
求具有真正自然科學假說的性質，亦即適用於認識的規律。這必然
表現為方法論疏離在精神分析內部所產生的作用，而且它也確實如
此。儘管成功的分析結果獲得了它自己的證明，但精神分析的認識

---

[15] 〔參見他的《作品集》，汀檻出版社（Aux Editions du Seuil），巴黎，1996年；
　　以及赫爾曼‧朗格（Hermann Lang）出的海德堡博士論文《語言和無意識——
　　雅克‧拉康的精神分析基礎》，法蘭克福，1973年。〕

要求卻絕不能化簡成一種實用性的要求。但這意味著，精神分析顯
然要再一次地經受詮釋學的反思。精神分析學家對於自己所屬社會
現實中的地位又將如何處理？他要深入到有意識的淺薄解釋之後進
行追問，揭開經過偽裝的自我理解，識破社會禁忌的壓抑作用，這
一切都屬於解放性的反思，精神分析學家就把他的病人引入這種反 [II 250]
思。然而，假如他在自己並不能合法地作為醫生，而只能作為社會
的遊戲成員的地方行使這種反思，他就失去自己的社會作用。誰根
據某些現存之外的東西來「識破」他的遊戲夥伴，亦即不認真看待
夥伴的作為，那他就是一個破壞遊戲的人，就是人人避之唯恐不及
的人。精神分析學家要求的反思的解放性力量必然會在社會意識中
找到它的界限，分析者在這種意識中就像他的病人一樣和其他人一
起進行理解。詮釋學反思教導我們，儘管社會共同體中存在著各種
對立和干擾，但它總能重新回到社會的一致意見，正是由於這種一
致意見，社會共同體才能夠存在。

　　但這樣就使精神分析理論和社會學理論之間的類似性產生了疑
問。它們將在何處找到各自的界限？病人的角色在何處中止而社會
夥伴角色又在何處以非職業性的權利進入？深入追問和挖掘真相針
對何種社會意識的自我解釋才是合適的（例如：用一種革命的改造
意願），針對何種社會意識的自我解釋則是不合適的？這些問題看
來無法回答。似乎會產生以下不可避免的後果，即一切統治強權的
消解必然會浮現在基本的解放性的意識面前——這就是說，無政府
主義的烏托邦必然會成為它最終的榜樣。——我認為，這從詮釋學
角度看當然是一種錯誤的意識。

19. 答《詮釋學和意識形態批判》[*]
（1971年）

詮釋學是相互理解（Verständigung）的藝術。然而，對詮釋學的問題要達到相互理解，卻似乎具有特別的困難——至少在討論中所涉及的諸如科學、批判和反思等概念均未經澄清時就是這樣。因為我們生活在這樣一個時代，在此時代，科學正在越來越廣泛的程度上實施對自然的統治並指導對人類共同生活的管理，而且我們的文明——這文明不倦地糾正著其成就的缺陷，不斷地提出新的科學研究任務，而再度進步、規劃和對災禍的預防就以此種任務爲根據——的驕傲還助長了一種眞正的蒙蔽力量。堅持透過科學不斷實現對世界的統治導致一種這樣的體系，個人的實踐意識聽命於這種體系，毫無主見地屈服於這種體系，或者用革命的方式——這種做法同樣不算有主見——反對這種體系以保護自身。

闡明這種蒙蔽與那種反抗科學及其技術應用的浪漫主義文化批判並不相干。不管是把「理性的喪失」（the eclipse of reason），抑或日益增長的「存在遺忘」，還是「眞理與方法」的對峙作爲思考的對象——只有受到蒙蔽的科學意識才會忽視以下事實，即關於人類社會的眞正目標的爭論，或者在製作的前統治中對存在的追問，抑或關於我們的歷史傳統和未來的認識，均指示一門知識，這門知識並非科學，但它卻引導著一切人類的生活實踐，並且正是在這種生活實踐有意關心科學的進步和應用時起引導作用。

---

[*]　〔所引論文頁碼見於《詮釋學與意識形態批判論文集》（法蘭克福，1971年），正是針對這部論文集我作的答覆。〕

　　現代科學自 17 世紀以來創造了一個新世界，它毫不留情地放棄了對實體的認識，把自己侷限於用數學方式對自然的設計以及測量、實驗等方法的運用，並從而開闢了統治自然的建設性道路。技術文明全球性的擴展正是以此為指導。儘管如此，但卻只是到了本世紀，那在我們的科學進步意識和社會—政治意識之間的對峙才隨著日益增長的成果而不斷尖銳化。然而，科學知識和社會—政治知識之間的衝突卻是一個很老的問題。正是這種衝突使蘇格拉底付出了生命，因為他證明了工匠的專業知識導致了其對真正值得認識的東西，也就是善的無知。在柏拉圖筆下的蘇格拉底身上重複著這一切。柏拉圖用辯證法這門引導談話的藝術不僅來對比專業人員有限的專業知識，而且也用來對比所有科學的最高典範，亦即數學——雖說他仍在數學的統治中發現了詢問真正的存在和最高的善這個最後的「辯證法」問題的必不可少的條件。

　　亞里斯多德的倫理學儘管對製造知識（techne，技術）和實踐知識（phronesis，實踐智慧）之間的區別作了基本的說明，但即使在那裡仍然有幾處不甚清楚，例如：政治家和政治活動家的政治知識與專家的技術知識彼此如何區別。雖說那裡也列出了很清楚的等級，例如：儘管在戰時所有其他的「技術」都要服務於全軍統帥，但這統帥最終是為和平服務，而政治家則無論在和平時期和戰時均操心所有人的幸福。但那也有問題。比如誰是政治家？是身居政治要務的專家？抑或是作為選民的組成部分透過投票作決定的公民（以及因此有其「公民」職務的人）？柏拉圖在《卡爾米德篇》中論證了把政治科學作為科學之科學的專家理想是荒謬的。[1]顯然，我們不能按照製造知識的模式來理解作為實踐—政治決定之基礎的知

---

[1]　參見第 9 屆達姆施塔特對話文集《專家的界限》中我的論文〈人及其未來〉，第 160-168 頁。
[II 252]

識，並在其中發現最高級的技術知識，也即製造人類幸福的知識。因此，像柏拉圖如何喜歡向雅典大人物的兒子們示威，以及亞里斯多德——儘管他本人不是雅典的公民，而只是在雅典教授知識——如何把理想地立國和制憲的外來專家們稱作詭辯論者（而不是稱爲政治學家）並對他們作了批駁，這些都是難以明說的。確實，這些專家都不能算作政治家，也即不能算作自己城邦中扮演領導角色的公民。然而，即使這一切對於亞里斯多德都朗若白晝，並且他已針對技術知識的結構而出色地制訂了實踐知識本身的結構——但仍然還存在一個問題：亞里斯多德本人作出這種劃分並教授的究竟是何種知識？實踐的（和政治的）科學究竟是一種什麼樣的知識？

[II 253]

這種知識並不簡單就是亞里斯多德當作 phronesis 來描述和分析的那種實踐知識更爲高級的形式。雖說亞里斯多德清楚地區分了「實踐哲學」和「理論科學」，他認爲實踐哲學的「對象」並不是永遠固定的東西和最久遠的原則和公理，而是處於經常變化之中的人類實踐。但實踐哲學在某種意義上卻仍然是理論性的，因爲它所教導的並不是去解釋和決定某種具體實踐情境的實際操作知識，而是促成關於人的行爲及其「政治」此在形式的「一般」知識。因此，在西方科學史的傳統中，實踐哲學（scientia practica）作爲一種獨特的科學形式既不是理論的科學，又不能透過它是「與實踐有關」就充分被刻畫的科學。作爲一種學說，它絕不是「操作知識」（Handlungswissen）。[2] 但它難道不是一種技術或「技藝學」？它不能被比作語法學或修辭學，這些學科是爲一種技術性的能力——講話或書寫——準備技術性的規則意識，這種意識一方面能夠控制實

2 恩斯特·施密特（Ernst Schmidt）在對多納爾德·莫納（J. Donald Monan）的《亞里斯多德的道德知識及其方法論》一書的批評中就已正確地指出了這一點（《哲學評論》，第 17 卷，1971 年，第 249 頁以下）。

踐，另一方面則也是學說。這些技藝學因其超越單純的經驗的優點似乎爲講話或書寫工作賦予最終的有效性，有如所有其他我們爲了生產產品而使用的**技術**和工匠的知識。實踐哲學並不像語法學或修辭學作爲一種技藝學那樣是對人類社會實踐的規則知識，毋寧說它是對此類知識的反思，從而最終是「一般的」和「理論的」知識。另一方面，學說和講話在這裡處於一種特有的條件之中，因爲所有道德哲學的知識以及相應的所有一般國家學說均與特殊的學習者的經驗條件相連繫。亞里斯多德完全承認，只有當學生已成熟得足以[II 254]把一般的話語以獨立的責任感運用到他們生活經驗的具體環境之中，則這種關於每個人最獨特的具體實踐的「一般話語」才是正當的。因此，實踐的科學雖然也許是一種「一般的」知識，但這種知識與其說是製造的知識，倒不如說是一種批判。

這就似乎與哲學詮釋學相近了。只要人們還把詮釋學定義成理解的藝術，並把諸如講話藝術和寫作藝術等這類藝術的運用理解成與能力有關的行爲，則這類學科性的知識就能作爲有意識的規則運用並可以叫作技藝學。施萊爾馬赫和他的後繼者就是這樣把詮釋學理解成「技藝學」（Kunstlehre）。但這卻並不是「哲學的」詮釋學。哲學詮釋學不會把一種能力提升爲規則意識。這種「提升」總是一種非常矛盾的過程，因爲規則意識也相反會重又「提升」爲「自動的」能力。哲學詮釋學則正相反，它是對這種能力以及作爲這種能力基礎的知識作的反思。因此，它並不是用於克服特定的理解困難，有如在閱讀正文和與別人談話時所發生的那樣，它所從事的工作，正如哈伯瑪斯所稱，乃是一種「批判的反思知識」。但什麼叫批判的反思知識呢？

讓我們設法對上面所說的這種知識有一具體的印象。哲學詮釋學從事的反思似乎在以下意義上是批判性的，即它揭露天眞的客觀主義，而以自然科學爲榜樣的歷史科學的自我理解就受到這種客

觀主義的束縛。意識形態批判在這一點上可以利用詮釋學反思，因為它從社會批判角度解釋了所有理解都具有的成見性——或者說詮釋學反思從以下方式揭露了語詞錯誤的假設，有如維根斯坦透過追溯到與實踐相關的說話所具有的詮釋學原始境遇對心理學概念所作的批判。甚至這種對語言魔法的批判也證明了我們的自我理解，從而可以更正確地對待我們的經驗。——批判的反思例如也可以如此受到詮釋學的指導，即它保護可理解的講話免受邏輯學的錯誤要求，這種錯誤要求曾為哲學正文提供衡量陳述演算的特定尺度，並想證明（卡納普或吐根哈特）當海德格或黑格爾談論無的時候，這種說法是沒有意義的，因為它不能滿足邏輯學的條件。但哲學詮釋學卻可以在此批判地指出，如此運用詮釋學經驗是不恰當的，從而會背離人們應當理解的東西。例如：「走向無的無」（nichtende Nichts）並不像卡納普所說是表達一種情感，而是表達一種需要去 [Ⅱ255] 理解的思想運動。——在我看來，當有人譬如在柏拉圖的對話中檢驗蘇格拉底論證方式的邏輯合理性的時候，詮釋學反思似乎是同樣富有成效的。詮釋學反思在這裡可以發現，這種蘇格拉底式引導談話的交往過程就是理解和相互理解的過程，這種過程與邏輯分析家的認識目標根本不相干。[3]——在所有此類情況中，反思的批判顯然都依據於某種由詮釋學經驗及其語言過程所代表的最高當局。它被提升為批判的意識：什麼是目前陳述的**意圖**（scopus），哪些詮釋學努力要求擁有真正存在的權利？

反思的批判涉及的完全是對一種自我理解的修正。就此而言，這種詮釋學反思是「哲學的」——這並非因為它從一開始就要求某種哲學的合法性，恰恰相反，是因為它否定了某種「哲學的」要求。它所批判的並不是諸如自然研究過程或邏輯分析過程等科學的

3　柏拉圖：《第七封信》，343A7：「因為並非講話者的『靈魂』遭反駁。」

過程，而是正如前面所說，在這種運用中缺乏的方法合理性。根據這類批判工作來建立哲學的合法性，這當然不算什麼特別。也許除了指出這一事實外，哲學活動不存在別的合理性證明，即雖說總是處於反「形上學」要求的這種否定性的預期之中，例如：處於懷疑論、語言批判或科學理論的預期之中，哲學卻總是已經存在了。

但是，哲學詮釋學的要求卻伸展得更為深遠。它提出了普遍性的要求。它以此來證明這種普遍性的要求：即理解和相互理解原本和最初並不是指從方法角度訓練的與正文的關係，而是人類社會生活的進行形式，人類社會生活的最後形態就是交談共同體（Gesprächsgemeinschaft）。沒有任何東西，包括一般世界經驗，能同這種交談共同體相脫離。無論是現代科學的專門化及其日益增長的經營祕傳，還是物質的勞動和它的組織形式，甚或用統治形式管理社會的政治統治機構和管理機構，它們都不處於這種普遍的實踐理性（以及非理性）的媒介之外。

然而，詮釋學經驗的普遍性也很有爭議。難道它不是由於自己的語言進行方式而侷限於一種相互交往理解的圈子之中，而這種圈子似乎在多種方式下是欺騙性的？這首先就是科學本身及其理論構造的事實。但哈伯瑪斯卻在此發現了異議：「現代科學當然可以合法地提出達到關於『事物』的真實陳述的要求，它可以無須參照人的話語這面鏡子，而採用獨白的方式進行。」雖說他承認這種「用獨白的方式」構造的科學理論必須在日常語言的對話中使人理解，但他卻在其中發現了一個對於詮釋學乃是全新的問題，即詮釋學要受到這種理論語言的限制。由於詮釋學從一起始本來就只與口語構造和流傳下來的文化打交道，因此，要解釋語言如何脫離對話的結構並能取得嚴格的理論構造，就成為一項新的任務。

我不能理解這種解釋。專業語言和日常語言之間的差別千百年來就已存在。難道數學是門新的學科？自古以來對專家、薩滿教

徒和醫生的定義不就在於他們並不使用大家都能理解的理解手段？
能被看作近代的問題的至多是這一問題，即專家不再把他的知識翻
譯成普通的日常語言這一點看作他自己的任務，因而這種詮釋學綜
合的任務就成爲一項特別的任務。但這樣一種詮釋學的任務卻並未
因此改變。也許哈伯瑪斯的意思只是說，對於在諸如數學和當今數
理自然科學領域中存在的理論構造，我們無須訴諸於日常語言就能
「理解」？這點當然毋庸置疑。如果聲稱我們所有的世界經驗都只
不過是一種語言過程，我們色彩感的發展只不過在於使用色彩詞的
不同，這是荒謬的。[4]甚至連皮亞傑的發生學認識（哈伯瑪斯和這種
[II 256] 理論有關係）似乎也認爲存在一種前語言地起作用的範疇適用語，
但像赫爾姆特·普萊斯特[5]、米切爾·波蘭尼[6]和漢斯·庫恩茲[7]等人
特別注意的各種非語言的交往形式，卻使得所有想根據一種語言普
遍性否認其他語言之外的理解形式的論點顯得可笑。相反，言語是
這些形式的被傳達了的特定存在。然而正如哈伯瑪斯正確地認識到
的，正是在理解的可傳達性中存在著詮釋學的論題（77 頁）。所
以，如果我們想避免關於語詞的爭論，那麼我們最好放棄這個引
號，例如：不要在我們的語言世界解釋作爲理解著的解釋這一意義

---

[4]　這是波曼說的（第 98 頁），他甚至議論我說「被理解的一切無非只是語
　　言」——「再沒有具體的意義……」，並把這歸咎於一種過分表述的詮釋學
　　提問立場。但他本人卻在這裡陷入他批判我的多義性——他低估了所有詮釋
　　學哲學與詮釋學實踐的本質關係。我們將會知道，在這種情況下將會發生什
　　麼（並不是「相信」）。波曼在他對我作的最有裨益的批判中指責我的「多
　　義性」，顯然一部分原因是出於我的概念的弱點，另一部分原因卻正是詮釋
　　學經驗的本質，即要使自己暫時不作決斷，並且經常要試圖做到，把人們理
　　解成對另一件事的陳述的東西從事實角度明顯地找出來。
[5]　現載《哲學人類學：人的狀況》，法蘭克福，1970 年。
[6]　載《緘默的向度》，紐約，1966 年。
[7]　例如：與我在《哲學研究》第 20 卷（1961 年）的批判性爭論。

上去「理解」人工符號系統。這樣我們就當然不能再說，自然科學無須「參照人的話語這面鏡子」而達到關於「事物」的陳述。自然科學認識的是怎樣一種「事物」？詮釋學的要求是而且始終是，只把那種不可理解的和不是普遍的，而只是在內行之間才「可理解的」東西整合到語言的世界解釋的統一性當中。嚴格說來，以下這點並不能作為對此要求的反駁，即現代科學發展出了它自己的特殊語言、專業語言和人工符號系統，並在這些系統中「獨白式」地操作，也即在所有日常語言的交往之外達到「理解」和「相互理解」。提出這種反駁的哈伯瑪斯本人很清楚地知道，這種構成現代社會工程師和專家思路的「理解」和自我理解恰好缺乏那種能夠使他們承擔社會責任的反思。

哈伯瑪斯如此清楚地知道這一點，以致為了使反思得到重視，他還生動地描繪了一門批判的反思科學的例子，這個例子或許應當成為社會反思的一個典範，這就是精神分析。精神分析進行批判的、解放的反思，它透過反思把受到扭曲的交往從它的障礙中解救出來並重新建立交往。在社會領域中值得重視的也是這種解放的反思。並非只有精神病人在防禦其神經疾病時要受到系統扭曲的交往的痛苦，從根本上說，每一種和占統治地位的社會制度一致並支持它的強權性質的社會意識都有這種痛苦。這是並未被提出來討論的前提條件，哈伯瑪斯正是在這個前提條件下進行論證。

正如精神分析家對出於治療願望而上門的病人總要給予一種最負責任的解放性的反思工作，同樣在社會領域內，我們也要使人 [II 257]
認識到所有形式的強權統治，並使之加以消除。哈伯瑪斯和齊格爾用不同的方式以語言的欺騙性這個原則性的論題對此作了特別具體的論述。他們這樣做的意圖，在某種意義上當然是把理解技術化，透過這種技術化克服語言交往的多義性。但又不止於此。哈伯瑪斯雖然也爭論這種後設語言的可能性，但精神分析對於他卻有另

外的含意，這就是它的方法特殊性，它既是說明性的科學（因此而
可能是技術）同時又是解放性的反思。他認為在精神分析這種情形
中，語言必定被欺騙了，因為在精神病中我們會發現一種非常澈底
和系統的交往阻撓，如果治療性的談話不在非常特別和複雜的條件
下進行，它就必然會失敗。在談話中，儘管精神分析最終在病人
的認可中得到證實，儘管在徵兆消除後病人重又恢復了正常的交
往能力，但那種把談論夥伴連結在一起的基本認同（das tragende
Einverständnis）的前提卻不能兌現。哈伯瑪斯在此進而使自己與
洛倫茲關於「語言毀壞」那富於啟發的描述發生連繫。

[II 258]　　　但他自願補充了他認為的關鍵：正如病人學會識破未曾識破的
強權，學會解除壓抑並有意識地克服壓抑一樣，在社會領域也是如
此，我們要透過意識形態批判識破並消解社會統治關係中未被識破
的強權。哲學詮釋學充滿自信的談話樂觀主義卻無法做到這一點，
因為它僅僅堅持建築在占統治地位的社會成見基礎之上的虛假認
同。它缺乏批判的反思，因此需要一種對「受到系統扭曲的交往」
的深層詮釋學解釋。因為我們「必須假定，我們熟悉的傳統和語言
遊戲的深層同意（Hintergrundkonsensus）不僅在受干擾的家族制
度的病例中，而且在整個社會制度中也可存在一種強迫整合的意
識，一種偽交往的結果」。哈伯瑪斯反駁了把交往侷限於「在傳統
領域中起作用的信念」，並在其中發現一種深層詮釋學提出的把解
釋私人化的不可能的要求。顯然他就是在這種意義上理解我對於醫
生的社會角色以及心理治療受限制的條件等說法的。

[II 259]　　　事實上這就接近了我提出的反駁，即只要解放性的反思工作
是以職業的責任性進行，病人和醫生就可以在確定的社會角色遊
戲中進行遊戲並被侷限於這種社會角色遊戲。如果越過醫生治療
的範圍並在解放性的反思中把他人的社會意識作為「病態的」來
「處理」，這就不可能屬於醫生的社會合法性（例如：外行的分析

家）。——我這樣說並沒有誤解精神分析療法所特有的治療特性，這就是獨占（「轉用」）和釋放的複雜混合，它構成正在進行治療的分析者的藝術。無論是洛倫茲出色地描述的過程（哈伯瑪斯即以此為根據），還是齊格爾的解釋，我都完全承認這種「治療」並不能作為一種技術來描述，而只能看作一種共同的反思工作。此外，我還承認，當分析者不再作為醫生而是作為社會成員來行使他的社會作用時，分析者並不能把他的分析經驗和知識簡單地拋在一邊。但這並不能改變以下情況，即這種精神分析因素的混合在社會交往中意味著一種干擾因素。我並沒有說這種情況是可以避免的。比如說人們也會給筆相學者寫信並把信交付他們，但卻並不想因此而觸動他們的筆相學家的權能，而且在這種特殊權能之外，確實還有這樣的事情：人們透過對話的運用，主要透過傾聽和其他人的有效影響卻也可以讓自己對於人的知識，另外的資訊和疏離的觀察發生作用，並為了「純」理性的談話而避免公開。例如：可以想一下沙特關於他人的注視所作的著名描寫。

　　儘管如此，處於社會夥伴關係中的這種詮釋學境遇，仍然同處於分析關係中的詮釋學境遇大相徑庭。如果我對某人敘述一個夢，而且我在這樣做時並沒有分析的意圖，或者我的角色根本不是作為病人，那麼我的敘述當然就沒有引導分析夢的含意的意義。如果聽者在傾聽時這麼做了，那麼他就缺乏這種詮釋學意圖。毋寧說這裡的意圖是要說出自己夢幻的無意識遊戲，從而使人家也可以加入到童話的幻想或詩意的構想力中去。這種詮釋學要求是合理的，它和那種在分析領域中十分常見的現象毫無矛盾。如果有人忽視了被描述的詮釋學境遇，例如：不把讓‧保羅的夢幻詩理解成構想力富有 [Ⅱ260]意義的遊戲，而是當作非常嚴肅一部祕傳的無意識的象徵，那麼拒絕這種做法是完全正確的。這裡正是詮釋學對深層心理學合法性的批評，這種批評絕不侷限於審美的教化愉悅。例如：當有人以熱烈

的情緒討論某個政治問題，而且試圖透過甚至令人生氣的尖銳的論辯去說服他人，這樣他就會有一個詮釋學要求，即要得到對方的反駁，而不是按照「誰生氣，誰就錯」的格言去看待他有情緒的深層心理活動。我們下面還會回過頭來討論精神分析和詮釋學反思的這種關係以及混淆這兩種「語言遊戲」的危險。

這樣在解放性反思的作用裡，就有了精神分析對於詮釋學批判和在社會交往內部的批判所具有的典範意義，解放性反思在此起了它的治療作用。這種反思透過使未看清的東西變成可看清的，從而擺脫了那種強行支配個人的東西。當然，這是與詮釋學反思不同意義上的批判反思，詮釋學反思，如我所描述的，是要摧毀不正確的自我理解，揭露方法運用的失當。這並不是說以精神分析為典範的批判會和這種詮釋學批判相矛盾（雖說我想指出，詮釋學批判必定會拒絕採用這種典範）。但這種以精神分析為典範的批判相對於詮釋學批判卻是不夠的。詮釋學科學為維護自身而透過詮釋學反思駁斥以下說法，即說它的方法是非科學的，因為它否認**科學**（science）的客觀性。意識形態批判在這一點上甚至贊同哲學詮釋學。但它又轉而批判詮釋學，因為詮釋學以不能容忍的方式堅持對因襲而流傳下來的成見的傳統主義的把握，而自從工業革命爆發和科學的勃興以來，這種傳統因素在社會生活中只具有次要的作用。

K. O. 阿佩爾當然作過這種批判，而他顯然是誤解了哲學詮釋學談到應用時的含意。哲學詮釋學在談論應用時所涉及的是一種在所有理解中蘊含的因素。人們確實應當嚴肅地看到，我所提出的對詮釋學經驗的分析，是以詮釋學科學富有成效的實踐作為對象，其中根本沒有「有意識的應用」，而這種「有意識的應用」能使人擔心認識會被敗壞成意識形態。這種誤解曾使貝蒂感到不安。——顯然，這裡有應用意識（Applikationsbewuβtsein）概念不清的作用。正如阿佩爾所指出的，應用意識確實是針對理解科學的客觀主義

自我理解並同樣鑑於理解的生活實踐而被當作一種詮釋學要求提出　[Ⅱ261]
來的。就此而言，一種哲學詮釋學，正如我所試圖發展的，肯定是
「規範的」，亦即是在這一意義上：它致力於用某種更好的哲學來
代替一種較壞的哲學。但是，它並不推銷一種新的實踐，而且也並
未說過，詮釋學實踐總是在具體上受到某種應用意識和應用意圖的
指引，更又何從談起有意去證明起作用的傳統的合法性。

　　當然，錯誤的自我理解會對實踐過程起反作用，同樣，恰當的
自我理解也會有反作用，只要這種自我理解從理論方面摧毀了這種
起因於理論的實踐扭曲。但是，效果歷史反思的任務絕不是去追求
現實化和追求「應用」，正相反，它不僅要透過科學方法的正規手
段，而且要透過具體內容的反思來阻止並破壞一切在理解傳統時的
現實化做法。阿佩爾對我說了他的心裡話，他說：「在具有應用意
識的解釋方法的責任領域內，為了使理解在某種情況下不受限制，
必須使當時的現實應用增加難度。」（141）我想走得更遠，因此
我不說「在某種情況下」，而說「在任何情況下」──只不過我不
把此命題作為應用意識的結果，而是當作真正科學責任的滿足，我
認為，這種科學責任經常只有在意識形態的成見作為背景產生作用
的情況下才會受到損害，因為偽科學的方法思考不會感覺到這種責
任。在這點上我和阿佩爾（32）一樣，確實發現一種意識形態被敗
壞的危險。這是否如阿佩爾（35）所說類似於那種被他稱為「存在
主義」的詮釋學精神科學，對此我沒有把握，因為我並不明白他所
指的到底是什麼意思，但這肯定不同於哲學詮釋學所指向的領域或
哲學詮釋學本身。相反，詮釋學反思卻能在這裡成為「實踐的」：
它使人們意識到前見，從而使任何意識形態都變得可疑。

　　我們最好用具體例子來證明這一點。為了不超出我的判斷權
限之外，讓我們來看一下本世紀關於前蘇格拉底解釋的歷史。在這
裡，每一種解釋都有某種前見在起作用，喬埃爾（K. Joeel）是宗

教學的前見，卡爾・賴因哈特（K. Reinhardt）是邏輯解釋的前見，
[Ⅱ262] 維爾納・耶格（W. Jaeger）是捉摸不透的宗教—神論的前見（正
如布呂克 [8] 出色地指出的），至於我自己，當然受到海德格對存在
問題解釋的影響，試圖根據古典哲學從哲學思考的角度來理解「神
性」[9]，因而在所有這些例子中我們都可觀察到一種前見在起指導作
用，由於這些前見均對迄今為止的前見作了修正，因此它們具有建
設性的作用。這並不是把事先想好的意見應用於正文，而是試圖對
於存在的東西進行理解和更好的理解，因為我們識破了他人的前
見。但我們之所以能夠識破，只是因為我們用了新的眼光看待存在
的東西。詮釋學反思並未脫離詮釋學實踐。

　　當然，我們必須注意不要按照直接進步的模式來理解這
種詮釋學研究活動。阿佩爾關於詮釋學問題的討論因其援引皮
爾士和羅伊斯而大為增色，他在所有的意義理解中都制訂出
實踐關係，因此，當他要求提出一個不受限制的解釋共同體
（Interpretationsgemeinschaft）的觀念時，他是完全正確的。顯然，
這樣一種解釋共同體的特徵就是證明理解努力的真理要求的合法
性。但我懷疑把這種合法性證明僅限於進步觀念是否正確，業已被
證明的解釋可能性的多樣性絕不排除這些可能性會相互取代。事實
也是如此，在這種解釋實踐的進程中出現的辯證反題也絕不會保證
它達到真正的綜合。相反，我們絕不能在這種歷史科學的領域中用
那種只是局部地存在的進步來看待解釋事件的「結果」，而是要在
和知識的下滑和衰落相對立的成就中看待這種結果：即語言的重新
賦予生氣和意義的重新獲得，這種意義是透過傳承物向我們訴說

---

[8] 〔參見《亞里斯多德》，法蘭克福，1935年第4版，1974年，第213頁以下。〕
[9] 〔參見我的論文〈論早期希臘思想中的神性〉，載我的著作集，第6卷，第154頁。〕

的。只有按照絕對知識的尺度，也即並非人類知識的尺度，才能說
它是危險的相對主義。

在歷史意識出現之前統治傳統領域的是天真的應用，我認為，
如果把這種天真的應用等同於所有理解中都具有的應用因素，這當
然也是一種誤解。[10] 毫無疑問，理解的實踐因傳統的斷裂和歷史意
識的出現而得到修正。儘管如此，我從來就不相信，歷史意識及其
在歷史精神科學中的形成乃是傳統權力被瓦解的根據，甚至傳統的
斷裂本身對此不起決定性作用（傳統的斷裂是隨近代而開始，並在
法國大革命中達到其第一次極端的頂峰）。我覺得，歷史精神科學 [II 263]
與其說是透過對這種傳統斷裂的反應而被呼喚出的，還不如說它們
從一開始就對這種傳統斷裂發生作用或僅僅肯定這種斷裂。顯然，
儘管精神科學具有浪漫主義的源頭，但它本身卻是一種斷裂的傳統
現象，並且在某種意義上繼續發展了批判的啟蒙。我把它稱為那個
時代啟蒙的反光鏡，[11] 但從另一方面看，其中顯然也有浪漫主義修
復的功力在起作用。無論對它持歡迎還是批判態度，這都絲毫不影
響這種專門的認識成就風靡一時。例如：可以想一下勞默爾的《斯
道佛時代的歷史》。它完全不同於有意識的應用。毋寧說，它內在
地滲透了批判的啟蒙，這啟蒙對天真地相信傳承物會繼續生效以及
共同規定歷史視域的繼續發生作用的傳統進行批判，這屬於歷史科
學的本質，而且這絕非僅僅存在於浪漫主義精神科學的故鄉。例
如：伯羅奔尼薩戰爭期間的雅典史，對伯里克利或對吉布的克里昂
的評價在德意志帝國的傳統中看起來就完全不同於用美國民主制的
眼光所看的──儘管這兩種傳統都非常年輕。──對於馬克思主義
傳統，情況也是如此。例如：如果我用階級鬥爭的範疇閱讀齊格爾

---

10 〔參見我的著作集，第 1 卷，第 344 頁以下、第 407 頁。〕
11 參見我的著作集，第 1 卷，第 278 頁。

的思想，那我絕不會搞錯（有如他所擔心的），這樣做時會意識到何種效果歷史反思——如果他認爲，在某種情況下，會因此而達到一種合理的證明，那他就搞錯了。詮釋學反思僅限於開啓那種如果沒有詮釋學反思就不會被覺察到的認知機遇。詮釋學反思本身並不有助於獲得眞理標準。

關於有意識應用的說法在其他領域也受到極大的誤解。令我驚訝的是，阿佩爾提出的導演和音樂家的例子中居然在有意識應用的意義上談論現實化（Aktua Lisierung），彷彿與要重新復甦的作品的連繫並不必支配整個解釋一樣。實際上，我們之所以把成功 [Ⅱ264] 的導演或音樂的複製尊崇爲解釋，是因爲作品本身以其眞正的內容被重新表述出來。反之，如果要求我們在複製的工作中提出粗略的現實化傾向，並對當代作出過分清楚的暗示，那我們當然會覺得不合適。口譯是詮釋學任務現存的典範，如果忽視了口譯者並不是翻譯，而是透過說話把他所理解的部分用另一種語言提供給另一方，那就是極大地低估了口譯者的形象。我覺得在這裡一個客觀化的概念總是受到與事實不符的意義和意義透明度的引導。

詮釋學經驗並非起自於近代科學，而是自從出現了詮釋學提問立場之後就包含了一種從未減緩過的衝突。它並不能被歸入在他在中認識自我這種唯心主義的框架內，從而使意義被完全把握住並流傳下來，這種唯心主義的意義—理解概念照我的看法不僅使阿佩爾弄錯了，而且也使絕大多數我的批判者誤入歧途。這樣一種簡化爲唯心主義的哲學詮釋學需要作出批判性的補充，這一點我承認，而且在對 19 世紀黑格爾後繼者德羅伊森和狄爾泰的批判中我也試圖指出這一點。但這難道不正是一種詮釋學的動力，即透過解釋來「理解」陌生的東西、捉摸不透的神意、宗教典籍或古典作家的作品？難道這不正說明理解者相對於說話者和有待理解者總具有一種基本的劣勢嗎？

　　因此，詮釋學的這種原始規定因近代傳統的斷裂和另一種完全不同的精確認識理想的出現而得到輪廓清楚的描述。然而，提出詮釋學任務的根本條件——對此任務人們並不願真正承認而我則試圖重新提出——從來就是獲得一種占優勢的意義的條件。當我在我的研究中提出時間距離的詮釋學創造性 [12]，並且在根本上強調所有理解和效果歷史反思的有限性和不可結束性時，我所說的並不是獨創的觀點。這只不過是真正詮釋學論題的發揮，它在歷史經驗中完全可找到自己真正的證明。在歷史領域，它確實與意義透明度無關。「歷史學」必須不斷防範人文精神的淡化。歷史經驗並不是關於意　　　[II 265]
義、計畫和理性的經驗，只有用絕對知識哲學的永恆眼光才會要求在歷史中把握理性。這樣，歷史經驗實際上又把詮釋學任務重新置於其本來的位置。它必須重新破譯歷史的意義殘篇，這些意義殘篇由於事實的晦暗而受到限制和破壞，當然，首先是由於那種使未來對每一個當下意識變得日益模糊的黃昏而受到限制和破壞。甚至屬於理解結構的「完全性前把握」[13] 也強調它的「前把握」，因為要被理解東西的優勢即使不透過解釋也可得到保障。因此，當阿佩爾、哈伯瑪斯以及經過重大修正的齊格爾依賴一種說明性科學的觀點把詮釋學反思提升為完全唯心主義的意義度向時，這就非常令人吃驚。這實際上就存在於這些精神分析作者所設想的典範作用當中。

　　這樣，我們就又回到那種把精神分析的解放性反思應用於社會領域的所謂轉用的合法性這個問題上來。對於那些足以冷靜地預知和預示歷史的人而言，歷史究竟是他們所否認的無法識破的東西，抑或這種因素只是對於業已變得理智的人類不再起作用的未成形，這一切都有賴於精神分析的知識究竟有多少有效性。絕非偶然，精

---

[12] 〔參見我的著作集，第 1 卷，第 301 頁以下。〕
[13] 〔參見我的著作集，第 1 卷，第 299 頁以下；第 2 卷，第 61 頁以下。〕

神分析這門科學在關於詮釋學的討論中得到特別的重視，而且阿佩爾、哈伯瑪斯和齊格爾的論述都很有教益。但是它的人類學收穫是否得到正確表達？例如：當阿佩爾說自然生物完全在有意識的欲求控制下被保存下來，這種理想就有賴於這種轉用的合法性。因為人是一種社會生物。

　　為了證明這一點，哈伯瑪斯為交往權能的元詮釋學理論制訂了廣泛的基礎。當他根據深層心理學經驗勾勒出「我—它—結構」（Ich-Es-Strukturen）和「超—我—結構」（Über-Ich-Strukturen）之形成理論後，他似乎覺得轉用到社會領域已經完全不成問題。根據這種普遍的「交往權能理論」（Theorie der kommunikativen Kompetenz），「掌握角色活動的基本性質理論」乃是對立面。我不知道自己是否正確地理解了哈伯瑪斯。「交往權能」這個表述顯然是仿照喬姆斯基的語言權能，它指的是對理解和相互理解能力的毫無疑問的掌握，正如說話權能意味著言語能力的掌握一樣。正如語言學的理想就在於提出語言權能的理論，並且最終建設性闡明語言的一切例外現象和各種變體，同樣，相對於日常語言的理解也必須達到類似的理解。如果研究工作尚不足以達到這一點，那絲毫也不會改變以下基本事實，即藉助於對造成系統扭曲交往的條件的認識，我們可以達到理想的理解實施，這種實施必然會導致認同。唯有這種認同才能成為合理的真理標準。反之，缺乏這種理論，就會使人陷入強制性認同的 tragenden Einverstaendnis（基本的認同），並且無法識破這一點。

　　交往權能理論至少能用於證明識破受扭曲的社會交往這種要求的合法性，就此而言，它是和精神分析在治療性談話中的活動相當的。然而，個案並不能決定全體。因此我們必須採用這樣一些團體，其中每一團體都生存於相互認同之中。因此當認同在這些團體之間受到了破壞並且被尋求時，我們這裡所說的就不是精神分裂的

[Ⅱ266]

個人與語言共同體之間的某種東西。那麼，這裡是誰的精神分裂了
呢？例如：在說到「民主」這個詞的時候，究竟發生了何種解符號
化（Desymbolisation）？根據何種權能？當然在這些團體的背後都
必然有著關於自由究竟為何物的觀點，這是不言而喻的。因此哈伯
瑪斯也說：不受強制的、能解決這種扭曲的合理的談話總是以對某
種正確生活的預期為前提。唯有如此，這樣的談話才能成功。「按
眞正的認同來衡量的眞理觀念包含著成年（Muendigkeit）的觀念」
（100）。

對於這種從善的觀念引導出眞的觀念，從「純粹」理智概念
引導出存在的眞理標準，我覺得很明顯是來自於形上學。純粹理智
概念起源於中世紀的理智論，它以天使作為代表，這種天使具有恰
當的方式去觀察上帝的本質。我很難在這裡不把哈伯瑪斯歸於錯
誤的本體論自我理解之中，就像對阿佩爾透過合理性揚棄自然生物
的做法我的感覺一樣。當然，哈伯瑪斯恰好也譴責我有錯誤的本
體論傾向，因為，例如：我不能在權威和啓蒙之間看到絕對的對
立。按照哈伯瑪斯的觀點，這當然是錯誤的。因為它的前提是，起
證明作用的承認無須權威證明的認同而自由地起作用[14]。但這種前
提是不允許的。眞的根本不能建立這種前提嗎？當哈伯瑪斯承認， [II 267]
在沒有強制和統治的社會生活這種主導觀念中存在這種不帶有強制
的贊同時，他自己不正是提出了這樣的前提？我自己當然從未見過
這種「理想的」關係，而只見過所有具體經驗的例子，在這些例子
中人們談論自然的權威以及他們所找到的信徒。這裡總是談到強制

14　當馮・波曼（見前引書第 89 頁）要我們注意 17 世紀和 18 世紀，尤其要閱讀
　　萊辛時，他是完全正確的。我自己首先就以斯賓諾莎為依據，還有笛卡兒，
　　在其他情況下則依據克拉頓尼烏斯，這說明我從來就不屬於「完全反對啓蒙」
　　的蒙昧主義這一邊（見前引書第 115 頁）。

交往，例如：凡在愛、典範的選擇、自願的服從等使上下級關係固定化的地方，我就覺得有一種獨斷的成見與人們認爲的「理性」有關係。因此我就無法發現，在社會領域中，交往權能及其理論統治如何能拆除團體之間的障礙，這些團體在相互的批判中都斥責對方的一致意見具有強制性質。而且「溫和的生產權力」（齊格爾，249）好像也是必不可少的，因而，另一種完全不同的權能的要求也是必不可缺的，也即政治活動的權能——它的目標就是在缺乏交往可能性的地方引起交往的可能。

在這一點上，齊格爾的論辯對我很有啓發，他的論辯實際上是針對我而不是針對哈伯瑪斯。雖說我根本不知道，當他說到一種「理解的責任」（也許這是理性的同義詞？）和一種「批判的權利」（難道這也不正是理性的同義詞？）時，他到底說的是什麼。彷彿這兩個命題一個並不包含另一個似的。但我在下面這一點上贊同他的意見，即交往理解的可能性受條件的支配，這種條件不可能由談話重新創造出來，而是構成一種先行的一致。我認爲這確實對每一次談話都基本適用。這完全不是強迫，而是使談話成爲可能。齊格爾的以下說法完全正確：誰參與談話，誰就已經同意把談話的條件視爲既定的。反之，拒絕談話，或用「與你沒什麼好說的」表明談話企圖的破裂，則意味著這樣一種情境，在此交往的理解受到極大的干擾，從而根本不可能期待有交往的試圖。

[II 268] 這當然是一種一般不能稱之爲神經障礙的干擾。恰好相反，這是情緒上的固執或蒙蔽等日常經驗，這種經驗通常甚至是雙方的，並且雙方都對對方進行譴責。因此，它並不代表一種交往權能的干擾，而是無法克服的意見分歧。對於這種對立的信念當然可以說到無對話可能，但它的背景與精神病的背景卻大相徑庭。它是由於團體信念統治的緣故，這種團體信念陷於詞藻的作用範圍，從而就能落入有損於對話的境地。把它比作精神分析者歸於精神病患者並試

圖治療的病態的無對話能力，這就會導致謬誤。在社會和政治集團之間不可溝通的對立是以利益的區別和經驗的差別爲基礎的。它們從談話中產生，這就是說，它們的不可溝通性並非與生俱來，而是理解試圖的結果——而且這種情況永遠不會終結，而是和那種在精神上永不窮盡的解釋共同體中重新進行的談話相連繫，而這種解釋共同體可以歸屬到交往權能的概念之中。這裡談到的蒙蔽是以自認爲單獨占有正確的信念爲前提。凡是這樣認爲，則就是一種固有的蒙蔽。與此相反，我認爲，當哲學詮釋學認爲交往的眞正含意就是對相互的成見進行檢驗，甚至當它面對「正文」這種文化傳承物時仍然堅持這種相互關係，它就一直是正確的。

然而，我有時所用的說法，即關鍵在於取得和傳統的連繫，卻容易引起誤解。我的說法絕不帶有偏愛人們必須盲目地順從的傳統這層意思。相反，「和傳統的連繫」意思只是說，傳統並未中止於被人們當作自己的源頭所認識和意識的東西，從而使傳統無法保存在某種正確的歷史意識之中。對既存事物的改變與對既存事物的捍衛同樣都是與傳統相連繫的形式。傳統本身也只有在經常的變化中才能存在。於是，和傳統「取得連繫」就成爲一種經驗的表述，按照這種經驗，我們的計畫和願望經常都是趕在了現實的前頭，也就是說，未與現實相關。因此，關鍵就要在預期的願望和可行性之間，在單純的願望和實際的願望之間進行調解，也就是把預期植入現實的材料之中。

這確實並非沒有批判的區別。我甚至可以說，只有在這種實踐關聯中「決定的」東西才是眞正的批判。我與齊格爾一樣認爲，如 [Ⅱ269] 果一種批判，一方面針對對方的或占統治地位的社會成見而指出它們的強制性，另一方又聲稱要透過交往來消解這種蒙蔽關係，那麼這種批判就處於一種十分尷尬的境地。批判必須忽略根本的差別。在精神分析的例子中，病人的痛苦和治療願望爲醫生的治療行爲準

備了基礎，從而使醫生可以建立他的權威，並且無須強制地來解釋
受抑制的動機。這裡的基礎是一方自願服從於另一方。但在社會生
活中的情況則正好相反，對方的抵制以及反對對方的抵制乃是各方
的共同前提。

　　這一點在我看來是如此理所當然，以致當我的批判者如齊格
爾以及更根本地說哈伯瑪斯等指責我，說我根據我的詮釋學想否認
革命意識和改革意識的合法性時，我感到非常愕然。當我對哈伯瑪
斯提出反駁說醫生—病人關係對於社會的對話是不夠的，並且向他
提出問題：「相對於對社會意識的何種自我解釋——所有的倫理習
俗都是這樣的自我解釋——則尋根究底的追問才是合適的，例如：
在革命的變革意願中？相對於何種自我解釋是不合適的？」我這樣
問乃是針對由哈伯瑪斯提出的類比。對這個問題的回答在精神分析
的例子裡是透過內行的醫生的權威給出的。但在社會和政治領域中
卻缺少這種交往分析的特殊基礎，即病人是由於知道自己生病而自
願地接受這種分析。因此，我認為這些問題實際上無法從詮釋學角
度來回答。它們建築在政治—社會信念的基礎上。但這絕不是說，
與認可傳統相區別的革命變革意願因此就無法證明它的合法性。這
兩種信念都無法或不需要用詮釋學從理論上證明它的合法性。詮釋
學理論本身根本無法決定以下前提正確與否，即社會受到階級鬥爭
的統治，在階級之間根本不存在對話基礎。我的批判者們顯然忽
視了在對詮釋學經驗進行反思時的效用要求，否則他們就不會對
以下論題提出異議，即凡在相互理解可能的地方都是以某種一致
（Solidaritaet）作為前提。他們倒是提出了這種前提。我的觀點中
沒有什麼可使他們作這種抨擊，好像這種「基本的認同」保守的方
面多於革命的方面，被我當作保守的，而不是革命性的一致加以使
用。這是理性本身的觀念，它無法放棄普遍認同的觀念。這是大家
都贊同的一致。

[Ⅱ270]

　　只有和年輕一代的討論，尤其是和哈伯瑪斯的討論才告訴我，意識形態批判者的 intentio obliqua（服從的意向）也同樣保持了我所強調的「保守的前見」。我透過對這種據說正確的覺察進行研究得出結論，即保守的前見在這裡究竟能含有何種詮釋學意義，亦即要使人認識，在談話中究竟要求多少不言而喻的前提。雖說齊格爾引證了我承認自己保守主義的話，但他卻在開始自己陳述之處中斷了引文，但他的陳述卻是說確定的認識就是因此而成為可能。我認為關鍵就在於認識機會，但這卻也是人們唯一能夠討論的地方：我認為可以在這種前提下所認識到的東西，究竟是不是真實的。我認為齊格爾從他相反的前見出發卻達到了相同的結果，而且在以下這點與我完全一致，即哈伯瑪斯賦予了反思一種錯誤的權力。也許這是與我作根據的經驗相同的經驗，但卻作了相反的評價，這種評價導致了他對哈伯瑪斯作的相應批判，這種批判恰好體現在他對伯恩斯坦修正主義所作的批判上。因此，齊格爾按照他對詮釋學的理解，就順理成章地對詮釋學作出批判：「它也許根本不會由於反批判，而唯有透過革命抗爭本身才會從這種（大家統一的一致）幻夢中驚醒過來。」但我認為這個命題並不會順理成章地開闢出一種討論……

　　讓我們回到討論的主題上來——即詮釋學實踐的理論基礎。我與我的批判者在一點上意見相同，並且因為他們迫使我提出這一點而感謝他們：正如意識形態批判根據自我反思而超越了理解的「技藝學」，我覺得詮釋學反思也是理解本身的一個組成部分，我甚至認為，把反思和實踐相分離包含著一種獨斷的謬誤，這也同樣適用於「解放性的反思」這個概念。這也是為何我覺得用「解放」概念描述黑格爾《精神現象學》中變易精神所經歷的各個形態的進展很糟糕的原因。當然，作為變化的辯證法經驗在黑格爾那裡是透過覺悟而起作用。但我卻認為，布伯納根據情況正確地強調了黑格爾現　[II 271]

象學辯證法中的某些因素，亦即，從另一種精神形態產生的某種精
神形態其實並非產生於另一種精神形態，而是開拓了一種新的直接
性。[15] 精神形態的發展階段是按照它的終點而設計而並非由其開端
而推導。這就是促使我對之加以闡述的原因，關鍵在於倒過來閱讀
《精神現象學》，把它顛倒如同實際思維過程一樣，從主體到在主
體中擴展出來並超越其意識的實體。這種逆向趨勢包括對絕對知識
觀念的澈底批判。知識的絕對透明性類似於唯心主義對惡的無限性
的掩飾，有限的人類正是在這種惡的無限性中創造其經驗。

　　我這樣就用黑格爾式的語言表達了我的思想，然而，這就成為
批判性評論的對象，特別是波曼的批判，他認為我使用齊克果、庫
薩的尼古拉以及特別是黑格爾的概念都是不合法的，因為我使用的
概念語言手段都脫離了它們的系統連繫。[16] 這種批判並非沒有一點
道理，特別是就黑格爾的概念語言來說，更可以說言之成理，因為
我在《真理與方法》中對黑格爾作的批判性論戰顯然非常不能令人
滿意。[17] 儘管如此，我也想在此為我描述性地獲得古典作家的思想
的做法作辯護。由於我是根據最寬泛的經驗意義使用黑格爾描述的
「辯證的意識經驗概念」，因此根據我的看法，我是實事求是地提
出我對黑格爾的批評。完成的經驗並不是知識的完成，而是對於新
的經驗有著完滿的開放性，這就是詮釋學反思針對絕對知識概念而
使人認識到的真理。它在這一點上乃是明白無誤的。

　　關於解放的說法也沒有什麼兩樣。我認為在這裡使用的
反思概念並非不是獨斷的，它並沒有表達實踐所特有的覺悟

---

[15] 前引書，第 231 頁以下。

[16] 〔參見我的著作集，第 1 卷，第 99 頁以下。〕

[17] 在此我請讀者注意我的論文〈黑格爾邏輯學的觀念〉（載《黑格爾辯證法》，
圖賓根，1971 年，第 49-69 頁）〔現載我的著作集，第 3 卷，第 65-86 頁〕。

（Bewuβtmachung），而是像哈伯瑪斯曾經表達過的那樣，建築在某種「反事實的認同」的基礎上。這裡隱藏著預知的要求——在實際的接觸之前，對此人們並不同意。然而詮釋學實踐的意義就在於，不要從這種反事實的認同出發，而要盡可能地促成這種認同，並且它所導致的結果，不外乎是說：透過具體的批判而達到確信。作爲哈伯瑪斯之基礎的反思概念的獨斷性質，也許可以在以下例子中表現出來：在正確地批判社會對專家的迷信時，他要求「擺脫受技術限制的合理性的反思階段」。[18] 這裡蘊含了一種我認爲是錯誤的階段觀念。即使面對社會中「科學的新作用」，下面這一點在社會中也是有效的，即製造能力——亞里斯多德稱之爲技術（techne）——的合理性，是一種不同的，但卻並非低於存在於公民的合理認同中的反思性。詮釋學反思就著眼於對這種合理性的闡明。如果缺少批判論據之間經常進行的相互作用，那麼它的目標就確實不能達到，但這些論據應該是反映談話夥伴的具體信念的。 [Ⅱ272]

　　我認爲，在合理認識的動機中揚棄自然的規定性這一理想，乃是一種獨斷的過分拔高，它並不適合於人的狀況。在個體心理學和深層心理學中的情況就是如此。透過疾病和健康、對醫生幫助的依賴和治療後的康復之間的對立，這一點已被設定：分析只具備有限的作用範圍。正如「回饋」理論所明確承認的，甚至分析者本人也不能分析到底。我覺得沒有資格從深層心理學的這種基本狀態中得出人類學—心理學結果，對此只要注意一下平衡概念以及圍繞平衡狀態的遊戲存在方式，我在其他地方用它來說明健康的本體論性質。[19]

18　哈伯瑪斯：《理論與實踐》，第 232 頁。

19　尤見〈治療術辯解〉，載《短篇著作集》，第 1 卷，第 211 頁以下〔現載我的著作集，第 4 卷〕。

　　另一方面，因為哈伯瑪斯講到「深層詮釋學」（Tiefenhermeneutik），所以我必須擺明我自己的論點，我覺得把詮釋學還原為「文化傳承物」和在該領域起作用的意義透明性的理想，都被唯心主義地淡化過。意義的理解既不能侷限於 mens auctoris（作者的意思），又不能侷限於 mens actoris（行為者的意圖），這是我最本質的觀點。當然這並不是說，理解的最高峰就在於闡明無意識的動機，相反，理解乃是越出個體的有限視域，勾勒出各種意義路線，從而使歷史傳承物開口說話。正如阿佩爾正確地強調過的，詮釋學的意義向度是同理想的解釋共同體無盡的談話相關聯。我在《真理與方法》中 [20] 試圖指出科林伍德重演理論的不可行，從而相應地，在對作者的文學作品或行為者的歷史行為的深層心理學解釋中，肯定經常可以發現某種忍俊不禁的語言遊戲的混淆。

[Ⅱ 273]

　　在詮釋學實踐與其訓練中總是有一種效果歷史因素在共同規定理解者的意識，這就使它與一種純技術的可學性相區別，雖說可以把這種技術叫作社會技術或批判的方法。但這裡也有反向的作用，即被理解的東西也總會產生出某種確信力，它會共同影響新信念的構成。我絕不否認，對事物本身意見的抽象是一種正確的理解努力。誰想進行理解，誰就無須贊同他理解的東西。但我認為，詮釋學經驗告訴我們：這種抽象的力量永遠只是一種有限的力量。我們理解的東西也總是在為自己說話，詮釋學宇宙的範圍就建築在這一點上。由於詮釋學宇宙在它全部活動範圍產生作用，這就會迫使理解者讓他的前見產生作用。這一切就是從實踐而且只有從實踐中才能產生的反思結果。當我把這一切都比作「趨向正文的存在」時，人們也許會因為我是個老的語言學家而原諒我。實際上，詮釋學經驗完全滲透在人類實踐的一般本質之中，對於文字所寫內容的理解

---

20 〔參見我的著作集，第 1 卷，第 376 頁以下。〕

雖說是根本的，但卻是以次要的方式被包括在這種實踐中。從根本上說，理性生物的談話能力能達到多遠，詮釋學經驗也就能達到多遠。

因此，我感到不能不承認這一事實，即具有說服力的論辯領域（而並非具有邏輯強制性的領域）就是詮釋學和修辭學所共有的領域。在現代科學文化中爲修辭學作辯護很困難（甚至當齊格爾用維柯來作說明的時候也誤解了修辭學中的理性特徵，因爲他顯然認爲，通常只有煽動者才會具有如 in utramque partem disputare（兩面爭辯）那樣的卑鄙的能力，並且認爲 Carneades 就是這種煽動者）。顯然自古以來，講話藝術要顧及效果，但即使如此，它也根本未能脫離理性的領域，而維柯賦予 copia 即豐富的觀察角度以特有的價值也就非常正確。另一方面我覺得像哈伯瑪斯所作的論斷非常不符合現實，按照他的判斷，修辭學具有一種爲了進行不受強制的合理談話而必須放棄的強制性質。如果說修辭學包含一種強制因素，那麼絕對可以肯定，社會實踐——也許還有革命實踐——如果沒有這種強制因素，那就根本不可想像。我覺得以下這點很值得注意，即我們時代的科學文化並未降低修辭學的意義，而是補充增加了這種意義，只要看一看大眾媒介（或者哈伯瑪斯對「公眾意見」的傑出分析）就能明白這一點。 [Ⅱ274]

操縱（Manipulation）這個概念在這裡的含意非常含糊不清。任何一種透過講話造成的情緒影響在某種意義上都是這樣一種操縱。然而，修辭學歷來就作爲社會生活的一個組成因素卻並不是純粹的社會技術。亞里斯多德就不把修辭學叫作 techne（技術），而是叫作 dynamis（能力）[21]，從而屬於 zoon logon echon（有語言天才的動物）。即使我們工業社會所發展的輿論形成的技術形式，在任

---

[21] 〔《修辭學》，A2，1355b。〕

何方面也總包含一種贊同的因素，它或者來自於可以隱瞞其贊同意見的消費者，也可以以下具有決定性的方式表現出來，即我們的大眾媒介並非一種統一政治意志的簡單延伸，而是政治爭論的展示之地，這種爭論有時反映著，有時則是決定著社會的政治進程。相反，深層詮釋學理論要證明對社會進行批判的解放性反思，甚至期待從自然語言的一種理論中能「推導出作爲任何講話之必要規則的理性講話原則，哪怕這種講話受到歪曲，與它的意願相反」，這種深層詮釋學理論蘊含著——尤其是面對現代社會國家的組織和其中的輿論形成形式——社會工程師的角色，社會工程師的工作不是放任自流，而是製造輿論。這將使社會工程師持有輿論工具，並用壟斷輿論的權力而持有由他代表的眞理。這並不是虛構的想像。修辭學不會被人拋棄，彷彿不再需要它，不再依賴它。

顯然，修辭學與詮釋學一樣，作爲生活的實施形式，並不依賴於哈伯瑪斯稱作正確生活的預期。這種預期是一切社會夥伴關係及其相互理解努力的基礎。同樣有效的一點是：必然引導著一切從理性理想出發的信念試圖的理性理想，同時也禁止在其他的蒙蔽中要求正確的洞見。因此在自由交往中，共同生活的理想既是有約束力的，又是不確定的。在這種正式範圍記憶體在著極爲不同的生活目標。甚至那事實上對於所有實踐理性都具有本質意義的對正確生活的期待，也必須具體體現，這就是說，這種預期必須接受純願望和實現眞正目標的意願尖銳的對立。

[II 275]

我認爲，對我來說最關鍵的問題乃是認識一個老問題，亞里斯多德在他對柏拉圖的善的一般理念進行批判時就已看到這個問題。[22] 人類的善就是在人的實踐中遇到的東西，它並非無須具體境

---

22 〔參見我的海德堡學術論文〈柏拉圖和亞里斯多德關於善的理念〉，海德堡，1978 年，現載我的著作集，第 7 卷。〕

遇就可得到規定，在具體境遇中才會有某些因素比其他因素更爲優異。只有這樣，而並非反事實的認同，才是批判的善的經驗。它必須在境遇的具體化中加以發展，這樣一種正確生活的理念作爲一般理念乃是「空泛的」。[23] 這裡有一個至關重要的事實，即實踐理性的知識並不是一種面對未知者而意識到自己優越性的知識，相反，在這裡任何人都會提出這種要求：去認識對於整體的合理性。但這對於人類的社會共同生活則意味著必須說服其他人——這意思當然不是說，政治學以及社會生活的成形只不過就是談話共同體，從而把擺脫一切統治壓力的自由談話看作眞正的治療手段。政治要求理性把利益導向意志的構成，而一切社會和政治的意志表達都有賴於透過修辭學構成共同的信念。這就包含著人們總必須顧及正確對待對立信念的可能性，不管這種信念存在於個人抑或社會領域。我認爲這點也屬於理性這個概念。我很樂意承認詮釋學經驗造就了西方文化傳統的特殊內容，這種詮釋學經驗的道路導致我要求採用一個具有最廣泛運用的概念。我指的就是遊戲概念，我們並非僅從現代經濟學的遊戲理論中了解這個概念。我認爲，它倒是反映了和人的理性活動相連繫的多元性，同樣也反映了把互相衝突的力量結合進一個整體的多元性。力量的遊戲受到信念、論辯和經驗遊戲的補充。對話模式在正確的運用中保持著它的豐碩成果：在力量的交換中，就如在觀點的相互衝突中一樣，建立起一種共同性，這種共同性超越了個體和個體所從屬的團體。

23　亞里斯多德：《尼各馬可倫理學》，A4,1096b20:ματαιον τò εἶδος。

[II 276]

20. 修辭學和詮釋學

（1976年）

在尤吉烏斯學會 [18] 的報告裡，我們幾乎無法選出一個比修辭學和詮釋學這一題目更爲強調的對立論題。因爲尤吉烏斯的與眾不同之處，而且並非僅僅是因爲萊布尼茲把自己看成這位 17 世紀近代科學偉大開拓者的眞正夥伴，恰恰是他斷然否棄辯證法和詮釋學的方法，並且轉向經驗和一種（從奴隸般地神化亞里斯多德的觀點看當然是純化了的）證明邏輯。他不僅本身就生長在以辯證法和詮釋學作爲根據的人文主義文化之中，而且後來還承認這種文化具有準備性的價值，並且認爲，護教神學（Kontroverstheologie）強化了「辯證法和詮釋學能力」乃是很重要的（1638 年給雅克·拉古斯的信）。當然，這些都是寫在一封信裡，它更多地具有教育—外交的含意而並非一種眞正的評價，因爲尤吉烏斯實際上只想使他早期的學生對科學的方法論和邏輯學產生興趣。儘管如此，這種靈活的態度仍然表明了普遍存在的修辭學教育，這對於那時的科學大人物（Mann der Wissenschaft）是理所當然的。只有從這種背景出發，才能眞正評價像尤吉烏斯這樣作爲新科學思想先驅人物特有的貢獻。

如果想理解**人文科學**的知識論和科學命運 —— 直到它以浪漫主義精神科學的形態出現的方法論構造，那麼，「修辭學」的背景就具有獨特的討論意義。它並不是詮釋學理論在這種連繫中所產生的作用 —— 這種作用不過是次要的 —— 而是修辭學的古典傳統、中世紀傳統和人文主義傳統，這才是關鍵所在。修辭學是 3 種藝術（Trivium）[19] 的一部分，它引導著某種因其滲透一切而幾乎不被

人注意的不言而喻的生活。但這卻表明，在舊時代的悄悄變化中，
漸漸地開闢了歷史科學的新紀元。詮釋學理論的歷史肇始於拒絕對
路德新教作反宗教改革的、特利恩特宗派式的攻擊，從路德到梅蘭 [II 277]
希頓和弗蘭西斯，經由開初的理性主義和與其相對的虔信主義，直
到在浪漫主義時代產生的歷史世界觀，這種歷史的發展並不在知識
論和科學理論的觀點內展開，而是在神學爭論的緊迫性中得到發
展，這種神學爭論則是由宗教改革引起的。顯然，正是出於對現代
歷史精神科學前史的追問，才使得威廉·狄爾泰和約金姆·瓦赫寫
成這部歷史。

在這裡起作用的是和前理解概念相連繫的詮釋學真理。甚至
對詮釋學歷史的研究也同樣處於前理解這種普遍的詮釋學法則的支
配，這可以首先從 3 個例子得到說明。

第一個例子就是威廉·狄爾泰研究詮釋學歷史的基礎，亦即
狄爾泰作為一個年輕的學者寫的柏林科學院的徵獎論文，該文因馬
丁·雷德克爾對狄爾泰未完成的《施萊爾馬赫傳》第 2 卷的編輯而
最終於 1966 年得以發表，該文在 1900 年只有像概略說明那樣的極
小一部分才為人所知。[1]狄爾泰在該文中對弗蘭西斯作了出色的、附
有大量引文的說明。他對弗蘭西斯的詮釋學理論作了檢驗和評價，
提出了他自己意識到的歷史意義和科學的、歷史—批判方法的尺
度。按照這種尺度衡量，在弗蘭西斯的工作中混雜著天才的正確預
見和不可思議地陷入獨斷主義的狹隘和空洞的形式主義。確實，如
果在解釋宗教文獻時僅僅提出自由主義時代歷史神學所研究的問題
（狄爾泰本人就屬於這個時代），那就沒什麼可說了。要從每件正
文本身的連繫理解正文而不要屈從於獨斷的強制，這是一種值得稱
讚的意圖，如果我們像施萊爾馬赫那樣強調「心理學」解釋，這種

1　威廉·狄爾泰：《施萊爾馬赫傳》，第 2 卷，第 595 頁以下。

做法在運用於《新約》時最終導致了教義的解體，每一位《新約》
的作者都可以置於這種詮釋學觀點之中，這就導致損害了以《聖
經》自解原則爲基礎的宗教改革教義學。這是狄爾泰含蓄地認可的
[II 278] 結果。這是他對弗蘭西斯進行批判的基礎，因爲他在弗蘭西斯對整
個宗教文獻或教義原則的非歷史和抽象的邏輯概括中看到了他注釋
的缺點。同樣，教義學和注釋之間的對峙也從另外一方面展現了狄
爾泰的觀點，在對弗朗茨（H. Franz）及其強調文獻整體的上下文
要甚於單個正文觀點的批判時，他的觀點得到完全展現。對歷史神
學的批判是在最近 50 年才開始，在對「福音啓示」（Kerygma）
概念的爭論中達到頂點，這種批判使我們易於接受教規的詮釋學合
法性以及弗蘭西斯身上獨斷興趣的詮釋學合法性。

在研究詮釋學歷史的過程中前理解起作用的第二個例子是由蓋
爾德塞策（L. Geldsetzer）提出的獨斷型詮釋學（die dogmatische
Hermeneutik）和探究型詮釋學（die zetetische Hermeneutik）的區
別。[2] 藉助於把一種和獨斷論相連繫，受到機構及其權威確認的，總
以捍衛獨斷的教規爲目的的解釋和非獨斷的、公開的、探求性的，
有時甚至在進行解釋時導致「不可理解」的正文的解釋相區別，詮
釋學的歷史顯示出一種打上現代科學理論意義的前理解的形態。在
這點上可以說，雖然最近的詮釋學也支援神學─教義學的興趣，但
它卻顯然更接近一種法學詮釋學，這種法學詮釋學非常獨斷地認爲
自己就是去實施由法律固定下的法制。然而問題恰好在於，如果在
制訂法律的過程中忽視了解釋法律時的探究因素，並認爲法學詮釋
學的本質僅僅在於把個別案例歸入一般法律，這是否就是對法學詮
釋學的誤解。關於法律和案例之間辯證關係的新觀點（黑格爾爲這

2　參見蓋爾德塞策在編輯出版他的梯鮑特和弗蘭西斯的詮釋學新版本裡所作的
　　最值得一談的導言。

種辯證關係提供了具有決定意義的思維手段），在這點上很可能改變了我們法學詮釋學的前理解。司法判例的作用歷來限制著概括模式。它實際上是對法律的正確解釋（而不僅是它的正確運用），這也同樣適用於與一切實際任務無關的《聖經》的解釋或對古典作家進行必要的修正。正如「信仰類推」（Analogie des Glaubens）對於《聖經》的解釋並不是堅固的、獨斷的預先確定，語言也是如此，如果對於古典正文的語言用科學理論的客觀性概念進行衡量，並把這種正文的示範性質當作對理解的獨斷限制，那麼古典正文的 [Ⅱ 279] 語言就是無法理解的。我認為，獨斷詮釋學和探究詮釋學的區別本身就是獨斷的，因此應該對它進行詮釋學的消解。

第三種有趣的前理解把詮釋學的歷史置於一種特別的角度，這種前理解最近由哈索‧耶格（Hasso Jaeger）在論詮釋學的前史這篇學術性很強的講演中提出。[3]耶格把丹恩豪爾擺在中心地位，正是透過丹恩豪爾才第一次出現「詮釋學」這個詞，並且發現透過解釋的邏輯來擴展亞里斯多德的邏輯。他在丹恩豪爾身上看到了人文主義公眾文學精神（res publica Litteraria）最後的證據，而後的理性主義使這種精神僵化，非理性主義和從施萊爾馬赫經由狄爾泰到胡塞爾和海德格（還有更糟糕的）的現代主觀主義則使其產生出其有害的結果。令人驚訝的是，該作者既沒有提到人文主義運動與宗教改革《聖經》自解原則的連繫，也沒有提到修辭學在整個解釋疑難中所產生的特定作用。

毫無疑問（並且狄爾泰也清楚認識到），宗教改革運動的《聖經》自解原則本身也和它的理論辯護一樣都適合於普遍的人文主義轉向，這種轉向摒棄了士林哲學的教條風格及其對教會權威的依靠，並且要求閱讀原版的正文。因此，它也屬於重新發現古典作家

---

[3] 《概念史檔案》，第 18 卷（1974 年），第 35-84 頁。

這種更爲廣闊的人文主義連繫之中,而這裡的古典作家當然主要指西塞羅的古典拉丁文。然而,這並非只是一種理論的發現,而是同樣屬於模仿(imitatio)規律,屬於復興古典講話藝術和文體藝術的規律,於是,修辭學就成爲無所不在的了。

當然,這並不意味著朗誦藝術的重生。古典的講話藝術失去其古典的領域,亦即城邦和共和國,又如何能被重新喚起?自從羅馬共和國終結以來,修辭學就失去它的政治中心地位,在中世紀它只是由教會管理的學院文化中的一個因素。如果不經過許多極爲明顯的作用改變,修辭學就不可能經歷人文主義所力圖達到的復興。重新發現古典文化和兩件具有重大後果的事情相連繫,即印刷術的發明,以及隨宗教改革運動而導致的閱讀和寫作範圍的極大擴展,這種擴展乃是和普遍僧侶精神(allgemeine Priestertum)的理論相連繫的。由此就開始了一個過程,經過長達千年的媒介,它最終不僅導致了掃除文盲,甚至導致了一種默讀文化(Kultur des stillen Lesens),這種文化把說話、大聲讀出的詞和眞正講出的話都置於次要的地位——這是一種巨大的內在化進程,只是當大眾媒介開啓了新的說話通道,我們才意識到這一點。

[II 280]

修辭學的基礎更多地有賴於西塞羅和奎因梯利安而不是亞里斯多德,因此,修辭學的人文主義復興很快就偏離它的起源,並且進入到新的、改變其形式和作用的力量領域。雖說它的理論形態可以理解成一種或然性的邏輯,並且和辯證法結成一種不可分離的統一體。這樣它就從邏輯形式主義學派和以權威爲依據的神學獨斷論中解放出來。透過這種方式,或然性的邏輯就更加處於邏輯學的標準之內,而不會危及亞里斯多德的分析篇所提供的必然性邏輯的優先地位。

因此,在文藝復興時期也重複著類似的衝突,就如古典時代在修辭學和哲學之間發生的衝突一樣。然而,當時對修辭學的權利和

效用發難並且在爭辯中取勝的卻不再是哲學，而是現代科學和與其
相適應的判斷、推理和證明的邏輯。

對於近代科學的優勢而言，辯護詞是一種說話的證據，18世
紀初期在以傳統自傲的那不勒斯，吉安姆巴蒂斯塔‧維柯就把辯護
詞作為修辭學不可或缺的證據。[4]同樣，維柯用他的論辯所維護的修
辭學的教化功能這件事實在當時一直存在，而且一直持存至今——
當然主要不是在講話藝術的真實運用和尊重講話藝術的藝術理解
中，而是把修辭學傳統轉用到對古典正文的閱讀。

因此，雖說好像存在著純粹運用古老的講話藝術理論，最終卻
出現了某些新的因素，亦即對於解釋正文作說明的新的詮釋學。於
是，修辭學和詮釋學就在某一點上具有深刻的相似性：說話能力和
理解能力一樣，都是人的自然能力，它們都無須有意識地運用藝術
規則就能完整地形成，只要把自然的天賦與正確的培養和練習結合
起來。

如果古典修辭學的傳統只是指有意識的技巧訓練，只存在於**寫** [Ⅱ281]
下來的話語的文體藝術之中，並且與法律的、政治的以及指示性的
講話藝術相區別，那就完全是一種論題的限制。最具有特點的是，
德國著名學者梅蘭希頓在這裡附加上了 das genos didaskalikon（學
說類）即學術講演。[5]更有特色的是，梅蘭希頓認為，修辭學，亦即
古典優美講話藝術（ars bene dicendi）真正的益處就在於，年輕人
不能缺少良好的閱讀藝術（ars bene legendi），亦即理解和評判講
話、長時間的爭論以及書籍和正文的能力。[6]雖說梅蘭希頓討論的主

4　維柯：《論我們時代的研究方法》。〔參見我的著作集，第1卷，第24頁以下。〕

5　《梅蘭希頓全集》，第13卷，第423頁以下。

6　同上書，第417頁。

要是一種學習和訓練說話能力的補充性動機,但在梅蘭希頓的解釋過程中,閱讀以及傳達和認識正文中附加性的宗教真理卻漸漸地被提到人文主義模仿理想之上。於是,梅蘭希頓的修辭學講演對於新教的教育事業的形成產生了決定性的作用。

於是,修辭學的任務就此擴展到詮釋學,雖說當時並未準確地意識到這種轉移,甚至連詮釋學這個新的名詞都未發現。然而,修辭學的巨大遺產對於解釋正文這種新的工作在關鍵點上仍起作用。正如真正的修辭學對於柏拉圖的學生來說,乃是無法和關於事物的真理的知識(rerum cognitio)相分離,否則便會陷入絕對的否定中,[7]同樣,對正文的解釋也有一個不言而喻的前提,即被解釋的正文包含著關於事物的真理。修辭學最早的復興是在人文主義時代,當時的修辭學還完全處於模仿(Imitatio)的理想支配之下,因而,上述這點可能被當作毋庸置疑的。此外,對於我們正在研究的向詮釋學的轉化,這一點也是完全有作用的。因為,不管在梅蘭希頓身上,還是在弗蘭西斯·伊呂里庫斯(Flacius Illyricus)這個新教詮釋學第一個創立者身上,關於宗教經典可理解性的神學爭論都是推動性的根據。因此,諸如能否用理解的藝術揭開錯誤句子中的真實含意這類問題是根本不可能出現的。只是隨著 17 世紀日益增長的方法意識才使情況發生了變化——也許察巴雷拉(Zabarella)在這 [Ⅱ 282] 一點上很有影響——而且詮釋學的科學理論根據也發生了變化。我們可以在丹恩豪爾身上觀察到這一點,他把修辭學驅逐到附錄之中,並且試圖根據亞里斯多德的邏輯學建立新的詮釋學。這當然不是說,丹恩豪爾根本不和修辭學傳統有任何連繫,因為修辭學構成了解釋正文的典範。

7　《梅蘭希頓全集》,第 13 卷,rerum cognitio ad docendum necessaria(對事物的認識必然成為學說);柏拉圖:《斐德羅篇》,262c。

　　首先讓我們看一下梅蘭希頓，雖說路德派神學的《聖經》自解原則在他的修辭學講演裡是不言而喻的前提，並且起著重要的作用，但這一原則卻並不統治論辯的藝術風格，他的論辯完全保持著亞里斯多德學派的精神。梅蘭希頓力圖完全根據我們描述的向閱讀的新轉變來一般證明修辭學的意義和價值。「如果不依靠某種為他提供的部分的編排、講話者的分段和意圖，以及對晦暗不清的事物進行討論和澄清的方法的藝術，那就沒人能夠清楚地把握冗長的說明和複雜的討論。」[8]這裡梅蘭希頓想到的當然是神學爭論，但他所遵循的卻完全是亞里斯多德的傳統，中世紀和人文主義的傳統，因為他把修辭學與辯證法緊密地連繫在一起，這就是說，他並沒有賦予修辭學以特別的領域，而是強調修辭學的普遍可應用性和有用性。

　　「首要的，或者說最關鍵的就是主要的意圖和中心的觀點，或者如我們所說，話語的要點（der Scopus der Rede）。」[9]梅蘭希頓因此引進了一個在稍後弗蘭西斯的詮釋學中占統治地位的概念，他從亞里斯多德倫理學的方法論導讀中借用了這一概念。這裡梅蘭希頓顯然不是指狹義上的講話，因為他說，希臘人在剛開始的時候就對他們的書籍（詞義如此！）經常這樣發問。正文的基本意圖對於準確的理解乃是最根本的。這一點其實對於梅蘭希頓提出的最重要的理論也是根本性的，這無疑就是他的 Loci Commune（共同論題）理論。他把它作為 inventio（發明）的一個部分引進，並且遵循古代論題學傳統，但又充分意識到其中存在的詮釋學疑難。他強調，這些「包含著整個藝術源泉和總體」[10]的最重要的章節並非只是更大的觀點儲存庫，雖說對於講話者或學者而言，盡可能多地涉及觀　[Ⅱ283]

8　《梅蘭希頓全集》，第 13 卷，第 417 頁。
9　同上書，第 442 頁以下。
10　同上書，第 470 頁。

點乃是最有用的——因為，實際上這種 Loci（論題）的正確蒐集就包含著知識的整體。這就蘊含著對修辭學論題學（Topik）的膚淺性所作的詮釋學批判。[11] 這種批判又反過來激起了對自身操作過程的證明。因為，梅蘭希頓是第一個根據有意義的選擇和蒐集宗教經典的關鍵之處而建立起舊教的教義學的人，這就是 1519 年問世的 Loci Praecipui（講話或著作的主題）。後來對新教自解原則作的天主教批判是完全不正確的，因為，它在回顧這些教義命題的提出時指責了新教自解原則的不一致。雖說以下這點無可非議，即每一種選擇都包含著解釋，從而具有獨斷的含意，但舊教神學的詮釋學要求卻在於，從《聖經》本身以及從它的意圖來證明教義的抽象。當然還有另外一個問題，即宗教改革派的神學家究竟在多大程度上遵循他們的原則。

關鍵在於寓意解釋的重新興起，寓意解釋對於《舊約》當然具有某種不可或缺性，正如今天可以在所謂的「類型學」解釋中看到這一點。占卜者和預言家的解釋都和路德派的注釋實踐有顯著的連繫，這也許能表明自解原則的繼續生效。梅蘭希頓說：「這裡傳達的並不僅僅是寓意，而是首先把歷史本身與信仰和著作的 Loci communes（共同論題）相連繫，然後才會從這種 Loci（論題）中產生出寓意。然而，假如不具備出色的學術能力，就沒人能夠遵循這

11　梅蘭希頓的門徒們顯然並沒有以同樣的方式意識到這個疑難。我在約翰納斯・斯圖姆（Johannes Sturm）的《論拉丁語言的翻譯方法》（出版於 1581 年）中找到以下一段文字：「在新時代，我們這些門生積極致力於學習普遍論題。其中有一些我們是從埃拉斯穆斯（Erasmus）所出版的關於研究方法的書中摘引出來的。我們榮耀回憶起的菲利浦（梅蘭希頓）曾傳授了一些共同論題，而另一些人也傳授了另一些共同論題。我認為，我們不僅應當陳述關於德行和惡行的共同論題，而且也應當講到所有事物的共同論題……這些共同論題可能有助於你們記憶或回憶。」梅蘭希頓的學生關於收集 Loci（論題）的詮釋學度向顯然並不是像他們老師那樣清楚的。

種過程。」[12] 這段文字以妥協的態度證明了我們的解釋的立場，即自解原則聲稱具有其基本的地位。

我們可以繼續推論，把修辭學因素當作後期詮釋學的基本原理，但這也許只能算一種一般的思考。詮釋學涉及的是閱讀這項新任務。和說出的話語不同，寫下的正文或者複寫的正文被剝奪了講話者通常能提供的理解輔助手段。正文應該概括在某個正確強調的概念之下，而且每一個人都知道，以真正合適的強調重新給出某個正文的命題乃是多麼困難。整個理解過程在理想的 —— 因而是從不可能完全實現的 —— 情況下才進入正確的強調。丹恩豪爾曾正確地指出：「除了透過活生生的教師，幾乎沒有其他方法能使文學被人理解。沒有這類幫助，誰能閱讀僧侶們的古老手稿？只有根據講話者提出的句號、逗號、冒號等規定才能認識標點符號。」這段文字證明：標點符號這種閱讀的新輔助手段乃是依據古老的修辭學組織術。 [II 284]

然而，這個問題的全部範圍是從虔信派詮釋學的角度理解的，它從奧古斯特‧赫爾曼‧弗蘭克開始，然後透過蘭巴赫及其後繼者得到發展。只是到了這個時候，古典修辭學的古老篇章，亦即喚起情緒一章才被認作一種詮釋學原則。出於精神最根本規定的情緒存在於所有的話語中，而且人們都認識到以下經驗：「在傳播同樣詞句時，如果它們用不同的情緒和姿勢說出來，那它們就會有完全不同的意義。」承認所有話語都存在情緒改變的因素，其中就有由施萊爾馬赫建立的「心理學」解釋的根源以及後來所謂的移情理論的根源，蘭巴赫這樣說：「作者的精神對於解釋者具有極大的吸引力，以至於解釋者漸漸地成了作者的第二個自我。」

但我們已經說得太遠了。最早的詮釋學自我思考在宗教改革

---

[12] 《梅蘭希頓全集》，第 13 卷，第 452 頁。

時代就已由弗蘭西斯作出。弗蘭西斯當然首先只是一個語文學家和人文主義者，這正是路德的宗教改革要爭取得到的。弗蘭西斯無可爭辯的功績在於，透過發展他的詮釋學，使路德派的聖經自解原則免受三位一體神學家的攻擊。他爲宗教經典所作的辯護必然要進行兩條戰線的戰鬥。一方面，要反對和《聖經》不符合的西塞羅主義的人文主義文風理想；另一方面，要反對反宗教改革的攻擊，這種攻擊認爲，如果不藉助教會學術傳統作解釋，宗教經典就根本無法理解。不用這種萬能的教義鑰匙去理解宗教經典，正是弗蘭西斯所撰寫的所謂《聖經指南》（*Clavis scripturae sacrae*）這部祕訣性著作的根本意圖。弗蘭西斯以更完全的澈底性在這裡討論了宗教經典困難性的原因，爲此，他甚至從他的天主教批判者理查·西蒙（Richard Simon）那裡得到具有諷刺意味的讚揚——西蒙還讚揚他對教義學說的博識。然而，弗蘭西斯認爲，對於整個自解原則來說，宗教經典在神學上具有根本性的最主要的困難並非一般性的困難，即用陌生語言寫成的正文向理解提出的困難。這只是該問題擴展得最遠的方面，弗蘭西斯作爲一個卓越的希伯來語學者和希臘語學者對此是特別內行的。實際上，更重要的是宗教原因。「對於神學理論，所有的人因其本性不僅感到困難、無知，而且會急切地趨向於相反的意義；我們不僅無法熱愛它們、追求它們、理解它們，而且反而會認爲它們是愚蠢的、不虔誠的、甚至害怕它們。」

[Ⅱ285]

這裡顯然觸及到所有詮釋學的中心動機，亦即要克服疏離性，認同陌生東西，通達它特別的，甚至是唯一的結構，與此結構相比，所有所謂的正文疏離性，亦即語言的疏離性、時代觀的疏離性、表達方式的疏離性等等都顯得次要。因爲，這裡涉及到新教教會的原始動機，亦即準則和預告以及神恩之間的對立。如果由於這種教義的利益而把這裡所建立的詮釋學也叫作獨斷的，那就太輕率了。它當然會服務於基督教信仰的不言而喻性以及信仰福音。儘管

如此，它在原則上仍是一種純詮釋學的努力。它是對新教自解原則的加工和證明，這一原則的運用證實了「用信仰來證明」的宗教前提。

如果把解釋正文的任務置於現代科學理論的偏見之中，並且依照科學性的尺度進行，那實際上是一種目光短淺的看法。在任何具體情況下解釋的任務，從來就不是僅僅是對任意一句話的意義作邏輯技術的查明，這種做法完全不會顧及所說話語的真理這種問題。每一種理解一件正文的意義的努力都意味著接受正文所提出的挑戰。假如結果是要用更好的知識進行批判並且證明被理解命題的錯誤所在，那麼它的真理要求才是所有努力的前提。在弗蘭西斯創立他的詮釋學的方法中我們也能看到這一點。他了解福音代表著哪一種挑戰。當他詳述正確理解宗教文獻的所有條件時，這絕不是過於囉唆，也不是獨斷的限制。這裡所涉及的並不只是（舉個例子來說）如弗蘭西斯所要求的傾聽神的話這種虔誠的期待，而是涉及到擺脫一切憂慮的精神的條件，這種精神在所有困難的事情和事務中必定明顯存在（第 88 頁）。或者說，除了要熟記我們根本不理解的東西，「並希望有朝一日上帝能使我們明白」這種建議之 [II 286]
外，還存在另外的建議，這個建議也許更為普遍，並且在閱讀每一篇宗教文獻時都會讓人感到有用，亦即，首先要把握住整個正文的「Scopus」，即目的和意圖。

宗教文獻要求的特殊性絕不會因這種普遍的建議而被淡化，相反會因其運用而得到恰當的突出。「我們必須注意到，此書並不像大部分書籍那樣只包含一種理論，而是包含兩種理論，即神律和福音。雖說它們本質上乃是相互對立，但卻能夠相互協調，因為當神律揭露我們罪惡之時，就間接地使我們（透過基督）接受了寬恕。」這也是一種詮釋學事件。它表明，《聖經》也要求一種特別的占有形式，亦即透過信仰者接受虔誠的布道。這就是我們必須依

之閱讀宗教文獻的目的，甚至當我們作爲純粹的歷史學家去研究它們，甚或作爲無神論者根據例如馬克思主義的基礎認爲，整個宗教全是「錯的」，也須遵循這種目的。這種正文——像所有其他種類的正文一樣——必須按其意向（Intention）來理解。

所有關於宗教文獻的講經和解釋，尤其是那些喚起宗教文獻，使其重新成爲福音的布道講話，都處於福音的教會要求之中。這就承認了一種詮釋學的思考，但這種要求卻絕不證明，我們可以把弗蘭西斯的詮釋學理論叫作獨斷論的。弗蘭西斯詮釋學理論所提供的只是對路德提出的自解原則的精確理論證明。如果說弗蘭西斯的詮釋學理論把宗教正文理解成宗教的布道，這和人文主義和語文學的正確解釋原則也並不衝突。它從不要求《新約》正文無法證明的獨斷的前假定（Vorannahmen），而是表現爲優於這種正文的權威性（Instanz）。他的整個詮釋學都遵循一條原理，即唯有連繫才能眞正規定單個字、單句話的意義：「ut sensus locorum tum ex scopo scripti aut textus, cum ex toto contextu petatur」（不管是從著作或正文的目的而來，還是從整個語境而來的段落的意義，都應當被研究）。這裡非常清楚地表現出反對所有與文獻相悖的理論傳統。它恰好說明，弗蘭西斯像梅蘭希頓一樣跟從路德，因爲他警告了寓意的危險。正是這種 scopus totius scripti（整個著作的目的）的理論防止了這種企圖。

如果研究得更仔細一點，它顯然就是修辭學的古典隱喻概念（Begriffsmetaphern），這一概念由於要反對宗教文獻教義地服從於教會的理論權威而提出。scopus 這個詞被稱作正文的頭或臉，這點通常從標題就可以明顯地看出，但首先是從思路的主要線索得出的。於是，古老的修辭學的 dispositio（配置、組織）觀點被採納並得到了改建。人們必須小心地注意（借用這種表述方法）頭在何處、胸在何處、手在何處、腳在何處，而這些個別的器官

[Ⅱ287]

和部分又是如何構成整體。弗蘭西斯就說過正文的「解剖學」
（Anatomie）。這是眞正的柏拉圖說法。不講詞和句子的純粹排
列，而把每一種說話都像一個活的生物一樣組織起來，都具有自己
的軀體，這樣，每一次講話既不會沒有頭，也不會沒有腳，而是
從裡到外都互相處於良好的和諧關係，和整體也是這樣的關係。
《斐德羅篇》就是這樣說的（264c）。甚至亞里斯多德也遵循這
種修辭學概念，他在《詩學》中如此描述悲劇的構造：hōsper zōon
hen holon（正如一個作爲單個和整體的生物）。[13] 我們德語有句成語
「das hat Hand und Fuß」（這有手有腳，引申爲某事很有道理）也
屬於這同一種傳統。

　　然而，以下這點也是眞正的柏拉圖觀點（亞里斯多德的解釋
和證明就針對這點），即修辭學的本質並非只侷限於這種可表述爲
技術規則的技藝學之中。柏拉圖在《斐德羅篇》中批判道，修辭學
教師所從事的事業還處在眞正的藝術之「前」。因爲，眞正的修辭
學藝術既不能脫離關於眞理的知識，也不能脫離關於「靈魂」的知
識。這裡所指的是聽者的內心狀況，爲了達到說服的目的起見，聽
者的情緒和激情應當用話語來激起。《斐德羅篇》就是如此說，整
個修辭學至今在日常用法中與人打交道時就遵循這種 argumentum
ad hominem（爲了人的論證）原理。

　　顯然，在 17 和 18 世紀得到發展的近代科學時代和理性主義的
時代，修辭學和詮釋學之間的連繫被關閉了。最近 H. 耶格首先注
意到丹恩豪爾用他的「好的解釋者觀念」（idea boni interpretis）
所起的作用。[14] 丹恩豪爾似乎是第一個使用詮釋學這個術語的人，

---

[13] 《詩學》，23，1459a20。
[14] 〔H. 耶格：〈詮釋學前史研究〉，載《概念史檔案》，第 18 卷（1974 年），
　　 第 35-84 頁、第 41 頁以下。〕

而且顯然以亞里斯多德工具論裡的相應篇章爲依據。耶格指出，丹恩豪爾的要求就在於，繼續發展並完成亞里斯多德以其 Peri hermenias（《解釋篇》）這篇著作所開闢的思路。正如他自己所說：「透過補充一座新城的做法去擴展亞里斯多德的工具論。」他的指向也是邏輯學，他把它作爲一種更廣的部分，作爲一種更廣義 [II 288] 的哲學科學，作爲解釋科學而建立起來，並且以一種極爲普遍的方式使神學詮釋學和法學詮釋學得到預先整理，也使所有特殊應用的邏輯學和語法學得到預先整理。於是丹恩豪爾就刪除了他所稱爲的雄辯術的解釋，亦即人們用正文所力圖達到的使用和利用以及人們通常稱之爲的 accomodatio textus（正文的適應），並且試圖透過他的詮釋學達到一種可與邏輯學相匹敵的、在一般理解正文時的人性的和邏輯的正確性。正是這種趨於一種新邏輯學的傾向導致他拿分析邏輯來對比，並最後明確地摒棄分析邏輯。分析邏輯和詮釋學是邏輯學的兩個部分，兩者都要達到眞理，並教導我們如何駁斥謬誤。它們的區別在於，詮釋學也教我們研究錯誤句子的眞實意義，而分析邏輯則只從眞實的原則推導出結論的眞理。因此，詮釋學只考慮句子的「意義」，而不管它的實際正確性。

丹恩豪爾十分清楚其中的困難，即作者所指的意義通常並不很清晰，也不會用得很明確。這其實是人的弱點，甚至一句單一的話也可能有多種意義。但他只要求透過詮釋學努力來消除這種多義性。他的這種思考究竟如何理性化，這從下面可以看出，即他認爲，詮釋學的理想就在於把不合邏輯的話語轉變得合乎邏輯，從而使其順順當當。這樣做的關鍵就在於，把諸如詩歌類型的這種話語重新歸置，以使其在其自身中得到證明，從而不可能欺騙任何人。這種眞實的位置就是合邏輯的話語、純粹的陳述、絕對的判斷和獨特的說話方式。

我認爲，像 H. 耶格那樣把詮釋學的這種邏輯學定位稱頌爲詮

釋學觀念的眞正實現乃是錯誤的。作爲 17 世紀初史特拉斯堡的神學家，丹恩豪爾本人也承認自己是亞里斯多德《工具論》的學生，這部《工具論》把他從同代人的辯證法迷陣中解救出來。如果撇開新教詮釋學的科學理論分類而只看內容，那麼他就幾乎完全贊同新教詮釋學，當他超越和修辭學的連繫，他就會直接依靠弗蘭西斯，因爲弗蘭西斯在這方面賦予了足夠的注意。實際上，他作爲新教神學家也顯然承認修辭學的作用。在他的《聖經詮釋學》（*Hermeneutica sacrae scripturae*）一書中，他大段引證奧古斯丁，以便證明，在宗教文獻中絕不存在純粹的質樸性（有如按西塞羅學派的修辭學理想可能呈現的那樣），而只存在一種特殊的辯才 [II 289]（Beredsamkeit），有如在具有最高權威的人和幾乎帶有神性的人身上所看到的。我們可以看到，人文主義修辭學的文體規則在 17 世紀是怎樣取得有效的，甚至基督教神學家也只有和奧古斯丁一起捍衛《聖經》的修辭學層面才能自保。丹恩豪爾對於詮釋學的方法自我理解的這種理性主義新定向從內容上革新的東西，與宗教改革派的自解原則激起的詮釋學活動本身毫無關係。丹恩豪爾本人也經常捲入有爭議的神學問題，並且像其他路德派教徒一樣把以下這點作爲根據，即詮釋學能力和理解宗教文獻的能力是所有人都共有的。詮釋學的訓練在他那兒同樣也被用作對教皇論者的駁斥。[15]

　　此外，不管我們是從邏輯學方向發展他的方法的自我理解，還是從修辭學和辯證法的方向發展他的方法論，詮釋學這門「藝術」總具有一種超越所有應用形式——不管是對於《聖經》的應用，還是對於古典作品的應用、法律正文的應用——的普遍性。普遍性在

---

[15] 上面提到的斯圖姆無疑是以這種方式依賴於亞里斯多德的。他曾經這樣警告耶穌會士「ut magis sint Aristotelici quam theologi」（他們〔指耶穌會士〕比神學家還更亞里斯多德派）。

這兩種方向中都存在，並以其特定的疑難爲根據，這種疑難存在於
「技藝學」（Kunstlehre）這一概念之中，其根源則是由亞里斯多
德引進的概念構造。相對於技術或技藝學的「純」例，修辭學和詮
釋學就表現爲特例。兩者都涉及語言性的普遍性而與製作的某種特
定的實際領域無關。與此相連繫，它們都或多或少地從自然的、
一般人的講話能力或理解能力過渡到有意識地運用講話和理解的藝
術規則。但這裡還有另一個重要方面，從現代科學概念出發或從古
代的技術概念出發均無法發現這個方面。在這兩種情況中，「純藝
術」和日常生活實踐的自然條件和社會條件的分離只是在有限的情
況下才可能。就修辭學而言，脫離自然的狀況和自然的練習並不會
說明單純的規則知識及其認識成爲眞正的雄辯，它同時又反過來表
明，如果講話的單純藝術性不具有合適的內容，那它就只能是空洞
的詭辯術。

[II 290]　　如果我們轉到正確解釋的藝術，那我們就必須談到一種特有
的居間領域，亦即用文字或鉛字固定下來的話語。從一方面說，這
種固定增加了理解的困難，甚至在語言—語法的條件完全得到滿足
的情況下也是如此。因爲必須把僵死的語詞喚醒成爲生動的說話。
但從另一方面說，這種固定又意味著理解的容易，因爲固定下來
的東西以不變的形式呈現給重複的理解努力。這裡談的並非死板地
計算文字固定所產生的積極面和消極面。因爲在詮釋學中涉及的是
解釋正文，而正文不管用作朗讀，還是用作默讀，都是某種話語，
因此，在任何情況下，書寫藝術都與解釋和理解的任務相對立。所
以，在吟誦文化的早期時代就有一種特殊的寫作藝術，它要爲朗誦
正確地指出正文根據。這就是在希臘人和羅馬人的古典時代發生過
決定性作用的重要的文體學觀點。隨著默讀這種一般的準備以及印
刷術的出現，從而使其他的閱讀輔助手段，諸如標點符號和分段等
變得格外重要。這也顯然會改變寫作藝術的要求。由此可以聯想到

在塔西佗的《對話集》中討論過的雄辯術衰落的原因：正是在印刷
術中存在著史詩文化衰落的原因以及改變書寫藝術的原因，這種原
因和改變了的朗讀術相適應。我們可以看到，修辭學和詮釋學和手
工藝人的具體的知識模式有多大的不同，而「技術」（techne）概
念就恰好和這種模式相連繫。

　　甚至在施萊爾馬赫身上也存在技藝學這個概念的疑難，當他把
該概念用到修辭學和詮釋學上去的時候，這個疑難就明顯地表現出
來。在理解和解釋之間存在的相互連繫完全類似於講話和講話術之
間存在的相互連繫。在這兩種情況下，合規則運用的成分被精心歸
置，以致使人感到，在修辭學和詮釋學中完全和邏輯學一樣談論一
種理論意識倒是更為正確，亦即談論一種或多或少脫離了應用功能
的「哲學的」說明任務。

　　這就必然會出現一種特別的特殊地位，它和亞里斯多德的實踐
哲學具有的意義相當。雖說它也叫作哲學（philosophia），因而是
指一種「理論的」而並非實踐的興趣。儘管如此，就如亞里斯多德
在他的倫理學中所強調的那樣，它從事的卻並非純為著知識，而是
為著 arete（德行），亦即為著實際的存在和活動。因此，我認為以　[Ⅱ291]
下這點非常引人注目，即我們也可以同樣地講到亞里斯多德在《形
上學》第 6 卷中叫創制哲學（poietike philosophia）的以及顯然把
詩學和修辭學都包括在內的東西。這二者都並不是在技術知識意
義上的技術。二者都以人的普遍能力為基礎。它與技術相比所具有
的特殊地位當然不像實踐哲學的觀念那樣具有明顯的標記，實踐哲
學的觀念因其與柏拉圖善的理念的爭論性關係而獨具特色。此外我
還認為，可以把詩哲學的特殊地位和界限像實踐哲學一樣地稱作亞
里斯多德思想的結果，無論如何歷史已產生了這種後果。分為語法
學、辯證法和修辭學並在修辭學中把詩學包括在內的這三位一體藝
術和一切特定的生產、製造某物的方法相比也有同樣一種普遍的地

位，那種特定的生產、製造方法一般則適合於實踐和引導實踐的合理性。這三位一體藝術絕不是科學，而是「自由的」藝術，也就是說，它們屬於人類此在的基本活動。它們並不是人們的所作所學，從而使人成爲掌握了其所學的人。相反，能夠造就這種能力倒屬於人本身的可能性，使人成爲所是和能夠是的存在。

這就是我們研究其發展的修辭學和詮釋學的關係所最終闡明的道理。甚至解釋和理解的藝術也不是一種我們可以學會的技能，從而使我們成爲一個掌握了其所學的東西的人，即一個專業的口譯者。它屬於人本身。因此，所謂的「精神科學」在過去和現在都正確地被叫作 Humaniora 或 humanities（人學或人文科學）。由於作爲近代之本質特徵的方法和科學的勃興使得這一點變得模糊不清。實際上，如果一種文化賦予科學以及以科學爲基礎的技術學以領導地位，就根本不會衝破人類作爲人的共同世界和社會而生存於其中的更廣的範圍。在這種更廣的範圍中，修辭學和詮釋學具有一種無可爭辯的、包容一切的地位。

21. 邏輯學還是修辭學？——
再論詮釋學前史
（1976年）

[Ⅱ292]

　　H.-E. 哈索・耶格以他的論文〈詮釋學早期歷史研究〉
（*Studien zur Frühgeschichte der Hermeneutik*）[1] 為我們關於詮釋學
前期歷史的認識增添了嶄新的一章。我們早就知道，「詮釋學」這
個詞首先出現在約翰・孔哈德・丹恩豪爾的一篇文章中，並且至少
從狄爾泰以來就很明確，詮釋學具有某種人文主義的前史。隨著耶
格對丹恩豪爾的評價，這幅圖景就起了變化。首先，耶格指出，丹
恩豪爾從青年時代就開始遵循某種解釋邏輯的計畫，並早在 1629
年就為這種邏輯使用了「詮釋學」（Hermeneutica）這個名稱。耶
格和狄爾泰相反，他不想再把這種詮釋學看作浪漫主義詮釋學的神
學的——從而也是非常可憐的——預備階段，而是看作人文主義運
動的一種特有的創造，它和路德和教皇之間所進行的關於《聖經》
解釋原則（Schriftprinzip）的爭論毫無關係。狄爾泰當然向我們指
出，正是這種爭論才第一次形成了新教《聖經》注釋的詮釋學原
理，我們可以在弗蘭西斯・伊呂里庫斯那裡發現這些原理的證明。
H. 耶格則試圖盡可能地排除其中的神學成分。

　　耶格本人的真正興趣則在於指明「詮釋學」是 17 世紀的科
學理論概念，這在丹恩豪爾的《好的解釋者觀念》（*Idea bori
interpretis*, 1630 年）中得到說明。

---

[1] 《概念史檔案》，XVII/1，第 35-84 頁。文中的頁數可以表明這種貢獻。

　　耶格的具有深厚學識基礎的概念史研究恰當地運用了語詞史
的觀點，到最後這種語詞史的立場幾乎完全占據了他的貢獻，以
[II 293]　至於使他把狄爾泰所說的關於《聖經》解釋的神學爭論文獻[2]完全
撇在一邊。正如耶格所指出，丹恩豪爾運用詮釋學這個詞本身並
沒有前史。而新學科的科學理論證明——正如丹恩豪爾所說的 die
oikonomia（簡省證明學說）——才是他眞正的工作。

　　耶格關於丹恩豪爾的論述（47-59）不僅使丹恩豪爾的科學理
論概念而且連**詮釋學**這個名詞的提出都能令人理解。丹恩豪爾曾獨
立地重新發現了亞里斯多德的《工具論》，並由這種發現而確定其
整個精神的存在。這當然是重新回到眞正的亞里斯多德，這種回復
使他免受拉米斯[20]邏輯學（60）的影響，並在阿爾托弗（Altorfer）
的亞里斯多德主義中找到了證明。丹恩豪爾除了亞里斯多德的《解
釋篇》提出的陳述邏輯之外又提出 hermeneutica generalis（普遍詮
釋）作爲一座「新城」（50）。亞里斯多德《工具論》的主題因此
而被擴展到對他人的講話和對文章的解釋。

　　耶格指出，丹恩豪爾因此而和新的分析理論相連繫，這種理
論正統治著當時的亞里斯多德主義，並作爲 methodus resolutiva
（解析法）而爲人所知（51f.）。如果耶格能出版他事先預告的大
作，那麼我們可以對上述情況了解到更多的東西。就我所知，這
種 methodus（方法）是亞里斯多德的邏輯學和柏拉圖辯證法在古典
後期混合形式的自由擴展，不過亞里斯多德本人對此講得很少：無
論是在把推論過程和證明過程變成邏輯論題，還是在運用時涉及到
實踐考慮的結構（找到通向目標的手段），亞里斯多德顯然總是

2　〈施萊爾馬赫的詮釋學體系與老的新教詮釋學的對立〉（1860 年），載《狄爾
　　泰全集》，第 14 卷，第 2 分冊，第 595-787 頁；〈詮釋學的產生〉（1864/1900
　　年），載《狄爾泰全集》，第 5 卷，第 317-338 頁。

連繫到幾何學的 analyein（分析）概念，這一點不應被耶格關於新柏拉圖主義把分析用作為掌握原理之途徑的論述所遮蔽（52）。對這種分析的依靠對於丹恩豪爾的詮釋學計畫乃是決定性的。丹恩豪爾顯然在亞里斯多德的《解釋篇》中實際上發現了一種綜合過程（話語由其部分組合而成）。他把作為分析的詮釋學挪到這種綜合的陳述邏輯之旁，亞里斯多德分析論的這種擴展具有重要的後果。正如形式推論理論只保證內在合乎邏輯性而並不確保它的實際正確性，詮釋學在丹恩豪爾那裡也只表明某個陳述的正確意義，但並不指明一個正確陳述的意義。它並不追求從原理出發進行推導。在這裡丹恩豪爾是非常極端的，並且耶格指出，丹恩豪爾在這點上遵循古代和中世紀關於 sensus（意義）和 sententia（語句）的區別的理論（56）。與此相反，其他人則在詮釋學中看到一條雖說是間接的和次要的但卻是特有的通向真理認識之道路。這顯然也是凱克曼（Keckermann）的觀點（1614），凱克曼曾直率地講到一種 clavis [Ⅱ294] intelligentiae（理智的鑰匙）（71f.）。

情況很有可能，丹恩豪爾不管怎樣是在把 Hermeneutica（詮釋）和 analytic（分析論）加以連繫——換句話說：是在把詮釋學歸併到邏輯學（61）。

耶格對 hermeneia（詮釋）這個詞在人文主義時代的出現所作的語詞史補充研究也證明了這一點（65-73）。丹恩豪爾整個術語表的前史將這一點表現得更清楚。我們從中可以受到足夠的啟發。我認為，最有趣的是阿莫尼奧斯・赫繆（Ammonios Hermeiu）所起的作用。他在亞里斯多德的《解釋篇》中發現了思想最初的語詞化過程（Verwortung），這就是說，並非只是把一種語言翻譯成另一種語言或是把含糊不清的表述翻譯成清楚的表述，而且也是思想本身用語言清晰表述（64f.）。儘管在耶格論文的結尾處（81f.）指出了詮釋學的這一「靈魂」，但在丹恩豪爾那兒，這種動機卻似

乎還未起作用。

也許，對丹恩豪爾詮釋學觀點作這樣的表述是恰當的，但我覺得，耶格所遵循的思路是片面的。如果我們通覽了這位博學的作者提出的整個語詞史材料，尤其是語詞的古典存在形式，那就絕不會讓自己只侷限於邏輯學和科學理論。詮釋學這一語詞的相關領域指示的倒是修辭學的領域。因爲這並不符合作者的本意，所以讓我們強調作者提出的材料中的這一方面。首先是在柏拉圖的《伊庇諾米篇》中引人注目地產生了詮釋學這一語詞（84〔注釋〕，160）。根據其和占卜術（Mantik）的類似關係，我們無法懷疑，這裡涉及的是眞正的語言用法。這一語詞指的是和神的交往，這種交往並非十分容易，因爲不依靠技巧就很難明瞭神的暗示的意義。我不知道爲何作者不喜歡這種觀點。沒有人會認爲，這種技巧在柏拉圖看來非常崇高。但這在這裡並不起作用。但我們不應忽視這裡涉及的任務是與耶格承認的人文主義詮釋學具有的任務相同，也就是說，這裡同樣涉及到被耶格指責的新的任務，亦即，使不理解的東西成爲可理解的任務（這正是口譯者從事工作的基本情形）。

同樣我也無法理解，爲何作者要如此迴避詮釋學一詞和赫爾墨斯神的關係。我也根本感受不到作者對以下事情感受到的勝利感，即從赫爾墨斯神導出詮釋學這個詞的說法被現代語言學揭露爲只是一種虛構，而且我們如果不掌握這一點，就無法了解這個詞的詞源學意義（84〔注釋〕，160）。然而，我即使注意到這點，也絕不[II 295] 會因此會對（如我所看到的）奧古斯丁與整個傳統是如何理解這個詞而感到迷惑。引證貝弗尼斯特（S. Benveniste）（41〔注釋〕，17a）也無濟於事。傳統的證據十分重要——但卻不是作爲一種語言科學的論據，它只是有效地指出，詮釋學現象必須以及正被看得如何寬廣而普遍：它被看作「一切思想的使節」（Nuntius für alles Gedachte）。

我覺得，對《民法大全》（Corpus juris civilis）的摘引是個新貢獻。其中提到經紀人職業所特有的理解技巧，這種技巧能使締約雙方對交易的價格達成一致意見。耶格引證了法國人文主義者安東尼・孔德（Antoine Conte）的觀點（38f.），這對人很有啓發。從他的引證可以看出，經紀人事務中出現的特定通譯技巧早已爲法國人文主義者在一種普遍的意義上加以理解。他說，爲這種服務支付的報酬並不像經紀人的工作所獲得的利潤那樣聲名狼藉。它涉及的是最廣義上的通譯工作和媒介工作。但正如與經紀人相比較所表明的，這種通譯的功能並非僅限於機械的語言的翻譯，也並不限於僅對含糊不清的東西進行闡明，而是表現爲一種包容一切的理解手段，它能在各派別利益（voluntatum contrahentium）之間進行調解。和《伊庇諾米篇》完全一樣，這裡涉及的是一種普遍的媒介活動，這種活動不僅存在於科學的連繫之中，更存在於實際生活的過程中（當然，在這種語詞應用中僅僅涉及到促進理解的一種實際技巧，而根本不涉及對這種技巧的規則作邏輯分析）。

不過，無論是古代的語言用法還是人文主義復興的語言用法，它們都毋庸置疑地指示著修辭學的領域而並非邏輯學的領域。在我看來，這才是關鍵所在，我期待這位博學的作者作出不同於他在論文中提出的另外說明。我認爲，他討論的並不吻合人文主義傳統所準備好的整個領域。他所經常使用的 res publica litteraria（大眾文學物）這種普遍的措辭並不能解釋修辭學和邏輯學的區別。丹恩豪爾關於《邏輯學》的看法眞的和察巴雷拉（Zabarella）的影響相連繫（74）？抑或和在斯特拉斯堡特別有影響的法國人文主義（以及反拉米斯主義）邏輯學家的影響相連繫？

特別有趣的是，甚至丹恩豪爾也指出印刷術的擴展對於詮釋學的意義。毫無疑問，正是透過印刷術才使語言交往的生活發生了根本變化。默讀習慣和一般僧侶精神的宗教改革激情具有特別連繫，[Ⅱ296]

它表現出一種需要新的受過訓練的引導的新情況。自從用嘴說的詞和由行家朗誦的詞不再主宰交往過程以來，作爲正文意義軌跡的文字符號與被意指的意義之間的距離就大大增加。這裡出現了一個全新的問題，它不僅涉及理解和解釋的任務範圍，而且涉及書寫藝術本身。我們無論如何都可以理解，這裡尋找的是詮釋學眞正的作者身分。丹恩豪爾提出的科學理論變形並沒有考慮到這一點。正是梅蘭希頓本人把修辭學轉用到解釋術上，從而成爲至關重要的人物。[3]

至於狄爾泰作爲依據的弗蘭西斯，我們也不能像耶格所作的那樣，把他簡單地歸到神學家的爭論文學之中。雖說弗蘭西斯的《聖經指南》乃是爲他的神學關注服務，但它的基礎卻完完全全是一般意義上的語文學——人文主義的。弗蘭西斯試圖證明，《聖經》如同所有其他正文一樣是完全能被理解的。作爲一個偉大的希伯來語言學家和語文學家，他捍衛路德的口號 sacra scriptura sui ipsius interpres（《聖經》是自身解釋自身）而反對天主教特利恩特會議的爭論，這種爭論主張教會的理論傳統不可或缺。這裡無法討論弗蘭西斯究竟在多大程度上實現了他的意圖，抑或討論在他證明《聖經》的可理解性時是否受到未經證明的獨斷的前概念指引，抑或這一點是否像狄爾泰所指出的那樣眞是一種缺陷。我認爲，他那作爲一切解釋努力之根據的「Scopus」（**目的**）理論實際上和路德的辯解神學緊密連繫，從而使這種新的詮釋學思考最終不能和力求閱讀《聖經》行爲的宗教意義相分離。[4]然而，這難道不適用於人文主義傳統，並以完全合適的方式適用於它的**模仿**理想？我認爲，所要解釋的正文的正式的和規範的意義——正如在解釋法律時一樣——是

---

[3] 我在尤吉烏斯學會的一次演講中已經指出了這一點，參見〈修辭學和詮釋學〉，1976 年。〔現載本書第 276 頁以下。〕

[4] 參見前面注釋中引證的研究論文。

整個解釋努力中決定性的因素。這絕不意味著對詮釋學要求的限 [Ⅱ297]
制，即要把很難理解的正文歸置到理解之中去。

弗蘭西斯在他的論辯中很小心地保留了閱讀《聖經》的
periti。這是典型的人文主義的遺傳特徵。但這對以下這點卻不產
生作用，即詮釋學發展的基礎仍然是宗教改革的要求，要使每個人
都成爲《聖經》的讀者（與此相反，法學詮釋學一直只是一種職業
化的學科）。這也表現出它與修辭學的相近之處，修辭學也是一種
專家從事的工作。即使講話的藝術需要運用人們能夠學會的特殊技
巧手段，但它和理解的藝術一樣，基本上只是人的自然能力。「詮
釋學」這個詞就像修辭學一樣，都只表明是對這種手段的運用。
在18世紀和19世紀，對於那些掌握理解的藝術並能把它用於別人
身上的人，人們都把他們比作牧師（Seelsorger），因爲他們掌握
了「詮釋學」，也就是說，掌握了理解他人並使他人理解自己的藝
術。5

這位博學的作者就像 Res publica litteraria universalis（普通大
眾文學物）忠實的辯護者一樣地說話，他像叔本華一樣地抱怨它
的衰亡（40〔注釋〕，16）。他目睹了它在18世紀的衰亡，他認
爲，這種衰亡導致了他所描述的人文主義詮釋學迅速受到死板的理
性主義（而且就像人們必定會補充的那樣，受到虔信派神學反傾
向）的壓制。因此，他的論文充滿了論戰的聲調。他想痛斥從狄爾

5　參見我的著作集，第1卷，第312頁以下。那裡需要補充：約翰·彼得·海
　　貝爾（Johann Peter Hebel）給他的朋友赫施（Hitzig）的信中說到（1804年
　　11月）：「霍夫拉特·福爾茨這位掌握了所有詮釋學中最傑出的詮釋學的人
　　正在練習理解人的弱點並作出解釋……。」〔1874-1809年的信，載《全集》，
　　第1卷，W.采特納編輯出版，卡爾斯魯厄，1957年，第230頁。〕在紹伊默
　　（H. Seume）的散文作品中也可以發現該意思的表述（紹伊默在萊比錫跟莫
　　魯斯〔Morus〕研究過神學）。

泰直到當代詮釋學的整個精神科學的浪漫主義傳統，但他首先要痛斥的是這種傳統在「海德格和布爾特曼方向」上的最新發展（35）。

這位作者顯然緊緊盯著「建構性詮釋學」（die konstruktive Hermeneutik）這一概念，這個概念本是他創造的，他以一種相當幽默的方式把它和胡塞爾賦予意義的行為這個概念相連繫（83f.）。對於胡塞爾的這種理論有人提出了反駁，這種反駁主要是從海德格對胡塞爾作的本體論批判出發的。這和「建構性詮釋學」到底有什麼關係？「建構性詮釋學」到底是什麼？同樣，關於[II 298] 語言的表達力的說法和海德格的「語言會講話」也只有極小的相關。海德格這種挑釁性的話指的是，語言對於每一個別講話者具有先行性（Vorgängigkeit）。因此，在某種意義上我們可以說——當然不是在作者所強調的意義上——，語言對於思想有一種確定的，然而又是受限制的前定性（Vorgegebenheit）。我覺得，「語言會說話」這句表述所包含的合理性的意義具有一種新柏拉圖主義的因素，即正是某種語詞，但也確實是思想的語詞，才在話語和講話裡清晰表達出來。作者在他論文的結論中也觸及到這種動機，他引用了普羅丁的「論心靈」（psyche）（82），但他卻並未因此而得益。我認為，我已經指出過，這種理論不但可能依據於奧古斯丁，而且也能以庫薩的尼古拉為根據。[6]虔信主義對解釋的「心理學化」（Psychologisierung）所起的作用可以成為人文主義—修辭學遺產和浪漫主義理論之間具有決定性的媒介（A. H. 弗朗克、蘭巴赫），但耶格卻根本沒有提到這一點。

他認為，新的詮釋學沒有傳統乃是一種令人滿意的事情。不管這樣說有什麼意思，他只能在不同的意義上和狄爾泰以及由海德格出發而發展的哲學詮釋學的立場發生關係。狄爾泰曾試圖指出神學

6　參見我的著作集，第 1 卷，第 424 頁以下。

詮釋學的傳統，施萊爾馬赫以及後浪漫主義時代的歷史方法就處於這種傳統之中。前浪漫主義的前歷史實際上只是前歷史而並不是歷史。只是隨著神學的解釋理論和語文學的解釋理論擴展成一種普遍的歷史方法論觀念，才誕生了耶格意義上的「新詮釋學」。

與此相反，由海德格對意識唯心主義的批判所開啓的詮釋學理論的轉向卻有著很老的歷史，我們可以在其中發現詮釋學問題和亞里斯多德以來實踐哲學傳統的連繫，而這種連繫正是 J. 里特和我所主張的。我們不能把這種連繫簡單地置之不理，天知道爲何耶格對「解釋」（Deuten）和「理解」如此惱火。這兩者至多不過是分析的程序，它與那種非理性主義的冒險活動絲毫不相干。相反它能符合古典的修辭學傳統，根據耶格的論文（它促使我去研究丹恩豪爾）我知道，甚至亞里斯多德的邏輯學作爲 Methodus resolutiva（解析方法）意義上的分析理論對於詮釋學的理論構築也只是一種其他的、可能的方向而已。然而我從耶格廣征博引的文章中卻無法得出這種「而已」。我不明白，爲什麼丹恩豪爾的邏輯亞里斯多德主義相對於弗蘭西斯和神學詮釋學卻該在 res publia litteraria（大眾文學物）內部取得一種優越地位。 [II 299]

耶格所謂的「新詮釋學」是一種相當複雜的構成物，這一點大家都願意承認。它的論題和傾向有時會得到漫畫式的誤解。然而，耶格爲之抗爭的新詮釋學這個詞到底指什麼意思？在耶格那裡，這個詞具有非理性的神奇武器的意思。他用「解釋」（Deuten）這個詞到底指什麼意思？如果他以此指的是施萊爾馬赫以及狄爾泰把解釋心理學化的做法，我還可以贊成他。然而，從他作爲「大眾文學物」的成員所感受到的巨大距離出發，則狄爾泰和 E. 貝蒂對唯心主義─詮釋學傳統的概括與海德格和我的貢獻就在他看來合而爲一了（35）。他覺得，精神科學的方法論和揭示一切方法論之界限的哲學反思乃是一回事。該怎樣理解這一切？它們都是惡魔？

　　我發現，只有一條道路才能使我弄清，把不同的事物這樣視為一物到底是什麼意思，它又如何能自圓其說。這條路就存在於**古代與現代之爭**（querelle des anciens et des modernes）的出發點中，列奧・斯特勞斯（Leo Strauss）在他早期關於斯賓諾莎的書中就曾選擇過這種方向。[7]在那本書裡斯特勞斯明顯傾向於**古代**。自那時以來，這場爭鬥對於歷史意識的產生具有的意義才被浪漫主義方面注意到（參見由 H. R. 堯斯作序的佩拉爾特〔M. Perrault〕的新版書[8]。這裡涉及到一個最嚴肅的問題。所有被叫作「詮釋學者」的人，包括德國唯心主義哲學在內，當然都屬於「現代」。狄爾泰一生都和歷史相對主義的幽靈纏在一起，這就可以很好地勾畫出這種「現代」的疑難。

　　幾十年來，我一直在考慮以下問題：贊同**古代**在今天將意味著什麼？不管怎樣，它總有以下意思，即它的辯護者並非用**古代**人的眼光看事物想問題，而是作為一個當今的歷史家來看這種看法、想這種想法。因此，耶格本人也處於一種詮釋學問題之中，這至少透過下面一點把他和古代區別開來，即他是用粗野的諷刺拒斥當代的詮釋學。我們無法說，這種研究就像他提出的後浪漫主義時代的前提一樣，亦即，本身要具有歷史意識。這點既適用於他，也適用於被他稱為「現代」的人。但這絕不是說，只要承認這一點，就能把「新詮釋學」這門特殊的理論回射到過去的年代。毋庸置疑，諸如把奧古斯丁的基督教時代和基督教創始時期的遊牧文化相區別的歷

[Ⅱ300]

7　列奧・斯特勞斯：《斯賓諾莎的宗教批判是他聖經學的基礎》，柏林，1930年。並參見我的論文〈詮釋學和歷史主義〉，本書第 387 頁以下。

8　佩拉爾特：《就藝術和科學而言古代和現代之比較》（Parallèle des anciens et des modernes en ce qui regarde les arts et les sciences）（1688 年），並有 H. R. 堯斯作的序：〈在古代與現代之爭中的審美規範和歷史反思〉，慕尼黑，1964 年。

史距離，這些對於奧古斯丁本人也是一個眞正的詮釋學問題。基督
教接受《舊約》的宗教文獻並非完全沒有問題。在這個意義上可以
說，《基督教學說》具有一種詮釋學層面。

　　我們不能這樣把「新詮釋學」一股腦兒地算作現代主義的錯
誤。也許詮釋學反思的任務就在於：超越在古典的古代與現代之爭
中發生的對立，既不談現代的進步信念，也不談純粹模仿古代的滿
足。這就是說，一方面識破由於自我意識的優先性和方法論科學
性的確定信條導致的偏見──另一方面又要控制住對立的偏見，就
好像我們能把基督教的年代和現代科學都撇在一邊。席勒在他對歌
德的特性所作的著名描繪中早就清楚地表達了這一點。正確地描繪
古人，並不意味著回到古代或是模仿古人。在詮釋學的意義上這只
是說明，以自我意識爲基礎的近代哲學思想意識到自己的片面性，
並且提出了詮釋學的經驗，即有時我們倒更容易理解古代而不是現
代。難道這就是耶格針對「建構性詮釋學」和胡塞爾的「賦予意義
的行爲」所指責的「主觀主義」？也許這很合我意。但這和作者的
意思卻並不一致。這和他對海德格的影射又如何協調一致？然後又
該怎麼辦？比耶格指責的新詮釋學更不帶傳統？抑或完全不顧我們
和耶格都置身其中的傳統？

22. 作爲理論和實踐雙重任務的詮釋學
（1978年）

不僅詮釋學這個詞已經很古老，而且，不管詮釋學這個詞在今天是否重又與解釋（Interpretation）、闡釋（Auslegung）、翻譯抑或只與理解相連繫，其所指的事情無論如何卻遠遠先於近代發展起來的方法論科學的觀念。甚至近代的語言用法也反映出使詮釋學事務得以顯現的那種獨特的理論和實踐的雙重方面和矛盾性質。18 世紀末和 19 世紀初，在一些作家筆下曾零零星星地出現過詮釋學這個詞，這表明當時這個詞——也許是來自於神學——已經進入到了日常用語，當然，那時它是單指實際的理解能力，也就是說，對別人進行可理解的、充滿同情的溝通。這大概是在牧師那裡得到特別的強調。所以我曾在德國著作家亨利希·紹伊默（Heinrich Seume，他曾在萊比錫當過馬魯斯的學生）和約翰·彼特·海貝爾（Johann Peter Hebel）那裡發現過這個詞。施萊爾馬赫是近代把詮釋學發展成精神科學的一般方法論的創始人，甚至他也堅決地以下述觀點爲根據，即理解的藝術並非僅以正文爲研究對象，它同樣處於人際交往的事務之中。

因此，詮釋學並非只是一種科學的方法，或是標明某類特定的科學。它首先指的是人的自然能力。

像「詮釋學」這樣一種會在實踐和理論的含意之間左右搖擺的表達式隨處可見。例如：我們可以在日常與人交往中講諸如「邏輯」或邏輯錯誤而根本不指邏輯學這門特殊的哲學學科。「修辭學」這個詞的情況也是如此，我們不僅用它指可以學習的講話藝

術，同時也用它指自然天賦及其活動。很明顯，正如沒有自然天賦則學習一門可學的東西只會取得很有限的成果，缺乏講話的自然天賦的人也不可能透過方法論的訓練而在講話時應付自如。對於理解 [Ⅱ302] 的藝術，對於詮釋學，情況也確實是如此。

這一切都有其科學理論意義。類似於對自然天賦進行訓練並使之達到理論意識的這類科學到底是什麼？這對於科學史也是一個尚未解決的問題。理解的藝術應該如何歸屬？詮釋學究竟是接近於修辭學抑或必須把它置於邏輯學和科學的方法論一邊？我最近寫了一些文章試圖對這個科學史問題進行探究。[1] 這個科學史探究表明，就像語言用法所表現的，那種作為現代科學之基礎的方法論概念已經消解了過去那種明確指向這種人類自然能力的「科學」概念。

因此就出現了這樣一個普遍性的問題，即在科學體系內部至今是否繼續存在著一種因素，它更接近於科學概念的古老傳統而不是現代科學的方法論概念。我們總是可以問，這是否至少適用於所謂的精神科學精確劃定的領域——而不要管在包括現代自然科學在內的所有知識欲中是否有一種詮釋學向度在起作用。

然而至少有一種科學理論的典範，它似乎能賦予這種精神科學的方法論轉向以某種合理性，這就是亞里斯多德創建的「實踐哲學」。[2]

亞里斯多德把柏拉圖的辯證法理解為一種理論的知識，相對於這種辯證法，他要為實踐哲學要求一種特殊的獨立性，並且開啟了一種實踐哲學的傳統，這種傳統延至 19 世紀一直在發揮它

1　參見《短篇著作集》，第 4 卷，第 148-172 頁以及第 164-172 頁。〔現載本書第 276 頁以下。〕

2　當我 1978 年 1 月在明斯特談論正文的論點時，我利用機會對我的同事約金姆·里特的記憶力表示了稱道，他對此問題的研究包含著很多有益的觀點。

的作用，並直到 20 世紀被所謂的「政治科學」或「政治學」所取代。但在亞里斯多德為反對柏拉圖的辯證法統一科學而用以提出實踐哲學觀念的所有規定中，這種所謂「實踐哲學」的科學理論方面卻仍非常模糊。直到今天，仍有人試圖在亞里斯多德倫理學的「方法」中——亞里斯多德把倫理學作為「實踐哲學」而引入，而在倫理學中實踐合理性的德行（Die Tugend der praktischen Vernunftigkeit），亦即 Phronesis（實踐智慧）據有中心的地位——僅僅看到一種實踐理性的作用（任何人的行為都服從實踐合理性的標準——這是亞里斯多德對於實踐哲學思考的貢獻——但這並不說明實踐哲學的方法是什麼）。因此，在這個問題上產生爭論是不足為奇的，因為亞里斯多德關於科學的方法論和系統意義的論述總體而言很少，他顯然較少想到科學的方法特性而更多地想到其對象領域的區別。《形上學》卷 6（E）第 1 章和卷 11（K）第 7 章尤其證明了這一點，雖說在那裡物理學（以及其最終目標「第一哲學」）是作為理論科學而與實踐科學和創制科學判然有別。但是，如果我們要檢驗理論科學和非理論科學的區別如何被證明，我們就會發現，那裡僅僅講到這些知識的對象不同。這顯然符合亞里斯多德的一般方法原理，即方法必須依其對象而定，對象定了，事情也就清楚了。在物理學中其對象是透過自我運動來規定，與此相反，生產性知識的對象，亦即要生產的產品，其源泉乃在生產者及其知識和能力之中，同樣，實踐—政治活動的對象也受活動者和他的知識所規定。這就可能出現一種假象，彷彿亞里斯多德在這裡說的是技術性的知識（例如：醫生的知識）和能夠作出理性決定的人（prohairesis）的實踐知識，彷彿就是這種知識本身構成了與物理學的理論知識相對應的創制的科學或實踐的科學。顯然情況並非如此。這裡所區分的種種科學（除此之外，在理論領域內還有物理學、數學和神學等進一步的區分）是被視為同一類知識，它們都尋

求認識 Archai（最高原則）和 Aitiai（理由原因）。這裡涉及的是最高原則的研究（Archeforschung），這就是說，這裡並不涉及處於應用中的醫生、工匠或政治家的知識，而是涉及可以被講出和傳授的一般性知識。

值得注意的是，亞里斯多德在這裡根本沒有考慮這種區別。顯然在他看來不言而喻的是，在這些領域中普遍的知識根本不會提出任何獨立的要求，而總是包含有轉用到個別例子的具體運用。但我們的研究卻表明，我們必須把那些以實踐的或創制的活動或生產過程（包括話語的創作和「生產」的過程在內）當作討論對象的哲學 [II 304] 科學作為對這些活動或生產過程的研究與這些活動或生產過程本身明確區分出來。實踐哲學並不是實踐合理性的德行。

當然，人們在將現代的理論概念應用於實踐哲學時頗費躊躇，因為這種哲學按其自我標誌就已經是實踐的。因此，最大的困難問題就是找出在這些領域內所適用的這種科學特性所依賴的諸種特殊條件。無論如何，亞里斯多德本人是用含糊的暗示來說明這些特定條件，說它們不是很清楚。在實踐哲學方面，情況又是特別的複雜，因此更要求某種亞里斯多德角度的方法論反思。實踐哲學需要一種特別的合法性。顯然，關鍵性的問題在於，這種實踐的科學必須和人類生活中包容一切的善的問題打交道，它不像 Technai（技術學）僅限於某個確定的領域。此外，「實踐哲學」這個用語恰好說明，它並不打算利用某種宇宙論的、本體論的或形上學的關於實踐問題的論證。如果這裡必須侷限於對人而言是重要的東西即實踐的善，那麼處理這種實踐活動問題的方法顯然就和實踐理性（praktische Vernunft）具有根本的區別。甚至在「理論哲學」這種看似累贅的表述中以及在「實踐哲學」這個自我標誌中就已經包含著迄今為止仍在哲學家的反思中反映出的因素，即哲學並不能完全放棄那種不僅要認識，而且本身就要有實際作用的要求，也就是

說，作爲「人類生活中善的科學」本身就要求促進這種善。在被稱之爲 Technai（技術學）的創制科學（poietische Wissenschaften）中，這一點對我們也是特別清楚的，它們甚而就是「技藝學問」（Kunstlehren），對於這種技藝學問來說，唯有實際的使用才是決定性的。政治倫理學的情況雖然完全不一樣，但它也不可能放棄這樣一種實踐的要求。所以這種要求直至今天仍然一直被人提出。倫理學並非只描述有效的規範，而且也證明這些規範的效用，甚或制定更爲正確的規範。至少從盧梭對於啓蒙時代的理性驕傲作了批判之後，這就成爲一個現實的問題。如果自然道德意識的純潔性實際上能夠以其無比的精確性和細膩的感受性知道如何認識和選擇善和 [Ⅱ305] 責任，那麼「關於道德事務的哲學科學」又如何能證明它存在要求的合理性呢？在這裡我們不能詳盡地論述康德面對盧梭的挑戰如何證明道德哲學事業，我們甚而也不能詳盡論述亞里斯多德是如何提出這相同的問題並試圖透過爲那些能夠有意識感受到關於「實踐的善」理論指導的人作出某些特殊條件的方法來證明它的合理性。[3]實踐哲學在我們的生活中只是作爲此類知識傳統的例子，這種知識與現代方法論概念並不吻合。

我們的論題是詮釋學，對於詮釋學來說，它與修辭學的關係乃是最爲重要的。即使我們不知道近代的詮釋學是隨著梅蘭希頓（Melanchthon）復活亞里斯多德主義而發展成一種與修辭學相平行的學科，修辭學的科學理論問題仍然是現成的研究出發點。顯然，講話的能力和理解的能力具有同樣的廣度和普遍性。對於一切我們都可以講話，而對於人們所講的一切我們又都應該理解。修辭學和詮釋學在這裡具有一種很緊密的內在連繫。出色地掌握這種講

---

[3] 〔參見我的論文〈論哲學倫理學的可能性〉，載《短篇著作集》，第 1 卷，第 179-191 頁；並參見我的著作集，第 4 卷。〕

話能力和理解能力尤其可以在文字的運用，在書寫的「講話」和理解所寫的文字這些情況中表現出來。詮釋學完全可以被定義為一門把所說和所寫的東西重新再說出來的藝術。這到底是一門怎樣的「藝術」，我們可以從修辭學來加以認識。

什麼是作為一門科學的修辭學，或者修辭學的藝術是由什麼構成的，這個問題在科學理論反思的開端就已成為思考的對象。正是在古希臘教育中哲學和修辭學之間眾人皆知的對立才促使柏拉圖提出了追問修辭學的知識性質的問題。自從柏拉圖在《高爾吉亞篇》中把整個修辭學作為諂媚術與烹飪術加以等同並使它與所有真正的知識相對立之後，柏拉圖的對話集《斐德羅篇》就致力於賦予修辭學一種更深刻的意義並使之也得到一種哲學證明的任務。所以那裡提出的問題就是修辭學裡究竟什麼才算技術（techne）。《斐德羅篇》的觀點同樣也是亞里斯多德修辭學的基本觀點，這種修辭學與其說是一種關於講話藝術的技藝學，毋寧說是一種由講話所規定的人類生活的哲學。

這樣一種修辭學就像辯證法一樣具有其要求的普遍性，因為它並不像某種專門的技術能力一樣侷限於某個特定的領域。正因為此，它又和哲學處於競爭狀態之中，並能作為一種普遍的基礎知識與哲學競爭。《斐德羅篇》要表明，這樣一種廣義的修辭學如果想 [II 306] 克服僅作為一種規範性技術的侷限（按照柏拉圖的觀點，這種技術只包括 ta pro tes technes anankaia mathemata〔那種對於技術的必要性必須被學習的東西〕，《斐德羅篇》，269b），那麼它最終就必然會歸併到作為辯證法知識之總體的哲學之中。這種論證與我們這裡討論的問題有關，因為在《斐德羅篇》中關於修辭學如何超越一門純粹的技術而進入一種真正的知識（對此柏拉圖當然仍稱之為「技術」）所講的一切，最終也必然能夠運用到作為理解藝術的詮釋學身上。

　　一種被廣爲接受的觀點認爲，柏拉圖本人把辯證法，也就是哲學理解爲一種技術，並在他相對於其他所謂的技術（Technai）來說明它的特徵時，他只是說它是一種最高的知識，是人們必須知曉的最高知識即善的知識（megiston mathema）。這個觀點在經過必要的修正後也必定適用於他所要求的哲學修辭學，因而最終也適用於詮釋學。只有到亞里斯多德才出現了具有重大影響的科學、技術和實踐合理性（phronesis，實踐智慧）的區分。

　　事實上，實踐哲學這個概念是以亞里斯多德對柏拉圖善的理念作的批判爲基礎。唯有很仔細地察看才會發現，如我在一篇此時業已完成的論文中所試圖說明的，[4]雖說在那裡對善的追問被提得彷彿是技術和科學在其領域中所追隨的知識理念的最高實現，但這種善的追問並未在一種最高的可學習的科學中眞正得到實現。作爲最高可學的對象的善（to agathon）在蘇格拉底的 Elenchos（推理）中總是以一種否定性的論證方式出現。蘇格拉底駁斥了要把技術當作眞正的知識的要求。他自己的知識是 docta ignorantia（博學的無知），而且並非不正確地稱作辯證法。只有能堅持到最後的話語和回答的人才能認識。同樣，就修辭學而言，如果它成了辯證法，那它就只能是技術或科學。誰是眞正的講話能手，誰就會把他要說服人家相信的東西當作善和正確的東西加以認識並對之加以堅持。但這種善的知識和講話藝術的能力指的都並非普遍的「善」的知識，而是人們此時此地必須用來說服別人相信的知識，以及我們如何行動和面對誰我們這樣做的知識。只有認識了善的知識所要求的具體內容，人們才會理解，爲何這門教人如何把話寫下來的藝術會在進一步的爭辯中有這樣的作用。它也可以是一門藝術，柏拉圖在他對

[II 307]

4　〈柏拉圖和亞里斯多德關於善的理念〉（海德堡科學院學術論文，1978 年，哲學—歷史卷，論文 3），海德堡，1978 年。〔現載我的著作集，第 7 卷。〕

伊索克拉特講的和解的話中明確地承認了這一點，然而也僅僅在文章的這一處以及只有當人們了解了上文——超出關於口頭言語的弱點——所述的所有成文東西的缺陷並能對他和所有講話提供幫助的場合下——作為進行答辯的辯證法家，情況才是如此。

這個論述具有根本的意義。真正的知識，除了那種是知識的東西以及最終把一切可知或「整體的本質」所包括在內的東西之外，還要認識 Kairos（良機），也就是說，要知道必須在何時講話以及如何講話。但這一點人們僅僅透過規則或對規則的學習是無法掌握的。正如康德在他的《判斷力批判》中正確地提到的，規則的合理使用是無規則可循的。

這在柏拉圖的《斐德羅篇》中（268ff.）曾以很有趣的看法表現出來，誰只掌握醫學的知識和治療規則，但不知道在何時何地應用它們，誰就不是一個醫生。同樣，如果悲劇詩人和音樂家只是學會他那門藝術的一般規則和進行方式，但卻無法用它們寫出作品來，那就不能算是詩人或音樂家（280Bff.）。因此，所有講話人必須知道在何時何地說話（hai eukairiai te kai akairiai），現在有益的東西和現在無益的東西（《斐德羅篇》，272A6）。

在柏拉圖這裡已經預示了一種對可學知識的技術—模式的過分強調，因為他把最高的知識歸到辯證法上。無論是醫生、詩人還是音樂家都不知道「善」。辯證法家或哲學家，這裡指的是真正的辯證法家或哲學家而不是詭辯家，並沒「有」一種特別的知識，而是他們本人就是辯證法或哲學的體現。與此相應，在政治家的對話中，真正的政治術作為一種編織術而出現，人們用它對對立的元素編織成統一體（305e）。政治術就在政治家身上得到體現。同樣，在《斐利布斯篇》中，關於善的生活的知識表現為一種混合術，它由尋找自己的幸福的人具體地實現。恩斯特·卡帕（Ernst Kapp）在一篇傑出的論文中就「政治家」的情況而指明了這一點。我在自

己早期所寫的批判維納‧耶格發展史建構的論文中也提出了類似
《斐利布斯篇》的觀點。[5]

[Ⅱ 308] 　　作爲亞里斯多德理論之端的關於理論哲學、實踐哲學和創制
哲學的三分法必須根據這種背景來看待,對他的實踐哲學的科學理
論地位的評價也必須根據這種背景來作出。柏拉圖在《斐德羅篇》
中對修辭學進行的辯證法加工提高證明是具有里程碑意義的。修辭
學不能和辯證法分離,作爲令人信服的說服是不能和眞實的知識相
分離。同樣,理解也必須從知的角度出發來考慮。這是一種學習能
力,當亞里斯多德談到智慧(synesis)的時候也強調了這一點。[6]
對於眞正的辯證法演講者和眞正的政治家來說,以及在人們對自己
生活的指導中,「善」的問題一直是關鍵的問題 —— 善並不表現
爲可以透過製造而產生出來的 Ergon(產品),而是表現爲實踐和
Eupraxis(善行,也就是說,作爲現實活動〔Energeia〕)。與此
相應,在亞里斯多德的政治學中,雖說教育學是爲了「造就」好公
民,但它卻並沒有被處理爲創制的哲學(poietische philosophie),
而是像制定憲法的理論一樣被當作實踐哲學。[7]

　　雖說以下說法是正確的,即亞里斯多德的實踐哲學觀念總體
而言並未眞正被人銘記,而只是限於政治學之中。實踐哲學觀念接
近於一種技術的概念,因爲它使一種以哲學的方式活動的知識服務
於制定法律的理性。這點不久也整合進了近代的科學思想。與此
相反,希臘的道德哲學較少以亞里斯多德的形式而更多以斯多噶主

---

[5]　恩斯特‧卡帕:〈理論與實踐〉,載《語文學雜誌》,第 6 卷,1938 年,第
　　179-194 頁;高達美:〈亞里斯多德的告誡〉,載《赫爾默斯》,第 63 卷,
　　1928 年,第 138-164 頁;也可參見《柏拉圖的辯證倫理學》,1931 年。〔現
　　載我的著作集,第 5 卷,第 163-186。〕

[6]　《尼各馬可倫理學》,Z11。

[7]　《政治學》,H1,1337a14ff.。

義的形式影響後代，尤其是近代。同樣，亞里斯多德的修辭學對於古典修辭學的傳統的影響也很小。對於講演術的大師和指導人們學會傑出的講演術，它都過於哲學化。然而，正像亞里斯多德所說，由於它與辯證法和倫理學（peri ta ēthē pragmateia，屬於倫理學的東西，見《修辭學》，1356a26）相結合的「哲學的」特性，它在人文主義時代和宗教改革時代獲得新生。宗教改革家們，尤其是梅蘭希頓，對亞里斯多德的修辭學所作的利用和我們在此討論的問題特別有關。梅蘭希頓把它從「製造」講話的藝術改造成相互理解性地追隨講話的藝術，亦即改造成詮釋學。這裡有兩個因素匯合在一起：隨著印刷術的發明而產生的新的書寫文字和新的閱讀文化，以及宗教改革反對傳統並導致自解原則的神學轉折。《聖經》對於福音預告所具有的中心地位導致把它翻譯成民眾的語言，並把一般僧侶教義變成一種需要新的說明的使用《聖經》的方式。因為凡被外 [Ⅱ309] 行也能閱讀的任何地方，就不再涉及到那種在閱讀時被某種職業的工匠傳統所指導的人或按照善辯的演講達到理解的人。無論是法學家使人產生深刻印象的修辭學或是神職人員的修辭學還是文學的修辭學都無法幫助讀者。

我們都知道，要把一種用外語寫成的正文或雖用本國語言但卻很難的正文立刻就以能理解它的方式讀出來有多難。如果在課堂上請一位新生朗讀一句德語的或希臘語的或漢語的句子，那他在朗讀時最不能理解的總是中文的句子，只有當我們理解了所讀的東西時，我們才能讀得抑揚頓挫，從而真正表達出意思。

因此，閱讀難懂的正文就成為日益增長的困難，也就是說要把文字表達成話語變得日益困難，正是這種困難在近代從各種不同的方向把理解的藝術提升到了方法論的自我意識。

文字當然不是在我們這個閱讀文化的年代才出現，我們今天倒是接近了這種閱讀文化的終結。隨著文字而提出的詮釋學任務歷來

就不是破譯文字符號這種外在的技術，而是正確理解用文字固定下來的意義。只要文字還一直行使著清晰確定和可控制認證的功能，那麼撰寫文字和理解如此寫下的正文的任務就都要求進行技術訓練，這種訓練也許涉及到賦稅、契約（令我們語言研究者高興的是它們有時是用兩種語言寫就）或其他宗教的或法律的文件。因此，詮釋學的技術訓練同樣建築在古老實踐的基礎之上。

詮釋學這種技術訓練意識到在這種實踐中發生的是什麼。對於理解實踐的思考根本無法和修辭學傳統分離，而這正是由梅蘭希頓所作出的對於詮釋學最爲重要的貢獻之一，即他提出 Scopi（觀點或視角）的理論。梅蘭希頓注意到，亞里斯多德就像演說家們一樣在其文章的開頭就指出了我們爲理解他們文章所必須依賴的觀點。這顯然與是否在解釋法律或宗教文獻或「古典」詩歌作品不相干。這種正文的「意義」並不是由「中性的」理解所規定，而是取決於它們自己的效用要求。

[Ⅱ310] 對文字的解釋問題首先是在兩個領域中發現這種古老的訓練並提出一種新的日益增長的理論意識：在對法律正文的解釋中，尤其是自從查士丁尼主持編纂羅馬法以來，這種解釋構成了法學家的活動，以及在以教會的基督教義理論傳統對《聖經》的解釋中。近代法學詮釋學和神學詮釋學都能與這兩個領域連繫起來。

甚至在任何獨立的法典彙編工作中，找尋法律和提出判決的任務也包含著一種無法避免的對峙，對此亞里斯多德早已討論過，亦即在具有作用的——成文法或未成文法——法律條文的普遍性與具體案例的個別性之間的對峙。具體的判決事務在法律問題上並不是理論的陳述，而是「用詞做事」，這是很明顯的。正確解釋法律在某種意義上是以其運用爲前提。我們甚至可以說，法律的每一次應用絕不僅限於對其法律意義的理解，而是在於創造一種新的現實。這就像那種再現的藝術一樣，在那裡對於現存的作品，不管它是樂

譜還是戲劇正文，都可以超越，因爲每一次演出都創造了和確立了
新的現實。然而，在這種再現的藝術中我們仍然可以說，每一次
演出都是以對所與作品的某種解釋爲基礎的。同樣我們也可以說，
在由這些演出所代表的各種可能的解釋中，我們仍可區分和斷定合
適性的程度。至少在戲劇院和音樂會的演出，按其理想的規定不僅
僅是表現，而是解釋，因此，尤其對於音樂我們完全可以理所當然
地談到由進行再創造的藝術家對作品作的解釋。我認爲把法律運用
到某種現成的案件上也是以類似的方式包含了解釋活動。但這卻說
明，法律規定的每一次應用，就其是實事求是的而言，都是對某項
法律的意義的具體化和進一步闡明。我認爲馬克斯·韋伯說的下面
這段話很正確：「真正有意識的『創造』，亦即創造新的法律，只
有在預言家處理現存生效的法律時才存在。在很大程度上，新法律
絕不是全新的東西，從客觀性的眼光來看，至多不過是『創造性
的』的產物而已，從主觀性的眼光來看，它們充其量不過充當了已
存在的——甚至常是潛在的——法規的代言人，即它們的解釋者和
應用者，而不是它們的創造者。」與此相應的是古老的亞里士多德
的智慧，即訴訟活動總需要補充性的因地制宜的考慮，因地制宜的 [II 311]
觀點和法律並不矛盾，而是因其放鬆了法律條文的字面意義才真正
完全實現了法律的意義。這種古老的法律活動問題在近代的開端隨
著羅馬法典的接受而被特別強調，因爲傳統的法律責任規範，因爲
新的法律而產生了疑問，這樣，作爲解釋理論的法學詮釋學就被賦
以一種突出的意義。爲 Aequitas（因地制宜的合理性）進行辯護在
近代早期從布德斯（Budeus）到維柯的討論中占有很重要的地位。
我們甚至可以這樣說，構成法學家之本質的對法律的博學，在今天
可以有充分的理由稱之爲「Jurisprudenz」，即法律的聰慧。這個
詞讓我們回想起實踐哲學的遺產，它在 prudentia（智慧）中看到實
踐合理性的最高德行。正是由於這種法學博學性方法特徵見解及其

實際規定的喪失，從而 19 世紀後期法學（Rechtswissenschaft）這個表述就占了統治地位。[8]

　　神學領域的情況也是如此。雖說自古代後期就存在一種解釋術，甚至可以說存在有一種對《聖經》的不同解釋方法進行正確區分的理論，但自從卡希奧多（Cassiodor）以來所區別的眾多《聖經》解釋形式卻更多地是指示如何才能使《聖經》運用於教會的教義傳統，而不是像它們所想的那樣是為了傳達正確的理論而提出一種解釋《聖經》的方法。另一方面，隨著宗教改革號召人們回到《聖經》本身，尤其是隨著《聖經》閱讀日益擴展，在宗教改革關於普遍宗教精神的理論中所蘊含的牧師行業傳統之外又出現了完全針鋒相對的詮釋學問題。然而，當時最關鍵的卻並不是處理《聖經》中用陌生語言寫成的正文，把這些正文如實地翻譯成民眾的語言以及根據語言學、文學和歷史學知識對之進行確切理解。透過宗教改革回溯到新約的極端主義以及回溯到教會的教義傳統反倒使基 [II 312] 督教文獻以某種全新的、陌生的極端性面對讀者，這就遠遠超越了對於所有其他用陌生語言寫成的古代正文都是必需的語文學和歷史學的那種片斷性的輔助作用。

　　宗教改革派詮釋學所強調的，尤其是弗拉西斯（Flacius）所強調的，乃是《聖經》的福音布道阻礙了人的自然的前理解。這裡指望得到證明的不是對神律的遵從和可嘉的行為，而是信仰── 對

8　jurisprudentia 這個詞用 Rechtswissenschaft 這個德語詞表述（而不用較舊的 Rechtsgelehrsamkeit）也許可以追溯到歷史學派的開端，薩維尼（Savigny）和他的《歷史法學雜誌》就屬於該學派。在那裡歷史科學的類推法和對獨斷的自然法思想的批判一起在發生作用。此外，還傾向於取代 prudentia 而更強調 Scientia 並突出實踐的公平考慮（例如：可參見弗蘭西斯・柯納〔Francois Connan〕在《評論》I、II 中對這種趨向法科學傾向的批判）。也可參見柯夏克的《歐洲和羅馬法》，1953 年，第 2 版，第 337 頁。

上帝成人和耶穌復活這一奇蹟的信仰。《聖經》的福音布道要求
人們的是完全堅信自身、堅信自己的貢獻和自己的「善行」，以致
自宗教改革以來所強調的整個基督教神學活動形式比它在舊的基督
教傳統中更堅決地服務於懺悔、確證和呼籲信仰。因此，這種信仰
整個說來是建築在對基督教布道的正確解釋之上。於是，透過布道
解釋《聖經》在基督教教會的神學活動中占據了重要地位，這就使
神學詮釋學的特殊任務得到強調。神學詮釋學並非用來對《聖經》
進行科學理解，而是用作布道的實踐，據此使福音通達個人，從而
使人們意識到那裡所談論的和所意指的乃是他們自身。因此，應用
（Applikation）並非只是對理解的「運用」，而是理解本身的真正
內核。所以在虔信派那裡表現得最為極端的應用疑難並非只是宗教
正文詮釋學中的一個本質因素，而是使詮釋學問題的哲學意義全部
表現出來。它並非只是一種方法的工具。

　　在浪漫主義時代由施萊爾馬赫和他的後繼者把詮釋學構築成一
種普遍的「藝術理論」，並且以此證明神學科學的特性及其在各門
科學面前享有同等方法論權利，這在詮釋學的發展過程中是決定性
的一步。施萊爾馬赫的天才稟賦是善於與他人進行理解性的溝通，
在一個對友誼的培養達到真正高度的年代裡，他也許可以被稱為最
有天才的時代寵兒。施萊爾馬赫有一個很清楚的想法，即我們不能
把理解的藝術僅限於科學範圍。這種理解藝術甚至在社交生活中都
起著一種突出的作用，例如：當人們想理解一個思想深邃的人所說
的令人無法馬上理解的話時，我們就常常運用這種理解藝術，在思
想深刻的談話者之間傾聽對方的話語就像閱讀正文一樣有時必須揣
摩字裡行間的意思。儘管如此，施萊爾馬赫的身上仍有近代科學概　[Ⅱ 313]
念在詮釋學的自我理解上打下的印記。他區分了鬆散的詮釋學實踐
和嚴格的詮釋學實踐。鬆散的詮釋學實踐的出發點是，面對他人的
表達，正確的理解和一致意見是常例而誤解只是例外，與此相反，

嚴格的詮釋學實踐的出發點則是,誤解才是常例,只有透過訓練有素的努力才能避免誤解,從而達到正確的理解。很顯然,按照這種區分則所謂闡釋的任務就從眞正理解生活中經常出現的理解關聯中被分離出來。於是就必須克服一種完全的疏離(Entfremdung)。消除疏離並使之成爲自己的內容這項需要技藝的活動,因而就取代了交往能力——在交往能力中人們共同生活並與他生活於其中的傳承物進行調解。

與施萊爾馬赫開闢的詮釋學普遍化的傾向相適應,尤其與在「語法的」解釋之外他又引進「心理學的」解釋這種獨特的貢獻相適應,在 19 世紀他的後繼者們那裡詮釋學被發展成了一種方法論。它的對象是作爲研究者面對的匿名的「正文」。尤其是威廉‧狄爾泰追隨施萊爾馬赫致力於爲精神科學建立詮釋學基礎,以使精神科學能和自然科學相匹敵,因爲他進一步發展了施萊爾馬赫對心理學解釋的強調。他認爲詮釋學最獨特的勝利就在於對藝術作品的解釋,這種解釋把無意識的天才創作提升到意識。面對藝術作品,所有傳統的詮釋學方法,諸如語法的、歷史的、美學的和心理的方法,只是在它們都必須服務於對個別作品的理解這一範圍內才達到理解理想的較高層次的實現。正是在這裡,尤其在文學批評領域內,浪漫主義詮釋學發展成一種遺產,它在語言用法上也帶著它古老起原的痕跡,即批導(Kritik)。批導的意思就在於,從效果和內容角度評價一部作品,並把它和所有不符合它標準的作品相區別。狄爾泰的努力顯然在於把現代科學的方法概念也擴展到「批判」之中,並把詩意的「表達」從理解心理學出發作科學的解釋。透過「文學史」間接之路終於出現了「文學科學」
[II 314] (Literaturwissenschaft)這個表述。它反映了一種傳統意識在 19 世紀科學實證主義時代的衰落,這種意識在德語世界中日益被現代自然科學的理想所同化,直至改變了它的名稱。

　　如果我們從近代詮釋學進展的概覽出發回溯到亞里斯多德的實踐哲學和技術理論傳統，那麼我們就會面臨一個問題，即柏拉圖和亞里斯多德已感受到的技術知識概念與包容了人類最終目標在內的實踐—政治知識概念之間的衝突在現代科學和科學理論的地基上將會產生多大的成果。就詮釋學而言，它面臨的任務就是要把那種與現代理論科學概念及其實踐—技術運用相適應的理論與實踐脫節的狀態與這樣一種走著從實踐到其理論意識相反道路的科學思想相對照。

　　從這點出發可以比從今天科學方法論的內在疑難出發更清楚地闡明詮釋學的問題，我覺得這一點可以從詮釋學與作為它基礎的修辭學以及亞里斯多德的實踐哲學這種雙重關係來考察。當然，要對一門像亞里斯多德的修辭學那樣的學科在科學理論裡規定一個位置是非常困難的。但我們卻仍有理由把它和詩學恰當地連繫起來，並且無法否認這兩種以亞里斯多德的名義保存下來的作品的理論意義。它們不可能被列入技術手冊的行列，並在一種技術的意義上促進講話和作詩的藝術。在亞里斯多德的眼中會不會把它們與治療術和寧可當作技術科學的體育學歸併在一起呢？亞里斯多德在他把大量政治知識的材料進行理論加工的《政治學》中難道不是大大擴展了實踐哲學的問題域，使它超越了他所研究和分析的憲法形式的多樣性，而讓最好的憲法，從而關於「善」的「實踐」問題成為首要的討論問題嗎？被我們稱之為詮釋學的理解藝術如何才能在亞里斯多德的思想視野中找到它的位置呢？

　　我覺得在此必須說明，理解（Verstehen）和相互理解（Verständnis）的希臘詞 Synesis 通常是出現於學習現象中的中性語境中並且可以與希臘文學習一詞（Mathesis）在互換的意義上被使用，但是在亞里斯多德倫理學中，理解這詞卻表現為某種精神的德行。顯然，這是對亞里斯多德常常在中性意義上使用的詞更　[Ⅱ315]

嚴格的用法，這種嚴格用法和 Techne（技術）和 Phronesis（實踐智慧）在這方面詞彙學的嚴格含意相適合。但這個詞的含意遠不止於此。「相互理解」（Verständnis）在希臘詞中的意義與我開頭提到的詮釋學在 18 世紀作爲靈魂的知識和靈魂的理解的意義一樣。「相互理解」意指一種實踐合理性的變形，意指一種對他人實際考慮的明智判斷。[9]顯然，這裡指的不僅僅是對所說的某事的理解，它還包括一種共同性，透過這種共同性雙方進入一種彼此商討建議（Miteinander-zu-Rate-Gehen），即提出建議和採納建議，具有首要的意義。只有朋友或有友好態度的人才能給出建議。這實際上就完全觸及到和實踐哲學觀念相連繫的問題的中心，因爲由這種與實踐合理性（實踐智慧）相對應的部分可推出道德蘊含。亞里斯多德在其倫理學中分析的是「德行」，是一種一直處於其規範有效性前提之下的規範概念。實踐理性的德行並不是一種能夠發現達到正確目的或目標的實踐手段的中性能力，而是和亞里斯多德稱爲 Ethos（習行，倫理）的東西不可分割地連繫在一起。Ethos 對於亞里斯多德來說，就是 Arche（原則），是一種從它出發就可以作出一切實踐—哲學的解釋的東西。雖然亞里斯多德出於分析的目的把倫理的德行和知性的德行（Dianoetischen Tugend）相區別，並把它們歸到兩個所謂理性靈魂的「部分」。但這種靈魂的「部分」到底是什麼意思，抑或它們只是像凹和凸兩面一樣被理解爲同一個事物的兩個不同方面，對此亞里斯多德也追問過（《尼各馬可倫理學》，A13，1102a28ff.）。最後，在他對於人類何謂實踐的善的分析中，這種基本的區別也必須根據他的整個實踐哲學所提出的方

---

9 克勞斯·馮·波曼（Claus von Bormann）：《批判的實際根源》（1974 年），他在這本一般說來很有成果的書的第 70 頁中卻把事實顛倒了，他想根據「對自我的批判理解」來證明對他人的理解。

法要求來加以考慮。它們並不會取代實際上合理的決定，這種決定
是處於任何環境中的個體所要求的。亞里斯多德所有典型的描述都
該從這種具體情況去理解。甚至很符合亞里斯多德倫理德行的關於
中庸之道的著名分析，也是一種含意很多的空洞規定。不僅它們要
從兩個極端出發獲得它們的相對內容，這種相對內容在人們的道德
信念和相反行為中的諸側面比值得讚賞的中庸之道更具有更多的規 [Ⅱ316]
定性，而且它就是以這種方式系統描述的 spoudaios（認眞）的倫
理習行（Ethos）。hos dei（理應如何）和 hos ho orthos logos（正確
如何）並不是對於嚴格的概念要求的託詞，而是指出 Arete（德行）
能獲得其規定性的唯一具體條件。顯然，作出這些具體條件就是具
有實踐智慧（Phronesis）的人的事情。

從這種考慮出發，曾經多次討論的關於實踐哲學和政治哲學任
務的初步描述就得到了一種精確的勾勒。伯耐特（Burnet）認爲亞
里斯多德有意識地向柏拉圖關於技術（techne）的用法靠攏，[10]這在
「創制的」技術知識與以典型的普遍性解釋「善」的「實踐哲學」
之間存在的衝突中有其眞實的根據，因爲這種實踐哲學本身並不
是實踐智慧。在這裡實踐（Praxis）、選擇（Prohairesis）、技術
（techne）和方法（methodos）組成一個系列並構成一個逐步過渡
的連續統一。[11]但是，亞里斯多德也反思了政治學（politike）能爲
實際生活所起的作用。他把這種實際事務的要求比作弓箭手在瞄準
他的獵物時所注視的準線（Marke）。由於注視這個準線，他就輕
而易舉地射中目標，這當然不是說射箭術僅僅在於瞄準這個準線。
爲了能射中目標，人們必須掌握射箭的技術。但是，爲了使人更容
易對準目標，爲了更精確和更好地掌握發射的方向，這種準線卻起

到了它的作用。如果我們把這種比喻應用到實踐哲學上，那麼我們將必須從這一事實出發，即作為一個是其所是──即按他的「習行」行事的人，在其具體的決定中是受他的實踐合理性的指導，而確實不依賴於某一個教師的指導，雖然這裡也可能由於幫助理性思考保持其行動的最終目標，從而為有意識地避免在道德事務中可能出現的偏差而提供幫助。實踐理性並不只限於某個特定的領域，它根本不是某種能力「應用於」某個對象。實踐理性可以發展出方法──不過，這與其說是方法，不如說是簡便規則（Faustregel），並且很可能作為人們掌握的藝術而達到真正的操縱。儘管如此，它仍然不是那種有如製造能力一樣的可以（任意或根據要求）選擇自己任務的「能力」（Koennen），而是像生活實踐一樣自立的。因此，亞里斯多德的實踐哲學不同於專家的所謂中性專業知識，專家們往往像一個不相干的觀察者對待政治和立法的任務。

[II 317]

亞里斯多德在討論從倫理學到政治學的那章裡清楚地說明了這一點。[12] 實踐哲學的前提就在於，我們總是已經被自己受教於其中並作為整個社會生活秩序之基礎的規範觀念所預先規定。但這絕不是說，這些規範的觀點會不改變地長存和不受批判。社會生命就存在於對迄今生效的東西不斷加以改變的過程中。然而，要想抽象地推導出規範觀念並且企圖以科學的正確性來建立其有效性，這乃是一種幻想。這裡要求的是這樣一種科學概念，這種概念不承認不相干（不參與）的旁觀者的理想，而是力圖以對連繫一切人的共同性的意識取代這種理想。我在自己的研究中已經把這一點運用到詮釋學上，並且強調了解釋者對於其所解釋的東西的依賴性。誰想進行理解，誰就總是預先帶著某種使理解者和他想理解的對象連繫起來的東西，即一種基本的一致意見（Einverstaendnis）。若某個講話

---

[12] 〔《尼各馬可倫理學》，K10，1179b24 和 1180a14f.。〕

者想在爭論性的問題上說服別人並使人信服，那麼他就總是必須使自己和這種一致意見相連繫。[13] 因此，對他人意見或某個正文的每一次理解儘管有一切可能的誤解，仍可從相互理解關聯中進行把握並試圖克服不一致的意見而達到理解。這一點甚至還適合於活生生的科學實踐。科學實踐也不是簡單地把知識和方法運用於一個任意的對象。只有置身於科學中的人，問題才會對他提出。時代本身的問題、思想經驗、需要和希望如何強烈地反映著科學和研究的利益指向，對此每個科學史家都耳熟能詳。理解科學的普遍主題是置身於傳統中的人，在這種理解科學的領域中繼續存在著柏拉圖加諸於修辭學的古老的普遍性要求。這種與哲學的親近關係也適合於詮釋學，而這種關係正是《斐德羅篇》關於修辭學的討論中最為激動人心的成果。

這絕不意味著現代科學的方法嚴密性必須被放棄或加以限制。所謂的「詮釋學」或「精神科學」，儘管它們的利益指向和程序與自然科學的做法大相逕庭，但都遵循標誌一切科學方法進程的同一 [II 318] 的批判合理性標準。不過它們首先可以正確地以實踐哲學的典範為基礎。亞里斯多德也把實踐哲學叫作「政治學」。政治學被亞里斯多德稱為「最具建築學特點的」，[14] 因為它把古代系統學的所有科學和藝術都包括在自身之內。甚至修辭學也屬此列。因此詮釋學的普遍性要求就在於，綜合整理所有的科學，認識所有科學方法應用於對象的認知機會，並盡其可能地利用它們。但正如「政治學」作為實踐哲學並非只是一種最高的技術，詮釋學的情況也同樣如此。它把所有科學所能認識的東西都包括進我們處身於其中的理解關聯

---

[13] 佩爾曼（Ch. Perelman）及其學派從法學家經驗出發復活了「論辯」作為一種修辭學過程的結構和意義的古老的觀點。

[14] 《尼各馬可倫理學》，A1，1094a27。

之中。正因爲詮釋學把科學的貢獻都歸入這種把湧向我們的傳承物和我們連結成現實生活統一體的理解關聯之中，因此詮釋學本身並不是一種方法，也不是在 19 世紀由施萊爾馬赫和伯克直到狄爾泰和埃米里奧‧貝蒂作爲語文科學的方法論所發展出的一組方法，它是哲學。它不僅提供關於科學應用程序的解釋，而且還對預先規定一切科學之運用的問題作出說明——這就像柏拉圖所說的修辭學，這是一些規定所有人類認識和活動的問題，是對於人之爲人以及對「善」的選擇最爲至關緊要的「最偉大的」問題。

23. 實踐理性問題

（1980年）

[Ⅱ319]

　　據我看來，在所謂精神科學的自我理解方面，實踐理性問題不僅是其中的一個問題，而且比所有其他問題更首要地被提了出來。humanities 即「精神科學」在科學領域中究竟據有何種位置？我將試圖指明，正是亞里斯多德的實踐哲學——而不是近代的方法概念和科學概念——才爲精神科學合適的自我理解提供了唯一有承載力的模式。簡略的歷史考察便能引出這個具有挑戰性的論題。

　　科學概念是希臘精神眞正具有轉折性的發現，由此而誕生了我們稱之爲的西方文化，科學概念是西方文化的特徵，如果我們把西方文化和偉大的高度發展的亞洲文化作比較，則它的厄運也許就在於這種科學概念之中。科學對於希臘人主要由數學來代表，數學是眞正和唯一的理性科學。數學涉及的是不變物，並且只有在某物是不變的地方我們才能知曉不變物，而無須隨時重新考察。即使現代科學也必須以某種方式堅持這種原理，以便能被作爲科學來理解。不變的自然規律取代了受數學啓示的希臘智慧，亦即畢達哥拉斯派關於數和星辰理論的偉大內容。顯然，按照這種模式，人類事務只具有很少的認知性。道德和政治、人類制訂的法律、人類據以生活的價值觀、人類自己制訂的制度、人類遵循的習慣，所有這一切都無法要求不變性和眞正的認知性或可知性。

　　於是，在現代科學觀點的影響下產生了某種把古代科學思想遺產根據新的基礎加以改變的事件：隨著伽利略開始了認識世界的新階段，從此一種新的認知思想規定了科學提問的對象。這就是 [Ⅱ320]

方法的思想和方法對於事情的優先地位：方法上的可認知性條件規定了科學的對象。於是就產生以下問題，在這種情況下**人文科學**（Humaniora）——這種人們總是可以詢問的獨特的比較初級的學科看上去就像最高級的學科，真正的人的科學一樣——究竟是種怎樣的科學？我們稱為精神科學的這種有關人類事務的科學到底是什麼？

當然它在很大程度上仍遵循近代科學思想。但它同時還強烈保持人的知識的古老傳統，這種傳統自古代以來一直影響著西方的文化史。約翰·斯圖亞特·彌爾這位著名的《歸納邏輯》作者——該書對於 19 和 20 世紀出現的科學繁榮乃是一部不言而喻的奠基作——還用古典的名稱把精神科學說成道德科學（moral sciences）。但他卻把它的科學性——絕不是玩笑——比作氣象學：精神科學中陳述的可信程度類似於長期天氣預報。這顯然出於經驗科學概念的外推法，這種概念經由近代碩果纍纍的自然科學得以形成。從此以後，捍衛「人文科學」，即 Hamaniora 的自主的有效範圍就成為哲學的任務之一。

以前根本不需要這樣做。無可爭辯地承載以往關於人的人文知識的傳統洪流是修辭學。現代人聽到這種說法會感到有點陌生，因為他們把修辭學只視為不切實際論辯的貶詞，但我們必須重新賦予修辭學概念真正的範圍。它包括所有以講話能力為基礎的交往形式，而且是連繫人類社會的紐帶。如果沒有互相的講話、相互的理解以及相互之間邏輯推論爭辯的理解，那就不可能有人類社會。因此，我們應該重新認識修辭學對於現代科學的意義及其地位。

毫無疑問，修辭學在希臘的思想中並不作為科學。然而，在希臘思想家眼裡，歷史學也不是科學，這點也很清楚。它們都同屬好的講話和好的寫作這一大類之中。當塞克斯都·恩彼里柯（Sextus Empiricus）在他著名的懷疑論辯中對科學的效用提出質疑時，他

根本沒有想到要爲歷史學說句讚美之詞。於是我們就遇到一個新的問題：在我們被科學，亦即被現代經驗科學打上烙印的文明中，古代修辭學的遺產的情況究竟如何？從科學角度證明和辯護由它傳遞 [II 321] 的關於人的知識之合理性的機會究竟如何？

爲了清楚地指出這一點，請允許我回憶一下 18 世紀和 19 世紀之間歷史學家的理想是如何轉變的。我指的是從普魯塔克到修昔底德的轉變，普魯塔克這位爲偉大人物作傳的《比較列傳》（*Viae parallelae*）的後希臘時期作家，他的書爲 18 世紀的人們提供了大量道德經驗的例證，然而到了 19 世紀人們的興趣卻轉向另一位偉大的，在某種意義上可說更爲偉大的希臘歷史學家，亦即修昔底德，由於他對同代人的報導持批判的態度、細緻地檢驗所有證詞的成見，更由於他的歷史著作具有幾乎超人的公正性，在我們看來他就像現代批判歷史學的埃鮑呂牟斯（Eponymos）英雄。

我的問題是：這種新的、批判科學性理解如何和舊的在人爲人、人依人以及人與人之間（Menschen für Menschen und Menschen unter Menschen und Menschen mit Menschen）發展起來的理解相一致。用現代的提問方式可以這樣問：這種所謂的精神科學的知識論性質是什麼？它眞的只是「不精確」的科學，只能與長期天氣預報加以競爭，抑或它具有一種特權，即使所有科學中最精確的科學，我指的自然是至今存在的唯一純粹理性科學，即數學也不具有這種特權？知識論問題同樣可以表述爲事實和理論的關係。這樣一種關係正是我們作爲科學家批判性自我辯護的普遍問題。

這並非僅限於精神科學。顯然，即使在自然科學中理論也必須證明並規定某種事實論斷的眞正認識裨益。純事實的堆砌根本不是經驗，更談不上經驗科學的基礎。事實和理論之間的「詮釋學」關係正是在這個領域具有決定性的意義。維也納學派曾有一種知識論試圖，想把記錄陳述（protokollsatz）作爲無可懷疑的確信的語句，

因爲在這種語句中觀察者和觀察對象具有直接同時性，從而企圖在此基礎上建立自然科學，但這種試圖早在維也納學派的最早階段（1934 年）就遭到莫里茨・石里克的反對。這種反對我認爲是恰當的。

[Ⅱ322]　　如果我們只從其理論構造觀點看待這種對事實的「詮釋學」批判，那我們只就很小一部分公正評價了精神科學。最後只剩下馬克斯・韋伯那種巨大的但卻帶有唐・吉訶德式的工作，即把「與價值無關的科學」擴展到關於社會的知識之中。在關於人的知識以及人對自身的知識的領域中眞正的詮釋學問題並非僅僅在於孤立理論和事實的相互關係。當德國西南學派在 19 世紀後期占據統治地位的時候（馬克斯・韋伯在某種意義上也追隨這個學派），精神科學的自我證明正是依據於什麼是歷史事實，什麼代表關鍵性位置這樣的定義。歷史事實並非只是一件事實，而發生的一切也並非都能叫作歷史事實，這是很清楚的。是什麼使一件事實提升爲歷史事實？眾所周知的答案是，價值關係。只有在事物的進展中具有意義的事實，例如：拿破崙在瓦格漢姆戰役（或其他什麼戰役中）得了感冒才算歷史事實，並非人們得的所有感冒都算歷史事實。**價值**理論也是占統治地位的理論，然而從價值出發卻不存在科學。於是馬克斯・韋伯就發展到極端，把價值問題和科學脫離，並力圖爲社會學建立新的基礎。

　　但這種新康德主義的價值歷史哲學顯然只是很狹窄的基礎。德國精神的浪漫主義遺產，黑格爾的遺產、施萊爾馬赫的遺產，尤其是狄爾泰爲精神科學奠定詮釋學基礎的努力所掌管的浪漫主義遺產應該具有更大的影響。狄爾泰的思想遠遠超出新康德主義的知識論，因爲他接受了黑格爾客觀精神理論的全部遺產。根據這種理論，精神並非僅僅體現在它實際執行的主觀性之中，而且也體現在機構、商業體系和生活制度的客觀化中，諸如經濟、法律和社會，

因此它作爲「文化」而成爲可能理解的對象。當然狄爾泰那種想更新施萊爾馬赫的詮釋學，並把理解者和理解對象之間的所謂同一性觀點證明爲人文科學基礎的試圖被斥爲失敗，因爲歷史本身顯然具有更深刻的陌生性和疏離性，而並非像人們在歷史的可理解性觀點下充滿希望所看到的。狄爾泰錯過事件「事實性」（Faktizität）的典型標誌是以下細節，狄爾泰把自傳，亦即某人得以與眼睛觀看的歷史進程共同經歷並在回顧往事中意味的事件作爲歷史理解的模型。實際上，自傳與其說是對眞正歷史事件的理解，毋寧說是私人 [II 323] 幻覺的歷史。[1]

　　與此相反，20 世紀開始的轉折，而且我個人認爲是由胡塞爾和海德格起了決定作用的轉折意味著對這種精神和歷史之間唯心主義的或精神史之同一性的界限的發現。在胡塞爾的晚期著作中有個充滿魔力的詞「生活世界」──這是少有的、令人驚異的人造詞之一（這個詞在胡塞爾之前並不存在），這個詞在日常語言意識裡找到入門的途徑，並且由此證明它表述了一種被錯認了的或遺忘了的眞理。「生活世界」這個詞使人回憶起所有科學認識的前提。尤其是海德格「事實性詮釋學」的計畫，也就是同實際此在本身的不可理解性照面，乃是和唯心主義詮釋學概念的決裂。理解和理解的願望是在其與現實事件的對立之中被承認的。無論胡塞爾的生活世界理論還是海德格事實性詮釋學概念都堅持人相對於理解和眞理之無限任務的時間性和有限性。我的觀點是，從這種角度出發，則知識並非只是基於統治他在的、疏離的東西這個問題而提出來。這只是活躍於當今自然科學中對事實進行科學研究的基本激情（雖說也許是根據對世界組織合理性的最終信仰）。我的觀點剛好相反：「精

---

[1] 〔參見《狄爾泰全集》，第 1 卷，第 228、281 頁，以及我在我的著作集第 4 卷中寫的關於狄爾泰的論文。〕

神科學」中最關鍵的並不是客觀性,而是與對象的先行關係。我想為該知識領域用「參與」(Teilhabe)理想——如同在藝術和歷史裡鮮明形成的對人類經驗本質陳述的參與——來補充由科學性道德設立的客觀認識理想。在精神科學中參與正是其理論有無價值的根本標準。我在我的論文中試圖指出對話模式對於這種參與形式具有闡明結構的意義。因為對話的特點正好在於並非只一個人通觀發生的事,也不能宣稱唯他自己掌握著事情,而是人們相互參與並獲取真理。

[Ⅱ 324] 　　我必須對以上這些預先說明,從而使亞里斯多德實踐哲學的含意以及以此開始的傳統獲得可信性。最終的關鍵問題乃是突出藏身在修辭學和批判、人關於自身知識的傳統形態以及把一切都疏離成客觀性的現代科學研究背後的共同根據。亞里斯多德曾經在與理論和理論哲學的理想進行深入爭辯過程中提出了包括政治在內的實踐哲學。他把人的實踐提升到獨立自主的知識領域。「實踐」意味著所有實際事務之整體,亦即一切人的行為以及人在此世界中的一切自我設置,這一切還包括政治及其中的制訂法律。實踐是項主要任務,透過解決這項任務才能對人類事務作出規定和安排,透過「憲法」在最廣泛的意義上對社會和國家的有序生活進行自我規定。

　　然而,對實踐和政治進行的這種求知願望和反思究竟有何種理論地位?亞里斯多德曾經提到把「哲學」分成理論哲學、實踐哲學和創制哲學 3 部分(在最後一部分中就有著名的《詩學》,而進行談話的修辭學也屬其中)。然而在知識和製作的極端之間顯然還有作為實踐哲學對象的實踐(Praxis)。實踐的真正基礎構成人的中心地位和本質特徵,亦即人並非受本能驅使,而是有理性地過自己的生活。從人的本質中得出的基本美德就是引導他「實踐」的合理性(Vernünftigkeit)。對此希臘語的表述是「Phronesis」(實踐智慧)。亞里斯多德的問題是:這種實踐的合理性如何處身於科學家

的自我意識和能手、工匠、工程師、技術員、手工藝者等人的自我
意識之間？這種合理性德行與科學性的德行和技術能力的德行如何
相處？即使對亞里斯多德的觀點一無所知，我們也會承認，與這種
實踐合理性相吻合的必然是一種優勢的地位。如果一切均由專家統
治或者讓技術專家爲所欲爲，那我們在生活中的位置以及我們本身
的事情會得出怎樣的後果呢？我們的道德選擇難道不該像我們的政
治選擇一樣必須成爲我們的選擇嗎？此外：只有我們信任的、合理
性的、負責的政治家作決定，我們在政治上才會感到像個人對自己
一樣的負責。

　　亞里斯多德的「實踐哲學」就建築在這種由蘇格拉底所體現的 [II 325]
眞理之上。這裡必然要對這種合理性和責任性要求作出解釋，這正
是哲學家的事情——這就是說，要求概念的努力。我們必須理解，
爲什麼在理論之外，在驚異這個原始事實中具有人類學基礎的占統
治地位的求知激情之外還存在另外一種眞正包容一切的理性運用，
它並不存在於可學的能力之中或盲目的順應潮流之中，而存在於合
理性的自我責任之中。這就是對所謂的精神科學和「實踐哲學」都
具有決定意義的觀點：在這兩者之中人有限的基本狀況相對於無限
的認知任務都處於決定性的地位。這顯然就是我們稱之爲合理性的
本質特徵，或者當我們說某人是個合乎理性的人，因爲他克服了存
在於所有臆斷知識中的獨斷企圖時的含意。它還包括我們必須在我
們有限此在的既定性中爲我們想望、力爭，並透過自己的行動能試
圖得出的東西找到其根據。對此亞里斯多德的表述是：das Hoti，
那原則，就存在於實際事務中（意即事實本身就是原則）。[2]這根本
不是充滿祕密的智慧。只有以它的科學理論意義才能說明，在這裡
事實就是原則。

---

[2]〔《尼各馬可倫理學》，A7，1098b2 以下。〕

　　事實性如何才能獲得原則的特性，首要的、規定性的「出發點」特性？「事實」在這裡所指的並不是陌生事實的事實性，對於陌生的事實我們必須學會自己解釋它們才能對付它們。它是最可理解、最爲共同的，被我們所有人一起分享的信念、價值、習慣的事實性，是構成我們生活制度的東西的總概念。這種事實性總概念的希臘詞是著名的「倫理」（Ethos）概念，是透過練習和習慣而生成的存在的概念。亞里斯多德是倫理學的創始人，因爲他使這種事實性特徵作爲規定性東西得到重視的。這種「倫理」並不是純粹的訓練或適應，它和不顧善惡的順應潮流毫不相干，哪怕它受到「Phronesis」亦即負責的合理性的保證──以及在某人具有這種合理性的地方。它根本不是天性。人在與其同伴交換意見中、在社會和國家的共同生活中信奉共同的信念和決定，這並不是隨波逐流，這恰好構成人的自我存在和自我理解的尊嚴。任何人只要不是我們所稱反社會（asozial）的人，他就是已經承認他人和與他人的交換意見以及建造一個共同的習俗世界。

[Ⅱ 326]

　　習俗（Konvention）是比我們耳裡聽到的語詞更好的東西。習俗就是指意見一致（Übereingekommensein），而意見一致的作用並不是指純粹以外部規定的規則體系的外表，而是指個體意識與在他人意識中表現的信念之間的同一性，從而也就是與人們創造的生活制度的同一性。在某種意義上這是合理性問題，而且不只是在我們一般用合理性這個詞時指的技術─實踐意義上的合理性問題。在一般意義上我們也許會說：當我想要這樣或那樣東西時，那麼首先就要做成它們，這就是合乎理性的。這就是馬克斯・韋伯著名的目標合理性。誰想達到某個確定的目標，誰就有責任知道，何種手段能用於達到這種目標，何種手段不能。因此，倫理學就不僅僅是思想問題，甚至我們的知或不知都必須負責任。知也屬於「倫理」（Ethos）。然而毫無疑問，光知道對既定目標使用正確手段，並

不是亞里斯多德 Phronesis 偉大的道德和政治意義裡所刻畫的合理性。在人類社會中最重要的是如何設定目標，或者說，如何使社會成員一致同意接受大家贊同的目標並找到正確的手段。我認為，在人類生活實踐這個領域中，整個理論認知欲問題最具決定性的意義在於，在一切理論說明之前，我們已預先假定了一切人先行獻身於某種具有確定內容的合理性理想。

　　一種帶有內容前提的科學！我認為，這裡產生出實踐哲學置身其中的真正科學理論疑難。亞里斯多德對此作了反思。例如：他曾說過，為了學會實踐哲學，亦即學會人類行為的規範概念或合理的國家憲法的規範概念，我們就必須受過教育，必須具有合理性能力。[3] 在這裡「理論」以「參與」為前提。這就是康德在完全不同的情況下提出的觀點：如果人在合理性中認識到與人的理論能力無關的道德品質，那怎麼還會容許道德的理論和哲學呢？康德在他的筆記本中留下一段著名的話，他說：「盧梭教育了我！」他想以此說 ［Ⅱ327］明：我從盧梭身上學到，文明的高度完善和文化的高度理解並不是人類道德進步的保證。他眾所周知的道德哲學事實上就是依據這一深刻見解。人類道德的自我證明並不是哲學的任務，而是道德本身的任務，被廣為引證的康德的絕對命令無非只是用抽象的反思表述了每個人的實際的自我責任所說的東西。這裡就承認理論理性知識絕不能要求對合理性的實際自主性具有任何優勢。因此，實踐哲學本身就處於實際的條件之中。它的原則就是「Daß」：用康德的語言來說，我們把這叫作倫理學中的「形式主義」。

　　我認為正是實踐哲學的這個理想適用於我們的精神科學，雖說它不願承認。把它叫作**道德科學**並非沒有道理。在這裡認識的並不是某個特定對象領域，而是人類本身對象化的總體：包括人類的行

3　〔《尼各馬可倫理學》，A1，1095a3 以下。〕

爲、痛苦及其持久的創造物。在合理性（及缺乏合理性）概念中蘊含的實踐普遍性包括我們所有的一切，因此它能夠爲不受限制的理論求知欲（無論在自然科學還是社會科學中）表現爲責任性的最高仲裁。這就是被亞里斯多德也稱爲「政治學」的實踐哲學理論，我們知識和能力的正確運用都要求理性。

如果我的看法正確的話，我覺得亞里斯多德的思想沿著他固有的，對我們關於人及其歷史性知識的思想具有典範性的道路發展。如果我們追隨亞里斯多德的思想，我們就無須從一種一般科學概念出發去思考這種人文知識的特殊形式，而是尋求傳遞這種知識的語言媒介，從而根據它的眞實根源，即人的社會現實性來建立自己的根據。因此，關鍵不在於用哲學思想或社會科學理論賦予語言和語言的媒介以中心地位，而是要認識隱藏在語言媒介中的規範含意。

這點並非偶然。狄爾泰對歷史理性令人欽佩的批判事業是以 [Ⅱ328] 它對於實驗自然科學方法典範的依賴性爲其驗證的，而且如我們今天所感到的那樣，它也受到這種方法典範的阻礙。雖說他棄絕價值論的新康德主義（里克特）也許具有足夠的理由。但這顯然必須超出和新康德主義價值論的純粹對立。特奧多·利特曾做過類似的工作。當我們 1941 年在萊比錫薩克森科學院作爲最年輕的成員聽利特的報告時，他關於「建立精神科學認識中的一般性」研究在我聽來就像一種綜合，在這種綜合中，利特基本改變了他在 1930 年那本傑出的書中制訂的自己在康德和赫爾德之間的中間地位。利特用語言在一般性和個體性之間架起橋梁，這顯然接近了我的試圖，即利用海德格對希臘形上學及其後繼的近代主體性思想作的本體論批判作爲精神科學更好的自我理解。如今我感到自己在某種程度上與利特更加接近，即相對於在自然科學中完全合法的專業語言和「純」概念構造而爲日常語言作辯護。利特從黑格爾的普遍與特殊的辯證法以及統一規定判斷力和反思判斷力中學會表述他自己的思

想。這樣就觸及到詮釋學的神經。我自己就曾試圖超越近代科學理論和精神科學哲學的視野，把詮釋學問題擴展到人基本的語言性。最後就達到亞里斯多德的合理性美德、Phronesis（實踐智慧）、詮釋學基本德行本身。它成為我本身思想構造的模式。於是，在我看來，詮釋學這種應用理論，亦即一般和個別相連繫的理論就成為中心的哲學任務。

也許特奧多·利特會反駁我的思路說，用亞里斯多德的 Phronesis 模式對精神科學作哲學辯護必然會承認先天因素（ein Apriori）的作用，這種先天因素不可能只是經驗一般化的結果。如果亞里斯多德的實踐哲學在「Daß」中發現它的原則而不承認自己作為一種哲學，亦即作為一種理論求知欲不可能依賴於在經驗中作為具體實現的道德和作為實際進行的理性所照面的東西，那麼亞里斯多德的實踐哲學就完全被誤解了。因此利特就將堅持連胡塞爾和寫作《存在與時間》時的海德格都遵循的先驗反思。雖說我也看到 [Ⅱ329] 這點，但我認為，和經驗—歸納理論如此對立雖然有道理，但卻未能認識到這種反思正是從生活實踐中感受自己的根據和界限，反思就是從生活實踐中提升出來的。這種觀點必然會拒絕按照唯心主義的分級直達「精神」的反思。我相信，亞里斯多德的謹慎以及他對人類生活中善行思考的自我限制歸根到底是正確的，它正確地——也許與柏拉圖一起——讓顯然不是簡單的經驗普遍化的哲學思想擔負起連結本身的有限性，而且如我們所經驗的那樣去連結這種自身的有限性的任務——而這正是連結我們歷史條件性的任務。

24. 正文和解釋

（1983年）

　　詮釋學問題雖說最初是從個別的科學，尤其是神學和法學出發，並且最終也是從歷史科學出發發展起來的，然而以下這一點卻是德國浪漫主義的深刻洞見，即理解和解釋並不像狄爾泰所說只是對固定在文字中的生命表現起作用，而是涉及到人與人之間以及人與世界之間的一般關係。甚至由此引申出來的像「Verständnis」（理解，相互理解，取得一致意見）這樣的詞也被印上這種烙印。在德語中理解（Verstehen）也指「對某事取得一致意見」（für etwas Verständnis haben）。因此，理解能力是人的基本素質，它使人能夠與他人共同生活，特別使人能夠達到語言並能進行互相的談話。就此而言，詮釋學的普遍要求是根本不容置疑的。另一方面，發生在人與人之間的相互理解事件的語言性也意味著一種不可逾越的界限，德國浪漫主義首先對這種界限的形上學含意作了積極的評價。它是用以下句子表述的：Individuum est ineffabile（個體是無法形容的）。這個命題表達了古代本體論的界限（當然無法從中世紀得到證實）。但對於浪漫主義意識來說，它意味著：語言永遠不可能達到個人最後的、不可取消的祕密。這恰當地說出了浪漫主義時代人的生活感受，並且指出了語言表述本身固有的規律性，這種規律性不僅構成這種語言表述的界限，而且也構成它對於造就把人類聯合在一起的 common sense（共同感覺，共通感）的意義。

　　對我們今天的提問立場的前史回憶是有益的。發端於浪漫主義的歷史科學方法意識以及碩果纍纍的自然科學典範造成的壓力，

導致哲學反思把詮釋學經驗的普遍性簡化成它的科學表現形式。威廉·狄爾泰在自覺推進弗里德里希·施萊爾馬赫及其浪漫主義朋友的觀念時，試圖在精神科學的歷史性上奠定精神科學的基礎，新康德主義者則以其先驗的文化哲學和價值哲學形式為精神科學作知識 [II 331] 論證明，但無論狄爾泰還是新康德主義者都沒有認識到詮釋學基本經驗的整個範圍。在康德和先驗唯心主義的故鄉，比起那些文字 les Lettres 在公眾生活中具有決定作用的國家來，這種情況甚至更為嚴重。然而哲學反思最終卻到處都沿襲了相同的思路。

　　我自己的出發點也源於對唯心主義以及知識論時代的方法論主義的批判。尤其海德格把理解概念深化成一種生存論概念，亦即深化成一種對人的此在的絕對基本規定，這對我非常重要。這就促使我批判地超越關於方法的討論，並且擴展詮釋學的提問立場，使之不像以往那樣只關注科學，而且也關注藝術經驗和歷史經驗。海德格在分析理解時懷著批判和論戰的目的，他以詮釋學循環的古老說法為依據，把詮釋學循環作為某種積極的因素加以強調，並在他的此在分析中用概念對此加以表達。但我們一定不要忘記，這裡討論的並非作為一種形上學隱喻的循環性，而是在科學證明理論中作為惡性循環（circulus vitiosus）理論而有其特有地位的邏輯概念。詮釋學循環概念只是表明，在理解領域內根本不能要求從此物到彼物的推導，所以循環性的邏輯證明錯誤不代表理解程序的錯誤；相反，詮釋學循環乃是對理解結構的恰當描述。所以，把詮釋學循環作為對邏輯推理理想的限制這一講法是透過狄爾泰被引入施萊爾馬赫的後繼者中的。如果我們注意到與從語言用法出發的理解概念相適宜的真正範圍，那麼詮釋學循環的講法實際上就指明了在世存在（In-der-Welt-Sein）的結構本身，亦即指明了對主—客體二分的揚棄，這正是海德格對此在先驗分析的基礎。正如懂得使用工具的人不會把工具當作客體，而只是使用它，同樣，此在在其存在和世界

中得以領會自身的理解也絕不是和某種認識客體打交道，而是實現
它的在世存在本身。於是打上狄爾泰印記的詮釋學方法論就轉變成
[Ⅱ332]　一種「事實性詮釋學」（Hermeneutik der Faktizität），它引導出海德
格對存在的追問，並包括了對歷史主義和狄爾泰的更深一層的追問。

　　眾所周知，海德格後來卻完全放棄了詮釋學概念，因爲他發
現，他用這種方法並不能突破先驗反思的禁區。他的哲學思考儘管
試圖把拋棄先驗概念作爲「轉向」（Kehre），但卻日益陷入一種
語言困境，從而使許多海德格的讀者認爲在他的轉向中更多的是詩
而不是哲學思考。我認爲這種看法當然是錯的。[1]因此，我自己的動
機之一就是試圖找到可以指明海德格關於並非在者存在那樣的存在
的講法的道路。這又一次把我更有力地引導到古典詮釋學的歷史，
並且迫使我在對它的批判過程中重新發揮它的作用。我自己的觀點
使我發現，只要思考者相信語言，也就是說，只要他與其他思考者
和其他人的思想進行對話，那麼任何一種概念語言，甚至包括海德
格所謂的形上學語言都不會成爲思想無法穿透的禁區。由海德格進
行的對主體概念的批判證明了這一概念具有實體的背景，由於我完
全承認海德格的這種批判，所以我試圖在對話中領會原始的語言現
象。這同時也意味著把德國唯心主義作爲思辨方法加以發展的辯證
法從詮釋學上重新返回到生動的對話藝術，蘇格拉底—柏拉圖式的
思想運動正是在這種對話中進行的。但這並不表明它只是一種消極
的辯證法，儘管希臘的辯證法總是不斷使人認識其基本的不可完成
性。它乃是對以絕對唯心主義完成的近代辯證法方法理想的糾正。
正是出於這相同的興趣，所以我一開始並沒有在科學所進行加工的
經驗中尋找詮釋學的結構，而是在所謂精神科學當作其對象加以處

1　〔參見我關於海德格後期著作的研究文集《海德格之路──後期著作研究》，
　　圖賓根，1983 年；現載我的著作集，第 3 卷。〕

理的藝術經驗和歷史經驗中尋找詮釋學的結構。任何一種藝術品，不管它表現爲一種歷史的所與物還是作爲科學研究的可能對象，它總向我們訴說著什麼 —— 它的陳述永遠不可能最終完全凝結在概念之中。這也同樣適用於歷史經驗，歷史研究的客觀性理想其實只是事情的一個方面，甚至是比較次要的方面，而歷史經驗的特徵就在於，我們本身就置身於事件之中，卻又不知曉它如何對我們發生，[II 333] 往往只是在回顧中才認識到發生了什麼，與此相應，歷史必須由每一個新的當代重新撰寫。

最後，類似的基本經驗也同樣適用於哲學和它的歷史，這不僅可以從只寫對話從不寫獨斷正文的柏拉圖身上看到。甚至黑格爾稱作哲學中的思辨以及他自己哲學史研究以之作爲基礎的東西，我認爲也一直是對用辯證方法加以表現的努力的不斷挑戰。因此，我的試圖恰恰在於抓住所有感性經驗的不可完成性，並從海德格關於有限性的中心意義觀點得出詮釋學的結論。

在這種情況下，與法國思想的接觸對我就意味著一種眞正的挑戰。尤其德里達針對後期海德格曾指出，後期海德格事實上並未破除形上學的**邏各斯中心主義**（Logozentrismus）。不管海德格追問眞理的本質還是存在的意義，他說的都是把意義當作現成在手的，並可以找到的形上學語言。在這一點上尼采更爲澈底。尼采的解釋概念並不是指找到現成在手的意義，而是讓意義爲「權力意志」服務。因此形上學的邏各斯中心主義在尼采那裡才第一次被破除。這種首先由德里達提出的對海德格觀點的繼續發展被理解爲海德格觀點的澈底化，它內在的邏輯必然地會完全放棄海德格自己的尼采解釋和尼采批判。尼采並非在價值概念和作用概念中達到頂峰的存在遺忘的極端代表，其實尼采眞正克服了海德格追問存在、存在的意義和要尋找的邏各斯時仍圍於其中的形上學。現在已經很清楚，正是後期海德格本人爲了避免形上學語言而發展出他半詩化的特殊語

言，這種特殊語言從一開始就試圖成爲一種新的語言並給人提出一
項任務，即要經常能夠成爲這種語言的翻譯者。到底在多大程度上
能夠找到這麼一種語言也許仍存疑問——但任務畢竟已經提出了。
這就是「理解」的任務。我認識到——尤其透過與法國思想的後繼
者的對峙——我自己「翻譯」海德格的企圖就證明了我的限制，它
尤其表明，我自己如何強烈地扎根在精神科學的浪漫主義傳統及其
[II 334] 人文主義遺產中。但我正是相對這種承載我的「歷史主義」傳統而
找到一種批判的立場。列奧·斯特勞斯早就在一封業已發表的私人
信件中向我指出，[2]尼采爲海德格和狄爾泰爲我構成了批判的方向。
海德格的澈底性也許就表現在，他對帶有胡塞爾印記的現象學新康
德主義的批判最終使他實際上在尼采身上認出他稱之爲存在遺忘史
的最後的終點。但這卻是一個特別具有批判性的斷言，它不僅要追
溯到尼采，而且還要超越尼采。我感到在法國的尼采後繼者身上有
一種欠缺，他們未能在尼采的意義上把握他思想的探索性。我覺
得，只有用尼采的意思把握他思想的探索性，他們才可以認爲，海
德格力圖從形上學背後挖掘的存在經驗在澈底性上被尼采的極端主
義超過了。實際上在海德格關於尼采的形象中具有深刻的兩面性：
一方面他最澈底地追隨尼采的思想，另一方面正是在那裡他發現了
形上學的非本質的作用。因爲在所有價值的估價和重新估價中實際
上是存在本身變成一種爲「權力意志」服務的價值概念。海德格思
考存在的企圖遠遠超越這種把形上學消融在價值思考中的做法，或
者說，他追溯到形上學的背後，而不是像尼采那樣，在形上學自我
消融的極端中感到滿足。這種回溯並未拋棄邏各斯概念及其形上學
含意，但卻認識到它的片面性以及「膚淺性」。對此最具決定性意

2　〔「關於《真理與方法》的通信——列奧·斯特勞斯和漢斯—格奧爾格·高達
　　美」，載《哲學獨立雜誌》，第 2 卷（1978 年），第 5-12 頁。〕

義的是，存在並不終止於它的自我顯示（sich zeigen），而是同時帶有一種既顯示自身又克制自身甚至隱遁自身的原始性。這正是首先由謝林用以反對黑格爾的邏輯唯心主義指出的觀點。海德格重又提起這個問題，但他卻同時附加上謝林所缺乏的概念力。

因此，我就努力做到不忘記蘊含在所有詮釋學意義經驗中的界限。當我寫下「能被理解的存在就是語言」[3] 這句話的時候，裡面就蘊含著以下意思：凡存在的，絕不可能被完全理解。因為語言所引導的總是超出了陳述中所出現的東西。凡能被理解的，總要進入語言——當然它總要作為某種東西而被覺察。這就是存在「顯示自身」（sich zeigt）的詮釋學度向。「事實性詮釋學」意味著詮釋學意義的轉變。當然，我在試圖描述我研究的問題時完全跟隨體現在語言中的意義經驗的引導，以便指出這種意義經驗為語言設定 [Ⅱ 335] 的界限。我致力於研究的「趨向正文的存在」（Sein zum Texte）在界限經驗的澈底性上當然不能與「趨向死亡的存在」（Sein zum Tode）相比，追問藝術品的意義以及我們所遭遇的歷史的意義這種不可完成的問題相較於人類此在追問其本身的有限性這種原始現象也相形遜色。因此我能夠理解，後期海德格（德里達可能認為自己在這點上與海德格一致）為什麼會認為，我並沒有真正跳出現象學內在性的禁區。這種內在性貫穿胡塞爾思想的始終，同時也是我最初新康德主義烙印的基礎。我同樣能夠理解，人們為什麼相信在我堅持詮釋學循環中可以看出這種方法的「內在性」（Immanenz）。實際上我覺得，想突破詮釋學循環是一種不可實現的，甚而矛盾的要求。因為這種內在性其實不過是對所謂理解的一種描述，正如施萊爾馬赫及其後繼者狄爾泰所認為的。自赫爾德以來，我們就不僅

---

[3] 《真理與方法——哲學詮釋學的基本特徵》，見我的著作集，第 1 卷，第 478 頁。

僅把「理解」看作一種揭露既存意義的方法過程。正是面對所謂理解的範圍，在理解者和理解對象之間周轉的循環性才能要求眞正的普遍性，我覺得，正是在這一點上，我們可以追隨海德格對胡塞爾先驗終極證明中蘊含的現象學內在性概念的批判。[4]我試圖闡明的語言的對話特徵遠遠勝過在主體的主觀性與在說話者的意圖中尋找出發點。談話過程中產生的並不只是把設想的意義固定下來，而是一種經常變換的試圖，或者說是經常重複地參與某事並與某人交往的試圖。但這就意味著自我棄置（sich aussetzen）。說話也並非只是展示和指出我們的前見，讓前見發生作用 —— 聽任自己的懷疑和對他人的異議。誰都不知道這種經驗 —— 尤其是針對我們想使其相信的他者 —— 我們心中的充足理由，特別是對某人說的充足理由是如[Ⅱ336]何迫不及待地進入語詞的。只要我們相遇的他者的在場，即使他並未開口表示異議，也有助於揭露和解除我們的侷限性和狹隘性。在這裡對我們來說成為對話經驗的東西並不僅限於理由和相反理由的範圍，而每次爭論的意義也許正終結於這種理由和相反理由的交換和統一之中，正如以上描述的經驗所示，其實還存在他者的東西，即所謂他在的潛在性，它總是會超越一切共同意見的一致性。這就是黑格爾未曾跨越的界限。雖說他已經認識到在「邏各斯」中具有支配作用的思辨原則，甚至以非常具體的方式指出這一點。他把自我意識的結構和「在他者中認證自我」的結構擴展成承認的辯證法，並把它提到生死之爭的高度。同樣，尼采的心理學深刻洞見懷著極大的熱情把「權力意志」的基礎提升為意識：「甚至在奴隸心中也有權力意志」。這種自我放棄和自我堅持的對峙擴展到理由和相反理由的範圍內，因此也擴展到實際的對立意見中，這正好表示

4　〔早在 1959 年，我就試圖在獻給海德格的論文〈論理解的循環〉中指出這點。
　　參見本書第 57 頁以下。〕

海德格對我發生重要意義的關鍵，因為他正好在這裡認識了希臘本
體論的「邏各斯中心主義」。

　　這裡我們可以感到希臘典範的侷限。這種侷限是由《舊約‧聖
經》、保羅、路德以及首先由其現代復興者批判地指出的。當人們
發現蘇格拉底式的對話可以作為思維的基本形式時，對話中的這個
層面並未達到概念的認識。也許它只是使一個具有詩意想像力和柏
拉圖語言能力的作家能如此描述他的蘇格拉底的魅人形象，從而把
人物和為人物擔心的情欲張力真正表現出來。然而，如果該作家只
就引導談話這一點來解釋他的蘇格拉底而撇開其他現象，甚至不管
這些現象，那他同時就有一個前提，即邏各斯對所有人都是共同的
而並非他獨有的。正如我已指出，對話原則的深刻意義只是到了形
上學行將就木之時，亦即在德國浪漫主義時代才進入哲學意識，並
在本世紀為著反對唯心主義的主體侷限性才得到復興。我正是在這
裡開始詢問，在談話中建立的意義共同性與他者他在性的不可穿透
之間是如何互相調解的，而語言性究竟又是什麼：橋梁還是障礙。
如果是橋梁，則彼此可以藉此進行交往，並可跨越他在性的洪流建　[Ⅱ337]
造起自在性。若是障礙，則就會限制我們的自我使命，並限制我們
完全說出和傳達自身的能力。

　　於是，在這種普遍的提問範圍內，「正文」概念就表現為一種
特有的挑戰。這又是使我們和我們的法國同行相連繫抑或和他們相
分離的因素。不管怎樣，我的意圖就是要以「正文和解釋」這個論
題重新闡明我的觀點。正文和語言的關係如何？能從語言進入到正
文中的究竟是何物？什麼叫說話者之間相互理解？所謂諸如正文這
樣的東西能夠對我們表現共同的東西，或者說，當人們相互理解時
就會出現象正文那樣對我們來說是同樣的東西，這些究竟是什麼意
思？正文概念如何能夠經歷如此普遍的擴展？每一個了解當今哲學
傾向的人都清楚地知道，這個論題涉及的要遠遠超出對語言科學方

法論的反思。正文並非只是文學研究對象領域的名稱,解釋也非僅是對正文作科學闡釋的技術。這兩個概念在 20 世紀都根本改變了它們在我們認識和世界方程中的地位。

　　顯然這種變化和語言現象在此期間在我們思想中取得的作用相連繫,但這只是一種恆真句的說法。語言在哲學思想中獲得中心地位,這也許又和哲學在過去 10 年中所發生的轉折相連繫。現代科學追隨的科學認識的理想是從自然的數學構思模型(正如伽利略在其力學中首先發展的)出發的,這表明,語言的世界解釋,亦即在生活世界中用語言表示的世界經驗,再也不構成提問和求知慾的出發點。如今只有從理性規則出發可解釋和可構造的東西才是構成科學的本質的東西。於是,儘管自然語言仍然堅持其觀看和講述的固有方式,它卻喪失了其不言而喻的優勢地位。這種現代數理自然科學含意合乎邏輯的推廣,就使得語言理想在現代邏輯學和科學理論中被單一的指稱理想所取代。如果說自然語言在此期間重又作為「普遍性」占據了哲學的中心,那這是和科學的通向世界的普遍性相連繫的邊際經驗有關。

[Ⅱ 338]　　當然,這並非表示一種單純的返回到生活世界的經驗及其語言的沉澱,儘管我們把這種經驗語言的沉澱看作希臘形上學的主線,對它的邏輯分析則導致了亞里斯多德的邏輯學和思辨的語法(grammatica speculativa)。如今則正相反,並不是它的邏輯成就,而是作為語言的語言及其通向世界的說明圖式被人所知,並因此變更了原本的觀點。這在德國傳統內部表現為浪漫主義觀念的重新獲得——施萊格爾、洪堡等等。不管在新康德主義者還是第一代的現象學者那裡,語言問題都根本沒有受到注意。只是在第二代人那裡,語言這個媒介世界才成為討論的論題,例如:在恩斯特・卡西爾那裡,尤其是在馬丁・海德格身上,漢斯・利普斯首先追隨的就是海德格。在盎格魯—撒克遜範圍內,類似的情況則表現在維根

斯坦從羅素（B. Russell）觀點出發所作出的繼續發展。當然，對我們來說，這裡涉及的不再是建築在比較語言學基礎上的語言哲學，抑或歸屬於一般符號理論的語言構造理想，而是涉及到思想和講話之間謎一般的連繫。

於是，我們一方面有符號理論和語言學，它們導致了對語言系統和符號系統的功能方式和構造的新認識；另一方面則有認識理論，這種理論認識到，語言就是對一切世界通道（Weltzugang）進行媒介。兩者的共同作用使我們在一種新的光亮中看到對科學的世界通道進行哲學證明的出發點。它的前提是，主體在方法的自我確定性中藉助理性的數學構造強占了經驗實在性，並用判斷句對它進行表達。由此主體就實現了它本身的認識任務，這種實現在數學符號化中達到頂峰，自然科學正是在這種數學符號化中達到普遍有效性。按照這種觀念，語言這個媒介世界就被排除在外。但就語言現在作爲媒介世界被人認識而言，它表明自己是一切世界通道的首要媒介。這樣，語言的世界模式的不可超越性，就得到清楚表現。因其無可爭辯的自我確定性而成爲一切有效性的起源和證明依據的自我意識的神話，以及先驗主義和經驗主義爭論不休的最終根據的理想面對語言系統的優先性和不可超越性，就喪失了它的可信性，而所有的意識和知識正是用語言系統來表達的。透過尼采我們學會了懷疑用自我意識的自我確定性來證明眞理。透過佛洛伊德我們認識 [II 339] 了因這種懷疑而被人嚴肅看待的令人吃驚的科學發現，而在海德格對意識概念所作的澈底批判中，我們看到了源於希臘邏各斯哲學並在其現代轉折中把主體概念置於中心地位的概念偏見。所有這些都使我們世界經驗的「語言性」獲得了優先地位。無論針對自我意識的幻象還是實證事實概念的天眞，語言的媒介世界都證明自己是既存物的眞正層面。

我們正是從這裡理解了解釋（Interpretation）概念的崛起。解

釋這個詞原本開始於調解關係（Vermittlungsverhältnis），即在操不同語言的講話者之間作為中間人的作用，亦即翻譯者，然後它被轉用到解開難以理解的正文。當語言的媒介世界對於哲學意識表現出它先定意義的當口，解釋也必定在哲學中取得某種關鍵地位。這個詞是隨著尼采開始出現在哲學中，並且同時成為對一切實證主義的挑戰。難道真的存在有從其確保的出發點出發認識就能尋求普遍性、規律和規則並在其中得到實現的這樣的所與物嗎？難道所與物本身不正是某種解釋的結果？解釋就是在人和世界之間進行永無止境的調解，因此它就是唯一真正的直接性和所與性，從而使我們能把某物理解為某物。相信記錄語句是所有認識的基礎，這甚至在維也納學派中也未能持續多久。[5]甚至在自然科學範圍內，認識的證明也無法避免詮釋學這一結論，即所謂的所與物根本無法與解釋相分離。[6]

只有在解釋的光亮中某物才會成為一件事實，某種觀察才證明為可以被講出來。更為極端的做法是海德格的批判，他揭露了現象學的意識概念以及——像舍勒的——「純知覺」的概念均是獨斷的。因此，在所謂的知覺之中就發現有把某物作為某物的詮釋學理解（das hermeneutische Etwas-als-etwas-Verstehen）。但這最終就說明，解釋並不是認識的附加過程，它構成「在世存在」（In-der-Welt-Sein）的本源結構。

[Ⅱ340]　　不過，這是否表明解釋只是**添加**意義（Einlegen von Sinn）而並非**尋找**意義（Finden von Sinn）？這顯然是由尼采提出的問

5　〔莫里茨·石里克：〈論認識的基礎〉，載《1926-1936 年論文集》，維也納，1938 年，第 290-295 頁和第 300-309 頁。〕

6　〔對此似可參看較新的科學理論，詳見 J. C. 魏斯海默的《高達美的詮釋學——讀〈真理與方法〉》（耶魯，1985 年）。〕

題，這個問題既決定詮釋學的範圍和領域，也決定它的對方的反駁意見。無論如何我們要承認，正是從解釋概念出發，正文概念才能作爲中心概念建立在語言性的結構之中；這表明，正文概念只有與解釋相連繫並從它出發才表現爲眞正的所與（Gegebene）、要理解之物（zu Verstehende）。這也適用於對話中的相互理解（Verständigung），因爲人們可能重複有爭議的陳述，從而使意圖去追隨有約束的表述（Formulierung），這個過程在記錄下的文字中達到頂點。正文的解釋者也在同樣的意義上問，眞正存在的究竟爲何物。只要每個如此發問的人都企圖要求爲他自己的設想尋找直接的證明，那就總能找到一種先入的、充滿前見的回答。然而，這樣引證存在的東西，則正文相對於對正文的解釋可能的疑問性、任意性或至少是多義性就永遠是堅固的關聯點。

這又可以從語詞的歷史中得到證明。「正文」這個概念基本上是從兩種連繫進入現代語言的。一方面是作爲在布道和教會理論中進行解釋的聖經的經文，因此正文是所有注釋的根據，而一切注釋則是以信仰眞理爲前提。「正文」這個詞另一種自然的用法是我們在與音樂連繫中遇到的。在音樂中，正文乃是歌曲的正文，音樂詞義解釋的正文，就此意義而言，正文並非預先給定的東西，而是一種從歌唱過程中產生的東西。這兩種正文一詞的自然使用方法——也許兩種用法一起——都可以回溯到古典後期羅馬法學家的語言用法，這些法學家針對解釋法典和運用法典的爭議性用查士丁尼法典來突出法律正文。於是，凡是我們把事物歸併進經驗時遇到阻力的地方，凡是回溯到想像的所與物時能爲理解指出一個指向的地方，正文這個詞就會得到廣泛傳播。

關於「自然之書」這種喻意的說法也以同樣的含意爲根據。[7]這

---

[7] 〔參見 E. 羅特哈克：《「自然之書」：隱喻史材料及原理》。據 W. 佩皮特遺著，

種書是上帝用自己的手指寫下的正文並由研究者進行破譯的文體，
也就是說，透過研究者的解釋使它可以被人閱讀，得到理解。因
[II 341] 此，凡我們對所與物作預先的意義猜測，而這種意義猜測又並非不
受抵抗地進入意義期待的地方，我們就能——而且只能在這裡——
發現與正文概念具有的詮釋學關係在發生作用。正文和解釋互相連
結得如何緊密，完全可以從以下情況中表現出來，即使傳承下來的
正文對於解釋也並非總是預先給定的。常常是解釋導致了正文的批
判產生。當我們搞清了解釋和正文這種內在關係，我們才會獲得方
法上的益處。

從對語言所作的這種觀察中產生的方法上的益處在於，「正
文」在此必須被理解成一個詮釋學的概念。這就是說，不要從語法
學和語言學的角度來看待正文，亦即不要把它看作完成品，可以據
此分析它的製作，並企圖撇開它所傳達的所有內容去解釋語言據
以起作用的機制程序。從詮釋學的立場看——也就是第一個讀者的
立場——正文就是單純的中間產品（Zwischenprodukt），是理解
事件中的一個階段，作爲這樣一個階段，它固然包括某種抽象，亦
即甚至把這個階段也孤立化和固定化。但這種抽象與語言學家所熟
悉的方向剛好相反。語言學家不會介入對正文中所表達的事情的理
解，而是澄清語言的功能，說明正文可能說什麼。語言學家討論的
並非正文傳達了什麼，而是正文如何可能傳達某事，用何種符號規
則和連結手段進行。

詮釋學的考慮則正相反，它唯一關心的就是對所說出的話進行
理解。因此，語言的功能僅僅只是前提條件。所以，首要的前提就
是，某種聲音表達是可理解的，或某種文字表述是可以被解讀，從
而以使對所說的話或在正文中所寫的進行理解有所可能。正文必須

波昂，1979 年。〕

是可以閱讀的。

　　爲此，語言用法又一次給予我們重要的提示。當我們在評論某種文體或判斷某種翻譯時想說明它品質低劣時，我們是在一種苛求的意義上談論某種正文的「可讀性」（Lesbarkeit）。這當然是一種轉義的說法。但它卻把意思表達得十分清楚，就像通常在翻譯或改編時所發生的情況一樣。它的否定的對應詞是不可讀性（Unlesbarkeit），它總是意指作爲文字表達的正文無法完成它的任務，無法使正文中記述的事情不受阻礙地得到理解。這可以從以下情況得到證明，即我們在理解正文所述之事時總是要預視（vorausblicken）。唯有從這點出發我們才把一件正文視爲和認定爲可讀的。

　　語言學的工作就是要把製造某種可讀的正文作爲自己的任務，　　[II 342]這是很清楚的。然而很顯然，提出這種任務總以對正文有某種程度的理解爲出發點。只有當正文已被解讀，而被解讀的正文又並非痛痛快快地被人理解，而是提出障礙，於是人們才會問，正文中所述的究竟是什麼，對傳承物的閱讀以及選用的閱讀方法是否正確。語文學家要生產出可讀的正文，他對正文的處理完全類似於透過直接聽覺傳達進行的，並非只是聽覺上的理解。我們說，如果某人能夠理解，則他必然已經聽見。與此相應的是口頭布道的聽覺理解的不確實性類似於閱讀方式的不確實性。在這兩種情況中都有一種回饋作用。前理解，意義期待以及種種並不存在於正文中的事情都對正文的理解起著作用。這在翻譯某種陌生語言時表現得十分明顯。在翻譯時，對外語的掌握只是一種前提條件。如果說在這種情況下也要說到「正文」，那只是因爲它並非只是被理解，而是要用另一種語言轉達出來。這樣它就變成了「正文」，因爲所說的並不只是被理解，而是成了「對象」——其目的是針對各種可能性，重新給出「原本語」中的意義，這裡就又存在一種詮釋學關係。每一種翻

譯，即使是所謂的逐字逐句的字面翻譯，都是一種解釋。

　　讓我們概括起來說一下，由於語言學家撇開對事物的理解，他作爲研究對象的東西對於理解本身只是可能注意的模稜兩可的極限情況。理解過程所進行的與語言學恰好相反，它是一種語言遺忘（Sprachvergessenheit），話語或正文就被置於此種語言遺忘之中。只有當語言遺忘受到干擾，也就是說，凡理解不能成功的地方，正文的原話才會被詢問，而正文的製造才能成爲一種獨特的任務。我們在語言用法中雖說區別了原話（Wortlaut）和正文（Text），但這兩個名稱總可以互相替代，這並非偶然。（甚至在希臘語中說話和書寫也匯聚在語法〔Grammatikē〕這個概念中）正文概念的擴展也許從詮釋學角度看很有理由。不管是口頭的還是文字的，正文的理解無論如何總有賴於交往的條件，這種條件超出僅僅固定在所說話中的意義內容。我們可以說：眞要想回溯到原話或是正文，那就必定總要受到理解境遇特殊性的推動。

[Ⅱ343]　　在「正文」這個詞今天的用法中同樣也能清楚地追溯到「正文」這個詞的語詞史所指出的內容。毫無疑問存在某種最弱級的正文，我們甚至幾乎不能把它叫作「正文」，例如：爲了有助於記憶而作的筆記。在這裡唯有當記憶失靈而筆記變得陌生而不可理解，因此有必要回溯到符號狀態，亦即回溯到正文的時候，才會提出正文的問題。但一般說來筆記並不是正文，因爲它只是作爲回憶的線索使人重新想起記錄的含意。

　　然而另一種關於理解的極端例子一般也並不推進關於「正文」的說法。這大概就是科學報告，這種報告一直以確定的理解條件爲前提。這在於它們的特殊報告人，這些人指的就是專家。如果說筆記只是給我自己看的，那麼科學報告的情況也是如此，雖說它是發表的，但卻並非給所有人看的。只有對那些熟悉研究的狀況和研究所用的語言的人，它才是可以理解的。假如這個條件得到滿足，那

麼參與者一般說來就無須回溯到作為正文的正文。只有當這些表述出來的意見使他覺得完全不可信並且必須自問：難道這裡不存在誤解麼？這時他才會回溯到正文。——對於科學史家的情況當然不一樣，對於他們來說，這些科學的證據就是真正的正文。這些證據需要解釋，因為這裡作解釋的人並非是這些證據意指的讀者，並且必須跨越在他和原始讀者之間存在的距離。雖說我在其他地方已經強調指出，[8]「原始讀者」（ursprünglicher Leser）這個概念是相當含糊的。然而在研究的過程中他大概會有自己的規定性。出於同樣的理由，當人自己是一封信的收信人時，他一般不會談論信的正文。只要在理解中不出現特別的障礙從而必定要回到詳細的正文，那麼就會順利地進入書面交談中，書面談話基本上也要求口頭交談所適用的同樣基本條件。兩者都具有互相理解的良好意願。因此，凡要尋求理解，就要有良好的意願作為前提。於是問題就在於，如果沒有提到確定的收信人或收信人團體，而是無名的讀者——或者說，並非提到的讀者，而是一個陌生人想理解正文，那麼這種情境及其含意在多大程度上仍是給定的呢？寫一封信就像其他形式的談話試圖一樣，正如在直接的語言接觸或在所有練熟了的實際處理情況中一樣，只有理解中出現障礙才會促使人們對所說的內容的精確原文產生興趣。 [II 344]

　　正如在談話中的情形一樣，寫信者無論如何都試圖報告他所意指的事情，這就包括對收信者的預期，他和該人分享共同的前提，並指望他的理解。收信者則如其意指的那樣取出其中的含意，這就是說，他對信中的話進行補充，把它具體化，而並非按照字面取其抽象的意義內容，從而理解這封信。這就是為何人們在信中不能像

8　　首先參見《全集》，第 1 卷，第 397 頁以下，特別是第 399 頁以下，那裡這樣說「原始的讀者這一概念完全是未經澄清的抽象」。

在直接談話的情形中那樣講某些事情，即使這封信是寫給他非常信任的人。在直接的談話中有許多東西共同幫助人們正確地理解，起碼人們在談話中總能夠根據答覆來澄清或辯護所指的意思。這一點透過蘇格拉底的對話和柏拉圖對書面文字的批判已是眾所周知。從理解境遇中脫離出來的邏各斯很容易受到誤用和誤解，因爲它缺乏生動的談話所具有的明顯的修正，這種缺點自然也包括書面文字。

這裡就出現了對於詮釋學理論具有中心意義的重要推論。如果說一切用文字固定下來的東西都與理解境遇隔開，那麼它對寫作意圖本身則意味著某種意思。因爲我們作爲寫作者都了解所有文字書寫的問題，因此，我們都受控於對讀者的預期，我們期望他能產生符合意義的理解。正如在生動談話中，我們透過講話和回答尋求達到理解，但這就是說，我們尋找恰當的詞並運用語調和手勢，期望這些能幫助對方的理解，同樣，在寫作時雖說不能尋找合適的詞來告知，但也必然要在正文中開闢一個解釋和理解的視域，這個視域必須由讀者來填寫。「書寫」（Schreiben）並非僅僅把所說的話記下來。雖然一切文字書寫的東西都要回指原來所說的，但它必定也要前瞻（Nach vorwärts blicken）。一切說出的話總是指向相互理解，並把對方包括在內。

於是我們也可以談論記錄的正文，因爲記錄歷來是被當作文件，也就是說，應當回指其中所記的東西。因此它就需要對方特殊的標誌和簽名。在商業和政治方面簽署的條約也需要這一套。

[Ⅱ345]　由此我們就達到一個總括的概念，這個概念是一切正文構造的基礎，同時也使這種構造與詮釋學的連繫明顯可見：每一次向正文的回溯——不管涉及的是真正用文字寫下的正文抑或只是重複在談話中的表述都是一樣——都是指「證物」（Urkunde），即最初講出的或宣告的東西，這些可以作爲同樣的意義而起作用。這種「證物」應當被理解，這規定了一切文字書寫物的任務。寫下來的

正文應該這樣固定原始的宣告，以使其意義被人清楚地理解。與書寫者任務相應的是閱讀者、收信者、解釋者的任務，他們應當達到理解，亦即使寫下的正文重新講話。在這個意義上可以說閱讀和理解就意味著使證物返回它原初的真實性。只有當寫在文字中的意義內容發生爭議才會提出解釋的任務，解釋就是要獲得對「證物」的正確理解。然而，「證物」卻並不是講話者或寫作者原本所說的，而是假設我作為它原始的談話夥伴時它所曾經想說的。這一點在把「命令」解釋為詮釋學問題上表現得很明顯，即命令應該「按意義」遵守（而不是按字面）。因此，實際的結論就是，正文並不是一種給定的對象，而是理解事件程序中的一個階段。

這種普遍的情況可能在法典的編纂和相應的法學詮釋學中得到很好的反映。法學詮釋學能具有典範功能並非偶然，在法學詮釋學中引用書面文字以及經常引證正文這兩者連繫得很緊。凡被制定為法律的，歷來就為著調解或避免爭吵。因此，在這裡就總有必要回溯到正文，不光對於訴訟者發生爭執的雙方，而且對於制定法律、代表法律說話的人、法庭都是如此。因此，凡制訂法律，締結具有法律效力的契約以及作出具有法律效力的裁決都要求相當嚴格，它們的文字表述應當相當精確的。因此，決議或協議的制訂都被要求從正文出發具有清晰的法律意義，並且避免誤用或曲解。「文件化」（Dokumentation）的要求就在於它必須能被正確可靠地解釋，哪怕這些檔的作者，例如：立法者或締約雙方並沒有想到這一層。這就包含了以下意思。起草文件時必須一開始就同時想到解釋的活動空間，這種解釋的活動空間是為必須應用這種空間的正文的「讀者」而形成的。這裡的關鍵就在於——無論對於「布道」或「法典」都一樣——避免爭吵、排除誤解和誤用，盡可能達到清楚的理解。相對於純粹的公布法律或訂立契約，書面文件將提供合法的、附加的安全係數。但這裡還包含以下意見，這裡仍然保存著按照意 [II 346]

義進行具體化的活動領域,這種具體化在實際的法律活動中引導著解釋。

　　法律制訂的有效性要求在於它像正文一樣,不管它是否像法律條文那樣編纂成文。法律像規章一樣,它的實際運用總是需要解釋,這反過來又說明,任何實際運用總已包括了解釋。因此,司法實踐、先例或迄今為止的執法都一直具有一種法律創造的功能。因此,司法上的例子典範清楚地表明,任何一種正文的製作都與解釋以及正確的、符合意義的應用具有預先的關聯。應該承認,在口頭處理程序和文字處理程序之間的詮釋學問題基本上乃是相同的。例如:我們可以想一想盤問證人的情況。我們通常並不透露給證人有關調查的過程和尋找判決的努力。因此,證人遇到向他提的問題都帶有「正文」的抽象性,而證人必須作出的回答也是如此。這表明這些也像文字表述一樣。用文字記載證人的證詞會使證人感到不滿,這就表明了上述情況。雖說證人不能否認他所說的話,但卻不能讓證詞孤立存在,最好能立刻對它進行解釋。因此,在記錄證詞時應當考慮到這一點,即在重複證人的實際證詞時要盡可能正確評判對證人意向的記錄。上述證詞的例子又反過來表明,文字的處理方法(例如:審訊過程中文字的部分)如何和談論過程連繫在一起。和證人提供的證詞相分離的證據也已與調查過程的文字確認相分離。類似情況顯然也適用於以下場合:某人書面提供一種允諾或一個命令或一個問題,它們也會包含有和原來的交往情況相脫離的情形,從而必須以文字的方式表述其原來的意義。在所有這類情況中顯然總要回溯到原來的告知境遇。

　　這也可以採用現今文字寫作所發明的附加標記的方法,以便易[II 347] 於達到正確的理解。例如:問號就是一種這一類的指示,它表明用文字記錄下的句子原來一定是怎麼表述的。西班牙語用兩個問號把問句括出來,從而以令人信服的方式表達出這種基本意圖。甚至在

開始閱讀的時候就使人們知道如何表達出適當的段落。在許多古老的文化中一般都沒有標點符號，缺乏這種標點符號又從另一方面證明，唯有透過書寫的正文才有可能達到理解。不帶標點符號的文字排列以極端的方式表明了交往的抽象性。

　　毫無疑問還有許多不可能符合這種目的性的語言交往方式。然而它們仍然是正文，只要它們與其收件人相分離時仍然被人理所當然地看作正文——例如：文學作品（literarische Darstellung）。然而在交往事件中它們卻抗拒被正文化。我想舉出 3 種此類形式的正文，以便根據它們的背景揭露那些以明顯的正文化方式而不是以正文的形式附加地實現其真正規定性的正文。這 3 種形式是：**反正文**（Antitexte）、**偽正文**（Pseudotexte）和**前正文**（Prätexte）。所謂的**反正文**我指的是那些與正文化相反的談話形式，因為在這種形式中互相講話的過程境遇具有壓倒優勢。屬於此類形式的有例如任何一種玩笑。在交往過程中我們對某事並不認真，而且期待能被人當作一種玩笑，這種情況非常正常，而且我們可以在語調、手勢或社會情境等等中找到它的標記。但很明顯，絕不可能重複這種瞬間的玩笑性提示。——類似情況還可以舉出另一種經典的相互理解形式，亦即反話（Ironie）。在這裡清楚的社會前提是運用反話所先必備的共同的前理解。誰能說出他所意指的反話又能確保其所意指的同時被人所理解，他就處在一種正起著作用的理解境遇之中。這種「掩飾」其實是不可能做到的，即使採用文字表達的方式也不行，它極大地依賴於交往中前理解的程度以及占統治地位的認可程度。例如：我們在早先的貴族制社會中看到反話的運用，而且這種反話又徑直用文字記載下來。屬於類似情況的還有引用古典的箴言，通常以弄巧成拙的形式。這樣做的目的還是在於一種社會的一致，在這裡則是優先掌握教育的前提條件，從而在於對古典的興趣及其證明。凡這種理解條件的關係不清楚的地方，則要把它轉成文 [Ⅱ348]

字表達就會產生疑問。因此，反話的運用總是提出一種極為困難的詮釋學任務，而那種有關反話的假定則很難得到證明。人們把對某事諷刺的理解常常說成對解釋的懷疑，並非沒有道理。在社交中則正好相反，如果反話的運用未被理解就意味著一種認同的斷裂。凡玩笑或反話可能的地方總以**基本認同**為前提條件。因此，人與人之間的相互理解絕不可能透過以下方式重新建立起來，即某人以不引起誤解的方式澈底改變他的譏諷表述方式。如果這樣做可能，則如此清楚地表達的該陳述的意義就會遠離反話的交往意義。

第二種與正文相悖的正文類型我稱之為**偽正文**。我指的既是講話的用法也指文字的用法，它作為一種要素根本不屬於對意義的轉達，而是像講話過程中修辭學的填充材料。修辭學部分的特點就在於，它在講話中並不代表表述的實際內容，亦即不轉述正文中的意義內容，而是以口語或書面文字形式出現，具有話語交流中純功能和禮節性功能的成分。因此我稱之為偽正文的就是語言成分中所謂沒有含意的成分，每個人都能在以下困難情形中認識這種現象，即在翻譯另一種語言的正文的時候很難認出話語中不言自明的填塞材料而且很難對它作恰當的處理。翻譯家在這種填塞材料中猜想真實的意義，但在用另一種語言重新表達時卻毀壞了他所翻譯的正文真正的告知內容（Mitteilungsfluss）。這是每個翻譯家都會遇到的困難。毋庸置疑，多種語言中都可以找到與這種填塞材料等價的表述，但翻譯這項任務實際上只是指正文的意義，因此，有意義的翻譯的真正任務就在於認出這種填塞材料並把這種空洞的填塞材料剔除掉。當然這裡要預先說明，**對於所有具有真正文學品質的，我稱之為傑出的正文的，如同我們將看到的正文則完全不一樣。**文學正文的可譯性界限就在於此，它以最為不同的層次表現出來。

作為與正文相悖的第三種正文我指的是**前正文**。凡不能在其意指的意義轉達中得到理解，而是以假象的方式出現的交往表述我都

稱爲前正文。因此，前正文就是我們鬚根據它並未指出的其他因素　[Ⅱ349]
來解釋的正文。它所意指的只是一種託辭（Vorwand），「意義」
則藏身在這種託辭的背後，於是解釋的任務就在於識破託辭，並把
其中所含的眞正意義表達出來。

　　意識形態批判指出在公眾輿論教育中就存在這種正文。意識形
態這個概念恰好說明，在意識形態中並沒有眞正的告知，而是它作
爲託辭爲之服務的隱藏於其後的利益。於是，意識形態批判力圖把
所說的話追溯到它所掩蓋的利益，例如：在資本主義利益之爭中資
產階級的利益。然而，這種意義形態批判行爲本身同樣可能需要進
行意識形態批判，因爲它也代表某種反資產階級的或無論何種的利
益，從而也掩蓋了它本身的託辭性質。我們能在追溯背後隱藏的利
益這種共同動機中發現一致性的斷裂，這正是哈伯瑪斯所稱的交往
扭曲（Kommunikationsverzerrung）。扭曲的交往同樣表現爲破壞
了可能的一致性和可能的相互理解，從而促使人們由此去追溯眞正
的意義。這就像一種破譯。

　　這種深入到託辭之後的解釋的另一種例子是夢在現代深層心
理學中所起的作用，夢生活的經驗實際上是不連貫的，經驗生活的
邏輯在這裡是完全失效的。但這卻並不排除能從夢生活的令人吃驚
的邏輯中產生一種直接的意義魅力，這種魅力完全可以與童話的非
邏輯相媲美。實際上我們提到的文學也包括了夢和童話的類型，例
如：在德國的浪漫主義之中。但這只是一種美學性質，是在夢幻作
用中以此種方式享有的美學性質，它當然能夠體驗一種文學美學的
闡釋。然而，如果試圖在夢的回憶片段中揭示一種以夢幻形式僞裝
起來並可以被破譯的眞實意義，則夢這種現象就會成爲另一種完全
不同解釋的對象。這構成夢的回憶在精神分析活動中的巨大含意。
藉助於夢的解釋，精神分析就能把反社會的談話引入正途，由此就
能去除障礙，並且最終把病人從他的精神病中解放出來。顯然，這

種所謂的分析過程要經歷複雜的重建原始夢正文及其解釋的過程。

雖說它與做夢人「所指的」意義完全不同，甚或同釋夢者透過它的

[II 350]　解釋解除夢經驗的不安所解讀出的意義完全不同。實際上我們稱爲

的精神病即是完全破壞了建築在一致性之上的相互理解事件。它促

使我們追溯到「所意指的」背後，並對託辭進行解釋。

甚至除了特定的精神障礙之外對日常生活進行的心理治療也具

有同樣的結構，這種治療透過追溯無意識的行動使人對錯誤的舉止

產生突然的理解。追溯到無意識的動機在這裡仍然是出於不一貫，

亦即對錯誤舉止的不可理解性。透過解釋這些舉止變得可理解，從

而失去它本身所具有的令人煩躁的性質。

本文論題所涉的正文與解釋的連繫在此是以一種特別的形式表

現出來，利科爾把它稱爲懷疑詮釋學（Hermeneutik des Mißtrauens;

hermeneutic of suspicion）。把這種歪曲理解的情況當作正文理解

的正常情況乃是一種錯誤。[9]

本文迄今爲止的討論都爲了指出，當涉及所謂的「文學正文」

時，則正文和解釋之間的連繫就澈底變了。在以上列舉的產生解釋

的動機以及把一些在交往過程中的東西，作爲正文建立起來的情況

中，解釋和所謂的正文一樣都被歸屬到理解事件之中。這正符合

interpres 一詞的字面意思，它指的是居中講話者，首先指的就是口

譯者的原始功能，口譯者處於操不同語言的講話者之間，透過他的

居中講話把操不同語言的講話人連繫起來。正如在這種情況下是

克服外語的障礙，當在操同一種語言時出現理解障礙也需要進行克

服，在這種情況下是透過回溯，亦即把它作爲潛在的正文而達到陳

述的同一性。

9　〔參見作者的〈懷疑詮釋學〉，載《詮釋學：問題和眺望》，G. 沙皮羅和 A. 西

　　卡編，阿姆黑斯特，1984 年，第 54-65 頁。〕

　　使一個正文變得不可理解的疏離性應該透過解釋者得到揚棄。
解釋者是在正文（或話語）不能實現其被人傾聽和理解的規定性時
才居間說話的。解釋者除了在達到理解這項目標時自身完全消失
外，沒有任何其他作用。解釋者的話並不是正文，而是為正文**服
務**。但這並不是說，解釋者的貢獻就完全消失於聽從正文的方式
裡。解釋者只是並不作為主題的，並不作為正文而存在，而是進入
到正文之中。這樣就以最廣的普遍性勾畫了正文和解釋的關係。
因為這裡出現了一種理應得到強調的詮釋學結構因素。這種居間 [Ⅱ351]
講話有其自身的對話結構，在雙方之間作調解的口譯者只能把他相
對於雙方立場的距離作為一種超越雙方侷限性的優越性加以經驗。
因此他在理解方面提供的幫助並不侷限於純粹的語言學層面，相反
總是進入實際內容的調解，試圖把雙方的權利和界限都互相扯平。
於是「居間講話者」（Dazwischenredende）就變成了「調停者」
（Unterhändler）。在我看來正文和讀者之間也存在類似的關係。
當解釋者克服了一件正文中的疏離性並由此說明讀者理解了正文，
那他本身的退隱並不意味著消極意義上的消失，而是進入到交往之
中，從而使正文的視域和讀者的視域之間的對峙得到解決——這就
是我所稱為的**視域融合**（Horizontverschmelzung）。相分離的視域
如同不同的立場一樣互相開啟。因此，理解正文就在於使讀者占有
正文所說的，而正文自身也就因此而消退。

　　然而還存在著**文學**（Literatur），這是一種並不消失的正文，
而是相對於所有的理解以正當的要求而存在，面臨著正文的一切新
的說話。它的特徵是什麼？說正文能夠「在那裡」，這對於解釋者
的居間說話又意味著什麼？[10]

　　我的觀點是：正文總是在返回自身時才真正地在那裡。但這卻

---

[10] 〔對此首先參見我的著作集第 8 卷中關於文學理論的論文彙集。〕

不過是說，它們是原始的和本來意義上的**正文**，在返回自身時才眞正「在那裡」的這種話語，從自身出發實現正文的眞正意義：它們說話。文學的正文是人們在閱讀時必須傾聽的正文。即使只是在內心傾聽，而那些朗讀的人則不僅是聽，而是在內心跟著一起說。它們是在能背誦，即 par coeur 中獲得其眞實的此在。然後它們就生存在行吟詩人、唱詩班和抒情詩歌手的記憶之中。它們就像寫在靈魂中一樣地逐漸變爲文字，因此，人們在閱讀文化中把這種獨特的正文叫作「文學」根本不會令人吃驚。

[II 352] 文學正文並非只是把講過的話記下來，文學正文根本不是指示人回到所說出的詞，這一點具有詮釋學後果，解釋並非只是重新傳達原先表述的手段。文學正文作爲一種特別意義的正文就在於它並不回證原初的語言行爲，而是從它這方面來規定所有的重複和語言行爲；沒有一種講話能完全實現詩歌的正文所表現的指令。詩歌的正文行使的規範功能既不能回指原初的講話又不能回指講話人的意圖，它的功能產生於正文自身，例如：有幸成功的一首詩歌令詩人出乎意料並且超過了詩人本身。

「文學」這個詞具有一種評價的意義並非偶然，因此，屬於文學就代表一種標誌。一種這樣的正文並不表示純粹把講的話記下來，而是具有其本身的眞實性。如果講話的特性就在於聽講話的人能透過講話而聽出含意並且完全針對話語所傳遞的內容，那麼語言就會在這裡以特有的方式顯現出來。

正確把握語詞的自我表現並不容易，語詞當然也在文學正文中保持其含意（Bedeutung）並承載有意指的話語的意義（Sinn）。文學正文的必然特性就在於，它並不損害所有話語都把事實內容置於首位的做法，甚至相反還要提高這種優先性，從而使它的陳述的實在關係受到懷疑。此外，被說出話的狀況不能占據突出地位。否則我們就不能說語詞的藝術，而要說藝術性，不能說像歌唱方法一

樣地規定的聲調，而要談論詩的想像，或者說，我們將不再談論其無可替換的品質使我們驚異的文體，而要談論使人感到產生阻礙作用的矯揉造作的格調。儘管如此，文學正文仍然要求表現在它的語言現象中而不只是行使它的告知功能。它必須不僅被閱讀，而且也必須被傾聽——雖說在絕大多數情況下只是用內在的耳朵來傾聽。

於是，語詞才在文學正文裡得到其完全的**自我出現**（Selbstpräsenz）。它不僅使所說的得到顯現，而且使語詞本身出現在聲音之中。正如文體作爲一種實際的因素構成了好的正文但卻並未作爲文體藝術突顯出來，語詞和話語的聲音也和它的意義傳遞不可分離地連在一起。然而，如果說話語是被前面所說的話規定著意義，從而我們可以完全撇開它的表現而聽出、讀出它傳遞的意義，但在文學正文中每個語詞卻都是在其音調中得到顯現，而話語的音調也正是對於用詞講出的內容才具有含意。於是在話語的意義指向及其顯 [Ⅱ353]現的自我表現之間產生了一種特別的對峙。話語的每一個成分，每一個屬於句子意義單位的個別詞本身都代表一種意義單位，只要它透過自己的含意激起某種意指。一旦它在自己的單位中產生作用而不只是作爲猜測話語意義的手段，那它本身命名力的意義多樣性就得到了擴展。於是我們才能談到內涵意義（Konnotationen），這種內涵意義當一個語詞在文學正文中以其含意表現出來時一起講出來的。

於是，作爲其含意的承載者和話語意義的共同承載者的單個詞就僅僅成爲話語的抽象因素，其實所有的語詞都必須在更廣的**句法**（Syntax）整體中被看待。在文學正文中當然有句法，但這種句法並非必然的也並非只是通常所謂語法的句法。講話者享有聽者賦予他的句法自由，因爲他作爲講話者具有所有的變調和做手勢的便利，同樣，詩歌正文——由於它所表明的一切細微差別——也具有自身的自由。它具有強化正文整體意義力的音調。在通常的散文領

域中確實也是如此，即話語不是「寫作」，朗誦不是講課，亦即不是「論文」（paper）。然而對於文學而言在語詞突出的意義上卻還意味著更多。文學不僅克服其被寫就存在（Geschriebensein）的抽象性從而使正文可讀，其意義可以理解。文學的正文還具有自己的地位。它作為正文的語言存在要求重複原來的字句，但卻並非回溯到原初的說話，而是預見一種新的、理想的說話。正文的意義關聯永遠不會完全窮盡於語詞主要含意之間的關係之中。正是並不包括在意義目的論中而共同起作用的意義關係才給予文學語句以作用範圍。如果整個話語並不所謂自我堅持，稍作逗留，抓住讀者或聽眾，迫使他們成為傾聽者，那麼那種意義關係就不會顯現出來。但儘管這樣，這種成為傾聽者的過程卻像每一種傾聽一樣，仍是對某物的傾聽，這種傾聽把聽到的作為話語的意義形式來把握。

很難說這裡什麼是原因，什麼是結果：不是因裝訂成書，中斷了正文的告知功能和推薦功能並使其成為文學正文？或者倒過來，是因為去除了把正文當作詩歌刻畫的現實性，亦即語言的自我顯現，才使話語的意義在其整個書冊範圍顯現出來？這兩者顯然是不

[Ⅱ354] 可分的。如何衡量以不同方式填滿從藝術散文直到詩歌這整個領域的部分要依賴語言在意義整體上顯現的部分。

話語的組合、語詞的配置究竟如何複雜可以在以下情況中得到最清楚的表現，例如：語詞在它的多方面作用中成為獨立的意義承載者。我們把這叫作**雙關語**（Wortspiel）。不能否認，只有用作加強講話者的精神，又完全隸屬於話語意向的修飾語、雙關語才能提升到獨立性。但其結果卻是，整個話語的意向會突然失去清晰性。在音詞單位背後會出現多種多樣隱藏的，甚至是相反的含意單位。黑格爾曾經在這種關聯中談到語言的辯證天性，赫拉克利特則在雙關語中發現了對他基本觀點最好的證據，即意義相反的實際上卻是同一的，但這是哲學的說話方式，它涉及的是話語自然含意的中

斷。這對於哲學思維具有創造性，因為語言以這種方式必然會放棄它的直接客觀意義，並促使思想的反映得到表現。雙關語的多義性代表著思辨最具詩意的顯現形式，它蘊含在互相矛盾的判斷之中。正如黑格爾所說，辯證法就是思辨的表現。

文學正文的情況就不一樣了，而且還是出於同樣的原因。雙關語的作用與詩的語詞的含意豐富的多義性並不一致。與主要含意迴響在一起的共同含意雖說賦予語言的文學活動範圍，但它卻歸屬於話語的意義統一性，並只讓其他的含意聽得出來。雙關語並非只是語詞的多義性或多樣作用，詩意的話語就從這種多義性中構成──在雙關語中毋寧有獨立的意義單位在互相起作用。因此，雙關語破壞了話語的統一性並要求在更高反思的意義關聯中得到理解。這樣我們就會因太多地使用雙關語和文字遊戲而弄昏頭腦，因為它們破壞了話語的統一性。此外，在敘事詩或抒情詩以及語言的音調形象占優勢的任何領域中，雙關語的爆破詞很難證明它的作用，當然在戲劇話語中情況不一樣。因為在戲劇中是衝突統治著舞臺。我們可 [Ⅱ355] 以想一下戲劇中的輪流對白，或者主角在相關語中以自己的名義宣稱的自我毀滅。[11] 同樣不一樣的是，詩意的話語既不構成闡述之潮流，又不構成歌吟之流和戲劇的口白；而是有意在反思的作用中訴說，而話語期待的衝擊就屬於反思的反映作用。因此，雙關語在極具反思性的抒情詩中能取得一種創造性的功能。例如：可以想一下保羅‧塞蘭（Paul Celan）封閉的抒情詩。但我們必須在這裡問，這種給語詞裝載上反思因素的道路最終是否必然會陷入走不通的死胡同。引人注目的是，馬拉美（Mallarmé）在他的散文稿中，一如在 Igitur（「那麼」）中運用雙關語，但他涉及的是詩歌創造物完整

---

11 〔參見 M. 瓦堡：〈關於克拉底魯的兩個問題〉（《新哲學研究》，柏林，1929年）。〕

的音調，而幾乎不涉及到語詞。散文詩〈致禮〉顯然是多層次的，並且能滿足多種層面的意義期待，例如：喝酒的要求和在酒杯中香檳酒的泡沫與抱著生活之舟的波浪間搖擺的生活回顧。但這兩種意義域都作爲同樣優美的語言表情發生在同一的話語單位中。[12]

[II 356] **隱喻**也有類似情況。在詩歌中隱喻與音調、詞意和話意的作用連繫在一起，從而使它甚至不能作爲隱喻而得到顯露。因爲散文根本就不用日常的話語。因此，在散文詩中隱喻也幾乎沒有作用。隱喻是爲喚起精神的直觀形象服務的，它也同時消失在這種喚起之中。隱喻眞正的統治領域其實是修辭學，在修辭學中我們才把隱喻作爲隱喻來享受。在詩學中，隱喻理論無法獲得像雙關語所據有的

---

[12] 〔我為馬拉美的十四行詩配上不帶藝術性的德文釋義，全文如下：

Salut	致禮
Rien,cette écume, vierge vers	只有泡沫，純潔的詩行
A ne désigner que la coupe;	剛剛觸及酒杯的杯沿；
Telle loin se noie une troupe	遠方有一群海妖
De Sirènes mainte à l'envers	變化無端。
Nous naviguons, ô mes divers	讓我們駛入，我無與倫比的
Amis, moi déjà sur la poupe	朋友──我已經在船尾
Vous l'avant fastueux qui coupe	你在木船的船首，船首划開
Le flot de foudres et d'hivers;	航跡和波濤。
Une ivresse belle m'engage	心醉神迷使我
Sans craindre même son tangage	無從察覺船的搖晃
De porter debout ce salut	屹立船上致意
Solitude récif, étoile	孤獨、危岩、星辰
A n'importe ce qui valut	也許仍將一如既往
Le blanc Souci de notre toile	閃亮的憂慮之帆向我們駛來。

福格特（P. Forget）：《正文和解釋》，慕尼黑，1984 年，第 50 頁；雅帕（U. Japp）：《詮釋學》，慕尼黑，1977 年，第 80 頁以下。在那裡區分了 3 個層次（按照拉斯蒂爾〔Rastier〕）飽和的分析處於最高地位，Salut 不再作為**致禮**而被理解為**拯救**（récif），而**閃亮的憂慮**理解為**紙片**，這在正文中根本未提及，在自我相關的**純潔的詩行**中也未提及。這正是沒有真理的方法。〕

那種尊榮地位。

　　這一簡短的題外話告訴我們，如果涉及到文學，聲音和意義之間的相互關係在話語和著作中是如何多層次和不同，人們詢問，解釋者的居間講話如何才能被歸到詩歌正文的進程之中。對此問題只能作一個非常極端的回答。和其他正文不同，文學正文並不會被解釋者的居間講話打斷，而是經常被他的**一起說話**（Mitreden）所引導。這可以從所有話語都具有的時間性結構得到證明，我們在連繫講話和語言藝術時使用的時間範疇當然具有特別的難度。正如我上面指出，人們談論在場（Präsenz），甚至談到詩歌語詞的自我呈現（Selbstpräsentation）。**如果我們從形上學出發把這種在場理解為現成在手東西的當下性，或者從可客觀化概念出發來理解，這就是一種謬誤。這不是一種適合於文學作品的當下性，它甚至不適合任何正文**。語言和文字總是在進行指點。它們並不**存在**，而是**意指**，甚至當被意指的東西不在別處而只是在現在顯現的語詞中，情況也是如此。詩意的講話只有在講話和閱讀的過程中才能得到實現，這就是，不被理解，它就不能存在。

　　說話和閱讀的時間結構表明了一個尚未得到研究的問題領域。如果我們發現，純粹演化的模式描寫的並不是閱讀而只是一個一個字母的拼讀，就會明白這種模式不能用於說話和閱讀。誰在想閱讀時卻只能一個一個字母地拼讀，那他恰恰不能夠閱讀。類似情況不僅適用於默讀也適用於大聲朗讀。好的朗讀應該把含意和音調的共同作用傳達給他人，從而把它自為和自在地更新。我們為某人朗讀，這就是說我們面向著他，附屬於他。朗誦和朗讀一樣都是「對話式的」。甚至我們自己對自己作的大聲朗讀也是對話式的，因為它必須要把音調的顯現和對意義的理解盡可能地糅合在一起。

　　詩歌或散文的朗誦藝術並沒有什麼大的不同。它只需要特殊的技巧，因為在這裡聽眾是一群不知姓名的人，因此詩歌的正文　[Ⅱ 357]

要求在每個個別聽眾的心中得到實現。我們在這裡可以發現相應於閱讀時按字母拼讀的情況,即所謂的背誦(Aufsagen)。這也不是說話,而只是把意義的片段一串串地排列起來。在德語中我們就這樣形容孩子背短詩或爲了取悅父母所作的「背誦」。真正的朗誦能手或朗誦藝術家卻相反。他把整個語言形式都顯示出來,就像演員把自己角色的口白有如在瞬間發現一般地重新產生出來。它不應該只是話語成分的排列,而是從在本身中「存在」的意義和音調中產生出來的整體。因此,理想的講話者根本無須顯現自身,而只顯現正文,即使對於一個無法看見自己手勢的盲者,也一定可以把正文完全表現出來。歌德曾經說過「閉著眼睛,按照自然的、正確的聲音,而不是裝腔作勢地朗讀莎士比亞的片段,世上沒有比這更高級、更美妙的享受了」。[13] 我們可以問,是否每一種詩歌的正文都能朗讀,例如:關於哲理的詩?在抒情詩的分類史中也存在這個問題。合唱抒情詩以及所有需要一起吟唱的敘事詩都和輓歌體的詩完全不一樣。哲理的詩看來只能單獨分類。

　　不管怎樣,這裡完全沒有演進模式的位置。我們可以回想一下學習拉丁文韻律學時稱作構成的東西:拉丁文學生必須找到「動詞」,然後是主語,由此出發組織整個語詞群,直到最後,那一開始完全意義矛盾的成分突然結合在一起了。亞里斯多德曾描述過流水的結冰過程在受到震動時突然一下子凍住。一下子達到的理解也是這樣,當無序的詞素結晶成一個意義整體時,理解就突然出現。傾聽也和閱讀一樣具有相同的理解的時間結構,它的循環性質可以算作爲最古老的修辭學和詮釋學的知識。

　　這對所有的傾聽和閱讀都適用。文學正文的情況則要更爲複

13　〔〈莎士比亞和無止境〉,載《約翰・沃爾夫・歌德全集》,阿特米斯—紀念版,第 14 卷,第 757 頁。〕

雜，它並非只是把正文傳達的資訊都提取出來。人們並非不耐煩地
並且堅定不移地趨向意義的目標，由此來把握傳達的所有資訊。這
裡當然也存在諸如突如其來的理解，在這種理解的瞬間，正文的結
構統一性得到闡明。在詩歌正文中的情況就像藝術畫的情況一樣。　[Ⅱ358]
它的意義關聯雖說也許很含糊、很不完整，但卻能被認識。在這兩
種情況中，對現實的反映關係被排除了。只有正文和它的意義關聯
是唯一的在場物。當我們講述或者閱讀文學正文的時候，我們將回
溯到表達整體結構的意義和音調關係，而且這種回溯並非只是一次
性的，而是在不斷重複。我們似乎是不斷地翻讀、重新開始、重新
閱讀、發現新的意義關聯，而最終出現的並不是必須理解事情的確
信意識，我們因擁有這種意識而將正文甩到一邊。實際情況正好相
反。意義和音調的關聯越是進入我們的意識，我們就越深入到這種
關聯之中。我們並不把正文甩在一邊，而是使自己進入正文。我們
就像每個說話的人進入他所講的話裡一樣地進入正文，而不是像使
用工具的人那樣，用時拿起，用完甩掉，我們並不和它保持距離。
因此，說語詞是運用的，這非常不正確。它涉及的並不是真正的說
話，它對說話的處理更像運用一本外語辭典。因此，當我們處理真
正的說話時就必須澈底限制關於規則和準則的說法。這點恰好適用
於文學的正文。文學正文的正確性並不在於說出每個人都將說的東
西，而是具有一種新的、唯一的，使它作為藝術品的正確性。每一
個詞都「記牢」，從而幾乎不可替換，而且在某種程度上也確實無
法替代。

　　正是狄爾泰在浪漫唯心主義的斷續發展中對這個問題提出了第
一個指向。由於拋棄了同代人因果思想的獨斷論，他不去談論原因
和結果的連繫，而是談論**效果連繫**，也即談論在效果本身（儘管它
仍然有其所有的原因）中存在的連繫。為此他引進了日後被人熟知
的「結構」概念並指出，對結構的理解如何必定具有循環的形式。

他以聽音樂出發——對此純音樂因其極端不具概念性而成為一個典型例子，因為純音樂排除了一切反映理論——講到集中，並把理解的時態結構（Gebilde）作為討論的題目。在美學中，人們也在類似的意義上談論「構成物」，不管對於文學的正文還是對於一幅畫。「構成物」的不確定的含意中包含有：某物不要從預先計畫的完成性出發加以理解，而是似乎從內部出發構造一種特有的形式，並在進一步的構造中加以理解。這表明，對此進行理解乃是一項特

[Ⅱ 359]　有的任務。這項任務就在於，把構成物建造起來，把並未「構造」的東西構造起來——這就包含著所有的構造試圖重新又被撤回。如果說理解和閱讀的統一性在充滿理解的閱讀中得到實現，從而把語言的表現甩到一邊，那麼在文學的正文中則經常要把變化著的意義和音調關聯表現出來。正是我們稱作逗留的運動的時間結構填補了這種在場，而所有解釋的居間話語也必定進入這種在場。如果不準備好洗耳恭聽，文學正文就不會說話。

　　作為結束讓我列舉一個著名的解釋例子。這就是莫里克（E. Mörike）的詩〈燈〉（Auf eine Lampe）的結束句 [14]。那句詩說「那

---

[14]　莫里克的詩全文如下：

Noch unverrückt, o schöne Lampe, schmückest du,
（依然如故，哦美麗的燈，你）

An leichten Ketten zierlich aufgehangen hier,
（嬌小玲瓏懸掛於纖細的燈鍊）

Die Decke des nun fast vergeßnen Lustgemachs.
（在幾乎已被遺忘的房間的天花板）

Auf deiner weißen Marmorschale,deren Rand
（在你白大理石的邊緣）

Der Efeukranz von goldengrünem Erz umflicht,
（環繞著金灰合金的常春藤花環）

Schlingt fröhlich eine Kinderschar den Ringelreihn.
（一群孩子興高采烈地圍圈跳舞）

美的東西，極樂地在自身之中得到顯現」。

　　這首詩是埃米爾・施泰格和馬丁・海德格的討論對象。它之所以使我們感興趣，只是因為它是一個典型的例證。在這首詩裡有一組看起來最為普通的詞「Scheint es」。我們可以把它理解為「anscheinend」、「dokei」、「videtur」、「il semble」、「it seems」、「pare」即似乎看起來、看樣子等等。這種詩意的理解賦予它轉義從而自有理由。但我們可以發現：它並不能滿足詩的規律。我們可以指出為何「scheint es」在此的意思是「es leuchtet」（照耀）、「splendet」（照亮）。這裡首先要運用一種詮釋學原則。在遇到分歧的時候就應以更廣的連繫來作決定。然而任何理解的雙重可能都是一種分歧。顯而易見，美在這裡是用在一盞燈上。這是我們完全應該理解的整首詩的陳述。這是一首不會閃亮的燈，因為它已經過時，已被遺忘，高懸在一間「高雅的房間」（「誰在觀察？」），然而因為它是一件藝術品，它仍然具有自己特有的光輝。毫無疑問，這裡說的是燈的光輝，雖然已經沒有任何人需要　[Ⅱ360]它，但它仍然閃閃發光。

　　列奧・施皮茨（Leo Spitzer）在一篇針對這場討論而作的富有見地的文章中詳細描寫了這種詩歌的文學分類，並令人信服地解說

Wie reizend alles! lachend, und ein sanfter Geist
（一切多令人陶醉！歡笑著，溫柔的）
Des Ernstes doch ergossen um die ganze Form-
（最嚴肅的精神籠罩著一切—）
Ein Kunstgebild der echten Art. Wer achtet sein?
（真正的藝術構造。誰在觀察？）
Was aber schön ist, selig scheint es in ihm selbst.
（那美的，樂在自身之中得到顯現。）
埃米爾・施泰格和馬丁・海德格對此問題的爭論載於埃米爾・施泰格：《闡釋藝術》，德國袖珍書出版社，科學系列 4078（1971 年，阿特蘭蒂斯出版社特許出版，蘇黎世和布雷斯高的弗萊堡，1955 年），第 28-42 頁。

了它在文學史上的地位。海德格也正確地指出「美」（schön）和
「顯現」（scheinen）之間的概念連繫，這可以聽得出黑格爾關於
理念的感性顯現的著名說法。然而仍然存在內在的理由，正是從語
詞的聲音和含意之間相互作用出發才產生出更為明顯的決定者。
在這首詩中 S 這個發音怎樣構成很強的組織（「was aber schön ist,
selig scheint es in ihm selbst」），詩的韻律變調怎樣構成詩行的韻
律單位（在 schön, selig, scheint, in, selbst 這些詞上面都有韻律的
重音），但這對於反思的干擾卻沒有位置，有如詩意的「Scheint
es」所要表現的。相反它將意味著詩歌語言中連貫詩意的斷裂，是
一條對我們構成威脅的詩意性理解的歧途。因為我們通常都講乏味
的話（prosa），正如莫里哀（Molière）的約丹（Jaudain）先生驚
奇地感受到的。甚至避免詩意的斷裂卻能把對象的詩化引導到極端
封閉的文體形式。在莫里克的這首詩中離這種歧途也並不算遠，有
時這首散文詩的語言很接近這種歧途（「Wer achtet sein?」）。然
而，因為這句詩在整首詩中乃是作為結論，因此這種地位賦予它箴
言式的重要性。實際上透過其特有的陳述闡明為何這行詩的黃金並
不像鈔票或消息那樣是一種指示，而是有其自身的價值。光亮並
不只是被理解，而是閃耀在這盞燈的整個形象之上，這盞燈掛在
無人注意被人遺忘的房間，除了在這首詩中它也不再閃亮。我們
內心的耳朵可以聽到這裡在「schön」和「selig」、「scheinen」、
「selbst」之間有一種吻合——此外，整首詩的結束詞「selbst」使
得沉默的運動在我們內心的耳朵中久久迴響。在我們內心的眼睛裡
燈光的默默湧流仍可得到表現，我們稱之為「閃亮」。因此我們的
理解並非只理解詩中對美所說的以及藝術品的自主性所述的，即和
用語連繫毫無關聯的東西——我們的耳朵在傾聽，我們的理解把美
的顯現作為它真正的本質來聽取。說明其理由的解釋者消失了，唯
有正文在說話。

25. 解析和解構

（1985年）

當海德格把理解這個論題由精神科學的方法論提升為此在本體論的生存性和基礎時，詮釋學的向度就再不表示以肉體感覺為基礎的現象學意向性研究的更高的層次，而是把幾乎同時在盎格魯－撒克遜邏輯學中作為「語言學轉向」而突破出來的東西帶到歐洲大陸並帶入現象學研究方向中。在胡塞爾－舍勒當初擴展現象學研究的時候，儘管有著生活世界的轉向，但語言卻一直受到忽視。

在現象學中一直重複著深不可測的語言遺忘（Sprachvergessenheit），這種語言遺忘早已是先驗唯心主義的特徵，而且透過赫爾德對康德先驗轉向不幸的批判而似乎還得到認可。即使在黑格爾的辯證法和邏輯學中語言也並沒有獲得突出的地位。另一方面，黑格爾偶爾也指出語言的邏輯本能，他的天才的邏輯學著作的任務就在於說明這種邏輯本能對絕對的思辨性的預先推斷。實際上，自從康德把形上學的學院語言作了洛可可式精美的德語化之後，黑格爾對哲學語言的貢獻就具有不可忽視的意義。他真正回憶起亞里斯多德的語言和概念的構造力，並因為他試圖將其母語的許多精神保存在概念語言中，因此他最為接近亞里斯多德這個最偉大的楷模。這種情況自然為他設置了不可翻譯的界限，這個界限近百年來無人超越，至今仍是一個難以對付的障礙。然而在黑格爾那裡語言仍然沒有取得中心地位。

在海德格身上也重複著類似的，甚至更為強烈的原始語言力在思想領域中的爆發。導致這種爆發的就是他有意識地回溯到希臘

[Ⅱ362] 哲學語言的原始性。於是，「語言」在對其生活世界基礎的整個直觀能力中逐漸擴散，並在胡塞爾現象學精緻的描述藝術中發揮巨大的作用。不可避免，語言本身會成爲其哲學自我理解的對象。我可以證明，早在 1920 年，年輕的思想家海德格就在德國的講臺上開始反思到底什麼叫「世界化」（es weltet），這就突破了純眞的，但卻和其本身的起源完全疏離了的形上學學院語言，這件事本身就是一個語言事件，它意味著對語言獲得了一種更深的理解。在德國唯心主義傳統中促使洪堡、格林兄弟、施萊爾馬赫、施萊格爾以及狄爾泰轉向語言現象的東西，以及使最近語言科學，尤其是語言比較科學得到未曾料及的推動的東西都一直停留在同一哲學的框架之內。主體和客體、思維和存在、自然和精神的同一性一直貫穿到符號形式哲學之中，[1]而語言正是在此之中得到突顯。同一性哲學的最後的頂峰是黑格爾辯證法的綜合成就，它透過所有虛構的矛盾和差別而重新產生同一性，並把亞里斯多德關於**思想**（Noesis noēseoos）的原始觀點發展到最精妙的完善。黑格爾哲學全書的結論章節恰好挑戰性地表述了這一點。正如黑格爾用一句格言所表達的，似乎整個漫長的精神史都是朝向一個唯一目標的歷程：「tantae molis erat se ipsam cognoscere mentem」（認識自己本身，這對於精神來說是何等偉大的工作）。[21]

確實，黑格爾式的辯證媒介已經以自己的方式完成了對近代主觀主義的克服，這對於本世紀新的，後形上學的思想一直是一種持久的挑戰。單單黑格爾客觀精神的概念就是對此的生動證據。甚至齊克果以「非此即彼」（Entweder-Oder）口號對辯證法以「既是一也是」（Sowohl-als-Auch）的方式對所有規定進行的辯證自我揚棄所作的具有宗教動機的批判仍然能被歸入整個辯證媒介之中。甚

1　E. 卡西爾：《符號形式哲學》，第 1 卷《語言》，柏林出版，1923 年。

至海德格對意識概念的批判——這種批判透過其極端的本體論解析證明整個意識唯心主義不過是希臘思想的疏離，而且這種批判也完全適用於經過新康德主義改裝的胡塞爾現象學——也並非完全的突破。所謂此在的基礎本體論儘管作過所有的時間性分析但仍然在此在的煩心特性（Sorgecharakter）中有其自我關聯，因而並未克服 [II 363] 自我意識的基本立場。因此，它就不能導致任何對帶有胡塞爾標記的意識內在性（Bewußtseinsimmanenz）的真正突破。

海德格很快就承認了這一點，並且接受了尼采的澈底的思想冒險行動，除了只會使人轉向難走通的林中之路外，未找到任何其他的道路。難道唯有形上學的語言才維護著這種先驗唯心主義陷於癱瘓的通道？海德格透過拋棄形上學的證明思想，從他對意識和自我意識的本體論無根性所作的批判中得出最後的結論。然而這種轉向（Kehre）和拋棄（Abkehr）仍然和形上學保持明顯的連繫。對形上學的克服要準備的前提應該是，不僅近代主觀主義透過解析它未經證實的概念而被撇在一邊，而且希臘關於存在的原始經驗在西方形上學於概念之光中的崛起和統治之後也應作為積極的東西被召回。海德格把亞里斯多德的自然概念（Physis-Begriff）追溯到前蘇格拉底先驅的存在經驗，這實際上仍然是一種冒險的誤航。顯然，這種航行儘管還很模糊，卻總有一個遙遠目標：即要重新思考開端、開創的東西。然而趨向開端卻總是意味著在追溯已走過的路時發現其他的、開放的可能性。誰能完全站在開端，誰就必然會選擇自己的道路，如果他回到了開端，那他就會意識到，他能從出發點開始走其他的道路——例如：就像東方的思想就走著不同的道路。也許東方的思想道路很少能出於自由選擇，而西方的道路選擇卻是出於自由選擇。也許這該歸功於以下情況，那沒有語法上的主述結構把東方思想引到關於實體和偶性的形上學。因此，無須驚異，甚至海德格對開端的回溯也在某種程度上追蹤著東方思想的魅力，並

且試圖在日本和中國訪問學者的幫助下──徒勞地──更進一步地追隨這種思想。語言，特別是對固有文化圈子中的所有語言都共同的基本輪廓，是不能輕易超越的。甚至在本身的起源史中都永遠不再能眞正達到開端。開端總是不斷地陷於不確定之中──正如湯瑪斯·曼在他《魔山》（*Der Zauberberg*）的開頭關於時間倒序的著名描述所寫的，在每個最後的海濱突出部背後總指出新的無盡的長路。與此相應，海德格也按照從阿那克西曼德到赫拉克利特、到巴門尼德，然後重又到赫拉克利特的順序尋找存在的最初經驗，尋找揭蔽（Entborgenheit）和遮蔽（Verbergung）之間互相連繫的證據。他相信自己在阿那克西曼德那裡發現了 Anwesen（在場）本身及其本質的逗留，在巴門尼德那裡發現了 Aletheia（眞理、無蔽）的寧靜的心，在赫拉克利特那裡發現了喜歡自己隱藏起來的 Physis（自然）。然而，雖說這一切最終都適用於暗示指向無時間性的詞，但實際上卻不適用於早期正文中出現的意謂者的自我解釋。海德格只能在名稱、詞的命名能力及其如同掉進金礦脈裡兜不出來的迷途中，重新認識他自己關於存在的觀點：他說的「存在」應該並非存在者的存在。正文本身總是證明自己不是通向觀看存在之敞開的道路上的最後的山丘。

[Ⅱ364]

　　這就預先規定了海德格在他這條探索詞的原始礦脈的道路上必定會遇到尼采這個最後角色，尼采的極端主義冒險導致了一切形上學、一切眞理和對眞理的所有認識的自我毀滅。當然海德格並不滿足尼采的概念術，雖說他很歡迎尼采對辯證法──「黑格爾的辯證法和其他人例如施萊爾馬赫的辯證法」──的魔法的袪除（Entzauberung der Dialektik），雖說希臘悲劇時代的哲學觀點可能對他證明，在哲學中除了可見世界背後的眞實世界這種形上學外還可以看到其他的東西。所有這一切對於海德格顯然意味著他和尼采只能是很短的同路人。「好幾百年過去了──但卻沒有新的上

帝」，這就是他接收尼采的格言。

然而海德格對於一個新的上帝又知道些什麼？他是否預感到這個上帝，他是否只是缺少呼喚上帝的語言？是形上學的語言對他束縛得太緊？雖說語言的前理解不可跨越，但它並非只是精神的巴比倫囚牢。巴比倫的語言混亂並不像《聖經》所載只意味導致人類罪孽的語言家族的多樣性和語言的多樣性。毋寧說它包括人和人之間出現的並總是造成新混亂的整個陌生性，但這裡也包括了克服它的可能性。因為語言就是談話，我們必須尋找詞並能夠找到通達到對方的詞，我們甚至能學會對方語言的陌生的詞。為了通達到對方，我們可以轉而掌握對方的語言。正是所有這一切才使語言成為語言。

當然，正是作為構成理解語言而產生的束縛力本質上被空話所包圍，這種空話作為話語的假象實際上也把談話變成空洞詞藻的交換。拉康（Lacan）曾正確地說過，凡不通達到對方的詞就是一個空洞的詞。這正構成談話的優先地位，因為談話正是在問答中發展 [II 365] 起來並構成共同的語言。在兩個操不同語言並對對方的語言只能達到一知半解的人之間的談話中，眾所周知的經驗就是：在這種基礎上人們根本不能進行談話，實際上只是堅持進行一場曠日持久的抗爭，直到這兩個人都能講其中的一種語言，哪怕是講得很糟糕，這種經驗是每人都能體驗的。這裡包含一個明顯的指示，實際上這種情況並非只發生於兩個操不同語言的人之間，而且在每場用同樣語言進行的談話中談話者之間的相互適應也是這種情況。正是實際的或可能的回答才使一個詞成其為詞。

屬於這種經驗範圍的是，所有的修辭學，正因為它不允許有問題和回答，正面意見和反面意見之間的經常交換，所以就總是包括我們認之為空洞的言詞或「純粹的客套話」的空洞的詞的特點。理解在傾聽中的真實實現與在閱讀中的實現是類似的，正如胡塞爾所

特別指出的，意義發生過程總是貫串著空洞的意向。

　　如果我們想給形上學的語言加上一種意義，那就必須進行更深入的反思。這裡所能指的當然並不是形上學得以開始發展起來的語言，亦即希臘的哲學語言。相反它指的是，在當今語言共同體生活著的語言中已經納入了從這種形上學的原始語言中產生的概念印記（begriffliche Prägungen）。我們把科學的語言用法與哲學的語言用法中這一概念特徵稱之為專業術語的作用。如果說在數理自然科學中——首先在實驗自然科學中——引進名稱的做法只是一種純粹約定俗成的行動，它只是為了標誌一切可通達的事實，並不使國際通用的專業術語與民族語言的語言習慣之間真正的意義關係發生作用——有誰會在「伏特」（Volt）這個詞身上想到偉大的研究家伏塔（Volta）呢？——那麼在哲學中的情形就不同了。在哲學中不存在普遍通行的，亦即可控制的經驗領域，可以由約定的專業術語來標誌。在哲學領域中使用的概念詞卻總是由它所源出的人們所說的語言來表述。因此，在哲學領域中概念構造當然也意味著，把某

[Ⅱ366] 個詞可能含意的多樣性按照某個確切規定的含意來定義。但這種概念詞絕不可能和其具有自己整個意義展開的含意領域完全分離。確實，把一個詞和其詞語關聯完全分開並歸入（horismos）一種使其成為概念詞的精確內容中，這就必然會使這個詞的用法產生意義空泛化（Sinnentleerung）。因此，例如：像 Ousia（存在）這樣一個形上學基本概念，只要這個希臘詞的詞義不一起出現在它的整個活動範圍中，則這個形上學基本概念的構造就是永遠不可能完全實現的。因此，在理解這個希臘存在概念時如果知道 Ousia[22] 這個詞在希臘語中首先是指農村莊園的在場（Anwesen），而「存在」這個作為在場者的在場（als Anwesenheit von Anwesendem）的概念意義正是從這裡引申而來，那麼會對我們幫助很大。這個例子說明：並不存在形上學的語言，只存在對活生生的語言中取出的概念詞進

行形上學的思考所打上的印記，這樣一種概念印記——就如在亞里斯多德的邏輯學和本體論中的情形那樣——可以造成一種堅固的概念傳統，並在隨後導致一種疏離化，這種疏離化早已發生，隨著希臘化的學院文化轉化到拉丁文中，然後隨著拉丁文轉化成當代的民族語言又構成一種學院語言，在這種語言中概念逐漸地喪失了它從存在經驗中得來的本來意義。

於是就提出了解析形上學概念性的任務（Destruktion der Begrifflichkeit der Metaphysik），唯此才是談論形上學語言中靠得住的意義，即在其歷史中逐漸構成的概念性。解析形上學被疏離化了的概念性的任務一直繼續到當今的思想之中，它是由海德格在他開始學術生涯的時候作爲口號提出的。把傳統的概念詞思維性地追溯到希臘的語言，追溯到詞的自然詞義和在語言中可找到的掩遮的語言智慧，就如海德格以令人難以置信的生氣所試圖做的，這實際上就重新喚醒希臘思想及其使我們深受感染的力量。這正是海德格的天才，他甚至傾向於把詞置回其業已失落的、不再意指的詞義之中，並從這種所謂詞源學的詞義中得出思想的成果。令人注意的是，後期海德格正是在這種關係中講到「原始詞」（Urworten），在這種原始詞中，海德格承認作爲希臘人世界經驗的東西比起在早期希臘正文的理論和命題中更可理解地被表達出來。

當然，海德格並非第一個認識發生在形上學學院語言中的內容疏離化（Sachentfremdung）的人，毋寧說是自費希特，尤其是黑格爾以來的德國唯心主義就努力透過思想的辯證運動來消除和消融希臘的實體本體論及其概念性。甚至這種努力也有先驅者，比如 [II 367] 那些運用拉丁文學院語言的人，特別是在拉丁文宗教小冊子之外出現了用民族語言寫的生動的布道詞，像埃克哈特大師（Meister Eckhart）或庫薩的尼古拉（Nicolaus Cusanus），還有在雅可布·波墨（Jakob Böhme）的思辨之中。但這些只是形上學傳統中的

配角。當費希特用「本原行動」（Tathandlung）代替了「事實」
（Tatsache）的時候，他就基本上先取得了一種海德格式的挑戰性
印記，亦即喜歡把詞義頭足倒置，例如：把疏遠（Entfernung）理
解成趨近，或者把「什麼叫思？」這句話的意義理解成想說「是什
麼命令我們思？」把「凡事皆有理由」理解成表述一種毫無理由的
虛無：一位逆流而上的游泳者的強力。

　可是就總體說來，德國唯心主義很少對詞進行重新塑造或強
行突破詞的含意，亦即對形上學概念性的傳統形式進行消融，它更
多是使命題發展到它的反命題和矛盾。辯證法自古以來就是把內在
的對立命題發展成矛盾，而且當對兩個對立命題的維護並不只有消
極的意義，而是要達到矛盾的統一，那麼這就達到最大的可能性，
即使形上學的思想，亦即在原初希臘概念意義上的思想能夠把握絕
對。生命就是自由和精神。黑格爾在辯證法中看到了哲學證明的理
想，這種辯證法的內在後果使他實際上能夠超越主體的主觀性，並
把精神同樣思考成客觀的，就像上面已經提及的。在辯證法的本體
論結果中這種運動重又終結並復興於自我展現的精神的絕對在場之
中，就如黑格爾哲學全書的結尾所證明的那樣。因此，海德格與辯
證法的誘導一直處於經常的緊張的對立關係，這種辯證法不去解毀
希臘的概念，而是努力把它們繼續發展成精神和自由的辯證概念並
且彷彿把自己的思想也同時馴化了（domestizierte）。

　這裡我們不能詳盡解釋，海德格在他的後期思想中是怎樣從
他的基本意圖出發堅持和揚棄他早年的解析性工作的。他後期作品
的女巫式的文風可以為此提供證據。他十分清楚地意識到他自己和
我們的語言困境。除了海德格自己想藉助賀德林詩的語言排除形上
學語言的努力之外，我認為只剩下兩條可行的以及曾被人走過的道
[II 368] 路，可以克服辯證法特有的本體論自我克制。其中的一條路就是從
辯證法回到對話再回到談話。我在我的**哲學詮釋學**（Philosophische

Hermeneutik）中就曾試圖走這條道路。另一條就是首先由德里達指出的**解構**的道路（Weg der Dekonstruktion）。這條道路並不是在談話的生動性中重新喚起業已失落的意義。相反，它要在作為一切談話之基礎的意義關聯的背景中，亦即在本體論的 écriture（書寫）概念中——而不是在閒話或談話中——去消除意義的統一性，從而實現對形上學的真正摧毀。

在這個對峙領域產生了特有的重點轉移（umakzentuierungen）。在詮釋學哲學看來，海德格關於克服終結於技術時代全面存在遺忘的形上學理論乃超越了被嵌合起來的生命統一體——這類生命統一體不斷存在於人類雜然共在的大大小小範圍中——的持續的抵抗和慣性力。在解構主義的眼裡卻正相反，當海德格詢問存在的意義並堅持一種問題的意義，對這種意義人們可以指出，不可能有一個與之相應的有意義的回答時，則海德格恰好缺乏澈底性。德里達針對存在意義的問題而提出首要的延異（Differenz），並且相對於海德格思想的調節形上學的要求而把尼采看作更為澈底的人物。他認為海德格仍然屬於邏各斯中心主義思路的人，他對邏各斯中心主義提出總是互相分離、變動的意義這種反對意見，因為這種意義破壞一切指向統一性的集合並被德里達稱作 ecriture（書寫）。顯然，尼采在這裡占據著批判的地位。

因此，為了對比和權衡這裡提到的從辯證法返回的兩條道路所開啟的前景，我們可以根據尼采的例子來討論那種為不再繼續形上學的思想提供的可能性。

如果我把海德格據以找回他的道路的出發點稱為辯證法，那麼這並不只是出於以下表面的原因，即黑格爾透過思辨的辯證法對形上學的遺產作了其異乎尋常的綜合，這種思辨的辯證法要求把希臘開端的全部真理都集合在自己身上。其實主要的原因在於，因為海德格實際上並未停留於對形上學的遺產作修正或保持，有如馬堡的

[Ⅱ369]　新康德主義和胡塞爾對現象學作的新康德主義改裝所作的那樣。海德格爲克服形上學而作的努力並非僅止於採取抗議的態度，有如黑格爾左派和齊克果、尼采等人所作的那樣。相反，他運用從亞里斯多德學來的艱巨的概念剖析工作開始這項任務。在我看來，辯證法意味著西方形上學傳統大大擴張的整體，不管是黑格爾語言用法中的「邏輯的東西」還是早已爲西方哲學定下了第一步的希臘思想中的「邏各斯」。在這個意義上，我們可以說海德格重新提出存在問題的試圖，或者說第一次把這個問題置於一種非形上學的意義中的試圖，以及他叫作「返回步伐」的東西都是從辯證法的返回之路。

　　甚至我所試圖的詮釋學的談話轉向在此意義上也不僅只是要回到德國唯心主義的辯證法之後，亦即回到柏拉圖的辯證法，而且還要透過這種蘇格拉底—對話的轉向追溯到它的前提，這就是在 Logoi 中被尋找和喚起的回憶（Anamnēsis）。這種從神話中創造出來，但又最具理性意義的重新回憶（Wiedererinnerung）並非只是單個靈魂的重新回憶，而總是「能把我們連結在一起的精神」的重新回憶——這個我們就是談話。然而在談話中存在（Im-Gespräch-Sein）卻意味著超越自我（Über-sich-hinaus-sein），和他人一起思考，並像回到他者一樣地回到自身。當海德格不再把形上學的本質（Wesen）概念當作在場者的在場（die Anwesenheit des Anwesenden），而是把「本質」這個表述當作一個動詞，亦即時間詞（Zeitwort），亦即理解爲其有「時態的」，那麼本質就會被理解成 An-Wesen（在一本質上），即在一個與通常的術語「本質化」（Verwesen）的意義上被理解。但這就是說，海德格正如在他關於阿那克西曼德的論文中所作的那樣，是用片刻（die Weile）來解釋原始的希臘時間經驗。海德格實際上以此對形上學及其探尋存在的視域作了尋根究底的追問。海德格自己記得，如果不注意到本質這個表述被置於引號之內，那麼沙特引用的句子「此在的本質

（Wesen）就是它的存在」就會被誤用。這裡涉及的恰好不是作為
「本質」的本質應先行於存在、事實的 Essenz 概念，同樣也不是
像沙特所顛倒的關係，從而使存在先於本質。我認為當海德格追問
存在的意義時，他絕沒有在形上學及其本質概念的意義上思考「意
義」，而是把它設想為問題意義（Fragesinn），這種意義並不期待
某種確定回答，而是指出問題的方向。

　　我曾有一次講過「意義就是方向意義」（Richtungssinn），海
德格有時甚至引進一種正字法的復古，他把「存在」（Sein）寫成
「Seyn」，以便強調它的動詞特性。與此類似，我試圖從談話以及
在談話中尋找並構成的共同語言出發——在這種共同語言中問答邏 [Ⅱ370]
輯被證明是有決定性作用的——去擺脫實體—本體論的遺傳重負。
問答邏輯開啟了一個相互理解的層面，它超越了用語言固定的陳
述，並且也超出了在辯證法獨白式的自我理解意義上包羅萬象的綜
合。正如我在《真理與方法》第 3 部分中指出，唯心主義辯證法顯
然並不完全否認它從語言思辨的基本結構出發的起源。然而，當黑
格爾把辯證法歸入一種科學和方法的概念時，他實際上乃是掩蓋了
它真正的起源，亦即在語言中的起源。因此，哲學詮釋學注意到在
說出的東西和未說出的東西之間產生作用的思辨的兩者統一（Zwei-
Einheit）的關聯，這種統一其實是辯證法發展到矛盾及其在新的陳
述中得到揚棄的前提條件。我認為，如果有人從我賦予傳承物在設
置問題、預示答案中具有的作用中製造一種超主體（Übersubjekt）
並進而像曼弗雷德·弗朗克和福格特（P. Forget）所聲稱的那樣，
把詮釋學經驗簡化成一種 parole vide（言語審視），那麼他們就完
全誤入了歧途。在《真理與方法》中根本沒有支持這種觀點的說
法。如果說在《真理與方法》中也談到傳承物和與傳承物的談話，
那麼它並不表現為集體的主體，而只是單個正文的集合名詞（並且
即使在最廣義上的正文，即可以包括繪畫作品、建築物以及自然事

件，情況也是如此）。[2]柏拉圖式的蘇格拉底對話顯然是一種很特別的談話，這種談話由一個人引導，而其他人則必須自願或不自願地跟隨他，然而這種談話畢竟還是所有談話過程的典範，因為在這種談話中遭駁斥的並不是詞句，而是對方的靈魂。蘇格拉底式的對話對於好的被告知者（Besser-Gewußtes）來說並不是通俗的穿戴和裝扮遊戲，而是真正的重新回憶過程，是唯有處於肉體有限性中的靈魂才能進行並作為談話過程而實現的思維著的回憶過程。這才是在詞的可能性中實現的思辨統一性的意義，它並不是單個詞，也不是一個組織好的陳述，而是越出所有的可陳述性。

　　因此，我們在此活動的問題域與要破譯的密碼根本沒有關係。這樣一種被破譯的密碼是一切正文的書寫和閱讀的基礎，這當然是正確的，但這只是對在話語中所說內容作詮釋學努力的前提條件。

[II 371]　在這一點上我完全同意對結構主義的批判。但我覺得我已超越了德里達的解構，因為話語只有在談話中才存在，而話語在談話中並不是作為單個詞存在，而是作為講話和回答的整體而存在。

　　顯然解構的原則涉及的是同樣的事情，因為德里達力圖把詞和詞義都歸屬其中的形上學意義域揚棄在他稱之為 écriture（書寫）的過程中，書寫的完成並不是一種本質的存在，而是指示線索的路線。於是他針鋒相對地把矛頭對準了形上學的邏各斯概念並且談到那種甚至把海德格作為追問存在意義的存在追問也包括在內的邏各斯中心主義。這是一個少見的，按照胡塞爾來重新解釋的海德格，彷彿所有的話語都以判斷陳述為根據。在這種意義上則很顯然，現象學研究所致力的和在思想的活動中作為意識的意向的實現而被引導的不懈的意義建構指的就是「在場」（Präsenz）。提供資訊的聲音（la voix）似乎也被歸屬於在思想中所思考的東西的在場。實

2　參見我的著作集，第 1 卷，第 478 頁。

際上在胡塞爾爲眞正的哲學所作的努力中就有時間經驗和時間意
識，它們是所有「在場」和建構以及超時間效用的先行條件。當
然，胡塞爾關於時間問題的思考保持著不可消除的魅力，因爲他堅
持希臘的存在概念，這種概念由於以下的謎而完全吸引了奧古斯
丁，這個謎就表現爲時間的存在，用黑格爾的表述方式來說，時間
既是「現在」又不是「現在」。

　　因此，德里達也像海德格一樣深深陷進充滿祕密的多樣性中，
這種多樣性存在於詞及其含意的多樣性即它的含意區分的不確定性
中。海德格對命題和陳述追問到使詞和句子成爲可能的存在的開放
性，這就使他好像搶在由詞構成的命題、反命題和矛盾等整個領域
之先。同樣，德里達似乎在追蹤閱讀時才出現的線索。他特別試圖
在亞里斯多德的時間分析中找出以下觀點，即「時間」對於存在只
有作爲延異（différance）才可見。然而因爲他從胡塞爾出發閱讀
海德格，他就把在《存在與時間》及其先驗自我描述中可以感到的
對胡塞爾概念性的依賴作爲海德格邏各斯中心主義的證據，而當我
不僅把談話，而且把詩歌及其在內心傾聽中的顯現解釋爲語言的眞
正實在時，他就把這稱作「聲音中心主義」（Phonozentrismus）。
在他看來，似乎話語或聲音僅僅對於最賣力的反思意識才能在其實
施進程中獲得在場而不會自我消失。正因爲某人在「思維」，所以 [Ⅱ372]
他察覺不到自身，這絕不是廉價的反思論辯，而是對每一個談話者
和每一個思考者身上所發生的事情的回憶。

　　因此，德里達對海德格的尼采解釋——這種解釋事實上令我信
服——所作的批判也許有助於闡明我們所面臨的公開疑難。在這疑
難中，一方面是令人頭暈目眩的豐富的多面體和無盡的假面遊戲，
尼采勇敢的思想冒險在這種遊戲中似乎消散於無法把握的多樣性之
中；另一方面則是詢問尼采，這種冒險的遊戲究竟意味著什麼。並
非尼采本人認識到統一性的消散並且把握住權力意志的基本原則和

每天中午的永恆輪迴布道之間的內在連繫。如果我對海德格的理解
正確的話，那麼實際情況是，尼采並未這樣做，因此尼采最後觀點
的這種隱喻對我們就表現得像閃閃發光的多面體，在它背後沒有統
一性。這種統一性表現爲統一的終極位置，對存在的詢問就在這裡
自我遺忘和喪失。──因此虛無主義得到實現的技術時代實際上就
意味著永恆輪迴。──我覺得，想到這一切，在思維上接受尼采，
這並不是一種回到形上學及其在本質概念中達到頂峰的本體論前概
念。如果是那樣的話，那麼海德格追求完全不一樣的、具有時間結
構的「本質」的道路就不會總是在此路不通中迷失方向。此外，我
們在自己的思維中繼續進行著的談話，在今天爲了從地球上不斷擴
展的人類遺產中得到更多的參與者而豐富充實的談話應該到處尋找
它的談話夥伴──尤其是那些與我們自身完全不同的談話夥伴。誰
使我關注解構並使我堅持延異（Differenz），他就是處於一場談話
的開端，而不是處於它的終極。

V

附錄

[Ⅱ375]

26. 補注 I —VI
（1960年）

I
—— 第1卷第43頁補注

　　風格（Stil）這一概念是歷史意識藉以存在的諸種未經討論的假定之一。簡短地考察一下尚很少研究過的這個詞的歷史，我們就可以解釋情況為什麼這樣。正如大多數情況所表明的，這一概念是透過該詞由其原來應用範圍加以轉借而得到確定的。這種由轉借而確定的意義首先不是歷史的意義，而是規範的意義。所以，「風格」在古典修辭學的現代傳統中取代了原先那種被認為 genera dicendi（講話類型 [23]）的東西，而成為一個規範性的概念。存在有各種不同的口述和筆述方式，這些方式既各自適合於自身的目的和內容，又各自有其自身特殊的要求。這就形成了不同的風格類型（Stilarten）。顯然，這樣一種關於風格類型及其正確應用的學說也包含了錯誤應用的可能性。

　　對於掌握寫作和表現自身技巧的人來說，需要依循正確的風格。所以風格概念就像它所呈現的那樣，首先是在法國法理學中表現出來的，並且在那裡指 manière de procéder（行事的方式），即指一種滿足於某種特定法律要求的指導審判方式。從 16 世紀起，風格概念也被用於一般語言的表達方式。[1] 顯然，這種用法是以這樣

---

[1]　參見為書信者彙編的書名為《新風格與書寫方式》的表述集編。在這種用法

一種觀點爲依據的，即對於某種技巧完善的表現來說，存在有某些先行的要求，特別是統一性的要求，這些要求獨立於所表現事物各自的內容。在巴諾夫斯基（Panofsky）[2] 和 W. 霍夫曼（Hofmann）[3] 所蒐集的事例中，除了**風格**這個詞外，還提到了 maniera（格調）和 gusto（趣味）這兩個詞作爲這種規範概念，這種規範概念確立了一種作爲風格理想的類型要求。

但是，除了這種一般用法外，這個詞從一開始還有一種個人的用法。風格是在同一個藝術家的不同作品裡到處可看到的個性特徵。這種轉借的用法起源於古代那種把某種講話類型的古典主義代表視爲聖徒的做法。從概念上看，把風格概念應用到所謂個人風格上，事實上乃是同一個意義的必然應用結果。因爲風格的這種意義標誌了眾多作品中的某種統一性，也就是說，標誌了某個藝術家的獨特的表現方式是怎樣區別於其他藝術家的表現方式的。 [Ⅱ376]

這一點也表現在歌德對該詞的用法裡，歌德的用法對於後世來說是有典範性的。歌德的風格概念是在與格調（manier）概念的區別中獲得的，而且顯然包含了這兩個方面。[4] 只要一個藝術家不再熱衷於模仿，而是同時爲自己創造一種語言，那麼這個藝術家就形成了一種風格。雖然藝術家被繫之於所給定的現象，但這個現象對於他來說並不是一種束縛——他仍能在這裡表現自己本身。縱使「如實模仿」與個人格調（或理解方式）之間很少有一致性，但這種一致性卻正構成了風格。因此，就問題涉及某個個人的風格而言，風格概念也一起包含著某種規範的要素。事物的「本性」或「本質」

裡，遵循風格幾乎類似於遵循講話類型（genera dicendi）。然而，轉用於一切表達行爲則是顯然的，當然是在規範的意義上。

2　E. 巴諾夫斯基：《理念》，注釋 244。

3　W. 霍夫曼：《類型研究》，第 8 卷，1955 年，第 1 期，第 1 頁。

4　參見《謝林》，第 3 卷，第 494 頁。

總是偉大藝術家所不能背離的認識和藝術的基礎，而且照歌德看來，由於這種與事物本質的連繫，個人對「風格」的運用也明顯地保留了一種規範的意義。

我們很容易在此認出了古典主義的理想。不過，歌德的用法同時也揭示了風格概念經常所具有的概念內涵。無論如何，風格絕不是一種單純的個性表現——風格總是指一種制約個人表達方式的確定的、客觀的東西。因此這個概念作為歷史範疇加以運用也就得到了解釋。因為對於歷史的反思來說，被視為這種制約性的東西無疑也包括了當時的時代趣味，而且在這一點上，風格概念在藝術史上的運用就是歷史意識的一種自然結果。但是，在風格概念裡本來所包含的審美規範（vero stile，真風格）的意義在此卻由於它的描述功能而被喪失掉了。

這一點絕不能決定這樣的問題，即風格概念是否應得到這樣一種像它在藝術史中一般所具有的獨一無二的效用——同樣，這也不能決定風格概念是否可超出藝術史而應用於其他的歷史現象，例如：是否可應用於政治行為上。

[II 377]　　首先，就第一個問題來看，情況似乎是，凡是在唯一的審美標準就是與某個占統治地位的趣味相連繫的地方，歷史的風格概念無疑是合法的。所以風格概念首先適用於一切裝飾現象，這些現象最基本的規定便是，它並不是自為地存在，而是為他物存在，並把這個他物置於某個生命連繫的統一體中。裝飾物顯然作為一種附屬的性質歸屬於那種具有某種其他規定，即具有某種用處的東西。

但是我們還可以探問，把風格的歷史觀點擴大到所謂自由藝術作品上去，是否就反過來說是合法的呢？我們已經知道，就連一部所謂自由的藝術作品在某種生命連繫中也有其本來的位置。誰要理解這樣的作品，誰就不應去獲得該作品的任何一種體驗價值，而是必須獲得對這些價值的正確態度，這就是說，首先獲得對這些價值

的歷史的正確的態度。

事實上，這裡也存在著一些不可違背的風格要求。但這並不意味著，一件藝術作品只具有一種風格史的意義。這裡澤德爾邁爾對風格史的批判則是完全正確的。[5] 透過風格史而得到滿足的分類興趣，並沒有真正觸及藝術性的東西。然而，風格概念對於真正的藝術科學也仍然具有其意義。因爲即使像澤德爾邁爾所要求的那種藝術科學的結構分析也明顯地必須在藝術科學稱作正確的態度中考慮風格史的諸種要求。

這一點在那些需要再現的各類藝術（音樂、戲劇、舞蹈等等）中是完全明顯的。再現（Wiedergabe）必須是忠實於風格的，我們必須知道時代風格和一個大師的個性風格所要求的東西。當然，這種知識並不就是一切。一個「忠實於歷史」的再現並不是真正的藝術再創造，也就是說，在這種再現中，作品並不表現自身爲一件藝術作品，而是相反——如果這樣一種產品是可能的——它將表現爲一種傳授性的產品或單純的歷史研究資料，這種產品或資料最終將成爲某種類似於由一位大師親自指揮的唱片灌制那樣的東西。然而，即使一部作品的最逼真的復現（Erneuerung）也會由於風格史方面的問題而受到某些它不能不考慮的限制。風格事實上屬於藝術的「基礎」（Grundfesten），它是藝術的不可避免的條件之一，而且這種在再創造中所出現的東西，顯然適合於我們對一切種類藝術的接受態度（再創造無非只是一種服務於這種接受的特殊媒 [II 378] 介方式）。風格概念（類似於與它密切相關的趣味概念，參閱風格感〔Stilgefühl〕這個詞）對於藝術經驗及其科學認識來說雖然不是一個充分的視點——風格概念只是在裝飾物領域才是這樣的——但

---

[5] 〔參見《藝術和真理——關於藝術史的理論和方法》，最近的新版，曼德爾，1978 年。〕

是，凡是在藝術應當被理解的地方，風格概念必然是一個前提條件。

現在這個概念也被轉用到政治史上去了。甚至行爲方式也能具有風格，而且甚至在命運過程中也會有某種風格的表現。這首先是在規範的意義上說的。當我們講到某種行爲有偉大風格或眞正風格，那麼我們就是在審美地評判這種行爲。[6]即使我們試圖用政治術語來描述某種行爲的特殊風格，這也基本上是一種審美的風格概念。由於我們表現了這樣一種行爲風格，所以我們就使自己能爲他人所見，以致他人知道他們應當期待誰。在此，風格概念就意味著一種表現統一體。

但是，讓我們考慮一下，我們能否把這種風格概念用作爲歷史範疇。把藝術史上的風格概念轉用於一般歷史上，這是有前提條件的，即我們並不是按歷史事件自身的意義去看待歷史事件，而是按照歷史事件與某個表現形式整體（這些表現形式表明了它們時代的特徵）的關係來看待歷史事件。但是一個事件的歷史意義並不需要與該事件作爲表現現象所具有的認識價值一致，而且，如果認爲由於我們這樣把該事件理解爲表現現象所以才理解諸事件，這也是錯誤的。如果我們像埃里希‧羅特哈克首先所討論的那樣，把風格概念眞正地擴大到一般歷史上，並由此期待歷史的知識，那麼我們就不得不有這個假定，即歷史本身遵循一種內在邏各斯。這可能適用於我們所追循的個別發展線索，但是這樣一種雙向性的歷史並不是眞正的歷史，而是理想型的構造，這種構造，正如馬克斯‧韋伯對器官學的批判所表明的，只具有描述性的合理性。對所發生事件按風格史進行的觀察方式，正如只按照風格史去思考的藝術科學的觀察方式一樣，將不能正確考慮這一決定性的事實，即某物是出現在這種觀察方式裡的，並且其中所展開的並不只是可理解的過程。這

---

6 〔參見黑格爾：《紐倫堡文集》，第 310 頁。〕

就是我們這裡所遇到的精神史的界限。

II

——第1卷第149頁補注

[II 379]

偶緣性（Okkasionalität）必須表現爲作品整個意義要求中的某個意義要素，而不是表現爲那種彷彿隱藏在作品背後並應透過解釋去揭示的境遇的痕跡（die Spur des Gelegenheitlichen）。如果偶緣性表現爲境遇的痕跡，那麼這就表示，我們只有透過重建原來的境況才能根本地理解作品整體的意義。但是，如果偶緣性是作爲作品本身要求中的一個意義要素，那麼情況正相反，正是透過對作品意義內容的理解才使得歷史學家有可能經驗該作品得以如此講述的原本某些境況。現在我們關於審美存在的存在方式的原則性思考就給偶緣性概念提供了一種新的超過一切特殊形式的合法性。藝術遊戲並不像審美意識所主張的那樣是超時空的。即使我們在原則上承認這一點，但是我們也不可能講到時間於遊戲中的中斷（Einbruch der Zeit in das Spiel），有如最近卡爾·施密特（Carl Schmitt）關於哈姆雷特戲劇所論述的那樣。

毫無疑問，歷史學家可能有興趣於在藝術遊戲的形成過程中去探尋那些使遊戲與其時間緊密連結的關係。但是在我看來，卡爾·施密特似乎低估了這個對歷史學家來說是合法的任務的困難性。他認爲我們能夠在遊戲中看出這種中斷（den Bruch），透過這種中斷的裂隙，當時的眞實情況就表現出來，並且這種中斷使作品的當時作用得以看出。但是，這種做法充滿了方法論上的困難，正如柏拉圖研究的例子所告訴我們的一樣。雖然排除某種純粹體驗美學的偏見，並把藝術遊戲放置在其時代歷史的和政治的關係中這種做法在原則上是正確的，但是，如果我們要求人們把《哈姆雷特》當

作一部影射小說（Schlüsselroman）去閱讀，那麼在我看來，這在《哈姆雷特》事例中則是有錯誤的。我認為這裡恰恰不存在那種時間在遊戲中的中斷，儘管這種中斷作為斷痕是在遊戲中可看出的。對於遊戲本身來說，並不存在像卡爾・施密特所認為的那種時間與遊戲的對立。遊戲其實是一起把時間包括在其**遊戲**中。這就是文學創作的巨大可能性，透過這種可能性文學創作歸屬於其時間，並透過這種可能性時間也就服從於文學創作。在這種普遍的意義上，哈姆雷特戲劇確實充滿了政治的現實意義。但是，如果我們從《哈姆雷特》中見出了被掩蓋著的詩人對艾塞克斯 [24] 和雅可布 [25] 的擁戴，那麼這部作品就很難被證明是文學創作。即使詩人實際上屬於這個黨派——但是由他所創作的戲劇就應當這樣地掩蓋他這種黨派關係，以致就是卡爾・施密特這樣敏銳的洞察力在此也無濟於事。如果詩人想贏得他的觀眾，那麼他無疑必須完全考慮觀眾中的反對派。所以，實際上在這裡向我們表現的東西乃是遊戲於時間中的中斷（Einbruch des Spiel in die Zeit）。正如遊戲本身是多義性的，所以遊戲只有在自我表現中才能展現其不可預見的作用。遊戲按其本質並不是要成為被掩飾的目的的一種工具，以致人們為了明確理解它就必須看清這種被掩蓋了的目的。遊戲要成為遊戲，仍需保持一種不可解決的多義性。遊戲中所包含的偶緣性，並不是一種使所有東西獲得其真正意義的先定關係，正相反，偶緣性乃是作品本身，正如每一種境遇一樣，正是這種偶緣性才有可能使作品的表現力得以實現。

[Ⅱ380]

所以，當卡爾・施密特從政治方面解釋了莎士比亞對女皇過錯問題的懸置，並在這裡看到了一種忌諱，而在我看來，他就陷入了一種錯誤的歷史主義。實際上，遊戲的真實性正在於圍繞原始主題不斷允許有一個不確定的領域。一部其中一切東西都得到透澈說明的戲劇，其毛病正像一部嘎嘎作響的機器。如果一齣戲劇的情節是

像方程式那樣可以計算出來，那麼這齣戲劇就表現了一種虛假的真實性。如果一齣戲劇並未使觀眾理解了一切東西，而只是使觀眾理解了比他們在其日常活動中所通常理解的稍多一點東西，那麼這齣戲劇就是一場真實性的遊戲。在一齣戲劇中，懸而未決的東西越是多，理解就越是自由地得以實現，也就是說，遊戲中所表現的東西向自身世界，無疑也是向自身政治方面的經驗世界的轉入也就越是自由地得到實現。

讓許多東西不可揣測地懸置起來，是具有豐富內容的虛構的本質，例如：一切神話就具有這種性質。神話正是由於其明顯的不確定性才能夠隨著主題的視域而不斷地轉向不同的方向，從而從自身中不斷迸發出新的發現（我們只需要想一下構造浮士德故事的許多嘗試，從馬羅〔Marlowe〕直到保羅‧瓦萊利〔Paul Valéry〕）。

如果我們在懸置的東西裡看出了政治意圖，有如卡爾‧施密特在講到女皇的忌諱時所作的那樣，那麼我們就沒有認清遊戲的真正本質，即沒有認識那種由歷試可能性而進行的自我表現（Sichausspielen）。遊戲的自我表現並不定居於審美現象的某個封閉世界裡，而是作為一種對時間的不斷闖入而實現自身的。構成藝術作品本質的創作多義性只是遊戲不斷演變成新事件這一本質規定的另一種說法。在這種基本意義上，精神科學的理解就最緊密地與藝術作品的直接經驗靠攏了，即使科學中取得的理解也使傳承物的意義向度表現出來，並且這種理解就存在於對這些意義向度的多次檢驗中。正是因為這種理由，理解本身還是一種事件，正如我們 [II 381] 在本書探究中所指明的。

III
── 第1卷第269頁補注

所以勒維特（Löwith）關於海德格的尼采解釋的分析，[7]雖然在個別地方提出了正確的異議，但整個來說卻是有缺陷的，因為他沒有透澈了解就以尼采的自然性理想去反對一般理想教化原則。如果海德格是有意識地要把尼采與亞里斯多德放在一條線上 ── 這就是說，對於他來說他並不讓自己處於同一觀點上 ── 那麼海德格的意思因而就是不可理解的。反之，勒維特自己卻由於這種錯誤的結論而陷入了更大的荒謬之中，以致把尼采的永恆復歸的學說視為一種亞里斯多德的復活（eine Art Aristoteles redivivus）。事實上對於亞里斯多德來說，自然的永恆循環過程乃是存在的不言而喻的面貌。人類的倫理的和歷史的生命在亞里斯多德那裡總是與宇宙示範性地表現的秩序相關聯。可是尼采根本沒有講過這種話，尼采完全是從人類此在對他顯現的對立中來思考存在的宇宙性循環的。同一東西的永恆復歸對於人類來說可以具有作為一種學說的意義，即作為一種對於人類意志來說是令人憤慨的無理苛求，因為它要消除人類意志關於未來和進步的一切幻想。所以尼采設想永恆復歸學說，目的是為了刺激人類的意志張力。自然在這裡是從人類出發被思考的，它被設想為人類不知其為何物的東西。

如果我們想理解尼采思想的統一性，那麼我們就不能再次像在最近的一次返歸中那樣以自然來對抗歷史。勒維特自己仍處於尼采的未被解決的矛盾的立場上。難道我們面對這種立場就不需提出

---

[7] 參見《海德格 ── 可憐時代的思想家》，第 3 章，法蘭克福，1953 年。目前也可參見勒維特新出版的書《尼采的永恆復歸學說》〔以及現在在其全集中的尼采卷，斯圖加特，1986 年〕。

這樣一個進一層的問題嗎？即這樣一種自我陷入死胡同怎樣可能
呢？也就是說，對於尼采自己來說，爲什麼就不是一種自我窘境或
失敗，而會是偉大的發現和解放呢？讀者在勒維特那裡找不到對這
一深層問題的回答。但是，正是這一點乃是我們要理解，即要透過
自己思想去加以思考的東西。海德格就曾經做了這一工作，也就是 [Ⅱ382]
說，他曾經構造了使尼采的陳述彼此得以和諧的關聯體系。這種關
聯體系在尼采那裡並未直接講出來，這正是這種重構本身的方法論
意義。反之，我們看到勒維特卻使自己矛盾地再一次去做那種他自
己在尼采那裡僅能視爲某種斷裂的東西：他反思了不可反思性；他
以自然性的名義從事反對哲學的哲學工作，並援引了健全的人類知
性。假如健全的人類知性確實是一種哲學論據，那麼它可能早就同
一切哲學來到終極了，並因而也同對它的援引來到終極了。如果勒
維特承認援引自然和自然性既不是自然也不是自然性的，那對勒維
特擺脫這種窘境也無濟於事。

Ⅳ

—— 第1卷第271頁補注

我認爲，勒維特對於海德格關於理解的陳述的先驗意義所作
的固執隨意的論述 [8] 在兩方面是不正確的。他認識不到海德格曾經
發現了存在於一切理解中的東西以及作爲任務根本不能否認的東
西。[9] 另外，他也認識不到許多海德格解釋中出現的強詞奪理根本不

8　參見勒維特：《海德格 —— 可憐時代的思想家》，法蘭克福，1953 年，第 80
　　頁以下。

9　〔這裡德里達可能會反駁，因爲他在海德格的尼采解釋中看到了一種向形上學
　　的倒退。參見我的著作集，第 2 卷，第 361 頁以下。〕

是這種理解理論的結果。相反，它們乃是對正文的一種明顯說明缺
乏詮釋學意識的人為誤用。顯然，正是事物本身要求的過分壓力才
給予正文的某些方面以某種突破比例的過分共鳴。海德格對於流傳
下來的正文的焦急行為很少是他的詮釋學理論的結果，以致他的這
種行為就像偉大的精神傳統深造者的行為一樣，這些精神傳統深造
者在歷史意識培養之前就已經「無批判地」吸收融化了傳承物。語
文學批判要挑戰的是，在這裡海德格使自己去適應科學的標準，並
時而試圖透過語文學去證明他對傳承物的創造性吸收的合法性。因
此海德格對理解分析的正確性並不因此而受到影響，反而從根本上
得到證明。理解的本質總是在於：要進行理解的意見必須要反對支
[II 383] 配解釋者的意義傾向的力量而肯定自身。正是因為我們被事物所要
求，我們才需要詮釋學努力。反之，如果我們不是被事物所要求，
我們可能根本不會理解傳承物，不管心理學解釋和歷史學解釋有怎
樣實際的不同，凡是我們不再理解的地方，那裡就出現這種心理學
的或歷史學的解釋。

V
—— 第1卷第427頁補注

　　像理查德・哈德爾（Richard Harder）這樣卓有成績的柏羅丁
研究專家竟會在最近的演講中由於源泉（Quelle）這個概念具有「自
然科學來源」而進行批評（柏羅丁的源泉見《談話錄》V，VII，「源
泉還是傳統？」），這是很少見的。雖說對一種受外部推動的源泉
研究進行批評是正確的——但源泉概念卻有一種更好的合法性。源
泉作為**哲學的**比喻，它具有柏拉圖—新柏拉圖主義的來源。它的主
要意思就是從不可見的深層湧流出純潔而新鮮的水。它表示了一種
常見的組合 pēgē kai archē（源泉和源起）（《斐德羅篇》245c 以及

在斐洛和柏羅丁那裡多次提到）——fons（源泉）這個概念作為**語文學**的術語大概是在歷史主義時代才引進的，但它在那裡首先並不是指從源泉研究中所認出的概念，而是把術語 ad fontes，即回溯到源泉，理解為轉向古典作家之本原的、未受歪曲的真理。[10] 即使在這裡也證明了我們的斷定，即語文學在它的正文中指的是在它之中能找到的真理。——這個概念向我們所熟悉的技術性詞義的轉化也許可以從其原初意義中斷定某些東西。因為源泉和那種混濁的再現或錯誤的認同是有區別的。這就特別說明，我們唯有透過文字傳承物才能認識源泉概念。唯有語言的傳承物才能對其中存在的東西作出持久而完全的解釋，這並非僅僅表明如何衡量以前的文獻和文物，而是指允許直接從源泉出發創造文獻和文物，或用源泉來衡量它們後來的變化。這一切都不是自然科學式的圖畫，而是語言—精 [II 384]
神的圖畫，這些圖畫從根本上證明了哈德爾所指的，亦即源泉肯定不會由於它的使用而變得混濁不清。在源泉中總是湧流著新鮮的水，在傳承物中真正的精神源泉也是這樣。它之所以值得研究，是因為它總是產生出與人們從它之中取走的東西不同的東西。

VI
——第1卷第341頁和第471頁補注

關於表達概念

我們整個的解釋是基於這樣一種觀點，即表達（Ausdruck）概念必須從它現代主觀主義的含意中純化出來並重新回到它原本的語

---

10 〔我要感謝 E. 萊多（Lledo）由西班牙人道主義找出的對於 ad fontes 的有趣的證據，這個證據表示了它與《舊約》的詩篇（Psalmen）的關聯。〕

法一修辭意義中去。表達這個詞和拉丁文的 expressio、exprimere 相吻合，它表示話語和文字的精神起源（verbis exprimere）。但這個詞在德語中卻有一個更早在神話語言中使用的歷史，因此就反證了新柏拉圖主義的概念構成，這一點正是要研究的。在神話文獻之外的領域中，表達這個詞是在 18 世紀才開始使用。當時該詞擴展了它的含意，並排擠掉模仿概念而進入了美學理論。但表達概念的主觀主義的轉向，即把表達作爲一種內在東西的表達，如某種體驗的表達，在那時尚未出現。[11] 那時該詞主要含意是傳達（Mitteilung）和可傳達性（Mitteilbarkeit），也就是說，它涉及到表達。[12] 然而，找到表達，就是指找到一種旨在獲得某種印象（Eindruck）的表達，因此絕不是在體驗表達意義上的表達。這尤其適用於音樂的術語。[13]18 世紀的音樂衝動理論（Affektenlehre）並不認爲是人在音樂中作表達，相反，是音樂表達出某種可產生印象的衝動（Affekte）。我們在祖爾策（1765 年）的美學中也可發現同樣的觀點：表達主要不能被理解爲自己感覺的表達，而是作爲引起感覺的表達。

[Ⅱ385]

---

[11] 和士林哲學的 expressio 概念相對應的對立概念是 impressio speciei（種的印象）。當然作為動詞出現的 expressio 的本質就在於展現思想，這一點大約是庫薩的尼古拉最先說出的。因此，很可能在尼古拉那兒就已出現了這種轉向，例如他說：das wort sei expressio exprimentis et expressi（這個詞是表達者和被表達東西的表達，參見《神學手冊》，第 7 卷）。但這並不是指一種內在體驗的表達，而是指詞的**反思結構**：使萬物可見並使自己在表述中可見——猶如光既使一切可見又使自身可見一樣。〔目前在理特編的《哲學歷史辭典》第 1 卷第 653-655 頁有托內里（Tonelli）寫的「表達」詞條。〕

[12] 康德：《判斷力批判》，B，第 198 頁。

[13] 參見 H. H. 埃格布萊希特（Eggebrecht）富有啓發性的論文〈音樂狂飆突進運動中的表達原則〉，載《德國文學和精神史季刊》，第 29 卷（1955 年），第 323-349 頁。

　　然而 18 世紀下半葉已經遠遠地走在通向表達概念主觀化的道路上。例如：當祖爾策同年輕的里可波尼（Riccoboni）論戰時（里可波尼把演員的藝術看作表現而不是感受），他已經把感受的眞實性當作美學表現所不可缺少的東西。這樣他就透過作曲家之感受的心理結構補充了音樂的 espressivo（表達）。於是我們就在這裡處在從修辭學的傳統向體驗心理學的轉變過程中。但對表達之本質的深入研究，尤其是對審美表達之本質的深入研究最終仍然要回溯到具有新柏拉圖主義痕跡的形上學連繫之中。因爲表達從來就不是人們可藉以回溯到他者的內心過程的符號，相反，被表達的東西本身就在表達之中，例如：憤怒就存在於憤怒的表示之中。現代的表達診斷術對這一點知道得很清楚，而亞里斯多德也早就知道這一點。顯然，生物的存在方式就在於一物以這種方式存在於他物之中。當斯賓諾莎在 exprimere 和 expressio 中發現一種本體論的基本概念，而黑格爾又緊跟斯賓諾莎在客觀的意義上把表達看作精神的表現、表達和眞正的實現時，這個概念就在哲學的語言用法中得到了專門的承認。黑格爾以這種觀點來支持他對反思主觀主義的批判。賀德林和他的朋友，即表達概念在他那裡獲得一種中心地位的辛克萊（Sinclair）也是這樣想的。[14] 語言作爲使詩得以產生的創造性反思的產物，是「一種生動的，但又是特別整體的表達」。這種表達理論的含意顯然由於 19 世紀的主觀化和心理化而被完全忽視了。實際上，不管是在賀德林還是在黑格爾那裡修辭學傳統都是決定性的。在 18 世紀，「表達」就完全取代了「表達活動」（Ausdrückung）的位置而只是指表達活動所剩留的形式，例如：　　[II 386]
印章的痕跡等等所留下來的形式。表達概念與圖形的連繫可以從蓋勒特（Gellert）的一段話中看得很明顯，「我們語言無法表達某種

14　參見海林格拉斯（Hellingrath）版，第 3 卷，第 571 頁以下。

美，它是一種難以加工的蠟，每當我們想把精神的圖像印上去的時候，它就會彈出來。」[15]

　　這是古老的新柏拉圖主義傳統。[16] 這種比喻的要點在於，被打上的形式並不是部分地，而是完完全全地存在於一切痕跡之中。表達概念在「流溢說思想」中的運用也是以此為基礎的，而按照羅特哈克的觀點，[17]「流溢說的思想」正是我們世界歷史觀的基礎。很清楚，對「表達」概念之心理化做法的批判貫穿於本書的整個研究之中，並且是對「體驗藝術」和浪漫主義詮釋學進行批判的基礎。[18]

---

[15] 《文集》，第 7 卷，第 273 頁。

[16] 《第歐尼修著作集》（Dionysiaca），第 1 卷，第 87 頁。

[17] 羅特哈克：《邏輯學和精神科學的系統化》（《哲學手冊 III》），第 166 頁。參見本書第 1 卷第 33 頁關於奧廷格的生命概念和第 246 頁以下關於胡塞爾和約爾克伯爵的生命概念。〔參見我的著作集，第 1 卷，第 239 頁以下、第 253 頁以下。〕

[18] 在筆者早期的著作，例如：《巴赫和威瑪》（1946 年）第 9 頁以下〔《短篇著作集》，第 2 卷，第 75-81 頁，現收入我的著作集，第 9 卷〕以及《論哲學的起源》（1947 年）第 25 頁〔《短篇著作集》，第 1 卷，第 11-38 頁，現收入我的著作集，第 4 卷〕也指明了這一點。

27. 詮釋學與歷史主義

（1965年）

[Ⅱ387]

　　以前，在對精神科學的基礎作哲學思考時是根本不談詮釋學的。詮釋學在以前不過是一種輔助性的學科，是一種以處理正文作爲對象的規則或法規彙集。有時它還透過對某種特殊形式的正文作考慮而使自己相區別，例如：作爲《聖經》詮釋學。後來還有另一種稱之爲詮釋學的輔助學科，這就是以法學詮釋學形式出現的詮釋學。它因爲包含旨在彌補已頒布的法律之缺陷的規則，因而也具有規範的性質。與此相反，人們則在知識論中——仿效於自然科學及其經由康德哲學而得到的證明——看到了包含在精神科學領域中的中心哲學問題。康德的《純粹理性批判》證明了自然科學經驗認識的先驗因素。因此，問題就在於要爲歷史科學的認識方式獲得相應的理論上的證明。J. G. 德羅伊森在他的《歷史學》中設計了一種很有影響的歷史科學方法論，其目的全在於與康德的任務相吻合，而發展歷史學派眞正哲學的 W. 狄爾泰則很早就以明確的意識追隨歷史理性批判的任務。就此而言，他的自我理解仍是一種知識論的理解。顯然，他在一種擺脫了自然科學過多影響的「描述的和分析的」心理學中看到了所謂精神科學的知識論基礎。可是在執行這項任務的過程中，狄爾泰卻被導向了去克服他自己本來的知識論起點，從而他就成了開創詮釋學的哲學時代的人。雖說他從未完全放棄他在心理學中尋找的知識論基礎。體驗（Erlebnisse）要透過內在存在（Innesein）來描述，以致作爲康德探究基礎的關於 [Ⅱ388]他者即非我的認識問題在這裡根本不存在，這就是狄爾泰試圖在精

神科學中進行歷史世界構造的基礎。但是，歷史世界並不是這樣一種體驗連繫（Erlebniszusammenhang），有如歷史在自傳中為主觀性的內在性所表現的。歷史的連繫最終必須被理解成一種意義連繫（Sinnzusammenhang），這種意義連繫從根本上就超越了個體的體驗視域。意義連繫就像一件巨大而又陌生的正文，詮釋學必須幫助對它進行破譯。因此，狄爾泰由於事物的逼迫而尋找從心理學到詮釋學的過渡。

在為精神科學建立這種詮釋學基礎的努力中，狄爾泰發現自己和當時一種試圖從新康德主義的立場出發奠定精神科學基礎的知識論學派，也就是和由文德爾班和李凱特所發展的價值哲學處於極端的對立之中。在狄爾泰看來，知識論的主體不過是無血無肉的抽象。雖說在精神科學中追求客觀性的想法強烈地激勵著他，但他仍然不能擺脫這一事實，即認識主體，亦即進行理解的歷史學家不可能簡單地面對他的對象、面對歷史生活，相反，歷史學家乃是被同一種歷史生命的運動所推動。尤其在他的晚年，狄爾泰越來越認為唯心主義的同一哲學具有正確性，因為在唯心主義的精神概念中我們可以設想主體和客體，我與你之間有一種實質性的共同性，有如狄爾泰自己的生命概念中所存在的那種共同性一樣。格奧爾格·米施作為生命哲學的立場而尖銳地加以維護以反對胡塞爾和海德格的東西，[1] 顯然也和現象學一起參與了對天真的歷史客觀主義的批判，以及對這種客觀主義透過德國西南學派價值哲學所進行的知識論證明的批判。儘管歷史事實的建立明顯地同價值有關，但它根本不考慮歷史認識在歷史事件中的複雜關係。[2]

---

[1]　G. 米施：〈生命哲學和現象學——狄爾泰與海德格及胡塞爾的爭論〉，載《哲學期刊》，1929/30 年，第 2 卷，萊比錫／柏林，1931 年。

[2]　〔1983 年——此時正值《精神科學導論》兩卷材料（《狄爾泰全集》第 18 卷

　　這使我們回想起馬克斯‧韋伯所留下的未完成的巨作，它在
1921 年首次以「科學和社會」為題出版，其實是他計畫要寫的《理
解社會學概論》。[3]這門為社會經濟學概論而準備的社會學詳細闡述 [Ⅱ389]
了宗教社會學、法律社會學和音樂社會學，而國家社會學卻只得到
零零散散的說明。其中最使人感興趣的是 1918-1920 年所寫的導言
部分，它如今被冠以「社會學範疇理論」的標題。這是一部以極端
的唯名論為基礎的富有影響的概念範疇著作，另外它——與眾所周
知的 1913 年邏各斯論文相區別——也避開了價值概念（從而也避
免了對德國西南學派的新康德主義的依賴）。馬克斯‧韋伯把這種
社會學稱作「理解社會學」，因為它把社會行動所指的意義作為自
己的對象。當然，在社會—歷史生活領域中，「主觀意指」的意義
不可能只是由個別活動者所實際意指的意義。於是，概念地構造起
來的純模型「理想—典型結構」就作為詮釋學—方法論的補償概念
而補充進來了。在這個被馬克斯‧韋伯稱為「理性主義」的基礎上
矗立著整座大廈——按照概念這座大廈是「無價值的」和中性的，
是「客觀」科學紀念碑式的邊界要塞，它透過分類系統而維護它的
方法單義性，並在內容解釋的部分中達到對歷史經驗世界的宏觀的
系統概括。這裡透過方法論上的苦行而避免了陷入歷史主義疑難。

　　然而，詮釋學思考的繼續發展卻恰好受到歷史主義立場的支配
並因而從狄爾泰出發，狄爾泰的全集在 20 年代很快就壓倒了恩斯
特‧特勒爾奇的影響。

　　狄爾泰同浪漫主義詮釋學的連繫——這種詮釋學與本世紀黑格

　　和第 19 卷）出版——重新使 W．狄爾泰進入了普通的意識之中，請參見最近
　　我寫的關於狄爾泰的論文，載我的著作集，第 4 卷。〕

3　這部遺稿目前在約翰尼斯‧溫克爾曼對浩瀚的材料所作的重新編排中作為第 4
　　版問世。參見第 1、2 卷，圖賓根，1956 年。〔卷帙浩繁的《馬克斯‧韋伯全
　　集》批判版現正在出版之中。〕

爾思辨哲學的復活相連繫——引起了對歷史客觀主義的多方面批判（約爾克伯爵、海德格、羅特哈克、貝蒂等等）。

[Ⅱ390]

曾經被 19 世紀科學實證主義所遮蔽的浪漫主義動機在科學內部重又發生作用，從而狄爾泰與浪漫主義詮釋學這一連繫又在歷史一語文學的研究中留下了可見的痕跡。[4] 我們也許可以想到由瓦爾特・F. 奧托，卡爾・凱倫伊等以謝林精神所復活的古代神話學問題。就連 J. J. 巴霍芬 [26] 這種混亂的、醉心於自己直覺偏執狂的研究者——他的思想促進了現代的替代宗教〔這種宗教越過阿爾弗雷德・舒勒（Alfred Schuler）和路德維希・克拉格斯（Ludvig Klages）而對像斯忒芬・喬治這樣的人發生了影響〕——也重新引起了科學的注意。1925 年以《東西方神話，古老世界的形上學》為題曾出版了一部系統編輯的巴霍芬主要論文集，阿爾弗雷德・波姆納為它撰寫了一篇意味深長、引人注意的導言。[5]

4　弗里茨・瓦格納在〈現代歷史描述——歷史哲學概覽〉（柏林，1960 年）一文中對現代歷史學中所使用的自我反思——透過詳細引進英美和法國的歷史研究——給出了有用的概括。該文指出，天真的客觀主義已經不再使人滿足，從而使人認識到一種超出純粹知識論方法主義的理論需要。〔目前參見 K-G. 費伯的《歷史學理論》（慕尼黑，1971 年）和 R. 科澤勒克的《已逝去的未來——關於歷史符號的語義學》（法蘭克福，1979 年）。〕

W. 霍法（Hofer）在題為《哲學和政治學之間的歷史——現代歷史思想問題研究》（斯圖加特，1956 年）的書中既包括了對蘭克、F. 梅納克（Meinecke）、利特（Litt）的研究，又包括了對國家社會主義和布爾什維主義把歷史研究工具化的研究。霍法試圖說明歷史思維對政治關係日益增長的這種反思性的危險及其發展可能性。

這裡還應首先指出萊茵哈特・維特拉姆（Wittram）的《歷史的興趣》（范登霍克系列小叢書 59/60/61，哥廷根，1958 年）。這些講演堅決地提出了已超出純粹「正確性」的「歷史中的真理」問題，並在注釋中對於新的文獻，尤其是對於重要雜誌上所登載的論文提出了一系列令人信賴的證據。

5　在 1956 年，也就是 30 年之後，巴霍芬這部著作又出了一個影印的新版本（第 2 版，慕尼黑，1956 年）。

即使我們翻開德‧福里斯的科學史文集《神話學的研究史》，[6]
我們也會獲得「歷史主義的危機」在神話學的復興中所造成的同樣 [II 391]
印象。德‧福里斯給出了一個因其寬闊的視野而著稱的概覽——他
仔細地挑選出閱讀材料，撤除掉宗教史，而以時而是盲目服從、時
而又太自由的編年史觀特別對近代作了很好的概述。值得注意的
是，瓦爾特‧F. 奧托和卡爾‧凱倫伊主要是作爲一種新的、嚴肅對
待神話的研究方向的開拓者而被人承認。

神話學的例子只是許多例子中的一種。我們可以在精神科學這
項具體工作的許多點上指出和天眞的方法論主義同樣的背離，與此
相應，在哲學思考中則有對歷史客觀主義或實證主義的明確批判。
在原本規範的觀點與科學相連繫的領域，這種轉折具有特別的意
義。在神學和法學中的情況就是如此。近 10 年來的神學討論因其
必然要用新出現的神學—教義學動機來傳遞歷史神學的遺產，因而

如果我們今天重讀這本書，那我們就會一方面意識到，當時的新版確實有其
後果，因為在此期間繼續出版了大批巴霍芬著作的批評性版本。另一方面我
們又可帶著一種少見的讚賞和震驚的混合感去讀波姆納冗長的導言。在此導
言中波姆納重新強調了德國浪漫派的歷史，從而促進了對巴霍芬的思想發展
史的理解。他在他尊之為 18 世紀成果的耶拿美學浪漫派和海德堡的宗教浪漫
派之間作了一個明確的區分（參見我的〈黑格爾和海德堡浪漫派〉，載《黑
格爾辯證法》，1971 年，第 71-81 頁）。他把格雷斯（Görres）推作為此區
分的首創者，格雷斯的興趣轉向德國早期歷史是為德國 1813 年的民族起義作
準備的因素之一。波姆納對此說出很多正確的見解，因此他的文章至今仍值
得重視。當然，正如巴霍芬一樣，他的解釋也是在同一種錯誤的科學領域相
關的心靈經驗範圍內活動〔正如弗朗茨‧維亞克爾在《日晷》第 28 卷（1956
年）第 161-173 頁的巴霍芬評論中正確地談到的一樣〕。

6　福里斯（Jan de Vries）：《神話的研究史》，佛萊堡—慕尼黑，無日期。〔可
參見 F. 舒普編輯出版的關於神話起源的文集，以及我和亨利希‧福里斯合著
的〈神話和科學〉，載 K. 拉勒（和其他人合編）的《現代社會的基督教信
仰》，佛萊堡，第 2 版，1981 年，第 8-38 頁。對於神話的詮釋學向度印象深
刻的證據乃是 H. 布魯門伯格的著作：《神話研究》，法蘭克福，1979 年。〕

就把詮釋學問題推到了前臺。卡爾·巴爾特對《羅馬書》的解釋代表著第一次革命性的突破，[7]它是對自由主義神學的一種「批判」，這種批判所針對的並不是批判的歷史學本身，而是指那種把其結論當作對神學文獻理解的神學的滿足性。儘管巴爾特的《羅馬書》反對方法論的反思，但它仍不失為一種詮釋學的宣言。[8]如果說他對魯道夫·布爾特曼及其消解《新約》神祕性的論題很少感到滿意，那麼這並不是由於實際所關心的論題使他分開，在我看來，倒是歷史—批判研究和神學注解的連繫以及方法的自我思考對哲學的依賴（海德格）才阻礙了巴爾特在布爾特曼的研究方法中重新認出自己。對自由主義神學的遺產不作簡單的否認，而是進行掌握，這乃是一種事實上的必要性。當前神學內部進行的詮釋學問題討論——並非只是詮釋學問題的討論——因而是被絕對必要的神學意圖與批判的歷史之間的爭論所規定。一方認為歷史的立場面對這種狀況需

[Ⅱ 392] 要重新辯護，另一方則如奧特、埃貝林和富克斯的研究所指出的，很少突出神學的研究性質而更多地提出「詮釋學」對於福音布道所具有的輔助作用。

　　如果有誰作為一個門外漢想對詮釋學問題在法學討論裡的發展發表意見，那麼他就不可能深入到法學的個別工作中去。他將在總體上發現，法學和所謂的法律實證主義相隔甚遠，而中心問題是，法律的具體化在多大程度上表現為一個獨立的法學問題。庫特·英吉希（1953 年）對此提出一種全面的概括。[9]在反對法律實證論的

7　第 1 版，1919 年。

8　參見 G. 埃貝林：《上帝之詞和詮釋學》（《真理與批判》，1959 年，第 228 頁以下）。

9　〈當代法律和法學中的具體化思想〉，海德堡，1953 年，第 294 頁（《海德堡科學院論文集》，哲學—歷史卷，1953 年，第 1 卷，也可參見新出版的《法學思想導言》，斯圖加特，1956 年）。參見第 520 頁。

極端主義中這個問題顯現了出來，這從歷史的角度看也可以理解，例如：在弗朗茨·維亞克爾的《近代私法史》或在卡爾·拉倫茨（Karl Larenz）的《法學方法學》中。[10] 這樣，在詮釋學自古以來就起作用的 3 個領域，即歷史—語文科學領域、神學領域和法學領域中就表明，對歷史客觀主義的批判以及對「實證主義」的批判如何賦予詮釋學觀點以一種新的意義。

在這方面值得慶倖的是，詮釋學問題的整個領域最近由於一位義大利研究者的重要研究而得到了探索性和系統性的整理。這位法史學家埃米里奧·貝蒂在他的大作《一般解釋學原理》[11]——該書的主要思想在德語中曾以《一般解釋學基礎》為題發展成一種「詮釋學宣言」。[12]——中對問題的狀況給出了一個概括，該概括因其寬闊的視野、詳盡的細節以及清楚、系統的編排而博得人們的好感。身為一個法學史家同時又是一個法學理論家，身為克羅齊和金蒂爾（Gentile）這些本身非常熟悉偉大德國哲學，以致能講並書寫完美德語的學者的同國人，貝蒂完全避免了天真的歷史客觀主義的危險。他懂得如何收集自威廉·馮·洪堡和施萊爾馬赫以來在不懈 [II 393] 的努力中成熟起來的詮釋學思考的巨大成果。

與貝納德托·克羅齊採取的極端立場完全相反，貝蒂在一切理解的客觀因素和主觀因素之間尋找一種媒介。他表述了詮釋學的整個規則體系，在其頂端是正文的意義自主（Sinnautonomie），按

10　〔除了 K. 拉倫茨在其《方法論》第 3 版裡富有影響的論述外，J. 埃塞爾的論文也成了某種法學討論的出發點。參見埃塞爾的《法學認識中的前理解和方法選擇——法官判決實踐的理性保證》（法蘭克福，1970 年）和〈在我們時代法學認識概念發展中的法學論證〉（《海德堡科學院論文集》，哲學—歷史卷，1979 年，第 1 卷），海德堡，1979 年。〕

11　第 2 卷，米拉諾，1955 年。德文版，1967 年。

12　《E. 拉伯爾紀念文集》，第 2 卷，圖賓根，1954 年。

照這一規則、意義，亦即作者的意見是從正文中獲得的。他也以同樣的堅決性強調了理解的現實性原則，以及理解與對象的相符。這就是說，他發現解釋者的立場束縛性（Standortgebundenheit）是詮釋學真理的綜合因素。

身為法學家，貝蒂同樣也避免過高估價主觀意見，例如：導致構成法律內容的歷史偶然性，並防止把主觀意見同法律的意義完全加以等同。當然從另一方面看，貝蒂仍舊跟隨著由施萊爾馬赫所創立的「心理學解釋」，從而使他的詮釋學立場總是具有逐漸模糊的危險。儘管他努力克服心理學的狹隘，並認為自己的任務就是重構價值和意義內容之間的精神連繫，但他只有透過一種**類似心理學解釋的方法**才能確立這種真正的詮釋學任務立場。

例如：他這樣寫道，理解是一種意義的重認（Wiedererkennen）和重構（Nachkonstruieren），他是這樣解釋這一說法：「這是對那個藉助其客觀化形式向另一個進行思維的精神進行講話的精神的重認和重構，這種精神感覺到自己與這一個進行思維的精神具有共同人性的連繫：這是這些形式同那個曾經產生它們而它們又與其相分離了的內在整體進行的回溯（Zurückführen）、共在（Zusammenführen）和重新連繫（Wiederverbinden）。這是這些形式的一種內在化（Verinnerlichung）；在這種內在化過程中，這些形式的內容當然被移置於某種和本來它們具有的主觀性相不同的主觀性之中。據此，我們在解釋過程中就必須進行創造過程的倒轉（Inversion）。按照這種倒轉，解釋者在他的詮釋學道路上就必須透過在他的內心**重新思考**（Nachdenken）這些形式而在逆向上經歷原來的創造過程」（第93頁以下）。因此貝蒂是跟隨施萊爾馬赫、伯克、克羅齊和其他人的。[13] 他特別認為，用這種帶有浪漫主

13　參見「宣言」註釋19以及第147頁。

義印記的嚴格心理學主義就可以保證理解的「客觀性」，他認為這 [II 394] 種客觀性受到那些依海德格而把這種向意見主觀性的回溯認作錯誤的人們的威脅。

在貝蒂和我所作的那在德國也經常重複進行的爭論中，他認為我總是模稜兩可、概念混亂。[14] 此類爭論一般都證明，批判者往往把作者同他本人並未提到的立場相連繫。在我看來，這裡的情況也是如此。我在一封私人信件中向貝蒂擔保，他那由我的書而激起的對解釋之科學性的擔憂是沒有必要的，貝蒂則以一種正人君子的做法從這封信中抽出以下這段話印在他的論文裡：

「從根本說來我**並未提出任何方法**，相反，我只是描述了**實際情形**。我認為我所描述的情形是無人能夠真正反駁的……例如：當您閱讀蒙姆森（Mommsen）所寫的古典論文時，您也立刻就知道這篇文章只可能在何時寫成。即使是歷史方法的大師也不可能使自己完全擺脫他的時代、社會環境以及民族立場的前見。這是否該算一種缺陷呢？如果說這是一種缺陷，那麼我就認為，對這種缺陷為什麼無處不在地發生於我們的理解之中進行反思，就是一種哲學任務。換言之，我認為唯一科學的做法就是**承認實際情形**，而不是從應該如何和可能如何出發進行思考。正是在這個意義上我才試圖超越現代科學的方法概念（它自有其有限的權利）進行思考並在根本的一般性中考慮**一直**發生的事情。」

貝蒂對此又怎樣說呢？他認為我把詮釋學問題只限於**對事實的追問**（「現象學地」「描述性地」）卻根本沒有提出對**法權的追問**。好像康德對純粹自然科學的法權的追問立場是想預先描寫出自然科

---

[14] E.貝蒂：〈歷史詮釋學和理解的歷史性〉，載《法學專科年鑑》，第16卷，巴里，1961年，以及《作為精神科學一般方法論的詮釋學》，圖賓根，1962年。

學究竟該如何存在，而不是試圖去證明業已存在的自然科學的先驗可能性。正是在這種康德式區別的意義上，我的著作所試圖的對精神科學作出超出方法概念的思考才提出了精神科學「可能性」的問題（但這絕不意味著它該如何！）。正是對現象學的一種特殊的怨恨，才在這裡把我們這位卓有貢獻的研究者搞糊塗了。因為他只能把詮釋學問題當作一種方法的問題來思考，從而表明了他仍深深地陷於本該克服掉的主觀主義之中。

[Ⅱ395]　　　顯然，我並不能使貝蒂確信，一種哲學的詮釋學理論並不是一種——不管是正確的抑或錯誤的（「危險的」）——方法學理論。即使博爾諾把理解稱作一種「本質上是創造性的工作」，那也可能是一種誤解——雖說貝蒂本人也毫不遲疑地對法律解釋的法學補充活動作這樣的定義。的確，貝蒂本人所採取的對天才說美學的依賴也顯然是不夠的。透過倒轉（Inversion）理論也不可能實際克服貝蒂（跟隨德羅伊森）正確地認作為心理學限制的東西。因此，他完全沒有超越狄爾泰在心理學和詮釋學之間設置的二義性。當他為著解釋精神科學的理解可能性而必須設立以下前提，即只有同等層次的精神才能理解另一種精神，這時，這種心理學—詮釋學雙關意義的不盡人意之處就昭然若揭了。15

　　　就算我們對於心理特殊性和歷史意義的區別已經十分清楚，但要找出從狹隘的心理學到歷史詮釋學的過渡仍然十分困難。德羅伊森對這個任務就已經十分清楚（《歷史學》，§41），但直到現在這種過渡只有在黑格爾的主觀精神和客觀精神於絕對精神裡的辯證

15　參見貝蒂在《綜合研究》第 7 卷（1959 年）第 87 頁上的論文，F. 維亞克爾最近對此毫無疑慮地表示贊同〔我曾經把貝蒂的偉大貢獻和我對他的批評重新在〈埃米里奧‧貝蒂和唯心主義遺產〉一文（《佛羅倫斯季刊》，第 7 卷，1978 年，第 5-11 頁）中加以論述〕。

媒介中才能有真正堅固的基礎。

甚至在某個很接近黑格爾的人那裡，例如：曾受到克羅齊強烈影響的 R. G. 科林伍德身上我們也能感覺到這點。我們如今已有了科林伍德著作的兩部德文譯本：他的自傳，這篇著作在原文獲得巨大成功之後以《思想》為書名在德國出版，[16] 以及以《歷史哲學》為德譯本書名的他的遺作《歷史的觀念》。[17]

對於自傳我已在德正文的導言中作了一些評論，因此在這裡就不想重複了。他的遺作包括從古代到當代歷史描述的歷史，它引人注目地以克羅齊結束，而其第 5 部分則是一種特有的理論討論。我只限於討論第 5 部分，因為就如全書經常表現出的那樣，其歷史部分在這裡也受到民族思維傳統的控制從而達到不可理解的程度。例如：該書關於威廉·狄爾泰的章節對於德國讀者來說肯定是令人失望的：

「狄爾泰觸及了文德爾班和其他人因沒有深入從而未能透澈認 [II 396] 識到的問題，即怎樣才可能有一種與直接經驗不同的有關個體的知識這個問題。他對這個問題的回答是承認不可能有這樣一種知識，並又回到了實證主義的這一觀點即『一般』（知識的固有對象）能被認識的唯一方法是要靠自然科學或建立在自然主義原則之上的科學。這樣，他就終於像他那一代的其他人一樣，屈服於實證主義思維的影響」（184）。這個判斷中真實的東西，從科林伍德這裡所提供的論據中幾乎是看不出來的。

科林伍德關於歷史知識的重要理論的核心無疑是對過去經驗再領會（Nachvorzug）的學說（重演）。因此，科林伍德就處於那些反對「人們可以稱為實證主義解釋或歷史概念誤解的東西」

16　斯圖加特，1955 年，我為它寫了導言。
17　斯圖加特，1955 年。

（239）的人的前列。歷史學家的眞正任務就在於「進入他們正在研究其行動的歷史活動主體的思想」。在德語翻譯中要正確地規定科林伍德用思想這個詞所指的含意是特別困難的。德語中的「活動」（Akt）這個概念顯然同英語作者所指的含意完全不一樣。對行動者（或思想家）思想的再思考在科林伍德這裡顯然不是指這些人眞正的心理活動，而是指他們的思想，亦即可以在反思中原樣再思考的東西。思想概念也完全應該包括人們稱之爲某個團體或某個時代的共同精神（Gemeingeist）〔翻譯者不幸把它說成「團體精神」（Gemeinschaftsgeist）〕的東西（230）。但是，科林伍德因爲傳記並不是以「思想」爲基礎，而是以一種自然現象爲基礎，因而他認爲傳記是反歷史的，從而這種「思想」也很少表現爲私人性的（eigenlebendig）。「這種基礎——人在童年、成年、老年、患病以及一切生理變化時的肉體生命——被（自己和陌生的）思想環流沖刷而根本不顧及它的結構，就如擱淺船隻的殘骸被海水沖刷一樣。」

誰眞正承擔著這種「思想」？什麼是我們要力圖進入其思想的歷史承擔者？是人們以其行動所追求的某種意圖嗎？科林伍德似乎指的就是這個：[18]「如果這種前提不存在，就不可能有人行動的歷史」（324）。那麼重構這種意圖眞的就是對歷史的理解嗎？我們可以看到，科林伍德怎樣違背他的意圖而陷進了心理學的特殊性之中。沒有一種「世界精神承擔者」的理論，亦即沒有黑格爾，他是不可能找到出路的。

[II 397]

假如科林伍德聽到這種話，他絕不會高興。因爲在他看來，一切歷史形上學，包括黑格爾的歷史形上學都只不過是一種分類體系（276），它們都沒有眞正的歷史眞理價值。此外我還不大

---

[18] 參見本書第 1 卷，第 375 頁以下。

明白，他的這樣一種澈底歷史主義的論點如何能與他的**重演**（Re-
enactment）理論相協調，因爲他在另一方面看到（我認爲這是正
確的），歷史學家本身就是他所研究的一部分，而且是他只有從
自己同時也進入此中的立場才能觀察到的歷史過程的一個部分
（260）。這和科林伍德所舉柏拉圖在《泰阿泰德篇》中對感覺論
的批判這個例子中解釋的意思，即維護對流傳下來的「思想」進行
再領會的觀點如何協調呢？恐怕科林伍德舉的例子是錯的，它所證
明的恰好相反。

如果說柏拉圖在《泰阿泰德篇》中提出了認識只不過是感官
知覺這個命題，那麼按照科林伍德，我作爲今天的讀者就不會知道
使柏拉圖得出這個命題的連繫。在我看來這連繫倒是另一種連繫，
即從現代感覺論中生長出來的討論。但是，既然這裡涉及的是「思
想」，這就無關緊要。因爲思想可以置於各種連繫之中而不會喪失
它的同一性（315）。我們可以在此回想起科林伍德用他自己的「問
答邏輯」對牛津學派陳述討論的批判（《理想》，30-43）。實際
上，對柏拉圖思想的再思考不正是唯有把握了眞實的柏拉圖的連繫
方能成功嗎？（亦即要把握柏拉圖的數學證明理論的連繫，我認爲
該理論並不十分清楚數學的理智存在方式。）[19] 如果我們不暫時中
止現代感覺論的前概念，我們又如何可能把握這種連繫呢？[20]

---

[19] 〔現可參見我的論文〈柏拉圖的數學和辯證法〉（摘要稿），載《C. F. 馮‧魏
茨澤克紀念文集》，慕尼黑，1982 年，第 229-240 頁；也可參見我的著作集，
第 7 卷（全文稿）。〕

[20] 我想到赫爾曼‧朗格伯克〔朗格伯克（Langerbeck）的論文 ΔΟΧΙΣ
ΕΙΙΙPrΣΜΙΗ（關於表面性理論），載《新哲學探究》，1934 年，第 11 卷〕所
帶來的巨大的認識進步，儘管 E. 卡普在《箴言集》（1935 年）中對此作了尖
銳批評，我們仍然不應忽視這種進步。〔也可參見我的評論，現收入我的著
作集，第 5 卷，第 341 頁以下。〕

換句話說，科林伍德的**重演**理論雖然避免了心理學的個別性，但他並沒有察覺到貫穿於一切理解之中的詮釋學媒介因素。

[II 398]　　在對歷史客觀主義的批判中還應特別提到埃里希·羅特哈克的著作。尤其是他在一篇最近寫的文章〈精神科學中教義學的思想形式和歷史主義問題〉[21] 中繼續了他早期的思想，堅持以狄爾泰的詮釋學觀點（就如漢斯·弗雷耶在「客觀精神理論」中所作的一樣）來反對一切心理學主義。教義學的思想形式這個概念完全被認作一個詮釋學概念。[22] 教義學（Dogmatik）應該被作爲精神科學認識的一種創造性方法而加以保護，因爲它突出了統一規定意義域的內在實際連繫。羅特哈克可能依據這一點，即神學和法學中的「教義學」概念絕非只具有批判—貶低的意義。但是教義學和這些系統的學科不同，它在這裡並非只是系統認識的代名詞，即哲學的同義詞，而是相對於試圖認識發展的歷史提問作爲一種需要證明的「另一種觀點」。因此，「教義學」概念在他那裡從根本上看是在歷史總體性內部才有其地位並具有它相對的正確性。其實，這只不過是狄爾泰的結構連繫概念所一般構成的內容在歷史方法論上的特殊運用罷了。

　　因此，這種教義學唯有在歷史地思考和認識的地方才有它的糾正作用。羅馬法的教義學當然也唯有當有了法學史以後才可能存在。瓦爾特·F. 奧托的《希臘諸神》也只有當歷史研究從希臘神話中得出宗教史和傳說史知識的多樣性之後才可能出現，如果說韋爾夫林（Wölfflin）的「古典藝術」——與「藝術史基本概念」相區

---

[21] 《科學和文學院精神科學和社會科學文集》，第 6 卷，美茵茲，1954 年。

[22] 羅特哈克完全清楚有必要使詮釋學的意義問題擺脫一切關於「意圖」的心理學研究——也即擺脫正文的「主觀意見」。參見他的論文〈意義和事件〉（載《意義和存在——哲學討論會論文集》，1960 年）。

別——被羅特哈克稱作教義學，那麼我認為這種刻畫只是相對的。巴洛克美學，尤其是矯飾派美學的對立面一直就是這種「教義學」的祕密關鍵點，但這也就是說，教義學從來就不曾被人相信和認識，而只是具有歷史的含意。

在這個意義上教義學實際上就是我們歷史認識的一個因素。羅特哈克提出這種因素是「我們精神認識的唯一源泉」（25），這是很有貢獻的。在他看來，教義學表現為一種全面的意義連繫，我們必須貫徹這種意義連繫，並把它認為是自明的。如果我們真的要理 [Ⅱ399] 解它，那我們至少不能不認為它是「真」的。正如羅特哈克所指出的，這就自然地提出了這種教義系統或格式多樣性的問題，這也就是歷史主義的問題。

羅特哈克證明了自己是歷史主義的熱情辯護人。狄爾泰曾經試圖把各種世界觀歸溯到生命的多樣性，從而來消除歷史主義的危險。羅特哈克遵循狄爾泰，他把教義學說成是對既存世界觀的解釋或是風格的指向，並把它歸溯到行動者的觀點制約性和行動者的視角上去。由此它們就獲得了自身觀點上的不可辯駁性（35）。應用於科學上這就意味著相對主義並非到處適用，而是有其清楚的界限。羅特哈克並沒有危及研究的內在「客觀性」。他的出發點是科學研究的可變性和自由性，這種可變性和自由性是由世界觀的多變的意義指向所產生。只要我們承認也可能存在其他的認識自然方式，那麼現代自然科學也就可以被看作一種用數量量度的認識方式的教義學了（53）。[23]

說法學詮釋學也屬於一般詮釋學的問題範圍之中，這絕不是自

---

[23] 羅特哈克為何要援引海德格的本體論區別來說明這種意義指向的前在性（先天性），而不是援引現象學和新康德主義所共有的超驗的先天主義（Apriorismus），這一點我很不明白。

明的。因爲法學詮釋學並不像語文學和《聖經》詮釋學那樣涉及到
方法問題的思考，而是涉及到作爲輔助用的法律原則本身。它的任
務並不在理解通用的法律條文，而是尋找合法性（Recht），也就
是說對法律進行解釋，從而使法治能完全滲透到現實中去。由於解
釋在這裡具有一種規範的作用，貝蒂就把它和語文學的解釋完全區
別開來，從而也就同把法學自然（例如：憲法、法律等等）作爲對
象的歷史理解相區別。法律解釋在法學意義上是一種法學上的創造
性活動，這一點絕不會引起爭議。在這種活動中運用的各種原則，
例如：相似原則、彌補法律缺陷的原則以及法律判決或在定案時使
[Ⅱ400] 用的創造原則等等並不表現爲純方法論的問題，而是深深地影響到
法律材料本身。24

　　法學詮釋學顯然不能真的滿足於把法律制訂者的意見和本來意
圖的主觀原則作爲解釋規則。相反它不得不運用客觀概念，例如：
運用表達在某條法律中的法律觀念的客觀概念。如果有人認爲法律
在某個具體案件上的運用只是把個別置於一般之中的邏輯歸屬過
程，那顯然是一種外行的看法。

　　法律實證主義想把法學實在完全限制於制訂出的法律及其正確
的應用，今天可能已不再有這種觀點的繼承人。法律的一般性與個
別案件的具體情況之間的距離顯然是本質上不可消除的。人們甚至
不會滿足於在理想的教義學中把個別案件的法律創造力量當作在演

24　如果我們看到過卡爾‧拉倫茨（Larenz）為大學生所寫的教材《法學方法論》
　　（柏林，1961 年），其中所提供的歷史的和系統的出色概括就會清楚地告訴
　　我們，這種方法論對於漂浮的法律問題總要說點什麼，於是它就成了一種法
　　學教義學的輔助學科，它對於我們研究的意義也就在於此。〔目前這部《法
　　學方法論》出了第 3 版，並包括了關於哲學詮釋學的廣泛討論。也可參見 G. 察
　　卡里阿（Zaccaria）的內容豐富的專著《詮釋學與法學》（米蘭，1984 年），
　　這本書以兩卷本陳述了我的理論根據和 J. 埃塞爾（Esser）的法學應用。〕

釋上是前定的東西，亦即把教義學設想成至少在某個融會貫通的連繫中潛在地包含了一切可能的法學真理。即使是這樣一種完美的教義學的「觀念」也是荒唐的，更不用說案件的法律創造力量實際上總是為新法律的編纂作了準備。這個例子值得注意的地方在於，調解法律和案件之間距離這一詮釋學任務即使在社會關係沒有變化，抑或現實的歷史變化並沒有使通用的法律變得過時或不適用的情況下也還是存在著。法律和案件之間的距離看來是絕對不可能消除的。因此，詮釋學問題就可以擺脫對歷史因素的考慮。在編纂法律的過程中為法律的具體化留下了活動空間，這樣，我們就可以按照觀念而以任意的尺度削減這種活動空間，這並不是一種不可避免的不完善性。相反在法規本身及一切法律秩序的意義上說倒該是具有「靈活的」方式，從而使它具有這種活動空間。

假如我沒有弄錯的話，則亞里斯多德早就清楚地看到了這一 [II 401] 點。因為他並未賦予自然法的思想以一種積極的獨斷的作用，而僅僅賦予它批判的作用。人們總是感到驚奇的是（假如不是藉助於錯誤解釋亞里斯多德的正文而進行爭論），亞里斯多德雖然區分了習慣法和自然法，但他又把自然法解釋成可以改變的。[25]

自然法和制定的法律並非「同等程度地可變」。也許透過觀察可比的現象就可以解釋，雖說自然法也是可變的，但它並不因此就消除了同單純制定的法律之間的差別。比如與自然生效的法相比，交通規則就不是在同一程度，而是在更高程度上具有可變性。亞里斯多德並不想減弱這種區別，他只是想說明在不穩定的人類世界中（區別於神的世界）我們如何區分自然法。於是他說道：對於自然法和習慣法的區別——儘管兩者都有可變性——就像右手和左手的區別一樣清楚也具有同樣的規定。右手也是天然地要強壯一些，但

---

25 《尼各馬可倫理學》，第 10 卷，1134b27 以下。

這種自然優勢也不能被認為是不可改變的，因為人們可以透過訓練另一隻手而在某種範圍內廢除掉這種自然優勢。[26]

[II 402] 　　所謂在某種範圍內，也就是說在某種活動空間內。留下這種活動空間顯然極少廢除法學秩序的意義，因此它毋寧是屬於實際狀況本質本身：「法律是一般的，因此它不可能適用於一切個別案件。」[27] 事實並不依賴於法律的編纂，情況正相反，只是因為法律是自在的並按其本質是一般的，法律的編纂本身才是可能的。

　　也許有人會在這裡提出問題，詮釋學和文字的內在連繫是否同樣不可能被認為是次要的。[28] 並不是文字使思想具有解釋的需要，而是它的語言性，亦即以文字標誌作為結果的意義的一般性才需要解釋。編纂的法律和用文字保留下來的正文都指明了一種深層的連

26　亞里斯多德這段話曾經被 L. 斯特勞斯用他大概是從猶太傳統知道的關於極端情況的理論來解釋（《自然法和歷史》，G. 萊伯霍爾茨作序，斯圖加特，1956 年）。H. 庫恩（《政治學雜誌》，新系列 3，第 4 卷，1956 年，第 289 頁以下，同時參閱我的著作集，第 2 卷，第 302 頁以下）試圖以一種批判的立場按照 H. H. 約金姆的觀點修正亞里斯多德的原文，從而使亞里斯多德根本沒有無限制地聲稱自然法的可變性。實際上，如果我們不把有爭議的「同等程度」這句話同自然法和習慣法的可變性相連繫，而是和後面的「顯然」（δῆλου）這個詞相連繫，那麼我認為 1134b32-33 的句子就很正常了。
最近 W. 布呂克（Bröcker）在他的《亞里斯多德》（第 3 版，第 301 頁以下）中也參加了這場討論，但我認為他陷入了詭辯，因為他「在自然法和實證的法之間的爭論中」把實證法的有效性說成是亞里斯多德的意見。當克瑞翁「廢除」自然法時，它當然是「有效的」，但卻不是「正確的」。因此問題就在於，超越「實證的」合法性並面對它絕對的有效要求而承認一種自然法的權威，（在這種權威面前「有效性」就變得不正確）這種說法是否有意義。我試圖指出，這樣一種權威是存在的，但只是作為批判性的。
27　庫恩：《尼各馬可倫理學》，第 299 頁。
28　〔目前可參見我的論文〈走向文字之路〉，載 A. 阿斯曼—J. 阿斯曼出版的《口語和文字》，慕尼黑，1983 年，第 10-19 頁，也可參見我的著作集，第 7 卷，第 258-269 頁。〕

繫，它適用於理解和應用的關係，我相信已經指出了這一點。亞里斯多德是這種觀點的最高證人，這一點不會使人驚奇。我猜想，他對柏拉圖善的理念的批判是他整個哲學的出發點。這種批判包含著對柏拉圖善的理念理論——至少按它在柏拉圖對話中的表現——中所蘊含的一般與特殊關係的澈底修正，但本身並不因此而成為「唯名論」。[29]

但這並不能推出還要把歷史距離附加到一般和具體的這種根本距離之上，並且歷史距離還具有一種特有的詮釋學創造性。

我不敢斷定這是否也適用於法學詮釋學，亦即由於事物的變化而產生解釋需要的法律秩序（例如：藉助於相似原則）是否會對更 [Ⅱ 403] 正確地應用法律有所貢獻——亦即對提高指導著解釋的法律感覺有所貢獻。無論如何在其他領域中事情是很清楚的。毫無疑問，歷史事件的「意義」和藝術品的等級是在時間距離中才獲得其可見性的。

當代詮釋學問題討論最活躍的莫過於新教神學領域。在某種意義上可以說這裡和法學詮釋學一樣也是涉及到超越科學的興趣，亦即信仰及其正確的福音預告。結果就使詮釋學討論與注釋和教義

---

[29] 參見 J. 里特對「亞里斯多德的自然法」所作的出色研究（《國家研究》，第 6 卷，1961 年），它強調指出，為何在亞里斯多德那裡不可能存在獨斷的自然法——因為自然法完全規定了整個人類世界和法律狀況。我不清楚裡特是否接受了我 1960 年 10 月在漢堡所講的關於亞氏原文的修正（S.28），尤其是因為他不加批判限制地引用了 H. H. 約金姆的章節編排（注 14）。不過事實上他同我的觀點是一致的（參見我的著作集，第 1 卷，第 324 頁以下）。（好像他和 W. 布呂克的觀點也是一致的，布呂克翻譯了本書第 302 頁的內容，但並未接受我的更正。）里特極有啟發地展開了亞里斯多德「政治」哲學和「實踐」哲學的形上學背景。〔我現在已詳細論述了這裡只有小心謹慎才能覺察到的東西，參見〈柏拉圖和亞里斯多德關於善的理念〉（《海德堡科學院會議論文集》，哲學歷史卷，第 3 卷，海德堡，1978 年）。總之，我懷疑柏拉圖會像亞里斯多德所批判的那樣設想過善的理念。該論文也收入我的著作集，第 7 卷，第 128-227 頁。〕

問題攪在一起，從而使外行人不可能發表任何意見。但這裡的優先情況與法學詮釋學中的情況同樣清楚：每次要去理解的正文的「意義」不能侷限於其作者想像的意見。卡爾·巴爾特的鉅著《教會教義學》[30]對詮釋學問題所作的貢獻在明確性和直接性上都是無與倫比的。但在魯道夫·布爾特曼那裡的情況就不太一樣，他主要作方法的討論，並在他的《文集》中多次對詮釋學問題作了明確表態。[31]但即使在他那裡整個問題的重點也是神學的，這不僅因爲他的注釋工作表現了他的詮釋學原理的經驗基礎和應用領域，而且主要因爲當今神學爭論的主要對象，即消除《新約》神祕性的問題，更多地充滿了教義的張力而不是適合於方法論的思考。按照我的信念，消除神祕性的原則有純詮釋學的因素。按照布爾特曼的觀點，不能用消除神祕性的計畫來預先決定這類教義的問題，例如：《聖經》的內容中對於基督教的福音預告和信仰有多少是本質性的以及該用何種東西作祭品等等，相反，它涉及的是對基督教福音預告本身的理解，涉及到這種預告爲了被「理解」而必須在其中被理解的

[II 404] 意義。也許，甚至完全可能在《新約》中理解到比布爾特曼「更多」的東西。當然我們只有把「更多」**理解**成**好**，亦即**真實**，這種情況才可能出現。

　　歷史的《聖經》批判及其在 18 世紀和 19 世紀的科學實施造成了一種形勢，它要求在科學理解正文的一般原理和基督教信仰的自我理解這種特殊任務之間經常進行新的比較。如果我們回想一下這

30　參見 H. 庫恩對該節重要方面的評價，載《哲學評論》，第 2 卷，第 144-152 頁，以及第 4 卷，第 182-191 頁。

31　參見《信仰和理解》，第 2 卷，第 211 頁以下；第 3 卷，第 107 頁以下、第 142 頁以下，以及《歷史和末世論》，VIII；另見 H. 布魯門伯格的講演，載《哲學評論》，第 2 卷，第 121-140 頁〔以及 G. 博恩卡姆在《哲學評論》第 29 卷（1963 年）第 33-141 頁的評論〕。

種比較史的情況將是很有好處的。[32]

處於 19 世紀發展開端的是施萊爾馬赫的詮釋學，它在對神學著作以及一切其他正文的解釋過程中（如塞梅勒所見到）系統地建立了根本的同類性（Gleichartigkeit）。施萊爾馬赫自己的貢獻則在於心理學的解釋，按照這種解釋，爲了完全理解一個正文，就必須把正文的一切觀點都作爲一種生活瞬間而回溯到作者的個人生活連繫中去。當施萊爾馬赫的柏林手稿（呂克從這些手稿中編出了當時的版本）由海德堡科學院原樣出版之後，我們對於施萊爾馬赫發展到詮釋學的思想發生史有了一種更爲詳細的認識。[33] 這種對原始手稿的回顧，其成果並不是革命性的，但也並非毫無意義。H. 基默爾在導言中指出，最早的筆記突出了思想和說話的同一性，但在後期的加工中卻在說話中看到了個體化的表達。這樣就導致了心理學 [II 405]立場的逐漸形成和對「技術性」解釋這種眞正語言立場的最終統治。

在施萊爾馬赫的教義學內部 —— 由於馬丁·雷德克以很好的

---

[32] 神學和哲學的關係在歷史的《聖經》批判產生之前是不同的，因為《新約》被直接理解為教義，亦即作為一般信仰真理的總和，並由此而能（善意或敵意地）和理性哲學的系統的證明方式及表現形式相連繫，對此 H. 李賓（Liebing）的研究《正統教義和解釋之間 —— 論沃爾夫派的 G. B. 比爾芬格爾》（圖賓根，1961 年）已有說明。比爾芬格爾試圖把他的神學的科學性系統地建立在修正過的沃爾夫形上學基礎上。他在此意識到他的時代和觀點所設置的界限這一事實是他科學論的唯一詮釋學因素，這一因素後來指出了：歷史問題。參見我為 F. Chr. 厄廷格爾《共通感研究》寫的導言，福洛曼出版社，1964 年新版，第 V-XXVIII 頁，以及《短篇著作集》，第 3 卷，第 89-100 頁〔現收入我的著作集，第 4 卷〕。

[33] 柏林手稿最老的本子十分難讀，這次原樣再版由 H. 基默爾作了校勘。參見對 1968 年海德堡版本的補充後記。〔正是 M. 弗蘭克的貢獻（《個別的一般 —— 施萊爾馬赫關於正文結構和正文解釋的觀點》，法蘭福，1977 年），關於施萊爾馬赫的爭論還在繼續。對此請參見我對弗蘭克的反駁〈在現象學和辯證法之間 —— 一種自我批判的嘗試〉，載我的著作集，第 2 卷，第 3 頁以下。〕

新版本出版（《基督教信仰》），我們可以重新了解施萊爾馬赫的
這種教義學[34]——施萊爾馬赫的心理學—主觀傾向也引起了神學批
判，這一點是很清楚的。「信仰的自我意識」是一種危險的教義基
礎。克里斯托芬・塞夫特（Christoph Senft）的書——該書以極大
的機智討論了從施萊爾馬赫直到里奇爾的自由神學的發展——對這
種危險提出了很好的看法。[35]塞夫特在第42頁上對施萊爾馬赫這樣
寫道：

「雖然他努力用生動的概念去把握歷史性，但是思辨和經驗之
間的辯證法在他那裡卻是一種不運動的東西：歷史和歷史的認識者
之間的相互影響是一種無疑問的和批判性的影響，向歷史發問的人
在這種影響中總是停留在一切澈底的反問題面前。」

正如塞夫特指出的，雖說 F. ch. 鮑爾（Baur）把歷史過程作為
自己的思考對象，但他並未在這個方向上繼續推進詮釋學的問題，
因為他堅持把自我意識的自主性當作無限制的基礎。然而霍夫曼卻
在他的詮釋學中在嚴格詮釋學的意義上研究了啟示（Offenbarung）
的歷史性（這一點塞夫特作了很好的表述）。霍夫曼所提出的整個
理論就是「闡明那種在『外於我們的存在』中有其前提的基督教信
仰，但這不是法律上的外在，而是說，這種外於我們的存在作為基
督教信仰的歷史而『按經驗地』被啟示」（塞夫特，第 105 頁）。
然而同時又保證了「作為歷史的紀念碑，亦即一種確定的事件連

---

[34] 柏林，1960 年〔目前 M. 雷德克還以兩卷本整理了 W. 狄爾泰遺留下來的作為
其寫《施萊爾馬赫傳》第 2 卷準備的材料（參閱《施萊爾馬赫著作集》，第
14 卷第 1 分卷和第 2 分卷）〕。

[35] 塞夫特：《真實和真理——處於正統神學和啟蒙運動之間的 19 世紀神學》，
圖賓根，1956 年。

繫的紀念碑 —— 不是作為一般理論的教材 —— 《聖經》是啟示的
書。」總的說來，歷史《聖經》學對規範所作的批判由於使得《聖
經》的教義統一性產生極大的疑問，並且消解了《聖經》「學」的
理性—教義前提，從而這種批判提出了把《聖經》歷史**當作歷史**來
認識這個神學任務。

　　在我看來，新的詮釋學爭論唯有從這裡才得其確切的方向。
對這種歷史的信仰必須被理解成一種歷史事件，理解為是上帝話語
的呼喚。這對於《舊約》和《新約》的關係也適用。這種關係可以　[Ⅱ406]
被理解成預言和實現的關係（按霍夫曼的觀點），這樣，歷史上
落空的預言只有從其實現中才得到它的意義。《舊約》預言的歷
史理解絕不會損害它從《新約》所感受到的福音預告意義。正相
反，《新約》所預告的神跡只有當預言不再純是「未來事實之跡象
（Abdruck）」時，才能被理解成一種真正的事情（塞夫特書中第
101頁所引霍夫曼的話）。但首先適用於信仰的自我理解這個概念
的（這是布爾特曼神學的基本概念），乃是它具有一種歷史的（而
並非唯心主義的）意義。[36]

　　自我理解應該指一種歷史決定而非指某種我們可支配和掌握的
東西。布爾特曼經常強調這一點。如果把布爾特曼使用的前理解概
念理解成圍於偏見中的東西，當作一種前知識，那就完全錯了。[37]
實際上這裡涉及的是一個純粹的詮釋學概念，它是布爾特曼被海德

---

[36]　參見我載於《G. 克呂格爾紀念文集》（1962年，第71-85頁）和《布爾特曼
　　紀念文集》（1964年，第479-490頁）的論文（《短篇著作集》，第1卷，
　　第70-80頁〔參見我的著作集，第2卷，第121-132頁〕和第82-92頁〔我的
　　著作集，第3卷〕）。

[37]　貝蒂在他的「概論」（見前引書第115頁，注47a）中似乎有一種誤解，他認
　　為「前理解」是由海德格和布爾特曼所要求的，因為它促進理解。其實，如
　　果我們要想賦予它以「科學性」，就必須要求一種**一直**起作用的前理解**意識**。

格對詮釋學循環以及人類此在的一般前結構的分析所激起而制定的概念。他指的是開放問題視域，理解唯有在這種視域中才成為可能，但他並不是指自己的前理解不能透過和上帝話語的相遇（就如和其他話語相遇一樣）而得到修正。正相反，這個概念的意義就在於把作為這種修正的理解的活動性顯現出來。這種「修正」在信仰呼喚的情況中是一種只按其形式結構才具有詮釋學之一般性的特殊修正，這一點很值得注意。[38]

[II 407]　　神學的自我理解概念就在這種情況出現了。這個概念顯然也是從海德格對此在所作的先驗分析中發展出來的。與其存在打交道的存在者（Das Seiende）透過他的存在理解而表現為通向追問存在的通道。存在理解的活動本身表現為一種歷史的活動，表現為歷史性的基本狀況。這點對於布爾特曼的自我理解概念具有決定性的意義。

　　自我理解概念由此就與自我認識概念相區別，這種區別不僅是在「心理學的」意義上，即在自我認識中可以發現某些預存的東西（etwas Vorfindliches），而且同樣在規定著德國唯心主義精神概念的深層思辨意義上，按這種觀點，完成了的自我意識可以在他物中認識自己。顯然，在黑格爾的現象學中這種自我意識的發展必須透過對他物的承認才有可能。自我意識著的精神的生成乃是一場圍繞著承認（Anerkennung）的抗爭。精神就是它所生成的東西。但是在自我理解概念中（如其與神學家相適合）涉及的是某種他者。[39]

---

[38]　L. 施泰格（Steiger）的《作為教義問題的詮釋學》（岡特斯羅，1961 年）試圖在他卓越的博士論文中（出自 H. 蒂姆的學派）指出神學詮釋學的特殊性。因為他追蹤了從施萊爾馬赫、里奇爾、哈納克直到布爾特曼、戈加滕的神學理解的先驗觀點的連續性，並使其與基督教福音預告的存在辯證法相遇。

[39]　奧特在《R. 布爾特曼神學中的歷史和神跡》（圖賓根，1955 年）一書中的分析在很多方面卓有成果，但在第 164 頁的注釋 2 卻表明他沒有看到自我意識的形上學概念和自我理解的歷史意義之間的方法論區別。黑格爾的思想是否

　　不可支配的他者，即外在於我們的東西（extra nos）是這種自我理解不可去除的本質。我們在永遠更新的經驗中對某個他者和許多他者所獲得的自我理解，從基督教角度看，在某種本質的意義上說總是不可理解的。一切人類的自我理解唯有面臨死亡才有其絕對界限。這一點確實不能用作反對布爾特曼的眞正論據（奧托，第163頁），我們也不想在布爾特曼的自我理解概念中找到一種「封閉」的意義。信仰的自我理解彷彿不是人類自我理解失敗的經驗，這種失敗的經驗無須基督教地來理解。在一切這種經驗中都浸染著人的自我理解。無論如何這都是一種「事件」，而自我理解概念則是一種歷史概念。然而，按照基督教的理論，應該存在「最後」一種這樣的失敗。基督教預言的擺脫死亡的復活，這種福音布道的基督教意義正在於使自我理解的不斷重複著的不成功，即它在死亡和 [II 408] 有限性上的失敗，能在對基督的信仰中得以終結。這當然不是指要從自己的歷史性中走出來，它的意思是說，信仰是一種來世的事情。布爾特曼在《歷史和來世論》中寫道：[40]「基督教的存在既是一種來世的、非現世的存在，同時又是一種歷史的存在，這個矛盾同路德的命題『既是正義又是罪孽』（Simul iustus simul peccator）具有同樣的意思。」正是在這種意義上，自我理解才是一種歷史的概念。

　　和布爾特曼相連繫的最近的詮釋學討論似乎在某個方面超越

　　如奧托認為的不如布爾特曼所談的自我理解更符合自我意識的實際，我想留存不論。但這是不同的「事物」──正如形上學與基督教信仰的不同──「和傳統進行的生動談話」不應當忽視這一點。

[40] R. 布爾特曼的這篇吉福特講演具有特別的意義，因為它表明了布爾特曼的詮釋學觀點與其他作者尤其是與科林伍德和 H. J. 馬羅的《論歷史的認識》（1954年，參見《哲學評論》，第8卷，第123頁）的關係。

了他。如果說按照他的觀點基督教福音布道對人類的要求在於人必須放棄對自己的支配，那麼對這種要求的呼籲就好像是人類自我支配的一種私人經驗。布爾特曼以這種方式神學地解釋了海德格關於此在本真性的概念。非本真性（Uneigentlichkeit）在海德格那裡與本真性（Eigentlichkeit）並列並不只是指沉淪。像「決心」（Entschlossenheit）一樣，罪孽（非信仰）像信仰一樣乃是人類此在所特有的本質。在海德格那裡，本真性和非本真性的同源性毋寧說超越了自我理解的出發點。它是海德格思想中存在本身在揭示和遮蔽的對立性中得以表達的第一種形式。[41] 正如布爾特曼為了解釋人在信仰和不信仰之間的來世存在而依靠海德格對此在所作的生存論分析，人們也把語言在存在事件中具有的中心意義作為「信仰的語言」，從而與後期海德格詳細解釋的存在問題領域發生了神學的連繫。在奧托所引起的很有思辨性的詮釋學討論中就有一種按照海德格的人道主義通信而對布爾特曼所作的批判。它與海德格第 107 頁上的積極論題相符合：「現實得以『表達』和對存在的反思得以進行的語言在其自我事件的一切階段中都陪伴著存在。」我認為神學家富克斯和埃貝林的詮釋學思想都以相同的方式從後期海德格出發，因為他們更強烈地強調了語言概念。

[II 409]　　　恩斯特·富克斯提出了一種他自稱為「信仰的語言理論」的**詮釋學**。[42] 他的出發點是，語言是存在之澄明（Lichtung）。「假如我們作為人應該總是可交談的，那麼語言就作為能由我們生成的東西的可能性隱藏了關於對作為此在的我們開放的東西的決定。」

41　〔參見《海德格之路——後期著作研究》，圖賓根，1983 年，第 29 頁以下；參見我的著作集，第 3 卷。〕

42　巴特·坎斯塔特（Bad Cannstatt），1954 年，附有第 2 版增補，1958 年，另見《神學中的詮釋學問題——生存論解釋》，圖賓根，1959 年，以及《馬堡詮釋學》（1968 年）。

這樣，他就和海德格相連繫，以便「結束現代主觀—客觀模式的侷限性」。然而當海德格思考「語言本身從本源回到本源去的過程時」，富克斯則試圖在傾聽《新約》的過程中把語言的內在過程認作上帝話語的過程。

由於意識乃是和這種傾聽相連繫，因此我們就不能說自己是最後和上帝話語相適應的人。由此就可以推論出「我們可以並且應該在我們的歷史界限中讓自己認識到，上帝的話語如何在我們歷史的世界理解中顯示出來。由此我們也就感受到它對於信仰的自我思考歷來就存在的同一種任務。我們也和《新約》的作者共擔這個任務」。這樣，富克斯就獲得了可以從《新約》科學本身證明其合理性的詮釋學基礎。在布道中對上帝話語所作的預告乃是對《新約》內容的翻譯，神學則是其正確性的證明。

神學在這裡幾乎成了詮釋學，因為它隨著現代《聖經》批判的發展具有的並不是啟示本身的真理，而是把和上帝的啟示有關的陳述或通告的真理作為它的對象（98）。決定性的範疇因而就是**通告**（Mitteilung）這個範疇。

富克斯在下面這點上遵循布爾特曼，即詮釋學原則在理解《新約》時相對於信仰是中立的，因為它唯一的前提就是對我們自己的追問，但它卻把自己表現為上帝向我們提的問題。信仰的語言理論必須說明，與上帝話語的呼喚相遇的傾聽到底是如何進行的。「對於在這種相遇中所發生的東西的認識並不意味著，我們立即就能說出我們所認識的東西」（86）。因此，任務最終不僅在於傾聽語詞，更在於要找出說出答案的語詞。我們所涉及的是信仰的**語言**。

在一篇題為〈翻譯和福音預告〉的文章中更清楚地說明，這種詮釋學理論是如何想超越布爾特曼那種生存論解釋。[43] 正是翻譯的

---

[43] 〈關於歷史上的耶穌問題〉，載《文集》，第 2 卷，圖賓根，1960 年。

詮釋學原則指出了方向。毫無疑問「翻譯應該創造正文想創造的同一空間，因爲精神就在這種空間中說話」（409）。語詞相對於正文具有——這是大膽的但又是無法避免的結果——優先權，因爲這是語言事件。因此我們顯然就該說，語詞和思想的關係並不是思想透過語詞的表達然後才獲得的關係，毋寧說語詞是思想所遇到的一道閃電。與此相應，埃貝林也曾說過「詮釋學問題在布道儀式中以最濃縮的形式出現」。[44]

[II 410]

這裡我們還不能得知從這種基礎出發「詮釋學在《新約》中的運動」將如何表現。這裡所能看到的要點是，按照富克斯的觀點，神學在《新約》中「按其出發點就是在一開始就有威脅的法律或秩序思想與語言本身之間的爭論。」[45] 福音布道的任務就是把它轉換成語詞。[46]

當今對歷史客觀主義或實證主義的所有批判在以下這一點上是共同的：即認爲所謂的認識主體具有客體的存在方式，因此主體和客體都屬於同一種歷史的運動。雖然當客體相對於思維體（res cogitans）是絕對的他者，即廣袤體（res extensa）時，主體—客

---

[44] 〈上帝的話語和詮釋學〉，載《神學和教會雜誌》，第 56 卷，1959 年。

[45] 參見我為《布爾特曼紀念文集》所寫的文章，出處同上。〔《海德格之路——後期著作研究》，第 29 頁以下；也可參見我的著作集，第 3 卷。〕

[46] 也許在富克斯和埃貝林眼中視為「新的詮釋學立場」的東西經過誇張就最為清楚。H. 弗朗茨在一本熱情而又嚴肅的小冊子中提出了「福音和藝術」（沙布呂克，1959 年）問題。他繼續研究後期海德格的語言材料，並認為他的任務就是把藝術重新歸溯到真正的福音存在中去，應該從藝術活動的「框架」（Gestell）中重新生成事件（Er-eignis）。這位作者也許特別注意到音樂及其在本質上對於得以奏響的空間或者說音樂使其奏響的空間的隸屬性。但他顯然並非僅指音樂、僅指藝術，當他發現福音正受到「活動」威脅的時候，他指的是教會本身及其神學。然而，透過轉變成「事件」難道神學和教會就可以得到標誌了嗎？〔也可參見 J. B. 可布、J. M. 羅賓遜合著的《新詮釋學》，紐約，1964 年。〕

體的對立具有它的恰當性，但歷史知識卻不可能用這種客體和客體性的概念適當地作出描述。用約爾克伯爵的話講，關鍵在於要把握「存在者狀態的」（ontisch）和「歷史的」（historisch）這兩種說法之間的「類的」差別，也就是說，要以適合於主體的歷史存在方式認識所謂的主體。我們已經看到，狄爾泰並未認清這種觀點的所有後果，儘管他的繼承者已經引出了這種結論。因此，就如恩斯特·特勒爾奇所指出的，對於歷史主義克服問題我們缺乏概念前提。

現象學學派的研究在這裡是有其成果的。今天，當胡塞爾現 [II 411]象學的各個發展階段已經一目了然之後，我認為這是清楚的，即由於胡塞爾證明了主觀性的存在方式就是絕對的歷史性，亦即時間性，因此他是在這個方向上邁出決定步伐的第一人。[47] 而在這方面我們通常聯想到的海德格劃時代的鉅著《存在與時間》則有一種完全不同、更為澈底的意圖，即揭露支配著近代關於主觀性即「意識」（甚至在其達到時間性和歷史性的現象學這種極端形式中）之理解的不恰當的本體論前概念。這種批判有助於重新提出「存在」問題這一積極的任務，希臘人對此問題曾經給出形上學問題作為第一種回答。然而，《存在與時間》的真正意圖卻不能在此意義上來理解，而應在海德格與胡塞爾具有的共同點上來理解：因為我們在該書中看到對「此在」之絕對歷史性的澈底辯護，而這種歷史性乃

---

[47] 《胡塞爾文庫》，第 1-8 卷。參見 H. 瓦格納（《哲學評論》，I，第 1-23 頁、第 93-123 頁）、D. 亨利希（《哲學評論》，VI，第 1-25 頁）、L. 朗德格雷伯（《哲學評論》，IX，第 133 頁）以及我的文章（《哲學評論》，X，第 1-49 頁）。可惜我那篇文章對赫爾伯特·斯皮格爾伯格（Herbet Spiegelberg）的觀點進行的批判在某些方面有不正確的貶低。斯皮格爾伯格對「回到事物本身去」的口號以及胡塞爾的還原概念都採取了像我一樣的反對當時流行的誤解的立場，這一點我將在這裡明確地加以更正〔特別要指出的，由於胡塞爾版本的進展，目前胡塞爾解釋正在青年一代中進行著〕。

是從胡塞爾對時間性的原始現象性所作的分析中得出的。也許人
們會這樣爭論說：此在的存在方式現在從本體論上得到了積極規
定。其實這不是現成在手的存在（Vorhandensein），而是未來性
（Zukünftigkeit），並不存在任何永恆的眞理。眞理就是與此在的
歷史性一起被給出的存在的展開（Erschlossenheit），[48] 這裡我們可
能找到科學中所進行的對歷史客觀主義的批判由之得到本體論合法
證明的基礎。這是一種所謂第二等級的歷史主義，它不僅把一切認
[II 412] 識的歷史相對性同絕對的眞理要求相對立，而且還思考作爲其根據
的認識主體的歷史性，並因而能夠把歷史的相對性不再看作眞理的
侷限。[49]

　　即使這種說法是正確的，也絕不能由此推出，一切哲學認識
唯有在狄爾泰的世界觀哲學意義上才得到一種歷史表述的意義和價
值，產因而與藝術置於同一層次，即它們都只涉及眞性（Echtheit）
而不涉及眞理。海德格所提的問題根本不想爲著歷史的緣故而廢除
形上學，爲著表達之眞性的緣故而放棄對眞理的追問。相反，他想
深思地追問到形上學的提問背後去。說哲學的歷史因此而在某種
新的意義上表現爲世界史的內在化，亦即作爲存在史或存在的遺忘
史，這並不意味著，這裡涉及的是以下意義上的歷史形上學，即
勒維特證明它是基督教神學史理解的世俗形式，[50] 而它在現代啓蒙

48　這並不是說「不存在永恆的東西，凡存在的都是歷史的」。相反，凡是永恆
　　或無時間的東西的存在方式，例如：上帝或數的存在方式只有從此在獲得其
　　存在意義的「基礎本體論」出發才能得到正確規定，見 O. 邁克爾關於數學存
　　在的文章（《哲學和現象學研究年鑑》，VIII，1927 年）。
49　參見 F. 梅納克的〈動力學歷史主義概念〉（《歷史主義的產生》，第 499 頁
　　以下）。
50　《世界史和神跡》，斯圖加特，1953 年。〔現收入其全集，第 2 卷，斯圖加
　　特，1983 年，第 7-239 頁。〕

運動基礎上最澈底的實施則是黑格爾的歷史哲學。胡塞爾在其《危機》一書所講的對新近哲學「客觀主義」的歷史批判也不是歷史形上學。「歷史性」是一個先驗的概念。

如果我們採取一種神學形上學立場，那麼我們就很容易反駁這樣一種「先驗的」歷史主義——這種「先驗的」歷史主義以胡塞爾先驗還原的風格而在主觀性的絕對歷史性中取得了地位，以便從它出發把一切作爲存在物的東西理解爲這種主觀性的客體化。假如眞的存在一種能夠唯一地限制相互接替的世界籌劃（Weltentwürfe）的普遍歷史運動的自在存在，那就顯然必定有某種超越一切有限的人的觀點的東西，有如向無限的精神所表現的那樣。但這就是創世秩序，它以這種方式而對一切人類的世界籌劃永遠保持著前定性。格哈德·克呂格爾數十年前就在這種意義上解釋了康德哲學的兩重性，即現象的唯心主義和自在之物的現實主義這種兩面性，[51] 並且直到他最近的文章中也一直試圖從神祕經驗或宗教經驗的基礎出發反對現代主觀主義而捍衛神學形上學的權利。

如果我們不想承擔在基督教的創世說中達到頂峰的後果，並因 [Ⅱ413] 而把古老的目的論宇宙（所謂的自然的世界意識總是爲它辯護）與人類歷史變化相對立，那麼事情就變得更爲困難。[52] 雖然歷史性的本質只是隨著基督教宗教及其對上帝神跡之絕對瞬間的強調才爲人的思想所意識，但在這種意識之前歷史生活的同一種現象已爲人所知，只不過它被「非歷史地」理解，不管它是從神祕的史前時期引出當前，還是在對一種理想的永恆的秩序的觀照中去理解當前，這種說法也許是正確的、清楚的。

的確，像希羅多德甚至普羅塔克這樣一些人的歷史著作能夠

51　《康德批判中的哲學和道德》，圖賓根，1931 年。

52　參見勒維特對克呂格爾的批判，載《哲學評論》，Ⅶ，1959 年，第 1-9 頁。

很好地把人類歷史起伏描述為大量的道德事例，而完全沒有對他們自己當前的歷史性以及人類此在的歷史性進行反思。宇宙秩序的模式——一切偏離和正常的事物都在這種秩序中流返活動，並被置於自然過程的巨大平衡之中——也能說明描寫人類事物的進程。事物的最佳秩序，亦即理想的國家，在觀念上乃是和宇宙一樣持久的秩序，假如理想國家的實現並未持久，而是造成了新的混亂和無秩序（即我們稱之為的歷史），那麼這只是知道公理的理性錯誤計算的結果。正確的秩序是沒有歷史的。歷史就是衰亡史，同樣也是正確秩序的重建。53

[II 414]　　　所以，歷史懷疑論——即使按照基督教的宗教改革派的理解——乃是我們唯一可能觀察實際的人類歷史的態度。這就是勒維特在《世界歷史和神跡》一書中揭露歐洲歷史哲學的神學的，尤其是來世論的前提的背後的意圖和觀點。在勒維特看來，思考世界歷史的統一性乃是現代基督教精神的錯誤需要。如果我們真要嚴肅對待人的有限性，那麼按勒維特的觀點我們就不能考慮永恆的上帝和他對人所施行的拯救計畫。我們必須注視自然的永恆過程，以便在

53　鑑於 G. 羅厄（Rohr）的文章〈柏拉圖對歷史的看法〉（柏林，1932 年），我在數十年前就已說過（《德意志文匯報》，1932 年，第 1982 行以下；我的著作集，第 5 卷，第 327-331 頁）：「如果在一個國家中真的實施了正確的教育（Paideia），那麼它肯定不是我們稱為『歷史』的地方：生長和消逝、增長和衰敗的交替。真正的狀態超越了由事實證明的事件的經過規律。只有當人們發現這種『持續』也能叫作『歷史』的時候才能顯示出柏拉圖『對歷史的看法』；歷史的存在作為重複保存的持久性是在持續著的典範（Vorbild）的持續著的映像（Abbild）中、在自然宇宙的政治宇宙中實現的。（回憶一下《蒂邁歐篇》開頭）」。K. 蓋塞爾（Gaiser）在此期間又在他的《柏拉圖未寫出的學說》（1963 年）一書中重新探討了這個問題〔也可參見我的論文〈柏拉圖的烏托邦思想〉，載《文科中學》，第 90 卷（1983 年），第 434-455 頁，現收入我的著作集，第 7 卷，第 270-289 頁〕。

其中學習到唯一與人的此在在世界整體中的渺小性相適合的冷靜。
正如我們所見，勒維特爲了反對現代歷史主義和自然科學而提出的
「自然的世界概念」具有斯多噶派的印記。[54] 看來沒有一篇希臘的
文章能比僞亞里斯多德的（古希臘—斯多噶的）著作「論世界」更
好地表現勒維特的意圖，這點毫不奇怪。顯然，現代作者如同他的
希臘前驅一樣，對於自然過程的興趣只不過是把它當作人類事物絕
望的非秩序的對立物。誰想捍衛這種自然世界觀的自然性，那他絕
不是從同一物的永恆輪迴出發——就如尼采——而是從人類此在的
絕對有限性出發。他對歷史的拒絕是一種宿命論的反映，亦即對這
種此在之意義的絕望。這根本不是對歷史意義的否認，而是對其是
否能有意義這一點的否認。

　　我認爲列奧·斯特勞斯 [27] 在一系列關於政治哲學的卓越書籍
中對現代歷史信仰所作的批判是更爲澈底的。他是芝加哥政治哲學
教授，而這位對現代政治思想進行如此澈底批判的批判家竟在美國
產生影響，這對我們這個自由活動領域日趨狹窄的世界無疑是一種
鼓勵。我們都還知道使法國 17 和 18 世紀文學公眾緊張不安的古代
和現代之爭。雖然那主要是一種文學爭論，它表現了希臘和羅馬古
典詩人之不可超越性的捍衛者與當時那些在太陽王的宮殿裡掀起了
文學新古典主義階段的作家的文學自我意識之間的競爭，但這場爭
論的衝突最終則是在歷史意識的意義上達到它最後的消融。因爲它
必然要限制古代的絕對典範性，這場爭論似乎又是傳統和現代之間
非歷史性爭論的最後形式。　　　　　　　　　　　　　　　　　[Ⅱ415]

　　列奧·斯特勞斯最初的著作之一《斯賓諾莎的宗教批判》
（1930 年）就討論這場爭論，這絕非偶然。他一生中所有給人深

54　〈近代哲學的世界概念〉，載《海德堡科學院會議論文集》，哲學—歷史卷，
　　1960 年。

刻教益的著作都奉獻於這一任務,即在一種更爲澈底的意義上重新激起這場爭論,亦即把現代的歷史自我意識與古典哲學昭然若揭的正確性相對置。如果說柏拉圖探究了最好的國家,甚而亞里斯多德擴展了的政治經驗論也固守著這種探究的優先性,那麼這和自馬基雅維里以來支配著現代思想的政治概念很少有相吻合之處。如果說斯特勞斯在他那本德文譯本也很流行的著作《自然法和歷史》中按照現象而深入到現代歷史世界觀的對立面,即自然法,那麼他的著作的意義實際上就在於把希臘古典哲學家柏拉圖和亞里斯多德等人描述爲自然法的眞正創始人,並且既不讓自然法的斯多噶派形式,也不讓它的中世紀形式,更不用說它的啓蒙時代形式在哲學上正確地發揮作用。

這裡,斯特勞斯乃是被他對現代災難的洞察所推動。諸如「正確」和「不正確」的區別這樣一種基本的人的要求自然要假定人必須能夠超越他的歷史條件性。以追問合法性的問題而突出了這種區別之無條件性的古典哲學顯然是正確的,而把一切無條件的作用歷史地相對化的澈底歷史主義則不可能是正確的。我們必須根據古典哲學來檢驗斯特勞斯的論據。

當然斯特勞斯也不能認爲他能夠以柏拉圖承擔批判詭辯派的方式來承擔這項任務。他本人也深深地浸染於現代歷史意識之中,以致他不可能有「純潔」地代表古典哲學的權利。所以他反對他所謂的歷史主義的論據首先也是在歷史的基礎上提出來的。他引證說(勒維特也重複這種引證),歷史思想本身也有其產生的歷史條件。其實這不僅適用於幼稚的歷史主義的形式,即在對傳承物的研究中構成歷史的意義,同時也適用於那種把認識者的存在本身也一起放到其歷史性中思考這種純化過的歷史主義形式。

如果上述說法無疑是正確的,那麼以下推論也同樣無可爭議,[II 416] 即歷史主義的歷史現象如其存在一樣,也終有一天會滅亡。這是確

然的，這不是因為它自相「矛盾」，而是因為它要嚴肅地對待自己的論據。當然我們不能說，宣稱一切知識都絕對「永恆地」具有其歷史條件性的歷史主義從根本上就是自相矛盾的。這種自我矛盾乃是一種特有的事情。[55] 我們必須在這裡問，「一切認識都有歷史條件性」和「這種認識是無條件地有效」這兩個命題是否處在同一層次上，從而它們可以互相矛盾。因為這論題並不是說人們將永遠認為這種命題是真的——只不過說人們認為這一命題曾經總是真的。嚴肅的歷史主義則相反會認為，人們終有一天會認為他的論題不是真的，亦即「非歷史地」思考。但這絕不是因為無條件地宣稱一切認識具有條件性是無意義的，而是因為它包含著「邏輯」矛盾。

然而斯特勞斯所指的也許並不是這種意思。單純地論證說古典思想家乃是另外地，非歷史地思維，這並不能說明今天我們就可能非歷史地思維。然而卻又存在足夠的理由使我們不要把非歷史地思維的可能性看作空洞的可能性。恩斯特·榮格（Ernst Jünger）對這個問題所作的許多正確的「外貌方面」的觀察可以說明，人類業已碰到了「時間之牆」。[56] 斯特勞斯所看到的只是在歷史思想內部所思維的東西，並具有一種糾正的意義。他所批判的，正是「歷史地」理解傳統思想所要求的，即對這種過去的思想世界的理解要比這種思想世界過去對自己的理解來得更好。[57] 誰這樣地思維，誰就永遠地排除了使傳統思想永真的可能性。這就是這種思維方式普遍的教條主義。

據我看來，斯特勞斯這裡所描繪並與之爭鬥的歷史主義者的形

---

55 參見我的著作集，第 1 卷，第 452 頁（注釋 85）。

56 參見 A. 葛蘭對現代藝術的分析，他正好談到了「我們已置身其中的」後歷史（post-histoire）。〔參見我對「時間圖像」的評論，載《哲學評論》，X，1/2；《短篇著作集》，第 2 卷，第 218-226 頁，現收入我的著作集，第 9 卷。〕

57 《什麼是政治哲學？》，格萊柯，1959 年，第 68 頁。

象與我在哲學詮釋學的研究中標明爲狄爾泰和 19 世紀歷史非理性主義背後的主導觀念的完美的啓蒙運動的理想相吻合。所謂要藉助於現代才能把所有過去都完全揭示出來，這難道不正是一種現代的烏托邦理想？我認爲把現代的優勢觀點應用於一切過去身上並不是歷史思維的本質，相反倒標誌出一種「幼稚」歷史主義的頑固的實證性。歷史思維的尊嚴和眞理價值就在於承認根本不存在什麼「現代」，只存在不斷更換的未來和過去的視域。說某種表現傳統思想的觀點是正確的，這絕不是固定不變的（也絕不可能是固定不變的）。「歷史的」理解沒有任何特權，無論對今天或明天都沒有特權。它本身就被變換著的視域所包圍並與它一起運動。

[II 417]

與此相反，語文學詮釋學的轉向，即我們對某位作者的理解必須比作者本人對自己的理解來得更好，正如我所證明的，乃是起源於天才說美學，但它本來乃是一種簡單的啓蒙運動理想的表述，即透過概念分析闡明混淆的觀念。[58] 它在歷史意識中的運用只是次要的，並且促成了現代的解釋具有不可超越的優越性這種錯誤的假象，這正是斯特勞斯正確地批判過的。然而，當他論證說，爲了更好地理解，我們就必須像作者自己理解的那樣理解這位作者，我認爲他就是低估了一切理解所具有的困難，因爲他忽視了我們可以稱之爲陳述辯證法的東西。

他在其他地方也表現出這種傾向，例如：他在捍衛「客觀地解釋」正文這種理想時就說，無論如何作者只以唯一的一種方式理解

---

58 參見我的著作集，第 1 卷，第 197 頁以下。〔參見本書第 362 頁以下，對第 426 頁注 4 可比較亨利希・努薩《弗里德里希・施萊格爾的語言理論》第 92 頁以下。按此書觀點，施萊格爾的轉向完全是「忠於」歷史的語文學家的轉向：他必須在作者的意義上「刻畫」作者。施萊爾馬赫正是在浪漫主義基礎上轉義了的「更好理解」中才首先看到眞正的詮釋學工作的，參見 H. 帕茨，本書第 464 頁注 20。〕[28]

自己的理論，「前提是，他並不混亂」（67）。這裡必須問的是，這裡所指的清楚和混亂的對立是否如斯特勞斯所認為的具有不言而喻的清楚意義。從事實看，他難道不正是以此而分享了完美的歷史啟蒙運動的觀點並超出了根本的詮釋學問題？他似乎認為我們有可能理解並非我們所理解的東西而是他人所理解的東西，並且僅僅像這位他人所理解的那樣進行理解。他也似乎認為，如果有人說了某些東西，則他「自己」就必然地和適當地理解了。我認為這兩者是不相容的。我們必須把受到指控的詮釋學基本命題——應該比作者本人對自己的理解「更好地」理解作者——與完美的啟蒙運動前提相區分，以便把握它的有效意義。

我們可以查問一下，斯特勞斯為古典哲學所作的辯護從詮釋學角度看又會顯得如何。我們可以用一個例子來研究。斯特勞斯很清楚地指出，古典政治哲學是用另外的名稱認識現代討論中所謂的我—你—我們關係的，即把它稱作**友誼**。他正確地看出，現代討論「你—問題」的思想方式起源於笛卡兒「我思」（ego cogito）所 [Ⅱ418] 具有的基本優先地位。斯特勞斯認為自己已發現，為何古代的友誼概念是正確的，而現代的概念構成則是錯誤的。誰要想認識國家和社會的構成，誰就必須合法地談論友誼的作用。但他卻不能用同樣的合法性談論「你」。你並不是所談論的東西，而是對之談論的對方。如果有人用你的作用來代替友誼的作用，那就恰好弄錯了國家和社會的客觀交往本質。

我發現這個例子很幸運。友誼概念在亞里斯多德的倫理學中處於德行和善行理論之間的不定地位，很久以來就被我出於完全類似理由而認作現代倫理學相對於古典倫理學的界限的出發點。59 因此

59　參見我的論文〈論哲學倫理學的可能性〉（《短篇著作集》，第 1 卷，第 179-191 頁，現收入我的著作集，第 4 卷）。〔也可參見我為《烏伏·赫爾席紀念

我完全同意斯特勞斯的例子，但我還要問：是否可能透過由歷史科學訓練過的眼光「閱讀」古典思想家，同樣地重構出他們的意見，然後可以在可信任的意義上認為這些意見是正確的，從而使我們不費力氣地獲得這樣的見解？──抑或我們在其中發現了真理，因為當我們試圖理解它們時我們總是已經進行了思考？但這也就是說，它們所陳述的東西對我們之所以顯示為真，乃是因為藉助於正在流行的相應的現代理論？我們無須把它理解為更正確的東西就理解它嗎？如果回答是否定的，那麼我還要進一步追問：如果我們發現亞里斯多德所講的要比現代理論（他根本不可能知道的現代理論）更為正確，那我們就說亞里斯多德不可能像我們理解他的方式那樣理解他自己，這種說法是否有意義？

斯特勞斯正確地堅持的國家概念和城邦概念之間的區別也說明了相同的問題。國家機構同城邦的自然生活共同體很不一樣，這一點不僅正確──而且還可以從這種區別的經驗中發現某些因素，假如我們不是從現代的對立面來理解它，則這些因素不僅對於現代理論是不可理解的，而且在我們對流傳下來的古典正文的理解中也是不可理解的。假如有人想把這稱為「復活」（Revitalisation），我認為這和科林伍德的重演（Re-enactment）說法同樣是不妥當的。

[II 419] 精神生活並不像肉體的生活。承認這一點並不是錯誤的歷史主義，而是與亞里斯多德的 epidosis eis auto（饋贈自己本身）最為一致。實際上我認為自己在這一點上與斯特勞斯並無根本區別，只要他仍然認為「歷史和哲學問題的混淆」在我們今天思想中乃是不可避免的。我同意他以下意見，如果有人把這認為是現代的絕對優越性，

文集》所寫的文章〈友誼和自我認識〉，符茲堡，1985 年，現收入我的著作集，第 7 卷，以及我在《哲學評論》（第 32 卷，1985 年，第 1-26 頁）上所發表的倫理學綜評。〕

那只是一種獨斷的主張。確實，當我們在受到傳統多方歪曲的概念中思維時，有多少前概念不為我們覺察地支配著我們，而剛才所提到的例子——這例子可以從斯特勞斯的著作中任意擴展——又清楚地表明回溯到思維之父又能給我們多大的教益。

　　無論如何我們不能被那種謬誤所迷惑，認為詮釋學問題只是從現代歷史主義的立場才提出的。應該承認，對於古典思想家說來，其前輩的意見根本不是作為歷史的他者，而是作為同時代的思想來討論的。然而詮釋學的任務，亦即解釋流傳下來的正文的任務仍然存在，如果這種解釋在那時總是同時包含著真理問題，那麼這和我們自己與正文打交道的經驗的距離也不會像歷史—語文科學方法論所感受到的距離那麼遠。詮釋學這個詞顯然使人想到口譯者的任務，即解釋並傳達因在陌生語言中說出——即使是諸神的暗示和符號語言——而不可理解的話語。獻身於這種任務的能力已經總是可能的思考和有意識訓練的對象（這當然可能具有某種口頭傳說的形式，例如：德爾菲的神職人員那裡）。但這解釋任務則是到了產生文字以後才確立。一切用文字固定下來的東西都具有某些陌生的因素，因此就提出了用陌生語言說話時所提出的同樣的理解任務。文字的解釋者如同神的或人的話語的口譯者一樣都必須去除掉其中的陌生性並能把它占為己有。如果意識到在正文和解釋者之間所存在的歷史距離，那麼這個任務就可能更為複雜。因為這同時就意味著，使流傳下來的正文和解釋者具有共同性的傳統已經變得脆弱了。我認為，人們在自然科學所誘發出的錯誤的方法相似性的壓力下，把「歷史的」詮釋學與那種前歷史的詮釋學分割得太遠。我試圖指出，這兩者之間至少有一種支配的性質是相同的：它們的應用結構。[60]

60　參見我的著作集，第 1 卷，第 312 頁以下。

[Ⅱ420]　　　我覺得，從希臘的開端處去研究詮釋學和文字之間的本質連繫乃是很有吸引力的事情。

　　如果我們可以相信柏拉圖的話，不僅蘇格拉底及其對手詭辯派都捲入了對詩人的解釋。而更重要的是，整個柏拉圖辯證法都被柏拉圖自己明確地與文字問題相關聯，而這個問題即使在實際對話內部也經常表現出一種明顯的詮釋學特性，不管辯證的對話是由男女神甫的神祕傳統，由第歐梯瑪（Diotima）的指教或僅僅是由一種論斷所引導。古代人根本不擔心我們的理解，因此讓我們就如面對童話一樣束手無策。此外似乎還應從相反的角度作一番考察，即在柏拉圖那裡他自己的神祕性在多大程度上屬於辯證努力的進程，並因而具有解釋的性質。這樣，從赫爾曼・古德特（Hermann Gundert）提出的開端出發構造一種柏拉圖主義的詮釋學就可能是極有教益的。61

　　但更重要的則是把柏拉圖作爲詮釋學思考的**對象**。柏拉圖著作的對話藝術獨特地處於戲劇文學的多樣裝扮性和教育理論著作的眞實性之間。在這一方面最近 10 年幫助我們達到一種高度的詮釋學意識，而斯特勞斯在他的著作中透過對隱藏在柏拉圖對話中意義關聯的許多卓越破譯而吸引著我們。不管形式分析和其他的語文學方法對我們有多大的幫助，眞正的詮釋學基礎卻是我們自己同實際問題的關係，柏拉圖所處理的也是這種關係。甚至唯有實際上對柏拉圖有所了解的人才能理解柏拉圖的藝術家的諷刺（就如一切諷刺一樣）。這種情況的後果就是使這種破譯性的解釋成爲「不確定的」。它的「眞理」不是「客觀地」可證明的，除非是由於那種把我們同被解釋的正文相連繫的實際贊同。

61　載《O. 雷根伯根紀念文集》，海德堡，1952 年；《讀書──語言哲學、語言歷史和概念探究的研究》，第 2 卷。

於是，斯特勞斯以一種間接的方法對詮釋學理論作出了更爲重要的貢獻，他研究了一個特別的問題，即在理解正文的時候，出於官方或教會的迫害壓力而有意地隱藏起的眞實意見在多大程度上能被人注意到。[62] 對麥蒙尼德、哈列維和斯賓諾莎的研究首先就提 [II 421] 供了了解上述情況的機會。我並不想對斯特勞斯提出的解釋進行質疑——它使我茅塞頓開——但我卻想提出一種相反的考慮，這種考慮在此場合中也許同樣很清楚，但在其他場合中，例如：關於柏拉圖的情況，卻完全確實地自有它的道理。有意識地歪曲、掩蓋、僞裝自己的意見實際上相對於通常的，甚而一般的正常情況難道不是一種罕見的極端例子？正如迫害（官方的或是教會的、宗教法庭等）與社會和輿論對人的思想造成的有意或無意的壓力相比也只不過是一種極端情況。只有當我們完全意識到從一種情況到另一種情況的連續轉變，我們才能衡量斯特勞斯所處理問題的詮釋學困難。我們如何才能清楚地確定一種歪曲呢？據我看來，如果有人在一個作家那裡發現矛盾的論述，這種論述把掩蓋了的和偶然的東西——如斯特勞斯所認爲——認作是他自己眞實意見的陳述，那麼這不能算清楚地確定了它是歪曲。因爲人類精神有一種無意識的隨大流傾向，會把一般明顯的東西當作眞的。同時又存在著正相反的嘗試極端可能性的無意識衝動，儘管這些可能性不可能同一個融會貫通的整體相一致。尼采的嘗試性的極端主義就是對此不可否認的明證。雖說矛盾性是一種出色的眞理標準，但可惜它在詮釋學事務中卻不是清楚的標準。

因此很顯然，斯特勞斯乍看起來很明白的命題——如果某位作者所寫的東西表現出連今天的小學生都能一眼看穿的矛盾，那麼這種矛盾就是故意造成的，是爲著使人能識破——是不可能應用在柏

---

[62] 《迫害和寫作方式》，格萊柯，1952 年。

拉圖筆下的蘇格拉底那種所謂的論據錯誤上去的。這並不是因為那時我們還正處於邏輯學的開端（誰這樣認為，誰就混淆了邏輯思維和邏輯學理論），而是因為針對著事物所進行的談話其本質就是能容忍非邏輯的東西。[63]

　　這個問題具有普遍的詮釋學後果，它所涉及的是作者的意見這個概念。我撇開法學以其法律解釋的理論能在這裡提供何種輔助手段這一問題。我只想指出，不管怎樣，柏拉圖的對話總是具有多方面關係的多義性的著作模式，這種模式經常使斯特勞斯獲得重要的發現。難道該把柏拉圖筆下的蘇格拉底談話中的模仿真理肆意貶低，甚至說我們不可能在其中，甚至在蘇格拉底本身中發現這種多義性？難道作者真的詳細地知道他在每句話中的含意？哲學自我解釋的奇妙篇章——我想到康德、費希特及海德格等——在我看來說的是清楚的語言。如果斯特勞斯提出的對立命題是正確的，即哲學家或者具有清晰的意見或者就是混亂的意見，那麼我擔憂在許多有爭議的解釋問題中只會存在一種詮釋學的後果：把混亂的情況認作既存的。

　　對於詮釋學過程的結構我顯然依賴亞里斯多德對 Phronesis（實踐智慧）的分析。[64] 我基本上追隨海德格在他早期佛萊堡時期業已開闢的路線，那時他運用實存性詮釋學戰勝了新康德主義和價值哲學（最後，還可能說戰勝了胡塞爾本人）。的確，海德格在他的早期研究中就已懷疑亞里斯多德的本體論基礎，而整個現代哲學，尤其是主體性概念和意識概念以及歷史主義的疑難都以這種本體論

[II 422]

63　我認為對該問題的討論總是沒有切中要害，例如：K. 歐勒（Oehler）對 R. K. 斯帕古（Sprague）的著作《柏拉圖對謬誤的利用》所作的本來很有價值的評論。參見格諾蒙，1964 年，第 335 頁以下。

64　參見我的著作集，第 1 卷，第 315 頁以下。

基礎爲根據。〔在《存在與時間》中稱之爲「現成在手的本體論
（Ontologie des Vorhandenen）」[29]。〕但亞里斯多德的哲學在那
時對海德格在某一點上就不僅僅是對立面，而是他自己哲學意圖的
眞正保證人：亞里斯多德對柏拉圖「一般理念」的批判，尤其是他
證明了善與在行動時所需要的對善的認識具有相似的結構。

斯特勞斯爲古典哲學所作的辯護中最使我驚奇的地方是，他極
想把古典哲學理解成一個統一體，這樣，在柏拉圖和亞里斯多德之
間由於追問善的方式和意義的不同而產生的極端對立似乎就不會使
他擔憂。[65] 我從海德格處得到的早期激勵對我很有幫助，因爲亞里
斯多德的倫理學出乎所料地減輕了深入理解詮釋學問題的難度。我
認爲這根本不是對亞里斯多德思想的誤用，而是爲我們大家指出了
可能的教益，像亞里斯多德所作的對抽象──一般的批判──無須以
黑格爾的方式去辯證地發展，也無須產生像絕對知識概念所代表的 [Ⅱ 423]
站不住腳的結論──可以隨著歷史意識的產生而對詮釋學處境成爲
決定性的。

特奧多・利特（Theodor Litt）在 1956 年出版的小冊子《歷史
意識的重新喚起》中以「歷史主義及其對手」爲題挑起了一場與克
呂格爾和勒維特（可惜沒包括斯特勞斯）的激烈爭論，這使我對這
一點引起了注意。[66] 我認爲，當利特在哲學和歷史的對立性中看到
一種新獨斷論的危險時，他是正確的。如果道德─政治判斷的謬
論導致了糟糕的結果，那麼對一種穩固的、保持不變的尺度、「能
給行動的人指明方向的尺度」的要求就具有特別的力量。追問正當

---

65 〔在我最近所寫的關於柏拉圖的長篇論文〈柏拉圖和亞里斯多德關於善的理
念〉（《海德堡科學院會議論文集》，哲學─歷史卷，海德堡，1978 年）一
文中，我試圖消除這一所謂的對立──L. 斯特勞斯對此也許會感到非常滿
意。〕
66 海德堡，1956 年。

性、追問眞正的國家，這些都似乎是人的此在所具有的本質需要。此外，一切的關鍵都在於，這個問題的含意是什麼、又該如何提出，以便把問題搞淸楚。利特指出，這根本不可能指一種可以把需判斷的實際政治活動的情況歸置於其中的一般模式。[67] 我感到他未能利用亞里斯多德可以提供的幫助乃是很可惜的事，因爲亞里斯多德就曾經對柏拉圖做過同樣的反駁。

我深信，我們必定能從古典思想家身上學到東西，而且我能很高地評價說，斯特勞斯不僅提出了這個要求，而且能夠透過行動多方面地實現這種要求。但我還要提到，我們必須從古典思想家身上學到的東西也就是存在於 politikē technē（政治技術）和 politikē phronēsis（政治實踐智慧）之間不可去除的對立。我認爲，斯特勞斯對此沒有足夠注意。

亞里斯多德對此能給我們以幫助的無論如何是在這一點上，即我們並不堅持自然、自然性和自然法的神聖性，這種神聖性只不過是對歷史的一種軟弱空洞的批判，相反，我們獲得了和歷史傳承物的更恰當關係，並更好地把握了存在。此外，我認爲亞里斯多德給我們提出的問題絕不可能一勞永逸地解決。情況很可能總是：亞里斯多德式的批判——如同許多這樣的批判——在它所說的內容上是正確的，但並不是針對它所對之說的對象。[68] 但這已是另外一個更大的問題了。

[II 424]

---

[67] 「試圖仰望『眞正』國家的理念並按正當性規範的指示來確定，**何種**共同事物的特殊秩序能夠幫助普遍實現一般的要求，這是一種無望的努力。」（88）利特在他的一篇題爲〈論精神科學認識構造中的一般性〉文章中（寫於 1940 年），對於上述問題作了更爲詳細的證明。

[68] 〔參見我的著作集，第 1 卷，第 422 頁注釋 83。〕

28. 詮釋學
（1969年）

[Ⅱ 425]

　　假如我們把 1955 年至 1965 年這 11 年間作爲一個整體來加以通觀的話，儘管它的特殊性需要細緻描寫，那麼這段時間首先與再前面的 10 年相比區別是非常明顯的，再前面的 10 年是由某種追補需要決定的：它是爲了解決那種由於第二次世界大戰這一大事件及其先行形式使思想在所有本有鄰近影響的國家彼此分離的斷絕狀態。當東歐國家的哲學交往今天還由於多種理由而受到干擾時，在第二次世界大戰結束後隨著一種哲學從語言領域影響到其他領域的普遍時代轉移，法國和英—美哲學觀點首先在中歐起了實際作用，反之，現象學哲學和存在主義哲學從德國開始，首先也在法國、義大利等國，然後在美國發生了影響。沙特和梅格—龐蒂（Merleau-Ponty）、懷海德、羅素、維根斯坦、胡塞爾和海德格相互發生影響並共同形成一個可以從之開始新的發展的基礎，這一新發展在最近 10 年相當明顯。詮釋學無可爭議地就屬於這一新發展。

　　以前在德國浪漫主義時期，詮釋學是透過施萊爾馬赫在哲學中心問題上邁出了一大步，因爲施萊爾馬赫由於受到首先是由弗德里希·施萊格爾想起的對話哲學的啓發，從個體性的形上學意蘊出發，以便使個體性在無限的東西上進行整理。緊接著施萊爾馬赫，詮釋學又透過威廉·狄爾泰經歷了它的哲學鑄造。在 1966 年，青年狄爾泰的大部頭詮釋學研究第一次在編成第 2 卷的狄爾泰關於《施萊爾馬赫傳》的資料裡 [1] 公之於世，關於這些資料我們以前只

---

[1]　W. 狄爾泰：《施萊爾馬赫傳》，Ⅱ，2（M. 雷德克爾編），柏林，1966 年。

[Ⅱ426] 是透過 1900 年科學院論文集才知道部分的內容。這份研究除其他內容外還指出詮釋學的哲學問題怎樣在德國唯心主義裡有其根源，這種根源不僅存在於施萊爾馬赫把**理解**辯證地規定爲主觀性和客觀性、個體性和同一性的內在相互作用裡，而且首先還存在於費希特對於獨斷論的實體概念的批判和費希特準備提供的思考歷史力量這一概念的可能性中，以及存在於黑格爾從「主觀」精神過渡到「客觀」精神的做法中。狄爾泰正確地認識到德羅伊森的《歷史學》對於精神科學方法論的劃時代的意義，因爲德羅伊森使唯心主義遺產對於歷史方法的正確自我理解富有成果。這種唯心主義遺產至今仍是生機盎然。我們要感謝法學史家埃米里奧‧貝蒂對詮釋學及其最新發展所作的出色的系列闡述，他的以德文寫的詮釋學「宣言」²吸收了所有詮釋學傳統（參閱貝蒂），³ 而在另一部內容廣泛的著作裡 ⁴ 我們可以找到他有關這一問題的重要論述。

可是從狄爾泰到貝蒂這種使唯心主義思想得以爲詮釋學所利用的科學理論度向現在卻基本地被超越了。施萊爾馬赫早已提出說話、理解和解釋的內在交叉關係，並且解除了詮釋學工作與「文字固定的生命表現」（狄爾泰）的傳統連繫，從而把其詮釋學位置讓給了生動的談話。但是，即使在 19 世紀詮釋學所重新經驗的科學理論狹隘化也可能並不隱瞞那些與唯心主義激起的一般解釋理論相對立的內在困難。要求法權創造性作用的法學詮釋學應當怎樣與精神科學的詮釋學方法相連繫，就如在戲劇和音樂裡起了如此明

---

²　E. 貝蒂：〈爲一般解釋學奠定基礎的詮釋學宣言〉，載《拉伯爾紀念文集》，第 2 卷，圖賓根，1954 年，第 79-168 頁。

³　參見我的評價文章〈埃米里奧‧貝蒂與唯心主義遺產〉，載《佛羅倫斯季刊》，1978 年，第 5-12 頁。

⁴　E. 貝蒂：《一般解釋學理論》，兩卷本，米蘭，1955 年（精簡的德譯本《作爲精神科學方法論的一般解釋學》，圖賓根，1967 年）。

顯作用的解釋的再創造意義一樣皆是不明確的。這兩者都超出了科學理論的探究。此外這一點也適於神學，因為即使神學詮釋學也不想為理解聖經行為要求其他的靈感源泉或啓示源泉——在布道或牧師個別談話裡出現的聖經解釋福音事實也可能作為詮釋學現象而不簡單地加以排除或者返回到神學的科學疑難上去。所以，那種想掌握詮釋學問題統一性的需要必須追問到科學理論度向的背後去並把握理解和解釋現象的更原始意義。但是在這裡顯然還是要返回到施萊爾馬赫對詮釋學的普遍推廣及其在思想與說話的統一中的基礎背後去。因此我們首先必須同時把握以前與神學詮釋學有最緊密連繫的法學詮釋學，因為在這兩種「解釋」中都包含有應用（Applikation），即把某種規範運用於個別情況。 [Ⅱ 427]

　　顯然，光把解釋的實踐應用度向與解釋的理論基礎區分出來，這是很不夠的。詮釋學作為「技藝學」乃屬於 scientia practica（實踐科學）之列，並且這正是實踐科學是否只指科學對實踐的應用這一問題——這一問題大概是由胡塞爾預先提出來的，因為他認識到透過指出邏輯規則的理論基本意義去反駁那種把邏輯規則重新解釋成正確思考的技術規則的做法。研討永恆在者（Immerseiende）和自身出發在者（von sich aus Seiende）的科學，以及其知識是研討要製作物的藝術，都不具有那種對於實踐科學及其現代表現即「實踐理性」來說是決定性的，並且其規範性質既不是理論的也不是技術的特殊知識品性。這一點在法學詮釋學領域內呈現的情況是，作出判斷不僅僅是把事例歸入一般（法律條款）的歸屬法，而且在找尋**正確的**「條款」時也依據於一種特有的法律創造的、法律補充的或繼續塑造法律的決定。同樣的情況也適合於牧師個別談話的福音布講使命，即這種布講使命絕不由於它的神學手段而唯一被理解為他的職務。雖然這也可能是不正確的，即認為把這種判決出讓給非理性的決定論（即使理論科學並未奪走法官或牧師的判決）。情況

　　毋寧是，我們需要更切近地去規定在這種判決中何謂理性。

　　這——並非粗暴的非理性主義——就是所謂存在哲學有權作出的貢獻：把判決、選擇或任何名稱的一切判斷力的這種因素，作爲理性的某種方式加以認識。雅斯培[5]是透過存在澄明
[II 428]（Existenzerhellung）這一概念來表述這種知識的理性性質，存在澄明被列入科學作爲強制知識唯一讓人處於的界限狀態（Grenzsituationen）。這總還是從科學的知識概念出發來描述，而當海德格把界限狀態概念看作某種本體論轉向的出發點時，他是更加澈底的。針對作爲科學基礎的現成在手（Vorhandenen）這一存在概念，海德格從實踐一技術的掌握世界所特有的使用上手（Zuhandenen）概念和與某物打交道（Sich-auf-etwas-Verstehen）概念出發，把人的此在的存在結構規定爲「存在理解」（Seinsverständnis），不過這也就是說透過理性的本眞光照。因此狄爾泰所採用的詮釋學概念，亦即理解意義關係的藝術，被推至到了某種「事實性詮釋學」的怪論。在這裡包含了一種對傳統的規範概念的本體論批判，尤其是對價值概念（李凱爾特、舍勒）和「柏拉圖式的」理想的一種意蘊概念（胡塞爾）的批判。由於拒絕心理學解釋而賦予邏輯和倫理學規範領域的自在存在（Ansichsein）從本體論上看只是「現成在手狀態」（Vorhandenheit），當然也是這樣一種不可證明的深不可測的東西，至少在早期舍勒那裡，它並蘊含一種創世神學的基礎，而這基礎對於價值概念和善概念以及對於價值和善的某種秩序概念可能是基本的。

　　因此，詮釋學透過海德格由所謂精神科學的基礎問題而移置到哲學本身的中心。從本體論上看，實際性詮釋學這一怪名裡就有

5　K. 雅斯培：《哲學》，3 卷本，柏林，1932 年，以及《理性和存在——五篇講演錄》，格羅寧根，1935 年。

著對意識、對象、事實和本質、判斷和價值諸概念的批判。這種批判的澈底性賦予《存在與時間》以其革命的衝力。但是，海德格當時用以進行單純加深哲學的先驗基礎的先驗反思形式並不能滿足那種想把此在的有限性和歷史性（替代某種永恆在者的無限性）提升為進行追問存在意義的入門這一目的和任務。這就是所謂語言問題在海德格思想裡作為中心位置出現這一時期的情況。在語言實現過程（事件）中所發生的東西顯然掌握了先驗哲學的反思，並把作為一切最終證明基礎的先驗主體性概念澈底地加以拋棄（參閱海德格[6]）。

這就與盎格魯—撒克遜的語言批判轉向不期而遇了。這種語言批判轉向是從對具有完美單義性的邏輯藝術語言理想進行澈底反思而開始的。代替已泛屬於技術輔助學科的邏輯演算和語言公理化，出現了對實際所講語言（日常語言）分析。但在這裡批判形上學的目的基本上仍是一樣，只不過與這樣一種積極的期待相連繫，即致力於生動講述的語言的這種新定向不只是揭露假問題，而是能解決問題。這種轉向尤其透過維根斯坦死後出版的鉅著《哲學研究》（*Philosophischen Untersuchungen*，1953 年）而在廣泛的範圍生效，尤其是這部著作對一種特有的唯名論前提所作的尖銳批判，而這種前提正是他的《邏輯哲學論》（Tractatus，1921 年）以及維也納學派形成（首先是卡納普）的基礎。那種基於單義性理想的語言規範化觀念現在被語言遊戲理論所替代。任何這樣一種語言遊戲乃是一種表現為某種生活形式的功能性的統一體。哲學永遠是形上學批判和語言批判，但這種批判的基礎是某種充滿內在歷史性的詮釋學事件（das hermeneutische Geschehen）。

我們可以把這裡所從事的哲學分析工作稱之為詮釋學的，如果

[II 429]

6　M. 海德格：《走向語言之途》，普福林根，1959 年。

就這裡任何人爲地整理資訊手段、任何資訊理論或某種一般符號理論都不能形成那種可以構造語言句法和表現這種句法交往功能的出發點的話。毋寧說這裡描述的乃是那種設法爲自己獲得其特有規則和其特有構造形式的生活關系和語言關系本身。按照所謂資訊理論的對極來衡量，詮釋學表現了觀察方式的另一方面，因爲它並不是從分子過程，而是從其自身的生活進程承擔對語言事件的解釋。

從科學方面來說有許多發現是支持這種觀點的。自古以來詮釋學就是神學的一種進行綜合的組成成分。首先透過辯證神學對上帝話語所作的批判，以及自自由主義歷史神學認爲自己的任務就在於把其自己的科學要求和《聖經》及《聖經》解釋的福音布講意義相協調以來，詮釋學問題就必然重新復甦。所以魯道夫·布爾特曼[7]這位反對一切靈感理論和聖靈注釋的頑強對手和歷史方法大師曾經承認理解者對其正文的先行存在關係，因爲他在與《聖經》的關係上透過追問上帝教導了一種與人的存在相連繫的不斷運動著的「前理解」（Vorverständnis）。由於布爾特曼在去神話化的口號下力圖發掘《新約》的福音布講核心並因此拯救《聖經》免於歷史疏離，所以他實際上考慮到了一種古老的詮釋學命題。因爲很顯然，《新約聖經》的眞正目的乃是福音布道，只有從這裡出發我們才能閱讀《新約聖經》。正是透過布爾特曼的學生，布爾特曼重新所喚醒的詮釋學論題才發展至極端：這就是恩斯特·福克斯[8]和格哈德·埃貝林[9]，前者寫了一部天才地把反思和注釋結合在一起的著作，後者

[II 430]

[7] R.布爾特曼：《去神話化問題》，慕尼黑，1954年；《信仰與理解》，論文集，兩卷本，圖賓根，1939年（第2版，1952年）。

[8] E.福克斯：《詮釋學》，附有注釋的補充卷，巴登·康恩施塔特，1958年；《神學裡的詮釋學問題》，圖賓根，1959年。

[9] G.埃貝林：〈上帝談話與詮釋學〉，載《神學與教會雜誌》，第56卷，圖賓根，1959年；〈詮釋學〉，載《歷史與當代宗教》，K.伽寧編，第3卷，圖

則首先從路德的詮釋學出發。他們兩人都講到了某種信仰的「語言自成事件」（Sprachereignis），並試圖以此阻止神話或歷史事實上的每一種冷漠的客觀主義參與《聖經》傳統的福音意義。即使在現代神學裡也不乏相反的運動，但從這種反感出發而來的詮釋學意識就不僅在新教神學裡而且目前又在天主教神學裡得到發展。[10]

　　同樣，在法學領域，至少就德語國家而言，詮釋學觀點也重新得到復甦。正如法律的具體化問題一樣，注釋學觀點作為法學獨斷論的補充從一開始就有其地位（參閱庫爾特·英吉希關於討論的出色概述[11]）。但除此之外，一種關於法律知識特徵的新思考也從許多方面，首先是透過菲維格（Th. Viehweg）[12]和邁霍夫（K. Maihofer）[13]，開始出現了，並且為此要求論題（Topik）這一古老的修辭學概念。同樣，盎格魯—撒克遜的判例法（Case Law）也具有某種詮釋學興趣的方面。[14]

　　但是從哲學方面來看，隨著越來越多的哲學意識，一種類似的　[Ⅱ431]
努力長期以來就起作用，特別沙因姆·佩雷爾曼和他的同事維護了在法律和政治學裡所使用的論證的邏輯特有意義以反對科學理論邏

　　賓根，1959 年。

10　關於這種反感在美國的影響，參見 J. 羅賓遜和 J. 可布：《新詮釋學》，紐約，1965 年，以及 R. W. 芬克（Funk）：《語言、詮釋學和上帝話語》，紐約，1966 年。

11　K. 英吉希：《法律應用的邏輯研究》，第 3 版，海德堡，1963 年。〈當代法律和法律科學中的具體化觀點〉，載《海德堡科學院論文集》，哲學歷史卷，1953 年。

12　T. 菲維格：《論題與法學——法律科學基礎研究論文》，慕尼黑，1953 年，第 3 版，1965 年。

13　K. 邁霍夫：《自然法是存在法》，法蘭克福，1963 年。

14　參見哈特（C. L. A. Hart）：《法律概念》，牛津，1961 年。

輯。[15] 當然這裡也使用了邏輯分析的手段，但由於帶有想把令人信服的講話的行事方式突出於具有邏輯強制力證明形式之上的目的，古老的修辭學要求相對於科學實證主義發生了影響。因此面對現代科學理論和科學哲學的片面性，哲學興趣不可避免地又逐漸轉向修辭學傳統並要求重新恢復這一傳統。[16] 這必然有益於對詮釋學的問題興趣，因為詮釋學與修辭學都共同具有限制科學理論的真理概念和維護真理概念獨立自主權利的作用。不過這裡還存在一個尚需決定的問題，即修辭學和詮釋學之間的這種歷史上合法的一致關係是否真的在全部範圍裡都合乎事實。的確，自梅蘭希頓以來的古典詮釋學的絕大部分概念都源自古代的修辭學傳統。修辭學要素，即勸說論證領域，並不限制於具有高度藝術性的講話用法的法庭—公眾場所，而似乎與理解和相互理解的普遍現象一起而擴大範圍。但一種不可拋棄的界限自古以來就存在於修辭學和辯證法（就此詞的古代意義而言）之間。相互理解過程深深地進入了主體間的思想感情交流領域，例如：包括了所有那些透過沉默而取得一致意見的形式，有如 M. 波蘭尼 [17] 所指出的，同樣也包括了非言語的表情的交往現象，如笑和哭，H. 普萊斯納 [18] 曾向我們指出了這些交往現象的詮釋學意義。

　　但還有另一種關係應當提到，而且這也是詩學今天面對修辭學所具有的難以解決的關係。這也具有一種詮釋學方面。直到康德時代和修辭學由於天才美學和體驗概念而失勢的時代之前，詩學和修

---

[15]　C. 佩雷爾曼和 L. 奧爾布萊希特梯特卡（L. Olbrechts-Tyteca）：《新修辭學——論論證》，巴黎，1958。

[16]　參見 M. 拉湯森（Natanson）和 H. 約翰斯通（Johnstone）有深厚基礎的富有啟發的散文集《哲學、修辭學和論證》，派克大學，1965 年。

[17]　M. 波蘭尼：《個人知識》，倫敦，1958 年；《緘默的領域》，紐約，1966 年。

[18]　H. 普萊斯納：《笑與哭》，慕尼黑，1950 年。

辭學這兩門學科、兩種語言藝術，亦即兩種具有高度藝術性的自由 [II 432]
的講話用法形式之間本來具有姊妹般的親密關係。但在這裡有一種
我們即將要消除的傳統偏見。按照這種傳統，詩的語言正如具有高
度藝術性的講話的語言一樣乃是從 ornatus（裝飾）出發來理解的。
但這意味著，實際生活的毫無裝飾的講話方式乃是語言的本眞狀
態——至少自維柯、哈曼（R. Hamann）和赫爾德以來，這種問題
的不言而喻性是消失了。如果詩是人類的天生語言，那麼從詩那裡
所學到的關於語言本質的知識就遠比從科學裡得到的多得多，因爲
科學研究語言就像是研究陌生語言，是在它們已疏離成交往工具和
資訊工具的此在方式裡進行的。當然，詩和詮釋學現在由於技術——
工業的雅各賓黨統治而陷入狹隘的谷口，因爲詩歌作品的可理解性
（正如繪畫作品和雕塑作品的可理解性一樣）被視爲一種「古典的」
偏見。但在我看來，公正對待這種可理解性的私有形式，仍是詮釋
學的任務（參閱前幾年以《詩學與詮釋學》爲書名出版的詮釋學研
究叢書）。

　　對於想在現代科學之外去承認眞理這項要求最明確的證據是存
在於藝術經驗裡。**實踐生活**（vita practica）的要求很容易遭到拒
絕，因爲在當今科學信仰時代和普遍的專家統治的庇護下，這些要
求似乎爲了「科學的」生活指導應當放棄它們自身的權利。甚至就
藝術經驗而言，也不缺乏催辦藝術的科學形態性的傾向（參閱格倫
〔A. Gehlen〕[19]及本塞〔M. Bense〕[20]）。所以藉助於現代資訊理論，
藝術家的發明寶庫裡越來越充塞著技術綜合分析的產品，並使用時
代藝術消費者的判斷能力（雖然這種能力永遠不會很深刻）越來越
低下。但是在藝術經驗裡——儘管在當代人看來這種經驗具有嚴重

---

[19]　A. 格倫：《時代畫面》，法蘭克福，1960 年。
[20]　M. 本塞：《美學》，巴登—巴登，1965 年。

的不確定性，並只在尚存的藝術過去的共時性中證明其眞正的自主
性——存在有一種限制科學唯一有效要求的眞理要求。這一要求對
哲學思考提出了一種不走上科學理論道路的任務。例如：法國的杜
弗倫（M. Dufrenne）[21]、義大利的帕勒松（L. Pareyson）[22]。從這種觀
點出發重新使美學問題活躍起來。本文作者以同樣的方式在《眞理
與方法》[23] 裡試圖從藝術經驗出發確保哲學的眞理要求以及對現代
科學天眞的自我解釋。尤其是詩——其實並不只是詩，而且包括所
有曾經對我們說過什麼的藝術——並不是透過詩藝科學或一般藝術
科學而被整合到我們人類的自我理解中去的，而永遠是已經被整合
並一起構成我們的自我理解，這一點證明了哲學詮釋學要在其形式
和內容的條件中去把握這種自我理解並把這種自我理解提升到概念
高度這一要求的正當性。

　　但是，這其實不只是已進入詮釋學探究的美學人文主義的遺
產，而且也是古代的實踐科學（scientia practica）的遺產。詮釋學
不僅從其在亞里斯多德倫理學和政治學裡的原始構思[24]出發而作
爲一種特有的認知方式（allo eidos gnōseōs）[25]區別於古代的知識
（Episteme）這一科學概念（在我們今天稱爲科學的東西裡只有數
學才能眞正滿足於這一概念）。它也相對於現代科學概念及其技術
轉向而具有一種特有的——當然對於一般意識來說是沒有的——合

[Ⅱ433]

21　M. 杜弗倫：見第 5 屆國際美學協會，1964 年發表，巴黎，1968 年。

22　L. 帕勒松：Estetics,teoria della formatività，托里諾，1954 年。

23　H.-G. 高達美：《眞理與方法》，圖賓根，1960 年（第 4 版，1975 年）。〔參
　　見我的著作集，第 1 卷〕同時參見《短篇著作集》，第 1-4 卷，圖賓根，
　　1967-1977 年。

24　J. 里特（Ritter）：〈亞里斯多德實踐哲學基礎〉，載《法哲學與社會哲學檔
　　案》，第 52 卷，1966 年。現在可參見里特：《形上學與政治學：亞里斯多德
　　和黑格爾研究》，法蘭克福，1969 年。

25　亞里斯多德：《尼各馬可倫理學》，27，1141b33。

法性。詮釋學的任務就是反思這裡產生決定作用的認識的特殊條件。亞里斯多德曾經在 Ethos（倫理）這一概念（以及在 Nomoi，即社會組織和其中教育的影響力之下的教化）裡概括了這些對於實際生活（vita practica）來說唯一使真認識有可能的條件。這一點在當代起了它的作用，因為正是亞里斯多德哲學裡的這些批判柏拉圖理念論的因素願意為事實性詮釋學充當宣誓保證人。不過除此之外，它們還是我們認識的社會條件可能牽涉到無前提科學的理想這一點的明確見證人。因此考察這種無前提性理想也屬於澈底詮釋學思考的任務。在這裡確實我們不要忘記，科學的無前提性這種說法 [II 434]（順便說一下，這產生於 1870 年以後的文化抗爭〔Kulturkampf〕情況）表現了何種解放衝動，這是一種為啟蒙運動及其造就成近代科學奠定基礎的衝動。但是這種說法在歷史科學和社會科學特殊領域的應用又顯露了何等非反思的天真幼稚，這不僅表現在社會科學結論和從「維也納學派」的科學理論而引出的具體應用的烏托邦性質上，它也明確表現在新實證主義科學理論及其記錄陳述理論所陷入的根本疑難中。所以依據於維也納學派的素樸歷史主義在卡爾‧波普的科學理論批判中 26 找到了它的有力的批判者。同樣，霍克海默爾（M. Horkheimer）27 和哈伯瑪斯 28 的意識形態批判工作也揭示了存在於實證主義知識論，尤其是其社會科學激情背後的意識形態意蘊。

因此詮釋學反思必須提出一種關於前見的學說，這種學說既正確對待了在所有理解裡以之為前提的前理解的創造性的意義，但

---

26 K. 波普：《歷史主義的貧困》，倫敦，1957 年；德譯本，圖賓根，1965 年。

27 M. 霍克海默爾：《理性的喪失》，紐約，1967 年；德譯本：《工具理性批判》，法蘭克福，1967 年。

28 J. 哈伯瑪斯：〈社會科學的邏輯〉，載《哲學評論》，附刊 5，圖賓根，1967 年（第 5 版，法蘭克福，1982 年）。

又並不危及對所有威脅認識的前見進行批判的意義。理解的詮釋學制約性，正如在解釋理論，尤其是在詮釋學循環學說裡所表述的，並不限制於那些讓研究者的立場制約性屬於實踐認識條件的歷史科學。可是詮釋學在這裡有其範例，因為在理解的循環結構中同時反映了作為一切歷史枯萎和疏離之前提的歷史和現代的媒介關係。解釋者對其「正文」的隸屬關係正如人的命運對其歷史的隸屬關係一樣，顯然是一種詮釋學基本關係，這種關係雖然被正直的格言非科學性地發誓要丟棄，但對於認識的科學性來說唯有自覺地接受這種關係才是恰當的。

　　此外，解釋不僅限制於正文，限制於由正文獲取的歷史理解。[II 435] 所有作為正文而理解的意義關係，從自然（自然解釋，培根）開始，經過藝術（它的非概念性〔康德〕使它成為解釋的突出例證〔狄爾泰〕），直到人類行為的所有自覺或不自覺的動機，都合於解釋的要求。詮釋學將指明人類行為的那種不明確表現的而是處於背後的真的意義規定性，它可以這樣來做到這一點，或者每一個人的真實存在揭示自身是其自己歷史的存在（利科爾 29），或者我們思想的社會的和歷史的條件不可識破地規定著我們。精神分析和意識形態批判不管是彼此敵對，還是結合在懷疑主義的或烏托邦的綜合中（阿多爾諾〔T. W. Adorno〕、瑪律庫塞〔H. Marcuse〕），它們都必須再次經受詮釋學反思。因為如此被認識和理解的東西是不依賴於解釋者的立場的。任何解釋空間既不是任意的，同時也很少是客觀地被給出的。詮釋學反思指明了歷史主義和實證主義科學理論的客觀主義裡面有一些未知前提在作用。尤其是知識社會學和馬克思主義意識形態批判在這裡證明了它們的詮釋學豐碩成就。只有透過批判意識和效果歷史反思，這種解釋的認識價值才能得到保證。

29　P. 利科爾：《詮解釋——一篇關於佛洛德的論文》，巴黎，1965 年。

但這並不是說這樣的認識價值不具有**科學**的客觀性，只有在其中有意或無意起作用的詮釋學的批判反思才讓它的眞理顯露出來。

哲學詮釋學根本地意識到，認識者與那種向他表現和展示爲有意義的東西以一種不可解開的方式連繫在一起。它不僅對歷史學的客觀主義和實證主義的物理主義認識理想——科學的統一（Unity of Science）要求透過物理學的統一方法去建立這種物理主義——進行了批判，而且同樣也對形上學傳統展開了批判。形上學基本學說之一，即存在與眞性（wahrsein）基本上是同一的——這是對於神的無限理智而言，形上學把這種神的無限理智的全在（Allgegenwart）設想爲所有存在東西的在場——是站不住腳的。這樣一種絕對主體對於人及其認識能力的有限——歷史的存在方式來說甚至也不是一種可接近的理想。因爲認識者的存在的本質在於，正像所有對他來說是作爲未來和作爲規定他的過去的東西不是在場一樣，這種絕對主體也很少是在場的。

出於同一種理由，現代的意識哲學也遭到了批判性的摧毀。它的基礎證明是古典希臘形上學的基礎，即使思辨唯心主義的同一 [II 436] 哲學和黑格爾在精神的內容上對思想史的明確接受也對此未改變什麼。絕對的知識被認爲是某種絕對的當下（Gegenwärtig-haben）。

爲意識總概念在已貫徹執行的時間性現象學裡奠定基礎，像它在胡塞爾畢生工作裡作爲不斷追求的目的所顯現的，並不超越這一古希臘已被規定的**現在**（Präsenz）概念。因此語言問題在傳統的思想裡並未獲得我們今天歸於它的那種中心地位。無論是在黑格爾那裡，還是在胡塞爾那裡，它都未成爲特殊的論題，甚至藉助於語義學和一般符號理論的現代知識論基礎也不把語言置於語言事件本身所表現的那種中心位置。現代詮釋學討論目前已把談話現象移到中心，因爲唯有在談話裡語言才存在，唯有在談話裡語言才被形成、發展和發揮作用。無論如何，理解現象是負載了這個過程的語

言性，而並不因此具有施萊爾馬赫心理學解釋理論的片面性。我們寧可說詮釋學度向正是透過一切言語東西的可文字性來表現其特徵的。如果眞有一種模式能說明理解中存在的緊張關係，那麼它就是翻譯的模式。在翻譯中，陌生的東西是作爲陌生的東西而成爲我們熟悉的東西，也就是說，翻譯不只是把它作爲陌生的東西丟下不管或透過單純的模仿它的陌生性把它重構於自己的語言中，而是在翻譯中過去和現在的視域在一種持久不斷的運動中進行交融，而這種視域交融才構成理解的本質。

29. 第2版序言

（1965年）

　　本書第 2 版實質上沒有什麼改動。它贏得了讀者，同時也找到了它的批評者。本書已得到的關注無疑使作者有義務吸取一切極有價值的批評意見而修訂全書。然而一種長年累月所形成的思路有它自身的凝固性，因此不管作者怎樣力圖去領會批評者的意見，他自己一貫堅持的觀點總是在起主導的作用。

　　自從本書初版問世以來，已經 3 年過去了，但對於作者來說，要把全書重新修改一遍，並有效地利用這段時間從別人的批評[1]以及

<hr />

1　首先我要指出的是下面這些文章，其中還包括一些書面的或口頭的意見：

(1) K. O. 阿佩爾：《黑格爾研究》，第 2 卷，波昂，1963 年，第 314-322 頁。

(2) O. 貝克爾：〈藝術審美領域先驗性問題〉（《真理與方法》，第 1 部分），載《哲學評論》，第 10 卷，1962 年，第 225-238 頁。

(3) E. 貝蒂：《作為精神科學普遍方法論的詮釋學》，圖賓根，1962 年。

(4) W. 黑勒布蘭德：〈時間弧〉，載《法律哲學和社會哲學文獻》，第 49 卷，1963 年，第 57-76 頁。

(5) H. 庫恩：〈真理和歷史的理解〉，載《歷史學雜誌》，第 193 卷，1961 年，第 376-389 頁。

(6) J. 默勒：《圖賓根神學季刊》，第 5 卷，1961 年，第 467-471 頁。

(7) W. 潘南貝格：〈詮釋學和世界史〉，載《神學和教會雜誌》，第 60 卷，1963 年，第 90-121 頁，特別是第 94 頁以下。

(8) O. 珀格勒：《哲學文匯報》，第 16 卷，第 6-16 頁。

(9) A. 德・瓦爾亨斯：〈論詮釋學的詮釋學〉，載《魯汶哲學評論》，第 60 卷，1962 年，第 573-591 頁。

(10) F. 維亞克爾：〈法律史詮釋學摘記〉，載《哥廷根科學院院刊——哲學歷史學》，1963 年，第 1-22 頁。

他本人近年來的工作中所得到的一切²，這 3 年的時間還是不夠的。

[Ⅱ438] 也許我可以在此簡要地概述一下全書的目的和主張。顯然，我啓用具有古老傳統的詮釋學（Hermeneutik）這一術語，已引起某些誤解。³像古老的詮釋學那樣作爲一門關於理解的「技藝學」，並不是我的目的。我並不想炮製一套規則體系來描述甚或指導精神科學的方法論程序。我的目的也不是研討精神科學工作的理論基礎，以便使獲得的知識付諸實踐。如果這裡所進行的研究有一種實踐的後果，那麼它確實不是一種爲非科學的「承諾」而得出的實際結論，而是一種爲「科學的」誠實性而得出的實際結論，即承認一切理解中都有實際的承諾。但是，我本人的眞正主張過去是、現在仍然是一種哲學的主張：問題不是我們做什麼，也不是我們應當做什麼，而是什麼東西超越我們的願望和行動與我們一起發生。[30]

2　參見：

　　(1) 爲 M. 海德格《藝術作品的起源》所寫的後記，斯圖加特，1960 年。

　　(2)〈黑格爾和古代辯證法〉，載《黑格爾研究》，第 1 卷，1961 年。

　　(3)〈自我理解的問題〉，載《G. 克呂格爾紀念文集：見解》，法蘭克福，1962 年，第 71-85 頁。

　　(4)〈創作與解釋〉，載《德國語言和文學創作研究會年鑑》，1960 年，第 13-21 頁。

　　(5)〈詮釋學與歷史主義〉，載《哲學評論》，第 9 卷，1961 年，見本書附錄。

　　(6)〈現象學運動〉，載《哲學評論》，第 11 卷，1963 年，第 1 頁以下。

　　(7)〈事情的性質和事物的語言〉，載《秩序問題——1960 年慕尼黑第 6 屆德國哲學會議文集》，邁森海姆，1962 年。

　　(8)〈論哲學倫理學的可能性，存在和道德〉，載《瓦爾柏貝格爾研究》，第 1 卷，1963 年，第 11-24 頁。

　　(9)〈人和語言〉，載《D. 契策維斯基紀念文集》，慕尼黑，1964 年。

　　(10)〈馬丁·海德格和馬堡神學〉，載《R. 布爾特曼紀念文集》，圖賓根，1964 年。

　　(11)〈美學和詮釋學〉，1964 年在阿姆斯特丹美學協會會議上的報告。

3　參見前引 E. 貝蒂和 F. 維亞克爾的著作。

　　因此，精神科學的方法論問題在此一般不予討論。我的出發點只是：歷史的精神科學，即使當它脫離了德國的浪漫主義並滲透了現代科學精神時，仍然保存了一種人文主義的遺產，這種遺產不僅使它區別於現代所有其他的研究，而且使它接近了完全是另外一類的非科學經驗，尤其是藝術的經驗。這確實有它的認識社會學方面的根源。在德國——它一直處於前革命的狀態——正是美學上的人文主義傳統在現代科學思想的發展中繼續起著有力的作用，而在其他一些國家或許是政治意識更多地進入了那裡的「人文學科」、「文學」，簡言之，即進入了人們以前稱之為「人學」 [Ⅱ439]（Humaniora）的一切東西。

　　這一點絲毫不排除現代自然科學的方法在社會領域內也有其運用。我們的時代受日益增長著的社會合理化以及主宰這一合理化的科學技術的制約，也許比受現代自然科學巨大進展的制約要更強烈得多。科學的方法論精神滲透到一切領域。因此我完全不是想否認在所謂精神科學內進行方法論探討的必要性。我的目的也不是想重新挑起自然科學和精神科學之間那場古老的方法論爭論，很難有關於方法論對立的爭論。就這一點來說，以前文德爾班 [31] 和李凱爾特 [32] 提出的「自然科學概念的構成界限」這一問題在我看來是不確切的。我們所面臨的問題根本不是方法論的差別，而只是認識目標的差異。本書提出的問題將使人發現和認識到某種被那場方法論爭論所掩蓋和忽略的東西，某種與其說限制或限定現代科學，不如說先於現代科學並使之得以可能的東西。這絲毫不使現代科學自身的內在發展規律喪失其本身的重要性。規勸人的求知欲望和人的認識能力，以便使它能更寬容地同我們這個世界的自然秩序和社會秩序相協調，這可能是徒勞的嘗試。披著科學研究外衣的道德說教者的角色是荒誕的，而哲學家的那種要求，即要求從原則出發進行推論：「科學」為了使其在哲學上合法化必須怎樣演變，也同樣是荒

誕的。

因此我認爲，如果有人認爲我們這裡混淆了康德關於法權問題（quaestio iuris）和事實問題（quaestio facti）的著名區分[33]，那完全是一種誤解。康德確實並未想過爲現代自然科學規定它必須怎樣做，以便使它能經受理性的審判。他曾提出一個哲學問題，即他曾經追問，使近代科學成爲可能的認識條件是什麼，它的界限是什麼。我們這裡的探究也是在這個意義上提出一個哲學問題，但是我們所探究的絕不只是所謂精神科學的問題（儘管我們賦予精神科學某些傳統學科以優先的地位），我們一般所探究的不僅是科學及其經驗方式的問題——我們所探究的是人的世界經驗和生活實踐的問題。借用康德的話來說，我們是在探究：理解怎樣得以可能？這是一個先於主體性的一切理解行爲的問題，也是一個先於理解科學的方法論及其規範和規則的問題。我認爲海德格對人類此在（Dasein）的時間性分析已經令人信服地表明：理解不屬於主體的行爲方式，而是此在本身的存在方式。本書中的「詮釋學」概念正是在這個意義上使用的。它標誌著此在的根本運動性，這種運動性構成此在的有限性和歷史性，因而也包括此在的全部世界經驗。既不是隨心所欲，也不是片面誇大，而是事情的本性使得理解運動成爲無所不包和無所不在。[34]

[Ⅱ440]

如果有人認爲，詮釋學觀點在超歷史的存在方式，例如：數學或美學的超歷史的存在方式上有它的限制，[4] 我不能認爲這是正確的。的確，一件藝術作品的審美性質大體上是依賴於其構造法則和形式水準，而這些法則和這種水準最終是超越了歷史源泉和文化背景的一切界限。就藝術作品而言，我並不想討論「質感」（Qualitätssinn）究竟在多大程度上表現了一種獨立的認識可能

4　參見前引 O. 貝克爾的著作。

性，[5] 或者質感是否像所有的趣味（Geschmack）那樣，不僅是形式
地展開的，而且也是被構成和被塑造的。趣味無論如何必定是由某
種東西造就的，這種東西從它那方面標明趣味是為何而形成的。就
此而言，趣味也許總包含某種特定內容的取（和捨）。但是在任何
情況下，每一個對藝術作品具有經驗的人無疑都把這種經驗整個地
納入到他自身中，也就是說，納入到他的整個自我理解中，只有在
這種自我理解中，這種經驗才對他有某種意義。我甚至認為，這種
方式囊括了對藝術作品的經驗所進行的理解，在審美經驗領域內超
出了所有歷史主義。誠然，在一件藝術作品最初所設定的世界關係
和它在此後變化了的生活環境中的繼續存在之間似乎要有區分，[6]
但是最初的世界和後來的世界的分界線究竟在哪裡呢？最初的生活
意蘊是怎樣轉化為對文化意蘊的反思經驗呢？在我看來，我在這裡
首先提出的審美無區分這一概念是完全正確的。這裡根本沒有什麼 [II 441]
明確的分界，理解的運動不可能圍於審美區分所規定的反思快感
中。[7] 我們應當承認，一尊古代神像——它不是作為一種供人審美享
受的藝術品過去被供奉在神廟內，今天被陳列在現代博物館中——
即使當它現在立於我們面前時，仍然包含它由之而來的宗教經驗的
世界。這有一個重要的結果，即這尊神像的那個世界也還是屬於我
們的世界。正是詮釋學的宇宙囊括了這兩個世界。[8]

5　庫特‧里茨勒以前曾在其《論美》一書（法蘭克福，1935 年）中試圖對「質感」
　　作出一種先驗演繹。

6　參見這方面的最新成果：H. 庫恩的《藝術作品的本質》（1961 年）。

7　〔堯斯如此堅決地堅持審美經驗，仍狹窄，參見 H. R. 堯斯（Jauss）的《審美
　　經驗與文學詮釋學》（法蘭克福，1979 年）。〕

8　為這種關係中所存在的「譬喻」恢復名譽（參見本書第 1 卷，第 77 頁以下），
　　早在幾十年前已由瓦爾特‧本亞明的重要著作《德國悲劇的起源》（1927 年）
　　開始了。

　　詮釋學觀點的普遍性在其他方面也不能被任意地限制或丟棄。如果我爲了確保理解現象的合理範圍而從藝術經驗開始，這絕不只是一種寫作布局上的考慮。這裡天才說美學（Genieästhetik）[35] 已經作了一個重要準備工作，因爲它揭示了對藝術作品的經驗從根本上說總是超越了任何主觀的解釋視域的，不管是藝術家的視域，還是接受者的視域。作者的思想（mens auctoris）絕不是衡量一件藝術作品的意義的可能尺度。甚至對一部作品，如果脫離它不斷更新的被經驗的實在性而光從它本身去談論，也包含某種抽象性。我想我已經表明了，這種談論爲什麼只描述了一種意向，而未提供理論的解答。無論如何，我的探究目的絕不是提供一種關於解釋的一般理論和一種關於解釋方法的獨特學說，有如 E. 貝蒂卓越地做過的那樣，[36] 而是要探尋一切理解方式的共同點，並要表明理解（verstehen）從來就不是一種對於某個被給定的「對象」的主觀行爲，而是屬於效果歷史（Wirkungsgeschichte），這就是說，理解是屬於被理解東西的存在（Sein）。[37]

　　因此，如果有人反對我說，一部音樂藝術作品的再現是一種不同意義的解釋——不同於例如閱讀一首詩或觀看一幅畫的理解行爲，在我看來這並不能令人信服。所有的再現首先都是解釋（Auslegung），而且要作爲這樣的解釋，再現才是正確的。在這個意義上，再現也就是「理解」。9

[Ⅱ442] 　　我認爲詮釋學觀點的普遍性，即使涉及到歷史科學中存在的歷史興趣多樣性問題時，也不應受到限制。的確，有許多種類的歷史描述和歷史研究方式，毫無疑問，每一種歷史興趣都以對效果歷史

9　這裡我可以引證——當然重點有所不同——漢斯・澤德爾邁爾的解釋，他的解釋現在收在《藝術和真理》（羅沃爾特：《德國百科全書》，第 71 卷）中，尤其參見第 87 頁以下。

的有意識反思爲其基礎。北美洲愛斯基摩人部落的歷史確實與這個部落是否以及何時編入「歐洲歷史」毫無關係，然而我們卻不能真正否認，效果歷史的反思就是對於這種歷史課題而言也是重要的。誰在半世紀或一世紀後重新讀我們今天所寫成的這個部落的歷史，他不僅會發現這個歷史已經過時了——因爲那時他將知道更多的東西或者更正確地解釋原始資料，而且他也會承認我們在 1960 年是以另外一種方式讀這些原始資料的，因爲我們是被另一些問題、另一些前見和另一些興趣所支配。如果我們想讓歷史描述和歷史研究完全避開效果歷史反思的判斷許可權，那麼這就等於取消了歷史描述和歷史研究。正是詮釋學問題的普遍性才會對所有的歷史興趣提出深刻性的問題，因爲這種普遍性總是涉及到「歷史問題」的根本性的東西。[10] 沒有「歷史問題」的歷史研究算是什麼呢？用我所使用的並且爲語詞史研究證明是合理的語言來說，這就是：應用（Applikation）乃是理解本身的一個要素。如果我在這種情況下把法學史家和開業律師相提並論，那麼我並不是要否認前者專門負有一個「思索的」任務，而後者唯一負有一個實踐的任務。但是在兩者的活動中都包含著應用。對一條法律的**法權**意義的理解對於他們兩者來說怎麼會是不同呢！的確，譬如說法官有一個進行判決的實踐任務，並且在判決時可能介入許多法律政策上的考慮，而對這些考慮法學史家是不顧及的，雖然他也面對同一條法律。但是，難道因此他們對這條法律的法權**理解**是不一樣的嗎？法官的那種「對生活富有實踐影響」的判決應是對法律的一種正確的而絕不是任意武斷的應用，因而這種判決也必須基於「正確的」解釋，這也就必然地在理解本身中包含著歷史和現在的溝通。

　　當然，法學史家也必須「歷史地」評價一條在這種意義上被正

10　參見前引 H. 庫恩的著作。

確理解的法律，這總是意味著，他必須評估這條法律的歷史意義，並且因爲他可能受其自身歷史上的前見解（Vor-Meinungen）和當時流行的前判斷（Vor-Urteilen）所支配，他可能「錯誤地」作了評估。這無非只是說，又有一個過去和現在的溝通，即又有一個應用。研究的歷史所從屬的歷史進程通常總是說明了這一點。顯然，這並不意味著歷史學家做了某種他本不「可以」或本不應該做的事，做了某種我們憑藉詮釋學某條準則本應該或本可以阻止他去做的事。我這裡並不是在談法學史上的錯誤，而是在講眞正的認識。法學史家的實踐——正如法官的實踐一樣——自有其避免錯誤的「方法」，在這方面我完全贊同法學史家的意見。[11] 哲學家的詮釋學興趣只有在成功地避免了錯誤的地方才開始出現。只要歷史學家和理論家自身的正在消失的現在可在他們的行動和行爲中被辨識，他們就證明了一條超出他們所知範圍的眞理。

[II 443]

從哲學詮釋學觀點看，歷史的方法和理論的方法之間的對立沒有絕對的有效性。這就提出了一個問題，即詮釋學觀點到底具有多大的歷史的或理論的有效性。[12] 如果說效果歷史原則已成爲理解的一個普遍的結構要素，那麼這種說法就肯定不包含任何歷史的條件性，而要具有絕對的有效性——可是，只有在特定的歷史條件下才有詮釋學意識。傳統——自然地不斷給出的傳承物乃屬於其本質——必須是有疑問的，同化傳統的詮釋學任務才會得到明確的意識。所以我們在奧古斯丁那裡看到一種對於《舊約》的詮釋學意識，而在宗教改革時期，爲反對羅馬教會的傳統原則，需要從《聖經》本身來理解經文（所謂唯一聖經），從而發展了一種新教詮釋學。但是自從歷史意識——它包含現在對於一切歷史傳承物的基本

---

[11] 參見前引貝蒂、維亞克爾和黑勒布蘭德的著作。

[12] 參見前引 O. 阿佩爾的著作。

間距——出現以來，理解就更成爲一項任務，並需要方法論的指導。我這本書的論點因而就是：效果歷史這一要素在對傳承物的所有理解中都起作用，即使在現代歷史科學方法論已被廣泛採用的地方，以及這種方法論已使歷史的生成物和歷史的傳承物淪爲一種如實驗的檢驗結果那樣的「凝固起來」的「對象」——在這種意義上，傳承物彷彿與物理學的對象一樣，既是陌生的，而且從人的觀點看，又是不可理解的——時，效果歷史這一要素也仍然在起作用。

因此，在我使用的效果歷史意識這個概念中合理地存在著某種兩重性，這種兩重性在於：它一方面用來指在歷史進程中獲得並被歷史所規定的意識，另一方面又用來指對這種獲得和規定本身的意識。顯然，我的論證的意義是：效果歷史的規定性也仍然支配著現代的、歷史的和科學的意識——並且超出了對這種支配活動的任何一種可能的認識。效果歷史意識在一個如此澈底的意義上是終究的，以致我們在自己整個命運中所獲得的存在在本質上也超越了這種存在對其自身的認識。但是這卻是一個不應侷限於某一歷史境況的基本見識，當然，這種見識在現代的歷史研究和信奉科學客觀性的方法論理想面前也遭到了來自科學自我理解的特殊反抗。

的確，我們有責任提出一個歷史的反思問題，即爲什麼恰恰是在現在這一歷史瞬間，對一切理解中的效果歷史要素的根本洞見才有了可能。我的研究對此提出了一個間接的答案。因爲只有在歷史上那個世紀中樸素的歷史主義遭到失敗的時候，人們才明白，非歷史理論的東西和歷史的東西之間的對立、傳統和歷史科學之間的對立、古代和現代之間的對立，都不是一種絕對的對立。那場著名的古今之爭不再是一個眞正的非此即彼的選擇問題。

因此，本書關於詮釋學觀點的普遍性所講到的東西，尤其是關 [Ⅱ444]
於語言是理解得以完成的形式所闡發的東西，既包括了「前詮釋學的」意識，也包括了一切形式的詮釋學意識。因此對傳統的樸素占

有也是一種「再訴說」（Weitersage），儘管這「再訴說」當然不能被描述爲「視域融合」（Horizontverschmelzung）（參見本書第351頁以下）。[38]

現在轉到這樣一個根本問題：理解及其語言性觀點本身究竟有多大的有效性？這個觀點能得出「能被理解的存在就是語言」（參閱本書第 1 卷，第 478 頁）這一命題所表現的這個一般哲學結論嗎？這個命題是否由於語言的普遍性而得出「一切」只是語言和語言事件這一毫無根據的形上學推論？的確，不可言說的東西的明顯存在並不必然破壞語言性事物的普遍性。用以實現理解的對話的無[II 445] 限性可能使與不可言說東西本身相關的一切成爲相對的。但是，理解完全是通向歷史實在的唯一而正確的道路嗎？顯然，圍繞這種觀點存在一種危險，即事件的眞正實在性，特別是事件的荒謬性和偶然性將會被削弱，並且在一種感官經驗的形式裡被歪曲。

所以，我自己探究的目的正是要指明，德羅伊森[39] 和狄爾泰[40]的歷史主義，儘管與黑格爾的唯靈論全然對立，卻被其詮釋學出發點引誘到把歷史作爲一本書來讀，而且還是當作一本從頭至尾每一個字眼都富有意義的書來讀。狄爾泰的歷史詮釋學儘管全力反對把概念的必然性當作一切事件核心的歷史哲學，但他仍然沒有避免讓精神史作爲歷史的最高形式。我的批評正是在這裡。那麼，我這本書是否會重蹈這種危險呢？傳統的概念構成，尤其是我試圖爲詮釋學奠定基礎的出發點即整體和部分的詮釋學循環（der hermeneutische Zirkel）並不必然導致這一結論。整體這一概念本身應當理解爲只是相對的。應在歷史或傳承物中去理解的意義整體從來不是指歷史整體的意義。在我看來，當歷史傳承物不被認作是歷史認識或哲學認識的對象，而被認作是某個特定存在的效果要素，基督幻影說的危險也就似乎被祛除了。自身理解的有限性乃是實在、對抗、荒謬和不可理解藉以肯定自身的方式。誰認眞地看待

這種有限性，他就必須同樣認眞地看待歷史的實在。

正是這同樣的問題使得「你」的經驗對於一切自我理解來說成了起決定性作用的因素。本書中關於經驗的那一章占據了一個具有計畫性的關鍵地位。在那裡從「你」的經驗出發，效果歷史經驗的概念也得到了闡明。因爲「你」的經驗揭示了這樣一種矛盾：立在我對面的東西提出了它自身的權力並要求絕對地承認這種權利——並且正是因此而被「理解」。但是我相信我已經正確證明了，這種理解根本不是理解這個「你」，而是理解這個「你」向我們所說的眞理。我所指的眞理是這樣一種眞理，這種眞理只有透過這個「你」才對我成爲可見的，並且只有透過我讓自己被它告知了什麼才成爲可見的。對歷史的傳承物也是同樣如此，如果歷史傳承物不能告訴我們一些我們靠自己不能認識的東西，歷史傳承物就根本不能享有我們對它的那種興趣。「能被理解的存在就是語言」這一命題必須在這個意義上去領會。它不是指理解者對存在的絕對把握，[II 446]而是相反，它是指：凡是在某種東西能被我們所產生並因而被我們所把握的地方，存在就沒被經驗到，而只有在產生的東西僅僅能夠被理解的地方，存在才被經驗到。

這裡涉及到一個哲學方法論的問題，這個問題同樣也是在許多對我的書的批評意見中所提出的。我想把這個問題稱之爲現象學內在性問題（das Problem der phänomenologischen Immanenz）。我的書在方法論上是立足於現象學基礎上的，這一點毫無疑義。但也似乎有些矛盾，因爲我對普遍的詮釋學問題的處理又是以海德格對先驗探究的批判和他的「轉向」（Kehre）思想爲基礎的。但是我認爲，現象學論證原則也可應用於使詮釋學問題得以揭示的海德格的這種轉折，因此我曾經保留了年輕的海德格所使用的「詮釋學」這一概念，但不是作爲一種方法論，而是作爲一種關於眞實經驗即思維的理論。所以我必須強調，我對遊戲或語言的分析應被認爲是

純粹現象學的。[13] 遊戲並不出現於遊戲者的意識之中，因此遊戲的意義遠比某種主觀的行為要豐富得多。語言也不出現於言語者的意識之中，因此語言的意義也遠比某種主觀的行為要豐富得多。這就是可以被描述為主體的經驗的東西，並且與「神話學」或「神祕化」毫不相干。[14]

　　這樣一種基本的方法論態度是與一切真正的形上學結論無關的。我在以後發表的著作中，特別是在我的研究報告「詮釋學與歷史主義」[15]和「現象學運動」（載《哲學評論》）裡強調說，我確實已經接受了康德的《純粹理性批判》，並且把那些只是以辯證方式從有限去思考無限，從人類經驗去思考自在存在者、從短暫事物去思考永恆事物的陳述，都看成只是在設定界限，沒有什麼特有的認識可以透過哲學的力量從這些陳述裡提供出來。但儘管如此，形[II 447]上學的傳統，特別是其最後的龐大形態即黑格爾的思辨辯證法，仍與我們保持經常的接近。「無限連繫」（der unendliche Bezug）這一任務仍然存在。但是，論證這種無限連繫的方式卻力圖擺脫黑格爾辯證法綜合力量的束縛，甚至於擺脫從柏拉圖辯證法發展起來的「邏輯」，並且還試圖在語詞和概念真正成其語詞和概念的對話活動中尋求其立足之地。[16]

　　因此，正如我們在費希特、黑格爾和胡塞爾的那種藉思辨

---

[13] 因此，當我接觸到路德維希·維根斯坦的「語言遊戲」概念時，我就覺得這個概念是完全自然的。參見《現象學運動》，第 37 頁以下。〔我的著作集，第 3 卷。〕

[14] 參見我在雷克拉姆版《海德格關於藝術作品的論文》裡所寫的後記（該書第108 頁以下）和最近我在 1964 年 9 月 26 日《法蘭克福匯報》（即 1965 年合訂本第 1 卷）上發表的論文。〔《短篇著作集》，第 3 卷，第 202 頁以下。〕

[15] 參見本書第 387-424 頁。

[16] O. 珀格勒在前引書第 12 頁以下給出了一個有趣的說明，他指出，從羅森克蘭茨的口中，黑格爾對此本來要說什麼。

而發展的先驗哲學那裡所看到的，這種對反思的自我創建活動
（reflexive Selbstbegründung）的要求仍沒有得以實現。但是，與
我們整個哲學傳統（我們就處於這種傳統中，並且我們作爲哲學工
作者就是這種傳統）進行對話難道因此就毫無意義嗎？難道我們需
要爲那種使我們已得以存在的東西進行辯護嗎？

　　但是，由此引出了一個最後的問題，這個問題與我所闡發的詮
釋學普遍化的方法論轉換較少關係，而更多地與詮釋學普遍化的內
容轉換相關。就理解的普遍性缺乏一種對於傳統的批判原則和似乎
崇奉一種普遍的樂觀主義而言，理解的普遍性是否意味著一種內容
上的片面性？如果僅僅透過繼承而存在至少能屬於傳統的本質，那
麼能夠破壞傳統、批判傳統和消除傳統豈不就當然地屬於人的本質
了嗎？那種在按照我們目的改造實在的活動過程中所產生的東西，
在我們對存在的關係中豈不就是更原始的東西嗎？就此而言，理解
的本體論普遍性豈不就導致一種片面性嗎？——理解確實並不單純
地指接收流傳下來的意見，或承認傳統奉爲神聖的東西。海德格首
先把理解這一概念刻畫爲此在的普遍規定性，他的意思正是指理解
的籌劃性質（Entwurfscharakter），亦即此在的未來性。[41] 然而我
並不想否認，我曾經在理解諸因素的普遍關聯中強調了接收過去流
傳下來的東西這一方面，因此就連海德格在這裡也可能同我的許多
批評者一樣，或許感到我在推出結論時缺乏一種終極的澈底性。作
爲一門科學的形上學的終結意味著什麼？形上學終結於科學意味著
什麼？當科學發展到全面的技術統治，並因而導致「在的遺忘」的
「宇宙之夜」這種尼采曾預言的虛無主義時，難道我們要目送黃昏
落日那最後的一抹餘暉，而不欣然轉身去期望紅日重升的第一道朝
霞嗎？

　　但是，在我看來，詮釋學普遍化的這種片面性本身就具有自身　[Ⅱ448]
矯正的眞理性。它啓發了人的創造、生產和構造活動對於其所受制

的必要條件的現代態度。這一點特別限制了哲學家在現代世界中的地位。不管哲學家可以怎樣被認為能對一切事物作出澈底的論斷，他總是扮演很壞的預言家、報警人、說教者甚至很壞的智者這類角色。

人們所需要的東西並不只是鍥而不捨地追究終極的問題，而且還要知道：此時此地什麼是行得通的，什麼是可能的以及什麼是正確的。我認為，哲學家尤其必須意識到他自身的要求和他所處的實在之間的那種緊張關係。

因此，我們必須喚醒並且保持清醒的詮釋學意識，承認在這個科學的時代，哲學思維要求自己君臨一切，必將包含某種幻想和不切實際的成分。但是，詮釋學意識希望，以某種得自記憶的真理的東西，即某種一直是而且永遠是實在的東西來對抗人們那種對以往東西進行批判的越來越強烈的願望，這種願望幾近於一種烏托邦或末世學的意識。

30. 第3版後記

（1972年）

[Ⅱ449]

　　當我於1959年底寫完本書的時候，對於本書是否已經「過時」還很不清楚，也就是說，不知道本書對傳統歷史思想所作的清算是否已算是一種多餘的工作。一種和歷史性相敵對的新的技術性浪潮的跡象正在擴展。與此相應，對盎格魯—撒克遜的科學理論和分析哲學的接受與日俱增。最後，社會科學，主要是社會心理學和社會語言學所出現的新高漲也並沒有為浪漫主義精神科學的人文主義傳統預示美好的前景。但這乃是我的研究藉以出發的傳統。這勾勒了我理論研究的經驗基礎——雖說並非我理論研究的界限和目標。然而，即使在古典歷史精神科學內部也不可否認地存在著一種轉向統計學和形式化這種新的方法手段的風格轉變，以致研究需要科學規劃和技術組織的要求不容忽視。因接受美國和英國的方法和立場而促成的新的「實證主義的」自我確信已經出現。

　　如果有人因本書的書名《真理與方法》而抱怨說這裡忽視了現代科學的方法嚴格性，那麼這顯然是一種淺薄的誤解。詮釋學所做的是完全不同的工作，但它和最嚴格的科學習行絕不對立。任何有創見的研究者都不可能從根本上懷疑這一看法，即，雖說科學的方法純潔性是不可或缺的，但是與僅僅應用習慣的方法相比，倒是對新方法的尋求——它的動力是研究者的創造性想像——更構成一切研究的本質。這一點並非僅僅適用於所謂精神科學的領域。

　　此外，在《真理與方法》中所進行的詮釋學反思也完全不是一種概念遊戲。這種詮釋學反思完全是從科學的具體實踐中產生出

[II 450] 來，它對於方法的思考，亦即對於可控制的過程和證僞性都是不言而喻的。此外，這種詮釋學反思也總是由科學實踐得到證明。如果有人想確定我的工作在本世紀哲學中的地位，那他就必須從以下這點出發，即我力圖在哲學和科學之間進行調解，尤其是試圖在科學經驗的廣闊領域——雖說我對這些領域只有概略的了解——創造性地繼續擴展馬丁·海德格所提出的根本問題，這些問題對我具有決定性的影響。當然，這樣做需要越過科學理論方法論的有限的興趣域。但這是否可能成爲一種對哲學思考的詰難？因爲這種詮釋學反思並不把科學研究視爲自身目的，而是用它的哲學提問使科學在整個人類生活中的條件和界限成爲主題。在科學日益強烈地滲入社會實踐的時代，只有當科學不隱瞞它的界限和它自由空間的條件性時才能恰當地行使它的社會功能。對於一個對科學的信念業已達到迷信的時代，這只有從哲學方面才能解釋清楚。以此爲根據，眞理和方法之間的對峙就具有一種不可消除的現實性。

哲學詮釋學就以這種方式加入了我們這個世紀的一種哲學運動中，這種哲學運動旨在克服片面指向科學事實的傾向，而這種傾向對於新康德主義和當時的實證主義都是不言而喻的。然而詮釋學也具有科學理論的重要性，因爲它透過詮釋學反思而在科學內部發現了眞理的條件性，這種條件性並不存在於研究的邏輯之中，而是先於它而存在的。這點尤其見於所謂的精神科學領域（雖說並非唯有在這個領域中），與精神科學這個概念等價的英語詞「moral sciences」（道德科學）已經指明，這種科學是把認識者自身必然隸屬的東西作爲對象的。

在某種最終的意義上甚至可以說這也適用於「正確的」科學。但依我看來這裡作些區別也是必要的。如果說在現代微觀物理學中觀察者不可能從測量的結果中排除掉，並且必然會出現在微觀物理學的測量結果的表述中，那麼它就具有一種可以用數學公式表述的

精確可陳述的意義。如果說研究者在現代行為研究中發現了能從種族發生史的遺傳規定性角度規定他自身行為的結構，那麼他就可以 [Ⅱ451] 說學到了某些關於自身的知識，但這正是因為他用其他的眼光來觀察而不是用他的「實踐」和自我意識的眼光來觀察，而且他既不屈服於讚譽的激情也不順從對人的貶低。如果與此相反，每一個歷史學家自己的立場總是在其認識和評價中清楚可見，那麼這種論斷並不是對其科學性的反駁。它根本沒有說歷史學家是否因其自身立場的限制而誤入歧途，從而錯誤地理解和評價傳承物，也沒有說是否會因為歷史學家立場的優先選擇（這使他能在直接的時間歷史經驗中觀察到相似之處）而使他能夠把至今尚未被觀察到的東西顯露出來。這裡我們就處在一種詮釋學問題的中心——但這絕不是說它不再是人們用以判斷真偽、消除錯誤、獲得知識的科學方法手段。這在「道德」科學和「正確的」科學中絕無二致。

在經驗的社會科學中情況也相同。很明顯，這裡也有一種「前理解」在指導著它的探討。它所涉及的是高度發展了的社會體系，這種社會體系使歷史地形成而又不可能在科學上證明的規範發生作用。它所表現的不僅是對象，而且也表現了具有方法工作的經驗科學合理化的範圍。在絕大多數情況下，社會科學研究對象的獲得總是由於進入了現存社會的功能連繫之中，或是透過同現存占統治地位的社會關係作對的意識形態批判。毋庸置疑，科學研究在這裡同樣也會導致對社會生活的局部連繫相應的科學統治——但同樣不可否認的是，它也會被引誘到把其結果外推到更為複雜的連繫。這種引誘是很容易發生的。使得對社會生活的合理控制得以可能的事實根據同樣也是不確定的——和社會科學相迎合的有一種信仰需要，這種需要嚴格地吸引住社會科學並遠遠超出社會科學的界限。我們可以以一個古典的例子來作解釋，即 J. St. 彌爾為了在社會科學中使用歸納邏輯而提出的例子，亦即氣象學。不僅透過現代資料處理

和加工而獲得的長期的，對更廣大空間有效的天氣預測至今只具有
[II 452] 很小的確定性——就算我們對天氣過程有了完全的控制，或者更正
確地說，我們支配了大量的資料並從而能作出一種確定的預告（這
從根本上說來並不缺乏），與此同時總會出現新的疑難。對過程進
行科學控制的本質就在於，使這種過程能服務於任何的目的。這就
意味著將會產生出製造氣候的問題、影響天氣的問題，並且由此會
產生經濟一社會利益的抗爭，我們對這種抗爭從現在的預測學角度
只具有很少的最初印象，例如：有些利益集團有時會試圖影響週末
的天氣預報。在向社會科學的轉變中，社會過程的「可控制性」也
必然會轉入社會工程師的「意識」，這種意識本想成爲「科學的」
意識但卻根本不可能否認自己的社會合作關係。這裡存在著一種源
自經驗社會科學之社會作用的特殊疑難：一方面存在著把經驗一合
理的研究成果匆忙地外推到複雜情況的傾向，以便能達到科學的、
有計畫的行動——另一方面，社會成員對科學施加的利益壓力也在
產生著影響，以便按照他們的意思去影響社會過程。

　　絕對設置「科學」的理想確實有一種強烈的魅力，而這種魅力
又總是使人認爲詮釋學反思是站不住腳的。由方法思想所導致的觀
點限制對研究者說來似乎很難被識破的。研究者總是指向他研究過
程的方法正確性，但也就是說，他離開了反思這個相反的方向。只
要他在維護他的方法意識，那麼儘管他實際上反思地進行著研究，
他仍然不會使他的這種反思得到系統的意識。一種把自己理解爲科
學方法論的科學哲學、一種絕不接受它不能透過反覆**試驗**過程而確
認爲有意義的觀點的科學哲學絕不會意識到，正是透過這種確認就
使它自己處於這種科學之外了。

　　因此，從根本上說來，和科學哲學進行哲學對話是永遠不可能
成功的。阿多爾諾 [42] 與波普 [43] 以及哈伯瑪斯與阿爾伯特 [44] 的爭

論很清楚地表明了這一點。[1][45] 科學理論的經驗主義透過把「批判的合理性」提升爲眞理的絕對尺度的做法，就會把詮釋學反思完全合乎邏輯地視爲神學的蒙昧主義。[2] [Ⅱ 453]

所幸的是在下面這一點上還存在著一致意見，即只存在一種唯一的「研究邏輯」，但這種邏輯並不是萬能的，因爲選定重要的問題並把它們列爲研究課題的選擇觀並不能從研究的邏輯中獲得。值得注意的是，科學理論爲著合理化起見而沉湎於一種完全的非理性主義，並把透過哲學反思系統組織這種實際認識觀的做法斥爲不正確，它甚至指責持這種做法的哲學說，它使自己的論斷不受經驗的影響。科學理論沒有認識到，正是它自己促進了一種充滿災難性的對經驗的反對，例如：它使自己不受到健全的人類理解和生活經驗的影響。當對局部連繫的科學控制近於非批判的運用時，情況就是如此，例如：期待由專家們來爲政治上的決策負責。按照哈伯瑪斯的分析，波普和阿多爾諾之間的爭論有些不盡人意之處。雖說我同意哈伯瑪斯的觀點，即詮釋學的前理解總是起著作用因而需要反思的闡明。但我是在以下這點上同「批判的合理性」站在一邊的，即我認爲完全的澄清只是一種幻想。

鑑於這種情況，在此需要重新討論兩個問題：詮釋學反思對於科學方法論究竟意味著什麼？以及面對理解的傳統規定性如何擔負起思想的批判這一職責？

眞理和方法之間對立的尖銳化在我的研究中具有一種論戰的意義。正如笛卡兒所承認，使一件被歪曲的事物重新恢復正確的特定結構在於，人們必須矯枉過正。然而被歪曲的是事物——而並非

1　〔T. W. 阿多爾諾（和他人共同編輯出版）：《德國社會學中的實證主義爭論》，新維德，1969 年。〕

2　漢斯・阿爾伯特：《論實踐理性》，1968 年，第 1 版。

作為其反思自我意識的科學方法論。在我看來，這從我描繪的後黑格爾主義的歷史學和詮釋學中得到足夠清楚的表明。如果有人——E. 貝蒂的追隨者總是這樣[3]——擔心我所提出的詮釋學反思會使科學客觀性煙消雲散，那只是一種天真的誤解。我認為阿佩爾[46]、哈伯瑪斯[4]和「批判的合理性」的代表在這裡同樣盲目。他們全都搞錯了我的分析的反思要求，並且搞錯了我試圖作為一切理解的結構要素加以揭示的應用的意義。他們深深地囿於科學理論的方法論主義之中，因此他們總是注意著規則及規則的運用。他們沒有認識到，對實踐的反思並不是技術。

我所進行反思的對象是科學本身的過程及其客觀性的限制，這種限制可以在科學過程本身中觀察到（但沒有被接受）。承認這種限制的創造性意義，例如：創造性的前見形式，在我看來無非是一種科學正直性的要求，而哲學家必須擔保這種科學正直性。對於使人們意識到這一點的哲學怎麼可以說它鼓勵人們在科學中非批判和主觀地進行工作呢？如果有人倒過來期待從數學邏輯中發展邏輯思維，或者從自命為「研究邏輯」的批判理性主義的科學理論中發展科學研究，那麼在我看來同樣是荒唐的。理論的邏輯如同科學的哲學一樣只能滿足一種哲學的證明需要，它與科學實踐相比只是次要的。在自然科學和精神科學之間存在的所有區別中，實際上只有科學批判方法論的內在有效性才是無爭議的。即使極端的批判理性主義者也不會否認，科學方法論的運用要以確定的因素為前提，這種確定的因素涉及到論題的選擇以及探究的立場。

---

3 我已經在〈詮釋學與歷史主義〉（我的著作集，第 2 卷，第 387 頁以下）一文中探討了貝蒂富有成果，但卻由於熱烈的爭論而弄錯了方向的研究。

4 參見阿佩爾、哈伯瑪斯以及其他人在哈伯瑪斯編輯出版的文集《詮釋學和意識形態批判》（1971 年）中所寫的文章及我在那正文集中的答辯，第 283-317 頁。〔我的著作集，第 2 卷，第 251 頁以下。〕

　　依我看來在科學方法論方面所產生混亂的最後根據是實踐概念的衰亡。實踐概念在科學時代以及科學確定性理想的時代失去了它的合法性，因為自從科學把它的目標放在對自然和歷史事件的因果因素進行抽象分析以來，它就把實踐僅僅當作科學的應用，但這乃是一種根本不需要解釋才能的「實踐」。於是，技術概念就取代了實踐概念，換句話說：專家的判斷能力就取代了政治的理性。

　　正如我們所見，這裡所提的問題並不僅僅是詮釋學在科學中的作用，而是人在現代科學時代中的自我理解。哲學史為這個現實問 [Ⅱ455] 題準備好的最重要的教導之一就在於，實踐以及由實踐所闡明和指導的知識，即被亞里斯多德稱為 Phronesis 的實際聰明或智慧在亞里斯多德的倫理學和政治學中所起的作用。《尼各馬可倫理學》第6卷是引導我們進入這個已被湮沒的問題的最好嚮導。我想請大家就此問題參閱一本最近的著作，即我的〈作為實踐哲學的詮釋學〉一文，它收在由 M. 里德爾主編的文集《實踐哲學的復興》一書中。[5] 從哲學角度看，從亞里斯多德直到 19 世紀初的實踐（以及政治）哲學傳統這個大背景上所表現出的即是實踐對認識表現了一種獨立的貢獻。具體的特殊性在這裡不僅是出發點，而且是一直規定著普遍性內容的因素。

　　我們對這個問題是以康德在《判斷力批判》中賦予它的那種形式去認識的。康德在該書中區別了把個別歸置於一般之中的規定判斷力和為既存的個別尋找一個一般概念的反思判斷力。正如我所認為的，黑格爾曾經有效地指出，對判斷力這兩種功能所作的區別只是一種純粹的抽象，而判斷力實際上總是兼具這兩種功能。我們把個別歸置於其中的一般正是透過這種歸置而對自身進行著規定。因此，一條法律的法學意義是透過案例才得到規定，而規範的普遍性

5　《實踐哲學的復興》，1972 年〔現收入我的著作集，第 4 卷〕。

從根本上說也是透過具體的事例才得到規定。眾所周知，亞里斯多德走得更遠，他甚至從這種根據出發把柏拉圖的善的理念解釋為空洞的，如果人們真的必須把善的理念認作最高普遍性的存在物，那麼亞里斯多德這一解釋確實是正確的。[6]

依靠實踐哲學傳統能說明我們用這種方式免受近代科學概念的技術自我理解觀的影響。但這並不是我的研究的全部哲學目的。[Ⅱ456] 在我們所處的詮釋學談話中，我若有所失地感到應該追隨這種哲學目的。我於數十年前從主觀的「遊戲動力」（席勒）領域得來並用作「審美區分」批判的遊戲概念蘊含著一個本體論問題。因為在這個概念中糅合了事件和理解的相互遊戲以及我們世界經驗的語言遊戲，正如維根斯坦為了批判形上學所強調的。如果有人不加質疑地接受語言工具化的前提，那麼我的觀點對他就只能表現為一種語言的「本體化」。其實這只是詮釋學經驗向我們提出的一個哲學問題：發現存在於「技術的」科學概念之中的本體論含意並使詮釋學經驗得到其理論的承認。在這個方向上必須先進行一種哲學的談話，這不是為了復活柏拉圖主義——而是為了重新恢復與柏拉圖的談話，這種談話將追問到已經固定了的形上學概念之後並直抵其尚未被認識的永生。正如維爾（Wiehl）所正確地認識到的那樣，懷海德的「柏拉圖註腳」可以在這方面變得很重要（參見維爾為懷海德《思想的歷險》德文版所寫的導言）。不管怎樣，我的意圖則是，把哲學詮釋學的領域與柏拉圖的——但不是黑格爾的——辯證

6　關於這點我可以引證我的論文「Amicus Plato magis amica veritas」（柏拉圖的朋友超過友好的真），參見新版《柏拉圖的辯證倫理學》，附錄，1968年，以及〈柏拉圖未寫出的辯證法〉一文，載《短篇著作集》，第 3 卷《觀念和語言》，1971 年。〔現收入我的著作集，第 6 卷，第 71-89 頁，以及第129-153 頁。也可參見我在海德堡科學院發表的論文〈柏拉圖和亞里斯多德關於善的理念〉，海德堡，1978 年，現收入我的著作集，第 7 卷。〕

法連繫起來。我的《短篇著作集》第 3 卷的標題已經表明了它所討論的內容：觀念和語言。現代語言研究的確值得我們尊重，但是近代科學的技術自我確信卻封閉了它的詮釋學度向以及其中所存在的哲學任務。

關於詮釋學探究所包括的哲學問題的範圍，那本由我編著的文集《詮釋學和辯證法》（1970 年）透過其中各篇文章在各個領域的展開對此提供了很好的介紹。但目前在詮釋學方法論這一特殊領 [Ⅱ457] 域中哲學詮釋學已成為經常的談話對象。

關於詮釋學的談話首先分布在 4 個學科領域，即法學詮釋學、神學詮釋學、文學理論和社會科學的邏輯。在那些逐漸地變得浩如煙海的文獻內部讓我只舉出一些著作，即那些與我自己的研究具有明顯連繫的著作。在法學詮釋學中有以下著作：

弗朗茨・維亞克爾：《解釋問題》（《美茵茨大學談話錄》，第 5 頁以下）；

弗里茨・里特納（Rittner）：《理解和解釋》，佛萊堡迪斯大學，14（1967 年）；

約瑟夫・埃塞爾（Josef Esser）：《法律判決中的前理解和方法》（1970 年）；

約金姆・胡斯卡（Joachim Hruschka）：〈法律正文的理解〉，《慕尼黑大學文集》，法學系卷，第 22 卷，1972 年。

在神學詮釋學領域中除上面提到的研究者，我還要提出以下新的著作：

古恩特・斯塔克爾（Günter Stachel）：《新詮釋學》（1967 年）；

恩斯特・富克斯：《馬堡詮釋學》（1968 年）；

歐根・比塞爾（Eugen Biser）：《神學語言理論和詮釋學》（1970 年）；

格哈德・埃貝林：《神學語言學導論》（1971 年）。

在文學理論中，繼貝蒂之後首先應該提到希爾施的著作《解釋的有效性》（1967 年）以及另外一系列極其強調文學解釋理論中的方法問題的著作。可參見 S. W. 施密特—柯瓦切克（Schmied-Kowarzik）〈歷史科學和歷史性〉，載《維也納哲學、心理學、教育學雜誌》第 8 期（1966 年）第 133 頁以下；D. 貝納（Benner）〈論歷史學科學理論的立場〉，載《維也納哲學年鑑》第 2 卷（1969 年）第 52 頁以下。我在湯瑪斯・西伯姆（Thomas Seebohm）《詮釋學理性批判》（1972 年）一書中發現了對於解釋過程之方法的絕妙分析，他把所有整體性的思辨概念歸到哲學詮釋學的名下，從而避開了哲學詮釋學的要求。

其他著作還有，H. 羅伯特・堯斯：《挑釁的文學史》（1970 年）和《審美經驗與文學詮釋學》（1979 年）；列奧・波爾曼（Leo Pollmann）：《文學理論》（1971 年）；哈特（Harth）：《語文學和實踐哲學》（1970 年）。

詮釋學在社會科學中的意義首先是由 J. 哈伯瑪斯作了批判的評價。參見他的報告〈論社會科學的邏輯〉，載《哲學評論》副刊，以及舒坎伯出版社「理論」叢書中的文集《詮釋學和意識形態批判》。

同樣重要的是《閉聯集》雜誌發表的法蘭克福批判理論與詮釋學爭論的專刊。卡爾—弗里德里希・格魯德（Karl-Friedrich Gründer）在 1970 年歷史學家年會上所作的講演對歷史科學的一般問題作了很好的概括〔Saeculum/22（1971），第 101 頁以下〕。

還是讓我們回到科學理論問題上來吧。重要性問題並非僅限於精神科學領域。自然科學中所謂的事實並不是指隨意測量的數值，而是表現爲對某個問題的回答，表現爲對某種假設的證明或反駁的測量結果。即使是爲了衡量某種數值而進行的試驗也不是由於它最

精確地按全部技術規則進行而獲得合法性。它只是透過研究所處的　[Ⅱ458]
境況（Forschungskontext）方才獲得它的合法性。因此，一切科學
都包括著詮釋學的因素。正如不可能存在抽象孤立意義上的歷史
問題或歷史事實一樣，在自然科學領域中的情況也是如此。但這絕
不意味著由於這種可能性科學方法的合理性就會受到限制。「假設
的提出和證明」這一公式在一切研究中都存在，它也同樣存在於精
神科學之中，甚至也存在於語文學之中──當然也存在著以下的危
險，即有人會把科學方法的合理性當作所「認識」東西之意義的足
夠證明。

　　一旦我們承認了重要性問題，就再也不可能停留在馬克斯·韋
伯[47]所提出的價值自由的口號上了。盲目的法律哲學觀不可能滿
足馬克斯·韋伯所說的最後目標。於是方法的理性主義就在此終結
於一種粗糙的非理性主義。如果把它與所謂的存在哲學相連繫，那
麼事情就從根本上被顛倒了。其實正好相反。雅斯培[48]的存在闡
明（Existenzerhellung）概念所指的，正是要使終極決定經受一種
理性的闡明──否則他不會認為「理性和存在」是不可分的──海
德格則得出了更為澈底的結論，即用價值和事實的區分來解釋本體
論的困境並消除掉獨斷論的「事實」概念。然而在自然科學中價值
問題卻不起作用。雖說自然科學在其特有的研究連繫中（如我所提
到的）屈從於可以詮釋學加以解釋的連繫，但它並未由此超越其方
法的職權範圍。至多只會在唯一的一點上提出一個類似的問題，即
自然科學在其科學的探究中是否真的完全獨立於研究者作為研究者
生活於其中的語言世界觀，尤其是它是否獨立於自己母語的語言世
界框架。7但從另外的意義上又可以說詮釋學總是在這裡起著作用。
就算我們可以透過一種規範化的科學語言把源自母語的次重音過濾

7　維納·海森堡總是不斷地指出這個問題。

掉，但總還是存在著把科學知識「翻譯」成共同語言的問題，自然科學正是透過這種翻譯才得到它的交往普遍性，並從而獲得它的社會意義。但這並不是指研究本身，而只是指出，研究並不是「自主[ⅠⅠ459] 的」，而是處於社會環境之中。這對一切科學都適用。雖然我們並不想爲「理解的」科學保留一種特別的自主性，然而我們卻不能忽視，前科學的知識在這種科學中起著更爲巨大的作用。當然人們也可能以斥責這種科學的所謂知識的「非科學性」，不能經理性檢驗等等而自娛，[8]但與此同時人們也就承認這正是這種科學的基本狀況。我們也必須提出這一異議，即人們作爲非科學性中可信賴的殘餘而在這種科學上保留下來的前科學知識恰好構成了科學知識的特點，而且這種前科學知識遠比人們透過人類連繫不斷理性化所能達到的甚而所想達到的東西更重要地規定了人們的實際生活和社會生活（包括推動科學的條件）。因爲，難道人們眞的願意讓每一個人把社會生活、政治生活以及私人和個人生活中決定性的問題交由一個專家去處理？即使是專家對於他的科學的具體運用也不是使用他的科學，而是用他的實踐理性來作決定。爲什麼說專家的實踐理性（即使他是理想的社會工程師）就比其他人多呢？

　　如果有人用嘲弄的口氣指責詮釋學科學，說它用修修補補的方式復活了亞里斯多德的質的世界觀，那在我看來眞是暴露了眞情。[9]我撇開以下事實不說，即現代科學也並非總是運用量的操作方式，例如：在研究形態的學科中。但我可以援引這一事實，即從我們的語言世界定向而落到我們身上的前知識（這確實是亞里斯多德所謂「科學」的基礎）在生活經驗被同化、語言的傳承物被理解

8　參見維克多·克拉夫特邏輯嚴密的論文〈作爲嚴格科學的歷史研究〉，載《社會科學的邏輯》，E. 托庇茨（Topitsch）編輯出版，第 72-82 頁。

9　H. 阿爾伯特的論文，載《社會科學的邏輯》，第 138 頁。

以及社會生活在進行的任何地方都起著作用。這樣一種前知識當然
不是對於科學進行批判、審理的法庭，而且它本身也受到來自科學
方面的批判反對——但它卻是並永遠是一切理解所必須具有的媒
介。這樣就為理解科學的方法特殊性打上了印記。理解科學所提的
任務顯然是，限制專業語言術語的構成，並且不構造特殊的語言，
而是造就「共同語言的」說話方式。[10]

也許我可以在這裡補充一句，即使卡姆拉[49]和洛倫茲[50]提出
的《邏輯學概論》[11]要求哲學家在方法上「引入」完全可以由科學 [Ⅱ460]
檢驗的陳述作為合法的概念，但它自身也總是由事先作為前提設
定的語言前知識和必須批判地澄清的語言用法這一詮釋學循環所補
充。對建立這樣一種科學語言理想當然不能有所反對，因為這種理
想無疑在許多領域尤其在邏輯學和科學理論領域中作了重要的澄
清，並且就它引出負有責任心的談話而言，在哲學領域中也不該對
之設置界限。黑格爾的邏輯在一種包羅一切科學的哲學主導思想下
所作的一切，洛倫茲則在對「研究」的反思中尋求，並試圖重新論
證它的邏輯有效性。這當然是一項正當的任務。但我想辯護的是，
從語言積澱的世界解釋中湧流出來的知識和前知識的源泉，即使在
人們認為理想的科學語言業已臻於完美時也保持著它的合法性——
這也適用於「哲學」。我在我的書中說到的並盡我可能運用了的概
念史解釋都被卡姆拉和洛倫茲用以下的說法輕蔑地拋到一邊，即傳
統的論壇不可能說出確定的、意義清楚的判斷。實際情況卻不然。
然而，能夠在這樣的論壇面前進行辯白，也就是說：並不是發明同

---

[10] D. 哈特：《德國季刊》，1971年9月號，他在一篇紮實的論文中正確地強調
　　了這一點。

[11] W. 卡姆拉、P. 洛倫茲：《邏輯學概念——合理說話的預備性訓練》（1967
　　年）。

新的觀點相適的語言，而是從生動的語言中取出合適的語言，我認為這是一個正當的要求。哲學的語言只有當它使從語詞到概念和從概念到語詞的通道在兩個方向上都保持暢通時，它才能滿足這種要求。在我看來，即使卡姆拉和洛倫茲在維護他們自己的程序時也經常求助於語言用法。當然這不是透過逐漸引進概念在方法上構造一種語言。但這也是「方法」，它能使人意識到概念語詞中所存在的意蘊，並如我認為的，它也是適合哲學的事物研究的方法。因為哲學研究事物並不僅限於對科學的程序進行反思的闡明。它也不在於從我們現代知識的多樣性中得出「總和」，並把這種總和知識修飾成一種整體「科學觀」。哲學必須處理的乃是我們世界經驗和生活經驗的整體——它絕不像其他科學，而只是像我們在語言中表達出的生活經驗和世界經驗自身所作的那樣。我絕沒有宣稱，這種整體性的知識表現為一種真正確實的知識而無須在思想上接受越來越新的批判。但我們絕不可忽視這種「知識」，不管它以什麼形式表達出來——以宗教的形式或箴言的形式，以藝術品抑或哲學思想的形式。甚至於黑格爾的辯證法——我指的並不是系統地構成哲學證明的方法，而是指作為它基礎的概念（這種概念聲稱能把握整體）向其對立面「轉化」的經驗 [12]——也屬於我們人類經驗內在自我解釋的形式和主體間性的表現。我在本書中對這種含糊的黑格爾模式作了一種同樣含糊的使用，對此現在請參閱我新出版的小冊子《黑格爾的辯證法，五篇詮釋學研究》，圖賓根，1971 年〔擴充的第 2 版，1980 年〕，該書包括了對這種含糊性所作的詳細解釋，但又是一種確切的說明。

[Ⅱ461]

---

[12] 波普根本沒有提出這種經驗，因而他的批判所針對的「方法」概念並不適用於黑格爾，參閱〈什麼是辯證法？〉，載《社會科學的邏輯》，E. 托庇茨編輯出版，第 262-290 頁。

　　經常有人對我的研究提出以下的責難，說它的語言太不確切。我認為這不只是對一種缺陷的揭露——這種缺陷可能總是存在，而且在我看來這是和哲學的概念語言任務相適應的，即以犧牲概念的確切界限為代價從而使它能同語言世界知識的整體交織在一起，並且使它保持同整體的生動連繫。這就是哲學與生俱來的「語言困境」的積極含意。在很特殊的時刻和很特殊的條件下——這種時刻和條件並不能在柏拉圖、亞里斯多德、埃克哈特大師[51]、庫薩的尼古拉、費希特和黑格爾那裡找到，而也許是在多瑪斯、休謨和康德那裡發現——這種語言困境將總是隱藏在一種勻稱的概念體系之中，而唯有在考慮到思想的運動時——而且也必然在這種時刻——才會重新浮現。對此可參見我在杜塞道夫的演講「概念史和哲學語言」[13]。我們在哲學語言中所用的並使之達到概念精確性的語詞總是蘊含著「客觀語言」的含意因素，因此它總是保留著某種不合適性。然而在生動語言的每一個語詞中都能聽出的意義連繫都同時進入到概念語詞的潛在意義之中。而對於概念說來，不管怎樣使用共同語言的表達，都無法達到這一點。但這對於自然科學中的概念構成卻無關緊要，因為在自然科學中經驗關係控制了一切概念的使用並使其對單義性的理想負有責任，從而純粹地制訂出陳述的邏輯內容。 [II 462]

　　但是，在哲學領域以及一切有前科學語言知識的前提進入認識的地方就不一樣了。語言在那裡具有另外的作用，它並非對所有東西作盡可能單義的指稱——語言是「自身給出的」（Selbstgebend），並把這種自身給出帶到交往之中。在詮釋學科學中透過語言的表述並非簡單地指示出一種事實情況，這種事實情

---

[13]　載《北萊茵河威斯特法倫州研究協會會刊》第 170 卷（1971 年）〔現收入《短篇著作集》，第 4 卷，第 1-16 頁；我的著作集，第 4 卷〕。

況是我們用其他方式透過檢驗能達到認識的，相反，詮釋學總是致
力於使事實情況的含意如何顯示出來。這就構成了對語言表達和概
念構成的特殊要求，即要把事實情況得以意指某物的理解連繫一起
指出來。因此，一個表述所具有的引申意義並不會妨礙它的理解性
（因為它並未單義地標示出它的含意），相反，它強化了自己的理
解性，因為所意指的連繫作為整體是在理解性中得到的。這裡在語
詞中所構造並且唯有在語詞中才表現出來的是一個整體。

　　按照傳統的方式人們在這裡看到的乃是一種單純風格的問題，
並指出這只是修辭學範圍內的一種現象，它是與透過激起情感而達
到的勸說有關。或許人們也可以想到現代的美學概念。因為「自身
給出」似乎是一種審美性質，它產生於語言的寓意性質。也許人
們不會承認其中存在著一種認識因素。然而在我看來「邏輯的」
和「審美的」這種對立是大可懷疑的，只要所涉及的是真正的談話
而不是像洛倫茲所認為的那樣涉及到對一種正統語言精巧的邏輯構
造，我認為去感受在一切特殊語言要素、藝術表達等等以及日常語
言之中的干擾，這並不是更為低級的邏輯任務。這就是詮釋學的任
務，即所謂規定語詞合適性這另一極的任務。

　　這就把我引到了詮釋學的歷史。在我的研究中，對詮釋學歷史
的研究本質上是一種準備性的、構成背景的任務，其後果則使我的
表述呈現出某種片面性。這也適用於施萊爾馬赫。我們在呂克出版
的著作中所讀到的施萊爾馬赫關於詮釋學的講演，以及 H. 基默爾
[II 463] 編在海德堡科學院論文集中的原始材料（這些材料現在附有一個詳
盡批評性的補遺[14]），還有牽涉到與沃爾夫和阿斯特論戰關係的施
萊爾馬赫的科學院講演，這一切材料就其對哲學詮釋學的理論重要

---

[14]　H. 基默爾關於 E. D. E. 施萊爾馬赫《詮釋學》出版的說明，並有關於日期、
　　　更正和說明的附錄，海德堡，1968 年。

性角度講都無法同施萊爾馬赫的辯證法講演，尤其是其中包括的對思想和說話之連繫的討論相比擬。[15]

此外，我們從狄爾泰的作品中又得到新的材料，狄爾泰描寫了施萊爾馬赫的哲學，尤其是相當出色地描繪了這種哲學的時代背景即費希特、諾瓦利斯、施萊格爾的哲學。M. 雷德克的貢獻在於，他從狄爾泰的遺稿中用詳細批判的形式編輯出版了狄爾泰的《施萊爾馬赫傳》第 2 卷。[16] 狄爾泰對詮釋學在 17 和 18 世紀的前歷史所作著名的，但迄今未為人知的描述只是在該書中才首次問世（眾所周知的 1900 年科學院院刊對此只作了一個概述）。該書在來源研究的澈底性、一般歷史背景和詳盡的描述諸方面都使其他著作——不僅我自己千辛萬苦寫出的小文章[17]，而且也包括約金姆·瓦赫（Joachim Wach）著名的典範著作[18]——顯得相形見絀。

自從盧茨·蓋爾德塞策（Lutz Geldsetzer）重印了一系列詮釋學的新材料之後，[19] 我們就可以用另外的方式來講授以往的詮釋學歷史。除了邁耶（Meier）之外還有一個出自弗蘭西斯（Flacius）、卓越的梯鮑特（Thibaut）（他的東西如今已很容易閱讀）以及其他一些人——例如：受到我高度重視的克拉頓尼烏斯等——的重要

15　不幸的是，關於施萊爾馬赫的辯證法儘管我們有哈爾帕（Halpern）和奧德布萊希特（Odebrecht）的本子，但尚無滿意的版本。因此約拿斯（Jonas）的版本仍是完全不可缺少的。我們急切地希望這個缺陷能夠得到彌補，尤其是在編輯方面因其與尚未得到的關於黑格爾演講錄的批判性版本具有類似之處，因而對它表現出巨大的興趣。

16　參見狄爾泰：《施萊爾馬赫傳》，第 2 卷，1 和 2，柏林，1966 年。

17　〔目前可參閱我和 G. 伯姆（Boehm）編輯出版的《哲學詮釋學講演》，法蘭克福，1976 年。〕

18　〔J. 瓦赫：《理解——19 世紀詮釋學理論史的基本特徵》，3 卷本，圖賓根，1926 年重印本，希爾德斯海姆，1966 年。〕

19　《哲學文獻：詮釋學叢書》，第 1-4 卷，杜塞道夫，1965 年。

的理論階段。蓋爾德塞策對這些新材料加上非常仔細、令人嘆爲觀止的博學的導言。當然，狄爾泰的重點和蓋爾德塞策在導言中所強調的重點與我自己根據重點的例證，尤其是關於斯賓諾莎和克拉頓尼烏斯的例證而提出的重點是非常不相同的。

[Ⅱ464]

在最近關於施萊爾馬赫的研究中也有類似情況，尤其是 H. 基默爾、H. 帕茨（Palsch）[20] 的文章和 G. 瓦蒂莫（Vattimo）的書。[21] 也許我把施萊爾馬赫心理學（技術）解釋的傾向與語法—語言解釋的對立劃分得過於明顯。[22] 但不管怎樣這點總是他最有特點的貢獻，而且也正是心理學解釋才構成了他的學派。對此我可以根據赫爾曼·施泰因塔爾（Hermann Steinthal）的例證以及狄爾泰對施萊爾馬赫的追隨來釋除大家的懷疑。

威廉·狄爾泰在我研究的問題中所占的重要地位，以及我對他那種一方面站在本世紀的歸納邏輯上而另一方面又維護浪漫主義—唯心主義遺產（對於後期狄爾泰來說，這種遺產不僅包括施萊爾馬赫，而且也包括青年黑格爾）的搖擺不定態度的強調都是由我自己研究立場的理論目的所決定的。在這裡新的研究重點是值得注意的。彼得·克勞塞（Peter Krausser）從相反的目的追隨狄爾泰廣闊的科學興趣並以他的遺稿爲材料展示了這些興趣的某些方面。[23] 克勞塞藉以表現狄爾泰這些興趣的重點當然只會在那些透過狄爾泰在本世紀 20 年代的後期活動才開始認識狄爾泰的一代人中產生影響。對於那些早期強調狄爾泰對於歷史性和把精神科學奠基於自己理論目的上的興趣的人們，比如對米施、克羅圖伊森

20　H. 帕茨：《神學和教會雜誌》，1966 年，第 434-472 頁。
21　G. 瓦蒂莫：《施萊爾馬赫是解釋哲學家》，米拉諾，1968 年。
22　〔對此參見 M. 弗蘭克（Frank）的著作《個體的一般——施萊爾馬赫的正文結構和正文解釋》，法蘭克福，1977 年。〕
23　《狄爾泰對有限理性的批判》（1970 年）。

（Groethuysen）、斯潘格（Spranger）以及雅斯培和海德格來說，則認爲狄爾泰積極地參與了他那時代的自然科學，尤其是那時代的人類學和心理學，這是不言而喻的。克勞塞用一種幾乎是控制論分析的手段發展了狄爾泰的結構理論，從而使精神科學的基礎完全遵照自然科學的模式，並且自然是以一種極爲模糊的資料爲根據，以致每一個控制論者都會對之畫十字的。

　　M. 里德爾對狄爾泰關於歷史理性的批判（尤其是由布雷斯勞時代的著作所證明）所表示的興趣要遠甚於他對後期狄爾泰的興趣，雖說他在重印的《精神科學中歷史世界的建立》中展示了後期狄爾泰的著作。[24] 他給予狄爾泰的精神科學興趣以一種有趣的社會 [II 465] 批判重點，並認爲狄爾泰的眞正關鍵乃在於他的科學理論探究，因此在他看來，人們把狄爾泰作爲生命哲學辯護人而譴責他的非理性主義就顯得純屬誤解。這樣，由我提出的狄爾泰立場的搖擺性，即他在科學理論和生命哲學之間的不定性就以對立的意義清楚地表達出來：在這些作者的眼中，解放性的解釋不僅是狄爾泰身上最深層、最強烈的動力，而且說也奇怪，也是他身上最有創造性的動力。[25]

　　對我哲學詮釋學概念最重要的異議是，我徒然地要從一切理解和一切相互理解（Verständigung）的語言束縛性中推斷出認可（Einverständnisse）的基本意義並由此爲著有利於現存的關係而證明社會前見乃是正當的。然而，相互理解唯有在原始認可的基礎上才可能成功，而且理解和解釋的任務也絕不能描述成好像詮釋學必須克服流傳下來的正文顯然的不可理解性，甚或克服由於誤解而造成的謬論，這些看法都是正確的並且在我看來乃是眞正的觀點。它

[24] 舒坎伯出版社（1970 年）。
[25] 〔關於最近的狄爾泰研究請參見我的著作集第 3 卷中的論文。〕

們對我來說是正確的，這既不是在早期臨時詮釋學的意義上——因為這種詮釋學並不對其他的前提進行反思，也不是在施萊爾馬赫和浪漫主義的傳統決裂的意義上——因為對施萊爾馬赫和浪漫主義者來說，在一切理解中唯有誤解是首要的。一切語言的相互理解並非僅以對詞義和所說語言之規則的認可爲前提。相反，在一切能夠被有意義地討論的東西中，倒是鑑於「事物」許多東西是無可爭議的。我對這一點的堅持也許會造成一種保守的傾向，並爲詮釋學反思隱瞞了它眞正的、批判—解放的任務。

這裡涉及的顯然是關鍵點。對這個問題的討論首先是在作爲「批判理論」繼承者的哈伯瑪斯和由我爲另一方之間進行的。[26]雙方似乎都同意有某些最終的、幾乎未加以控制的前提在起作用——雖然在一方，在哈伯瑪斯及許多追隨古老的啓蒙運動口號——即要透過思想和反思消解掉陳腐的偏見並揚棄掉社會特權——的人那邊，相信「無約束的對話」（denzwangsfreien Dialog）。哈伯瑪斯在這裡提出了「非事實認可」（das kontrafaktische Einverständnisse）的基本前提。而在我這邊則相反，是深深的懷疑，即我對幻想的自我過高評價抱有的懷疑，這種自我過高評價自以爲能夠衡量哲學思想在社會現實中的作用——換句話說，我反對同人類情感的感情動力相比對理性作不現實的過高估價。如果說我對於詮釋學和意識形態批判之間的爭論不帶著修辭學所起的重大作用就不可能思考，那麼這並不是文學上的偶然事件，而是對一種系統整體深思熟慮的勾勒。馬克思、毛澤東和瑪律庫塞[52]——人們可以在今天的壁報上發現他們被這樣地列在一起——之所以廣爲人知確實並不是由於「合理的無約束的談話」……

[Ⅱ466]

---

[26]〔參見文集《詮釋學和意識形態批判》以及我的著作集第2卷第4部分「續編」裡的文章。〕

　　把詮釋學實踐及學科與一門可學的純技術（不管它叫作社會技術抑或批判方法）相區別之點在於，在詮釋學實踐中總有一種效果歷史的因素在共同影響著理解者的意識。這裡存在著一種根本的轉折，即被理解的東西總是發展一種有助於形成新信念的信念力。我並不否認，當我們想理解的時候必須努力同自己的意見保持距離。誰想理解，誰就不該對他理解的對象先持贊同態度。但我認為，詮釋學經驗告訴我們，這種批判性的努力總是僅僅在有限的範圍內才產生作用。我們所理解的對象也總是在為自己說話，向一切理解性開放的詮釋學宇宙的全部財產就建築在這個基礎上。詮釋學宇宙既然把其整個活動範圍都投入遊戲，從而也強迫理解者把自己的前見置入遊戲。這就是從實踐並且唯有從實踐才能使人得到的反思的好處。語文學家的經驗世界以及我高度注意的他們那種「趨向正文的存在」（Sein zum Texte）實際上對於與人類實踐整體交織在一起的詮釋學經驗說來只是一個片斷和一種方法上的解釋地域。雖說在這中間對寫成東西的理解具有特別的重要性，但它只是一種後來的並因而是衍生的現象。詮釋學經驗實際上就同理性生物的談話預備狀況（Gesprächsbereitschaft）一樣寬廣。

　　我發現我們沒有認識到以下事實，即詮釋學領域其實是詮釋學和修辭學分享的領域：令人信服的論據的領域（而並非邏輯強制性領域）。它就是實踐和一般人性的領域，它的活動範圍並不是在人們必須無條件地服從的「鐵一般的推論」力發生作用的領域，也不是在解放性的反思確信其「非事實的認可」[53] 的地方，而是在透　[Ⅱ 467]過理性的考慮使爭議點得到決定的領域。正是在這裡，講話藝術和論證技巧（及其沉默的自我思慮）才得其所哉。如果說講話術同樣乞求情感（這點自古就是如此），那它也絕未因此就脫出了理性的領域。維柯正確地賦予它一種特有的價值：Copia，即豐富的觀察角度。如果有人（比如哈伯瑪斯）認為修辭學具有一種強制特性，

因而我們爲了能進行理性的無約束的談話就必須拋棄它，那在我看來眞是太不符合事實了。這樣做不僅低估了巧於辭令和剝奪理性能力的危險，而且也低估了用語詞進行相互理解的機會，而社會生活正是建築在這種理解的基礎之上。一切社會實踐——也許也包括革命實踐——沒有修辭學的作用都是不可想像的。正是我們時代的科學文化才把它顯示出來。它爲人類相互理解的實踐提出了不斷增長的巨大任務，把任何時代科學控制事物的特定領域組合到社會理性的實踐之中：現代大眾媒介就在此出現了。

如果在修辭學中只看到一種純粹的技術，甚至只看到一種操縱社會的工具，那就貶低了修辭學的意義。其實修辭學是一切理性行爲的本質方面。亞里斯多德就沒有把修辭學稱作技術而是叫作能力（Dynamis），因此它也屬於對人的一般規定，即人是一種理性生物。我們這個工業社會所發展出的對公眾意見有計畫地進行組織也許具有很大的影響領域並繼續爲社會操縱服務——但它並未窮盡理性論證和批判反思的領域，而社會實踐正占有這些領域。[27]

對這種實際情況的承認當然是以以下觀點爲前提，即解放性反思的概念具有極大的模糊不定性。這裡涉及的是一個樸實的問題，即對我們的經驗作適當的解釋。理性在我們人類實踐方面究竟起著何種作用？不管怎樣它總具有一般的反思形式。這就是說，它並非只是努力運用理性手段以達到預設的目標和目的，它並不是限制在目標合理性領域。在這一點上詮釋學和意識形態批判一樣都是反對「科學理論」的，因爲科學理論業已把它的內在邏輯和研究成果的

[Ⅱ468]

---

[27] 我認爲 C. 佩雷爾曼（Perelman）和他的學生們的研究對於哲學詮釋學作出了極有價值的貢獻。尤其是他的《論證的特徵》（與 L. 奧爾布萊希特—梯特卡合著）以及最近出版的《論證的範圍》（上述兩部著作均在布魯塞爾大學出版社出版）〔還可參見 C. 佩爾曼的新書《新修辭學和人性——修辭學及其應用論文集》，多特萊希特、波斯頓、倫敦，1979 年〕。

應用當作社會實踐的原則。詮釋學反思同樣也使人意識到目標，但這並不是在預先認識那種事先設定的最高目標（對手段的目標合理性的反思乃追隨這一目標）的意義上。這是一種謬誤，它來源於技術理性在該領域中的應用，即只考慮選擇正確的手段，而把目標當作業已預先決定了的。

從最終的意義上說，一切社會實踐總有某些預先決定的因素，例如：無論個人或社會都旨在追求「幸福」。這似乎是具有明顯合理性的自然說法。但我們必須承認康德的觀點，即作爲想像力之理想的幸福乃是缺乏一切固定的規定性的。但我們實際的理性需要卻要求我們在考慮目標時使用如同我們考慮與目標相適應的手段時那同樣的確定性來思考，這就是說，我們在行動時要能夠意識到另一件行動的可能性，並把一個目標隸屬於另外的目標之下。我們並不是簡單地把社會生活的現存秩序作爲前提，並在這種既存範圍內形成我們實際的選擇，恰好相反，我們隨著自己所作出的每一次決定就處於自己方式的後果之中。

與結果相連繫，這當然屬於理性的目標，但也同樣屬於不斷合理地追求有限目標的技術目標。但只有在可以技術地控制的目標合理性之外它才正確地在實際經驗中發揮作用。結果在這裡不再是選擇手段的自明的合理性，爲了中止這種觀點，馬克斯‧韋伯在社會政治行動這個極度失真的領域中進行了不懈努力。其實這裡涉及的是意願能力的結果。誰處於真正的選擇狀態，誰就需要一種首要的尺度，以便他在這種尺度的控制下進行他得出決定的反思。這種反思的結果又並非僅僅是把某種考慮正確地置於主導的尺度之下。凡對我們作爲正確的東西，它也在規定著尺度本身，這並不是說獲得的決定就是由此而預先定好了的，而是說由此就使對確定行爲目標的決定本身得到了構成。於是，結果在這裡最終就意味著連續性 [Ⅱ469]（Kontinuität），唯有這種連續性才使得自身同一性充滿內容。這

就是康德的道德哲學反思以相對於一切功利主義—技術性的計算而作爲道德規律的形式性質起作用的眞理。

但是我們可以遵照亞里斯多德以及一種延伸至今的傳統而從這種對「正確」的規定中引出一幅正當生活的圖景，而且我們肯定會贊同亞里斯多德的觀點，即當我們遇到「批判的」決定時，社會預先形成的榜樣總會不斷繼續地得到規定——直到我們不可能再意識到其他的規定性，亦即我們的「倫理」對我們成了第二「自然」[28]。於是，個人的榜樣和社會的榜樣就這樣地構成著，而正因爲如此，年輕一代的理想才相對於老一代人的理想而得到改變，以便重新透過自己行爲的具體實踐而在自己的活動空間和目的關係中繼續規定自己，即確立自身。

那麼解放性反思又在何處發揮作用呢？我可以說，當然是到處都發揮著作用，它消解了舊的目的觀，從而又使自己體現在新的目的觀裡。它只服從歷史生活和社會生活本身的進步規律。如果解放性的反思想考慮一種實現了的反思觀念，以便在這種觀念中使社會從經常的解放過程中——社會在這種過程中擺脫傳統的束縛而構成新的連繫有效性——提升到一種最終的、自由和合理的自我占有，那我就認爲它是空洞的和非辯證的。

如果我們把解放說成是透過意識而從強迫中解脫出來，那這只是一種很相對的說法。解放的內容依賴於它所涉及的是何種強迫。正如我們所知，個體心理的社會化過程總是與排除本能和放棄欲望具有必然連繫。人類的社會和政治共同生活是由社會秩序組織起來，這種秩序又對何爲正確構成決定性的影響。在個體心理的領域

---

[28] 參見我的論文〈論哲學倫理學的可能性〉，載《短篇著作集》，第 1 卷，第 179 頁以下〔目前可參見〈世間有否尺度〉，第 1 和第 2 部分，載《哲學評論》，第 31 卷，1984 年，第 161-177 頁和第 32 卷，1985 年，第 1-26 頁〕。

可能存在某種神經官能的歪曲，它使應有的社會交往能力成爲不可能。這裡我們可以透過解釋和意識來消除掉交往干擾的強制性，實際上它的作用不外是把受干擾的人重新引回到社會的正常世界中。

　　類似情況也存在於社會－歷史生活中。在那裡控制的形式也可 [Ⅱ470] 能使人感到是種強制，而對這種強制的意識就意味著喚醒那種與普遍性新的同一的欲望。黑格爾對實證性的批判——對基督教、德國憲法、殘餘封建主義的批判——就是對此極好的例子。但我認爲這種例子並不能證明我的批判者假設的看法，即對現存統治關係的意識總是起著一種解放的作用。意識也能說明透過權威而形成的行爲方式轉變成規定著自己自由行爲的主導觀念（Leitbilder）。對此黑格爾也是一個極好的例子，這個例子只是對這種預先設定的想法來說才顯得是復舊的。實際上，傳統——並不是作爲過去流傳下來的事物的保衛者，而是作爲道德－社會生活的繼續創造——總是依據於自由的意識。

　　凡可以歸屬到反思的東西與被預先成型所規定的東西相比總是有限的。與人類有限性的實際情況相對立的是盲目性，它導致啓蒙運動的抽象口號和貶低一切權威——如果認爲承認這種狀況就會導致在政治上採取保衛現存關係的立場，那就是一種嚴重的誤解。實際上所謂進步或革命——如同保守一樣——如果都要求一種抽象的、預定的神聖知識，那就只是一種純粹的誇誇其談。也許在革命環境中出現的羅伯斯庇爾、抽象道德家——即想按照他們的理性重新安排世界的人——會贏得人們的贊同。但這些人顯然已經壽終正寢。如果有人把一切反思的辯證性質及其與既存物的關係和整個啓蒙運動的理想相連繫，那我只能把它看作是精神充滿厄運的混亂。在我看來，這就與那種認爲個體是生活在對其動力和動機有完全意識和控制之中，因而個體可以達到完全合理的自我解釋這種理想一樣地荒唐。

　　唯心主義同一哲學的意義概念在這裡顯然也是危險的。它把詮釋學反思的範圍縮小到所謂的「文化傳承物」，這似乎繼承了維柯的觀點。維柯只認爲由人製造出的東西才可能被人理解。但作爲我研究中心課題的詮釋學反思卻試圖證明，這樣一種意義—理解概念
[Ⅱ471] 是錯誤的，而且我也必須在這一點上限制維柯的著名定義。[29] 我認爲阿佩爾和哈伯瑪斯都堅持這種唯心主義的意義—理解概念，這與我的整個分析手法不相吻合。我把我的研究指向其「意義」對概念性的理解來說是不可窮盡的藝術經驗，這絕非偶然。我透過審美意識的批判和對藝術的反思——而不是直接透過所謂的精神科學——發展出一種普遍的哲學詮釋學立場，這絕不意味著要避開科學的方法要求，而是對詮釋學問題所占據的領域的首次測定，這個領域不能用任一種科學來標誌而只能用詮釋學領域來標誌，它把先於一切科學方法需要的前定領域暴露在光天化日之下。因此，藝術經驗在多重意義上都是很重要的。藝術作爲我們審美教化意識之內容所要求的時間優勢又是如何？難道這裡不會引起一種懷疑，即這種意爲「藝術」的審美意識——如同提升爲僞宗教的「藝術」概念一樣——是否縮減了我們對藝術品的經驗，就像歷史意識和歷史主義縮減了歷史經驗一樣？這兩者不是同樣的情況嗎？

　　這個問題也同樣表現在齊克果的「共時性」（Gleichzeitigkeit）概念上，這個概念當然不是指歷史再現化（Vergegenwärtigung）意義上的普遍同在（Allgegenwart），而是提出了一個我後來稱之爲「應用」的任務。爲了反對波曼（Bormann）的反駁，我想對這一觀點作一下辯護，即我提出的共時性（Gleichzeitigkeit）與審美同時性（Stimultaneität）的區別是

---

[29] 〔參見我的著作集，第 1 卷，第 24 頁以下。〕

在齊克果含意上的區別，儘管這自然是另外一種概念使用。[30] 如果說齊克果在其日記中寫過「共時性狀態是被完成的」（wird zuwege gebracht），那麼我也說過類似的意思，我的原話是「完全被媒介」（total vermittelt），亦即達到直接的共在（Zugleichsein）。當然，對於聽到過齊克果在反駁「媒介」（Mediation）時所用的語言的人說來，我的說法彷彿退到了黑格爾。我們在這裡碰到了黑格爾體系的封閉性為一切研究所準備的典型困難，即要與黑格爾體系的概念力量保持距離。我和齊克果都遇到這同樣的困難，而我則試圖藉助於齊克果的概念表述自己與黑格爾的距離。因此我首先求 [Ⅱ472] 助於黑格爾，以便在反對歷史觀的天真的非概念性中強調詮釋學關於當時和今天進行媒介的方向。我在這個意義上讓黑格爾與施萊爾馬赫相遇。[31] 實際上我跟隨黑格爾關於精神歷史性的觀點還要更進一步。黑格爾的「藝術宗教」概念所指的就是引起我對審美意識的詮釋學懷疑的東西：藝術並非就是藝術，而是宗教，是神性的顯現，是神性本身的最高可能性。如果一切藝術都被黑格爾解釋成某種過去的東西，那它似乎也就受到歷史地回憶著的意識所關注。因此，藝術作為過去的東西就獲得了審美同時性。對這種連繫的認識為我提出了詮釋學的任務，即把真正的藝術經驗——並不是被體驗為藝術的藝術——透過審美無區分概念而從審美意識中劃分出來。這在我看來是一個正當的問題，它並非產生於對歷史的崇拜，而是在我們的藝術經驗中不可忽視的。把「藝術」看成原本對一切時間都是現代的——無歷史的——或者看成為歷史的教化體驗，這種兩分法乃是錯誤的。[32] 黑格爾是對的。因此我現在不能跟隨奧斯卡·

---

[30] 載《詮釋學和意識形態批判》，哈伯瑪斯編輯出版，第 88 頁以下。

[31] 〔參見我的著作集，第 1 卷，第 171 頁以下。〕

[32] 我認為，H. 庫恩的《藝術作品的本質和作用》（1960 年）就受到這種抽象地

貝克爾的批判，[33] 正如我們不能跟隨某種只在有限範圍內才有效的歷史客觀主義一樣：詮釋學的綜合任務一直存在。也許有人會說，它更符合齊克果的倫理研究而不是他的宗教研究。波曼在這一點上也許是正確的。但是倫理研究在齊克果處不也同樣占有某種概念的優勢地位？它雖說也向宗教轉化，但只不過是爲了「使人注意」。

如今，黑格爾的美學重又受到高度重視。我們有理由說：對於審美性的超時間要求和藝術作品和世界的歷史一度性之間的衝突，黑格爾的美學代表了至今爲止唯一現實的解決，因爲它把兩者放在一起思考，並由此使藝術成爲完全「可以回想的」。這兩者在這裡顯然連繫了起來：自從基督教出現之後，藝術就再也不是眞理的最高方式，再也不是神性的啓示（Offenbarkeit），並從而變成了反思藝術—— 另一方面，精神所進展的階段，即表象、概念、天啓宗教和哲學卻趨向於把藝術僅僅作爲藝術來把握。從反思藝術到藝[II 473]術反思的轉化，以及兩者的互相滲透，在我看來並不是磨平不同點（維爾），[34] 而是構成了黑格爾觀點客觀可證明的內容。反思藝術並不是藝術時代的晚期，而已是從藝術向知識的轉化，唯有這樣藝術才成其爲藝術。

這裡出現了一個通常總被人忽視的特殊問題，即在藝術殿堂的等級中，語言藝術的標誌是否就在於它指出了這種轉化。[35]R. 維爾

劃分宗教和藝術的阻礙。相反，我認爲 W. 本亞明雖然也承認藝術具有澈底的過去性〔當他談到藝術品的「影響力」（Aura）的時候〕，但他認爲藝術品在其可以技術地複製的時代具有一種新的政治作用。這種作用完全改變了藝術的意義，特奧多・阿多爾諾在他的《美學》一書中針對這種作用提出了中肯的反對意見。

33　《哲學評論》，第 10 卷，第 225-237 頁。

34　R. 維爾：〈論黑格爾美學範疇的情節概念〉，載《黑格爾研究》，第 6 卷，特別參見第 138 頁。

35　〔參見我的論文〈論詩藝術對探求眞理的貢獻〉（《短篇著作集》，第 4 卷，

令人信服地指出，在構成戲劇藝術核心的情節（Handlung）概念中，可以發現通向辯證思維劇作藝術的連繫環節。這確實是黑格爾含意深刻的觀點之一，它在他美學的概念體系中閃閃發光。我覺得同樣值得注意的是，這種轉變在語言性首次出現時亦即在抒情詩中就已存在。雖說抒情詩中並未表現情節，而在人們今天稱之為「語言情節」的東西中（它也適用於抒情詩）也並未出現情節性。這就在一切語言藝術之中構成了語詞所具的謎一般的容易性——這種容易性是和繪畫藝術必須藉以實現的材料的抵抗性相對而言的——從而人們根本不可能想到這樣一種說話居然也叫情節。維爾說得對：「抒情詩是純粹語言情節的表現，而不是對以語言情節的形式出現的情節的表現（就如戲劇）」。但這就是說，語言在這裡作為語言而出現。

於是語詞和概念的關係就開始起作用，這種關係先於維爾所提出的戲劇和辯證法的關係。[36] 正是在抒情詩中語言才以其純粹本質出現，因此在抒情詩中語言的一切可能以及概念的可能性好像都被包藏在那裡。當黑格爾認識到，語言性同其他藝術「材料」的區別就在於整體性時，他就已經認識到這根本觀點。這是一個曾經促使亞里斯多德把某種特有的優勢歸於傾聽的洞見——儘管注視在自然 [II 474] 意義上具有許多優勢，因為傾聽接納了語言並因此而接納了一切而不僅僅是可見物。

黑格爾當然沒有特別指出抒情詩的這種語言優勢。他過多地受到以歌德為代表的自然性理想的影響，因此他把抒情詩僅僅當作

第 218-227 頁：我的著作集，第 8 卷）；〈哲學和詩歌〉（《短篇著作集》，第 4 卷，第 241-248 頁；我的著作集，第 8 卷）；以及最近發表的〈黑格爾藝術體系中的詩歌〉，載《黑格爾研究》，第 21 卷，1986 年。〕

[36] 〔參見我的著作集第 2 卷論文〈正文與解釋〉，並參見本書 I 第 330 頁以下。〕

內在性的主觀表達。實際上抒情詩的語詞是絕妙意義上的語言。這尤其表現在，抒情詩的語詞能被提高到純粹詩的理想。這點雖然不屬於辯證法的發展了的形式——就如戲劇所作的——但卻可以屬於作為一切辯證法之基礎的思辨性。無論在思辨思想的語言運動抑或「純」詩歌的語言運動中精神的自我出現都得到了實現。阿多爾諾曾經也正確地看到在抒情詩的表述和思辨—辯證表述之間的親緣性。——而首先馬萊麥（Mallarmé）[54] 自己就曾經這樣說。

還存在著另一種同樣含意的證明，這就是各種不同形式的詩歌可被翻譯的層次性。維爾取自於黑格爾的「情節」的尺度與這種尺度幾乎是對立的。無須爭議的是：抒情詩越是接近純粹詩的理想，它就越難於翻譯：聲音和意義的互相交織顯然在這裡達到不可消解的程度。

至今我在這個方面進行了深入的研究，當然我並不是唯一這樣做的人。威萊克—伐倫（Wellek-Warren）所使用的「外延的—內涵的」（denotative-connotative）的區分要求作更詳細的分析，我在對各種語言方式作分析時首先注意的是文字性對於語言的理想性所具有的意義。保爾·利科爾 [55] 最近在類似的思考中也得出了同樣的結論，即文字性證明了意義的同一性並從說話者的心理因素擺脫出來。這就從事實本身解釋了——順便說一下——為什麼繼施萊爾馬赫之後的詮釋學，尤其是狄爾泰儘管預先接受了心理學的規定，但卻不採用浪漫主義把詮釋學建立於生動的對話的觀點，而是返回到舊詮釋學所強調的「用文字固定下來的生命表達」。與此相應，狄爾泰在詩歌解釋中看到了詮釋學的凱旋。相反，我卻把「談話」作為語言相互理解的結構加以揭示，並把談話描述為問答辯證法。這也完全證明了我們「趨向正文的存在」。一件正文在我們作解釋時向我們提出的問題，只有當正文被當作對某個問題的回答時才能被人理解。

　　語言藝術品處於突出地位並不是沒有根據的。它在某種根本的　[Ⅱ 475]
意義上——這和口語詩的歷史問題完全無關——是作爲文學的語言
藝術。我把這種正文稱作「非常的」正文。

　　我幾年來一直所作的研究，以及我在各種尚未發表的講演
（「畫和詞」，「詩的存在」，「論詞的真理」，「哲學的、詩歌
的、宗教的講演」）所研究的就是非常正文的特定詮釋學問題。這
樣的正文把純粹的言語情節固定下來，並與文字具有一種非常的關
係。語言在這種正文中的存在使它同所與物的認識關係消失了，就
好像在談話中與既存物的交往關係消失一樣。這樣，我曾經發展到
概念表達的視域構成和視域融合這種一般詮釋學基本境遇也就同樣
適用於這種非常的正文。我根本沒有否認，藝術品在它的時代和世
界中的表達方式（H. R. 堯斯稱爲它的「消極性」[37]）也規定了它的
意義，亦即規定了它如何向我們說話的方式。這就是效果歷史意識
的要點，即把作品和效果作爲意義的統一體進行考慮。我所描述的
視域融合就是這種統一的實現形式，它使得解釋者在理解作品時不
把他自己的意義一起帶入就不能說出作品的本來意義。如果有人認
爲，我們可以透過歷史批判方式「打破」理解的循環（例如：基默
爾最近所說），[38] 那就誤解了這種詮釋學基本結構。基默爾所寫的
不過是海德格所說的「用正確的方式進入循環」，也就是說，不要
把時代秩序搞錯了或者非批判地迎合自己的前意見。構成一件正文
的歷史視域就已經是視域融合。歷史視域不可能只爲自己設定，在
最近的詮釋學中這就是所謂的前理解的問題。

　　然而在非常正文中還有另一種需要進行詮釋學反思的因素在

---

[37]　H. R. 堯斯：《作為挑釁的文學史》（1970 年）〔和《審美經驗與文學詮釋學》，
　　法蘭克福，1979 年〕。
[38]　H. 基默爾：《精神科學對社會的意義》，1971 年，第 71 頁以下。

起作用。直接現實關係的「取消」（Ausfall）（英語地區以及唯名論傳統的思維觀和語言觀對這種現象有一個很有特色的用語叫作「虛構」）實際上並不是取消的表現，也不是語言情節之直接性的削弱，恰好相反，這正是它「非常的」實現。在所有的文學中，這一點也適用於其中所包含的「收件人」（Adressat），但它指的並不是某個通知的收件人，而是指今天和明天的接受者。雖說古典悲劇是為某種固定場景而寫作並在某種社會時代演出，但它並不像戲劇道具那樣只是被規定為某種一次性的運用，或者在此期間停留在庫房裡等著新的運用。古典悲劇能夠重複上演並經常作為正文被閱讀，這當然並不是出自歷史的興趣，而是因為它一直在說話。

促使我把**古典型**完全規定為效果歷史範疇的並不是某種古典性內容法規。我只是想用這個範疇來標誌藝術品，尤其是非常正文相對於其他可理解和解釋的傳承物所具有的特殊性。我所提出的問答辯證法在這裡並不是沒有用的，但它也對自己作了修正：正文被理解成對之回答的原來的問題在此（就如上面指出的）就從其起源上具有自在的起源優越性和自由。這當然不等於說「古典作品」只有在毫無指望的協議中才能接近，並要求一種和諧、寧靜的「一般人性」概念。說作品「說著話」，只有在它「本來地」說話的時候，亦即「就像作品自身向我說話」那樣才叫「說著話」。這當然不是說，這樣說話的作品須得按一種超社會的規範概念進行衡量。恰好相反，這樣說話的作品就設定了一個尺度。這裡存在著一個問題。正文被當作對之回答的本來的問題在這種情況下就要求一種意義同一性，這種同一性一直調解著原先和目前的距離。我在 1969 年的蘇黎世講演「詩意物的存在」中已經指出了這種正文所必需的詮釋學區分。[39]

---

[39] 參見〈真理和詩〉，載《時間轉折點》，第 6 卷，1971 年〔現收入我的著作集，第 8 卷〕。

[II 476]

　　我認爲詮釋學觀點對於今天的美學討論乃是不可缺少的。正好是在「反藝術」成爲一種社會口號，普普藝術（Pop Art）和觀眾一起參與的偶發藝術（Happening）業已流行，而在傳統方面又在試驗那些背離作品和作品統一性傳統觀點並企圖擺脫理解單義性的藝術形式的當口，詮釋學反思必須詢問，這種要求具有什麼意義。回答將會是，只有當可同一性（Identifizierbarkeit）、重複性（Wiederholung）和值得重複性（Wiederholungswür digkeit）被封閉在這樣的創作中的時候，詮釋學的作品概念才得到它的 [II 477] 完成。只有當這樣的創作作爲它所想成爲的作品而服從詮釋學的基本結構即把某物當作某物加以理解的時候，理解力的形式（Auffassungsform）才不會對它成爲澈底新的東西。這種「藝術」實際上根本沒有與自古就爲人知的流動的藝術形式（例如：藝術舞蹈）相區別。它的等級和品質要求也就在於，那根本不可能重複的即興演奏（Improvisation）應該是「好的」，這就是說：它可以理想地重複並在重複時證明其爲藝術。這裡就與純粹的絕招和變戲法的小節目具有嚴格劃定的界限，即使在這些絕招和小玩意中也有某種東西被理解。它可以被把握、被模仿，它還可以成爲精湛的和優秀的。用黑格爾的話說，則它的重複就會「像拆穿把戲的戲法一樣乏味」。從藝術品到小玩意的轉變經常發生，而同代人常常不知道，某種作品的魅力究竟是驚奇造成的魅力還是藝術充實所造成的魅力。藝術手段也經常被用作爲單純實用的手段，例如：在廣告藝術及其他商業和政治宣傳的形式中。

　　我們稱之爲藝術品的東西和這種藝術手段的功能保持著區別。雖說神的雕像、讚美詩、雅典的悲劇和喜劇都屬於宗教文化範疇，而每一件「作品」又都本源地屬於某種已過去了的生活連繫，但所謂審美無區分理論卻認爲，這樣一種過去的關聯性就包括在作品本身之中。即使在這些藝術品起源的時候它也把它的「世界」包

括在自身之中，因此它所「指」的就是自己，就是菲迪亞斯的雕像，埃斯庫羅斯的悲劇和巴哈的合唱曲。藝術作品統一性的詮釋學構造相對於藝術活動的一切社會變動是恆久不變的。這在資本主義時代把藝術提升成爲文化宗教的情況下也適用。就連馬克思主義的文學觀也必須記住這種恆久不變性，正如盧奇·哥德曼（Lucien Goldmann）正確地強調的。[40] 藝術並非就是社會政治意志的一種工具——只有當藝術是眞正的藝術時，藝術才記錄了一種社會現實，而當藝術被當作一種工具時，藝術就記錄不了一種社會現實。

[Ⅱ478]   爲了超越與資產階級的文化宗教相適應的美學概念並且不再捍衛古典的理想，我在我的研究中使用了諸如「模仿」（Mimesis）或「代表」（Repräsentation）等「古典的」概念。人們曾經把這理解成向業已被現代藝術觀所接替的柏拉圖主義的回歸。但在我看來卻並非如此簡單。作爲一切模仿表現之基礎的重認（Wiedererkennung）理論只表現了正確把握藝術表現之存在要求的最初暗示。亞里斯多德雖然從認識的愉悅引出藝術的模仿性質，但他卻用以下說法來表示詩人與歷史學家的不同，即詩人並不把事物表現爲它所是的樣子，而是把它表現爲它所可能是的樣子。因此，他賦予詩歌一種普遍性，而這種普遍性和古典主義模仿美學的實體形上學毫無關係。亞里斯多德的概念構成揭示的是可能性領域以及對現實性的批判領域（對此古典喜劇確實給予我們強烈的趣味），並無可爭議地向我顯示了詮釋學的合理性——雖說在亞里斯多德的理論中仍然同許多古典主義的模仿理論有連繫。

    然而我必須打住。正在進行的談話要避開確定性。如果有人自誇他能夠或必須說出最後的語詞，那他就是一個壞的詮釋學家。

---

40   L. 哥德曼：《辯證研究》，1968 年。

31. 漢斯—格奧爾格·高達美自述 [Ⅱ 479]

生於1900年2月11日*

（截至於1975年）

　　1918年，我從布雷勞斯一所旨在培養神學精神的文科中學畢業，此時正值第一次世界大戰最後一年，我開始準備進布雷勞斯大學繼續深造，當時我還根本沒有決定，日後我要走上一條從事專業哲學研究的學術道路。

　　我的父親是個自然科學工作者，雖然對於他自己的專業學得很出色，但對於書齋知識卻深表厭惡。在我的童年時代，他曾試圖用各種方法來引起我對自然科學的興趣，但他不得不大失所望。因為從我學習一開始就清楚表明，日後我將與「空談的教授們」站在一起。雖然他讓我自己選擇自己的路，但他終其一生對我的選擇卻極不滿意。

　　在當時，投身於學術研究就像走上一條漫長的歷險之路。開始時各門學科對我都有吸引力，對每門學科我都想嘗試一下。如果說在最後占上風的卻不是我的文學的、歷史和藝術史的愛好，而是哲學的興趣，那麼這與其說是我從一種興趣轉到另一種興趣，毋寧說這正是一條逐漸深入專業學術研究的道路。第一次世界大戰及其後果給德國生活帶來一片迷茫，在此迷茫中要想深信不疑地與現存的傳統保持一致，已實屬不可能。正是這種不知所措的處境成了促使我進行哲學研究的動力。

---

* 　此處年分與目錄中年分不統一，但原書如此。——譯者

　　當然，就是在哲學領域內，我們這些青年人也顯然不可能簡單地繼續老一代人所創造的傳統。新康德主義在當時雖然仍具有一種真正的，雖說並非毫無爭議的世界意義，但它如同自由主義時代自負的文化意識及其以科學為依據的進步信念一樣，在世界大戰的槍炮聲中被砸得粉碎。我們這些當時的年輕人都試圖在一個失去了方向的世界中找到一個新的定向。當時我們實際上被限制於德國內部的矛盾之中，痛苦和新嘗試，貧窮無望和青年人的不屈不撓的求生意志彼此進行著抗爭。當時的文化明顯表現了這種狀況，在生活和藝術領域中占統治地位的是表現主義（Expressionismus）。儘管自然科學繼續在蓬勃發展──這尤其是因愛因斯坦提出的相對論而引起轟動，但在那些限制於世界觀的學術和科學領域內卻充斥著一種真正災難性的聲調，這種聲調廣為流傳，並促使人們同舊的傳統決裂。德國唯心主義的崩潰〔這是保爾·恩斯特（Paul Ernst）一部當時被人廣為引用的著作的書名〕只是其中的一種聲調，它表明了當時學術界中的新的時代感。另一種流傳更廣的聲調表現在奧斯維德·史賓格勒《西方的沒落》一書引起的轟動效應，這部出自科學和世界史幻想的羅曼史「既使許多人為之著迷也受到許多人的痛斥」──最後，一種世界史聲調的表現就像一種固有的推動力一樣引起人們對於近代的進步信念和它引以為榮的成就理想的懷疑。在這種情況下，一本完全可以說是二流水準的著作卻對我起了非常革命性的影響。這就是特奧多·萊辛（此人在後來更為混亂的年代裡可能被納粹分子暗殺）的書《歐洲和亞洲》，該書用東方的智慧對整個歐洲的思想成果提出了疑問，這本書使我第一次對自己透過出生、教養、學校和周圍世界而在其中成長的全部境域感到懷疑。於是我開始了自己的思考。著名的作家們對我起了某種最初的導向作用。我還記得湯瑪斯·曼的《一個不問政治的人的觀察》當時對高年級學生產生的巨大影響。他在《托尼奧·克勒格爾》一書中把

[II 480]

藝術和生活對立起來的狂熱做法曾深深地打動了我，而赫曼‧赫塞
（Hermann Hesse）早期小說中的傷感的調子則曾使我著迷。

理查‧赫尼希斯瓦爾德是引導我進入概念思維藝術的第一人，
他的精雕細琢並富有文采的辯證法，儘管有著某種單調性，卻捍衛
了新康德主義的先驗唯心論立場以反對所有的心理主義。我曾經速
記並整理過他的講課「知識論的基本問題」。現在我把這兩份手稿
都留給了由漢斯‧瓦格納（Hans Wagner）所建立的赫尼希斯瓦爾
德檔案館。他的講課乃是對先驗哲學的一個卓越的導論。所以我於
1919 年帶著某種準備去了馬堡。

在馬堡我很快就發現自己面對了新的研究經驗。馬堡與那些大
城市裡的大學不一樣，這個「小」大學當時具有一種真正的學院生 [Ⅱ481]
活，亦即洪堡所稱的「觀念生活」，並且在哲學系裡每一門學科和
每一個教授都有一個「圈子」，以致人們被捲入到多方面的興趣之
中。當時在馬堡正開始批判歷史神學，這種批判是緊接著巴爾特的
《〈羅馬書〉評論》透過所謂的辯證神學來進行的。當時在年輕人
中間越來越劇烈地展開了對新康德主義學派的方法主義的批判，並
且被胡塞爾的現象學描述理論所吸引。但在這一切之中首先是生命
哲學對我們的整個世界觀起了影響，而生命哲學之所以有這麼大的
作用則是因為背後有轟動歐洲的弗里德里希‧尼采。與此相連繫，
年輕人紛紛研究歷史相對主義問題，這個問題開初就是由威廉‧狄
爾泰和恩斯特‧特勒爾奇討論的。

對此還要特別提到的是，當時在詩人斯忒芬‧喬治周圍的
一批人也開始擠進了學術圈子。主要是弗里德里希‧貢多爾夫
（Friedrich Gundolf）最有效應和最吸引人的詩作，他用詩把一種
新的巧妙的感性帶入了科學界。從這個詩人圈子中產生出的作品，
如貢多爾夫的書和恩斯特‧貝爾特拉姆（Ernst Bertram）論尼采
的書，沃爾特斯（Wolters）的修飾學小冊子，薩林（Salin）的如

結晶般的精緻作品，特別明顯的是埃里希・馮・卡勒（Erich von Kahler）對馬克斯・韋伯「作爲天職的科學」著名演講所作的慷慨激昂的攻擊都是獨特的、巨大的挑釁。這是一種堅決的文化批判的呼喊。但是與另一方面的同樣的聲調——雖然由於像我當時那樣的一些初入學術之門的青年人具有的典型的不滿，這種聲調也找到了某些聽眾——不同，人們在這裡卻有一種實有所物的感受。在這些通常是單調的宣言背後存在著一種力量。像喬治這樣的詩人用他詩文的魔力以及他個人的魅力居然能對人產生這樣巨大的影響，這對那些喜歡思考的人是一個永久的問題，而且對於哲學研究的概念遊戲也是一種永遠不會被人完全忘卻的糾正。

我對於藝術經驗居然會與哲學有關這件事當然不可能無動於衷。藝術可能是哲學的真正工具，而不是它的驕傲自負的敵人，這是一個真理，這個真理爲直到唯心主義時代終結爲止的德國浪漫主義哲學提出了它的內容廣泛的任務。黑格爾之後時期的大學哲學因其未能認識到這個真理而日趨衰落。對於新康德主義以及迄今爲止的新實證主義情況也是同樣如此，正是我們的歷史遺產向我們表明，應該重新掌握這個真理。

[Ⅱ482]　　　歷史相對主義的懷疑對於哲學的概念的真理要求提出了根本性的疑難，如果我們引用藝術真理去反駁這種懷疑，這顯然不是一個令人滿意的答覆。一方面，這種藝術證明過於強烈，因爲沒有人想把科學的進步信念延伸到藝術領域中去，並且我們既不會在莎士比亞身上發現超出索福克勒斯的進步，也不會在米開朗基羅身上發現超出菲迪亞斯的進步。另一方面，藝術證明又過於軟弱，因爲藝術作品不給概念表現其所體現的真理。不管怎樣，審美意識的教化形式（Bildungsgestalt）都像歷史意識的教化形式及其在「世界觀」中的思想的教化形式一樣是蒼白無力的。這並不是說藝術，或者說同歷史的思想傳統的接觸，會失去它的魅力。相反，藝術的陳述如

同大哲學家的陳述一樣都會喚起一種對眞理的模糊而又不可抗拒的要求，這種要求絕不可能透過「問題史」而取消，也不會屈服於嚴格科學和方法進展的規則。在一種新的齊克果熱的影響下，這種要求在當時的德國被稱爲「生存論的」（existenziell）要求。這裡所涉及的眞理並不能在一般的陳述或知識中得到證明，而是透過自身體驗的直接性以及自身存在的不可替代性而得到證明。杜思妥耶夫斯基首先爲我們指出了這一點。當時，幾乎在每張寫字臺上都有時髦一時的紅皮的杜思妥耶夫斯基小說閃閃發光。梵谷的信，齊克果批判黑格爾的《非此即彼》等著作都吸引著我們，而在我們生存義務的大膽和冒險背後——這是對我們文化知識的浪漫主義傳統的一種幾乎看不見的威脅——則是弗里德里希·尼采這個巨人，他用其令人興奮的批判對一切，包括所有自我意識的幻覺都作了批判。當時何處有這樣的用其哲學力量激起這種反叛熱情的思想家呢？

在馬堡學派中也反映出這種新的時代感。首先，馬堡學派傑出的方法論者保羅·納托普在其晚年試圖用音樂的狂熱探究原始圖騰（Urkonkreten）的神祕的不可說性，並且在柏拉圖和杜思妥耶夫斯基、貝多芬和拉賓特拉納特·泰戈爾之外喚醒柏羅丁和埃克哈特大師——直至貴格會教徒——的神祕傳統，他的那種音樂的狂熱留下了深刻影響，同樣，馬克斯·舍勒作爲客座教授也以巨大的魔力展示了他深刻的現象學天才，並在新的、人們未曾料到的領域中證明這種天才。另外也有尼古拉·哈特曼的冷靜的洞察力，尼古拉·哈特曼這個具有令人難忘的冷峻性格的思想家和學者曾試圖用這種洞察力透過批判性的論證來擺脫自己以前的唯心主義的立場。當 [Ⅱ 483] 我撰寫我的論柏拉圖的博士論文並且於 1922 年取得博士學位的時候，我還很年輕，我當時主要受到尼古拉·哈特曼的影響，而這種影響和納托普的唯心主義風格的系統正處於相對立的狀態。當時我們期待著一種新的哲學指向，這種指向尤其是與含糊而又充滿魔力

的「現象學」這個詞連繫在一起的。但是,在胡塞爾——儘管他運用他所有的分析天才和孜孜不倦地進行描述的耐心在不停地尋求最終的證據——除了打上了新康德主義印記的先驗唯心主義之外並未能找到更好的哲學依據之後,幫助我們思維的工具究竟來自何方?海德格帶來了這種工具。一些人從海德格那裡理解了馬克思是怎麼回事,另一些人從他那裡理解佛洛伊德是怎麼回事,而我們最後則從他那裡認識了尼采是怎麼回事。我本人從海德格身上認識到在由黑格爾所寫的,由新康德主義的問題史所詳盡描述的哲學史失去了它的 fundamentum inconcussum(牢固的基礎),即自我意識之後,我們現在才開始能夠「重新學習」希臘人的哲學思維。

至此我才對我所喜愛的東西有了某種預感——當然,我並不喜歡一種新的、包羅萬象的系統思想。齊克果對黑格爾的批判令人難忘。我在保羅‧納托普 70 誕辰的紀念文集中寫了一篇題為〈論哲學中的系統觀念〉的文章,第一次提出了我的這樣一種想法,即要把哲學重新還原於人類存在的基本經驗,只有這些人類存在的基本經驗才能解釋一切歷史主義。這篇文章屬於我的不成熟之作,但也是我從海德格身上獲得新的傾向和啟發的證據。當然也有人把這篇文章當作我反對先驗唯心主義轉向海德格的先期作為——但從歷史角度看這是根本不正確的。這種說法的正確之處至多就在於,我於 1923 年夏天在佛萊堡與海德格待在一起度過的幾個月,如果沒有做了充分準備的話,是根本不可能導致這樣一種「啟發」。但不管怎樣,正是依靠海德格,我才能和馬堡的老師們、納托普的包羅萬象的系統結構以及**哈特曼**範疇研究的素樸的客觀主義保持了距離。但那篇文章卻也正證明了我那時的莽撞。

當我有了更多的認識之後,我才學會了保持沉默。當我在 1928 年取得大學授課資格時,除了前面提到的那篇文章外,我只於 1923 年寫了一篇論哈特曼的〈知識論的形上學〉的邏各斯文章,

這篇文章同樣也可以算作魯莽之作，我把它作為哲學論文發表了。在此期間我還研究了古典語文學，我在保爾‧弗里德倫德爾（Paul Friedländer）的語文學講座裡寫了〈亞里斯多德的告誡和亞里斯多德倫理學的發展史考察〉，後來我把它改成了一篇論文，理查‧海因茨（Richard Heinze）把這篇文章收入《赫爾墨斯》中──它可以說是一種對耶格（Werner Jäger）的批判 [56]，它後來的結果使我 [Ⅱ484] 在語文學家圈子裡得到承認──雖說我是以海德格的學生而著稱的。

那麼，究竟是什麼原因把我和其他人吸引到海德格的身邊呢？當然，當時我還不知道。今天看來是因為：正是在海德格那裡哲學傳統的思想文化（Gedankenbildungen）才具有了生命力，因為它們可以被理解為對現實問題的回答。揭示這些思想文化的產生歷史可以使這些問題具有某些不可避免的因素。被理解的問題不可能簡單地視為我們的知識，它們變成了我們自身的問題。

雖然在問題中重新認出自身的問題也是新康德主義問題史的要求，但要在不斷更新的系統的連繫中去重複這個超時間的「永恆的」問題的要求卻是不可證明的，而且實際上這個極為幼稚的「同一」問題是從唯心主義和新康德主義哲學的破爛中偷來的。相對於這種所謂的超時間性，歷史─相對主義懷疑論的異議就顯得較為可信和無可辯駁。只有當我從海德格那裡學會把歷史思想帶入重新對傳統提出疑問的活動中時，才使得這個老問題變得可以理解、充滿生機，從而使它變成了自身的問題。我以此所描述的就是我今天稱之為詮釋學基本經驗的東西。

海德格以強烈的感情召喚希臘哲學，這給我們產生了深刻的影響。但我們卻不知道希臘哲學並不是他自身問題的範例而是反例。海德格對形上學的摧毀不僅對近代的意識唯心主義產生作用，而且也對其在希臘形上學中的根源發生了作用。他那澈底的批判使神學

的基督性和哲學的科學性都產生了疑問。學院哲學用某種生疏了的
康德式或黑格爾式的語言進行思考，並且總是力圖不斷地結束或克
服先驗唯心主義，相對於這種蒼白無力的學院哲學，則柏拉圖和亞
里斯多德對於那些不相信學院哲學的體系遊戲的人——即使是以現
象學的本質研究或以問題史爲依據的範疇分析用以進行理解的那種
問題、範疇、價值等這些開放體系的形式——一下子就顯得像是哲
學的保護神。我們可以從希臘人身上學到，哲學思維並非必然要服
從以一種最高原理的形式建立起來的體系性的指導思想才能執行解
[Ⅱ485] 釋的功能，相反，哲學思維總是受到某種指導的支配：它在對原始
的世界經驗繼續思考的時候必然要透澈地思考我們生活於其中的語
言的概念力和直觀力。我認爲這就是柏拉圖對話的祕密所在。

當時，在德國研究柏拉圖的學者中坐頭把交椅的是尤利烏
斯・斯坦徹爾（Julius Stenzel）。他的研究也顯示出同樣的傾向，
因爲他面對自我意識的疑難——當時的唯心主義及其批判者都陷
入了這種疑難——卻在希臘哲學中觀察到了「主觀性的抑制」
（Abdämpfung der Subjektivität）。我也有同感，而且在海德格開
始教我之前就把這一點視作希臘人神祕的優點，因爲希臘人出於對
思考的自我遺忘的熱情以過分純潔的態度投身於思想的運動。

出於同樣的原因，我很早就對黑格爾產生了興趣，因爲我覺得
黑格爾也像希臘人一樣，而且我也只是如此地理解黑格爾。至少我
覺得他的《邏輯學》眞正具有某些希臘人的純潔態度，並且在天才
地，但也有點糟糕地編輯的《哲學史講演錄》中爲我提供了一座通
向並非歷史主義的，而是眞正思辨地了解柏拉圖和亞里斯多德思想
的橋梁。

但我最重要的思想則學自於海德格。首先要提到的是 1923 年
我在佛萊堡參加的關於《尼各馬可倫理學》第 6 卷的第一次研討
班。那時 Phronesis，亦即「實踐理性」的德行，一種 allo eidos

gnōseōs，即「另一種類型認識」的德行，對我還是一個充滿魔力的字眼。這種實踐理性引出了一種直接性的東西，就如海德格有一天曾分析過技術（Techne）和實踐智慧（Phronesis）的區分並對「phronēseōs de ouk esti lēthē」[1]（合理性絕不包含遺忘性）解釋道：「這就是良知。」但這種出於教育本能的誇張卻標出了一個重要的出發點，後來海德格在《存在與時間》中正是由此出發爲重新提出存在問題作了準備，我們可以想到像「願有良知」（Gewissen-Habenwollen）這樣的術語。[57]

我當時根本不知道還可以用完全不同的方式去理解海德格的意見，亦即在一種對希臘人進行祕密批判的意義上去理解海德格的意見。於是就有了這樣的話：只有作爲一種不受遺忘性威脅的認知確定性（Wissens-Gewissheit），希臘思想才能思考良知這一人類原始的現象——我正是透過海德格富有啓發性的意見才發現了一條道路去把陌生問題變成自己的問題，並且認識到概念具有的前把握性（Vorgreiflichkeit）。

我從海德格那裡受教的第二個要點是，海德格透過亞里斯多德的著作（在一些私人的會晤中）向我表明所謂亞里斯多德的「實在主義」的說法是毫無根據的，而且亞里斯多德依據的正是柏拉 [II 486] 圖同他的蘇格拉底的後繼者所給予的同一個邏各斯基礎。幾年之後，海德格——在我作的一次試講性的講座之後——與我們爭論說，這個柏拉圖和亞里斯多德所共有的辯證哲學思維的新基礎不僅承載了亞里斯多德範疇理論，而且還可以區分出亞里斯多德的**潛能**（Dynamis）概念和**現實活動**（Energeia）概念〔瓦爾特·布呂克（Walter Bröcker）後來在他論亞里斯多德的著作中詳細研究了這個問題〕。

---

1 〔參見〈實踐知識〉，載我的著作集，第 5 卷，第 230-248 頁。〕

我就是這樣首次實際地進入了詮釋學的普遍領域。

但我當時並未清楚地認識到這一點。我只是後來才逐漸認識到，這位給我們造成壓力的亞里斯多德本人並沒有直接講出新的思想，儘管他的概念精確性以我們不曾料到的方式，透過直觀、經驗和接近事實而達到無懈可擊的地步。海德格遵從的其實是柏拉圖《智者篇》的原則，即使對方的論據更為有力。他做得極為出色，以致在我們看來他幾乎成了一個**復活的亞里斯多德**，他透過自己觀點的力量和自身原始概念構成的獨創性而吸引了所有的人。海德格的解釋誘使我們達到的這種認同（Identifikation）對我一直是一種強有力的挑戰。我認識到，我直到當時為止的學習——主要是在文學和藝術史等領域——並不適合於古典哲學領域，而我的博士論文就是立於古典哲學之上寫的。因此我開始（在保爾·弗里德倫德爾的指導下）重新有計畫地致力於古典語文學的新研究。在這種新研究中，我除了對古希臘的哲學家感興趣之外，首先對當時重新為人認識的賀德林所注視的品達產生了興趣——還有修辭學，我當時領悟到它對哲學具有補充功能，它一直陪伴我直到我構思出我的哲學詮釋學。我之所以能逐漸削弱掉使自己歸同於海德格思想的形象，主要應歸功於這種語文學的研究。在領會希臘人的相異性中去認識他們，在希臘人的他在性中去發現那些可能已湮沒，也可能在今天不知不覺仍起作用的真理，這就成了自覺不自覺地指導我一切研究的動機。因為在海德格對希臘思想的解釋中存在著一個問題，特別在《存在與時間》一書發表後這個問題一直縈繞在我心中。當時按海德格的意圖顯然我們有可能把作為對立概念和最外在衍生物的純粹的現成在手狀態（Vorhandenheit）歸於「此在」的生存論概念，而無需對希臘的存在理解和「自然科學概念構成的對象」作區分。

[Ⅱ487] 但這裡也存在著一種挑戰，我一直跟從這種挑戰，以致我在海德格的鼓勵下深入研究了亞里斯多德的物理學和現代科學的產生，特別

是伽利略。也許我的未完成的《物理學評注》的一部分在日後還會
出版。

我由之出發的詮釋學境遇是因復活唯心主義—浪漫主義企圖
遭到失敗而造成的。要把近代的經驗科學綜合進哲學科學的統一體
中——這是在「思辨物理學」（這是一本雜誌的名稱）這個概念中
表達出來的——這一要求是無法實現的。

重新進行這種嘗試是不可能的。然而，更清楚地認識到這種不
可能性的根據，卻不光會給近代科學理解同時也會為希臘的「科學」
概念——德國唯心主義就是在再次復活希臘的科學概念——提供一
個更清晰的形象。康德的《判斷力批判》，尤其是其中的「目的論
判斷力」批判，正是在這種問題連繫中才具有深刻意味，這是非常
清楚的，而且我的一些學生後來從這裡出發進行了深入的研究。

顯然，希臘科學史的情況與現代科學史的情況完全不同。在柏
拉圖的時代，把解釋、研究和闡釋世界的方法同希臘宗教和希臘生
活觀的傳統世界連繫起來這一嘗試是可能的。統治後古典時期科學
歷史的並不是德謨克利特，而是柏拉圖和亞里斯多德，而且這部歷
史並不是一部科學衰亡的歷史。人們今天稱之為希臘主義時代的專
門科學並不反對「哲學」和哲學的先入之見，而是正如我於 1973
年在一篇題為〈物質存在嗎？〉的論文中試圖指出的，[2] 希臘主義時
代的專門科學正是透過希臘的哲學、透過《蒂邁歐斯篇》和亞里斯
多德的物理學才得以解放。事實上，伽利略牛頓的物理學構思也受
到希臘哲學的制約。我寫的〈古代原子論〉（1934 年）就是我在當
時發表的關於這個問題研究的唯一一篇文章。[3] 這篇文章將會糾正一
種幼稚的偏見，即把現代科學的產生歸功於德謨克利特這一大無知

2　〔現收入我的著作集，第 5 卷，第 263-279 頁。〕

3　〔現收入我的著作集，第 6 卷，第 201-217 頁。〕

者。大人物德謨克利特實際上對科學的產生造成了不小的阻礙。

我研究的中心仍然是柏拉圖。我第一本關於柏拉圖的著作《柏拉圖的辯證倫理學》是我爲了申請教授資格而撰寫的，它實際上是一本未明說的關於亞里斯多德的書。我的出發點是亞里斯多德關於「樂趣」的兩篇論文的複製品（《尼各馬可倫理學》H10-13 和 K1-5）。若從發生學的觀點看，這個問題是無法解答的，因此這個問題應當用現象學的方法來解答，這也就是說，即使不從歷史—發生學的角度來解釋，只要有可能，我也要從其本身的根據去證明這種相互連繫的關係。如果不把這兩篇論文與柏拉圖的《菲利布斯篇》相連繫，就不可能做到這一點，出於這種目的，我就對這篇對話進行了現象學解釋。當時我還不能認識到《菲利布斯篇》對於柏拉圖的數論以及一般對於理念和「實在」的關係問題所具有的普遍意義。[4]在我心中當時有兩個同樣具有方法含意的問題：從對話的現象學出發解釋柏拉圖辯證法的功能以及透過對現實生活現象作現象學分析來解釋「樂趣」及其表現形式的理論。我從胡塞爾（1923年在佛萊堡）和海德格那裡試圖學習的現象學描述方法應該有助於對古代文獻作指向「事物本身」的解釋。這項工作做得還算過得去並得到了人們的承認。當然沒有得到純歷史學家的承認，這些歷史學家總是生活在空想之中，他們認爲理解現存的東西只是雕蟲小技，我們應當研究現象背後的東西。因此，漢斯·萊茨岡（Hans Leisegang）在他關於當代柏拉圖研究的報告中（1932年《哲學史年鑑》）就可以輕蔑地把我的成績撇在一邊，他引證我自己著作的前言說：「如果歷史批判——按他的意見，也就是我的著作無什麼價值而言——認爲它所說的東西是不言而喻的，那麼它和歷史批判

[II 488]

---

4 〔現在可參見我的學術論文〈柏拉圖的《蒂邁歐斯篇》中的理念和實在〉，載我的著作集，第6卷，第242-270頁。〕

的關係乃是一種積極的關係。」

　　實際上我當時已在一定程度上成了一位古典語文學家。我於
1927 年通過了該門課程的國家考試，而且不久就取得了大學授課
資格（1928/1929 年）。當時我所關心的是一種方法上的對立，後
來我在詮釋學分析中曾經解釋過這種對立——當然這項工作在所有
那些樂意進行反思研究的人那裡沒有產生什麼結果，而只是被稱作
「積極的」研究，因爲這些研究可以產生一些新的東西（雖說它們
都像以前的問題一樣未曾得到理解）。

　　不管怎樣，我的起步成功了。身爲一個哲學教師，我每一個學
期都要學習新東西，而且是在領取獎學金和承擔授課任務的艱苦條
件下進行，但我的教學工作總是和我自己的研究計畫完全相合。我　[Ⅱ 489]
的教學主要是柏拉圖，我對柏拉圖鑽研較深，在教學工作中特別透
過與 J. 克萊因（Klein）的合作在數學和數論方面有所進展。克萊
因關於〈希臘邏輯學和代數學的產生〉的經典論文（1936 年）就
是在那時問世的。

　　當然不能說我 10 幾年來的這項研究充分反映了驚心動魄的時
代事件。它至多只是一種間接的反映，因爲 1933 年之後，我爲謹
慎起見中斷了對詭辯派和柏拉圖的國家學說的更詳盡的研究。從這
項研究中我只發表了兩本小著作《柏拉圖和詩人》（1934 年）以
及《柏拉圖的教育國家》（1942 年）。

　　這兩本著作都自有它們的歷史。第一本小冊子提出了我至今
仍以爲唯一正確的解釋，即柏拉圖的《理想國》表現了一種自覺的
烏托邦，它涉及的是斯威夫特 [58] 而不是「政治科學」。5 這本著作
的發表透過書前的格言表明了我對納粹主義的態度：「誰要進行哲

5　〔現在我在〈柏拉圖的烏托邦思想〉一文中重新討論了這個問題，該文載《人
　　文中學》，第 90 卷 1983 年，第 434-455 頁，現收入我的著作集，第 7 卷，
　　第 270-289 頁。〕

學思維，誰就不可能與他時代的意見一致。」雖說這是一種巧妙的偽裝，因為是引用歌德的話來為一篇論述柏拉圖的文章開路。但如果你不想成為殉道者或者成為流亡者，那麼這句格言對處於「一體化」時代能理解的讀者來說就表現為對自己同一性的強調——它就像卡爾·賴因哈特在他的那本論索福克勒斯的書中的前言上著名的署名一樣「寫於 1933 年 1 月到 9 月」。人們自那時以後都竭力避開與政治有關的題目（特別是在專業雜誌之外發表這類題目的文章），這是符合自我保護的規律的。一個國家如果出於國家的原因在哲學探究中把某種「理論」推崇為「正確的」理論，那這個國家就一定會知道它的最優秀的人才會躲避到其他不受政治家——也就是「外行」——迫害的領域中去，這條規律直至今天都不會改變。無論是在黑色國家抑或紅色國家，情況都沒有兩樣。這樣我就繼續不引人注目地工作，並且發現了一些很有天賦的學生，我在這裡只提一下瓦爾特·舒爾茲（Walter Schulz）、福爾克曼—施魯克（Volkmann-Schluck）和阿圖爾·亨克爾（Arthur Henkel）等。所幸的是當時納粹的政策——為了準備在東方的戰爭——減輕了對大學的壓力，於是我幾年以來一直無所事事的學術生涯有了改善。在經過 10 年之久的講師工作之後我終於獲得了教授頭銜。我預期可以在哈勒大學獲得一個古典語文學的教席，最後，在 1938 年我終於在萊比錫獲得了哲學正教授的職位，於是我開始面臨新的任務。

[Ⅱ490]　　　我的第二本小冊子《柏拉圖的教育國家》也是一種自我辯護。它寫作於戰爭時期。當時在漢諾威技術大學的一個名叫奧森伯格的教授認為希特勒對於科學具有一種類似於決定戰爭的作用，並由此把希特勒美化成自然科學的保護神，尤其是下一代的保護神。這個所謂的奧森伯格行動曾經拯救了許多年輕研究者的生命。這自然也引起了精神科學的妒忌，後來有一個機智的精神科學教授想出了「平衡行動」的好主意，這個主意獲得了穆西爾發明榮譽。這個主

意就是「精神科學為戰爭服務」。實際上它的含意乃是戰爭為精神科學服務，而絕沒有其他含意，這一點是絕不會被人誤解的。為了避免在哲學領域中進行諸如此類的工作，比如「猶太人和哲學」、「哲學中的德國」等題目的合作，我就轉移到了古典語文學領域。在這個領域中一切還算過得去，並且在赫爾姆特‧貝弗（Helmut Berve）的保護下出版了《古代的遺產》這部重要的文集，這部文集在戰後未加修改出了第 2 版。我的著作《柏拉圖的教育國家》繼續了我關於《柏拉圖和詩人》的研究，並且一直表明了我的新研究方向，就如這篇著作的最後一句所說的「數和存在」。

在整個第三帝國時期我只出版了一部專著《赫爾德思想中的人民和歷史》（1942 年），在這本書中我特別強調了力量這個概念在赫爾德歷史思想中的作用。這本書盡量避免明確的表述。但儘管如此這本書還是引起了一些人的憤慨，這些人當時也從事了同樣題目的研究，並且認為不能避免某種更多的「一體化」。至於我則是出於某種原因而偏愛這個題目。我是於 1941 年在一個關押法國軍官的戰犯俘虜營裡第一次用法語演講這個題目的。在討論的時候出現一個情況，我說道，一個君臨於群眾頭上的帝國是「auprēs de sa chute」（處於崩潰的邊緣），那些法國軍官們看起來很注意這句話並且理解了其中的含意（我不知道在當時那種可怕的、不真實的情況下我以匿名的方式遇見的這些人中是否有我日後的法國同事）。那個陪伴我的政治幹部對他們專心聽講很高興。這種精神的明晰性和無所顧忌的無偏袒態度特別真實地反映了我們的勝利信心（究竟那位幹部也相信這一點抑或只是附和而已，這我不敢斷定。但不管怎樣他並沒有表示反感，而且我還必須在巴黎再作一次這樣的講演）。

但總的來說，更聰明的做法還是盡可能不引人注目。我只是在 [Ⅱ491] 講課時才講我的研究成果。因為在講課時可以不受阻礙和限制地發

表意見。甚至我在萊比錫還不受干擾地作了些關於胡塞爾思想的研究，我當時所研究的東西是在我學生的文章中第一次公布於眾的，尤其是在福爾克曼—施魯克傑出的博士論文〈柏羅丁是柏拉圖式本體論的解釋者〉中（1940 年）。

自從我在萊比錫當了教授並在那裡——在特奧多·利特（Theodor Litt）退休之後——成了唯一的學術代表之後，我就再也不能把我的授課與自己的研究計畫很好地結合起來了。我除了教授希臘哲學及其最後、最偉大的後繼者黑格爾之外，還要講授從奧古斯丁、多瑪斯直到尼采、胡塞爾和海德格的整個古典傳統的思想——自然，身為半個語文學家，我還是以他們的原著為主。此外，我還開些很費解的詩人作品的研討班，主要是賀德林、歌德和里爾克。里爾克因其語言精美的風格而成為當時學術界抵抗運動的真正詩人。誰像里爾克那樣講話或像海德格那樣解釋賀德林，誰就會置身事外並把其他置身事外的人吸引在自己身邊。

戰爭的最後幾年自然非常危險。無數次的炸彈襲擊使萊比錫城及大學設施淪為一片廢墟，但人們必須忍受的這些襲擊也有它的好處：納粹黨的恐怖由於緊急狀態的存在而受到其他方面的限制。在大學裡上課常常從一個教室換到另一個教室，不過，直到戰爭結束前夕上課並未停止。當美國人占領萊比錫的時候，我正在研究新出版的維爾納·耶格的《潘迪亞》（Paideia）第 2 卷和第 3 卷——這是一件很少見的事情，即一個流亡者的這部著作竟能在戰爭最危急的關頭用德文在一個德國的出版社出版。誰能說這是一場致命的戰爭呢？

在戰爭結束後，我身為萊比錫大學的校長必須做其他的事情。我很有幾年未曾想過繼續進行哲學研究。但在週末的休息日子裡我卻寫出了一批解釋詩歌的文章。這些文章今天構成我的《短篇著作集》的第 2 卷。我覺得自己從來沒有這樣在爭分奪秒的情況下如此

輕鬆地工作和寫作過，它表明在我不專門從事科研而從事政治和行政管理工作的時期心中積累了一些東西必須一吐爲快。否則的話這樣多篇的著述就是一種眞正的折磨。我總是有一種很強烈的感覺，覺得海德格在我的身後催促著我。

1947 年秋，在我當了兩年校長之後，我應邀去了美因河畔的法蘭克福並且完全澈底地回到我的教學工作和研究工作中去──當然是在工作條件許可的範圍之內。在我逗留於法蘭克福的兩年工作 [Ⅱ 492] 期間，我力圖考慮到學生的艱苦處境，我不光是積極地給學生上課，而且也出版了一些著作，比如《亞里斯多德形上學》第 12 卷（希臘文和德文對照本）、《狄爾泰的哲學史概要》，這兩本書都由克羅斯特曼出版社很快地出版了。其他重要的事件還有 1949 年 2 月在阿根廷的梅諾薩召開的哲學大會，在這次大會上我們一方面與舊日的猶太朋友，另一方面與其他國家的哲學家（義大利、法國、西班牙、南美）首次建立了連繫。

1949 年我應邀接替了卡爾・雅斯培的講座，這意味著我在學術「世界」裡重新開始了一種「學術」活動。正像我在馬堡當了 20 年的學生和講師一樣，我現在開始將在海德堡工作 25 年，儘管要求我們所有人的戰後重建任務很繁忙，但我還是做到逐步卸掉了政治和學校行政方面的工作，並使自己集中精力在自己的學術研究上。這些研究最後於 1960 年以《眞理與方法》一書而達到一個初步的總結。

在我滿腔熱情地當好一個教師的同時，我終於完成了這本大部頭著作，這應該歸功於一種自然的需要，即要反思一下我們在課堂上所聽到的各種哲學思維方法是怎樣從當代哲學處境出發而得到其眞正實現的。那種歸結爲一種先天構造好了的歷史過程的方法（黑格爾），正如歷史主義的相對主義的中立觀點一樣，是不能令我滿意的。我贊同萊布尼茲的態度，他曾經說過，他對自己讀到的一切

都持贊同態度。與這位大思想家不同的是我在這種經驗中並未感到需要構思一種巨大的綜合。相反我開始自問，哲學是否必須受制於這樣一種綜合的任務，以及為發展詮釋學經驗哲學是否必須以澈底的方式保持開放。由於這種富有啓發的並且竭力與一切重新把認清的東西弄晦澀的行為相對抗的想法的吸引……哲學就是一種啓蒙（Aufklärung），但這是反對其自身獨斷論的一種啓蒙。

實際上我的「詮釋學哲學」（hermeneutische Philosophie）的產生從根本上說無非只是試圖對我的研究風格和授課方式作理論解釋。實踐是第一位的。我總是竭力不要講得太多，不要用不能完全為經驗兌現的理論構造為自己辯護。於是我繼續雙管齊下努力工作，身為教師我繼續上好課，特別和與我關係緊密的學生保持密切 [II 493] 的連繫，而把寫作《真理與方法》的工作放在假期裡進行。我寫這本書幾乎用了 10 年時間，並在這段時間裡盡可能地不分散自己的注意力。當這本書出版的時候——《真理與方法》這個書名還是在該書印刷的時候想出來的——我自己都不清楚這本書是否出得太晚了，真正過時了。因為當時已經出現了新的一代理論工作者，他們有的對技術充滿了期待，有的則受到意識形態批判的影響，這是可以料到的。

關於書名問題也麻煩十足。我的國內外同行都期待著把這本書作為一種哲學詮釋學。但當我建議用哲學詮釋學作書名的時候，出版商就反問我：什麼叫哲學詮釋學？看來更好的做法還是把這個當時還不為人所知的名詞作為副標題的好。

此外，我一直堅持從事的教學工作也不斷地產生出更多的成果。我的老朋友卡爾・勒維特（Karl Löwith）從國外回來並和我一起在海德堡教書，這在我倆之間造成了一種有益的競爭。幾年以後當我知道由於約爾根・哈伯瑪斯的緣故霍克海默爾和阿多爾諾成了對頭，我們就把約爾根・哈伯瑪斯請來當了年輕的編外教授，於是

我和哈伯瑪斯之間產生了富有成果的相互影響。既然哈伯瑪斯能使馬克斯和特埃蒂這兩個精神盟友關係破裂，那他肚子裡肯定有點東西，事實上我們向他索取的文章證明了這個青年研究者的才能。他的這一才能我是早有所聞的。當然，還有一些立志獻身於哲學的學生，在這裡我只提一提在哲學領域中當教師的那些學生。我從法蘭克福帶來了一批學生，其中有迪特爾·亨利希（Dieter Henrich），他最初是受到馬堡的埃賓豪斯（Ebbinghaus）和克勞斯·萊因希（Klaus Reich）的極端康德主義的影響。在海德堡也有一些同樣的學生，我也只提那些從事哲學教學和哲學研究的人，他們是：沃爾夫岡·巴圖沙特（Wolfgang Bartuschat）、呂迪格爾·布勃納（Rüdiger Bubner）、特奧·亞伯特（Theo Ebert）、海因茨·基默爾（Heinz Kimmerle）、沃爾夫岡·屈內（Wolfgang Künne）、魯伯萊希特·普夫拉奧默（Ruprecht Pflaumer）、J. H. 特雷德（Trede）和沃爾夫岡·維蘭德（Wolfgang Wieland）等。後來從法蘭克福又來了一些學生，有柯拉德·克拉默（Konrad Cramer）、弗里德里希·福爾達（Friedrich Fulda）、賴納·維爾（Reiner Wiehl）等，當時在法蘭克福除了法蘭克福思辨學派的影響外，沃爾夫岡·克拉默（Wolfgang Cramer）也有強大的影響。後來漸漸地又來了些外國學生，並且加入了我的學生圈子，他們中有來自義大利的瓦蘭里奧·維拉（Valerio Verra）和 G. 瓦蒂莫（Vattimo），來自西班牙的 E. 萊多（Lledo），還有很多美國學生，後來當我去美國旅行遇到他們時，他們都已身居高位。特別使我滿意的是，在我最親近的學生圈子中的一些人後來在其他專業中也卓有成就——這可以說是對詮釋學思想本身的一種考驗。

　　我當時教的主要是詮釋學實踐。詮釋學首先是一種實踐，是理解和達到理解（Verständlichmachen）的藝術。它是所有想教授哲學思維的課程的靈魂。要想掌握這種靈魂首先要訓練自己的耳朵，　[II 494]

使自己對概念中具有的前規定性（Vorbestimmtheiten）、前把握性（Vorgreiflichkeiten）和前印記（Vorprägungen）有一種敏感性。我在概念史上所下的苦功就是這樣一種訓練。在德國研究聯合會的幫助下我舉辦了一系列概念史的學術討論會和報告會，從而引起很多人進行類似的努力。運用概念需要認眞，而要達到這種認眞則要求具有概念史意識，這樣我們才不會隨意下定義，不會陷入幻想，才能把具有約束力的哲學話語規範化。概念史意識於是具有了批判的義務。爲了完成這個任務我還運用了其他的辦法，我與赫爾姆特‧庫恩（Helmut Kuhn）一起復刊了專門從事批判的雜誌《哲學評論》，對於庫恩的批判才能，我早在 1933 年之前，亦即我研究康德的最後幾年裡就極爲驚嘆。在凱特‧高達美—萊克布施太太的嚴格指導下我們爲這份雜誌工作了 23 年，直到我們把它交給新一代年輕人的手中。

但是我工作的重點始終是在海德堡講學。只是在我於 1968 年退休之後我才試圖在更大的範圍內把很多人都感興趣的我的詮釋學觀念推廣到國外去，當時主要是美國。

詮釋學和希臘哲學是我研究工作的兩個重點。在此我想簡略地描述一下兩者之間的連繫，正是這種連繫推動了我思想的發展。

首先談談《眞理與方法》中提出的詮釋學。

這種哲學詮釋學究竟是何許物也？它與德國的浪漫主義傳統——這是由施萊爾馬赫這個深深浸染了舊的神學傳統的人所提出，並在狄爾泰的精神科學詮釋學中達到頂峰而且被人當作一種精神科學方法論——又有何區別呢？出於何種理由可以把我自己的嘗試稱作「哲學的」詮釋學呢？

我在這裡談一下這個問題恐怕不是多餘的。因爲有許多人過去曾經並且現在仍然在這種哲學詮釋學中看到一種對方法合理性的回絕。特別是自詮釋學成爲一種時髦，任何一種「解釋」都想自稱爲

詮釋學以來，還有許多人誤解了詮釋學這個詞，誤解了我為什麼要啟用這個詞，他們甚至反其道而行之，在詮釋學中發現了一種新的方法論，並且在實際工作中用這種方法論去為方法上的含糊性和意識形態的掩飾作辯護。還有一些屬於意識形態批判流派的人雖說在 [Ⅱ 495] 詮釋學中認識到了直理，但只認識一半眞理。他們說，雖然在傳統的前把握的含意中認識傳統是件好事，但這樣做卻缺乏一件更重要的事，即要從傳統中釋放出批判性的和解放性的反思。

如果我把事實上促使我提出詮釋學探究的動機如實地提出來，這可能會有助於說清問題。也許這樣說更明白一點，即無論是熱衷於方法的人還是意識形態批判者，他們實際上都反思得不夠。前者把絕無爭議是不斷試驗的合理性當作人類理性的最高標準，後者雖然認識到這種合理性具有意識形態方面的前定性，但卻未能對這種意識形態批判本身具有的意識形態關聯給以足夠的重視。

如果說我在嘗試構造一種哲學詮釋學，那麼由詮釋學的前歷史本身就可以得出，「進行理解的」科學乃構成我的出發點。然而，對於進行理解的科學尚有一種迄今未為人所認識的補充。我指的是藝術經驗，因為藝術和歷史科學這兩者都是我們自身的此在理解（Daseinsverständnis）得以直接起作用的經驗方式。為這種以正確口徑提出的「理解」疑難提供的概念幫助可以在海德格關於理解的生存論結構的闡明中找到，他本來把這稱為「事實性詮釋學」（Hermeneutik der Faktizität），即事實的自我解釋（Selbstauslegung des Faktischen），也就是說，處於在之中的人的此在的自我解釋（Selbstauslegung des sich vorfindlichen menschlichen Daseins）。我的出發點也是對唯心主義及其浪漫主義傳統的批判。我清楚地認識到，我們先天繼承和後天獲得的歷史教化的意識形態，即審美意識和歷史意識，都表現了我們眞正歷史存在的疏離形式，並且透過藝術和歷史所傳達的原始經驗絕不可

能從這種疏離形式出發得到理解。中產階級的教育意識得以享受其文化財富的那種安寧的距離，是無法認識到我們是怎樣糾纏於其中和進行冒險的（wie sehr wir dabei selber im Spiele sind und auf dem Spiele stehen）。所以我試圖從遊戲（Spiel）概念出發去克服自我意識的幻覺和意識唯心主義的偏見。遊戲絕不是一種單純的客體，而是對於一起進行遊戲的人具有其此在，而不管他是否只是以旁觀者的方式參加。海德格在《存在與時間》中關於存在問題的說明已經指出了主體概念和客體概念的不恰當性，而這種不恰當性在遊戲中就可以得到具體的證明。對於海德格曾經引導他的思想到「轉向」（Kehre）的東西，我則試圖把它描述為我們自我理解的一種界限經驗（Grenzerfahrung），描述為效果歷史意識，而這[Ⅱ496]種效果歷史意識與其說是一種意識，倒不如說是一種存在。我以此所表述的東西從來就不是為藝術科學和歷史科學的方法論實踐而提出的任務，它也絕不是主要為這些科學的方法論意識服務，而是唯一地或首要地為著對解釋能力進行哲學思考（Gedanken der Rechenschaftsgabe）服務。方法在多大程度上能為真理作擔保？哲學必然要求科學和方法認識到它們在人類存在及其理性的整體中的微不足道（Partikularität）。

毫無疑問，這樣一種任務本身最終也受到效果歷史的限制並且根植於某種完全被規定了的德國哲學和文化傳統之中。所謂的精神科學在德國比任何地方都更強烈地兼有科學的功能和世界觀的功能——或者更正確地說，它的自身興趣所具有的世界觀和意識形態的規定性是如此澈底地隱藏在它的科學程序的方法意識背後。一切人類的自我認識都具有的不可消解的統一性在其他國家表現得更為明顯，在法國表現在「美文學」（Lettres）這個更為寬泛的概念中，在英語國家則表現在新引進的「人道」（humanities）概念之中。因此，隨著對效果歷史意識的承認，包括藝術科學在內的歷史

精神科學的自我理解首先就得到了更正。

但這樣並未把問題域完全測定出來。即使在自然科學中也存在著如同詮釋學疑難那樣的東西。自然科學的道路也並非就是方法進步的道路，如同最近湯瑪斯‧庫恩所指出並且實際上與海德格首先在「世界構造的時間」以及對亞里斯多德物理學（《物理學》B 第 1 卷）的解釋中所意指的觀點相一致。「典型」（Paradigma）對於方法研究的使用和解釋來說都具有決定性的意義，而且它本身顯然不是這種研究的簡單結果。伽利略早就曾講過：Mente concipio（我用思維進行理解）[6]。

這就開啓了一個更爲廣闊的領域，這領域存在於根本的語言性或語言相關性中。在所有的世界認識和世界定向中都可以找出理解的因素——並且這樣詮釋學的普遍性就可以得到證明。當然，理解的根本語言性並不能說明一切世界經驗只有作爲講話並在講話中才能實現。很顯然存在著前語言的和超語言的領悟、啞語或沉默寡言，其中表現了直接的世界遭遇，——而且誰會否認有人類生活的眞實條件，飢餓和愛情，勞動和統治不屬於說話和語言，而是量度其中能出現相互講話和相互傾聽的空間呢？同樣無可爭議的是，正因爲存在著這種人類意見和話語的前定性（Vorgeformtheiten），才促進了詮釋學的反思。以蘇格拉底談話爲準則的詮釋學是不會受到下面這些議論的反駁，諸如意見（Doxa）不是知識，人們在隨便生活和隨意談話中達成的表面一致意見並非眞正的一致意見等等。然而，正如蘇格拉底式對話所做的，對表面假象東西的揭示正是在語言的要素中實現的。對話甚至可以使我們在不能達成一致意見，在誤解以及在那種著名的對自己一無所知的承認下達到可能 [Ⅱ 497]

6　〔參見我於 1984 年在盧德所作的報告〈詮釋學和自然科學〉，載 A. 維斯納編：《哲學和文化》，第 3 卷，第 39-70 頁，現收入我的著作集，第 7 卷。〕

的一致意見。我們稱之爲人的共性是以對我們生活世界的語言把握爲基礎的。每當我們試圖透過批判的反思和論證來糾正對人與人之間相互理解的歪曲時，這種試圖就證實了存在著這種共性。

詮釋學觀點也不能總是侷限於藝術和歷史的詮釋學科學，侷限於和「正文」打交道，但也不能在更廣的意義上侷限於藝術經驗本身。施萊爾馬赫早已認識到的詮釋學問題的普遍性與一切理性活動都有關係，也就是說，和人們對之能試圖進行相互理解的一切東西都有關係。凡是因爲人們「操不同的語言」從而不可能達成一致意見的地方，詮釋學也就不會終結。正是在這裡詮釋學的任務才變得格外重要，亦即作爲尋找共同語言的任務。但共同的語言從來不是固定的既存物。它是說話者之間所操的語言，這種語言必須這樣順暢和熟練，以致在說話者之間可以開始進行相互理解，而這一點也只有在不同的「觀點」不可消除地對峙的時候才能出現。在理性生物之間不可能否認相互理解的可能性。即使那種似乎以人類語言的多樣性爲根據的相對主義也不是對理性的限制，因爲理性的語言對所有人都是共同的，這一點赫拉克利特早已了解。我們學習外語以及兒童學習說話倒亦非只表示獲得理解的手段。毋寧說這種學習表現了一種對可能經驗的預先安置（Vorschematisierung），表現了它的第一次收穫。學會一種語言（Hineinwachsen in eine Sprache）是認識世界的一種途徑。不僅這種「學習」——而且所有經驗都是在我們對世界的認識的不斷交往的發展中實現的。在更爲深層

[II 498] 和更爲普遍的意義上可以說，經驗總是「對已認識事物的認識」（Erkenntnis von Erkanntem），正如奧古斯特·伯克爲語文學家的任務所定的公式所說。我們在傳統中生活，但這種傳統並非我們世界經驗的一個部分，並非那種僅僅由正文和碑文等構成並繼續傳達一種文字寫下的和具有歷史文獻證明的意義的所謂的文化傳統。其實正是世界本身在相互交往中被經驗並且作爲一種無限開放的任務

不斷地交付給我們（traditur）。世界從來就不是某個混沌初開的世界，而是不斷地遺留給我們的世界。哪裡有東西被經驗，不可信的東西被拋棄，或者彰明、領會和掌握被產生，哪裡就會有引入語詞和共同意識的詮釋學過程在發生。即使是現代科學的獨白式的語言也只是以這種途徑才獲得其社會現實性。我覺得這裡就充分證明了詮釋學的普遍性，雖然哈伯瑪斯對此表示強烈的反對。我認為哈伯瑪斯對詮釋學問題從未超出過一種唯心主義的理解，並且很不恰當地把我的觀點限制在特奧多‧利特（Theodor Litt）所認為的「文化傳統」的意義上。我們可以在舒坎伯版的《詮釋學和意識形態批判》一書中找到廣泛討論此問題的文獻。

對於我們的哲學傳統，我們也必須提出同樣的詮釋學任務。哲學思維並不是從零開始，而是必須繼續思考和繼續運用我們講話所操的語言，我們今天仍然要像古代詭辯派的時代那樣，把與其原始意義相異的哲學語言置回到對所意指的東西的講話中去，置回到負載我們講話的共同性中去。

由於現代科學及其哲學的推廣，我們對這項任務或多或少地變得視而不見了。蘇格拉底在柏拉圖的《斐多篇》中提出了一個要求，他要對世界的構造和自然現象按他自己理解的那樣去理解，為什麼他要這樣坐在監牢裡而不接受為他安排好的越獄逃跑呢？——因為他認為這樣做是對的，哪怕他遭受到的是一項不公正的判決。像蘇格拉底自己理解的那樣去理解自然，這項要求由亞里斯多德的物理學按自己的方式實現了。這項要求與 17 世紀以來所謂的科學以及使自然科學和以科學為基礎對自然的統治成為可能的東西都是不可調和的。這就是為何詮釋學及其方法的結果不可能從現代科學理論中學到，而只能透過回憶較老的傳統而學到的原因。

這種傳統之一就是修辭學傳統，後期維柯就曾用方法意識來反對他稱為「批評法」（Critica）的現代科學而保衛這種修辭學傳 [Ⅱ 499]

統。我在對古代哲學的研究中就特別強調過修辭學，即說話技巧及其理論。特別是修辭學以一種長期未被人充分認識的方式也成為美學概念古老傳統的承載者，這在鮑姆加登對美學所下的定義中表現得很清楚。我們今天必須強調說明：修辭學論證方式的合理性雖然力圖使「情感」（Affekte）起作用，但從根本上說是要使論證更為有力，並且在大多數情況下都很成功，修辭學論證方式的合理性現在是並且將一直是一種比科學確實性更加強有力的社會規定因素。因此，我在《真理與方法》中突出討論了修辭學，並從很多方面，特別是在從法學實踐出發的 Ch. 佩雷爾曼（Perelman）的研究中找到了對此的證明。這並不表明，假如我們以此為根據就忽視了現代科學及其對技術文明的應用的意義。恰恰相反，這正是提出現代文明的全新的媒介問題。但情況並未因此而有根本的改變。因此，把科學的獨白組合到交往意識中去這一「詮釋學」任務——這裡包括了訓練實踐的、社會的、政治的合理性——由此只是變得更為緊迫罷了。

實際上這是我們自柏拉圖以來就已認識到的老問題。蘇格拉底認為像政治家、詩人以及工匠等只知道本領域的知識而不知道「善」為何物乃是錯誤的。亞里斯多德則透過對 Techne（技術）和 Phronesis（實踐智慧）的區分描述了這裡所存在的結構性區別。對此我們不能忽略。即使這種區別會被誤用，而且對「良知」（Gewissen）的依靠也可能常常掩藏著不為人知的意識形態依賴性，如果我們只是在匿名的科學的意義上認識理性和合理性並把它們認作科學，那我們還是誤解了理性和合理性。所以我認為我建立詮釋學理論的工作更具可信性，因為我們必須重新接受蘇格拉底遺留給我們的「人的智慧」，與科學所意識的那種可與上帝相媲美的無差錯性相比，這種「人的智慧」只是無知的。亞里斯多德建立的「實踐哲學」對此可以給我們提供樣本。這就是我們必須牢記的傳

統的第二條線索。

我認為亞里斯多德提出的實踐科學計畫為我們提供了「理解」科學可據以參照的唯一科學理論模式。在對理解的條件性作詮釋學反思時我們已指出，理解的可能性表現為一種以語言表述的，絕非 [Ⅱ 500]從零開始的，絕不可能以無限性結束的思考。亞里斯多德指出，實踐理性和實踐的觀點並不具備科學所具備的可學性，它只有在實踐中，亦即在與倫理學的內在連繫中才獲得其可能性。我們必須牢記這一點。實踐哲學這種模式必須取代下述「理論」（Theoria）的地位，這種「理論」的本體論證明唯有在「無限理智」（intellectus infinitus）中才能找到，而我們與啟示無關的此在經驗則對此一無所知。這種典型也必然會和所有把人的理性置於「匿名」科學的方法論思想之下的觀點相對立。我認為相對於科學的邏輯自我理解的完善化，這種模式乃是真正的哲學任務，它同樣並且正是面對科學對於我們的生活和繼續生存所具有的實際意義而成為真正的哲學任務。

「實踐哲學」還不僅僅只是「詮釋學」學科的純粹方法論的模式。它還像是它的實際根據。實踐哲學的方法特殊性只是亞里斯多德在其概念特性中所發現的「實踐合理性」（Praktische Vernünftigkeit）的結果。單從現代的科學概念出發是根本無法把握它的結構的。甚至流動的辯證法──儘管黑格爾是從傳統的概念中獲得的並且復活了某些「實踐」哲學的真理──也具有產生一種新的、不可察覺的反思教條主義的危險。作為意識形態批判之基礎的反思概念同樣也包含著一種非強迫性討論的抽象概念，這種概念忽視了人的實踐固有的限制。我必須把它作為心理分析治療情境的不正當的推廣加以拒絕。在實踐理性的領域中不存在「知道著的」分析者（den "wissenden" Analysten），他可以指導對被分析者（Analysanden）的創造性的反思行為。我認為在反思問題上布倫坦諾對於反思的領悟和對象化的反思所作的區分（這種區分可以

追溯到亞里斯多德）勝過了德國唯心主義的遺產。我認為它甚至與阿佩爾和其他一些人引向詮釋學的先驗的反思要求也是相對立的。上述這一切在頗受歡迎的《詮釋學和意識形態批判》（舒坎伯版）一書中有詳細的論述。

[Ⅱ501] 因此，柏拉圖的對話對我的影響比起德國唯心主義大師們更大，它一直指導著我的思考。柏拉圖對話是一種獨特的交往。如果我們根據尼采和海德格的教導把希臘概念從亞里斯多德到黑格爾和現代邏輯學的前概念性認作一種界限，在此界限之外，我們的問題就得不到回答，我們的意願就得不到滿足 —— 那麼柏拉圖的對話術就勝過我們想作為猶太基督教傳統的遺產所據有的那種表面優越性。正是柏拉圖用他的理念論，用理念的辯證法，用把物理學數學化和把我們稱作「倫理學」的理論理智化的做法為我們傳統的形上學概念奠定了基礎。但他同時也以模仿的方式對他所有的陳述都作了限制，正如蘇格拉底懂得如何對他的談話對手運用熟練的諷刺術來達到自己的目的一樣，柏拉圖也透過他的對話詩的藝術剝奪了他的讀者自認為的所謂優越性。我們的任務是和柏拉圖一起進行哲學思維，而不是去批判柏拉圖。批判柏拉圖就如同指責索福克勒斯不是莎士比亞的做法一樣幼稚。我這種說法聽起來似乎很荒謬，但只是對那些不了解柏拉圖詩意想像的哲學含意的人才顯得荒謬。

當然我們首先要學會真正用模仿的方式來閱讀柏拉圖。本世紀已有一些人這樣做了，尤其是保爾・弗里德倫德爾，以及斯忒芬・喬治（Stefan George）的詩人圈子〔弗里德曼（Friedemann）、辛格（Singer）、希爾德布蘭特（Hildebrandt）〕出版的一些富有啟發，雖然說不上奠基性的書和列奧・斯特勞斯及其朋友和學生們的研究。當然還遠不能說這項任務已得到解決。這項任務在於，要把對話中所運用的概念性陳述絲絲入扣地與這些陳述由之產生的對話現實相關聯。因為在這些對話中存在著做和說、激情（Ergon）

和**邏各斯**等柏拉圖認爲並非只用語詞言說的「多立克式的和諧」（dorische Harmonie）。毋寧說它是蘇格拉底對話眞正的生命法則。它是眞正詞義上的「引導的說話」（hinführende Reden）。只有從這裡出發才能表現出蘇格拉底那種充滿機智，並且一直使混亂發展到極端的反駁術的實際含意。是呀，如果人的智慧眞能從一個人身上轉到另一個人身上，就像水可以透過毛線從一個容器達到另一個容器那樣該有多好……（《會飲篇》，第 175d）。但人的智慧卻不可能這樣。它是無知的知（das Wissen des Nichtwissens）。依靠這種智慧，與蘇格拉底談話的人就可以承認自己的無知——這就是說：透過談話使他對自己有所明白，並對自己渾渾噩噩的生活有所知曉。或者我們可以運用柏拉圖的第 7 封信中更冷靜的話來說：受到反駁的不僅是他的論題，而且是他的靈魂。這種說法既適用於那個自認爲相信朋友卻又根本不知道友誼爲何物的奴隸（《呂西斯篇》），也適用於那個相信自己身上體現了士兵德行的有名的統帥（《拉凱斯篇》），以及那個認爲自己具備勝過所有其他知識 [II 502] 的虛榮的政治家（《卡爾米德篇》）——它還適用所有那些跟從專門教授智慧的老師的人，最後它還適用於那些頭腦簡單的民眾，這些人既自己相信又使人相信他「正可以」做一個商人、小販、銀行家猶如他做一個工匠等一樣出色。顯然，這裡所涉及的並不是專業知識，而是另外種類的知識，它與所有專門性的知識要求和認識性的思考能力都無關，和所有其他的著名的技術和科學（Technai und Epistemai）都毫不相干。這種特殊的知識指的就是「轉向理念」（Wendung zur Idee），在自認爲有知識的人的一切敞露之後就存在著這種向理念的轉向。

但這也並不說明柏拉圖最終有一種人們能向他學習的理論，亦即「理念論」。雖說柏拉圖在他的《巴門尼德篇》中批判了這種「理念論」，這也並不說明他當時曾在理念論上犯了錯誤。這只是說明

接受「理念」並不是接受一種「理論」，而是標明一種問題指向，哲學的任務就在於提出並討論這種問題指向的蘊含，這也就是柏拉圖的辯證法。辯證法是一種引導談話的藝術，其中也包括引導和自己的談話，致力於與自己達成一致意見的藝術。它是思維的藝術。但這乃指這樣一種藝術，即探究人們以他們所想和所說的究竟意指什麼。我們用這種藝術開闢一條道路，說得更準確一點：我們運用這種藝術時已經處在一條道路上。因為有一種像「人對哲學的自然傾向」這樣一種東西。我們的思想不會停留在某一個人用這或那所指的東西上。思想總是超出自身。柏拉圖的《對話錄》對此有一種表述——思維把人們引向太一、引向存在、引向「善」，而這些東西就表現在靈魂、國家憲法和世界構造的秩序之中。

當海德格把理念的接納解釋成存在遺忘的開端（這種存在遺忘在純粹的想像和客體化中達到頂峰，隨之出現了普遍趨向權力意志的技術時代），當他相當澈底地把希臘最早的存在思想也理解為形上學裡的存在遺忘的準備時，柏拉圖理念辯證法固有的領域也相應地意指完全不同的東西了。作為這種辯證法基礎的對一切存在者彼岸的超越乃是一種超出「膚淺地」接受理念的步伐，其最後結果乃是對形上學地把存在解釋為存在者的存在這一做法的反動。

實際上形上學的歷史也可以寫成一部柏拉圖主義的歷史。這部歷史的發展階段也許可以分作：柏羅丁和奧古斯丁、埃克哈特大師和庫薩的尼古拉、萊布尼茲、康德和黑格爾等等。其實也可以說，[Ⅱ503] 在西方的思想中，一切努力追問理念的本質存在以及形上學傳統的實體理論的思想都是這種發展階段中的一個環節。這個發展系列中的第一個柏拉圖主義者不是別人，而是亞里斯多德自己。我在這個研究領域中的目標就是力圖使人相信這一點，儘管亞里斯多德對柏拉圖的理型論和西方傳統的實體形上學作了批判，但事實就是如此。我在這一點上的觀點並非孤掌難鳴。正是黑格爾給予了我這種

觀點。[7]

　　我所從事的也絕不是僅僅作「歷史的」研究。因為用存在回憶的歷史（Geschichte der Seinserinnerung）去補充海德格提出的日益增長的存在遺忘史（Geschichte der wachsenden Seinsvergessenheit），這完全不是我的目的。這種做法是沒有意義的，恰當的做法應該是談論這種日益增長的對存在的遺忘。在我看來，海德格的偉大功績就在於教導我們嚴肅地詢問什麼是「存在」？從而把我們從對存在的完全遺忘中喚醒過來。我還清楚地記得，1924 年海德格在一次關於卡耶坦（Cajetan）的「指稱相似性」的研討課中用以下一個問題結束了討論：什麼是存在？當時我們被這個問題的荒唐性弄得目瞪口呆。漸漸地我們所有人都在某種意義上被帶到了對存在問題的回憶。即使是傳統的形上學傳統的捍衛者，那些想成為海德格的批判者的人也不再充滿自信地認為建築在形上學基礎上的對存在的理解是毫無疑問的了。他們只是認為古典的回答也是對存在問題的一種回答，但這就說明他們又重新把存在問題看作一個問題了。

　　凡在試圖進行哲學思維的地方就會用這種方式產生對存在的回憶，但我認為儘管如此卻沒有存在回憶的歷史，回憶並不具有歷史，不可能像有著日益增長的遺忘那樣也有一種日益增長的回憶。回憶總是一種降臨於人的東西，向人們襲來的東西，所以一種重新再現的東西（Wiedergegenwärtigtes）就會使流逝和遺忘稍作停頓。此外，對存在的回憶也不是對某種先前所知現在再想起的東西的回憶，而是對先前所問的東西的回憶，是對一種失落掉的問題的回

7　〔參見我的論文〈柏拉圖和亞里斯多德關於善的理念〉（《海德堡科學院論文集》，哲學歷史卷，1978 年，第 3 卷），海德堡，1978 年；現收入我的著作集，第 7 卷。〕

憶，但一切作爲問題追問的問題已不可能再被回憶。所有這樣的問
題作爲對當時被追問的東西的回憶乃是現在被追問的問題。這樣，
[Ⅱ504] 問題就揚棄了我們思維和認識的歷史性。哲學是沒有歷史的。第一
個書寫哲學史（實際上就是這樣的歷史）的人也就是最後一個書寫
這種歷史的人：他就是黑格爾。在黑格爾那裡歷史消融在絕對精神
的現在（Gegenwart）之中。

　　然而，這就是我們的現在嗎？對我們來說唯有黑格爾才是這
種現在嗎？的確，我們不應當對黑格爾作教條主義的限制。如果黑
格爾講到隨著一切人的自由而達到的歷史的終點，那麼這是說，歷
史唯有在這種意義上才終結，即再沒有比一切人的自由還更高的
原則能夠被提出。人人都具有日益增長的不自由——這種不自由開
始表現了世界文明的也許不可避免的命運——這在黑格爾的眼裡絕
不是對該原則的反駁。也許這只是「對事實來說太糟了」。我們
同樣可以問黑格爾：對存在的哲學思維終結於其中的原則，亦即
第一和最後的原則就是「精神」嗎？青年黑格爾派的批判對此作
了攻擊性的指責，但按我的觀點唯有海德格才第一個發現了超出
純辯證倒轉的積極的可能性。他的觀點是：「真理」並不是最終
在絕對精神的自我顯現中得到其理想實現的完全的無蔽（die volle
Unverborgenheit）。相反他教導我們，要把真理同時作爲揭蔽
（Entbergung）和遮蔽（Verbergung）來考慮 [59] 偉大的傳統思維嘗
試——在這種嘗試中我們總是相互訴說地認識自己——把一切東西
都置於這種對峙之中。所說出的東西絕不是一切。只有未說出的東
西（das Ungesagte）才使我們能達到的說出的東西（das Gesagte）
得到表述，我認爲這點絕對正確。我們藉以表述思想的概念好像一
道黑暗的牆。它使我們的思想具有片面性、固執性並充滿偏見，例
如：我們可以想一下希臘的唯理智論，或德國唯心主義的意志形上
學，或新康德主義和新實證主義的方法論主義。它們用自己的方式

說話，但同時也就不得不使自己變得無法認識。它們被圍於自身概念的前把握性之中。

由於這個理由我們可以說，我們爲了理解某位思想家而試圖與該思想家的思想進行的每一次對話都是一種自身無限的談話。一種眞正的談話就是我們在其中力圖尋找「我們的」語言——即一種共同的語言——的談話。歷史距離，以及把談話對方置於一種可以歷史地看出的起點上，一直是我們相互理解嘗試的附屬因素，實際上就是我們用以不理睬對話者的自我確信（Selbstvergewisserung）的形式。但在談話中我們卻相反地試圖使自己向對方開放，亦即保持住使我們相互連繫的共同事物。

如果情況是這樣，那麼我們和自己固有的立場當然就不能和睦相處。這種對話的無限性從根本上說不就是一種完完全全的相對主義嗎？但它本身不也同樣就是這樣一種立場，而且還是一種顯然充 [Ⅱ 505] 滿自我矛盾的立場？最後它也像獲得生活經驗的情況一樣：我們獲得的許多經驗、遭遇、教訓和失望等等並不會導致我們在最終知曉一切，而是使我們學會了解、學會知足。我在《眞理與方法》的主要一章中曾經捍衛了這種「個人的」經驗概念以反駁那種透過對經驗科學過程的程序化而使這種概念遭受到的掩蓋，而且我感到在這點上與 M. 波蘭尼（Polanyi）有同感。從這一點出發則「詮釋學」哲學就不能理解爲一種「絕對的」立場，而是一種經驗的方法。它說明根本不存在有比開放談話還更高的原則。但這也就是說，要預先承認談話對方的可能權利，甚而他們的優勢。這樣是否太微不足道了？我認爲我們從一位哲學教授那裡所能要求的就只是這種說話的方式（die Art Redlichkeit）——而且我們也只應該要求這些。

我認爲返回到人類世界財富（Welthabe）的原始對話並不是倒退，這是很清楚的。這也適用於那種對最終評價、「最終證明」的要求或對「精神的自我顯現」的教導。因此，我們必須首先重新探

究黑格爾的思想道路。海德格曾經發現了形上學傳統的希臘思想背景，並在黑格爾於其《邏輯學》中辯證地消解傳統概念的做法中認識到對希臘思想的最澈底的追隨。但黑格爾對形上學的消解卻沒有激起這種後果。尤其是黑格爾那種巧妙的對主觀精神的人爲的思辨性的超越發生了作用，並且表現爲對近代主觀主義的一種解決辦法。黑格爾的這種意圖同海德格「轉向」思想中拋棄先驗的自我設定的意圖不是一樣的嗎？黑格爾的意圖不也正是要拋棄那種指向自我意識和意識哲學的主客觀對立的傾向嗎？莫非這裡還存在差別？我們與海德格一起堅持的通向「語言」的普遍性的指向，即堅持我們世界交往（Weltzugang）的語言性，是否意味著一種超出黑格爾的步伐，一種返回到黑格爾深處的步伐？

　　爲了首先確定我自己的思想軌道，我其實只能說，我的任務就是要維護「惡的無限性」的榮譽。當然我認爲這是經過了重大的修正。因爲思維就是與自己的靈魂進行無限的對話，這種對話不能被描述爲對所要認識的對象世界的一種無限的繼續規定，不管是在新康德主義所謂的無限任務的意義上，還是在辯證法所謂思維超出以前一切界限的意義上。海德格在這一點上爲我指出了一條新的道路，他把對形上學傳統的批判變成一種準備，從而以新的方式提出了追問存在的問題，並且使自己處在「通向語言的路上」。這種語言的道路並不出現在判斷陳述及其客觀的有效要求之中，它只是不斷地關注存在的整體。整體性並不是一種規定著的對象性。因此，我認爲康德對純粹理性二律背反的批判似乎是針對黑格爾的。整體性並不是對象，而是包圍著我們並且使我們在其中生活的世界境域（Welthorizont）。

[Ⅱ506]

　　海德格褒揚賀德林而貶低黑格爾，並把藝術作品解釋爲一種原始的眞理事件，以便在詩歌作品中承認一種對於客觀規定的理想和概念的傲慢的糾正，在這一點上我無須跟隨海德格。因爲從我本人

最主要的思想軌道出發這乃是確定無疑的。我應該不斷考慮我自己的詮釋學指向。詮釋學的嘗試，也就是從對話出發思考語言 —— 對於一個終生都是柏拉圖的學生的人來說這乃是不可避免的嘗試 —— 最終意味著透過進行談話而對每一種語言固定用法的超越。在現代科學及其對知識支配的主要領域中對每個人都很適用的固定的專業術語在哲學思想的活動領域中就完全遭人輕視。偉大的希臘思想家在進行論題分析時有時也運用固定的概念術語，但即使如此他們也要維護自己語言的活動性。然而還存在著士林哲學，有古代的、中世紀的、近代的、當代的士林哲學，它們就像影子一樣伴隨著哲學。因此我們可以按下述標準很快確定某種思想的級別，即看它能在多大程度上打破那種傳統哲學語言用語所表現的僵化。黑格爾作為其辯證方法使用的計畫性的嘗試從根本上說有許多先在的東西。甚至像康德這樣一個被認為非常講究形式的思想家雖然總是想著拉丁文的學校用語，但也認為他「自己的」語言，雖說沒有重新改造，卻為傳統的概念贏得了許多新的用法。相對於胡塞爾同時代及更早時代的新康德主義，胡塞爾的地位是由此決定的：即他的精神直觀力把傳統的藝術表達和他的語言詞彙的描述性的靈活性融合成一種統一的風格。海德格則完全以柏拉圖和亞里斯多德為榜樣，去證明自己新穎的語言創造的合理性，而我們在這一點上緊緊跟隨他，甚至超過第一次轟動的效果和驚異所能期待的結果。與科學和 [II 507] 生活實踐相反，哲學則處於一種特有的困難之中。我們所講的語言並不是為著哲學思維的目的而創造的。哲學陷入了一種根本性的語言困境之中。進行哲學思維的人越是勇敢地超前思考，這種語言困境就越發明顯。一般說來，如果一個人任意「構造」概念，熱衷於對他的概念「作出規定」，這就正標明他是個半吊子。哲學家只是喚醒語言的直觀力（Anschauungskraft），任何一種語言的果敢和力量如果能進入那些一起思考和繼續思考的人的語言中，也就是

說，如果它們能繼續推動、擴展和照亮相互理解的視域，那它們就很恰當。

　　哲學的語言從來不會提前遇到它的對象，而是自己構造出對象，因此哲學語言並不是在語句系統（這種語句系統的基於邏輯性和單義性的形式化表述和批判的驗證據說能加深哲學的見解）中活動，我認為這是不可避免的結論。這個事實絕不會取消「革命」，也不會取消**日常語言**分析學派所聲稱的「革命」。讓我用例子來說明這一點：如果有人用邏輯手段分析柏拉圖某個對話中出現的論辯，指出其中的邏輯矛盾，彌補其中的缺陷並揭露其中的錯誤推論等，這當然能得到某種清晰性。但我們難道這樣就能閱讀柏拉圖嗎？這樣就算把他的問題變成我們自己的問題了嗎？如果不證明我們自己的優越性，就能算學習柏拉圖嗎？凡適用於柏拉圖的經過必要的修正之後也適用於所有的哲學。我認為，柏拉圖在他的第 7 封信中一勞永逸地正確地說明了這一點：哲學思維的工具並不是工具本身。表面的邏輯一貫性並不能代表一切。這倒不是說邏輯不具備其明顯的有效性。但是，按邏輯處理論題的方法卻把問題域限制在形式的可證明性上，從而阻礙了在我們用語言解釋世界經驗時所產生的世界開放（Weltöffnung）。這是一個詮釋學的論斷，我發現自己在這一點上最終與後期維根斯坦有某種相似之處。他修正了他的《邏輯哲學論》中唯名論的偏見，以便把所有的說話都回溯到生活實踐的連繫之中。當然，這種還原的成就對他來說仍主要是消極的。對他來說，這種成就在於拒斥不可證明的形上學問題，而不是在於重新獲得不可拒絕的形上學問題——儘管這些問題看起來可能是如此地不可證明——因為我們從我們的在世存在的語言用法中聽出了這些問題。在這一點上我們從詩人的語詞中可以學到比從維根斯坦學到的更多的東西。

　　概念的解釋並不能窮盡詩歌作品的內容，這一點是確定無疑

的，而且也不會有人對此提出反駁。至少自康德以來人們就認識到了這一點，假如我們不說從鮑姆加登發現審美真理（cognitio sensitiva）以來的話。但從詮釋學的觀點看這點就更加重要。對於詩歌來說僅僅把它的審美因素與理論因素相分離並把它從語言規則或概念的壓力下釋放出來是不夠的。詩歌本身也有一種說話的格式，概念就在這種格式中彼此發生關係。因此，詮釋學的任務就在於學會在語言約束的連繫中（在這種語言約束中總是有概念性的東西在起作用）去規定詩歌的特殊地位。語言是以何種方式變成藝術的呢？我們在這裡並非只是提出這麼一個問題，因為在解釋的藝術中總是涉及到話語和正文的形式，而且因為在詩歌中也總是涉及到語言作品，涉及到正文。詩歌作品是一種新含意上的「構成物」，它是一種卓越的「正文」。語言在這裡是以其完全的自主性出現的。它是自為存在並自己存在，而語詞則可以被它們所拋棄的話語的意向所超越。 [Ⅱ508]

　　這裡存在一個很困難的詮釋學問題。詩歌所進行的是一種特別類型的交往（Kommunikation），它與誰交往呢？與讀者？是與哪類讀者？作為詮釋學過程之基礎並起源於對話的基本格式的問答辯證法在這裡就得到一種特別的修正。對詩歌的接納和解釋似乎蘊含了一種特有的對話關係。

　　如果我們對各種不同的說話方式就其特殊性進行研究，這一點就特別明顯。並非只有詩歌語言才指明了一種豐富的區分尺度，例如：史詩、戲劇詩和抒情詩等等。顯然還有其他的說話方式使問和答的詮釋學基本關係得以進行特有的修正。我想到的是不同形式的宗教講話，例如：宣告、祈禱、布道、祝福等等。我可以舉出神祕的「傳說」、法律正文，以及哲學所運用的那種或多或少有點結巴的語言。它們構成詮釋學的應用難題，自從《真理與方法》問世以來，我就把越來越多的精力集中在這個問題上面。我認為可以從兩

個方面出發來解決這一難題，其一是從我對黑格爾的研究出發，在
這種研究中我以語言和邏輯的關係追蹤語言的作用；其二是從現代
嚴密的詩學出發，我對保爾‧塞蘭（Paul Celan）的《生命結晶》
所作的評論就是這樣一種研究。在這種研究中占中心地位的是哲學
和詩學的關係。對這個問題的反思會使我和我們大家都不斷地回想
到，柏拉圖並不是一個柏拉圖主義者，而哲學也絕不是士林哲學。

本書論文版源 [Ⅱ 509]

1. 在現象學和辯證法之間——一種自我批判的嘗試

   Zwischen phänomenologie und Dialektik—Versuch einer Selbstkritik.

   至今未發表。

2. 當今德國哲學中的歷史問題

   Das Problem der Geschichte in der neueren deutschen Philosophie.

   原是 1943 年一篇講演稿（當時未發表）；第一次發表於我的《短篇著作集》，第 1 卷，第 1-10 頁。也可參閱我在門杜薩會議（阿根廷，1948 年）以《歷史理性的界限》爲題所作的講演，這篇講演稿刊登在該會的論文集中。

3. 精神科學中的眞理

   Wahrheit in den Geisteswissenschaften.

   原爲德國研究聯合會 1953 年在不萊梅舉行的年會上的報告。第一次發表於《德意志大學雜誌》，第 9 卷，1954 年，第 6-8 頁；後重印於《短篇著作集》，第 1 卷，第 39-45 頁。

4. 什麼是眞理？

   Was ist Wahrheit?

   應法蘭克福大學新教學生會的邀請在 1955 年於阿羅爾德海恩所作的講演。第一次發表在《時代轉折新航跡》，第 28 卷，1957 年，第 226-237 頁；重印於《短篇著作集》，第 1 卷，第 46-58 頁。

5. 論理解的循環

   Vom Zirkel des Verstehens.

第一次發表在《馬丁‧海德格 70 誕辰紀念文集》，福林根，1959 年，第 24-35 頁；重印於《短篇著作集》，第 4 卷，第 54-61 頁。

6. **事情的本質和事物的語言**

Die Natur der Sache und die Sprach der Dinge.

原爲 1960 年在慕尼黑召開的第 6 屆德國哲學年會上所作的報告，刊印在該會文集《秩序問題》，邁森海姆，1962 年，第 26-36 頁；重印於《短篇著作集》，第 1 卷，第 59-69 頁。

7. **作爲哲學的概念史**

Begriffsgeschichte als Philosophie.

第一次發表在《概念史檔案》，第 14 卷，1970 年，第 137-151 頁；重印於《短篇著作集》，第 3 卷，第 237-250 頁。

8. **古典詮釋學和哲學詮釋學**

Klassische und philosophische Hermeneutik.

第一次以義大利文發表在 *Encyclopedia del Novecento*，羅馬，1977 年，第 2 卷，第 731-740 頁，題目是「詮釋學」（Ermeneutica）。在里特爾編的《哲學歷史辭典》第 3 卷第 1061-1073 頁上有德文節選。

[Ⅱ510] 9. **自我理解的疑難性**

Zur Problematik des Selbstverständnisses.

原爲 1961 年在羅馬所作的講演，法文是由 E. 卡斯特里（Castelli）以「Intendimento e Rischio」爲題發表在「人文主義國際研究大會」的會議文獻裡，羅馬，1962 年；德文是以「理解和遊戲」爲題發表在《神學研究》，第 30 卷，1963 年。本書所收乃是修改和擴大的版本，它第一次發表在格哈德‧克呂格爾 60 誕辰紀念文集《洞見》裡，法蘭克福，1962 年，第 71-85 頁，同時也收入《短篇著作集》，第 1 卷，第 70-81 頁。

10. 歷史的連續性和存在的瞬間

Die Kontinuität der Geschichte und der Augenblick der Existenz.

原爲圖賓根新教學生會在 1965 年召開的高等學校會議上的講演，第一次與 R. 維特拉姆、J. 莫爾特曼（Moltmann）的報告一起以「歷史——未來的要素」爲題發表，圖賓根，1965 年，第 33-49 頁。以本文題目重印於《短篇著作集》，第 1 卷，第 149-160 頁。

11. 人和語言

Mensch and Sprach.

首先發表在《母語》，第 65 卷，1965 年，第 257-262 頁；繼後刊登於 D. 提策維斯基（Tschizewskij）70 誕辰紀念文集《文字域》，慕尼黑，1966 年，第 237-243 頁；同時又收入《短篇著作集》，第 1 卷，第 93-100 頁。

12. 論未來的規劃

Über die Planung der Zukunft.

第一次發表在 *Daedalus*，第 95 卷，1966 年，第 572-587 頁，題目是「Planning of the Future」，德文發表於《短篇著作集》，第 1 卷，第 161-178 頁。

13. 語義學和詮釋學

Semantik and Hermeneutik.

原爲 1968 年維也納召開的第 14 屆國際哲學大會上的報告，第一次發表於《短篇著作集》，第 3 卷，第 251-260 頁。

14. 語言和理解

Sprach and Verstehen.

第一次發表在《時代轉折新航跡》，第 41 卷，1970 年，第 364-377 頁，重印於《短篇著作集》，第 4 卷，第 94-108 頁。

15. 語言能在多大程度上規定思維？

Wieweit schreibt Sprache das Denken vor?

第一次發表在《時代轉折新航跡》，第 44 卷，1973 年，第 289-296 頁，重印於《短篇著作集》，第 4 卷，第 86-93 頁。 法文載於 E. 卡斯特里（編輯）的 *Démythisation et Idéologie*，巴黎，1973 年，題目是「Jusqu'à quel point la langue préforme-telle la pensée」，第 65-70 頁。英文見《眞理與方法》英譯本附錄，倫敦，1976 年。

16. 無談話能力

Die Unfähligkeit zum Gespräch.

原是海德格研究會舉辦的廣播講座稿，第一次發表於《大學》，第 26 卷，1971 年，第 1295-1304 頁，重印於《短篇著作集》，第 4 卷，第 109-117 頁。

17. 詮釋學問題的普遍性

Die Universalität des hermeneutischen Problems.

第一次發表於《哲學年鑑》，第 73 卷，1966 年，第 215-225 頁，同時收入《短篇著作集》，第 1 卷，第 101-112 頁。

[Ⅱ511] 18. 修辭學、詮釋學和意識形態批判

Rhetorik, Hermeneutik und Ideologiekritik.

第一次發表於《短篇著作集》，第 1 卷，第 113-130 頁。

19. 答《詮釋學和意識形態批判》

Replik zu Hermeneutik und Ideologiekritik.

第一次發表在哈伯瑪斯（編輯出版）的《詮釋學和意識形態批判》，法蘭克福，1971 年，第 283-317 頁，重印於《短篇著作集》，第 4 卷，第 118-141 頁。

20. 修辭學和詮釋學

Rhetorik und Hermeneutik.

第一次作為約金姆—尤吉烏斯科學學會刊物發表，哥廷根，1976 年，重印於《短篇著作集》，第 4 卷，第 148-163 頁。

21. 邏輯學還是修辭學？

Logik oder Rhetorik? Nochmals zur Frühgeschichte der Hermeneutik.

第一次發表在《概念史檔案》，第 20 卷，1976 年，第 7-16 頁，重印於《短篇著作集》，第 4 卷，第 164-172 頁。

22. 作為理論和實踐雙重任務的詮釋學

Hermeneutik als theoretische und praktische Aufgabe.

原為 1978 年 1 月 19 日在明斯特召開的國際法哲學和社會哲學聯合會威斯特伐倫組會上的報告，以及 1978 年 1 月 18 日在海德堡科學院的報告。第一次以擴大篇幅發表在《法律理論》，第 9 卷，1978 年，第 257-274 頁。

23. 實踐理性問題

Probleme der praktischen Vernunft.

第一次發表於《意義和歷史性——特奧多·利特的研究和影響》，J. 德勃拉夫（Derbolav）和其他人合編，斯圖加特，1980 年，第 147-156 頁。

24. 正文和解釋

Text und Interpretation.

第一次發表在《正文和闡釋——德法辯論》，P. 福格特編，慕尼黑，1984 年，第 24-55 頁。

25. 解析和解構

Destruktion und Dekonstruktion.

德文原文未發表——以義大利文載於《解釋和解構》（Interpretazione e deconstruzione），拿波里，1986 年；英文由瑪律夏爾（Marshall）編，魯瓦，1986 年。

26. 補注 I—VI

Exkurse I—VI.

第一次發表在《眞理與方法 —— 哲學詮釋學的基本特徵》，圖
賓根，1960 年，第 466-476 頁。

27. 詮釋學與歷史主義

Hermeneutik und Historismus.

第一次發表在《哲學評論》，第 9 卷，1961 年，第 241-276 頁，
重印於《眞理與方法》，第 2 版，圖賓根，1965 年，第 477-
512 頁。

28. 詮釋學

Hermeneutik.

第一次發表在《當代哲學》（*Contemporary Philosophy*），
R. 克里彭斯基編，第 3 卷，菲倫斯，1969 年，第 360-372 頁。

[Ⅱ 512]　**29.** 第 2 版序言

Vorwort zur 2. Auflage.

第一次發表在《眞理與方法》，第 2 版，圖賓根，1965 年，第
XVI—XXVI 頁。

30. 第 3 版後記

Nachwort zur 3. Auflage.

第一次發表在《眞理與方法》，第 3 版，圖賓根，1972 年，第
513-541 頁。

31. 漢斯—格奧爾格 · 高達美自述

Selbstdarstellung.

第一次發表在《自序中的哲學》，L. J. 波格拉茨（Pongratz）
編，漢堡，1977 年，第 3 卷，第 59-100 頁。

譯者注釋

第1卷

[1]　按照高達美的看法，效果歷史的規定性是這樣的澈底，以致它超出了對這一規定性的任何認識，他寫道：「我的論證的意義是：效果歷史的規定性也仍然支配著現代的、歷史的和科學的意識 —— 並且超出了對這種支配活動的任何一種可能的認識。效果歷史意識在一個如此澈底的意義上是終究的，以致我們在自己整個命運中所獲得的存在在本質上也超越了這種存在對其自身的認識。」（《眞理與方法》，第 xii 頁）簡言之，我們獲得的存在超越了我們對這種存在的認識。因此眞理的概念對於高達美來說也與自然科學所謂的眞理概念風馬牛不相及，正如在藝術的經驗中我們探究的是那些在根本上超出了方法論知識範圍外的眞理一樣，在精神科學中我們涉及的也是各種形式的歷史傳承物自身所表述出來的眞理。

[2]　在高達美看來，我們對歷史傳承物的經驗 —— 這種經驗超越了我們對歷史傳承物的任何探究 —— 都經常居間傳達了我們必須一起參與其中去獲取的眞理，這也就是說，歷史傳承物的眞理絕不是一成不變的，而總是與我們自己的參與相連繫，眞理都是具體的和實踐的。高達美在一篇題爲〈論實踐哲學的理想〉的論文裡曾經寫道：「我要宣稱：精神科學中的本質性東西並不是客觀性，而是與對象的先在的關係。我想用參與者的理想來補充知識領域中這種由科學性的倫理設

立的客觀認識的理想。在精神科學中衡量它的學說有無內容
或價值的標準，就是參與到人類經驗本質的陳述之中，就如
在藝術和歷史中所形成的那樣。我曾試圖在我的其他著作中
指出，對話模式可以闡明這種參與形式的結構，因為對話也
是由此表明，對話者並非對對話中出現的東西視而不見並宣
稱唯有自己才掌握語言，相反，對話就是對話雙方在一起相
互參與著以獲得真理。」（見《讚美理論—— 伽達默爾選
集》，上海三聯書店 1988 年版，第 69 頁）

[3]　詮釋學宇宙與自然科學的宇宙不同，它不僅包括我們所探究
的自然對象—歷史傳承物和自然的生活秩序，而且包括我們
怎樣經驗歷史傳承物的方式，我們怎樣經驗我們存在和我們
世界的自然給予性的方式，因此詮釋學宇宙總是一個無限開
放的宇宙。

[4]　「精神科學」在德文裡是複數形式，最早是用來翻譯彌爾《邏
輯學》裡「道德科學」（moral sciences）一詞的。

[5]　約翰・斯圖加特・彌爾（John Stuart Mill, 1806-1873），英
國哲學家、社會學家和經濟學家。主要哲學著作《邏輯學》
寫於 1843 年。

[6]　赫爾曼・赫爾姆霍茨（Hermann Helmholtz, 1821-1894），德
國自然科學家，19 世紀精確科學最重要的代表。對生理學、
光學、電動力學、數學和氣象學均有十分重要的貢獻，最著
名的是發現能量守恆定律。

[7]　巴黎的奧卡姆學派，指 14 世紀上半葉法國巴黎一些奧卡姆
（W. V. Ockham, 1280/1285-1347/1349）學說追隨者。

[8]　J.G. 德羅伊森，見 [10]。

[9]　皮埃爾・杜恆（Pierre Duhem, 1861-1916），法國物理學家、
數學家和科學哲學家，著名的科學理論約定論代表。杜恆主

張科學理論的作用在於使各種關聯系統化，而不在於解釋新的現象。主要著作有《李奧納多‧達文西研究》（1903-1913年）、《世界體系——從柏拉圖到哥白尼的宇宙學說史》（1913-1917年）。

[10] 威廉‧舍勒爾（Wilhelm Scherer, 1841-1886），德國語言學家、文學史家，文學藝術中實證主義方法的建立者。

[11] 巴洛克，原指 16-18 世紀中葉盛行於歐洲的一種華麗花型的建築風格，這裡指這一時代。

[12] 赫爾德（Johann Gottfried von Herder, 1744-1803），德國批評家、哲學家、路德派神學家，浪漫主義運動先驅。赫爾德具有超越時代的眼光，預見了德國哲學思想和文藝理論的未來發展。在《論語言的起源》（1772 年）中認爲語言結構是人類本性的眞實圖像，只有透過語言才能產生對人性的認識。他之後的一系列著作，特別是《關於人類發展的另一種歷史哲學》（1774 年）、《論人的天賦虛構》（1777 年）、《論人類靈魂的認識和感覺》（1778 年）和《人類歷史哲學綱要》（1784-1791 年）爲德國的啓蒙運動，特別是文學上的狂飆突進運動奠定了深厚的基礎。

[13] 至善論指一種主張人類可完全達到完善圓滿境界的理論。

[14] 教化（Bildung）是一個很難翻譯的德文詞，它不僅指一般所謂的文化，有如英語中的 culture，更重要的指一種精神的造就或陶冶，比較接近於英文中的 cultivation 或 cultivated。高達美把它定義爲「人類發展自己的天賦和能力的特有方式」（《眞理與方法》，第 1 卷，第 16 頁）。對應於教化這個詞的拉丁文是 formatio，這是從 forma（形式、形象）而衍生的詞。按照中世紀神學解釋，人是按照上帝的形象創造的，人在自己的靈魂裡就帶有上帝的形象，並且必須在自身中去造

就這種形象。同樣，Bildung 包括 Bild（形象），它既包括
Vorbild（範本、模式），又包括 Nacbbild（摹本），意即按
照範本加以鑄造。教化一詞在 18 世紀末和 19 世紀的德國思
想界相當流行。赫爾德曾從根本上把人類教育規定爲「達到
人性的崇高教化」（Emporbildung zur Humanität）。按照黑
格爾的解釋，人之爲人的顯著特徵在於他脫離了直接性和本
能性，而人之所以能脫離直接性和本能性，乃在於他的本質
具有精神性的理性方面，因此人需要教化，人類教化的本質
就是使自己成爲一個普遍的精神存在，教化從而就作爲個體
向普遍性提升的一種內在的精神活動。德國哲學家非常重視
這一概念的內涵，黑格爾說，哲學正是「在教化中獲得了其
存在的前提條件」（《哲學綱要》，第 41 節）；狄爾泰自豪
地說：「只有從德國才能產生那種可取代充滿偏見而獨斷的
經驗主義的眞正的經驗方法，彌爾就是由於缺乏歷史性的教
化而成爲獨斷的。」（《狄爾泰全集》，第 5 卷，第 IXXIV
頁）高達美更發揮說：「我們可以補充說，精神科學也是隨
著教化一起產生的，因爲精神的存在是與教化觀念本質上連
繫在一起的。」（《眞理與方法》，德文版第 1 卷，第 17 頁）

[15] 克洛普施托克（Friedrich Klopstock, 1724-1803），德國敘事
詩和抒情詩人。主要代表作《彌賽亞》（或譯《救世主》）
最早 3 篇發表於 1749 年，詩文充滿激情，引起轟動，1770
年完成最後 5 篇。

[16] 威廉・馮・洪堡（Wilhelm Freiherr von Humboldt, 1767-
1835），德國語言學家、哲學家、外交家兼教育改革家，對 20
世紀語言科學的發展有深刻的影響，曾預示探索語言文化關
係的人類文化語言學的發展。

[17] 沙夫茨伯里（Anthong Ashley Cooper Shaftesbury, 1671-

1713），英國政治家、哲學家、自然神論者。早年受教於洛克，但劍橋柏拉圖主義者對他影響頗大，因此哲學思想帶有濃厚的柏拉圖主義觀點，主張我們所看到的美或真乃是絕對的美或真的影子。主要著作是《人的特徵、風俗、見解和時代》（1711 年）。正是透過沙夫茨伯里，英國自然神論思想傳入德國，康德在一定程度上受過他的影響。

[18] 教化（Bildung）來源於 Bilden（形成），包含（Bild）（圖像、形象），而 Bild 既有 Vorbild（範本、樣本），又有 Nachbild（摹本），意思就是說 Bildung 乃是按照 Vorbild（範本）進行摹寫（Nachbilden），亦即按照人性理想進行教化或陶冶，這種觀點究其根源應當說來自柏拉圖，柏拉圖的 eidos 原本指所看到的形象，德文是以 Urbild（原型）來翻譯，按照柏拉圖，事物乃是原型的摹寫，因此現實世界的事物可以說是摹本，即德文裡的 Abbild，之後新柏拉圖主義就是利用 Urbild 和 Abbild 這種關係，認為世界萬物乃是上帝根據祂心靈中的原型（archetype）、典型（paradigms）或模式（pattern）所創造，德國思想家所使用的 Bildung 就是沿著這一思路而發展起來的。

[19] 《第一哲學》係黑格爾 1808 年任紐倫堡文科中學校長期間所編寫的《哲學入門》中的一部分，該書 1811 年寫畢，1840 年正式出版。

[20] 黑格爾在《精神現象學》裡這樣寫道：「雖說對於主人的恐懼是智慧的開始，但在這種恐懼中意識自身還沒有意識到它的自為存在。然而透過勞動，奴隸的意識卻回到了它自身。當行動符合於主人的意識的時候，對於物的非主要的關係這一面誠然顯得是落在服役者的意識身上，因為在這一關係裡物仍然是保持其獨立性。欲望卻為自身保有其對於對象之純

粹的否定，因而享有十足的自我感。但是也就因爲這樣，這
種滿足本身只是一個隨即消逝的東西，因爲它缺少那客觀的
一面或持久的實質的一面。與此相反，勞動是受到限制或節
制的欲望，亦即延遲了的滿足的消逝，換言之，勞動陶冶
（Bilden）事物。對於對象的否定關係成爲對象的形式並且
成爲一種持久性的東西，這正因爲對象對於那勞動者來說是
有獨立性的。這個否定的媒介過程或陶冶的行動同時就是意
識的個別性或意識的純粹自爲存在，這種意識現在在勞動中
外在化自己，進入到持久的狀態。因此那勞動者的意識便達
到了以獨立存在爲自己本身的直觀。」（黑格爾：《精神現
象學》，上卷，商務印書館 1979 年版，第 130 頁）

[21] 黑格爾自 1808 年在紐倫堡任文科中學校長，長達 8 年之久。

[22] 伊索克拉底（Isokrates，西元前 436—西元前 338），古希臘
修辭學家和教育學家。

[23] 《波爾‧羅亞爾邏輯》（*Logique de Port-Royal*），亦名《皇
港邏輯》，係 17 世紀波爾‧羅亞爾運動的兩個領導者安東
尼‧阿爾諾和皮埃爾‧尼科爾編著的一部邏輯書。

[24] 詹孫教派（Die Jansenisten）係 17 世紀和 18 世紀出現於法
國、荷蘭和義大利的一個天主教的非正統教派，主要創始人
是魯汶大學神學家詹孫。這一教派認爲，反宗教改革運動的
神學家在反對路德和喀爾文關於上帝的恩惠的教義的同時，
走向另一極端，即過分強調了人的責任以致貶低了天主的主
動性。詹孫教派還試圖利用科學方法來論證奇蹟，從而開創
奇蹟的批判。

[25] 斯賓諾莎（Benedict de Spinoza, 1632-1677），猶太裔荷蘭哲
學家，他的《神學政治論》（1670 年）一書開創了對《聖經》
的歷史批判任務。按照高達美的看法，斯賓諾莎對《聖經》

的歷史批判，尤其是對《聖經》各篇作者所使用的語言的性質和特徵的解釋，分清字面的意思和比喻的意思，乃屬於詮釋學的前史。

[26] 共通感，原在亞里斯多德那裡指 5 種普通的感覺，但爾後的發展卻成為一種實踐的判斷標準，或者健全的常識。維柯在他的《新科學》一書中援引了共通感這一概念，在他看來，共通感乃是所有人中存在的一種對於合理事物和公共福利的共同感覺。蘇格蘭常識學派也援引了這一概念，在他們看來，這是人類的一種健全感覺，並用這一概念來攻擊形上學及其懷疑主義的解決方案。康德在其《判斷力批判》裡也講到鑑賞（趣味）作為一種共通感，儘管共通感這一概念的含意常常被了解為平凡、庸俗，「但是在共通感這一名詞之下人們必須理解為一個共同的感覺的理念，這就是一種評判機能的理念，這評判機能在它的反思裡顧到每個別人在思想裡先驗的表象形式，以便把他的判斷似乎緊密地靠攏著全人類理性，藉以逃避主觀性和人的諸條件對判斷產生的有害影響。」（康德：《判斷力批判》，上卷，商務印書館 1987 年版，第 137-138 頁）高達美在共通感這一概念裡所強調的就是一種歷史的、實踐的智慧。他利用亞里斯多德的「實踐智慧」（Phronesis）這一概念來解釋共通感，一個具有共通感的人就是具有實踐智慧，知道如何正確應用的人，因此他說：「顯然就有某種理由要把語文學—歷史學的研究和精神科學的研究方式建立在這個共通感概念上，因為精神科學的對象，人的道德的和歷史的存在，正如它們在人的行為和活動中所表現的，本身就是被共通感所根本規定的。」（《真理與方法》，德文版第 1 卷，第 28 頁）

[27] 維柯（Giambattista Vico, 1668-1744），義大利哲學家，人文

主義思想家。主要著作《新科學》後來才受到人們注意。維
柯認爲人類社會經歷從生成逐漸走向毀滅的階段，首先是野
蠻時期，然後進入眾神時代，再後是英雄時期，最後是人類
時期，人類時期最後又回到野蠻時期。

[28] 犬儒學派（Kyniker）係古希臘小蘇格拉底學派之一，創始人
安提西尼（Antisthenes，約西元前 445—西元前 365）。這一
學派主張禁欲克己的生活，據說安提西尼力破常規，終身流
浪行乞。

[29] 逍遙學派（Peripatos）係亞里斯多德學派，據說亞里斯多德
常在散步時與他的門徒講學，亦名「散步學派」。

[30] 斯多噶派（Stoiker），古希臘和羅馬時期興盛的一個哲學派
別，創始人季蒂昂的芝諾（Zenon Kitieus，西元前 340—西
元前 265），因爲他通常在雅典集市的畫廊柱下講學，故又
名爲「畫廊學派」。

[31] 菲托原係規勸女神，這裡維柯用來指古代修辭學傳統。

[32] 羅馬斯多噶派指西元後羅馬時代的後期斯多噶派。著名人物
有羅馬政治家塞涅卡、奧理略以及被尼祿皇帝釋放的奴隸愛
比克泰德。這一學派對於傳播和發展斯多噶派哲學和邏輯學
起了很大作用。

[33] 特滕斯（Johannes Nikolaus Tetens, 1736-1807），德國心理
學家、數學家、經濟學家和教育家。主要著作《對人的本質
及其發展的哲學探究》（1777 年）是一部研討人類認識的起
源和結構的書，康德曾經給予很高的評價。

[34] 達蘭貝爾（D'Alembert, 1717-1783），法國數學家、啓蒙思
想家、《百科全書》編纂者。曾對牛頓第二運動定律提出另
一種表述，即所謂達蘭貝爾原理。

[35] 西塞羅（Marcus Jullius Cicero，西元前 106—西元前 43），

古羅馬政治家、律師、古典學者和作家。其著名著作有《論演說術》、《論共和國》、《論法律》，另有長詩《我的執政》和《我的時代》。在哲學史上，西塞羅的重要性在於他傳播了希臘的思想，給予歐洲一套哲學術語。

[36] 卡斯蒂廖內（Baldassare Castiglione, 1478-1529），義大利作家和外交家，他的著名的代表作《侍臣論》（1528 年）使他成為文藝復興時期貴族禮儀的權威人士，曾被譯成多種外國文字。

[37] 馬克・奧理略（Mark Aurel 或 Marcus Aurelius, 120-180），羅馬皇帝，羅馬斯多噶派哲學家。主要著作有《沉思錄》，是我們研究後期斯多噶派哲學觀點的重要經典。

[38] 薩爾馬修斯（Claudius Salmasius, 1588-1653），法國古典主義時期思想家，原名為 Claude de Salmasius。

[39] 哈奇森（Francis Hutcheson, 1694-1747），愛爾蘭哲學家。自 1730 年至去世任格拉斯哥大學道德哲學教授。

[40] 湯瑪斯・里德（Thomas Reid, 1710-1796），英國哲學家，蘇格蘭常識學派的創始人。主要著作《論人的智力》（1785 年）是反對休謨的懷疑論，而《論人的積極力量》（1788 年）則是捍衛唯理論的倫理學。

[41] 布菲爾（Claude Buffier, 1661-1737），法國哲學家、歷史學家和語言學家。其哲學觀點對蘇格蘭常識學派有影響。

[42] 亨利・柏格森（Henri Louis Bergson, 1859-1941），法國哲學家。1900 年任法蘭西學院教授，1914 年任法蘭西科學院院士，1928 年獲諾貝爾文學獎。重要哲學著作有《時間與自由意志》（1889 年）、《物質與記憶》（1896 年）和《創化論》（1907 年）。

[43] 18 世紀德國學院派形上學指萊布尼茲—沃爾夫學派哲學。

[44] 大眾哲學指 18 世紀在德國學者中產生的這樣一種哲學嘗試，即把哲學學說以一種通俗易懂和便於應用的形式闡述出來。當時萊辛就傾向於這樣一種哲學立場。

[45] 虔信派，17 世紀興起於德國新教內部並注重個人信仰的改革教派，虔信派可以說是對所謂「西方世俗化」的反響，同時也是對教會世俗化的抗議。虔信派企圖使基督教重新發揮改造人類生活的力量。

[46] 厄廷格爾（Friedrich Christopher Oetinger, 1702-1782），德國路德新教神學家。為反對笛卡兒主義和理性主義，厄廷格爾強調了精神和物質的相互連繫以及生命的首要性，從而突出了共通感。厄廷格爾的觀點對於施瓦本虔信派和黑格爾有影響，其共通感學說被高達美作為精神科學的詮釋學思想的前史加以強調。

[47] 費內倫（Francois de Salignac de la Mothe-Fenelon, 1651-1715），法國神學家和教育學家，其思想對法國啓蒙運動有很大影響。

[48] 弗勒里（Claude de Fleury, 1640-1723），法國宗教歷史學家。

[49] 沃爾夫（Christian Wolff, 1679-1754），德國哲學家，18 世紀德國學院派形上學的主要代表，以德國啓蒙運動（18 世紀以唯理論為特色的哲學運動）的代言人而出名。沃爾夫繼承萊布尼茲和笛卡兒，試圖把唯理論和數學方法應用於哲學，在德國哲學史上開創了萊布尼茲—沃爾夫時期。

[50] 約翰·白努利（Johann Bernoulli, 1667-1748），瑞士著名數學家，其兄雅可布·白努利（Jakob Bernoulli, 1654-1705），也是著名數學家。

[51] 帕斯卡（Blaise Pascal, 1623-1662），法國思想家、數學家、物理學家。主要哲學著作有《思想錄》。

[52] 莫佩爾蒂（Pierre Louis Moreau de Maupertuis, 1698-
1759），法國物理學家、數學家。

[53] 「共同感覺」（Gemeinsinn）是德語中用來翻譯拉丁文 sensus
communis（共通感）的語詞。「共同感覺」在德國古典哲學
裡指人類天生具有的一種判斷能力，因此厄廷格爾把它理解
為一種「上帝的恩賜」。「共同感覺」後來就發展成為一種
與理性判斷不同的感覺判斷，即沒有反思的判斷。

[54] 「所羅門的智慧」原係《聖經・舊約》偽經中的一卷，這裡
係指一種最高的認識能力。

[55] 「幾何學的精神」指演繹，「微妙的精神」指直覺。帕斯卡
在其晚年的神學研究中區分了這兩種精神，並且認為「微妙
的精神」優於「幾何學的精神」，只有透過「微妙的精神」
才能洞察宇宙的真相。

[56] 蘭巴赫（Johann Jakob Rambach, 1693-1735），18 世紀神學
詮釋學中虔信派詮釋學代表人物，著有《聖經解釋原則》
（1723 年）。

[57] 關於健全的人類理智（即共同的理智）是由判斷力所規定
的，參見康德《判斷力批判》第 1 版序，康德認為：「判斷
力的正確的運用是這樣必然地和普遍地需要著，因而在健全
的理智的名義下正意味著這種能力。」（康德：《判斷力批
判》，上卷，商務印書館 1987 年版，第 5 頁）

[58] 馬魯斯（Morus, 1478-1535），英國政治家，人文主義著作
家，馬魯斯係拉丁語名字，英語名字為 Sir Thomas More（湯
瑪斯・莫爾），《烏托邦》一書是其代表作。

[59] 判斷力由於需要某個能夠指導它的應用的規則而處於一種根
本的困境中，因為正如康德所指出的，為了遵循這個規則它
將需要一個其他的判斷力，可參見康德《判斷力批判》第 1

版序：「人們卻能夠從判斷力的本性裡——它的正確的運用是這樣必然地和普遍地需要著，因而在健全的理智的名義下正意味著這個能力——容易知道，尋找出一個這樣的原理是伴著許多巨大困難的。這就是說它必須不是從先驗諸概念裡導引出來的。這些先驗諸概念是隸屬於悟性，而判斷力卻只從事於運用它們。所以判斷力應自己提供一個概念，透過這概念卻絕不是某一物被認識，而只是服務於它自己作為一法規，但又不是成為一個客觀的法規，以便它的判斷能適應這個法規，因為這樣又將需要另一個判斷力，來判別這場合是不是這法規能應用的場合了。」（康德：《判斷力批判》，上卷，商務印書館 1987 年版，第 5 頁）

[60] 鮑姆加登（Alexander Gottlieb Baumgarten, 1714-1762），德國哲學家和美學家，沃爾夫學派後期重要代表。1738 年任哈勒大學教授，1740 年任法蘭克福大學教授。鮑姆加登第一次使用了「美學」（Ästhetik）這一詞，並在德國把美學作為哲學的一個分支學科。對於他來說，狹義的美學就是自由的藝術理論，而廣義的美學就是一般感性認識理論。鮑姆加登的美學理論對康德有很大影響。

[61] 在鮑姆加登看來，美在於多樣性的統一，單純的印象，如顏色，並不是美的，唯有多樣性才能刺激心靈，產生愉快，美乃是感性裡表現的完滿，而這完滿即是多樣性中的統一。

[62] 康德在其《判斷力批判》裡一方面把共通感原有道德規定擯除出去，使共通感成為一種判斷能力；另一方面又強調共通感與一般所理解的共同知性（gemeines Verstand）有區別，共同知性是不按照情感，而是按照概念，這樣共通感就必然成為鑑賞判斷的基礎。參見《判斷力批判》第 20 節和第 40 節。

[63] 純粹實踐理性模型論見康德的《實踐理性批判》第 1 部第 1

編（純粹實踐理性的分析論）第 2 章〈純粹實踐判斷力的模型論〉，康德說：「這種備考（即判斷力的模型論）就防禦了實踐理性的經驗論，實踐理性的經驗論是僅以經驗結果（所謂幸福）來定『善』、『惡』的實踐概念，經驗結果以及因自愛而決定的一種意志之無數效果雖當然能用作『理想善』的完全適當模型，但和『理想善』卻不一樣。」（康德：《實踐理性批判》，張銘鼎譯，商務印書館 1936 年版，第 88 頁）

[64] 康德在《實踐理性批判》第 2 部分簡短地探討了純粹實踐理性的方法論，他首先聲明這種方法論並不是「關於純粹實踐理性的一種科學認識方面而用純粹實踐原則來進行的方法」（儘管通常在理論認識上稱之為方法），而是指一種「我們能使純粹實踐理性律通行於人類精神以內而影響其格言的方法，即我們能使客觀實踐理性也成為主觀實踐理性的方法」。關於康德具體提出的建立和培養真正道德情操的方法綱要，可以參閱他的《實踐理性批判》，張銘鼎譯，商務印書館 1936 年版，第 212 頁以下。

[65] 參閱康德：《判斷力批判》，上卷，商務印書館 1987 年版，第 137 頁。

[66] 康德說：「一個這樣的原理卻只能被視為一種共同感覺（Gemeinsinn），這種共同感覺是和人們至今也稱作共通感的共同知性（gemeines Verstand）在本質上有區別，後者是不按照情感，而是時時按照概念，固然通常只按照模糊不明表現的原理去進行判斷的。」（康德：《判斷力批判》，上卷，商務印書館 1987 年版，第 76 頁）

[67] 按照康德的觀點，判斷力正如共通感一樣，是不能從邏輯上加以證明的，因此康德承認事例或歷史對於判斷力具有主導

線索的意義。

[68] 康德在《判斷力批判》裡說：「所以只在這個前提下，即有一個共通感（不是理解為外在的感覺，而是從我們的認識諸能力的自由活動來的結果），只在一個這樣的共通感的前提下，我說，才能下鑑賞『趣味』判斷。」（康德：《判斷力批判》，上卷，商務印書館 1987 年版，第 76 頁）

[69] 巴爾塔札·格拉西安（Baltasar Gracian, 1601-1658），西班牙作家、哲學家。

[70] F. 黑爾（Friedrich Heer, 1916-1983），奧地利歷史學家、政論家。

[71] 康德在《判斷力批斷》關於趣味的二律背反裡指出：「關於趣味可以容人爭吵（雖然不能辯論）。這個命題卻含著第一前提的反對面。因關於爭吵的對象，必須希望先能達到一致；從而人們必須能夠依憑判斷的根據，而這根據不僅僅具有私人的有效性，即不僅僅是主觀的；對於這一層另外那個命題和它正相對立，這就是：每個人有他的自己的趣味。所以牽涉到趣味的原理顯示下面的二律背反：(1) 正命題。趣味不植根於諸概念，因否則可容人對它辯論（透過論證來決定）；(2) 反命題。趣味判斷植根於諸概念，因否則，儘管它們中間有相違異點，也就不能有爭吵（即要求別人對此判斷必然同意）。」（康德：《判斷力批判》，上卷，商務印書館 1987 年版，第 185 頁）

[72] 按照康德的觀點，趣味判斷不基於概念，而基於共通感，因此它不要求每個人都同意我們的判斷，而是要求每個人都**應當**與我們的判斷相一致，他說：「在一切我們稱某一事物為美的判斷裡，我們不容許任何人有異議，而我們並非把我們的判斷放在概念之上，而只是根據情感：我們根據這種情感

不是作爲私人的情感，而是作爲一種共同的情感。因此而假設的共通感，就不能建立在經驗的基礎上，因爲它將賦予此類判斷以權利，即其內部含有一個**應該**：它不是說，每個人都將要同意我們的判斷，而是應該對它同意。」（康德：《判斷力批判》，上卷，商務印書館 1987 年版，第 78 頁）

[73] 高達美的一個根本觀點是，精神科學，例如：法律和道德的知識，都是透過具體情況的應用而得到創造性的補充和發展，「法官不僅應用法律於具體事件中，而且透過他的裁決對法律的發展作出貢獻。正如法律一樣，道德也是鑑於個別情況的創造性而不斷得以發展的。」（《眞理與方法》，第 1 卷，第 44 頁）因此他認爲，美並不是只有在自然和藝術領域內作爲對美和崇高東西的判斷才是創造性的，自然和藝術中的美應當被那彌漫於人的道德現實中的美的整個廣闊海洋所充實。

[74] 康德所謂規定性的判斷力和就是指把個別的東西（特殊）歸納在某個普遍的原理、法則或規律（普遍）之下的判斷力，參見《判斷力批判》「判斷力作爲一個先驗地立法著的機能」一節。

[75] 康德在《判斷力批判》裡把判斷力區分爲規定性判斷力和反思性判斷力兩種，規定性判斷力是把特殊歸在已知的普遍之下；反之，反思性判斷力是已知特殊而去尋找普遍，他說：「判斷力一般是把特殊包含在普遍之下來思維的機能。如果普遍的（法則、原理、規律）給定了，那麼把特殊的歸納在它的下面的判斷力就是規定性判斷力，但是，假使給定的只是特殊的並要爲了它而去尋找那普遍的，那麼這種判斷力就是反思性判斷力。規定性判斷力在知性所提供的普遍的超驗的規律之下只是歸納著，那規律對於它已經先驗地預示了，

它無需爲自己去思維一個規律從而把自然界的特殊歸納在普遍之下。……反之，反思性判斷力的任務是從自然中的特殊上升到普遍，所以需要一個原理，這原理不能從經驗中借來，因爲它正應當建立一個一切經驗原理在高一級的雖然它是經驗的諸原理之下的統一，並且由此建立系統中上下級之間的隸屬關係的可能性。所以這樣一個超驗原理，只能是反思性判斷力自己給自己作爲規律的東西，它不能從別處取來（否則它將是規定性判斷力）。」（康德：《判斷力批判》，上卷，商務印書館 1987 年版，第 16-17 頁）高達美根據黑格爾的觀點，反對康德這種區分，因爲被給予的普遍性和要發現的普遍性是很難區分的。

[76] 黑格爾承認康德判斷力學說的思辨意義，但也認爲在康德那裡，普遍和特殊的關係未表現爲眞理，參見黑格爾的《小邏輯》第 55 節：「康德的《判斷力批判》的特色，在於說出了什麼是理念的性質，使我們對理念有了表象，甚至有了思想。直觀的理念或內在的目的性的觀念，提示給我們一種共相，但同時這共相又被看成一種本身具體的東西。只有在這方面的思想裡，康德哲學才算達到了思辨的高度。席勒以及許多別人曾經在藝術美的理念中，在思想與感覺表象的具體統一中尋得一擺脫割裂了的理智之抽象概念的出路。另有許多人在一般生命的直觀和意志中找到了同樣的解脫。—— 不過，藝術品以及有生命的個體，其內容誠然是有侷限的，但康德於其所設定的自然或必然性與自由目的的諧和，於其所設想爲實現了世界目的時，曾發揮出內容極其廣泛的理念。不過由於所謂思想的懶惰，使這一最高的理念只在應當中得到一輕易的出路，只知堅持著概念與實在的分離而未能注意最後目的的眞正實現。」（黑格爾：《小邏輯》，商務印書

館 1980 年版，第 144-145 頁）

[77]　尼古拉‧哈特曼（Nicolai Hartmann, 1882-1950），德國哲學
　　　家。最初研究醫學，後在聖彼得堡研究古典哲學，1922 年在馬
　　　堡大學任哲學教授，以後在科隆、柏林和哥廷根等大學任教。

[78]　康德美學的突出點和新穎處在於他第一次在哲學裡嚴格而系
　　　統地為「審美」畫出一獨自的領域，即人類心意裡的一個特
　　　殊的狀態，即情緒。情緒表現為認識與意志之間的媒介體，
　　　正如判斷力在知性和理性之間。因此趣味在康德那裡沒有任
　　　何認識的意義，而是一種主體情緒（共通感）的表現，康德
　　　寫道：「憑藉概念來判定什麼是美的客觀的趣味法則是不能
　　　有的。因為一切從下面這個源泉來的判斷才是審美的，那就
　　　是說，是主體的情感而不是客體的概念成為它的規定根據。
　　　尋找一個能以一定概念提出美的普遍標準的趣味原則，是毫
　　　無結果的辛勞，因為所尋找的東西是不可能的，而且自相矛
　　　盾的。感覺（愉快或不快的）的普遍傳達性，不依賴概念的
　　　幫助，亦即不顧一切時代及一切民族關於一定對象的表象這
　　　種感覺的盡可能的一致性：這是經驗的，雖然微弱地僅能達
　　　到蓋然程度的評判標準，即從諸事例中證實了的趣味之評判
　　　標準，這趣味來源於深藏著的、在判定對象所賴以表現的形
　　　式時，一切人們都取得一致的共同基礎。」（康德：《判斷
　　　力批判》，上卷，商務印書館 1987 年版，第 70 頁）這在高
　　　達美看來，乃是一種美學主體化的傾向，他寫道：「康德為
　　　證明趣味領域內這種批判的合理性所付出的代價卻是：他否
　　　認了趣味有任何認識意義。這是一種主體性原則，他把共通
　　　感也歸結為這種原則。」（《真理與方法》，德文版第 1 卷，
　　　第 49 頁）

[79]　按照康德的觀點，藝術和科學不同，科學乃是按照已被認識

了的法則機械模仿而進行的，反之，藝術在於天才的創造，他說藝術「並不是遵守科學的或機械模仿的規則所能做到，而只有主體的天才稟賦才能產生出來。按照著這些前提，天才就是：一個主體在他的認識諸機能的自由運用裡表現著他的天賦才能的典模式的獨創性」。因此，他得出結論說：「照這個樣式，天才的產品（即歸屬於這產品裡的天才而不是由於可能的學習或學校的）不是模仿的範例（否則作品上的天才和作品裡的精神就消失了），而是繼承的範例，它是對於另一天才喚醒他對於自己的獨創性的感覺，在藝術裡從規則的束縛解放出來，以致藝術自身由此獲得一新的規則，透過這個，那才能表現自己是可以成爲典範的。」（康德：《判斷力批判》，上卷，商務印書館1987年版，第164-165頁）

[80] 康德在《判斷力批判》中寫道：「雖然人們把趣味的某一些產物看作範例，但並不是人們模仿著別人就似乎可能獲得鑑賞力。因爲趣味必須是自己固有的能力。一個人模仿了一個範本而成功，這表示了他的技巧，但是只有在他能夠評判這範本的限度內他才表示了他的鑑賞力」（康德：《判斷力批判》，上卷，商務印書館1987年版，第70頁）

[81] 在康德看來，最能表現美感的先驗性質的是合目的性概念，他說：「一物的合目的性，乃至於它在我們知覺裡被表象著，也不是客體自身的性質（因爲這樣一種性質不能被知覺），雖然它可以從物的認識裡推斷出來。所以合目的性是先行於對客體的認識的，甚至於爲了認識的目的而不用它的表象時，它仍然直接和它結合著，它是表象的主觀方面的東西，完全不能成爲知識的組成部分。所以對象之被稱爲合目的性，只是由於它的表象直接和愉快及不快結合著：而這個表象自身是一個合目的性的美學表象。」但是，康德又認爲

合目的性確立了趣味判斷的普遍有效性的要求，他說，一個關於客體的合目的性的審美判斷，雖然不基於對象的現存的任何概念，而且也不供應任何概念，但「當對象的形式，（不是作爲它的表象的素材，而是作爲感覺，）在單純對它反省的行爲裡，被判定作爲在這個客體的表象中一個愉快的根據（不企圖從這個對象獲致概念）時，這愉快也將被判定爲和它的表象必然地結合在一起，不單是對於把握這形式的主體有效，也對於各個評判者一般有效。這對象因而喚起美；而那透過這樣一個愉快來進行判斷的機能（從而也是普遍有效的）喚起趣味。」（康德：《判斷力批判》，上卷，商務印書館 1987 年版，第 28-29 頁）

[82] 康德說：「假設趣味判斷（像知識判斷那樣）具有一個確定的客觀原理，那麼誰要是依據這原理下了判斷，他將會宣稱他的判斷具有無條件的必然性。假使趣味判斷沒有任何原理，像單純感官的趣味的判斷，那麼人們就完全不會想到它們的必然性。所以趣味判斷必須具有一個主觀性的原理，這原理只透過情感而不是透過概念，但仍然普遍有效地規定何物令人愉快、何物令人不愉快。一個這樣的原理卻只能被視爲一共通感，這共通感是和人們至今也稱作共通感的共同理智本質上有區別：後者（共同理智）是不按照情感，而是時時按照概念，固然通常只按照不明了地表示的原理判斷著。所以只在這個前提下才有一個共通感（不是理解爲外在的感覺，而是從我們的認識諸能力和自由活動來的結果），只在一個這樣的共通感的前提下，我說，才能下趣味判斷。」（康德：《判斷力批判》，上卷，商務印書館 1987 年版，第 76 頁）

[83] 參見康德的《判斷力批判》第 60 節「關於趣味方法論」，

他說：「一切美的藝術的入門，在它意圖達成完滿性的最高
程度的範圍內，似乎不是設立原則，而是在於心的諸力的陶
冶透過人們所稱的古典科學（Humanior）的預備知識，大
概因爲人文主義一方面意味著共通感，另一方面意味著能夠
自己最內心地和普遍地傳達。這些特質集合起來構成了適合
於人類的社交性，以便把人類和獸類的侷限性區別開來。」
（康德：《判斷力批判》，上卷，商務印書館 1987 年版，第
204 頁）

[84] 按照康德的觀點，建立眞正美感或趣味的根本途徑，一方面
是透過古典人文科學，加強社交性；另一方面則是透過道
德情感的培養，他說：「趣味基本上既是一個對於道德性諸
觀念的感性化──透過對於兩方的反思中某一定的類比的媒
介──的評定能力，從這能力和建基在它上面的對於情感的
較大的感受性（這情感是出自上面的反思）引申出那種愉
快，趣味宣布這種愉快是對於一般人類，不單是對於個人的
私自情感普遍有效的。這就是使人明瞭：建立趣味的眞正的
入門是道義的諸觀念的演進和道德情感的培養；只有在感性
和道德情感達到一致的場合，眞正的趣味才能採取一個確定
的不變的形式。」（康德：《判斷力批判》，上卷，商務印
書館 1987 年版，第 204-205 頁）

[85] 康德關於自由美和依存美的區分，見《判斷力批判》第 16
節，在那裡康德寫道：「有兩種美，即自由美（Pulchritudo
vaga）和依存美（Pulchritudo adhaerens）。」第一種不以對
象的概念爲前提，說該對象應該是什麼；第二種卻以這樣的
一個概念並以按照這概念的對象的完滿性爲前提。第一種喚
作此物或彼物的（爲自身而存的）美；第二種是作爲附屬於
一個概念的（有條件的美），而歸於那些隸屬一個特殊目的

的概念之下的對象（康德：《判斷力批判》，上卷，商務印書館 1987 年版，第 67 頁）。自由美由於不依存於對象的概念，因而是純粹的趣味判斷，反之，依存美依賴於對象的概念，因而是理智的趣味判斷，所以康德說，純粹的趣味判斷和理智的趣味判斷之間的區別與自由美和依存美之間的區別是相一致的。

[86] 自然美和藝術美的區分見康德《判斷力批判》第 48 節。按照康德的觀點，自然美指一個美的物品，反之，藝術美指我們關於物品的一個美的表象。他說：「評定一個自然美作爲自然美，不需預先從這對象獲得一概念。知道它是什麼物品，這就是說：我不需知道那物質的合目的性（這目的），而是那單純形式——不必知曉它的目的——在評判裡自身令人愉快滿意。但是如果那物品作爲藝術的作品而呈現給我們，並且要作爲這個來說明爲美，那麼，就必須首先有一概念，知道那物品應該是什麼。因藝術永遠先有一目的作爲它的起因（和它的因果性），一物品的完滿性是以多樣性在一物品內的協調合致成爲一內面的規定性作爲它的目標。所以評判藝術美必須同時把物品的完滿性包括在內，而在自然美作爲自然美的評判裡根本沒有這問題。」（康德：《判斷力批判》，上卷，商務印書館 1987 年版，第 157 頁）

[87] 阿拉貝斯克係美術中阿拉伯風格的裝飾，其特點是純粹線條的纏繞交錯。

[88] 溫克爾曼（Johann Winckelmann, 1717-1768），德國考古學家和藝術史家，對於藝術上新古典主義的興起有重大影響。其著名著作有《希臘繪畫雕塑沉思錄》和《古代藝術史》。歌德曾把他與哥倫布相比，認爲他在藝術上「預示了新時代的來臨」。

[89]　規範觀念和理性觀念（美的理想）的區分見康德《判斷力批判》第17節「論美的理想」，康德說：「這裡有兩點：第一，是審美的規範觀念，這是一個個別的直觀（想像力的）代表著我們（對人）的判定標準，像判定一個特殊種類的動物那樣；第二，理性觀念，它把人類的不能感性地被表象出來的諸目的作爲判定人類的形象的原則，諸目的透過這形象作爲它們的現象而被啓示出來。一個特殊種類的動物的形象的規範觀念必須從經驗中吸取其成分，但是，這形象結構的最大的合目的性，能夠成爲這個種類的每個個體的審美判定的普遍標準，它是大自然這巨匠的意圖的圖像，只有種類在全體中而不是任何個體能符合它——這圖像只存在於評定者的觀念裡，但是它能和它的諸比例作爲審美的觀念在一個模範圖像裡具體地表現出來。」（康德：《判斷力批判》，上卷，商務印書館1987年版，第71-72頁）

[90]　米隆（Myron），西元前5世紀古希臘雕塑家。

[91]　按照康德的觀點，規範觀念的表現之所以令人愉快，並不是因爲美，他說：「它（指規範觀念）是從人人不同的直觀體會中浮沉出來的整個種類的形象，大自然把這形象作爲原始形象在這種族中做生產的根據，但沒有任何個體似乎完全達到它，它絕不是這種族裡美的全部原始形象，而只是構成一切美所不可忽略的條件的形式，所以只是表現這種族時的正確性。它是規則準繩，像人們稱呼波里克勒的持戈者那樣（米隆的牝牛可作例子）。正因爲這樣它也不能具含著何等種別的特性的東西；否則它就不是對於這種類的規範觀念了。它的表現也不是由於美令人愉快，只是因它不和那條件相矛盾，這種類中的一物只在這條件之下才能是美的。這表現只是合規格而已。」（康德：《判斷力批判》，上卷，商

務印書館 1987 年版，第 73 頁）

[92] 祖爾策（Johann Georg Sulzer, 1720-1779），瑞士哲學家、教育學家。

[93] 馬西森（Friedrich von Matthisson, 1761-1831），德國詩人。1787 年發表《詩集》，曾轟動一時。

[94] 功利（Interesse），也可譯為興趣。

[95] 康德探討美的功利問題，見《判斷力批判》第 41 節。按照康德的觀點，把某物評為美的鑑賞判斷「必須不以功利為規定根據」，但他又認為，「從這裡得不出結論說，既然它是作為純粹的鑑賞判斷而給予的了，就不能有功利和它結合在一起」。他說：「但這種結合卻永遠只能是間接的，這就是說，趣味必須最先把對象和某一些別的結合在一起被表象著以便那單純對於對象的反射的愉快又能夠和一個對於它的存在感到的愉快連接起來（在這愉快裡，建立著一切的功利），因為在這審美判斷裡，就像在認識判斷（對事物一般）裡所說的那樣：a posse ad esse non valet consequentia。這某一別的東西可能是某些經驗的東西，即如人性裡本具的某一傾向；或某些知性的東西作為意志的特性，它能夠先驗地經由現性來規定著的：這兩者內含著對於一對象的存在的愉快，因此能為著對於下列事物的興趣安置下基礎：這就是某物自身，不顧及任何一個利益興趣，它已經使人愉快。」（康德：《判斷力批判》，上卷，商務印書館 1987 年版，第 140-141 頁）

[96] 康德強調自然美對於藝術美的優越性見《判斷力批判》第 42 節，在那裡康德說：「這種自然美對藝術美的優越性，儘管自然美就形式方面來說甚至於還被藝術美超越著，仍然單獨喚起一種直接的興趣，和一切人的醇化了的和深入根底的思

想形式相協調，這些人是曾把他們的道德情操陶冶過的。」
（康德：《判斷力批判》，上卷，商務印書館 1987 年版，第
144 頁）

[97] 康德說：「這種興趣按照它的親緣關係來說是道德性的。而
誰在自然身上持有這種興趣的，他只在這一範圍內對自然持
有這種興趣，即當他的興趣在這以前已經穩固地築基於道德
的善上面了。所以誰對自然的美直接地感興趣，我們有理由
能夠猜測他至少具有著良善的道德意念的稟賦。」（康德：
《判斷力批判》，上卷，商務印書館1987年版，第145-146頁）

[98] 關於藝術相對於自然美的優越性，康德是這樣論述的：「想
像力（作爲生產的認識機能）是強有力地從眞的自然所提供
給它的素材裡創造一個像似另一自然來。當經驗對我呈現得
太陳腐的時候，我們和自然界相交談。我們固然也把它來改
造，但仍是按照著高高存在理性裡的諸原理（這些原理也是
自然的，像知性把握經驗的自然時所按照的諸原理那樣）；
在這裡我們感覺到從聯想規律解放出來的自由。把這場合裡
固然是大自然對我提供素材，但這素材卻被我們改造成爲完
全不同的東西，即優越於自然的東西。……詩人敢於把不可
見的東西的觀念，例如：極樂世界、地獄世界、永恆界、創
世等等來具體化；或把那些在經驗界內固然有著事例的東
西，如死、妒忌及一切惡德，又如愛、榮譽等等，由一種想
像力的媒介超過了經驗的界限——這種想像力在努力達到最
偉大東西裡追逐著理性的前奏——在完全性裡來具體化，這
些東西在自然裡是找不到範例的。本質上只是詩的藝術，在
它裡面審美諸觀念的機能才可以全量地表示出來。但這一機
能，單就它自身來看，本質上僅是（想像力的）一個才能。
如果把想像力的一個表象安放在一個概念底裡，從屬於這概

念的表達，但它單獨自身就生起來了那樣的思想，這些思想是永不能被全面地把握在一個特定的概念裡的──因而把這個概念自身審美地擴張到無限的境地；在這場合，想像力是創造性的，並且把知性諸觀念（理性）的機能帶進了運動，以至於在一個表象裡的思想（這本是屬於一個對象的概念裡的）大大地多過於在這表象裡所能把握和明白理解的。」（康德：《判斷力批判》，上卷，商務印書館 1987 年版，第 160-161 頁）

[99]　在能力活動中居領先地位的不是理解力，而是想像力，見《判斷力批判》第 40 節和第 49 節。康德說：「人們傳達他的思想的技能也要求著一種想像力和知性的關聯，以便把直觀伴合於概念，又把概念伴合於直觀，把它們共流入一知識；但此後這兩種心力的協調一致是合規律地強制在特定的諸概念之下。只是在這場合：即想像力在它自由中喚醒著知性，而知性沒有概念地把想像力置於一合規則的遊動之中，這時表象傳達著自己，不作為思想，而作為心意的一個合目的狀態的內裡的情感。」（康德：《判斷力批判》，上卷，商務印書館 1987 年版，第 140 頁）「如果把想像力的一個表象安放在一個概念裡，從屬於這概念的表達，但它單獨自身就生起來了那樣的思想，這些思想是永不能被全面地把握在一個特定的概念裡的──因而把這個概念自身審美地擴張到無限的境地；在這場合，想像力是創造性的，並且把知性諸觀念（理性）的機能帶進了運動，以至於在一個表象裡的思想（這本是屬於一個對象的概念裡的）大大地多過於在這表象裡所能把握和明白理解的。」（同上書，第 161 頁）

[100]　在康德看來，天才是和模仿的精神完全對立的，因此他拒絕把天才這一名稱賦予科學技術領域內的偉大發明家和發現

者，他說：「人們在這一點上是一致的，即天上是和模仿的
精神完全對立著的。學習既然不外乎是模仿，那麼，最大的
才能，學問，作爲學問，仍究竟不能算作天才。假使人們自
己也思考或作詩，並且不僅是把握別人所已經思考過的東
西，甚至對於技術和科學有所發明；這一切仍然未是正確的
根據，來把這樣一個（常常是偉大的）頭腦（與此相反，那
些除掉單純的學習與模仿外不再能有別的東西，將被人喚作
笨蛋）稱作一天才。因爲這一切科技仍是人們能學會的，仍
是在研究與思索的天然的道路上按照著法規可以達到的，而
且是和人們透過勤懇的學習可以獲致的東西沒有種別的區
分。」（康德：《判斷力批判》，上卷，商務印書館 1987 年
版，第 154 頁）

[101] 康德說：「判斷力以其自然的合目的性的概念在自然諸概念
和自由概念之間提供媒介的概念，它使純粹理論的過渡到純
粹實踐的，從按照前者的規律性過渡到按照後者的最後目的
成爲可能。因爲透過這個，最後目的的可能性才被認識，只
有這個最後目的才能在自然裡以及在它和自然諸規律的協調
裡成爲現實。知性，透過它對自然供應先驗諸規律的可能
性，提供了一個證明：自然只是被我們作爲現象來認識的，
因此，它同時指出有一個超感性的基體（在我們之內一如在
我們之外）透過知性能力來規定的可能性。但理性透過它的
實踐規律同樣先驗地給它以規定。這樣一來，判斷力就使從
自然概念的領域到自由概念的領域的過渡成爲可能。」（康
德：《判斷力批判》，上卷，商務印書館 1987 年版，第 35 頁）

[102] 康德說：「所以美的藝術作品裡的合目的性，儘管它也是有
意圖的，卻須像似無意圖的，這就是說，美的藝術須被看作
是自然，儘管人們知道它是藝術。……天才就是那天賦的才

能，它給藝術制定法規。既然天賦的才能作爲藝術家天生的
創造機能，它本身是屬於自然的，那麼人們就可以這樣說：
天才是天生的心靈稟賦，透過它自然給藝術制定法規。」
（康德：《判斷力批判》，上卷，商務印書館 1987 年版，第
152-153 頁）

[103] 參見康德《判斷力批判》第 60 節。按照康德的看法，趣味
基本上是一個對於道德性諸觀念的感性化的評定能力，從這
能力和建基在它上面的對於情感的較大的感受性引申出愉
快，趣味宣布這種愉快是對於一般人類 —— 而不單是對於個
人和私自情感 —— 普遍有效的。因此康德說：「這就是使人
明瞭：建立趣味的眞正的入門是道義的諸觀念的演進和道德
情感的培養；只有在感性和道德達到一致的場合，眞正的趣
味才能採取一個確定而不變的形式。」（《判斷力批判》，
上卷，商務印書館 1987 年版，第 205 頁）

[104] 高達美在這裡注明的頁碼有誤，康德把園藝歸入繪畫藝術，
而不歸入建築藝術，應該出自《判斷力批判》1799 年德文
版第 209 頁。在那裡康德寫道：「繪畫藝術，作爲造型藝術
的第二類，把感性的假象技巧地和諸觀念結合著來表現，我
欲分爲自然的美的描繪和自然產物的美的集合。第一種將是
眞正的繪畫藝術，第二種是造園術。」（康德：《判斷力批
判》，上卷，商務印書館 1987 年版，第 169 頁）

[105] 黑格爾反對自然美高於藝術美，見他的《美學》第 1 卷，尤
其是該書序論，在那裡他寫道：「根據『藝術的哲學』這個
名稱，我們就把自然美除開了。……藝術美高於自然。因爲
藝術美是由心靈產生和再生的美，心靈和它的產品比自然和
它的現象高多少，藝術美也就比自然美高多少。……心靈和
它的藝術美『高於』自然，這裡的『高於』卻不僅是一種相

對的或量的分別。只有心靈才是眞實的，只有心靈才涵蓋一切，所以一切美只有在涉及這較高境界而且由這較高境界產生出來時，才眞正是美的。就這個意義來說，自然美只是屬於心靈（Geist）的那種美的反映，它所反映的只是一種不完全不完善的形態，而按照它的實體，這種形態原已包含在心靈裡。」（黑格爾：《美學》，第 1 卷，商務印書館 1997 年版，第 4-5 頁）

[106] 羅森克蘭茨（Johann Karl Rosenkranz, 1805-1879），德國哲學史學家、德國老年黑格爾派。主要著作有《康德哲學史》（1835 年）、《黑格爾傳》（1844 年）和《謝林》（1843 年）等。

[107] 沙斯勒（Max Schasler, 1819-1903），德國哲學家、美學家，主要著作有《批判的美學史》。

[108] 蒂克（Ludwig Tieck, 1773-1853），德國詩人。

[109] 亞歷克西斯（Willibald Alexis, 1798-1871），德國作家。

[110] 古茨科（Karl Gutzkow, 1811-1878），德國作家、政論家。

[111] Erlebnis 一詞現在於德語裡係中性名詞。

[112] 赫爾曼·格里姆（Hermann Grimm, 1828-1901），德國藝術和文學史學家。

[113] 盧梭（Jean-Jacques Rousseau, 1712-1778），法國啓蒙運動思想家，出生於日內瓦。1750 年以〈論科學和藝術〉一文在法國獲徵文頭等獎。主要著作有《論人類不平等的起源和基礎》（1755 年）、《愛彌兒》（1762 年）和《社會契約論》（1762 年），曾對法國大革命產生重要影響。其自傳性小說《懺悔錄》第 2 部第 9 篇也有類似「體驗」的詞。

[114] 弗里德里希·貢多爾夫（Friedrich Gundolf, 1880-1931），又名 F. Leopold Gundelfinger，德國文學史家、歌德研究家。

[115] Positivität（實證性）在黑格爾哲學體系裡指一種非人性的外在權威性或法定性，他曾這樣解釋過：「一種實證的信仰是這樣一種宗教命題的體系，這種體系之所以對我們來說應是真理，是因為它是由一權威命令我們接受的，我們自己不能拒絕使我們的信仰屈從於這一權威。」（黑格爾：《著作集》，第 1 卷，德文版，1971 年，第 190-191 頁）

[116] 弗里德里希·尼采（Friedrich Nietzsche, 1844-1900），19 世紀德國哲學家，現代最有影響的思想家之一，同時也是一位出類拔萃的散文作家。尼采的哲學活動一般可分 3 個時期：(1)1870-1876 年，深受德國音樂家華格納影響，主要著作有《悲劇的誕生》（1872 年）；(2)1877-1882 年，受孔德、斯賓塞的實證主義，特別是邊沁的功利主義的影響，主要著作有《人性的，太人性的》（1878 年）、《朝霞》（1881 年）；(3)1883-1889 年，力求獨創自己的哲學體系，主要著作有《查拉圖斯特拉如是說》（1883-1891 年）、《善惡的彼岸》（1886 年）、《道德譜系學》（1887 年）。

[117] 斯忒芬·喬治（Stefan George, 1868-1933），德國詩人，曾建立一個以自己名字命名的文學團體，並出版刊物《藝術之頁》。

[118] 喬治·齊美爾（Georg Simmel, 1858-1918），德國社會學家、新康德派哲學家。

[119] 在高達美看來，詮釋學乃是對於產生知識論的條件的範例性表現。高達美說，詮釋學和一般知識論主要是對陌生性的反應，即對世界上不再熟悉的條件的反應。熟悉意味著屬於，即生活於自明的屬自身的環境之中，反之，陌生在於過去和現在、我與他人、自我和世界之間的分裂，詮釋學就是一種克服這種分裂的嘗試，因此高達美說：「如果力學時代對於

作爲非人世界的自然必須感到的那種陌生性，在自我意識的概念中和在發展成爲方法的『清楚而且明晰知覺』的確實性規則中具有它的知識論的表現，那麼 19 世紀精神科學也對歷史的世界感到同樣的一種陌生性。過去時代的精神創造物，即藝術和歷史，不再屬於現代的不證自明的內容，而是被拋擲給研究的對象或所與，從這些對象或所與出發，過去才可能讓自身得到再現。」

[120] 恩斯特·馬赫（Ernst Mach, 1838-1916），奧地利物理學家和哲學家，現代實證主義哲學的奠基人之一。實證主義以所與爲原始要素，所與指感覺材料，因此實證主義是一種由感覺原子構造知識的結構理想。這與狄爾泰的原始體驗統一體的理論是不同的。

[121] 保羅·納托普（Paul Natorp, 1854-1924），德國新康德主義哲學家，高達美博士論文指導老師。主要著作有《社會教育學》（1899 年）、《哲學與教育學》（1909 年）。

[122] 理查·赫尼希斯瓦爾德（Richard Hönigswaid, 1875-1947），德國哲學家，主要著作有《古代哲學》（1917 年）、《知識論根本問題》（1931 年）和《哲學與語言》（1937 年）。

[123] 亨利·柏格森於 1888 年出版的第一部哲學著作《論意識的直接所與》，後來改名爲《時間與自由意志》。

[124] 恩斯特·羅伯特·庫丘斯（Ernst Robert Curtius, 1886-1956），德國羅馬語族語言文學家。

[125] 高達美這句康德引文有誤，他說康德在詩歌和修辭學這兩者中看到了「想像力的一種自由活動和一種知解力事務」（ein Freies Spiel der Einbildungskraft und ein Geschaft des Verstandes），其實康德在《判斷力批判》裡所說的是「ein Freies Spiel der Einbildungskraft als ein Geschaft des

Verstandes」，因此我們改正譯爲康德在詩歌和修辭學這兩
者中看到了「一種作爲知解力事務的想像力的自由活動」。

[126] Sinn 與 Bedeutung 的區別在德文裡是相當重要的。按照弗雷
格（Friedrich Ludwig Gottlob Frege, 1848-1925）的看法，一
個表達式的 Bedeutung 是指該表達式所指稱或代表的對象，
而一個表達式的 Sinn 則指對它所指稱或代表的對象的一種表
達方式，例如：晨星與暮星，雖然這兩個詞所指稱或代表的
對象相同，都是同一顆星，但它們的含意有所不同，晨星指
早晨我們所看到的星，暮星指晚上我們所看到的星。因此我
們把 Bedeutung 譯爲所指，把 Sinn 譯爲含意，英語裡一般是
用 reference 譯 Bedeutung，用 sense 或 meaning 譯 Sinn。

[127] 普魯塔克（Plutarch, 46-125），古希臘哲學家、歷史學家。

[128] 克里西普（Chrysippus，約西元前 280—西元前 206），索利
（索羅伊）的希臘哲學家，他是將斯多噶派哲學系統化的主
要人物。

[129] 僞丟尼修（Pseudo-Dionysius the Areopagite，活動時期約 5
世紀），大概是一個敘利亞修士的假名。此人寫了一系列希
臘文作品，以期將新柏拉圖主義與基督教神學與神祕主義的
經驗結合起來。他借用《新約·使徒行傳》中經使徒保羅勸
化改信基督教的亞略巴古人丟尼修的名字。其作品主要包括
《論聖名》、《論神祕的神學》《論上天的等級》和《論教
會的等級》，以及帶有 1 世紀原始基督教氣氛的 10 封書信。
這些著作對以後士林哲學家和神學家均發生了很大影響。近
代考據學家根據書中提及的一些人物及其思想，推斷僞丟尼
修著作乃是 5 世紀間的作品。

[130] 索爾格（Karl Wilhelm Ferdinand Solger, 1780-1819），德國
哲學家。

[131] P. 梅納爾（P. Mesnard），當代德國學者。

[132] 迪博斯（Charles Dubos, 1882-1939），法國作家。

[133] 阿爾加洛蒂（Francesco Graf Algarotti, 1712-1764），義大利作家。

[134] 按照康德的看法，一切表現作為感性化有兩種情況：「或是圖式的，知性所把握的概念有著和它相照應的先驗的直觀。或是象徵的，那是一個概念，只是理性能思索它而無任何感性的直觀和它相應，而理性把一個這樣的直觀放在它的根基上，用這個直觀，判斷力的手續只類似它在圖式化的場合所觀察到的，這就是說，用這手續它（判斷力）只和這手續的規則，不是和直觀，亦只是和反思上的形式而不是和內容相一致」，並說「近代邏輯家所採用的關於『象徵』這個字的運用的意義倒置著的，是不正當的，如果人們把它和直覺的表象對立著，因象徵的只是直覺的一種。後者（直覺的）能夠分類為圖式的和象徵的表象形式。」（康德：《判斷力批判》，上卷，商務印書館 1987 年版，第 199-200 頁）

[135] 按照康德，基於先驗概念的一切直觀，或者是圖式性的，或者是象徵性的，前者是直接地，後者是間接地包含著概念的諸表現。前者用證明，後者用類比的方式。他說：「我們的語言是充滿著這一類按照著一個類比的間接的表現，透過這個，那表現不是對於概念的本來的圖式，而僅包含著為了反思的一個象徵。」（康德：《判斷力批判》，上卷，商務印書館 1987 年版，第 200-201 頁）

[136] analogia entis（存在的類似性）係中世紀哲學用語。在中世紀士林哲學裡，存在有兩種不同的關於世界萬物的看法：鄧斯・司各特（Duns Scotus）主張 Universität des Seins（存在的普遍性），即世界萬物皆是同一之物，反之，多瑪斯・阿

奎那則主張 analogia entis（存在的類似性），即認爲世界萬物是不同的，它們只有類似性。

[137] 卡爾—菲力浦·莫里茨（Karl-Philipp Moritz, 1756-1793），德國作家。

[138] 費爾諾（Fernow），生平不詳。

[139] 亨利希·邁耶（Heinrich Meyer, 1760-1832），瑞士畫家、藝術家。1791 年在羅馬與歌德相識隨即成爲歌德的好朋友。

[140] 赫涅（C. G. Heyne, 1729-1812），德國古典文化研究者。

[141] 弗里德里希·克羅伊策（Georg Friedrich Creuzer, 1771-1858），德國古典文化學者，最著名的著作是《希臘等古代民族的象徵主義與神話》（1810-1812 年）。

[142] F.Th. 菲舍（Friedrich Theodor von Vischer, 1807-1887），德國文學批評家和美學家，他的作品最後發表時題爲《美學，或美的科學》（1846-1857 年），共 6 卷。

[143] 卡西爾（Ernst Cassirer, 1874-1945），德國哲學家、教育家和文化學家。他深受新康德主義馬堡學派的影響，先後在柏林和漢堡大學任教，1933 年離開德國，在英國、瑞典最後在美國教書。主要著作《象徵形式的哲學》（3 卷本，1923-1929 年）研究了各種精神圖像和構成人類文化各方面基礎的精神功能。他認爲人類主要透過象徵活動而表現其特徵的。

[144] 康德在論述美的社交性時指出，「趣味將發現我們的評判機能的一個從感官享受到道德情感的過渡。並且不僅是人們透過這個將被更好地導致對於鑑賞力的合目的的使用，人類的先驗機能的連鎖中一個中間環節 —— 一切的立法必須繫於這些先驗機能 —— 將作爲這中間環節而表達出來。」（康德：《判斷力批判》，上卷，商務印書館 1987 年版，第 142 頁）

[145] 高達美美學的一個重要觀點就是「審美無區分」說

（ästhetische Nicht-Unterscheidung），並以此來反對通常的
「審美區分」說。審美區分說來自於席勒。席勒在他的《審
美教育書簡》裡認為審美教化理想就應當包容一切具有「質」
的東西，為了實現這種普遍性，他提出了兩種抽象：一是使
審美地教化了的意識從其共同體抽象出來，以使一切確定的
判斷標準成為零；一是使藝術作品從其世界抽象出來，以致
藝術作品成為一種「純粹的」藝術作品。高達美把這雙重抽
象稱之為「審美區分」，它既使欣賞者和創造者的審美意識
從他們各自的世界脫離出來，又使藝術作品從它們各自的對
象世界脫離出來，最後使得藝術作品既脫離了它們的對象，
又脫離了我們的觀點，成為一種純粹的抽象，因此高達美寫
道：「由於撇開了一部作品作為其原始生命關係而生根於其
中的一切東西，撇開了一部作品存在於其中並在其中獲得其
意義的一切宗教的或世俗的影響，這部作品將作為『純粹的
藝術作品』而顯然可見。就此而言，審美意識的抽象進行了
一種對自身來說是積極的活動。它讓人看到什麼是純粹的藝
術作品，並使這東西自為地存在。這種審美意識的活動，我
稱之為『審美區分』。」

高達美自己的觀點，正如他在《眞理與方法》第 2 版序言中
所說的：「誠然，在一件藝術作品最初設定的世界關係和它
在此後變化了的生活環境中的繼續存在之間似乎要有區分，
但是最初的世界和後來的世界的分界線究竟在哪裡呢？最初
的生活意蘊是怎樣轉化為對文化意蘊的反思經驗呢？在我看
來，我在這裡首先提出的『審美無區分』這一概念是完全正
確的。這裡根本沒有什麼明確的分界，理解的運動不可能囿
於審美區分所規定的反思快感中。我們應當承認，一尊古代
神像——它不是作為一種供人審美享受的藝術品過去被供奉

在神廟內，今天被陳列在現代博物館中——即使當它現在立
於我們面前時，仍然包含它由之而來的宗教經驗的世界。這
有一個重要的結果，即這尊神像的那個世界也還是屬於我們
的世界。正是詮釋學的宇宙囊括了這兩個世界。」（《真理
與方法》，德文版第 2 卷，第 440-441 頁）

[146] W. 韋德勒（Weidle），法國現代作家。

[147] 安德列・瑪律羅（Andre Malraux, 1910-1976），法國現代作
家和政治家。

[148] 賀德林（Johann Christian Friedrich Hölderlin, 1770-1843），
德國詩人，生前很少得到賞識，死後也幾乎被人遺忘了近
100 年。直到 20 世紀初葉才在德國被重新發現了，並在歐洲
建立了聲譽。海德格經常引用賀德林的詩來作哲學解釋。

[149] 龍格（Philipp Otto Runge, 1777-1810），德國畫家和作家。

[150] 伊默曼（Karl Leberecht Immermann, 1796-1840），德國戲劇
家、小說家和詩人。

[151] Fr. 羅森茨威格（Franz Rosenzweig, 1886-1929），德國猶太
裔宗教存在主義者、現代猶太神學家，主要著作有《黑格爾
和國家》和《拯救之星》（1921 年）。

[152] 理查・哈曼（Richard Hamann, 1879-1961），德國藝術史家
和美學家。

[153] 高達美在這裡玩弄一種語言遊戲。從德文來看，
Bedeutsamkeit（具有意味性）是 Bedeutung（意義）的再生詞，
先有意義，然後才有「有意義」，因而高達美說它是意義的
兩次造就。

[154] 舍勒（Max Scheler, 1874-1928），德國社會學和倫理學家，
早期現象學哲學家。重要著作有《倫理學的形式主義和物質
價值倫理學》（1921 年）、《知識形態與社會》（1926 年）

和《人在宇宙中的地位》（1928 年）。

[155] W. 柯勒（Wolfgang Koehler, 1887-1967），德國心理學家、格式塔心理學的創始人之一。

[156] E. 斯特勞斯（Emil Strauss, 1866-1960），德國作家。

[157] M. 魏特海姆（Max Wertheimer, 1880-1943），德國心理學家，格式塔心理學的創始人之一。主要著作有《創造性思維》（1945 年）。

[158] 高達美說「『審美上』被觀看的事物的存在方式不是現成狀態」，這是根據海德格的觀點。海德格在《存在與時間》中說：「『看』不僅不意味著用肉眼來感知，而且也不意味著對一個處於現成狀態的現成東西的純粹非感性的知覺。『看』只有這個特質可以用於『視』的生存論含意，這就是：『看』讓那個它可以通達的存在者於其本身無所掩蔽地來照面」（《存在與時間》，德文版，第 147 頁）。這也就是海德格所謂把某某視為（als）某某的理解 als 結構。因此高達美認為「單純的觀看，單純的聞聽，都是獨斷論的抽象，這種抽象人為地貶抑可感現象。」（《眞理與方法》，德文版第 1 卷，第 97 頁）

[159] 參見康德《判斷力批判》第 49 節。康德說：「美的觀念是想像力附加於一個給予的概念上的表象，它和諸部分表象的那樣豐富的多樣性在對它們的自由運用裡相結合著，以至於對於這一多樣性沒有一名詞能表達出來（這名詞只標誌著一特定的概念），因而使我們要對這概念附加上思想許多不可名狀的東西，連繫於它（這可不名狀的）的感情，使認識機能活躍生動起來，並且使言語，作為文學，和精神結合著。」（康德：《判斷力批判》，上卷，商務印書館 1987 年版，第 163 頁）

[160] 保羅・瓦萊利（Paul Valery, 1871-1945），法國詩人、評論家和思想家。

[161] 格奧爾格・馮・盧卡奇（Georg von Lukacs, 1885-1971），匈牙利著名哲學家、美學家和文學評論家。主要著作有《歷史與階級意識》（1923年）、《理性的毀滅》（1954年）。

[162] 赫拉克利特式的結構指赫拉克利特的辯證法：「人不能兩次踏進同一條河流」或者說「踏進同一條河流的人，遇到的是不同的水流」。

[163] 奧斯卡・貝克爾（Oskar Becker, 1889-1964），德國哲學家和美學家。

[164] 高達美在這裡反對詮釋學虛無主義。詮釋學虛無主義就是認為理解和解釋的不可能性。按照瓦萊利、盧卡奇和奧斯卡・貝克爾等人的看法，藝術作品乃是瞬間存在，也就是當下存在，它「現在」是這部作品，它現在已不再是這部作品，因此他們提出了一種絕對的瞬間性，這種瞬間性既消除了藝術家與自身的同一性，理解者或欣賞者的同一性，又擯棄了藝術作品的統一性。高達美引證齊克果從道德立場出發進行的審美批判，指出這種堅持純粹的直接性和非連續性的學說的危害性和荒謬性，從而確定了詮釋學的任務乃是從審美存在和審美經驗的不連續性中去獲取那種構成我們人類此在的連續性，即從非連續性中去創造連續性，他說：「藝術現象向存在提出了這樣一項任務，即面對個別審美印象應有動人表現的要求去獲得自我理解的連續性，因為只有這種連續性才可能支持人類的此在。」事實上我們正是在此在的連續性中揚棄了審美體驗的非連續性和瞬間性。詮釋學既使藝術作品有永恆的生命力，同時又充實和擴展了我們的此在。

[165] 這裡高達美肯定了藝術真理的客觀性。「藝術就是認識，並

且藝術作品的經驗就是分享這種認識」，而認識就包含有對客觀真理的承認，因此「在藝術經驗本身中為真理的認識進行辯護這一任務就在原則上得到了承認。」（《真理與方法》，德文版第 1 卷，第 103 頁）不過要注意的是，藝術認識的這種真理性在高達美這裡顯然是按照整體與部分的詮釋學循環或圓圈關係原則加以論證的。藝術的真理性具有整體的意義連繫，而藝術的經驗則處於局部水準，藝術經驗分享或參與藝術真理的實現。

[166]　遊戲（Spiel）一詞是現代哲學發展的一個關鍵性概念。維根斯坦（Ludwig Wittgenstein, 1889-1951）在其後期哲學中以遊戲概念來刻畫語言的根本性質，認為語言就是一種遊戲，從而闡明語言的開放性和工具性，使語言成為人類生活形式的一部分。高達美辯證地發展了遊戲這一概念。在他看來，遊戲的真正主體不是遊戲者，而是遊戲本身，遊戲既使遊戲者得到自我表現，又使觀賞者也參與了遊戲，遊戲本身乃是由遊戲者和觀賞者所組成的統一整體。《真理與方法》一書的整個布局就是從藝術遊戲到語言遊戲，高達美自己在 1985 年所寫的〈在現象學和辯證法之間——一種自我批判的嘗試〉裡曾經這樣寫道：「我在書中先是討論藝術遊戲，然後再考察了與語言遊戲有關的談話的語言基礎。這樣就提出了更寬廣更有決定性的問題，即我到底在多大程度上做到了把詮釋學度向作為一種自我意識的對立面而顯露出來，這就是說，在理解時不是去揚棄他者的他在性，而是保持這種他在性。這樣，我就必須在我業已擴展到語言普遍性的本體論觀點中重新召回遊戲概念。這就使我把語言遊戲和藝術遊戲（我在藝術遊戲中發現了詮釋學典型現象）更緊密地相連繫。這樣就顯然容易使我按照遊戲模式去考慮我們世界經驗

的普遍語言性。在我的《眞理與方法》第 2 版的前言以及我的『現象學運動』這篇論文的結尾中我都已經指出，我在 30 年代關於遊戲概念的想法和後期維根斯坦的思想具有一致性。」（《眞理與方法》，德文版第 2 卷，第 5 頁）

[167] 比登迪伊克（Frederik Jacobus Johannes Buytendijk, 1887-？），荷蘭生物學家，心理學家。

[168] 赫伊津哈（Johann Huizinga, 1872-1945），荷蘭歷史學家和文化史家，成名著作是《中世紀的衰落》。

[169] Schauspiel 從詞義來說，是 Schau（觀看）和 Spiel（遊戲）的結合詞，我們一般譯爲「戲劇」，但高達美試圖利用遊戲（Spiel）的性質來解釋戲劇，所以我們譯爲「觀賞遊戲」，以表明它與遊戲的關聯。

[170] 在柏拉圖時代，藝術和生活的區別似乎還不明顯，這一點可以從當時希臘人所了解的「藝術」（tekhne）來證明。凡是可以憑專門知識來學會的工作都被希臘人叫作「藝術」，因此，音樂、雕刻、圖畫、詩歌之類是藝術，手工業、農業、醫藥、騎射、烹調之類也是藝術。柏拉圖在《斐德羅篇》和《會飲篇》裡，常常拿詩和藝術與愛情相提並論，因此高達美說柏拉圖有時不加區別地像談論舞臺上的喜劇和悲劇一樣地談論生活中的喜劇和悲劇，這一方面反對對藝術作過高評價，另一方面也抬高生活相對於藝術的優越性。

[171] 亞里斯多德這一觀點相當重要，因爲它說明藝術絕不是單純的模仿，而應當有更高的功用。藝術不僅把生活反映出來，而且要使人從中獲得快感。康德也正因爲看到藝術能使醜的東西顯現爲美的東西，從而把藝術定義爲對事物的美的表象。

[172] 康德這樣寫道：「美的藝術正是在這裡顯示了它的優越性，即它美麗地描寫著自然的事物，不論它們是美還是醜。風

暴、疾病、戰禍等等作爲災害都能很美地被描寫出來，甚至在繪畫裡被表現出來。」（康德：《判斷力批判》，上卷，商務印書館 1987 年版，第 158 頁）因此康德定義說：「一自然美是一美的物品；藝術美是物品的一個美的表象。」（同上書，第 157 頁）

[173] 在德文裡 Urbild 意指原始圖像，Abbild 意指摹寫原始圖像的摹本。德國哲學家用這兩個詞來翻譯柏拉圖的理型和事物，理念即是 Urbild（原型），而事物則是 Abbild（摹本）。但是柏拉圖在《理想國》第 10 卷裡實際講了 3 種東西的關係：理念、事物和作爲事物模仿的藝術。例如：床有 3 種：第一是床之所以爲床的那個床的「理型」；其次是木匠依床的理念所製造出來的個別的床；第三是畫家模仿個別的床所畫的床。因此在柏拉圖的哲學裡，應當說存在有 3 種世界：理型世界、現實世界和藝術世界。它們之間的關係是，藝術世界是由模仿現實世界而來的，現實世界又是由模仿理型世界而來的，理型世界是第一性的，現實世界是第二性的，而藝術世界是第三性的。正是根據這種第三性，柏拉圖把藝術又說成是「摹本的摹本」、「影子的影子」、「和眞理隔三層遠」。因此高達美在這裡說「柏拉圖就曾經堅持這種本體論的間距，堅持摹本對原型的或多或少的落後性，並從這裡出發，把藝術遊戲裡的模仿和表現作爲模仿的模仿而列入第三等級」。

[174] R. 英加登（Roman Ingarden, 1893-1970），波蘭哲學家和美學家。

[175] 「接受美學」（Rezeptionsästhetik）是德國學者 H.R. 堯斯（Hans Robert Jauss）在 20 世紀 70 年代初提出的一種在當代頗有影響的美學理論。接受美學以現象學和詮釋學作爲理

論基礎，並以人的接受實踐作為意義源泉，主張作品的意義的實現不在於作品本身，而在於讀者透過閱讀實踐而對之具體化。在接受美學看法，讀者對正文的接受過程就是對正文意義的再創造過程，也是正文得以真正實現的過程。堯斯在其《走向接受美學》一書中寫道：「一部文學作品並不是一個自身獨立，向每一時代的每一讀者均提供同樣的觀點的客體。它不是一座紀念碑，形上學地展示其超時代的本質。它更多地像一本管弦樂譜，在其演奏中不斷獲得讀者新的反響，使正文從詞的物質形態中解放出來，成為一種當代的存在。」（堯斯：《接受美學與接受理論》，遼寧人民出版社 1987 年版，第 26 頁）高達美對堯斯「接受美學」的批判參見他的論文〈在現象學和辯證法之間──一種自我批判的嘗試〉（《高達美著作集》，德文版第 2 卷，第 13-14 頁）。

[176] Dekonstruktion 是當代法國哲學家德里達（Jacques Derrida, 1930-2004）提出的哲學術語，這個詞應當理解為是對 Konstruktion（建構）的解構。海德格在《存在與時間》中試圖利用 Destruktion（解毀）來克服西方哲學從古希臘直到尼采為止一直占統治地位的 Konstruktive（建構）的形上學。德里達似乎認為海德格光用 Destruktion 一詞還不夠，因這詞沒有表示對 Konstruktion 的解構，因此他提出 De-Konstruktion，這種哲學是 20 世紀 60 年代末在法國興起的後結構主義的有代表性的重要理論，對當代哲學、文學批評理論和美學產生相當大的影響。

[177] 高達美在這裡是反對黑格爾的藝術過去性觀點。按照黑格爾的觀點，作品產生於過去時代，其意義也存在於過去的生命關聯之中。高達美反對這種看法，他認為藝術的過去性就是藝術的同時性，過去的偉大藝術作品不會在時代變遷中失

去它們的意義，它們永遠是後代探究和理解的不可窮盡的源泉。我們可以說，黑格爾是強調藝術發展連續性中的中斷性，反之，高達美是強調藝術發展中斷性中的連續性。

[178] 澤德爾邁爾（Hans Sedlmayr, 1896-1984），奧地利藝術史學家。

[179] 巴德爾（Franz Baader, 1765-1841），德國哲學家、天主教神學家。

[180] 博爾諾（Friedrich Otto Bollnow, 1903-1991），德國哲學家和教育學家，主要著作有《存在主義哲學》（1943 年）、《語言與教育》（1966 年）。

[181] 參見柏拉圖：《巴曼尼德篇》，131b。按照柏拉圖的理型論，理型是一，而體現理型論的事物則是多，各個不同的單一的理型是整個地存在於許多相互不同的分離的個別事物之中，所以蘇格拉底說：「至少如若像日子，單一的，同一的，它是同時在各處，並不和它自己分離，如若這樣每一個相（即理念）單一的，同一的，也是同時在一切事物裡」（譯文引自陳康譯《巴曼尼德篇》）。

[182] 阿提克（Attic），古希臘的一個地區，雅典所在地，是古希臘文化中心。

[183] 歐里庇得斯（Euripides，西元前 484—西元前 406），古希臘 3 大悲劇作家之一。歐里庇得斯的悲劇在結構上不很符合亞里斯多德的標準，他的力量在於他所創造的駭人的戲劇場面和劇本整體的令人驚恐的效果。

[184] 阿西洛斯，即埃斯庫羅斯，參見譯者注釋 [260]。

[185] 黑貝爾（Christian Friedrich Hebbel, 1813-1863），德國戲劇家。

[186] 塞涅卡（Lucius Anhaeus Seneca，約西元前 4-65），古羅馬哲學家，悲劇作家。

[187] 高乃依（Pierre Corneille, 1606-1684），法國悲劇作家，古典主義戲劇大師。

[188] 特奧多爾·黑策（Theodor Hetzer, 1890-1946），德國藝術史學家。

[189] L. B. 阿爾伯蒂（Leon Battista Alberti, 1404-1472），義大利建築師、作家、藝術理論家。

[190] transitorischen Künsten 指一種流動性藝術，如舞臺表現或音樂演奏，它不具有像繪畫那樣的固定性。

[191] 坎彭豪森（Campenhausen），現代神學研究者。

[192] 希羅多德（Herodot，約西元前 484—西元前 430/420），古希臘歷史學家，著名史書《歷史》的作者，被西方史學家譽稱為「歷史之父」。

[193] 赫西俄德（Hesiodos，約西元前 8 世紀），古希臘詩人，《神譜》和《農作與時日》的作者。

[194] 偶緣性指一種由境遇來確定意義的機緣性。高達美說：「偶緣性指的是，意義是由其得以被意指的境遇（Gelegenheit）從內容上繼續規定的，所以它比沒有這種境遇要包含更多的東西。」（《真理與方法》，德文版第 1 卷，第 149 頁）

[195] 品達（Pindar，西元前 518/522—西元前 438），古希臘詩人，所寫頌詩是西元前 5 世紀希臘合唱抒情詩的高峰。

[196] 賀拉斯（Horace，西元前 65—西元前 8），古羅馬傑出詩人。早期作品有《諷刺詩集》，但對西方文學發生重大影響的主要是他的《歌集》（西元前 23—西元前 13 年）和《書札》。

[197] 帕拉巴斯（Parabase），古希臘阿提卡喜劇中的具有諷刺意味的插話，這種插話經常與合唱隊的歌唱和朗誦交融在一起。

[198] 委拉斯開茲（Velasquez, 1599-1660），西班牙畫家。他的

《布列達的投降》表現了 17 世紀西班牙軍隊的一場勝利——西班牙統帥阿姆勃羅西奧‧斯賓諾拉正在接受 1625 年被打敗的荷蘭布列達要塞司令官尤斯廷‧納塞烏的一串鑰匙。畫面上非常真實而生動地表現了這次歷史事件的參加者，他們的注意力都集中向斯賓諾拉，他正客氣地迎接那個被自己戰敗的敵人，而在他身後則是傲慢地站著的西班牙貴族。

[199] 汪達爾主義（Vandalismus）指一種破壞文物、蹂躪藝術的行為。汪達爾原是定居於波羅的海的日爾曼族的一支，455 年蹂躪羅馬，破壞了各地許多文物。汪達爾主義現在成了糟蹋文物、蹂躪藝術的代名詞。

[200] 帕里（Parry），現代作家。

[201] 方括號內這段話是根據《高達美著作集》第 1 卷，也就是《真理與方法》第 5 版譯出的，1975 年出版的《真理與方法》第 4 版這段話是這樣的：「但這是對於文學的正確看法嗎？或者說，這種看法最終不是出自一種由疏離了的教化意識而來的浪漫主義逆向投影嗎？因為文學作為閱讀的對象雖然是一種後來的現象，但這絕不是說連書寫（Schriftlichkeit）也是後來出現的。書寫實際上是一切偉大文學創作的原始所與的一部分。最新的研究已經拋棄了浪漫主義認為敘事詩（如荷馬的詩）在於口誦的看法。書寫的起源比我們以前所認為的還要古老，並且似乎是屬於文學創作一開始就具有的精神要素。在文學創作還沒有作為閱讀材料看待之前，文學創作就已經作為『文學』而存在了。就此而言，閱讀對於朗誦所具有的優先性——這是我們後來觀察到的，並沒有帶來什麼根本新的東西（我們可以想一下亞里斯多德對戲劇的忽視）。」這裡表明高達美受了德里達的影響。德里達在反對奧斯丁（John Lanshaw Austin, 1911-1960）提出的「講話比

書寫更簡單更直接」的觀點中提出書寫先於講話，即講話不是書寫的先行形式，而書寫才是講話的先行形式。

[202] 這裡「重構」（Rekonstruktion），指複現作品的原來世界以及作者的原來思想，反之，「綜合」（Integration）則指把過去藝術精神與現代的生活和藝術經驗結合起來，即過去和現在進行媒介。高達美試圖用這兩個術語說明兩種不同的對待傳承物的態度，即施萊爾馬赫的態度和黑格爾的態度。

[203] 參閱黑格爾《精神現象學》，下卷，商務印書館 1979 年版，第 231-232 頁。

[204] 高達美在其《黑格爾的辯證法：五篇詮釋學研究》中同樣也說道：「如果說黑格爾是從絕對概念的哲學方面來談藝術的過去性，那這一可驚的和聳人聽聞的表述也還顯得是極其模糊的。這裡是說今天的藝術不再有什麼要做和要說，還是黑格爾在此想說藝術對於絕對概念的觀點而言是一種過去的東西，藝術在和思維的概念的關係上一直是並且仍將是一種過去的東西？」高達美把藝術的過去性看作藝術的同時性，他說：「藝術的過去性似乎應是對藝術特有的同時性的思辨表述：藝術從屬於進步法則的方式不是思辨思想遵循哲學的歷史道路才達到自身的那種方式。」（高達美：《黑格爾的辯證法：五篇詮釋學研究》，圖賓根，1971 年，第 84 頁）

[205] 詮釋學（Hermeneutik）作為宣告、口譯、闡明和解釋的技術，在古希臘時代就已經存在了。赫爾默斯（Hermes）本是眾神的一位信使，他給人們傳遞眾神的消息。他的宣告顯然不是單純的報導，而是解釋眾神的指令，並且將眾神的指令翻譯成人間的語言，使凡人可以理解，因此詮釋學引申而成為一種關於理解和解釋的技藝學。「詮釋學」作為書名第一次出現是在 1654 年，作者是 J. 丹恩豪威爾（Dannhauer）。

自那以後，詮釋學就沿著兩條路線，即神學的詮釋學和語文學的詮釋學加以發展。神學詮釋學表示一種正確解釋《聖經》的技術，早在西方教父時代就出現了這方面的思考，例如：奧古斯丁的《論基督教學說》。因為基督教教義學的任務就是由於猶太民族的特殊歷史和《新約聖經》中耶穌的泛世說教之間的緊張關係而被提出的。在這裡詮釋學必須幫助並且作出解答。在宗教改革時期，新教神學家為了維護自己對《聖經》的理解，轉向《聖經》的文字研究，並試圖用詮釋學這一工具對教會學說的傳統及其對《聖經》經文的獨斷論解釋展開批判，此後神學詮釋學就成了神學內一個不可缺少而具有漫長歷史的學科。語文學詮釋學也最早出現在古希臘羅馬時代，當時所謂批評法（ars critica）就是一種簡單的語文詮譯學，不過其最重要的發展乃是從法國古典主義到德國古典時期，特別是克拉頓尼烏斯（Chladenius）、沃爾夫（Chr.Wolff）和邁耶（G. Fr. Meier）等人所促進的。語文學詮釋學主要根據古代語法學和修辭學發展一種關於解釋和理解的方法學。按照高達美的看法，神學詮釋學和語文學詮釋學都經歷了同樣的發展過程，這種發展終於導致了普遍詮釋學的產生，從而開始了我們今天所謂詮釋學發展的第一階段，即以施萊爾馬赫和狄爾泰為代表的傳統詮釋學。

[206] 特利恩特宗派（Tridentinum）指 1546-1563 年特利恩特宗教會議形成的宗派，其宗旨稱之為特利恩特會議信綱，1564 年由教皇庇護四世公布。主要內容有：肯定《尼西亞信經》包含教會基本信仰，肯定《通俗拉丁正文聖經》的眞實性；肯定「原罪」教義及公教會所作的正統解釋；譴責馬丁・路德新教派的「因信稱義」學說及其對「恩寵」的「謬解」。

[207] 馬丁・路德（Martin Luther, 1483-1546），德國基督教新教

派神學家，歐洲宗教改革運動發難者，路德新教創始人。路德新教的基本思想是所謂「因信稱義」學說，認為人要獲得上帝的拯救，不在於遵守教會規條，而在於個人內心的信仰。

[208] 梅蘭希頓（Philipp Melanchthon, 1497-1560），德國基督教新教神學家、教育家。與馬丁‧路德同為歐洲宗教改革運動領袖。

[209] 塞梅勒（Semeler），18 世紀德國神學家。

[210] 埃內斯蒂（Ernesti），18 世紀德國神學家。

[211] F. A. 沃爾夫（Friedrich August Wolf, 1759-1824），德國古典學者，現代語文學奠基人，其成名著作《荷馬引論》（1795年）首次提出了現代形式的「荷馬問題」，按照他的看法，《伊里亞德》和《奧德賽》是由多數作者口述，後來才從藝術上加以統一的。這一理論為現代人開拓了理解史詩傳統和詩歌起源的道路。

[212] F. 阿斯特（Georg Anton Friedrich Ast, 1778-1841），德國古典語文學家、哲學家和新人文主義者。其著作《語法、詮釋學和批判的基線》為詮釋學的發展起了重要作用，在此書中他提出了一種以精神作為生命的源泉和中心，以精神的理解作為優於歷史和語文理解的理解原則的理解學說。

[213] 參見斯賓諾莎的《神學政治論》第 7 章〈論解釋《聖經》〉，斯賓諾莎說：「解釋《聖經》的方法與解釋自然的方法沒有大的差異。事實上差不多是一樣的。因為解釋自然在於解釋自然的來歷，且從此根據某些不變的公理以推出自然現象的釋義來。所以解釋《聖經》第一步要把《聖經》仔細研究一番，然後根據其中根本的原理以推出適當的結論來，作為作者的原意。照這樣去做，人人總可以不致弄錯。那就是說，

解釋《聖經》不預立原理，只討論《聖經》本書的內容，並且也可以討論非理解力所能解的以及爲理智所能知的事物。」（斯賓諾莎：《神學政治論》，商務印書館 1963 年版，第 108 頁）

[214] 斯賓諾莎說：「凡事物因其本身的性質容易理解者，等到表達出來了，也不會曖昧晦澀，難以索解，俗話說得好：『聰明人一個字就懂了。』歐幾里得只講簡而易明的事物，任何人都能懂得，沒有語言的限制。我們可以把他的用意了解得十分明白，確實知道他的眞意所在，不必完全懂得他著書時所用的語言。事實上，關於這種語言，大略知道一點就夠了。我們用不著仔細考究作者的生平、事業和習慣。我們也無需推求用什麼語言寫的，什麼時候寫的，書在歷代所經過的遭遇，各種不同的本子，是否受人歡迎，因誰的推崇才爲世人所賞識，都用不著。歐幾里得是如此，凡是一本書，由於所論事物之性容易爲人所了解，都是如此。」（斯賓諾莎：《神學政治論》，商務印書館 1963 年版，第 121-122 頁）

[215] 克拉頓尼烏斯（Johann Martin Chladenius, 1710-1759），德國哲學家、語文學家、浪漫主義詮釋學先驅，其著作《對合乎理性的講話和著作的正確解釋導論》（1742 年）是德國啓蒙運動時期最重要的一部詮釋學著作。

[216] 薩維尼（Friedrich Karl von Savingny, 1779-1861），19 世紀德國法學界最有影響的人物，現代德國民法體系和一般私法理論的創始人。

[217] 伯克（Angust Boeckh），19 世紀德國語言學家。

[218] 施泰因塔爾（Heymann Steinthal, 1823-1899），德國語言學家、哲學家，以語言作爲心理學研究對象的學者。

[219] 蘭克（Lecpold von Ranke, 1795-1886），德國歷史學家，19

世紀德國歷史學派的代表人物之一。重要著作有《16 世紀
和 17 世紀羅馬教皇的教會和國家》（1834-1836 年）、《德
國宗教改革史》（1839-1847 年）、《17 世紀和 18 世紀普
魯士史》（1847-1848 年）、《16 世紀和 17 世紀法國史》
（1852-1861 年）和《16 和 17 世紀英國史》（1859-1869 年）
等。蘭克試圖從一種歷史的觀點來解釋各個時代的衝突，他
認為歷史是由各人、各民族和各國家分別發展起來的、綜合
在一起形成文化的過程。

[220] 諾斯替派（Gnostizismus）是一種融合多種信仰的通神學和
祕傳宗教，主要盛行於 2 世紀，正統基督教強調信心，而諾
斯替派則注重「諾斯」（神授知識）。

[221] 黑格爾在《精神現象學》中說：「這個單純的無限性或絕對
概念可以叫作生命的單純本質、世界的靈魂、普遍的血脈，
它彌漫於一切事物中，它的行程不是任何差別或分裂所能阻
礙或打斷的，它本身毋寧就是一切差異並且是一切差別之揚
棄，因此它自身像血脈似的跳動著，但又沒有運動，它自身
震撼著，但又沉靜不波動。它是自身等同的，因為它裡面的
諸差別是循環不息的，它們是差別，但是又沒有差別。因此
這種自身等同的本質只是與自身相關聯。」（黑格爾：《精
神現象學》，上卷，商務印書館 1997 年版，第 110-111 頁）

[222] 雅各‧布林克哈德（Jakob Burckhardt, 1818-1897），瑞士文
化藝術史家。1860 年出版的《文藝復興時期的義大利文化》
一書是其聲譽卓著的主要著作。死後出版的《世界史觀》和
《歷史片斷》概述了其歷史哲學思想。

[223] 格奧爾格‧米施（Georg Misch, 1878-1965），德國哲學家。
1930 年出版的《生命哲學和現象學》試圖把兩種不同傾向的
哲學觀點，即生命哲學和現象學加以統一。

[224] 約爾克伯爵，狄爾泰同時代人，曾與狄爾泰有長期學術通信。

[225] 杜恆見譯者注釋 [9]。

[226] 修昔底德（Thukydides，西元前 460─西元前 404），古希臘歷史學家，曾參加伯羅奔尼薩斯戰爭（西元前 424─西元前402 年），後被放逐。他寫的《伯羅奔尼薩斯戰爭史》從軍事、政治以及心理方面描述了西元前 4 世紀這場著名的雅典和斯巴達之間的戰爭。

[227] 伯里克利（Perikles，西元前 495─西元前 429），古希臘政治家、軍事家，雅典城邦領袖，曾領導雅典人進行反對斯巴達的戰爭。

[228] 此句是根據 1975 年第 4 版譯出，而在 1986 年出版的《高達美著作集》第 1 卷（即第 5 版）裡，此句是「鑑於這種情況，我們必須承認，精神科學的知識不具有『客觀性』，並且以完全不同的方式被獲得」，可能有誤。

[229] 格奧爾格‧齊美爾（Georg Simmel, 1858-1918），德國社會學家、新康德派哲學家。他試圖把社會相互作用的一般形式或普遍規律和某種活動（政治、經濟或美學）的特殊內容分離開來，他特別注重權威和服從的問題。

[230] 按照 1975 年第 4 版，此句是「而是胡塞爾本人對客觀主義心理學和以往哲學的客觀主義進行批判的後果」。

[231] 參閱海德格的《存在與時間》中關於約爾克伯爵的論述，見《存在與時間》，第 77 節，德文版，第 397-404 頁。

[232] 黑格爾在《精神現象學》中曾說過：「透過現象，意識就可以直觀進現象界背後的超感官界。這兩個極端，一端是純粹的內在世界，另一端是直觀這純粹內在世界的內在世界，現在合攏在一起了，它們兩方面作為兩個極端以及作為不同於它們兩極端的媒介，現在都消失了。這個遮蔽著內在世界的

簾幕因而就撤銷了，而出現的乃是內在世界對於內在世界的直觀。」（黑格爾：《精神現象學》，上卷，商務印書館 1997 年版，第 114 頁）

[233] 1975 年第 4 版是「黑格爾」，而不是「費希特」。

[234] 基礎本體論是海德格在《存在與時間》一書中提出的，對此在的存在從生存論上加以分析，構成了其他一切本體論分析的前提和基礎，這種分析，海德格稱之爲「基礎本體論」。

[235] 布爾特曼（Rudolf Karl Bultmann, 1884-1976），德國新教神學家，所謂「辯證神學」的主要代表之一。布爾特曼根據海德格的生存論分析提出生存論解釋的詮釋學方法：信仰和不信仰（罪孽）被解釋爲相信（Vertrauen）的本眞存在方式和專橫（Eigenmächtigkeit）的非本眞存在方式。

[236] 克里斯蒂安・托馬修斯（Christian Thomasius, 1655-1728），德國法學家、哲學家，哈勒大學教授。

[237] 約翰・海因里希・福斯（Johann Heinrich Voss, 1751-1826），德國詩人，荷馬的德文標準翻譯的譯者，歌德曾把他視爲古典韻律的權威。

[238] 拉登杜夫，德國現代作家。

[239] 盧卡奇在其《歷史和階級意識》一書中講到希臘哲學對於物化現象並不陌生，它仍逗留在近乎自然的社會裡，他說：「希臘哲學對於物化現象雖不陌生，但它沒有把它體驗爲整個存在的普遍形式，它的一隻腳跨入物化的世界，而另一隻腳仍留在自然而形成的社會（in einer naturwüchsig aufgebauten Gesellschaft）。因此希臘哲學的問題可以在兩個發展方向上被利用——儘管需要嘔心瀝血的重新解釋。」（盧卡奇：《歷史和階級意識》，德文普及版，1983 年，第 210 頁）

[240] 1975 年第 4 版是「歷史詮釋學」。

[241] 瓦爾希（Johann Georg Walch, 1695-1775），德國教區會成員，哲學家，曾匯編《哲學辭典》，於 1726 年問世。

[242] 柯林斯（William Collins, 1721-1759），英國浪漫主義時期詩人，自由思想家。

[243] 在高達美看來，精神科學之理解和傳統的繼續存在，其根本條件就在於繼續不斷地與傳承物進行攀談或對話，也就是說，傳承物成為我們的攀談者或對話者。這種看法一般頗不易理解，因為傳承物，如歷史文獻、古董、作品，是死的東西，它們怎麼能與我們對話呢？這裡關鍵在於對傳承物的意義的理解，在高達美看來，傳承物並沒有一種所謂一成不變的客觀的意義，它們的意義總是我們爾後與之不斷對話所形成的意義，如他所說的，「歷史任務的真正實現仍總是重新規定被研究東西的意義」。這種意義的獲得在他看來，乃是透過一種精神的對話——包括提問和回答——而實現的。

[244] 莫姆森（Theodor Mommsen, 1817-1903），德國作家，其重要著作有《羅馬史》和《羅馬國家法》。

[245] Epigonen，原係希臘神話中攻打忒拜城死難英雄的兒子們，他們在其父即所謂七雄失敗後 10 年終於征服了忒拜，以後 Epigonen 成了希臘英雄後裔的代名詞。

[246] 卡里馬可斯（Kallimachos，活動期約西元前 4 世紀），古希臘詩人。

[247] 塔西陀（Cornelius Tacitus，約 56—約 120），羅馬帝國官員，著名歷史學家，其鉅著《歷史》和《編年史》共 30 卷。

[248] 1975 年第 4 版是「如果我們想理解某個語句的各個個別部分在語言方面的意義」。

[249] Abhebung 詞義是指一種襯托關係，Der Turm hob sich gegen

der Horizont ab，塔在地平線背景上顯得分外清晰，即中文裡的烘托的意思。為了行文方便，我們譯為「突出」。

[250] 亞里斯多德在《尼各馬可倫理學》中曾經尖銳地批判了柏拉圖的善的理念學說，他說雖然柏拉圖是他的朋友和老師，但「在真理與友誼兩者俱為我們所要的情況下，我寧取真理」。按照他的看法，柏拉圖的善的理念學說主張一種脫離各種特殊的具體的善而永恆存在的所謂「善本身」，其實根本不存在這樣一種抽象的共相，他說：「現在且讓我們把本身即善的事物和有用的事物分開，試看前者之稱為善是否由於隸屬在單純的理念之下？並看何種善始可稱為『善本身』？是否指那種甚至與其他善可分離而仍被人追求的善：如智慧、見識、某種快樂和榮譽？（的確，這些東西，即使我們有時把它們當作手段來追求，但是，我們仍可視為是『善本身』一類。）或者說，『善本身』是否即是『善的理念』？如果是這樣，那麼這種理念或形式就會成為空虛的理念或形式了。如果『善本身』即是上述種種事物，那麼善就成為上述事物的某種共通東西，如白雪和白鉛所共具有之白色性。但是，榮譽、智慧、快樂，當一問及其所具之善性時，則就有種種不同的解釋。因此，善絕非是屬於一個理念或形式的某種共同因素……世間即使有一種包含無數善事，並為這些善事的共通因素，並能獨立自存之善，但這個善，顯然是非人力可能求得。人類所求的，總是人能求得的東西。」

「有人也許可以這樣設想，我們為了那些能求得並能實現的善而認識這個普遍的善，也是值得的事……這種說法有些道理，但是，似乎和科學經驗相衝突。因為一切科學，雖然都在於求某種善，並力求補救其缺點，但卻不管對所謂普遍善的了解。普遍的善如對於人確有那般大的幫助，那麼一切技

藝家豈會不知道，而且甚至不追求？這絕不是可能的。再
說，一個編織工，一個木匠，在知道了『善本身』後，如何
會對他的手藝有益？一個人在明白了理念本身後，如何會成
良醫良將？此中道理，是難於看出的。一個醫生研究健康，
絕不抽象地研究，而只是研究『人』的健康，或者說，研究
一個特殊的人的健康，因為他所治療的是單個的人。」（亞
里斯多德：《尼各馬可倫理學》，載《西方倫理學名著選
輯》，上卷，商務印書館 1987 年版，第 285-286 頁）

[251] 亞里斯多德在《尼各馬可倫理學》第 2 篇裡曾經把靈魂的德
性分為兩類：一類叫作道德的，一類叫作理智的。理智的
德性是由訓練而產生和增長的，它需要時間和經驗，反之，
道德的德性則是習俗的結果，他說：「以我們希臘的語言來
說，道德的德性這個名字是由習俗（Ethos）這個名字稍加變
化而成」，並且說「我們沒有天賦的道德的德性，因為天賦
的東西是不能由於訓練而改變的。例如：石頭是天然有下降
的趨勢，縱然你訓練它，向下擲一萬次，也不能把它訓練得
習慣於上升，你也不能訓練火焰習慣於向下燃燒，也不能使
任何天然這樣行為的東西習慣於另一種方式行為。」（亞里
斯多德：《尼各馬可倫理學》，載《西方倫理學名著選輯》，
上卷，商務印書館 1987 年版，第 294-295 頁）

[252] 亞里斯多德在《尼各馬可倫理學》第 1 篇中曾說過：「研究
至善的學科，似應屬於在學科中最有權威，並占主導地位
的學科。看來，政治學是具有這種性質。因為，凡規定一國
之內需要何種科學，各階級人民當學何種學問，學至如何程
度，這些都是政治學的事。而且，甚至最受尊重的學問，如
戰事學，理財學，修辭學等，皆附屬於其下。現在，政治
學既然應用於一切其他科學，既然又規定我們該做什麼和不

該做什麼，於是這門科學的目的便包括了一切其他科學的目的，而這種目的必然是人類所求的善。」（亞里斯多德：《尼各馬可倫理學》，載《西方倫理學名著選輯》，上卷，商務印書館 1987 年版，第 282 頁）這裡亞里斯多德顯然想把政治學與倫理學連繫起來，從而他提出應當由倫理學探究轉向政治學的任務。

[253] 亞里斯多德在《尼各馬可倫理學》中說：「由於製造和行為不同，所以技藝乃屬於製造這一類，而不屬於行為這一類。在某種意義下，技藝和機會（或幸運），其對象相同，猶如阿加松所說：技藝追隨幸運，幸運追隨技藝。由此可知，技藝是一種運用正確推理以製造物品的才能或習慣，反之，缺乏技藝，就是指一種運用不正確的計算以製造物品的習慣。兩者所處理的事情，都是變易的事情。」（亞里斯多德：《尼各馬可化理學》，載《西方倫理學名著選輯》，上卷，商務印書館 1987 年版，第 314 頁）

[254]《眞理與方法》1986 年第 5 版（《高達美著作集》，第 1 卷）把 Ausdehnung 誤印為 Ausdeutung，現根據 1975 年第 4 版和英譯本加以改正。

[255]《眞理與方法》1975 年第 4 版原陳述是：「理解是道德知識德行的一個變形。它是這樣被給出的，即在這裡不是關係到我自己，而是關係到其他人。理解也是道德判斷的一種方式。當我們在判斷時置自身於某個其他人藉以行動的整個具體情況中時，我們顯然才講到理解。」

[256]《眞理與方法》1975 年第 4 版原陳述是：「即 Deinos 能訓練他的能力，而不被某個倫理存在所支配，能無阻礙地訓練他的天賦，並且沒有任何指向道德目的的打算。他是 aneu aretēs（沒有德行的）。」

[257] 恩斯特・福斯特霍夫（Ernst Forsthoff, 1902-1974），德國法律學家，曾在法蘭克福、漢堡、柯尼斯堡、維也納和海德堡諸大學任法學教授。

[258] 維拉莫維茨（Wilamowitz-Moellendorff, 1848-1931），德國古典語文學家。曾任克拉夫瓦爾德、哥廷根和柏林等大學語文學教授。由於他對希臘文化和古典文學的卓越研究，古典語文學進入一個新的階段。

[259] 高達美在這裡引證了培根《新工具》裡這樣兩段話：「人的理智一旦接受了一種意見（不管是通行的意見或者是它所喜歡的意見），就把別的一切東西都拉來支持這種意見，或者使它們符合這種意見。雖然在另一方面可以找到更多的和更有力量的相反的例證，但是對於這些例證它卻加以忽視或輕視，或者用某種分別來把它們擺在一邊而加以拒絕。這樣，透過這種有力而且有害的預先決定，就可以使它以前的結論的權威不致受到侵犯。……這樣，先入的結論便把後來的，雖然更好、更健全的結論染上自己的顏色而使它符合於自己。除了所描述的那種喜好和浮誇之外，人的理智還有一種特有的永久的錯誤，就是容易被積極（肯定）的東西而不容易被消極（否定）的東西所激動。然而事實上卻應當對於二者同樣適當地採取冷靜的態度。的確，對於確立真正的公理來說，消極的例證是更有力量的。」（培根：《新工具》，載《16-18 世紀西歐各國哲學》，商務印書館 1975 年版，第15-16 頁）另外，「『市場假象』是一切假相中最麻煩的一種假象，這一種假象是透過語詞和名稱的各種聯合而爬進我們理智中來的。因為人們相信他們的理性能支配語詞，但是實際上語詞也反作用於理性，就是這種情形使哲學和科學流於詭辯和變為無力。由於語詞的形成和應用都是以俗人的能力

為根據的，因此它們所遵循的乃是對於俗人的理智最明顯的那些劃分線。當一個更敏銳或更勤於觀察的理智要改變這些線來適合自然的真正劃分時，語詞從中作梗，並且反抗這種改變。因此我們看見學者們的崇高而堂皇的討論結果往往只是一場語詞上的爭論。」（同上書，第 20 頁）

[260] 埃斯庫羅斯（Aischylos，西元前 525/524—西元前 456/455），古希臘 3 大悲劇家之一，著名悲劇有《波斯人》《被縛的普羅米修斯》和《阿伽門農》等。

[261] 安那克薩哥拉（Anaxagoras，西元前 500/499—西元前 428/427），古希臘哲學家，其著名學說是「種子論」和「心靈說」。種子論主張萬物都是由單一性質的種子所構成，事物的差異乃是種子不同比例的結合所產生的。心靈說則主張事物運動的原因不是由於愛和恨，而是由於心靈。

[262] 泰米斯修斯（Themistius，活動時期約西元 4 世紀），奧伊根尼奧斯的兒子，逍遙學派成員，主要工作是解釋亞里斯多德的著作。

[263] 高達美在這裡引證了亞里斯多德《後分析篇》中末尾這樣一段話：「正如我們所說的，從感覺產生出記憶，從對同一個事物的多次的記憶產生出經驗。因為數量上雖然是多的記憶卻構成一個單一的經驗。並且經驗——當作為靈魂中的整體，即與多相符合的一，在所有多中同一表現的一致性——提供了藝術和科學的出發點：藝術在過程世界裡，科學在事實世界裡。這些能力既不是作為確定的完全發展了的東西天生就有的，也不是從其他在高知識水準上發展的能力而推得的，它們而是來自於感覺。例如：在戰爭中發生的逃亡情況，如果有一人站住了，那麼另一個人也站住，再一個人也站住，直到原來的情況恢復。」（亞里斯多德：《後分析

篇》，19-100a3-14，載 The Loeb Classical Library 1960 年出版的《亞里斯多德後分析篇和論辯篇》，第 257-259 頁）高達美引用亞里斯多德這段話是試圖說明科學的一般知識即普遍眞理絕不可能依賴於觀察的偶然性，觀察的偶然性絕不可能產生科學。高達美在另一篇題爲〈人和語言〉的論文中同樣也引用了亞里斯多德這個例子，他說：「我在亞里斯多德那裡又一次發現了關於人如何學習說話的最機智的描述。亞里斯多德的描述當然並不是指學習說話，而是指思維，也就是指獲得一般概念。那麼在現象的變動中，在不斷變化的印象之流中，似乎固定不變的東西是如何產生的呢？顯然，這首先是由於一種保持的能力，也就是說記憶力，記憶力使我們能夠認出哪些東西是相同的，這是抽象的最大成果。從變動不居的現象中處處可以看出一種一般現象，這樣，從我們稱之爲經驗的經常重複的再認識中就漸漸地出現了經驗的統一。在這種經驗的統一中產生了明顯以一般知識方式占有如此經驗的東西的過程。現在亞里斯多德問道：這種一般知識究竟怎麼可能產生？顯然不是透過以下這種方法：即我們經驗著一件又一件的現象，爾後突然間，當某種特殊現象再一次出現，並被我們確認爲與以前經驗到的現象一樣，於是我們就獲得了一般知識。這種使一般性得以表現的過程並不是那樣一種特殊現象，有如那些透過某種神祕力量而使自身與所有其他特殊現象相區別的現象。毋寧說它與其他特殊現象一樣也是一種特殊現象。但實際情況則是在某個階段關於一般的知識確實產生了。這種一般知識是在哪個階段開始出現的呢？亞里斯多德對此作了一個絕好的描述：一支正在快速前進的部隊是如何停住的呢？這種停住是開始於何處呢？顯然不是由於第一個士兵停住了，或是第二個或第三個士兵停

住了。我們也不能說在相當數目正在疾跑的士兵站住時這支部隊才停住了，顯然也不能說部隊是在最後一個士兵也收住腳步時才停住的。因為部隊並不是在最後一個士兵停住時才開始停止前進的，而是早已就開始停止了。這支部隊是怎樣開始停步，這種停步的行動怎樣擴大，以及最後整個部隊怎樣完全停步（也就是這支部隊又遵守統一命令），這一切都未曾被人清楚地描述，或有計畫地掌握，或精確地了解過。然而，這個過程卻無可懷疑地發生著。關於一般知識的情況也正是如此，因為這就是一般知識如何進入語言的過程。」（《高達美著作集》，德文版第 2 卷，第 149-150 頁）

[264] 卡爾・波普（Karl Popper, 1902-1994），英籍德裔分析哲學家，批判理性主義創立者。波普雖然深受維也納學派的影響，但堅決反對該學派的證實理論，他提出著名的證偽理論。他說：「理論科學性的標準就是理論的可證偽性，或可反駁性，或可檢驗性。」其主要代表作是 1934 年出版的《科學研究的邏輯》（後改名為《科學發現的邏輯》）。

[265] 高達美在這裡利用了黑格爾在《精神現象學》中反對康德自在之物不可知的論證。按照黑格爾的看法，我們所謂自在並不是指事物本身脫離我們認識的自在，而是指為我們的自在，他說：「誠然不錯，對於意識來說，對象就只是像意識所認識它的那個樣子，意識似乎不可能窺探到對象的不是為意識的那個本來面目或其自在的存在，因而也就不能根據對象來考察它的知識。但是，意識之一般地具有關於一個對象的知識這一事實，恰恰就已經表明是有區別的：一個環節是某種自在於意識之外的東西，而另一個環節是知識，或者說，是對象的為意識的存在。根據這個現成存在著的區別，就能進行比較考察。如果在這個比較中雙方不相符合，那麼

意識就必須改變它的知識，以便使之符合於對象，但在知識
的改變過程中，對象自身事實上也與之相應地發生變化，因
爲從本質上說，現成存在著的知識本來是一種關於對象的知
識：跟著知識的改變，對象也變成了另一個對象，因爲它本
質上是屬於這個知識的。意識因而就發現，它從前以爲是自
在之物的那種東西實際上並不是自在的，或者說，它發現自
在之物本來就僅只是對它而言的存在。……我們看到，意識
現在有了兩種對象，一種對象是第一個自在，另一種是這個
自在的爲意識的存在。後者初看起來好像只是意識對其自身
的反映，不是一種關於對象的表象，而是一種關於意識對前
一種對象的知識的表象。但是如同我們前面所指出的那樣，
前一種對象在運動中改變了自己，它不復是自在，它已被意
識到它是一種只爲意識的自在，而這樣一來，這個自在的爲
意識的存在就是眞實的東西，但這又等於說，這個自在的爲
意識的存在就是本質，或者說，就是意識的對象。這個新的
對象包含著對第一種對象的否定；新對象乃是關於第一種對
象的經驗。」（黑格爾：《精神現象學》，上卷，商務印書
館 1997 年版，第 60-61 頁）

[266] 參見黑格爾：《精神現象學》，上卷，導論，商務印書館
1997 年版，第 60 頁。

[267] 同上書，第 61 頁。

[268] 高達美這裡是依據於黑格爾這樣一段話：「在我們對經驗過
程的這個陳述裡，有一個環節似乎使這裡所說的經驗與通
常所理解的經驗不盡一致。在這裡，從第一種對象以及從這
種對象的知識發展到另一種對象，即發展到人們稱之爲經驗
的那種對象，其間的過渡被說成爲：對第一種對象的知識，
即，第一種自在的爲意識的存在，本身變成了第二種對象。

與此相反，通常所理解的情況則好像我們是從一種另外的對象上經驗到我們的第一種概念的非真實性的，而這另外的一種對象是我們偶然地從外面找到的對象，因而歸根究柢我們所有的對象，只是那種對自在而自爲的東西的單純的把握。但按照上述的那種看法，新對象的出現顯然是透過一種意識本身的轉化而變成的。像這樣地來考察事物，乃是我們的額外做法，透過這種考察，意識所經歷的經驗系列，就變成一個科學的發展進程；……由於當初作爲對象而出現於意識之前的東西歸結爲關於這個對象的一種知識，並且由於自在變成了自在的一種爲意識的存在，變成了一種新的對象，因而也就出現了一種新的，具有不同於以前的本質的意識形態。這種情況就使意識形態的整個系列按照它們的必然性向前發展。不過，這種必然性，或者說，新對象的出現——新對象在意識的不知不覺中出現於意識面前——在我們看起來，彷彿是一種暗自發生於意識背後的東西。因此，在意識的運動過程裡就出現了一種環節，即自在的存在或爲我們的存在，這種存在是爲我們的，而不是爲意識的，因爲意識正在聚精會神地忙於經驗自身。然而這種爲我們而出現的存在，它的內容卻是爲意識的，我們只另外把握了它的形式，亦即它的純粹的出現，所以就它是爲意識的而言，這種新出現或新發生的東西只是一種對象，而就它是爲我們的而言，它就同時又是一種形成運動。」（黑格爾：《精神現象學》，上卷，商務印書館 1997 年版，第 61-62 頁）

[269] 關於統治和奴役，主人和奴隸之間的辯證結構關係，可參閱黑格爾《精神現象學》第 4 章關於自我意識的獨立與依賴一節，在這裡黑格爾論證主人一方面透過自己的獨立存在間接地使自己與奴隸相關聯，使自己成爲支配奴隸存在的主人，

另一方面透過奴隸間接地使自己與物發生關係，這樣把物的獨立性讓給奴隸，自己只與物的非獨立性相結合，這樣一來，奴隸一方面揚棄了自己的自爲存在或獨立性，只爲主人做他所需要的事，另一方面奴隸的行動也正是主人自己的行動，主人反倒成了純粹的否定力量，奴隸卻成了實際的肯定力量。黑格爾說：「因爲正當主人完成其爲主人的地方，對於他反而發生了作爲一個獨立的意識所不應有的事。他所完成的不是一個獨立的意識，反而是一個非獨立的意識。因此他所達到的確定性並不是以自爲存在爲他的眞理，他的眞理反而是非主要的意識和非主要的意識之非主要的行動。」（黑格爾：《精神現象學》，上卷，商務印書館 1997 年版，第 129 頁）

[270] 這裡高達美引證了亞里斯多德《形上學》裡的這樣一段話：「當時蘇格拉底專心於倫理道德的研究，並首先試圖爲倫理道德提出普遍定義，因爲早先的自然學家德謨克利特只在物理學上爲熱和冷作了定義，而對倫理道德問題僅偶有所接觸；至於畢達哥拉斯學派在以前只是研究很少一些問題，例如：機會、公正或婚姻，而且把這些東西的概念歸之於數。但蘇格拉底卻竭誠於探究事物是什麼。因爲他試圖進行推理，而是什麼正是推理的始點。因爲辯證的藝術直到那時還沒有具備這樣的能力，以使我們沒有認識本體也能探究對象，並探究對立的東西是否屬於同一門科學，這兩件大事我們有權歸功於蘇格拉底。」（亞里斯多德：《形上學》，希德對照本，邁納出版社 1984 年版，第 2 卷，第 289-291 頁）

[271] Maieutik＝mäeutik，指蘇格拉底那種透過機智的提問而引導學生解答問題的教育方法，世稱「助產術」（Hebammenkunst）。

[272] R.G. 科林伍德（Robin George Collingwood, 1889-1944），
英國哲學家、考古學家和歷史學家。科林伍德早先深受實在
論（柯克）和唯心主義（布拉德雷、格林）的影響，以後透
過克羅齊、金蒂爾（G. Gentile）和羅斯金（J. Ruskin）轉向
黑格爾哲學。

[273] 這裡指 1805 年 10 月 21 日英國名將納爾遜指揮的英國海軍
在特拉法爾加角附近擊敗法西聯合艦隊的著名的特拉法加
戰役。

[274] 1812 年拿破崙入侵俄國，9 月 7 日與庫圖佐夫指揮的俄軍大
戰於博羅季諾。列夫‧托爾斯泰在《戰爭與和平》一書中曾
對這次戰役作了極為細緻的描述。

[275] 按照高達美的觀點，理解就是與某人在某事上取得相互一致
意見，理解總是相互理解，例如：我們對於某一作品的理
解，就是與作品的作者在語言上取得相互一致意見，與作者
達成相互了解，因此他說「所謂理解就是在語言上取得相互
一致，而不是說使自己置身於他人的思想之中並設身處地地
領會他人的體驗」。關於理解的這種觀點，可參閱《眞理與
方法》，德文版第 1 卷，第 233-234 頁。另外，這裡說「在
語言上」此語，在《眞理與方法》第 4 版原是「在事情上」
（in der Sache）。

[276] 這種觀點來自於約翰‧馬丁‧克拉頓尼烏斯，參見他的《對
合乎理性的講話和著作的正確解釋導論》，萊比錫，1742
年，1969 年新版。

[277] 里爾克（Rainer Maria Rilke, 1875-1926），德裔奧地利詩
人，作家，對 20 世紀德國語文學的發展有重要貢獻。其著
名長組詩《祈禱書》（1905 年）以「我」的形式出現，圍繞
他的上帝諷誦經文，這個上帝就是「人生」的化身。里爾克

以身爲一個獨具一格的詩人贏得了當代德國哲學家的讚揚。

[278] Logos（邏各斯）是一個類似於中國哲學裡的「道」的希臘詞，其最根本的意思是指「話語」和「理性」。在這裡高達美是強調其作爲話語的語言意思。在柏拉圖的《智者篇》裡，邏各斯顯然與語句同義。他主張一個完整的邏各斯至少必須由一個名詞和一個動詞所組成，並且把與「一個人學習」和「泰阿泰德坐著」同義的希臘語句叫作邏各斯。在中世紀，基督教透過斐洛（Philo，西元前20—西元50，猶太神祕主義哲學家）思想的媒介，從希臘哲學引用此詞專指上帝的話和理性，以致有「邏各斯變成了肉」（道成肉身）。高達美在這一節裡試圖從希臘的邏各斯來探討語言作爲詮釋學的媒介，以與下一節探討拉丁文的語詞（Verbum）相對照。本節邏各斯一般指判斷，正如高達美引用蘇格拉底的說法，「他從眞的邏各斯和假的邏各斯的區別出發，把邏各斯的成分，即語詞也區分爲眞的和假的。」（《眞理與方法》，德文版第1卷，第412頁）

[279] 後一句話是譯者根據1989年新英譯本補加的。

[280] 高達美這裡所依據的是這樣一種現象學觀點，即摹本（Abbild）乃是原型（Urbild）的開啓，也就是說，對存在的描摹乃是存在自身的開啓，因此，原型透過摹本而得以展示，存在透過描摹而得以表現。

[281] Characteristica universalis（普遍語言）的理想是17世紀西方思想家，特別是德國哲學家萊布尼茲提出的。威廉·涅爾夫婦在其《邏輯學的發展》一書中對這種思想的形成有這樣一段說明：「17世紀的許多著作家提出了構造人工語言的建議；在萊布尼茲時代，這種思想特別在英國流行。」在那裡維爾金（Wilkins）和道爾加諾（Dalgarno）各自提出自

己的系統。這些發明家的主要理由與現今提倡世界語的理由一樣,即如果所有的人,或者至少所有有知識的人都有一種由他們支配的根據簡單原則構造的並且有嚴格語法規則的語言,那麼語言交流就會非常容易,傳達思想就會更迅速。對於這種考慮,萊布尼茲並不是無動於衷的,因爲他堅信確立全世界的和平和秩序的重要性,他認爲科學的進步依賴於不同民族的人們之間的理智合作。因此在一個時期他提倡使用一種基本的正規的拉丁語(這大概類似於本世紀初皮亞諾在他的《數學公式》中所用的拉丁變形記號)。但是他對構造理想語言的興趣比這還廣。他要求一種科學的語言,這種語言不僅有助於思想交流,而且也有利於思想本身,他把這種語言叫作「哲學語言(Lingua philosophica)或普遍語言(Characteristica unirersalis)」。(威廉·涅爾和瑪莎·涅爾:《邏輯學的發展》,商務印書館 1985 年版,第 421 頁)

[282] 這裡是哲學史上一個問題,在康德那裡,transzendental(先驗的)和 transzendent(超驗的)這兩個術語似乎並沒有像現在所說的嚴格的區分,康德有時互換地使用,但是在新康德主義看來,這兩個術語的嚴格區分卻是最重要的。他們認爲,有些東西雖然是 transzendental(先驗的),但卻不是 transzendent(超驗的),因此他們對於那些把這兩個術語混淆加以解釋的做法表示極端的反對。另外,Ideologie(意識形態)一詞現今雖然被廣泛採用,特別是法蘭克福學派,但在 18 世紀末至 19 世紀初,這個術語曾引起很大的爭論,例如:拿破崙就曾經堅決反對過這個術語,他特別反對法國當時阿彭尼斯(Abanis)、德特里特·德·特雷西(Destritt de Tracy)和謝納·德·比朗(Chaine de Biran)等開創的所謂科學意識形態學派。

[283] 人爲製造的混合詞（Kunstswort）指一種用古代一兩種語言
成分構成的某些科技術語，如 Automöbil（原先用的汽車一
詞）、Soziologie（社會學）等。

[284] 概念的理念性（Idealität）應當說來源於柏拉圖的理型學說。
按照柏拉圖的觀點，事物乃是理型（Eidos）的摹本，因此關
於事物的概念或思想，其內容和意義應當是理型。高達美用
Urbild（原型）和 Abbild（摹本）來解釋柏拉圖的理型和事物
的關係，因此他認爲，作爲理念摹本的語詞和概念，其內容
和意義乃是一種概念的理念性。

[285] Verbum（話語）在拉丁文裡一般指動詞（動作的語詞），這
和希臘文有區別。上一節高達美是以邏各斯來考察古希臘的
語言思想，而在本節則是以 Verbum 來考察中世紀的基督教
關於語言的觀點，他認爲基督教的語言思想更使西方思想家
認識到語言的重要性。

[286] 基督教的 Inkarnation（道成肉身）思想是基督教的基本教義
和根本信條：基督是三位一體（聖父、聖子和聖靈的上帝）
第 2 位，即聖子，他在世界尚未造出前，便與上帝聖父同
在，即上帝的道，亦即邏各斯，因世人犯罪無法自救，上帝
差遣他來到人間，透過聖母瑪利亞而取肉身成人。按照高達
美的看法，我們應當把基督教所講的 Inkarnation（道成肉身）
與那種認爲靈魂外入肉體和上帝外在創造世界的思想嚴格區
分開來。按照他的看法，Inkarnation 根本不是 Einkörperung
（外入肉體）。Einkörperung 是高達美自己杜撰的一個德文
詞，意思是說一種外在化，例如：我們把水倒入杯子，水仍
是水，杯子仍是杯子，這不同於我們把糖或咖啡倒入水裡，
因爲這裡水就變成了糖水或咖啡。水倒入杯子就是一種外在
化過程，類似於 Einkörperung。按照古老的思想，特別是柏

拉圖—畢達哥拉斯的觀點,靈魂完全與肉體不同,當它進入肉體之前就已經有了自為的存在,而在它進入肉體之後,仍保持它的自為存在,以致肉體死了後,靈魂重新又獲得真實的存在,這就是一種最典型的 Einkörperung(外入肉體)的觀點。同樣,在希臘的神話中,神以人的形象出現,神卻未變成人,而是以人的形象向人顯示自己,因為神總是保持著超人的神性。高達美認為這些希臘思想都不是基督教所教導的道成肉身思想,基督教教導的上帝人化理論即道成肉身乃是一種內在化過程,即上帝變成了人,道(邏各斯)成了肉身,高達美認為,這一內在化過程乃是透過語詞而實現的。

[287] 話語變成了肉,即邏各斯變成了肉,來源於《聖經》,《約翰福音》第 1 章稱邏各斯「太初與上帝同在」,「萬物是藉著祂造的」,而且「道(邏各斯)成了肉身,住在我們中間」。後世神學據此說邏各斯即三位一體上帝中的第二位的聖子,他降生世上,取肉身而成為人,便是道成肉身的耶穌基督,高達美正是根據這一點而把話語說成是一種純粹的事件。

[288] 基督教教義之一則認為宇宙萬物都是上帝所創造的。《聖經‧創世記》載:「太初上帝創造天地,地是空虛混沌,淵面黑暗。上帝與其邏各斯運行於水面」,也就是說,在宇宙被造出之前,沒有任何物質存在,只有上帝及其話語,上帝以發出話語而創造出一切。

[289] 等級從屬說(Subordinationismus),基督教神學學說。認為上帝聖父、聖子和聖靈是 3 個等級,有從屬關係。或認為聖子的等級低於聖父,並從屬於聖父,或認為非但如此,聖靈的等級又低於聖父、聖子,並從屬於聖父和聖子。此說早在 2 世紀的希臘教父查斯丁和 2-3 世紀間的奧利金的著作中已見端倪,4 世紀更為阿裡烏加以全面發揮,最後於 381 年,

由君士坦丁堡公會議宣布這種說法是同上帝三位一體論相對立的，因而被定爲異端邪說。

[290] 柏拉圖在《泰阿泰德篇》裡也講到思想是靈魂同自己的講話，並且也區分了無聲的講話（意見）和有聲的講話（邏各斯）。他借蘇格拉底的嘴說：「思想就是靈魂在它所看到的東西上與它自己的談話。在我看來，當它思想時，它無非只是在講話、提問題和回答問題，作肯定和否定。當它達到了一個決定不再疑惑時，我們叫作意見。所以我叫作形成一個意見的東西就是講話，意見就是不是大聲地同其他人的講話，而是默默地和自己的講話。」（柏拉圖：《泰阿泰德篇》，189E—190A）

[291] 理智的流射（emanatio intellectualis），又譯理智的流溢，來源於新柏拉圖主義者柏羅丁（Plotinus, 205-270）。柏羅丁認爲一切創造都是從無限的不變的完滿的太一本身而流射出來的，首先從太一中流射出偉大的心智（奴斯），心智是太一的影子，它仿效太一再流射出靈魂，靈魂是雙重的，一種專對心智的內在靈魂，另一種是對外界的靈魂，它產生自身的形象，即自然和可見的世界。按照一般解釋，流射是由於太一太完滿了，就不願守著自己，而要產生另外的東西，以致太一可以透過流射而能保持力量均衡，但按照高達美的解釋，太一的流射過程並未使太一本身有所消損，而是透過流射其他東西而使自己有了新的補充和充實。

[292]《眞理與方法》1986 年新版即《高達美著作集》第 1 卷有許多印刷錯誤，這裡柏羅丁誤印爲柏拉圖。譯者根據以前的版本作了改正。

[293] 斯鮑錫普（Speusipp，或 Speusippus，？—西元前339/338），柏拉圖的學生，在柏拉圖於西元前 347 年去世後

接替他任柏拉圖學院首領。

[294] 阿提克，參見譯者注釋 [182]。

[295] 斯多噶派的語言理論在邏輯哲學裡最重要的成果是他們提
出了作為意義的來克頓（Lekton）概念，威廉·涅爾夫婦在
《邏輯學的發展》一書中曾這樣寫道：「他們（指斯多噶學
派）理論最具創造性的部分是關於被表示物或被表達物的，
這些東西他們統稱為來克頓（λεκτά）。這些理論在邏輯哲學
裡是一個重要的新事物，值得密切注意。」（威廉·涅爾和
瑪莎·涅爾：《邏輯學的發展》，商務印書館 1985 年版，第
180 頁）來克頓（λεκτόν）來源於動詞 λεγειν，這動詞指「意
味」或「說」，因此來克頓的意思就是「所意味的東西」或
「所說的東西」，這也就是我們今天所說的「意義」。

[296] 庫薩的尼古拉（Nicolaus Cusanus, 1401-1464），德國天主教
樞機主教，古典作家、數學家、自然科學家和對現代德國思
想富有影響的哲學家。

[297] 這裡高達美根據德語語詞構成把世界（Welt）與環境
（Umwelt）加以對立，世界是離開人而獨立存在的，而環
境則是為人而存在的世界（Umwelt=Welt um uns）。用海德
格的術語來解釋，世界是 Vorhanden（現成在手的東西），
環境則是 Zuhanden（使用上手的東西），因此高達美接下
來說，「環境概念首先是為人類環境而使用，而且也只為人
類環境而使用。環境就是人們生活於其中的『周圍世界』
（Milieu），而環境對生活於其中的人的性質和生活方式的
影響就構成了環境的意義。」

[298] 這也是德語的一個特點，即某一語詞加上 frei（自由、從中
擺脫）則詞義變成否定，如 Autofrei（無汽車）、Umweltfrei
（無環境）。Umweltfreiheit（無環境性）就是指世界的開放

性（Weltöffentlichkheit）。

[299] 語言的他在性（Anderssein）是以說話者與事物的距離作爲前提，我們可以用維根斯坦的觀點作這樣解釋：語言中所表述的東西是關於被表述對象（即事物 Sache）的一種事態（Sachverhalt, a state of affairs），而事態乃是一組表明對象與說話者之間距離的特定的關係。這就是語言的特殊對象性和事實性。這種客觀性或事實性允許事態可以用一個命題表述出來並告知給他人。而且事態也可以是否定性的，因爲它也可以間接地表現不存在的東西。

[300] die perspektivischen Abschattungen（感覺上的細微差別）引自於胡塞爾，胡塞爾曾把關於一個桌子的感性知覺描述爲一個人圍繞桌子而運動的諸多感性知覺的統一體，其中每一種感性知覺都不相同，即使是最細微的，我們也可以看到不同的方面或色調。這些各不相同的感性知覺他稱爲perspektivischen Abschattungen（或譯視角的差異）。沒有一種特殊的感性知覺可以把整個桌子給出，作爲空間對象的桌子只能由經驗意識從連續的 Abschattungen 加以構造。高達美在這裡引用胡塞爾這一術語，是爲了說明語言的細微差別（Sprachliche Abschattungen），他說這種語言的細微差別乃是「世界在各種不同的語言世界中所經驗到的」。

[301] 馮・于克斯科爾（Jakob Baron von Uexkuell, 1864-1944），德國生物學家，現代環境理論的奠基者之一。

[302] 關於古代意義上的理論，可參閱高達美的〈讚美理論〉一文。在那裡他寫道：「現在回想一下理論這個詞的最初意義，即它在希臘人那兒的含意也許不無幫助。這個詞的原意是指觀察，例如：觀察星座位置的人，又如觀察一種遊戲或參加一場節日典禮的人。觀察的含意並非單純的看，並非單

純地確認現有存在的東西或者儲存資訊。沉思並不會停駐於某個存在者，而是關注著一個領域。因此，理論並不是一種人們可以保持住的諸如停住、站立、狀況等的瞬間行為。它是在好的雙重含意中的『Dabei-sein』，即同在那裡的在。它不僅僅是在那裡，而且是『整個地在那裡』。因此，當一個人介入日常生活或參加一個儀式時，當他開始加入到這個行動中時，這也就含有他必須加入到其他人或可能的其他人的行動之中的意味。可見，『理論』並不是人們藉此可以征服一個對象的行動，並不是透過對對象的解釋能使它變得可以為我所用的行動。理論所對待的是另一類財富。」（高達美：《讚美理論——高達美選集》，上海三聯書店 1988 年版，第 40 頁）

[303] 這裡高達美仍利用德語語詞的構成特性進行詮釋學分析，隸屬性的德文詞是 Zugehörigkeit，這是從動詞 Zuhören 而來，Zuhören 是傾聽。傾聽與觀看不同，觀看可以看另一方而不看對方，即所謂「視而不見」，但傾聽卻不能不聽其他人的講話，因此亞里斯多德曾經強調了傾聽優先於觀看。高達美曾經這樣寫道：「當黑格爾認識到，語言性和其他藝術材料的區別就在於整體性時，他就已經認識到這根本觀點，這是一個曾經促使亞里斯多德把某種特有的優勢歸於傾聽的洞見——儘管看視在自然意義上具有許多優勢，因為傾聽接納了語言並因此而接納了一切而不僅僅是可見物。」（《真理與方法》，第 3 版後記，見本書邊碼 II473—II474 頁）傾聽就是必然要聽，這就是說必然要聽從。顯然聽從與從屬或隸屬相關，因此高達美接下來說：「隸屬性概念卻以新的方式得到了規定。所謂隸屬的東西就是從傳承物的訴說而來的東西。誰這樣處於傳承物之中，誰就必須傾聽從傳承物中

向他湧來的東西。傳承物的眞理與直接向感官顯現的當下（Gegenwart）是一樣的。」（《眞理與方法》，德文版第 1 卷，第 467 頁）

[304] 黑格爾對「外在反思」概念的批判見《邏輯學》第 2 編第 1 部分第 1 章關於「外在的反思」一節，他說外在反思「完全從一個已有的、異己的直接物出發，並且認爲自己只像是一個徒具形式的行動，從外面接受內容和質料，而就自身說，則只是被內容和質料所制約的運動。」（黑格爾：《邏輯學》，下卷，商務印書館 1976 年版，第 22 頁）

[305] 克羅齊（Benedetto Croce, 1866-1952），義大利哲學家、歷史學家和文藝批評家。克羅齊曾經系統地闡述了一門「精神哲學」，試圖以古典浪漫主義哲學的理性主義爲雛形，提示精神在體系結構和歷史長河中的發展，最後精神凝聚成歷史行爲，歷史成爲全部精神環節的唯一仲裁原則。主要著作有《作爲表現科學和一般語言學的美學》（1902 年）、《歷史，其理論和實踐》（1917 年）和《哲學、詩、歷史》（1951 年）。

[306] 弗斯勒（Karl Vossler, 1872-1949 年），德國浪漫主義語文學家，著作有《作爲創世和發展的語言》（1905 年）。

[307] 括弧內此句是根據《眞理與方法》1975 年第 4 版譯出，1986 年新版本無此句。內容見《聖經》：「上帝說，要有光。」

第2卷

[1] 1986 年出版的《眞理與方法》新版本（即第 5 版）分爲兩卷，即《高達美著作集》第 1 卷和第 2 卷。第 1 卷爲《眞理與方法》正文，第 2 卷乃是圍繞《眞理與方法》的論文集，共分

4 個部分：準備、補充、發展和附錄。〈在現象學和辯證法之間——一種自我批判的嘗試〉是第 2 卷的導論。

[2]　黑格爾關於惡的無限的論述可參見《小邏輯》第 94 節、第 104 節，黑格爾說：「量的無限進展每爲反思的知性所堅持，用來討論關於無限性的問題。但對於這種形式的無限進展，我們在前面討論質的無限進展時所說過的話也一樣可以適用。我們曾說，這樣的無限進展並不表述真的無限性，而只表述惡的無限性。它絕沒有超出單純的**應當**，因此實際上仍然停留在有限之中。這種無限進展的量的形式，斯賓諾莎曾很正確地稱之爲僅是一種想像的無限性（infinitum imaginationis）。……這裡我們便首先遇著了量，特別是數，不斷地超越其自身，這種超越康德形容爲『令人恐怖的』。其實真正令人恐怖之處只在於永遠不斷地規定界限，又永遠不斷地超出界限，而並未進展一步的厭倦性。上面所提到的那位詩人，在他描寫惡的無限性之後，復加了一行結語：我擺脫它們的糾纏，你就整個呈現在我前面。這意思是說，真的無限性不可視爲一種純粹在有限事物彼岸的東西，我們想獲得對於真的無限的意識，就必須放棄那種無限進展」（黑格爾：《小邏輯》，第 228-230 頁）。按照黑格爾的看法，惡的無限就如數的無限一樣，是一種永遠向外跑的，而且永遠沒有完結的無限，因此他反對這種惡的無限，而主張真的無限，即一種可能在有限之內實現的真正的現實的無限。但是，高達美反對黑格爾這種看法，他認爲，正是沒有完結或不可窮盡才表現了無限的本質。理解永遠是一個不可窮盡的過程，因此他說：「我從一開始就作爲『惡』的無限性的辯護人而著稱，這種惡使我同黑格爾處於似乎是極爲緊張的關係之中。」

[3]　呂克（Friedrich Lucke）是施萊爾馬赫哲學著作的出版者。
　　　這裡高達美所引證的觀點見呂克編輯出版的《施萊爾馬赫全
　　　集》第1系列第7卷題爲〈詮釋學以及特別就與《新約聖經》
　　　的關係所進行的批判〉的論文。該論文現在被 H. 基默爾收
　　　在他根據遺著重新整理出版的《F. D. E. 施萊爾馬赫的詮釋
　　　學》（海德堡，1959年，1974年）一書中。高達美經常注
　　　呂克版本的頁碼，但實際上是從基默爾編的書中引證的。

[4]　Syntheke，希臘文原意是「相遇」（Zusammensetzen）、
　　　「取得一致意見」（Übereinkunft）、「達成協議」
　　　（Übereinstimmen）。高達美認爲希臘語言的天才可用
　　　Syntheke 這詞來表現，因爲人們在理解時總是關於意義已經
　　　達成協議或取得一致意見了。

[5]　奧特伽‧伽塞特是一位西班牙哲學家、評論家，其哲學思想
　　　是存在主義、歷史哲學和對西班牙文化的批判。

[6]　這篇文章的寫作時間是 1894 年，高達美可能在此記錯。

[7]　蓬丁烏斯‧彼拉多（Pontius Pilatus, ?-39），羅馬帝國駐約
　　　且以土米亞總督。據《新約聖經》記載，雖然耶穌是由他判
　　　決並釘死於十字架的，但他對耶穌的罪行是持異議的，因而
　　　曾受到羅馬教皇的譴責。在《新約聖經‧約翰福音》第 18
　　　章中曾記載：「（耶穌說）你說我是王，我爲此而生，也爲
　　　此來到世間，特爲給眞理作見證，凡屬眞理的人就聽我的
　　　話。彼拉多說眞理是什麼呢，說了這話，又出來到猶太人那
　　　裡，對他們說我查不出來他有什麼罪。」黑格爾在其《哲學
　　　史講演錄》中曾對此有這樣的說法：「彼拉多『眞理是什麼
　　　東西』這話說得很高傲，意思是說：『眞理這個觀念已經是
　　　一個口頭禪，我們已經對它很厭煩了，我們已經看穿了它是
　　　什麼東西，現在已經說不上認識眞理了。』誰說這樣的話，

才眞可算是『超出眞理』──被摒於眞理之外！」（黑格爾：《哲學史講演錄》，第 1 卷，第 19 頁）。

[8]　一種完全意識的理想（das Ideal einer totale Bewusstheit）指對某種概念的整個發展史都有完全清楚的認識，高達美認爲這是不可能的。

[9]　四重文字意義學說係亞里山大城語文學家提出來的一種解釋理論，這種理論在基督教正文解釋中曾具有標準的效力。所謂四重文字意義指字面上的（woretliche）、比喻的（allegorische）、道德的（moralische）和引導的（hinfuehrende，即引導至神聖而不可言說的東西）意義。後來人們將這四重意義概括爲一口頭禪：「字面意義教導事實，比喻意義教導信仰內容，道德意義教導應當做事，而引導意義則教導你應努力爭取的東西。」

[10]　哈里卡那斯的狄奧尼斯（Dionys von Halikarnass）係西元前 30 年羅馬修辭學家，曾編了一部《羅馬古典文獻》大型叢書，共 20 卷，現存第 1-10 卷。

[11]　巴比倫塔爲古巴比倫人傳說中造的通天塔，見《舊約・創世記》第 11 章。

[12]　空間（Raum），指上文提到的「無盡的空間」，因爲任何語言的含意都不僅包含在所說出的話中，同時也蘊藏在未說出的話中，譯文只能以平面的形式而不能以立體的形式傳達原文，因此就會失去那未講出的含意，故稱「沒有空間」。

[13]　康德曾經說過，雖然牛頓能夠從其理論解釋一切物理現象，但卻不能從理論上來解釋生物現象，因此我們必須期待一位「草莖牛頓」來解釋像草莖這樣一類生物現象。

[14]　查理斯・威廉・莫里斯（Charles William Morris, 1901-1979），美國語言哲學家、符號學家，主要代表作《符號、語

言和行為》（1946年）。莫里斯曾對符號（Sign）區分了3
種類型關係：符號與其對象的關係，符號與人的關係和符號
與符號之間的關係。按照他的看法，符號的這3種類型關係
分別構成語義學（Semantics）、語用學（Pragmatics）和語
形學或句法學（Syntactics）。

[15] Zähre 和 Träne 的意思都是眼淚，兩者相較，Zähre 專門用於
詩歌之中，而 Träne 則是日常用語。

[16] 七里靴（Siebenmeilenstiefel）係童話裡一步能跨七里的靴
子，中國也有類似的說法，俗稱飛毛腿，這裡指長足進步。

[17] 「前見」一詞的德文是 Vorurteil，即先於判斷（Urteil）之前
（vor）的東西，因此高達美說：「從文字意義上，前見構成
了我們整個經驗能力（指判斷）的先行指向。」

[18] 尤吉烏斯學會系德國漢堡的一個學術團體，尤吉烏斯
（Joachim Jungius）是萊布尼茲時代的哲學家。

[19] Trivium 指希臘古代7種自由藝術中的3種：語法學、修辭
學和邏輯學。

[20] 拉米斯（Ramist）指法國哲學家、邏輯學家彼得・拉米斯
（Petrus Ramus），其邏輯學是反對亞里斯多德邏輯學，強
調邏輯是論辯的而非詰問的手段。

[21] 這句話是黑格爾對於世界精神所說的，他引用了羅馬詩人
維吉爾的 Äneis 詩中的一句話，只不過在維吉爾原詩中，
此句話是這樣說的：「tantae molis erat romanam condere
gentem」（建立羅馬國家是何等偉大的工作）。

[22] Ousia 在希臘文裡指存在，拉丁文裡指實體。海德格強調此
詞在古希臘是指「鄉村別墅」或「農村莊園」意義上的在場，
即在這種別墅或莊園中某物在場出來（etwas anwest）或展示
出來（sich zeigt），也就是指占有者的權力或財富。

[23] 古典修辭學關於講話類型（genera dicendi）有如下分類：(1) 事實陳述，這是描述過去事件的，如歷史陳述；(2) 判斷句，這是具有當前性的，如法律判斷；(3) 祈使句，這是要求別人做並指出將來後果的，如政治陳述。

[24] 艾塞克斯（Robert Devereux II. Earl of Essex, 1567-1601），莎士比亞時代英國行政指揮官。

[25] 雅可布（Jakob, 1566-1625），莎士比亞時代的英國國王。

[26] J. J. 巴霍芬（Johann Jakob Bachofen, 1815-1887），瑞士法學家、法學史家和人類學家。

[27] 列奧·斯特勞斯（Leo Strauss, 1899-1973），德裔美籍政治哲學家、古典政治理論闡釋者。當人們對古典政治哲學家的研究被定量的和行為派的政治科學家弄得黯然失色時，他出色地復興了一種從語文學出發的政治研究方向。主要著作有《迫害與寫作藝術》（1952 年）。

[28] 括弧內這段話在《真理與方法》1986 年新版本裡被刪去，我們根據 1975 年第 4 版補譯在此，以作參考。關於我們對某位作者的理解應當比作者本人對自己的理解來得更好，這可以追溯到康德，康德曾在他的《純粹理性批判》一書中說：「在我們把一個作者在日常談話中或者在著作中關於他的論題所表達的思想進行比較時，發現我們了解他甚於他了解他自己，這並非是罕見的事。由於他沒有充分確定他的概念，他有時所說的乃至所想的就全和他自己的本意相違。」（康德：《純粹理性批判》，A314）

[29] Vorhanden（現成在手）和 Zuhanden（使用上手）是海德格提出的兩個重要哲學術語，弄清這兩個術語的區別是我們理解海德格哲學的關鍵。按照海德格的觀點，人類認識世界基本上有兩種不同的方式，即本體論的方式和現

象學的方式，本體論方式是把自然事物看成現成在手的
（Vorhandenheit），反之，現象學方式則把事物看成使用上
手的（Znhandenheit），他在《存在與時間》一書中這樣寫
道：「從現象學角度把切近照面的存在者的存在展示出來，
這一任務是循著日常在世的線索來進行的。日常在世的存在
我們也稱之爲在世界中與世界內的存在者打交道。這種打交
道已經分散在形形色色的諸繁忙方式中了。我們已經表明
了，最切近的交往方式並非一味地進行知覺性的認識，而
是操作著的、使用著的繁忙（das hantierende gebrauchende
Besorgen），繁忙有它自己的『認識』。現象學首先問的
就是在這種繁忙中照面的存在者的存在。」（《存在與時
間》，第 67 頁）因此按照海德格，現象學解釋不是對存在
者的存在狀態上的屬性進行認識，而是對存在者的存在結構
進行規定。他引證希臘人關於物的觀點，「希臘人有一個適
當的術語用於物：πράγματα，這就是人們在繁忙打交道之際
對之有所行事的那種東西。然而希臘人在本體論上卻恰恰任
這種 πράγματα 所特有的『實用』性質掩蔽不露而把它們『首
先』規定爲『純粹的物』。我們把這種在繁忙活動中照面的
存在物稱爲用具（Zeug）。」（同上書，第 68 頁）這樣，
海德格引出了與現成在手的東西（Vorhanden）相對立的使用
上手的東西（Zuhanden），他說：「例如：用錘子來錘，並
不把這個存在者當成擺在那裡的物進行專題把握，這種使用
也根本不曉得用具的結構本身。錘不僅有著對錘子的用具特
性的知，而且它還以最恰當不過的方式占有著這一用具。在
這種使用著打交道中，繁忙使自己從屬於那個對當下的用具
起組建作用的『爲了作』（Um-zu）。對錘子這物越少瞪目
凝視，用它用得越起勁，對它的關係也就變得越原始，它也

就越發昭然若揭地作為它所是的東西來照面，作為用具來照面。錘本身揭示了錘子特有的『稱呼』。我們稱用具的這種存在方式為使用上手狀態（Zuhandenheit）。」（同上書，第 69 頁）高達美經常援引海德格這兩個術語，在他看來，他的哲學詮釋學以及後來發展的實踐哲學最初就是受到海德格的 Zuhandenheit 的啟發。

[30] 傳統詮釋學（特別是狄爾泰）試圖把詮釋學作為一門理解的技藝學來為精神科學奠定一個不同於自然科學的基礎，因此，特別像貝蒂這樣的詮釋學家力求提出一套規則體系來規定或指導精神科學的方法論程序。與此相反，高達美強調了他的目的「並不想炮製一套規則體系來描述甚或指導精神科學的方法論程序」（《真理與方法》，第 1 卷，圖賓根，1986 年，第 xvi 頁），他的主張過去是、現在仍然是一種哲學的主張，即「問題不是我們做什麼，也不是我們應做什麼，而是什麼東西超越我們的願望和行動與我們一起發生」（同上書，第 xvi 頁）。簡言之，他只是在客觀地描述理解的現象，特別是揭示那些非但不受我們支配反而支配我們的超人力量。這一點對於我們理解高達美，特別是理解《真理與方法》一書相當重要。

在〈詮釋學與歷史主義〉一文中，高達美引證了他給貝蒂寫的一封信中的這樣一段話：「從根本說來我並未提出任何方法，相反，我只是描述了實際情形。我認為我所描述的情形是無人能夠真正反駁的。……即使是歷史方法的大師也不可能使自己完全擺脫他的時代、社會環境以及民族立場的前見。這是否該算一種缺陷呢？如果說這是一種缺陷，那麼我就認為，對這種缺陷為什麼無處不在地發生於我們的理解之中進行反思，就是一種哲學任務。換言之，我認為唯一科學

的做法就是承認實際情形，而不是從應該如何和可能如何出
發進行思考。正是在這個意義上我才試圖超越現代科學的方
法概念進行思考，並在根本的一般性中考慮一直發生的事
情。」（《眞理與方法》，德文版第 2 卷，第 394 頁）

[31] 威廉·文德爾班（Wilhelm Windelband, 1848-1915），德國
新康德主義哲學家，是新康德主義西南學派的創始人。主要
著作有《近代哲學史》（兩卷本，1878 年）、《哲學史教
程》（1892 年）和《哲學概念》（1914 年）。

[32] 亨利希·里克特（Heinrich Rickert, 1863-1936），德國新康
德主義哲學家，文德爾班的學生。主張自然科學的邏輯和知
識論基礎在歷史科學內可望達到實在和價值的統一。主要著
作有《自然科學概念構成的界限》（1896-1902 年）、《文
化科學和自然科學》（1899 年）、《哲學史問題》（1905
年）和《康德作爲現代文化的哲學家》（1924 年）。

[33] 康德關於法權問題和事實問題的著名區分見其《純粹理性批
判》一書。在該書緒論中康德提出了「純數學何以可能？純
自然科學何以可能？」因爲這些科學實際存在著，光作爲事
實問題研究是不充分的，我們應當提出它們何以可能。「因
爲事實上它們存在著，這就證明它們必定是可能的」，因此
關鍵在於何以可能，這是一個法權問題。正是根據這一區分
康德在《純粹理性批判》裡探究了近代科學得以可能的認識
條件是什麼以及其界限是什麼。
　　由於高達美認爲他的探究並不提出任何方法，而只是「描述
了實際情形」，貝蒂就認爲他混淆了康德關於法權問題和事
實問題的著名區分，正如高達美在〈詮釋學與歷史主義〉一
文中所寫的：「貝蒂對此又怎樣說呢？他認爲我把詮釋學問
題只限於對事實的追問（「現象學地」、「描述性地」），

而根本沒有提出對法權的追問。好像康德對純粹自然科學的
法權的追問立場是想預先描寫出自然科學究竟該如何存在，
而不是試圖去證明業已存在的自然科學的先驗可能性。」按
照高達美的看法，法權問題並不是一個單純的「應當」問
題，而是一種對實際存在的先驗可能性的探究。因此他認爲
他的探究與康德的探究乃是同一性質的探究，即理解怎樣得
以可能？他說：「這是一個先於主體性的一切理解行爲的問
題，也是一個先於理解科學的方法論及其規範和規則的問
題。」（《眞理與方法》，德文版第 1 卷，第 xvii 頁）

[34]　哲學詮釋學認爲詮釋學絕不是一門關於理解和解釋的技術
學，而應當看作此在的根本運動性，這種運動性構成此在的
有限性和歷史性。這種觀點來源於海德格關於理解是此在的
存在方式這一見解。按照海德格的看法，理解是此在（人的
存在）的一種生存論結構（existenziale Struktur），即展開
或開闢此在與它生活於其中的整個世界的存在關係的可能方
式。理解具有一種籌劃結構（Entwurf），對此在在世界關
係中存在的某種可能性進行籌劃。詮釋學既然是理解和解釋
的學科，就應當描述此在的這種向未來進行籌劃的根本運動
性，也即此在的全部世界經驗。

[35]　天才說美學，指康德繼承人席勒、費希特和謝林提出的以天
才爲主導概念的美學。詳見《眞理與方法》第 1 部分第 2 節
b「天才說美學和體驗概念」。

[36]　埃米里奧‧貝蒂（Emilio Betti, 1890-1968），義大利法學家
和哲學家，早年曾在佛羅倫斯、米蘭等大學任羅馬法教授，
1948 年以後任教於羅馬大學。貝蒂在其《作爲精神科學方法
論的一般解釋理論》一書（1955 年）中提出了一種關於解釋
的一般理論和一種關於解釋方法的獨特學說。按照貝蒂的看

法，任何表達式都具有一種意義充分的形式。解釋和理解就
是揭示這種意義充分的形式。意義充分的形式是其他心靈的
創造物，它們都體現了創造它們的精神，解釋和理解意義充
分的形式，目的就是要理解創造這些形式的精神，貝蒂說：
「無論何時，只要我們碰到那些可知覺形式——另一個心靈
對象化於它們之中，並透過它們向我們的理解力說話——我
們就開始了我們的解釋活動。解釋的目的是理解這些形式的
意義，找出它們希望傳達給我們的訊息。」（《作為精神科
學方法論的一般解釋理論》，1967 年，第 42-43 頁）因此，
按照貝蒂，任何解釋過程都是一種「三位一體」的過程，在
這過程中，意義充分的形式起了一種媒介作用，它把在自身
中得以客觀體現的心靈與解釋者的心靈溝通起來，解釋就是
重新認識或複製體現在這些形式中的創造心靈。

為了正確重認或複製原創造心靈的精神，即貝蒂所謂區別於
「思辨的解釋」的「客觀的解釋」，貝蒂在他的《作為精神
科學方法論的一般解釋理論》中提出了 4 條著名的詮釋學原
則：1. 自主性原則，即作為解釋對象的意義充分的形式應當
看作是獨立自主的，我們需根據體現在它們之中的精神，即
原作者的觀點或意向來加以理解和解釋；2. 整體性原則，即
任何個別的語句需根據其意義上下文、任何個別作品需根據
當時整個文化體系來加以理解和解釋；3. 現實性原則，即
解釋者在重建原創造精神時需把原創造精神解釋為他自己生
活的現實，也就是說，對於意義充分的形式的理解和解釋必
須使這些形式所體現的意義或精神成為自身內在精神的一部
分；4. 相符原則，即解釋者的精神或思想必須與原作者的精
神或思想一致。

[37]　針對上述貝蒂把詮釋學作為精神科學一般方法論的觀點，高

達美根據海德格關於理解是此在的存在方式的卓越見解創立了有別於古典詮釋學的哲學詮釋學。按照高達美的觀點，詮釋學並不是一種找尋正確理解和解釋的方法論，而是解釋和現象學描述在其時間性和歷史性中的人的此在，理解從來就不是一種對於某個被給定的「對象」的主觀行為，而是屬於效果歷史，也就是說，理解是屬於被理解東西的存在。因此，詮釋學的任務不是單純地複製過去，複製原作者的思想，而是把現在和過去結合起來，把原作者的思想和解釋者的思想溝通起來，理解乃是一種效果歷史事件。高達美寫道：「真正的歷史對象根本就不是對象，而是自己和他者的統一體，或一種關係，在這種關係中同時存在著歷史的實在以及歷史理解的實在。一種名副其實的詮釋學必須在理解本身中顯示歷史的實在性，因此我把所需要的這樣一種東西稱之為『效果歷史』。理解按其本性乃是一種效果歷史事件。」（《真理與方法》，德文版第 1 卷，第 305 頁）

[38] 「視域交融」（Horizontverschmelzung）是高達美哲學詮釋學的基本概念。按照高達美看法，前理解或前見是歷史賦予理解者或解釋者的生產性的積極因素，它為理解者或解釋者提供了特殊的「視域」（Horizont）。視域就是看視的區域，它包括從某個立足點出發所能看到的一切。誰不能把自身置於這種歷史性的視域中，誰就不能真正理解傳承物的意義。但是，按照高達美的看法，理解者和解釋者的視域不是封閉的和孤立的，它是理解在時間中進行交流的場所。理解者和解釋者的任務就是擴大自己的視域，使它與其他視域相交融，這就是高達美所謂的「視域交融」。視域交融不僅是歷時性的，而且是共時性的，在視域交融中，歷史和現在，客體和主體，自我和他者構成了一個無限的統一整體。

[39] 德羅伊森（Johann Gustav Droysen, 1808-1884），德國歷史學家，主要貢獻在於古希臘文化史研究。他的主要著作《希臘化時期史》為研究希臘化時期奠定了基礎。他的另一重要著作《歷史學》為歷史學派奠定了理論基礎。德羅伊森在歷史學研究中堅決反對實證主義觀點和蘭克學派的理論和實踐（倫理）相脫離的方法。他認為，歷史科學絕不像自然科學，它需要有「打動人民和民族的偉大的最終的問題」，它「不僅使人更聰明，而且也應該並將使他更好」，歷史科學必須完成它的更重要的倫理任務，只有在「道德力」（die sittlichen Machte）裡歷史學家才找到他們的真理。

[40] 狄爾泰（Wilhelm Christian Ludwig Dilthey, 1833-1911），德國哲學家和思想史學家，現代詮釋學創始人。最初跟伯克（A. Boeckh）、蘭克（L. V. Ranke）研究歷史、古典文學、哲學和神學，1864 年在柏林大學取得教授資格，1866 至 1881 年先後在巴塞爾大學、基爾大學和布雷斯勞大學任教授，1882 年在柏林大學接替洛策（H. Lotze）的講座一直到 1905 年。狄爾泰的主要貢獻是反對精神科學受自然科學的普遍影響，為精神科學奠定獨特的方法論基礎。狄爾泰在哲學上試圖建立一種在人類自身的歷史中，即按照歷史過程的偶然性和可變性來理解人的生命哲學。在詮釋學方面，狄爾泰以他的「歷史理性批判」而使自己成為精神科學知識論的創立者和歷史學派詮釋學的主要代表人物之一。其主要著作有《精神科學導論》（1833 年）、《施萊爾馬赫傳》（第 1 卷，1870 年，第 2 卷，1966 年）等。

[41] 海德格在《存在與時間》一書中是這樣揭示理解的生存論結構—籌劃性質的：「理解是此在本身的本己能在的生存論意義上的存在，其情形是：這個於其本身的存在開展著隨它本

身一道存在的何所在（Woran）。……理解把此在之在向著
此在的『爲何之故』加以籌劃，正如把此在之在向著那個作
爲此在當下世界的世界性的意蘊加以籌劃，這兩種籌劃是同
樣的原始。……此在作爲此在一向已經對自己有所籌劃。只
要此在存在，它就籌劃著。此在總已經是從可能性來理解自
身。理解的籌劃性質又是說：理解本身並不把它向之籌劃的
東西，即可能性，作爲課題來把握。這種把握恰恰取消了所
籌劃之事的可能性，使之降低爲一種已有所指的、給定的內
容；而籌劃卻在拋擲中把可能性作爲可能性拋擲到自己面
前，讓可能性作爲可能性來存在。理解作爲籌劃是這樣一種
此在的存在方式：在這種方式中此在是它的作爲種種可能性
的可能性。」（海德格：《存在與時間》，德文版，第 144-
145 頁）

[42] 阿多爾諾（Theodor Wiesengrund Adorno, 1903-1969），德
國哲學家，法蘭克福批判理論學派代表人物之一。主要著作
有《啓蒙辯證法》（1974 年）、《獨裁主義的個性》（1950
年）和《美學理論》（1970 年）等。

[43] 波普（Karl Popper, 1902-1994），英國科學哲學家和社會科
學家，批判理性主義的創始者，他關於科學方法論的思想對
當代科學哲學的發展有重大影響。主要著作有《科學研究的
邏輯》（1935 年）、《開放社會及其敵人》（1945 年）、
《歷史主義的貧困》（1957年）和《客觀知識》（1972年）。

[44] 阿爾伯特（Hans Albert, 1921-），德國當代哲學家、社會學
家。在 20 世紀 60 年代實證主義爭論中，他與波普站在一
邊，反對批判社會學代表阿多爾諾和哈伯瑪斯。近年來阿爾
伯特試圖把分析哲學與詮釋學加以結合。

[45] 在 20 世紀 60 年代的德國，以阿多爾諾和哈伯瑪斯爲代表的

所謂意識形態批判學派為一方，和以波普和阿爾伯特為代表的所謂批判理性主義為另一方，就社會科學方法論問題展開了激烈爭論，即所謂著名的實證主義爭論，有關這場爭論的詳細情況請參閱阿多爾諾編輯出版的《德國社會學中的實證主義爭論》（1969 年）一書。

[46] 阿佩爾（Karl-Otto Apel, 1922-2017），德國當代哲學家，他試圖在批判吸收實用主義的基礎上把詮釋學和分析哲學加以融合，主要著作有《哲學的轉變》（兩卷本，1973 年）。

[47] 馬克斯·韋伯（Max Weber, 1864-1920），德國社會學家、政治經濟學家。最著名的著作是《新教倫理與資本主義精神》一書，他根據統計數字說明德國資本主義興業興趣和成功率與基督教新教背景的相互關係，並指出這種關係的根源在於喀爾文教的預定說和清教派神學觀點所引發的某些心理狀態。價值自由口號是韋伯在政治經濟學方面的重要觀點。

[48] 雅斯培（Karl Jaspers, 1883-1969），德國哲學家，為現代存在主義哲學奠定了基礎。他主張哲學是對存在的主觀解釋，致力於發展一種既不受科學控制又不包含宗教信仰的哲學，哲學應當為人的自由和價值而呼籲，晚年主張建立一種「世界哲學」。主要著作有《現時代的人》（1931 年）、《哲學》（3 卷本，1932 年）等。

[49] 卡姆拉（Wilhelm Kamlah, 1905-1976），德國哲學家，愛爾蘭根學派成員之一，其哲學探究中心是實踐哲學問題及其在一種新哲學人類學框架內的回答。

[50] 洛倫茲（Paul Lorenzen, 1915-1994），德國當代哲學家，愛爾蘭根學派創始人，是德國結構科學理論的主要代表。主要著作有《結構邏輯、倫理學和科學理論》（1973 年，1975年第 2 版）、《結構科學理論》（1974 年）等。

[51] 埃克哈特（Eckart 或 Eckehart, 1260-1327），世稱埃克哈特大師（Meister Eckart），德國神祕主義哲學家，多明我會修道士，其思想的哲學淵源是大阿爾伯特、多瑪斯‧阿奎那和新柏拉圖主義者。主要興趣並不在於一種真正的哲學的和神學的思考，而在於用一種哲學的和神學的語言來表現他的神祕主義觀點，特別是神人同一學說。

[52] 瑪律庫塞（Herbert Marcuse, 1898-1979），美籍德裔政治哲學家，主要著作有《愛欲與文明》（1955 年）、《單向度的人》（1964 年）和《批判哲學研究》（1972 年）等。

[53] 「非事實的認可」（Kontrafaktisches Einverständnis），所謂「非事實的」，即「未被實現的」（nichtverwirklicht），按照法蘭克福學派的觀點，語言的相互理解有一個理想的前提條件，即一種無需有事實的認可。

[54] 馬萊麥（Stephane Mallarmé, 1842-1895），法國詩人，符號論的創立者。

[55] 保爾‧利科爾（Paul Ricoeur, 1913- ），法國當代哲學家，法國哲學詮釋學派創始人。利科爾雖然贊成海德格和高達美關於解釋不僅具有認識意義而且具有存在的本體論意義。但他不同意高達美關於我們從屬於文化歷史，脫離它就是意義的疏離的觀點，他反而認為，與歷史傳統拉開距離，我們才能承擔起對之加以批判的任務。

[56] 耶格（Werner Jäger, 1888-1961），德國古典哲學研究家，著名的亞里斯多德專家。他有一部著作《亞里斯多德，其思想發展史之基礎》（第 2 版，1955 年），在此書中，他提出所謂早期亞里斯多德思想發展史的文獻，以便透過引證亞里斯多德思想不同發展階段來解釋亞里斯多德著作中存在的矛盾。耶格最著名的著作是《潘迪亞——希臘人的形成》

（Paideia），3 卷本，1934-1947 年出版。

[57] 「良知」（Gewissen）在海德格的《存在與時間》裡指此在
的一種本眞的現象，他說：「良知作爲此在的現象，不是擺
在那裡的、偶爾現成在手的事實。它只『存在』於此在的存
在方式中，它只和實際生存一道並即在實際生存之中才作爲
實情宣洩出來。」因此良知是不可證明的，「要求良知的
『事實性』及其聲音的合法性提供歸納『經驗證明』，這
根源於在本體論上倒置了這一現象」（海德格：《存在與時
間》，德文版，第 269 頁）。按照海德格的看法，良知的呼
喚具有把此在向其最本己的能自身存在召喚的性質，而與此
召喚相應的則是一種可能的傾聽。對召喚的理解暴露其自身
爲「願有良知」（Gewissenhabenwollen），在願有良知這
一現象中就有我們所查找的那種生存狀態上的選擇活動——
對一種自身存在的選擇的選擇，這就是他所說的「決斷」
（Entschlossenheit）。所以海德格說：「良知提供出某種本
眞能在的證明，良知這一此在現象像死亡一樣要求一種本然
的生存論上的闡釋，這一闡釋使我們明見到此在的本眞能在
就在『願有良知』之中。」（同上書，第 234 頁）

[58] 斯威夫特（Jonathan Swift, 1667-1745），英國著名諷刺作
家、詩人和政治家。其著名諷刺散文《一個澡盆的故事》
（1704 年）曾爲鄧波爾的《論古代和現代學問》辯護，主張
文學家應像蜜蜂一樣博採古今精華，製成蜜和蠟，爲人類帶
來「甜蜜和光亮」，而不做自吃自吐的蜘蛛。著名寓言小說
《格列佛遊記》（1726 年），透過描寫假想的大人國、小人
國等嘲諷時政。

[59] 海德格關於眞理的觀點是淵源於希臘文眞理一詞 aletheia 的
含意，aletheia 本意指顯露、顯現、澄明，因此海德格把眞理

同無蔽（Unverborgenheit）相連繫，「是眞的」（Wahrsein）
與「進行揭示的」（entdeckend-sein）相等同，他說：「『是
眞』（眞理）等於說『是進行揭示的』。……邏各斯這種讓
人看的『是眞』乃是一種揭示方式的眞在：把存在者從隱蔽
狀態中取出來而讓人在其無蔽狀態（揭示狀態）中來看。」
（海德格：《存在與時間》，第 219 頁）不過按照海德格，
存在者雖被揭示，同時又被僞裝；存在者雖呈現，又具有假
象的模式；被揭示了的東西同時又沉淪在晦蔽狀態中。他
說：「此在的實際狀態中包含有封閉狀態和遮蔽狀態。就其
完整的生存論本體論意義來說，『此在在眞理中』這一命題
同樣原始地也是說；『此在在不眞中』。不過，只因爲此在
是展開的，它才也是封閉的，只因爲世記憶體在者一向已隨
著此在是揭開的，這類存在者作爲可能的世內照面的東西才
是遮蔽的（晦蔽的）或僞裝的。」（同上書，第 222 頁）
所以高達美在這裡說海德格把眞理同時作爲揭蔽和遮蔽來
考慮。

索引

概念、名詞索引（漢—德）

（本書索引所標頁碼均為德文原書頁碼，I 為第1卷，
II 為第2卷，請查詢中譯本每頁邊碼。）

十三畫

概念、名詞索引（德—漢）

（索引所標頁碼均為德文原書頁碼，I 為第1卷，II 為第2卷，
請查詢中譯本每頁邊碼。）

Dogmatik, historische, juristiche 教義學、獨斷論，歷史的，法學的 I 332ff.

 -wissenschaftliche 科學的 II 506

Dolmetscher 翻譯者（參見 Interpretation）I 313, 387f.; II 153f., 264, 294f., 350f., 419

Doxa 意見 I 371f.; II 497

Durée 所與 I 74

Dynamis (Potenz) 潛能（能力） I 27, 34, 210, 428; II 274, 467, 486

E

Eigenbedeutsamkeit 自身意味性 I 95

Eikos, Verisimile (das Einleuchtende) 模仿的、似真的（明顯的）I 26f., 488f.; II 111, 234f., 280, 499

Einbildungskraft (produktive) 想像力（創造性的）I 52, 58f.

Einfachheit (des Lebens)（生活的）簡單性 I 34

Einfall 突然產生的思想（念頭） I 24, 271, 372, 468; II 206

Einfühlung 移情 I 47, 254; II 57, 223, 284

Einheit (=Identität) 統一性（同一性）II 7f., 16f., 86, 174f.

 -Zwei-Einheit, spekulative 思辨的二合一 II 370

Einheit und Vielfalt 統一和多樣性 I 430f., 461ff.; II 80

 -der Weltgeschichte 世界史的統一和多樣性 I 211f.

 -von Denken und Sprechen 思維和語言的統一和多樣性 I 406

Einsicht 洞見 I 328, 362

Einzelfall (Produktivität dess.) 個別事例（生產性）（參見 Urteilskraft）

Eleos 憐憫 I 135f.

Eloquentia 口才 I 25, 27

Emanation 流射（溢）說 I 145f., 427, 438f.; II 384ff.

Emanzipation 解放、釋放 I 241, 243, 249f., 257, 270ff., 469

Empeiria 經驗（參見 Erfahrung 即 Empeiria）

Empirismus 經驗主義 I 12, 14, 216, 222

Endlichkeit (des Menschen, der geschichtlichen Erfahrung) 有限性（人類的有限性，

Geschichte 歷史（參見 Historie,
　Historik usw.） I 200ff.,
　208ff., 226ff. u.ö.;II 27ff.,
　31f., 36, 48f., 59, 133ff.,
　413f., 445
-der Philosophie 哲學史 II 504
Geschichtlichkeit 歷史性（參見
　Historisches Bewußtsein）
Geschmack 趣味，鑑賞 I 32, 37,
　40ff., 45ff., 61ff., 87, 90ff.;
　II 375, 440
-und Genie 趣味與天才 I 59ff.
-Idee der Vollendung des 完美趣
　味的理念 I 62f.
Gesellschaft 社會 I 10, 36, 41,
　45, 90ff.; II 239, 269, 274,
　317, 320
Gesetz 法則、法律 I 10ff., 44,
　246, 313f., 323f., 330ff.,
　365; II 278, 285, 400ff.
Gesetzespositivismus 法學實證
　主義 I 323; II 392, 400
Gespräch (Dialog, Sprechen) 談
　話（對話，講話） I 189,
　192, 383f.; II 6ff., 58ff.,
　112ff., 151ff., 200, 207ff.,
　332u.ö., 500ff.
-hermeneutisches 詮釋學談話 I
　373ff., 391, 465ff.;II 238

Gestalt 形式、形態、格式塔 I
　234; II 358f.
Gewissen 良知 I 217, 220f., 349;
　II 485
Gewißheit 確實性 I 243; II 45,
　48, 300
Geworfenheit 被抛狀態 I 266f.;
　II 9ff., 124f.
Glaube 信仰、信念 I 132, 267,
　335ff.; II 102, 121ff., 285,
　312, 406, 430
Gleichzeitigkeit 共時性（參見
　Simultaneität）
Gott, Gottheit, Göttliche 上帝，
　神性，神性的 I 34, 215f.,
　324, 336, 363, 422ff., 442,
　489f.; II 28, 71, 129ff., 202,
　220
Glück 幸福 II 468
Grammatik 語法 I 418, 436; II
　73, 84, 202, 233, 338, 342
Gusto 趣味（參見 Geschmack）
Gutes (Idee des Guten, agathon)
　善（善的理念） I 27f., 317,
　482ff.; II 266, 275, 291,
　304u.ö., 422, 455

H
Harmonie, dorische 和諧，多立

人名索引（漢—德）

（索引所標頁碼均為德文原書頁碼，I 為第1卷，II 為第2卷，
請查詢中譯本每頁邊碼。）

八畫

十一畫

十五畫

十六畫

人名索引（德—漢）

（索引所標頁碼均為德文原書頁碼，I 為第1卷. II 為第2卷，
請查詢中譯本每頁邊碼。）

本書所引經典文獻

II 307; 50b, I 117; 51d, I 486

Politikos《政治家篇》

260d, II 92; 2294ff., I 324; 305e, II 86

Nomoi《法律篇》

907d, I 93

VII. *Brief*《第七封信》

II 507; 341c, I 396; 342ff., I 411; 434a7, II 255; 343c-d, I
350; 344b, I 382; 344c, I 396

Sophistes《智者篇》

I 486; 263e, I 411, 426; 264a, I 411

Staat《理想國》

508d, I 487; 601c, I 100; 617e4, II 82

Symposion《會飲篇》

175d, II 501; 204a1, I 490; 210d, I 482

Timaion《蒂邁歐篇》

II 86

Sextus Empirikus 塞克斯都‧恩彼里柯

Adv. math.《反數學家》VIII

275, I 423

Stoa 斯多噶

StV fr.《早期斯多噶派著作殘篇》

I 24, 36, 36: 9, I 486; 168, 11pass., I 179

譯後記

　　當我把本書下卷最後一頁清樣校對完畢，這幾年因緊張勞動而疲憊不堪的精神總算暫時得到某種放鬆。正如我在本書上卷譯者序中所說，本書的翻譯是從 1986 年開始的，時至今日已整整 8 年之久。儘管在這段時期內，我有一部分時間是爲我的論著《斯賓諾莎哲學研究》進行最後的修改和統稿工作，但不可否認我仍把大部分精力和時間投入此書的翻譯。我每日清晨伏案耕耘，直至夕陽西下而輟，日繼一日，年復一年，其間的酸辣苦澀一時難以盡言。

　　從某一個意義上說，我花這樣長的時間只從事一部著作的翻譯工作，似乎有些得不償失。我的一些親朋好友也曾經以此指責我說，我本可以利用這幾年經常出國與德國哲學家進行直接連繫和學術交流的好時機寫出一部關於詮釋學甚至當代德國哲學的專著。儘管這種批評有一定道理，但我仍要爭辯說，需知西方哲學發展至今日，其內容之廣泛和其意義之深奧，實非我們僅以幾年時間寫出的一部學術專著所能涵蓋的。與其寫一部闡述自己尚未成熟看法的專著，還不如譯介一部有影響的經典著作對讀者來說更爲重要一些。正是這樣一種看法使我對這幾年的辛苦勞作沒有感到可惜。捫心自問，反而有一種自慰。如果年輕的讀者能被這本書引導去踏實研究一下當代西方哲學，譯者這幾年的苦心就算沒有白費了。

　　詮釋學對於今天的一些讀者來說可能還不算陌生，但不管怎樣，這只是最近 10 年內的事。在 20 世紀 70 年代末我們透過一些東德和日本的哲學譯文接觸到這一名詞，但對其內容卻是完全不了解的。相對於國外（不僅歐洲，而且包括美國）已經將詮釋學主要觀點普遍應用於哲學、美學、法學、歷史學、語言學、文學批評和

宗教各個人文科學領域而言，我們還只是起步，還有待於年輕一代
哲學工作者今後的努力。

為了便於讀者理解本書所闡發的詮釋學觀點，下面我再就幾個
主要概念的翻譯作些說明和解釋。

Hermeneutik，相應的英文詞是 hermeneutics。Hermeneutik 來
源於古老的希臘文詞 ἑρμηνεύειν，意即傳達、翻譯、解釋和闡明的
技術。Hermeneutik 是從詞根 Hermes 引申而來，Hermes 本是神的
一位信使的名字，其使命一方面是傳達神的指令，將神的指令翻譯
成人間的語言，另一方面是解釋神的指令，把神的指令的意義闡明
出來。因此 Hermeneutik 最基本的含意就是透過翻譯和解釋把一種
意義關係從一個陌生的世界轉換到我們自己熟悉的世界。我們知
道，柏拉圖在其《伊庇諾米篇》裡就曾經講到過 Hermeneutik，他
把它視為一種與占卜術同屬一類的技藝，其目的是用來闡發神的旨
意，具有傳諭旨意和要求服從的雙重功能。同樣，在亞里斯多德的
《工具論》中也有一篇很著名的邏輯論文，就是 Peri hermeneias，
我們一般譯為《解釋篇》。hermēneus（詮釋）就是以對被表述東
西本來含意的理解為前提，從而把被表述東西的本來意蘊闡發出
來，因而理解和解釋就構成詮釋的兩個不可分離的組成因素。近代
和現代詮釋學家之所以採用 Hermeneutik 這個古老的希臘字作為這
一學科名稱，我想主要是為了盡量傳達出古代的遺風，特別是古代
人的思想傾向和思維方式。在中國古代文化裡比較接近這一概念的
詞是「詮釋」。早在唐代，詮釋就被用來指一種「詳細解釋、闡明
事理」的學問。唐顏師古「策賢良問一」中就有「厥意如何，停問
詮釋」，元稹《解秋十首》中也有「此意何由詮」。

在德文裡關於解釋的詞有好幾個，如 Interpretation、
Explanation、Explikation、Erklärung 和 Auslegung，其中
Interpretation、Explanation 和 Explikation 顯然是從拉丁文而來；英

語裡也有相應的詞：interpretation、explanation 和 explication。從語言學史上看，Interpretation 可能是最接近 hermeneus 的翻譯。我們知道，亞里斯多德那篇「Peri hermeneias」，後來譯成拉丁文就是「De interpretatione」。按照德國語文學家的觀點，Interpretation 至少應該有兩個基本含意，這兩個含意可以用德文自身形成的字來表示，即 Erklärung 和 Auslegung。Erklärung 偏重於從原則或整體上進行說明性和描述性的解釋，我們可以譯爲「說明」；Auslegung 偏重於從事物本身出發進行闡發性的揭示性的解釋，我們可以譯爲「闡釋」。因此，Interpretation 既有從原則或整體上進行的說明性的外在解釋的含意，又有從事物本身揭示出來的闡發性的內在解釋的含意。但是，隨著近代自然科學的形成和發展，Interpretation 原有的那種從對象本身揭示出來的闡發性的解釋含意似乎被淹沒在外在的說明性的描述性的解釋裡面，以致在英語裡，interpretation 似乎主要指那種按照某種說明模式進行描述性的因果性的解釋，這就成爲近現代自然科學通行的解釋方法。按照這種方法，所謂解釋就是將某一事件或某一過程隸屬於或包含於某個一般法則之下從而作出因果性的說明。這種自然科學的說明方法或解釋觀念影響相當大，幾乎被認爲是一切人類科學（包括人文科學）唯一有效的科學方法論。近代詮釋學的產生正是對於這種試圖統治一切科學的自然科學方法論的反抗。在近現代詮釋學家看來，Interpretation 偏重於 Erklärung，乃是近代自然科學發展的產物，而人文科學應當面對自然科學的挑戰爭取自己與之不同的獨立的方法論，因而他們強調了 Interpretation 原本就含有的 Auslegung 的含意，即從事物自身進行揭示性的和闡發性的解釋。Auslegung 即 legen aus（展示出來），即把事物自身具有的意蘊釋放出來。海德格關於這一點講得最清楚。他在《存在與時間》一書中曾以「Verstehen und Auslegung」（理解和解釋）一節來講述何

謂理解和何謂解釋。按他的看法，理解作爲此在的存在方式，就是此在「向著可能性籌劃它的存在」，理解的籌劃活動具有造就自身（sich auszubilden）的特有可能性，而解釋（Auslegung）就是指「理解的這種造就自身的活動」，因此「解釋並不是把某種『意義』拋擲到赤裸裸的現成東西上，也不是給它貼上某種價值標籤，而是隨世內照面的東西本身一起就一直已有某種在世界理解中展開出來的因緣關係，解釋無非就是把這種因緣關係釋放出來（herausgelegt）而已」（參見《存在與時間》，德文版，第 148-150 頁）。這種解釋觀念顯然與自然科學的說明模式不同，它表現了當代人文科學詮釋學方法的基本特徵。正是鑑於「解釋」一詞通常帶有自然科學說明模式的含意，我認爲選用「詮釋學」來翻譯 Hermeneutik 就更能表明自然科學的說明方法和人文科學的理解方法，亦即科學論和詮釋學的對峙，即使我們像達格勞・弗萊施達爾（D. Føllesdal）、馮・賴特（G. H. v. Wright）、羅蒂（R. Rorty）、阿佩爾（Otto Apel）和伯恩斯坦（R. J. Bernstein）等那樣主張綜合的傾向，即嘗試在這兩個領域或兩種方法之間進行溝通，但也應以它們之間的區別爲前提。

Bildung，我暫譯爲「教化」。這是一個很難翻譯的德文字，《眞理與方法》的兩種英譯本均未將此字譯成英文，只是在括弧里加了 culture 以指文化。Bildung 在德文裡不僅指一般所謂文化，如英文的 culture，更重要和更本質的是指一種內在的精神造就或陶冶，比較接近於英文中的 cultivation 或 cultivated。高達美在本書第 1 部分裡把它定義爲「人類發展自己的天賦和能力的特有方式」（本書上冊，第 18 頁）。從語源學上說，Bildung 這個德文詞來源於拉丁詞 formatio，formatio 是從 forma（形式、形象）衍生而來。這裡有一個古老的哲學史背景。我們知道，柏拉圖曾提出 eidos 這一概念，eidos 來源於動詞 idein，idein 的意思是「看」，

因此 eidos 即指「所看的東西」，所看的東西一般指理型，按照柏拉圖，這種理型不是感覺的對象，而是思維的對象，它是永恆不變的存在，而不是變幻無常的現象。因此柏拉圖認為在我們這個倏忽即逝的現象世界之外，還存在一個永恆不變的理型世界，理型世界是現象世界的原型，反之現象世界是理型世界的摹本。後來亞里斯多德針對柏拉圖這種原型和摹本的區分提出形式和質料的區分，他所謂的「質料」（matter）是一種無規定的東西，而「形式」就是給予質料以規定性的東西。他有時用可能性和現實性來區分質料和形式，也就是說，形式乃是使可能性的質料成為現實性的東西。他曾把形式定義為「事物的是其所是及其自身的本質」（《形上學》，1032b 1）。後來中世紀神學家和哲學家按照亞里斯多德這種形式和質料的觀點，認為上帝心靈中具有各種事物的形式（Form），他們稱之為原型（archetype）、典型（paradigm）或模式（pattern），上帝正是憑藉這些原型、典型或模式創造了萬事萬物。按照中世紀神學解釋，人是按照上帝的形象創造的，人在自己的靈魂裡都帶有上帝的形象，並且必須在自身中去繼續造就這種形象，以致在中世紀的哲學家看來，人類認識的獲得和德性的培養就在於把形式納入自身中。現今英語裡所謂資訊、知識一詞 information 就是這種觀點的產物，所謂 information，就是把 form（形式）納入（in）自身。

　　Bildung 來源於 Bilden（形成），所謂形成（Bilden）就是按照 Bild（圖像、形象）而造就。Bild 既有 Vorbild（範本、摹本），又有 Nachbild（摹本、抄本），因此 Bildung 就是指按照 Vorbild 進行摹寫（Nachbilden），意即按照人性的理想範本加以鑄造。Bildung 一詞在 18 世紀末和 19 世紀初的德國思想家中相當流行。赫爾德曾經從根本上把人類教育規定為「達到人性的崇高教化」（Emporbildung zur Humanität）。按照黑格爾的解釋，人之為人

的顯著特徵就在於脫離直接性和本能性，而人之所以能脫離直接性和本能性，乃在於他的本質具有精神性的理性方面，因此人需要教化，人類教化的本質就是使自己成為一個普遍的精神存在，教化從而就作為個體向普遍性提升的一種內在的精神活動。德國哲學家很重視這一概念的內涵。黑格爾說，哲學正是「在教化中獲得了其存在的前提條件」（《哲學綱要》，第 41 節）。狄爾泰自豪地說：「只有從德國才能產生那種可取代充滿偏見而獨斷的經驗主義的真正的經驗方法，彌爾就是由於缺乏歷史性的教化而成為獨斷的」（《狄爾泰全集》，第 5 卷，第 LXXIV 頁）。高達美更發揮說：「我們可以補充說，精神科學也是隨著教化一起產生的，因為精神的存在是與教化觀念本質上連繫在一起的。」（本書上冊，第 20 頁）

如果我們把德國思想家關於 Bildung 的論述與中國古代的「文化」概念加以比較，那是很有意思的。在中國古代，「文化」一詞並不是像辭典所說的那樣，指 Culture 的譯名，泛指人類社會的一切物質財富和精神財富，而是指一種內在的精神教化或文治。所謂文，按《說文解字》：「錯畫也，象交文」，即一種象形的東西，其所像物乃事物的理或道，因而《論語集注》曰：「道之顯者謂之文，蓋禮樂制度之謂。」所謂化，《說文解字》：「教行也」；《增韻》曰：「凡以道業誨人謂之教，躬行於上風動於下謂之化。」《老子》曰：「以德化民曰化」，《荀子注》：「化，遷善也」。文和化連在一起就自然指教化或文治，故劉向《說苑》曰：「凡武之興，為不服也，文化不改，然後加誅。」束晳《補亡詩·由儀》曰：「文化內輯，武功外悠。」王融〈三月三日曲水詩序〉曰：「設神理以景俗，敷文化以柔遠。」由此可見，文化一詞在中國古代係指相對於武力制服的一種按照道或德進行自我造就的內在精神陶冶，亦即指教化，而這一意蘊與德文詞 Bildung 非常相近。中國哲學的「道」、「德」或「理」作為第一原則很類似德國哲學

的 Urbild（原型）、Vorbild（範本），因此我採用「教化」一詞來翻譯 Bildung，更可把人文科學相對於自然科學而特有的那種價值取向和精神意蘊表現出來。

Vorhanden，「現成在手」，Zuhanden，「使用上手」。這本是海德格提出的兩個重要哲學概念，高達美在此書中也多次使用這對概念來闡發他的哲學詮釋學觀點。從詞義說，Vorhanden 即 Vor-handen，放在手前面的，Zuhanden 即 Zu-han-den，來到手邊的或為了什麼變為在手的。按照海德格的觀點，人類認識世界基本上有兩種不同的方式，即本體論的方式和現象學的方式。本體論方式是把自然事物看成現成在手的狀態（Vorhandenheit），反之，現象學方式則把事物看成使用上手的狀態（Zuhandenheit）。他在《存在與時間》一書中這樣寫道：「從現象學角度把切近照面的存在者的存在展示出來，這一任務是循著日常在世存在的線索來進行的。日常在世的存在我們也稱之為在世界中與世界內的存在者打交道。這種打交道已經分散在形形色色的諸繁忙方式中了。我們已經表明了，最切近的交往方式並非一味地進行知覺性的認識，而是操作著的、使用著的繁忙（das hantierende, gebrauchende Besorgen），繁忙有它自己的『認識』。現象學首先問的就是在這種繁忙中照面的存在者的存在。」（《存在與時間》，德文版，第 67 頁）因此按照海德格的看法，現象學解釋不是對存在者的存在著狀態上的屬性進行認識，而是透過打交道或操作對存在者的存在結構進行規定。他引證希臘人關於物的觀點，「希臘人有一個適當的術語用於物：πράγμαια，這就是人們在繁忙打交道之際對之有所行事的那種東西。然而希臘人在本體論上卻恰恰任這種 πράγμαια 所特有的『實用』性質掩蔽不露而把它們『首先』規定為『純粹的物』。我們把這種在繁忙活動中照面的存在物稱為用具（Zeug）。」（同上書，第 68 頁）這樣，海德格引出了與現成在手的東西（Vorhanden）相

對立的使用上手的東西（Zuhanden）。他說：「例如用錘子來錘，並不把這個存在者當成擺在那裡的物進行專題把握，這種使用也根本不曉得用具的結構本身。錘不僅有著對於錘子的用具特性的知，而且它還以最恰當不過的方式占有著這一用具。在這種使用著打交道中，繁忙使自己從屬於那個對當下的用具起組建作用的『為了作』（um-zu）。對錘子這物越少瞠目凝視，用它用得越起勁，對它的關係也就變得越原始，它也就越發昭然若揭地作為它所是的東西來照面，作為用具來照面。錘本身揭示了錘子特有的『稱呼』。我們稱用具的這種存在方式為使用上手狀態（Zuhandenheit）。」（同上書，第 69 頁）按照海德格這裡的觀點，理解的基本模式不再是那種按規則指導從事物中汲取出它們預先就有的意義，而是與要被理解的用具進行實踐的、手工—技術操作的打交道或交往（mit etwas umgehen）。海德格認為，只有在這種與事物具體直接的打交道中才能形成全部的意義連繫，他由此提出了「事實性的詮釋學」（Hermeneutik der Faktizität）。按照海德格的看法，自古希臘哲學開始以來的兩千多年的形上學就是以「現成在手的本體論」（Ontologie des Vorhandenen）為基礎，從而造成了「存在的遺忘」，他試圖透過 Zuhanden 概念「重新喚起對存在問題的意義之理解」。高達美在其《真理與方法》裡也遵循海德格這一思路，他寫道：「海德格在他早期的研究中就已懷疑亞里斯多德的本體論基礎，而整個現代哲學，尤其是主體性概念和意識概念以及歷史主義的疑難都以這種本體論基礎為根據（在《存在與時間》中稱之為『現成在手的本體論』）。」（本書下冊，第 476 頁）不過，高達美認為，亞里斯多德的哲學似乎是個例外，他不是海德格的對立面，而應當是海德格哲學意圖的真正保證人。高達美透過對亞里斯多德善的觀念的分析，特別是對亞里斯多德所謂 phronesis（實踐知識）概念的分析，認為亞里斯多德「已減輕了我們深入理解詮釋學問題的

難度」，他寫道：「亞里斯多德對此能給我們以幫助的無論如何是在這一點上，即我們並不堅持自然、自然性和自然法的神聖性，這種神聖性只不過是對歷史的一種軟弱空洞的批判，相反，我們獲得了和歷史傳承物的更恰當關係，並更好地把握了存在。」（本書下冊，第478頁）

在今天自然科學和人文科學的方法論爭論中，也就是說，自然科學的考察方式和方法是否可以轉用於人類文化領域，或者精神科學和社會科學是否需要一種與自然科學方法根本不同的特殊方法，北歐的馮·賴特（G. H. v. Wright）曾提出兩種模型說，即因果性模型和目的論模型。按照馮·賴特的看法，因果性模型即所謂包攝模型（Subsumtionsmodell），這是伽利略的傳統，它尋求一般性法則，以使單個事件或過程隸屬於或包攝於一般法則之中，這是一種因果性的描述性的解釋方式；反之，目的論模型即所謂意向性模型（Intentionalitätsmodell），這是亞里斯多德的傳統，它是以亞里斯多德實踐三段論爲基礎的合目的性的解釋方式。馮·賴特認爲，包攝模型雖然對於自然科學是很適用的，但在關於人的科學中這種模型是不適用的，他主張人文科學應當採用目的論模型。我認爲馮·賴特這兩種模型的分析正是從海德格的 Vorhandenheit 和 Zuhandenheit 的區分而來。不過，海德格是否贊成人文科學和自然科學這種明顯的方法論區分還是一個有待探討的問題。至少就高達美來說，由運用科學方法所提供的確實性不足以保證眞理，因爲從語言作爲一切科學的媒介看來，對自然事物進行對象化處置的自然科學知識以及與這種知識相符合的自在存在概念被證明只是一種抽象的結果，是對存在於我們語言中的原始世界關係的背離，即使我們承認自然科學有助於人類獲取自然知識，但不可否認它越來越遠離人生，甚至越來越成爲疏離於人和統治於人的手段。

Dekonstruktion，這是當代法國哲學家德里達（Jacques Derrida,

1930-2004）提出的哲學術語，通常譯爲「解構」。按照我的看法，德里達提出這一詞乃是表示一種綜合傾向，即把 Konstruktion（建構）和 Destruktion（解構）加以綜合，形成 De-kon-struktion，因此一般應譯爲「解—建—構」。在我看來，德里達之所以提出這個概念是針對海德格的 Destruktion（解毀）這一概念。Destruktion 在德文裡具有從結構上、本質上進行摧毀、搗毀或毀滅之義。海德格在《存在與時間》一開始就提出了一項「解毀本體論歷史的任務」（Die Aufgabeeiner Destruktion der Geschichte der Ontologie），試圖利用 Destruktion（解毀、解析）來克服西方哲學從古希臘直到尼采爲止一直占統治地位的 konstruktive（建構的）形上學。海德格在書中說，這種占統治地位的傳統把承襲下來的東西當作是不言自明的，並堵塞了通達原始「源頭」的道路，而流傳下來的許多範疇和概念一部分本來曾是以眞切的方式從這些源頭汲取出來的。傳統甚至根本使這樣的淵源被遺忘了，傳統使人們以爲甚至無須去了解一下是否有必要回溯到淵源處去，傳統把此在的歷史性連根拔除，換句話說，這種傳統就是以我們上面所分析的 Vorhanden（現成在手）的東西爲出發點，因此他批評說：「希臘本體論及其透過形形色色的分流與變種直到今天仍還規定著哲學的概念思維的歷史就是下述情況的證明：此在是從『世界』方面來理解自己本身並且理解一般存在本身，而這樣成長起來的本體論沉溺於其中的傳統使本體論降低爲不言自明之事，降低爲只不過有待重新製作一番的材料（黑格爾就是這樣）。這種無根的希臘本體論在中世紀變成了固定教材。這份教材的系統化無非只是把承襲下來的諸構件湊合成一座建築罷了。在教條式地承受希臘對存在的基本看法的限度內，在這個系統的構造中還是出了不少初拙的工作。希臘本體論的本質部分蓋上了士林哲學的印記，透過蘇阿列茲的形上學論辯過渡到近代的『形上學』和先驗哲學，並且還規定著黑格爾《邏輯學》的基調和

目標。儘管在這個歷史過程中，某些別具一格的存在領域曾映入眼簾並在此後主導著問題的提法（笛卡兒的我思故我在、主體、自我、理性、精神、人格），但這些東西同時卻與始終把存在問題耽擱了的情況相適應，沒有就它們的存在之為存在及其存在結構被追問過。」（《存在與時間》，德文版，第 22 頁）為了揭示傳統本體論及其存在問題的虛構，海德格提出要把僵硬化了的傳統加以鬆動，要把由傳統作成的一切遮蔽打破的任務。他說：「我們把這個任務理解為以存在問題為主線而對古代本體論流傳下來的內容所進行的解毀（Destruktion），將這些內容解構為一些原始經驗，而那些最初的，以後又起主導作用的存在規定就是根據這些原始經驗而獲得的。」（同上書，第 22 頁）由此可見，海德格所謂解毀，就是對傳統本體論進行解析或批判。不過他說，他的這一解毀不要認為是擺脫本體論傳統的消極任務，其實「這種解毀工作只是要標明本體論傳統的各種積極的可能性」（同上書，第 22 頁）。但是，海德格這一解毀任務在德里達看來仍是消極的。例如：海德格對尼采作為形上學思想家的批判，在德里達看來，真正把哲學從形上學的本體論解放出來的正是尼采而不是海德格，他認為海德格光用 Destruktion 一詞還不夠，因這詞只表示否定，而沒有肯定，因此他提出 De-Kon-Struktion，即解—建—構哲學，這種觀點在本世紀 60 年代法國興起的後結構主義思潮中具有重大的影響。

高達美在和德里達的爭論中，於 1985 年發表了一篇題為 Destruktion und Dekonstruktion（〈解析和解構〉）的論戰性的文章，在此文章中，高達美重新解釋了海德格的解析任務，他說，對至今仍影響當代思維的形上學概念內容進行解析的任務，乃是海德格早年就提出的口號，按照高達美的看法，海德格所謂把古代本體論流傳下來的內容解析為一些原始經驗，乃是「對傳統的概念語詞進行思維性的追溯，追溯至希臘語言，追溯至語詞的自然詞

意和其中可以發現的語言的被隱蔽了的智慧，而這種追溯實際上乃重新喚醒希臘思維及其使我們深受感染的力量」（《高達美著作集》，第 2 卷，第 366 頁）。針對德里達把語言看作書寫，言說的語詞是業已中斷的符號，高達美提出了「回到對話和談話的辯證法道路」（der Weg von der Dialektik zurück zum Dialog und Zurück zum Gespräch），他認爲生動的對話和談話「展開了交往和理解的層面，並超越了語言學上的固定的陳述」，從而使意義在相互的理解和交往事件中得以呈現。他說，詞語本身只存在於談話裡，而談話中的語詞本身並不是作爲單個的語詞存在，而是作爲講話事件和回答事件的整體而存在，因此德里達這條認爲被失去的語詞意義不能在生動的談話裡重新喚醒的解—建—構道路（der Weg der Dekonstruktion）是不能爲他所接受的。

至於其他的一些專門譯名，我在本書下冊後面所附的譯注裡已有說明。不過要說明的是，對於像高達美（甚至像海德格）這樣的哲學家，我們往往不能用同一個中文詞去翻譯他們所用的同一個德文詞，也就是說，對於他們所使用的同一個德文詞，我們不能在任何語境中都以同樣的方式去加以解釋。這不僅是因爲德文詞的意義域有其獨特之處，在其他語言中找不到意義域完全相等的對應詞，更爲重要的原因在於高達美本人特別反對任何僵化的語言，他常常對現行通用的詞的固定用法保持敵對態度，認爲這種用法限制了人們的眞正思考。我的譯注除了解釋一些專門術語外，還包括了兩個內容：一個是介紹一些哲學史的背景知識，另一個是補充或摘錄一些重要哲學家如康德和黑格爾有關的觀點和論述。我們知道，高達美這部書最初是對他的學生進行講課的講稿，因此該書是以它的讀者已具有某些有關的哲學史知識和熟悉古典哲學家的著作爲前提的，這當然在一定程度上給讀者帶來困難。爲了便於讀者了解這方面的情況，我在譯注裡作了一些知識性的補充。當然，鑑於我本

人知識有限和修養不足，可能還有不少問題，這些譯注只能作參考之用。

　　現在談一下本書翻譯所據的版本。《眞理與方法》德文版至今已出了 5 版，除 1960 年初版外，尚有 1965 年版、1972 年版、1975 年的修改版以及 1986 年著作集版。其中 1975 年第 4 版爲標準版，1 卷本，共 553 頁（約中文 60 萬字），除《眞理與方法》正文外，還包括附注、論文〈詮釋學與歷史主義〉和第 3 版後記。1986 年著作集版（即第 5 版）在原有的第 4 版基礎上大大擴充，成爲兩卷本，第 1 卷爲《眞理與方法》正文，第 2 卷收集《眞理與方法》前後有關論文 31 篇。這兩卷共 1027 頁，約中文 120 萬字。本中譯本主要是按第 4 版篇幅翻譯，但譯文全部根據第 5 版加以校對，並增補了 3 篇重要論文：〈在現象學和辯證法之間── 一種自我批判的嘗試〉（1985 年）、〈詮釋學〉（1969 年）和〈漢斯─格奧爾格·高達美自述〉（1973 年）。我認爲這些論文，特別是〈在現象學和辯證法之間〉、〈高達美自述〉和〈第 3 版後記〉，對於理解《眞理與方法》一書可以起到預備性的導讀作用。在翻譯過程中我們也參考了 1989 年出版的新英譯本（*Truth and Method*, translated by J.Weinsheimer and D. G. Marshall, Crossroad, New York），新英譯本對 1975 年舊英譯本作了不少修正。

　　在翻譯此書的整個過程中我得益最多的是德國杜塞道夫大學哲學系盧茨·蓋爾德塞策教授，他不僅幫我翻譯了原書中所有的希臘文和拉丁文，而且對高達美一些原文難點的翻譯給予了通俗的解釋，在此表示衷心的感謝。

洪漢鼎

修訂譯本 譯後記

　　《眞理與方法》德文原書 1975 年第 4 版爲一卷本，1986 年著作集版擴充爲兩大卷，第 1 卷爲《眞理與方法》正文，第 2 卷爲有關《眞理與方法》內容的相關論文，其中包括《眞理與方法》出版前以及出版後高達美關於詮釋學的重要論文 31 篇。此次直接從德國出版社購買了該書版權，因此才有《眞理與方法》1986 年完整兩卷本的修訂中譯本。

　　這一版，我花了一年多的時間對全書重新做了校訂，改正了不少錯誤，不僅按德文原版重新校閱了全書，而且對第 2 卷許多論文做了重譯，原譯者夏鎭平先生對部分譯稿做了很大修改，那薇女士也幫助校對了部分譯稿。在此我首先要向曾經爲本書提出修改意見的讀者致以衷心的感謝，正是他們的批評和支持，這次中譯本的修訂版才能問世。當然，像高達美這樣的書，誤讀和誤譯也是在所難免，以後我將還會不斷地修正。

　　在此，我要再次感謝我的德國老朋友盧茨·蓋爾德塞策（Lutz Geldsetzer）教授，正是他陪同我於 2001 年拜訪了本書作者 101 歲高壽的高達美教授，高達美才會在他去世前一年爲本書中譯本寫了短序，這是他留給讀者的一份非常珍貴的遺產。另外也是由於蓋爾德塞策教授的努力，該書德文版權才會順利地有了中譯本。

　　在此致以衷心的感謝。

洪漢鼎
2005 年中秋前夕
北京怡齋

漢斯—格奧爾格‧高達美年表

（Hans-Georg Gadamer, 1900-2002）

年　代	生　平　記　事
1900年	出身於德國馬堡。
1922年	以〈論柏拉圖對話中欲望的本質〉一文獲得博士學位。
1923年	前往佛萊堡師從海德格這位他心目中的大師。
1928年	以《柏拉圖的辯證倫理學，對〈斐利布斯〉的現象學解釋》獲得教授資格。
1929年	後在馬堡大學、萊比錫大學、法蘭克福大學和海德堡大學任教，主講美學、倫理學和哲學。
1937年	獲得申請了10年之久的哲學教授頭銜。
1939年	在萊比錫獲得了一個大學教授的職位。
1940年起	高達美先後任萊比錫、海德堡、雅典和羅馬科學院院士，德國哲學總會主席，國際黑格爾協會主席。
1945年	任哲學系主任，之後還擔任了兩年大學校長職務。在這些年裡，因為政務繁忙，大多數時間只能用於詩歌和短論的寫作中。
1947年	高達美受聘於法蘭克福大學哲學系首席教授。
1949年	受聘於海德堡大學，接替了雅斯培的職位。
1960年	出版著作《真理與方法》聞名於世。他對詮釋學作出了巨大貢獻。直到他去世為止，一直是海德堡大學的榮譽教授。

主要著作如下：

哲學著作：

《真理與方法》（1960）

《科學時代的理性》（1976）

美學與藝術論著：

《柏拉圖與詩人》（1934）

《美學與解釋學》（1964）

《美的現實性——作為遊戲、象徵、節日的藝術》（1977）

《詩學》（1977）

經典名著文庫 168

詮釋學 II：眞理與方法
補充和索引
Hermeneutik II: Wahrheit Und Methode: Erganzungen, Register

作　　　者 —— 〔德〕高達美（Hans-Georg Gadamer）
譯　　　者 —— 洪漢鼎
發 行 人 —— 楊榮川
總 經 理 —— 楊士清
總 編 輯 —— 楊秀麗
文 庫 策 劃 —— 楊榮川
本 書 主 編 —— 蘇美嬌
封 面 設 計 —— 姚孝慈
著 者 繪 像 —— 莊河源
出 版 者 —— 五南圖書出版股份有限公司
　　　　　　 地　　址 —— 台北市大安區 106 和平東路二段 339 號 4 樓
　　　　　　 電　　話 —— 02-27055066（代表號）
　　　　　　 傳　　眞 —— 02-27066100
　　　　　　 劃撥帳號 —— 01068953
　　　　　　 戶　　名 —— 五南圖書出版股份有限公司
　　　　　　 網　　址 —— https://www.wunan.com.tw
　　　　　　 電子郵件 —— wunan@wunan.com.tw
法 律 顧 問 —— 林勝安律師
出 版 日 期 —— 2023 年 3 月初版一刷
定　　　價 —— 750 元

國家圖書館出版品預行編目資料

詮釋學：真理與方法 / 高達美 (Hans-Georg Gadamer) 著；
　洪漢鼎譯 . -- 初版 -- 臺北市：五南圖書出版股份有限公司，
　2023.03
　　面；公分
　譯自：Hermeneutik: Wahrheit und Methode.
　ISBN 978-626-343-151-5(第 1 冊：平裝). --
　ISBN 978-626-343-152-2(第 2 冊：平裝)

　1.CST: 詮釋學

143.89　　　　　　　　　　　　　　　　　111012079